Jad Turjman

Wenn der Jasmin Wurzeln schlägt

Wie ich gelernt habe, die Heimat in mir zu finden

Residenz Verlag

LAND SALZBURG

STADT : SALZBURG

MIX
Papier aus verantwortungsvollen Quellen
FSC® C014496

Bibliografische Information der Deutschen Nationalbibliothek
Die Deutsche Nationalbibliothek verzeichnet diese Publikation in der Deutschen Nationalbibliografie; detaillierte bibliografische Daten sind im Internet über http://dnb.dnb.de abrufbar.

www.residenzverlag.com

Umschlaggestaltung: buero8 / Thomas Kussin
Grafische Gestaltung / Satz: Lanz, Wien
Lektorat: Christine Dobretsberger
Gesamtherstellung: GGP Media GmbH, Pößneck

ISBN 978 3 7017 3561 7

Inhalt

Kurze editorische Notiz über das Unbegreifliche

Das Unglück kam plötzlich, für uns alle überraschend, auch für Jad Turjman selbst. Kurz vor Drucklegung dieses Buches ist unser Autor verstorben. Es ist und bleibt unbegreiflich. Ich habe noch seine letzten Mails mit Korrekturvorschlägen in meinem Account. Sein Tod löste auch bei mir einen Schock aus. Ich lernte Jad als einen jungen Mann kennen, der das Selbstbewusstsein und das Talent besaß, für all seine traumatischen Erlebnisse Worte zu finden und daraus eine vielschichtige Erzählung zu machen, auf die sich Menschen gerne einließen. Er hatte die Energie und die Herzensgröße, sich selbst und anderen jungen Menschen mit ähnlichen Erfahrungen zu helfen. Durch seinen lakonischen Humor und seine Gabe, zwischen Distanz und Empathie zu balancieren, ermöglichte er vielen Leser:innnen, sich mit Themen auseinanderzusetzen, die wirklich wehtun: Krieg, Folter, Flucht, und den Schwierigkeiten, ein neues Leben in der Fremde zu beginnen.

Jad hatte schon sein erstes Buch »Wenn der Jasmin auswandert – Die Geschichte meiner Flucht« auf Deutsch geschrieben, und er schuf mit dieser neu erlernten Sprache jenen Abstand zu seinen allerpersönlichsten Erlebnissen, den er benötigte, um davon erzählen zu können. »Wenn der Jasmin Wurzeln schlägt – Wie ich gelernt habe, die Heimat in mir zu finden« schließt inhaltlich an das erste Buch an. Er beschreibt die Geschehnisse nach seiner Ankunft in

Österreich und erzählt, wie es ihm weiter erging. Eine Möglichkeit, zu sich selbst zu finden, war für ihn das Wandern in den Bergen. Das ist aus heutiger Sicht die wohl schmerzlichste Passage in diesem Buch, denn er verstarb bei einem Bergunglück. Wir haben beschlossen, diese Textstellen aus Gründen der Authentizität zu belassen. Wandern war tatsächlich ein wichtiges Mittel für ihn, seine innere Heimat zu fühlen. Dieses Buch ist als sein Vermächtnis zu lesen. Jad schrieb, um sich Gehör und eine Stimme zu verschaffen. Wir sollten ihm in diesem, seinem letzten Buch auch zuhören.

Der Verlust sitzt tief und er fehlt. Er fehlt seiner Familie, seinen Freund:innen, allen Leser:innen und natürlich auch mir, die ihn von Beginn seines Schreibens an begleiten und an seinem Leben teilhaben durfte.

Es ist und bleibt unbegreiflich.

Claudia Romeder

Der Jasmin ist fortgegangen

Der Autor Jad Turjman ist nicht mehr, wird nie wieder schreiben. Der Mensch Jad Turjman ist nicht mehr, wird nie wieder Flüchtling sein, wird nie wieder Ski fahren, wird nie wieder als Stand-up-Comedian, als »Flüchtling Ihres Vertrauens« auf der Bühne stehen, wird nie wieder als der gut integrierte Syrer mit österreichischem Pass auftreten.

Jad Turjman ist am 29. Juli 2022 bei einer Bergwanderung in den Bayerischen Alpen tödlich verunglückt. Er war allein unterwegs, kam vom Weg ab und rutschte im Dunkeln und im Regen auf einem Steilhang aus, wenige Wochen vor Erscheinen dieses Buches.

Deshalb soll es in diesem Vorwort nicht um sein Buch gehen, sondern um ihn selbst, diesen syrischen Hansdampf in allen Gassen, der nach seiner Flucht aus Damaskus 2015 zufällig in Österreich landete. Damals ahnte noch niemand, was für eine Bereicherung dieser junge Flüchtling für das Land sein würde: Österreich, Salzburg, seine Freunde, sie alle haben ein Stück Reichtum verloren, das ihnen vor sieben Jahren zufällig geschenkt wurde, weil jemand in seiner ursprünglichen Heimat keinen Platz mehr hatte.

Ich hatte das Glück, seinen Weg zu kreuzen, erstmals im November 2018, als wir zu einer Schülerfortbildung im Land Salzburg eingeladen waren. Ich sollte erzählen, warum Menschen flüchten. Er berichtete in schon damals unglaublich gutem Deutsch von seiner Flucht. Mich beeindruckte, wie intensiv, wie emphatisch, wie sensibel und gleichzeitig klar er das tat und wie sehr ihm die Schüler an den Lippen hingen. Ich hatte keinen Zweifel, dass dieser junge Syrer in Österreich noch über Salzburg hinaus prominent werden würde. Diese Begegnung war der Beginn einer Freundschaft. Bei einem längeren Gespräch in einem Gasthaus namens »Alter Fuchs« in Salzburg, erzählte er mir, dass er gerade an seinem ersten Buch arbeite. Es trug den Titel: »Wenn der Jasmin auswandert: Die Geschichte meiner Flucht«. Nur drei Jahre nach seiner Ankunft schrieb er ein Buch auf Deutsch. Darin wurde nicht *über* Flüchtlinge gesprochen, sondern einer von ihnen ergriff selbst das Wort. Nachdem wir unser Schnitzel zu Ende gegessen hatten, bot ich Jad spontan an, das Vorwort für sein Buch zu schreiben. Später traten wir gemeinsam auf, etwa bei der Erstpräsentation seines Buches.

Das war, bevor er zwei weitere Bücher schrieb, bevor er als Stand-up-Comedian auf der Bühne stand, bevor er allen möglichen österreichischen Zeitungen Interviews gab oder für sie Gastbeiträge schrieb, bevor er im ORF-»Kulturmontag« porträtiert wurde. Jad hatte in Österreich in so wenigen Jahren so viel angepackt. Er war nicht zu bremsen.

Wir hielten Kontakt, trafen uns gelegentlich in Österreich, meist aber schickten wir uns Nachrichten über unsere Handys, er in Salzburg, ich in Kairo. Auf diesem Weg hat er mit mir seine tiefen Gedanken und seine verrückten Ideen ausgetauscht. Dieser Austausch ermöglicht vielleicht einen Blick in das Innere dieses komplexen Menschen.

Es begann mit dem Antwortschreiben der österreichischen Botschaft in Beirut, das er mir wütend übermittelte.

Er hatte die verwegene Idee gehabt, dass seine in Damaskus lebende Mutter der Präsentation seines ersten Buches in Österreich beiwohnen könnte. Ein Anliegen, das die österreichischen Behörden als »unglaubwürdig« einstuften. Der Antrag wurde abgelehnt.

Kurz darauf, im Januar 2019, schickte er mir ein Video von seinem ersten, recht passablen Versuch, Schi zufahren. Dann folgte ein Selfie von ihm in einem österreichischen Zug. Das Entscheidende an dem Foto war der Mann hinter ihm, der eine bekannte kleinformatige Zeitung aufgeschlagen hatte mit der Schlagzeile: »Asylbewerber kam mit dem Messer ins Amt«. Jad selbst blickte unbeteiligt in die Kamera. Dazu schrieb er mir wie so oft in Form einer kleinen Geschichte:

»Herr Flüchtling hat die belästigt, jene erstochen und das geklaut«, lese ich in der Zeitung. Aber warum hat der Täter da denselben Namen wie ich? Ich fühle mich verdächtig und laufe schnell zum Amt der Namen. Die Frau am Schalter fragt: ›Wie kann ich Ihnen helfen, Herr Flüchtling?‹ Ich lasse meinen Kopf hängen … ›Ich will meinen Namen zu »Herr Mensch« ändern‹«.

Oft schickte er mir seine Zeitungsinterviews mit der Frage, wie er sich darin geschlagen habe. Er wurde mit jedem Monat besser. »Du bist inzwischen ein richtiger Profi, der so viele wichtige Dinge zu sagen hat«, antwortete ich ihm. Er schickte mir ein Foto von sich. Darauf trägt er ein weißes T-Shirt mit der Aufschrift: »Herr Flüchtling«. Und fragte: »Gefällt es dir, mein Freund?« Es ärgerte ihn immer wieder, wenn er nur in der Kategorie »Flüchtling« wahrgenommen wurde.

Im Oktober 2019 fragte ich ihn, wie es ihm gehe. Seine Antwort war typisch: »Wunderbar, ich habe ziemlich viele Lesungen und im März starte ich an der Uni Wien einen Lehrgang über Migrationsmanagement.« Seine Energie kannte keine Grenzen.

Aber er philosophierte auch über seinen Erfolg: »Du bist jetzt eine kleine Berühmtheit und kein Flüchtling mehr«, zitierte er einen Fernsehredakteur. »Die Frage bedrückte mich. Ich will mich nicht von den Menschen abheben, die dasselbe Schicksal mit mir teilen und die dafür deklassiert werden.«

Manche seiner Botschaften unterzeichnete er mit »Al-Hamdullilah – Gott sein Dank, alles ist gut – mein Bruder«. Oft blinkte auch ein Stück Heimweh auf meinem Handy auf. Ein Video: Jad schneidet in Mattsee, dem kleinen Dorf in der Nähe Salzburgs, in dem er lebte, eine selbstgemachte Kunafa, eine typische syrische Süßigkeit, an. Diesmal lächelt er etwas traurig in die Kamera. Kurz darauf schickte er ein Video seines Bruders aus Damaskus. Der hatte einfach den einstigen Weg Jads von seiner damaligen Familienwohnung zu seinem Arbeitsplatz gefilmt und ihm geschickt. Jad muss sich dieses Video oft angesehen haben. »An jeder dieser Ecken auf diesem Weg lebt eine Erinnerung«, schrieb er dazu.

Einmal fragte er mich, welchen Titel er seinem neuen Stand-up-Comedy-Programm geben solle. »Deutschunterricht für Einheimische« oder »Kulturschock des Grauens«? Am Ende wählte er den ebenfalls vom ihm vorgeschlagenen »Flüchtling Ihres Vertrauens«. Dann schickte er eine wunderbare Szene aus seinem Programm. »Um Klartext zu reden«, sagt er, während er da im weißen Hemd mit Mikrofon in der Hand ganz allein auf der Bühne steht, »ich bin nicht gekommen, weil es Krieg, Bombardierungen und Verfolgung gab. Das kann doch jeder. Ich bin geflüchtet, damit ich den Österreichern die Arbeit wegnehme.« Das Publikum lachte.

Auch sein zweites Buch hat er mir angekündigt. Dieses sei ein Roman, rein fiktiv, mit dem Titel »Der Geruch der Seele«. Es sei keine Fortsetzung seines ersten Buches. Es gehe um Liebe und Terror in Zeiten des Krieges, erklärte er mir. Da hatte er schon längst einen weiteren Plan. »Wenn ich mit diesem Roman fertig bin, beginne ich mit der Fortsetzung meines ersten Buches.« Einen Titel dafür hatte er auch schon: »Wenn der Jasmin eine neue Heimat findet.« Daraus wurde schließlich dieses Buch, mit dem Titel »Wenn der Jasmin Wurzeln schlägt«. Jads Schreibwut war nicht zu bremsen.

Bald danach schickte er mir eine Kolumne, die in einem österreichischen Magazin erschienen war. »In meiner neuen Umgebung habe ich mehr zu mir selbst gefunden und mich besser kennengelernt«, schreibt er dort. »Ich habe das Privileg, von zwei verschiedenen Kulturen zu profitieren. Denn genau diese Unterschiede machen das Leben bunt und bereichernd. Je mehr Menschen ich kennenlerne, die anders sind als ich, umso schärfer wird mein Blick auf die Wirklichkeit.« Wie immer brillant, hatte er einfach kurz mal auch meine eigene Wirklichkeit zusammengefasst und die so vieler anderer, die unter dem Unwort »mit Migrationshintergrund« zusammengefasst werden.

Im Februar 2021 schickte er mir ein Video, das ihn beim Langlaufen durch einen verschneiten Wald zeigt. Sein Kommentar dazu: »Schifahren ist abgehakt, her mit der Staatsbürgerschaft.« Vier Monate später schickte er die eingescannte Urkunde von der Verleihung der österreichischen Staatsbürgerschaft mit dem für ihn so typischen ironischen Zusatz: »Ich habe die österreichische Staatsbürgerschaft entwertet.«

Jad wäre nicht Jad gewesen, wenn er dazu nicht auch gleich einen Artikel im »Biber« – dem »Magazin für neue Österreicher« – geschrieben hätte, mit dem Titel: »Ich bin jetzt Österreicher! Aber mit schlechtem Gewissen«. Er wisse nicht, wie er sich als Österreicher fühlen solle. Er sei immer noch derselbe Mensch, aber er habe Schuldgefühle gegenüber anderen, die die Staatsbürgerschaft viel notwendiger bräuchten, aber nicht bekämen. Er listete dann solche Fälle auf. Am Ende des Beitrags setzte er sich kritisch mit einem Kommentar des »Herrn Bundeskanzlers« auseinander, der die Erleichterung des Zugangs zur Staatsbürgerschaft damals als »Entwertung« beschrieben hatte. Auch als Österreicher war Jad nicht zu bremsen.

Einer seiner letzten Texte, die er mir schickte, kam zum Muttertag 2022, er war in der »Presse« in Wien veröffentlicht worden. Er leitete ihn ein mit: »Wenn Sie, liebe Leserinnen und Leser, Ihre Mutter sehen können und Kontakt zu ihr haben, gratulieren Sie ihr auch von mir zum Muttertag und genießen Sie den Augenblick.« Denn er konnte seine Mutter nicht sehen. Er hatte, schon als Österreicher, an Weihnachten zuvor noch einmal einen Versuch gestartet, sie einzuladen. »Nach dem Marathonlauf des Dokumente-Sammelns, Formulare-Ausfüllens, Urkunden-Nachreichens, und nachdem vielen Geld gezahlt worden war, wurde der Antrag abgelehnt«, schrieb er. Die trockene Begründung der Ablehnung: »Die vorgelegten Informationen über den Zweck und die Bedingungen des geplanten Aufenthalts waren nicht glaubhaft. Es bestehen begründete Zweifel an ihrer Absicht, vor Ablauf des Visums aus dem Hoheitsgebiet der Mitgliedstaaten auszureisen.« Noch perfider: Da seine Mutter nach einem Schlaganfall noch leicht hinkte, wurde ihr unterstellt, dass sie sich nur in Österreich medizinisch behandeln lassen wolle.

Er zitierte auch seine Mutter mit einem arabischen Sprichwort: »Wer seine Heimat verlässt, verliert an Wert.« In Damaskus wisse sie, schrieb Jad, an welcher Stelle hinter dem Berg die Sonne im Jahreslauf auf- und wieder untergeht, und ihre Pflanzen und die Vögel seien in Damaskus auf ihre Pflege angewiesen. Seine Mutter wäre nie im Leben in Österreich geblieben. Aber das ist eine Rückkehrwilligkeit, die sich nicht in irgendwelchen Dokumenten einem österreichischen Beamten erschließt.

Kurz zuvor hatte er mir ein Foto geschickt. Ein Dutzend Menschen sind darauf zu sehen, seine Familie und seine Mutter. Sie stehen vor einem Esstisch in Damaskus, drei Generationen lächeln in die Kamera. Einer von ihnen hält ein Handy hoch, auf dem Jad zu sehen ist. Dazu schrieb er mir: »Ein Wunsch von mir ist in Erfüllung gegangen, ein Foto zusammen mit meiner Familie zu machen.« Sein Wunsch, seine Mutter in Österreich begrüßen zu können, damit sie sein Leben hier sieht, wird nie in Erfüllung gehen. Denn am Ende wurde Jad doch vom Leben ausgebremst.

Das Gefühl des Verlustes sitzt tief. Man möchte sich gar nicht ausdenken, was er alles noch gemacht hätte. Doch das Gefühl des Gewinns, dass er ein kurzes Stück seiner Wegstrecke mit uns allen geteilt hat, ist stärker. Wenn die Ägypter ihr Beileid ausdrücken, sagen sie »Al-Baqia fi Hayatak« – zu Deutsch: »Möge das, was von ihm übrig ist, in deinem Leben verweilen.« Ich bin zuversichtlich, dass es so sein wird, nicht nur bei mir, sondern auch bei vielen anderen. Und dieses Buch ist ein Teil davon. Jad Turjman wurde 32 Jahre alt.

Karim El-Gawhary

»Du wirst durch das Lesen lernen.
Begreifen kannst du nur durch die Liebe.«

Shams Al-Tabrizi

Prolog

Als mein Buch »Wenn der Jasmin auswandert« veröffentlicht wurde, war ich von den Reaktionen überwältigt. Diesen Erfolg habe ich bei allem Optimismus nicht erwartet. Ich hätte nicht gedacht, dass eine Fluchtgeschichte einen großen Teil der Gesellschaft interessieren würde. Ich dachte, wenn eine Sozialarbeit-Studentin ihre Abschlussarbeit über das Thema Flucht schreibt, holt sie sich dann vielleicht das Buch. Aber überraschenderweise wurden vier Auflagen herausgebracht. Ich bekam sehr viele herzerwärmende Nachrichten und Gratulationen, sogar von der deutschen Bundeskanzlerin Angela Merkel. Oft las ich die rührenden Reaktionen mit Tränen in den Augen. Ich gewann die »Rose der Menschenrechte« und wurde 2019 und 2020 zu über achtzig Lesungen und Buchpräsentationen an verschiedenen Orten Österreichs und Deutschlands eingeladen. Warum hat diese Geschichte so viel Aufmerksamkeit bekommen? Sie war das Gegenstück zur Medienberichterstattung und zur politischen Debatte, die Geflüchtete meistens als Gesichtslose, als bloße Nummern und Probleme darstellten. Da wurde der Scheinwerfer in die Hand genommen und das Licht auf andere Aspekte gerichtet, auf menschliche Aspekte, die uns alle verbinden. Das Klischee wurde zum Menschen. Biografisch zu schreiben, ist nicht einfach. Es war jedoch meine bewusste Entscheidung, einen Teil meines Lebens so transparent zu machen. Mir war wichtig aufzuzeigen, dass diese Mengen von Flüchtlingen keine bloßen Zahlen sind, sondern Menschen. Sie wurden geboren wie alle anderen. Sie haben Mütter, Geschwister, Träume und Geheimnisse. Ich wollte schreiben, weil sich bei jedem Hören der Nachrichten und in jeder Talkshow über Geflüchtete die Einseitigkeit wie ein Stich in mein Herz anfühlte. Expert:innen sitzen im TV-Studio und diskutieren darüber, was du brauchst und ihrer Auffassung nach bist, was du zu tun hast und was sie mit dir machen wollen. Manche verdammen dich für den Zufall, auf der anderen Seite der Erde geboren zu sein, andere bemitleiden dich und sehen nur den Flüchtling in dir, aber sie reden über dich und nicht mit dir. Du bist bloß eine Projektionsfläche, ein Klischee. Das Problem der Klischees ist nicht, dass sie im Ganzen falsch, sondern dass sie einseitig und allgemein sind. Andererseits müssen wir uns davor hüten, meine und andere Geschichten als die einzige Geschichte zu sehen, die Geflüchtete repräsentieren. Jeder Mensch hat seine eigene Geschichte und diese unterscheidet sich von allen anderen. Wenn eine Geschichte die Wahrnehmung einer ganzen Gruppe vertritt, dann existieren die anderen nicht mehr. Wir brauchen keine Held:innengeschichten, sondern müssen jedem Einzelnen den Raum und die Möglichkeit anbieten, über sein eigenes Schicksal differenziert zu erzählen. Erst dann existiert diese Person. Ansonsten bleibt sie ein Klischee. Die Gefahr von Held:innengeschichten und Ausnahmebeispielen ist, dass sie als Gegenargument und Rechtfertigung von manchen politischen Strömungen verwendet werden, um rassistische, diskriminierende Strukturen gegen Menschen mit Flucht- und Migrationshintergrund in unserer Gesellschaft zu verleugnen. Allein dass wir Held:innengeschichten oder Ausnahmebeispiele brauchen, um diskriminierende und benachteiligende Strukturen in der Gesellschaft abzustreiten, ist der Beleg dafür, dass diese Strukturen existieren und verinnerlichte Tatsache sind. Mit anderen Worten, die Ausnahme bestätigt die Regel.

Ich war nach den Abenden und den Besuchen an Schulen oft sprachlos und berührt von der Wärme, Empathie und Sympathie, die mir die Menschen entgegenbrachten. Ich erfuhr viel Zuspruch, Aufmunterung und Liebe und durfte vieles lernen. Bei einem Workshop zum Thema Flucht und Zusammenleben stellte mir eine Schülerin die Frage, ob ich mich noch als Flüchtling fühle. Diese Frage überraschte mich, und ich wusste keine Antwort. So habe ich die Frage an ein Mädchen aus Syrien weitergegeben, welches ebenfalls Fluchterfahrung hatte. Sie meinte: »Auf der Flucht war ich Flüchtling, jetzt gehe ich in die Schule und bin Schülerin.« Wir schwiegen. Ein Moment der Ernüchterung herrschte in der Klasse. Diese kluge Antwort hat die Fesseln der entmenschlichenden Prägung des Wortes Flüchtling gesprengt. Diese und andere Erfahrungen veränderten mein Leben kraftvoll. Ich merkte, dass meine Stimme gehört wird. Dass ich mit meinen Worten die Herzen der Menschen berühren kann. Ich spürte große Verantwortung für die Möglichkeiten, die ich erhielt. Aber ich kann nicht für alle Geflüchteten sprechen. Erstens haben sie mich nicht allesamt beauftragt, zweitens sind Geflüchtete keine homogene Gruppe. Ich wollte einfach für mich selbst einstehen, weil ich ein Teil dieser Gesellschaft werden möchte, ich möchte als Individuum existieren und nicht als Klischee. Ich entschied mich weiterzuschreiben. Das Schreiben war mein Traum, seit ich fünfzehn Jahre alt war. Denn in diesem Alter entdeckte ich meine Vorliebe für Poesie und Literatur im Allgemeinen.

Ich erinnere mich ganz genau an den Abend, an dem ich beschloss, Schriftsteller zu werden. Es war ein Freitag im August 2005, unser Nachbar Nisar, ein Freund meines Vaters, der als Einziger meine Liebe zu Büchern unterstützte, nahm mich zu einer Lesung mit. Der vergötterte palästinensische Schriftsteller Mahmud Darwish, der im Exil lebte, kehrte für eine Lesung nach Damaskus zurück, um seinen Gedichtband »كزهر اللوز أو أبعد« – »Wie Mandelblüten oder darüber hinaus« zu präsentieren. Der große Al-Assad-Saal in der Bibliothek von Damaskus war voll besetzt, eine große Menschenmenge stand vor den Türen und sah den Dichter draußen auf einer Videowand. Es war nicht selbstverständlich, Karten für dieses kulturelle Großereignis zu bekommen. Aber als ein in Frankreich ausgebildeter Professor der Chemie konnte Onkel Nisar zum Glück zwei Karten ergattern. Wir saßen in der letzten Reihe, und durch den großen Andrang verspätete sich der Auftritt des Dichters, bis die Ordnungskräfte alles unter Kontrolle hatten. Kurz vor Beginn wurden zwei Mädchen in den Saal gebracht, die draußen so lange geweint hatten, bis sie eingelassen wurden und sich hinter unseren Plätzen an die Wand lehnen durften. Sie trugen um den Hals die palästinensische Kefije und zitterten vor Aufregung. Als Mahmud Darwish auftrat, erklang minutenlang euphorischer Applaus. Sein Anblick ähnelte einem kraftstrotzenden Berg, der das palästinensische Leid auf seinen Schultern trägt, das an ihm wächst wie er an ihm.

Mahmud Darwish begann mit dem Gedicht »In Damaskus«, um seine lange Abwesenheit und Entfremdung wiedergutzumachen. Im Saal war es mucksmäuschenstill und alle hingen, ihren Atem anhaltend, an seinen Lippen. Als der Rhythmus seiner Gedichte kraftvoller und schneller wurde und er die Stelle »Auf dieser Erde gibt es etwas, das lebenswert ist« erreichte, explodierte der Saal in Applaus und Begeisterungsrufen. Es war ein unvergesslicher Abend. Seine Worte ließen mich schon damals eine andere Welt betreten, eine Dimension, in der ich schon existierte, aber davon nichts wusste. Mit seinen Worten ließ er mich spüren, dass ich mehr sein kann als das, was ich zu sein glaubte. Der inzwischen verstorbene Dichter war mein erstes Vorbild. Ich versuchte ihn nachzuahmen und begann Prosatexte zu schreiben, aber das fand in meinem Umfeld keine so große Begeisterung. »Was willst du mit deinen Texten machen? Du wirst sie spätestens, wenn du ein Straßenverkäufer wirst, als Einwickelpapier für deine Falafelbällchen verwenden«, verspottete mich mein älterer Bruder. Ebenso spöttisch war die Reaktion meines Mathematiklehrers in der Hauptschule. Während seiner Stunden schrieb ich immer Texte an das Mädchen, in das ich verliebt war, aber mit dem ich nie zu reden wagte. Einmal erwischte er mich beim Gedichtschreiben, schwenkte das Papier hoch in der Luft und lachte mich vor allen Mitschülern aus. »Haha, bist du jetzt Mahmud Darwish?«, meinte er verächtlich. Dann zog er mich nach vorne und schlug mir viermal mit seinem Stock auf die Handflächen wegen meiner Unaufmerksamkeit. Diese Art des Bestrafens war gang und gäbe, war aber kontraproduktiv, mein Hass auf Mathematik wurde noch größer. Und das war nicht das erste Mal, dass ich in der Schule Schläge bekam. Ich war ein ziemlich teilnahmsloser Schüler, deshalb setzten mich meine Lehrer und Lehrerinnen immer allein in die letzte Bank, die Bank der Faulen. Nur in den Sprachstunden Arabisch, Englisch und Französisch blühte ich auf. In Englisch und Französisch hatte ich die besten Noten der Klasse, aber das half nicht, meine Beziehung zur Schule zu verbessern. Ich begann die Schule zu hassen und sie hasste mich. Zudem war ich davon überzeugt, ein schlechter Schüler zu sein.

Auch meinen Vater begeisterten meine Schriften nicht. An einem Freitag suchte er in der ganzen Wohnung eine Nagelschere. Seine Nägel am Wochenende zu schneiden, war für ihn – nach dem Vorbild des Propheten Mohammed – ein festes Ritual. Bis er endlich in meinem Zimmer landete und die Schublade öffnete, in der ich alle meine Texte versteckt hatte. Der erste Text, den er las, war ein satirischer Text über den Vater des jetzigen Präsidenten, in dem ich meine kindlich naiven Gedanken über ihn in Worte gefasst hatte. Als Kind sah ich sein Porträt an jeder Ecke unseres Lebens. In der Klasse, am Zaun vor der Schule, auf jedem Hochhaus, im Restaurant, im Bus und, falls meine Erinnerung mich nicht im Stich lässt, auch auf der Toilette. Daher dachte ich damals, dass er der Prophet Mohammed sei. Mein Papa verpasste mir eine Ohrfeige, dass ich drei Minuten lang ein Klingen im Ohr hörte. An dieser Stelle muss ich erklären, dass Onkel Nisar, sein bester Freund, einige Wochen vorher vom Geheimdienst verhaftet wurde und verschwunden war. Er hatte offensichtlich die rote Linie mit seinem Eintreten für Demokratie und Menschenrechte überschritten. Nach diesem Ereignis schrieb ich nicht mehr, dafür las ich viel. Ich begann, die Schule zu schwänzen, und versteckte mich im Keller unseres Wohnblocks. Bis ich wegen meiner Abwesenheit aus der Hauptschule geworfen wurde, las ich ungefähr siebzig Bücher, meist Romane ausländischer Schriftsteller:innen. Manche las ich mehrmals, »Die Verwandlung« von Franz Kafka kann ich heute noch auswendig. Erschwerend kam hinzu, dass ich zu stottern begann. Ich war oft in meiner Fantasiewelt versunken. Am Anfang dachte ich mir Geschichten aus, in denen ich Astronaut und auf langen Reisen war, um weite Galaxien zu entdecken. Oder ich fantasierte, dass ich ein Ritter in den vorislamischen Zeiten war und für Arme kämpfte. Später begann ich meinen Bruder Anas, wenn er von der Schule zurückkam, zu zwingen, diese Geschichten stundenlang mit mir nachzuspielen. Nur bei dieser Schauspielerei legte ich das Stottern ab. Wir waren den ganzen Tag in unserem Zimmer verschollen, dekorierten es jedes Mal anderes um, und jeder Gegenstand in unserem Haus war sozusagen Teil unseres Fundus. Mein Bruder war auch begeistert und gespannt, denn er erfuhr erst Szene für Szene den Verlauf der Geschichte. Den Lernstoff für die Schule musste ich mir selbstständig erarbeiten und durfte nur für die Prüfungen in die Schule kommen. Geschrieben habe ich aber in Damaskus nie wieder.

In Österreich entdeckte ich wieder meine Passion für das Schreiben, es zu wollen und zu lieben. Ich entschied mich nach meinem ersten Buch, weiterzuschreiben und mich aktiv einzumischen. Ich bin zwar für die Themen Migration, Flucht und Zusammenleben kein Professor einer renommierten Universität, aber wofür ich Experte bin, ist das Erleben und Fühlen. Ich habe mich entschlossen, einfach als Mensch zu schreiben. Unabhängig von den Erwartungen und Anforderungen der Öffentlichkeit. Ich erlaube mir bewusst, Fehler zu machen und mir immer wieder meine Grenzen, die Welt zu verstehen, vor Augen zu führen. Aus einer menschlichen Perspektive zu schreiben bedeutet, ehrlich mit sich selbst zu sein, ohne einen Absolutheitsanspruch zu erheben, alles besser zu wissen. Schreiben ist eine heilige Aufgabe. Es ist ein intimer und zugleich befremdlicher Zustand. Um etwas zu schreiben, das die Menschen erreicht und berührt, muss der Schreibende von seinem authentischen Selbst erzählen und die eigene Verletzlichkeit zulassen. Um etwas zu schreiben, das nicht parteiisch und eindimensional ist, muss man bereit sein, die eigene Perspektive zu verlassen und in möglichst viele Perspektiven einzutauchen, auch in diejenigen, die einem nicht gefallen und womöglich wehtun. Ich versuche, die Zähigkeit der Thematiken mit viel Humor und Ironie zu entschärfen. Mit Humor erreicht man Herzen, die politisch nicht erreichbar sind, denn Lachen ist eine Sprache, die jeder auf der Welt versteht und spricht. Humor ist ein absurder und zugleich sinnvoller Selbstheilungsvorgang, um mit den Widersprüchen und Niederlagen des Lebens umgehen zu können. »Humor ist Tragödie plus Zeit«, lautet ein Zitat, um dessen Urheberschaft keine Einigkeit besteht.

Neben den Lesungen begann ich ein Stand-up-Comedy-Soloprogramm mit dem Namen »Der Flüchtling Ihres

Vertrauens« aufzuführen. Mein Fazit dieser vielfältigen Begegnungen ist, dass sich diese Arbeit auszahlt. Ein Erlebnis mit der Polizei macht das deutlich. An einem späten Samstagabend wurde ich von einer Polizeikontrolle in Bergheim aufgehalten. Ich verspürte sofort Knoten im Bauch. Ich habe mit diesen Situationen einfach keine positiven Assoziationen. Wer das despotische Vorgehen der Sicherheitsstellen in Syrien kennt, versteht warum. »Herr Turjman, würden Sie bitte aussteigen?«, fragte mich der Polizist emotionslos. Mein Herz raste. Woher kannte er meinen Namen? Ich hatte mich noch nicht ausgewiesen. Was war los? Gab es irgendwo einen Anschlag und stehen alle Muslime wieder unter Generalverdacht? Diese Gedanken schossen mir durch den Kopf. Als ich ausstieg, merkte ich, wie mir ein Schauer über den Rücken lief. Der Polizist gab seinem Kollegen sein Handy und bat ihn, ein Foto von uns zu machen. »Ich hoffe, dass es für Sie in Ordnung ist«, sagte er und legte seinen Arm auf meine Schulter. »Meine Frau hat Ihr Buch auf Kindle gelesen. Sie folgt Ihnen auf Instagram und erzählt mir ständig von Ihnen«, erklärte mir der Polizist schroff während des Fotografierens. Ich konnte die Situation nicht einordnen. Ich lächelte nur dümmlich in die Kamera und setzte mich wieder ins Auto. »Ich finde es toll, was Sie machen. Wirklich toll«, ließ er mich abschließend wissen und ich durfte weiterfahren. Solche Erfahrungen und Begegnungen haben mich bestärkt und inspiriert, weiterzumachen, mich für meine Themen starkzumachen und die Bühne nicht denjenigen zu überlassen, die pöbelnd, unmenschlich und überheblich handeln.

In diesem Buch möchte ich einige Themen unter die Lupe nehmen, wie zum Beispiel Zusammenleben, Traumaaufarbeitung und Mehrsprachigkeit. Aber auch erzählen, in welche Fettnäpfchen ein Araber durch den Mangel an Sprachkenntnissen und die Unterschiede der Kulturen treten kann. Einen breiten Raum wird mein Versuch einnehmen, die Österreicher:innen zu verstehen, über unsere Gemeinsamkeiten und Unterschiede zu philosophieren und zu beschreiben wie Österreich meine neue Heimat wurde. Aber machen Sie sich, liebe:r Leser:in, keine Erwartungen, denn der Inhalt und der Verlauf dieses Buches sind alles andere als typisch oder vorhersagbar. Ich schreibe vor allem für all jene, die traurig waren, weil das Ende von »Wenn der Jasmin auswandert« so schnell kam, und gerne wissen wollten, was weiter geschah, nachdem mich die Polizei im Zug aufgegriffen hatte. Jetzt bin ich bereit, euch den weiteren Verlauf der Geschichte zu erzählen. Die Namen aller im Buch vorkommenden Personen wurden geändert, um ihre Privatsphäre zu schützen.

»أهدي هذا الكتاب الى أمي الحبيبة التي لم تمل ولا تكل
منذ سنوات عن السؤال: «شو اكلت اليوم؟»

Ich widme das Buch meiner Mutter, die mich seit sieben Jahren jeden Tag unermüdlich anruft und fragt: »Was hast du heute gegessen?«

Österreich ist ein wunderschönes Land. Du wirst schnell Freunde finden

»Du kannst dich jetzt anziehen. Und warte hier, wir kommen wieder«, teilte mir einer der beiden Polizisten mit, ehe sie die Zelle verließen. Zuvor passierte etwas Unangenehmes: Ich wurde nackt abgetastet, was ich zuvor noch nie erlebt hatte. Ich bin normalerweise gschamig, aber in dieser Situation blieb ich eiskalt. Die Polizisten nahmen alles mit, bis auf die versteckten fünfzig Euro in der Tasche in meiner Unterhose, die meine Schwester an dem Abend, bevor ich Damaskus verließ, provisorisch mit der Hand eingenäht hatte. Ich fragte mich, was wäre, wenn sie das Geld entdeckt hätten? Dann wäre mein Vermögen um fünfzig Euro geschrumpft, also von fünfzig Euro auf null. Es war ein verdammt befreiendes Gefühl, von den Trümmern der Welt nur fünfzig Euro übrig zu haben. Ich fühlte mich so leicht, ich musste mir keine Sorgen um die Zukunft machen. Ich brauchte keine Pläne, wofür ich mein Geld ausgeben würde.

Ich zog mich wieder an und setzte mich auf das kleine Metallbett, den einzigen Einrichtungsgegenstand in der Zelle. Ich blickte aus dem Fenster. Es war dunkel geworden. Die Straße war ruhig, einige Laternen beleuchteten sie notdürftig. Sie war auch auffallend sauber. Das war kein üblicher Anblick für meine Augen. Das der Polizeistation gegenüberliegende Gebäude war ein Wohnhaus. Ich beobachtete einige Menschen in ihren Wohnungen. Eine Familie aß gerade in der Küche das Abendessen. Es wirkte fast befremdlich, aber auch beruhigend, Menschen zu beobachten, die einen normalen Alltag lebten.

Erleichterung erfasste mich. Ich hatte das Gefühl, die Reise, die Flucht, ist beendet. Obwohl ich in diesem Land keinen Menschen kannte, spürte ich eine tiefe Ruhe in mir. Ich hatte kein Bedürfnis weiterzuziehen. Ich bleibe hier. Der ältere Polizist, der mich im Zug aufgegriffen hatte, sagte auf Englisch: »Österreich ist ein wunderschönes Land. Du wirst schnell Freunde finden.« Mit dieser Prophezeiung hatte der Polizist vollkommen recht. Er irritierte mich allerdings mit dem Namen des Landes, Austria. Was ist das? Das Land heißt auf Arabisch Al-Nimmsa. Er sprach den Namen das erste Mal so undeutlich aus, dass ich für einen Augenblick dachte, ich würde schlafen und träumen. Australien? Das kann nicht wahr sein! Das ist viel zu weit weg!

Dann öffnete sich die Tür wieder. Es war derselbe alte Polizist vom Bahnhof. »I wish you very luck«, versuchte er mühevoll Englisch zu reden und gab mir die Hand. Ich sah in seinen Augen und an seinem Gesicht, dass er gerne noch etwas gesagt hätte, aber er war etwas nervös. So winkte er mir nur lächelnd zu und verließ den Raum. Da begann mein Erstaunen über die Freundlichkeit dieses Volkes. Von dieser Freundlichkeit werde ich dir, liebe:r Leser:in, später mehr erzählen. Ich habe dich schon geduzt, weil wir im Flachgau, meiner neuen Heimat, mit sympathischen Menschen, wie du einer bist, gerne per du sind. Als Araber hat mir diese Sie-Form große Verwirrung beschert. Es ist nicht so, dass es im Arabischen keine Höflichkeitsanrede gibt, aber nicht so wie im Deutschen. Man verwendet das Ansprechen in der dritten Person, der Höflichkeitsform, bei besonders hoch angesehenen Persönlichkeiten des öffentlichen Lebens, wobei ich als Kind auch meinen Opa so ansprechen musste: »Wie geht es Euch, Opa, was habt Ihr heute gemacht?« Auf Deutsch verstand ich anfangs die Sie-Form als eine Art Anrede. »Sie, wie geht's dir? Sie, kommst du mit? Sie, kann ich dich etwas fragen?« Ich glaube, das war nicht nur für mich verwirrend, sondern auch für meine Mitmenschen. »Du kannst nicht die Leser:innen so einfach duzen. Manche Menschen wollen das vielleicht nicht«, sagte mir eine Freundin, die Doris, beim Überarbeiten dieses Textes. Also werde ich dich, liebe:r Leser:in, wieder siezen. Ich höre jetzt aber eine:n Leser:in sagen: »Von mir aus kemma uns oba a duzen«. Dich werde ich ausnahmsweise duzen. Lass mich aber jetzt weitererzählen.

Die Worte dieses alten Polizisten am Bahnsteig haben mir nachhaltig Hoffnung gegeben. Es war der erste Rückhalt, den ich in Österreich erfuhr. Hoffentlich erreichen ihn diese Worte. Man unterschätzt oft die Wirkung der eigenen Äußerungen. Auf Arabisch gibt es ein Sprichwort, das besagt:

»Mit einem Wort kannst du einen Menschen töten oder ihn lebendig machen.« Ein anderes, welches von der Gastfreundlichkeit handelt, lautet: »Komm mir lächelnd entgegen, und gib mir nichts zu essen.« Das bedeutet, dass die Art, wie du mir begegnest, wichtiger ist als das, was du mir anbietest.

Ungefähr eine Stunde später holten mich die Polizisten aus der Zelle und wir fuhren zum Erstaufnahmezentrum nach Thalham. Die Fahrt dauerte eine gute Stunde. Ich war erstaunt, wie respektvoll diese Polizisten mit mir umgingen. Das ist in Syrien gar nicht üblich. Vor lauter Erschöpfung schlief ich ein. Ich kann mich an diesen Abend schwer erinnern. Ich weiß nur, dass beim Ankommen die Polizist:innen des Erstaufnahmezentrums meine Fingerabdrücke nahmen und mich für den Asylausweis fotografierten. Wenn ich heute auf das Foto dieses Ausweises blicke, wird mir bewusst, in welchem Zustand ich damals war. Ich schaue wie ein verlassener Hund aus, der seit drei Wochen auf der Straße lebt. Am Ende der Aufnahmeprozedur bekam ich mein Handy zurück und wurde einem Achtbettzimmer mit sieben Männern aus Nigeria zugewiesen. Ich habe von den zwei Tagen in Thalham nur wenig Erinnerung, weil ich immer wieder stundenlang schlief. Ich kann mich an das gute, warme Essen erinnern. Auch an die nette Hausärztin, die mich von meinem Elend befreite. Mein Inneres war nach der Flucht versteinert, und ich konnte es nicht entleeren. Sie gab mir eine Wundermedizin, sodass ich den Rest des Tages auf der Toilette verbringen musste. Der Betreuer Tom hinterließ ebenfalls einen starken Eindruck in diesen zwei Tagen. Er merkte, dass ich in den Klamotten, die ich trug, auch nachts schlief, weil ich nichts zum Wechseln hatte. Daher brachte er mich in den Keller, in einen Raum voll gebrauchter Kleidung, die gespendet worden war. Am Anfang getraute ich mich nicht, etwas zu nehmen. Mein Stolz bremste mich. Aber Tom verstand das Spiel und mit Schulterklopfen meinte er: »Nimm es einfach, du brauchst es.« In Syrien legte ich viel Wert auf mein Aussehen, aber in diesem Lebensabschnitt hatten Mode und Farbkombinationen keine Priorität. Ich kam wie ein Clown wieder heraus, mit farbenfrohem Outfit.

Toms Worte bauten mich auch nachhaltig auf. Beim Abschied, bevor ich in den Minibus einstieg, der uns nach Berndorf bei Salzburg bringen sollte, sagte er mir: »Jad, du wirst hier deinen Weg machen, ich sehe das in deinen Augen. Du wirst es schaffen.«

Danke, Tom!

Am Donnerstag, den 15. Jänner 2015, wurde ich meinem ersten Quartier zugewiesen. Zu zehnt fuhren wir los. Im Minibus saßen Syrer, Afghanen und Iraker. Die Fahrt nach Berndorf, zu meinem ersten Wohnort in Österreich, war überwältigend. Es war eben die erste Berührung mit der österreichischen Landschaft und ihrer Natur. Wir mussten auf dem Weg zwei andere Asylsuchende aus Abtenau abholen und mitnehmen. Mit offenem Mund und großen Augen blickte ich ungläubig durch das Fenster hinaus. Als ich die Berge sah, war mein erster Impuls: Wo ist Heidi? Ich hielt die ganze Zeit nach Heidi und Peter Ausschau. Auf den Bergen sah ich mehrere kleine Hütten, die als potenzielle Kandidaten für die Hütte vom Alm-Öhi passen würden, aber von Heidi und Peter keine Spur. Nur von den Ziegen. Ja, ich habe als Kind »Heidi« angeschaut, aber auf Arabisch synchronisiert. »Heidi« war eine sehr beliebte Serie in der arabischen Welt und ich litt mit Heidi mit, als sie nach Frankfurt umziehen musste. Und als sie zurück nach Hause durfte und die Berge erblickte, weinte ich erleichtert mit ihr mit. An dieser Stelle muss ich zugeben, dass das originale Intro-Lied viel schöner als das arabische ist.

Je näher wir Abtenau kamen, desto überwältigender wurde die Aussicht. Beim Anblick der grünen Wiesen, des Flusses und der eingeschneiten imposanten Berge im Hintergrund, um deren Spitzen einige Wolken schwebten, verstand ich, warum aus diesem Land so viele hoch angesehen Künstler:innen kamen. Ich fühlte mich für einen Augenblick wie im Paradies. Das Auge ist hier ständig angeregt. Hunderte Grüntöne, weiße, graue, grüne Berge und atemberaubende Seen. Kein Wunder, dass die Europäer:innen in vielen Kunstarten Spitzenreiter sind. Als Araber hat man nämlich in der Wüste kilometerlang nur eine eintönige gelbe Landschaft vor Augen. Der Araber saß den ganzen Tag vor seinem Zelt und erfand Synonyme für sein Kamel und Gott. Es gibt hundert Synonyme auf Arabisch für das Kamel, vierzig für den Löwen und neunundneunzig für das Wort Gott. Während das Auge in Österreich andauend angeregt wird, ist es bei den Arabern die Zunge. Die Araber:innen schafften ihr Paradies, die Farben und Töne mit ihren Worten. Daher sind die Orientalen bekanntlich begnadete Dichter:innen und Erzähler:innen. So haben drei Orientalen durch ihre Erzählungen vor vielen

Jahren sogar die ganze Welt anhaltend von ihrem Paradies überzeugt.

Die beiden neuen Mitfahrer aus Abtenau waren Syrer. Der Iraker neben mir schien an Unterhaltung nicht interessiert zu sein. Als ich meine Gedanken über »Heidi« und den Einfluss der Landschaft auf die Kunst zur Sprache brachte, wurde das Geplauder im Bus lebendiger. Er hingegen blieb apathisch und reserviert. Ich nahm es ihm nicht übel. Es war nicht zu erwarten, in solchen Situationen gut gelaunt zu sein, wer weiß, was er erlebt hatte. Er war allerdings im Gegensatz zu mir und zu den anderen äußerst gepflegt und sauber und hatte sogar einen Reisekoffer mit. Wie gewohnt, konnte ich meine Neugier nicht zurückhalten, und ich sprach ihn darauf an. »Als Neurochirurg bekam ich ein Visum. Ich bin legal mit dem Flugzeug eingereist«, erklärte er mir. Seine Aussage klang in diesem Moment sehr arrogant. »Du Glücklicher!«, kommentierte ich und zeigte kein Interesse an einem weiteren Gespräch. Er kam mir in diesem Moment äußerst unsympathisch vor. Später wurde Dr. Mohammad zu meinem besten Freund. Bis zum heutigen Tag.

Nach etwa zweieinhalb Stunden kamen wir in Berndorf an. Ein kleines bäuerliches Dorf am Fuße des Haunsbergs, an dessen Sonnenseite gelegen. Wir durften das Jungscharheim beziehen. Vor dem riesigen Haus warteten schon drei Personen, die wie Santa Claus verkleidet waren, so dachte ich zumindest im ersten Moment. Was für eine nette Geste! Aber es stellte sich heraus, dass es die Betreuer:innen vom Samariterbund in ihren roten Uniformen waren. Zwei andere Frauen aus Berndorf und ein Radioredakteur standen ebenfalls neben ihnen. Unsere neuen Betreuer:innen empfingen uns freundlich und feinfühlend. Die Gegend, die Menschen und das Heim wirkten einladend. Ich fühlte mich erleichtert und froh, hier angekommen zu sein. Mit diesem Doktor und zwei anderen Syrern wurde ich demselben Zimmer zugewiesen. Er bekam das Bett über mir. Egal, ich muss ihn eh nicht heiraten, dachte ich. Nachdem wir im großen Gemeinschaftsraum Hygieneartikel und fünfundvierzig Euro fünfzig Verpflegungsgeld für eine Woche bekommen hatten, fragte der Radioredakteur in die Runde: »Who speaks English well and would like to do an interview?« Ohne zu zögern, meldete ich mich. »Okay super, bist du der Arzt?«, fragte er mich. »Nein«, erwiderte ich vorsichtig. »Wer ist der Arzt?«, fragte er weiter. »Okay, ich werde ihn zuerst interviewen und dann dich«, ließ er mich wissen. »In Ordnung!«, nickte ich und verdrehte meine Augen.

Asackerla

Als das Interview beendet war, kamen einige Einheimische und brachten Klamotten, Handtücher und Schuhe mit. Ich hörte aufmerksam zu, wie unsere Besucherinnen mit den Betreuer:innen sprachen. »Ist das Deutsch?«, fragte ich mich. Es klang ganz anders als erwartet. Ich dachte, dass die deutsche Sprache eine harte Aussprache auszeichnet. Ich meine, so abgehackt wie Hitler sprach. Denn alles, was ich über diese Sprache und den gesamten deutschsprachigen Raum wusste, wurde durch die amerikanischen Filme über den Ersten und Zweiten Weltkrieg vermittelt. Man bekam den Eindruck, dass alle Deutschen und Österreicher Nazis sind. Genauso einseitig, wie auch der Islam in amerikanischen Filmen dargestellt wird. Jedenfalls klang diese Sprache für mich weich und sogar melodisch. Aber sie sprachen viel zu schnell und ohne Pausen zwischen den Wörtern und Sätzen. Mein erster Impuls war Frustration. Wie sollte ich diese Sprache jemals beherrschen? Mittlerweile kann ich – wenn ich im Dialekt rede – wie ein richtiger Österreicher klingen, also so wie David Alaba. Als die Einheimischen wieder gingen, fragte ich die Betreuerin: »Wie haben die Leute uns begrüßt? Es hörte sich irgendwie anders an als die normale Begrüßung.« »Das war Dialekt, mit der Zeit lernst du es. Sag erst einmal hallo und das genügt«, antwortete sie mir. Aber mit dieser Antwort gab ich mich nicht zufrieden.

Nachdem die Betreuer uns den Weg zum Supermarkt beschrieben hatten, machte ich mich gemeinsam mit einigen anderen auf den Weg. Dr. Mohammad war auch dabei und unsere Unterhaltung war diesmal kommunikativer. Ich vereinbarte mit Mohammad und den zwei anderen, die das Zimmer mit uns teilten, künftig gemeinsam zu kochen. Das sollte günstiger ausfallen. Im Supermarkt kaufte ich mir dann zusätzlich noch ein Überraschungsei. Als ich es vom Regal nahm, war ich gerührt. Als Kind träumte ich immer davon, dass mein Vater mir eines kauft. Aber ausländische Produkte waren sehr rar und teuer. Er kaufte mir die syrische Nachahmung und die schmeckte ebenfalls gefälscht. Das originale hat gut geschmeckt, aber meine Freude war nicht so tiefgehend wie erwartet. Irgendetwas hat gefehlt. Vielleicht, weil mein Baba es nicht für mich gekauft hat. Vielleicht, weil ich kein Kind mehr war. Oder vielleicht, weil das Leben nie alles hergibt, und wenn es etwas gibt, muss man dem auf andere Weise Tribut zollen.

Mohammad und ich stellten uns in die Schlange an der Kasse. Und da hörte ich wieder, wie die Kassiererin die Menschen im Dialekt begrüßte. »Hör zu, so begrüßt man sich im Dialekt«, machte ich Mohammad darauf aufmerksam. Ich hörte die Begrüßung mehrmals an und verinnerlichte sie, und als ich drankam, begrüßte ich sie: »Asackerla.« Sie lächelte und gab mir sogar eine Plastiktüte gratis. Stolz über meinen ersten Erfolg mit der neuen Sprache kehrte ich zum Quartier zurück und wollte meine Betreuerin beeindrucken. Aber leider klappte es nicht. Als ich sie mit »Asackerla« begrüßte, verstand sie mich im ersten Moment nicht. Und als ich ihr meine Absicht erklärte, brach sie in Lachen aus … Ab diesem Tag wurde »Asackerla« zu unserer Begrüßung bzw. Verabschiedung im Haus. Es klingt auch besser als Servus. Für die Freund:innen, die mit dem österreichischen Dialekt nicht vertraut sind, hier ist die Übersetzung: »Ein Sackerl auch.« (»Eine Plastiktüte auch.«)

Diese Komödie, die ich gleich am ersten Tag in Berndorf erlebte, passte genau zu meinem innerlichen Zustand. Ich war froh. Ich war glücklich. Ich war angekommen. Zwar nicht in Schweden oder Deutschland, aber ich war jetzt in Sicherheit. Ich musste mich nicht mehr vor dem Geheimdienst, Verfolgung und Bomben fürchten. Ich konnte wieder zu schreiben beginnen, und zwar ohne Zensur. Alles, was ich von Österreich bisher erlebt und gelesen hatte, sprach dafür, dass ich hier in Würde leben und meinen Zukunftsträumen nachgehen konnte. Ich legte mich am Abend ins Bett und mir war eines klar: Ich muss schnell Deutsch lernen. Ich lud mir am Handy eine App zum Deutschlernen herunter – »Rosetta Stone« – und abonnierte einige YouTuber, die Deutsch-Arabisch oder Deutsch-Englisch unterrichteten. Noch am selben Abend absolvierte ich meinen ersten Deutschunterricht und wurde gleich mit diesen Buchstaben mit zwei Punkten oben konfrontiert, von denen Kito in Wien erzählt hatte: die Umlaute! Die wurden dann zu meinen Todfeinden – bis zum heutigen Tag. Ich weiß nicht, was sich die Urgermanen beim Erfinden ihrer Sprache gedacht haben. Ich vermute, dass sie diese Umlaute gegen arabische Spione eingesetzt haben: »Sollte sich heimlich ein Araber bei uns einschleichen, fliegt er anhand seiner Aussprache auf!« Wenn das ihre Absicht war, muss ich ihnen zu ihrem Erfolg gratulieren. Allerdings muss ich auch sagen, dass die Türk:innen diesen Filter überstanden haben. Denn die türkische Sprache besteht gefühlt aus vielen Üs. Man muss nur zwischen allen Buchstaben ein »Ü« hinzufügen und schon spricht man türkisch. Das Problem mit der Aussprache dieser Laute ist ein lästiges Wesen, das bis zum heutigen Tag auf meinen Schultern hockt. Das allererste Mal, als ich mich getraute, etwas auf Deutsch zu bestellen, war am Weihnachtsmarkt, und es war überaus peinlich. Ich stand bei einer Theke in der Menschenmenge und bestellte zwei Mal »Klowein«.

An den darauffolgenden Tagen kamen weitere Geflüchtete. Nach einer Woche war das Jungscharheim mit etwa zweiunddreißig alleinstehenden Männern verschiedener Herkunft voll belegt. Die Einheimischen in Berndorf waren sehr bemüht und jeden Tag traf ich auf neue Gesichter im großen Essraum. Das Haus war ständig voller Besucher:innen aller Generationen aus dem Dorf. Es war sehr wohltuend, diese Gastfreundschaft und Zuvorkommenheit zu erleben. Es entstanden schnell viele Freundschaften. Die Einheimischen schienen einen gut organisierten Plan für unseren Aufenthalt im Dorf zu haben. Ich erfuhr später, dass es vor unserer Ankunft mehrere Infoabende in der Gemeinde gegeben hatte, in denen viel besprochen und für unseren Aufenthalt in ihrem Dorf geplant wurde. Wir unternahmen mit den Berndorfer:innen jeden Tag etwas. Wir kochten gemeinsam, machten Sport, gingen spazieren und lernten Deutsch. Die Ehrenamtlichen organisierten nach einiger Zeit im Wirtshaus einen Abend zum kulturellen Austausch, zu dem das ganze Dorf eingeladen wurde. Jeder der Geflüchteten konnte einen Vortrag mit Bildern, Videos oder via PowerPoint über seine Heimat halten. Natürlich auf Englisch. Es war eine großartige Initiative, die einen Dialog schaffte und den Geflüchteten das gab, was sie am dringendsten brauchten: Anerkennung. Ich erstellte eine Präsentation über Damaskus mit dem Titel »Die Stadt des Jasmins«. Es war sehr emotional, vor so vielen Menschen über die Stadt, die mir nun verboten war, zu reden. Ich hatte während der gesamten Präsentation mit Tränen zu kämpfen. Erst im Zuge des Vortrages wurde mir bewusst, dass ich nun im Exil lebe. Es war eine ernüchternde Erfahrung, aber auch eine wichtige, um nicht mehr irgendwo zwischen dort und hier verloren zu sein.

Wie uns die Bevölkerung aufnahm, war enorm wichtig. Sie machte diese Ausnahmesituation für viele von uns erträglicher und leichter. Es war ein vertrauensvoller Umgang miteinander. Wenn Eltern oder alleinerziehende Mütter etwas zu erledigen hatten und Babysitter brauchten, brachten sie ihre Kinder ins Quartier zum Aufpassen. Ich erinnere mich mit Vergnügen an einen Nachmittag, an dem ich mich für eine kurze Siesta hingelegt hatte. Als ich die Augen schloss, ertönten Stimmen eines Chores unten im Essraum. Es war aber nicht wirklich Gesang, und es schienen Kinder zu sein. Als ich hinunterging, saßen drei Mädchen nebeneinander und zählten synchron im selben Ton bis tausend. Sie hatten bereits ein großes Publikum begeistert. Fast alle Bewohner standen bewundernd um sie. Die Mädchen waren ohne ihre Eltern da. Und sie waren entschlossen, erst wenn sie tausend erreichten, wieder Luft zu holen. Ich saß daneben und versuchte mitzuzählen, aber sie waren roboterhaft schneller. So versuchte ich einfach, diese eintönige Melodie murmelnd mitzusingen: »Terndentarendenden terndentarendenden.« Aber irgendwann bei dreihundert wurde ich müde und ging mit Mohammad eine Runde spazieren, und als wir zurückkamen, waren sie immer noch nicht fertig.

Die ehrenamtlichen Helfer:innen teilten uns in kleine Gruppen auf, und jeder und jede lernte mit seiner / ihrer Gruppe fast täglich Deutsch. Mohammad, die zwei anderen aus meinem Zimmer, Yasser und Ahmad, und ich waren bei Sabrina eingeteilt. Sabrina, eine ehemalige Lehrerin, war eine engagierte und einfühlsame Frau. Meine erste Begegnung mit ihr war peinlich. Ich saß am zweiten Tag nach meiner Ankunft vor dem Haus und hörte die libanesische Sängerin Fairuz auf meinem Handy und trank Filterkaffee. Ich wunderte mich, wie die Leute es hier wagen konnten, dieses geschmacklose, teeähnliche Getränk Kaffee zu nennen. Ich muss schnell wieder Mokka und eine Kanne besorgen, dachte ich, da ging Sabrina an mir mit einem schwarzen Labrador vorbei. »Griaß di«, begrüßte sie mich. »Asackerla«, erwiderte ich. Ihr Hund kam auf mich zu und begann an meinen Füßen zu riechen. Ich streichelte ihn und fragte sie, wie der Hund hieß. Ich kann mich an den Namen nicht erinnern, aber sie gab mir ein Zuckerl und sagte etwas Unverständliches. Ich bedankte mich jedenfalls höflich und steckte das Bonbon in meinen Mund. Braun ist keine verlockende Farbe für Zuckerl, vielleicht es ist ein Biskuit, dachte ich. Es schmeckte aber widerlich und ich spuckte es wieder aus. Sie schaute mich ungläubig an und versuchte ihr Lachen zu unterdrücken, dann lachte sie aus vollem Hals. »Das Leckerli war für den Hund gedacht«, erklärte sie, und ich konnte die Peinlichkeit nicht mehr verleugnen. Wobei das größere Problem war, dass Dr. Mohammad am Fenster stand und es miterlebte. Er erzählt diese Geschichte bis zum heutigen Tag genüsslich bei jeder möglichen Gelegenheit.

Sabrina war sehr bemüht, die tägliche Deutschstunde am Nachmittag abwechslungsreich und methodisch kompetent zu gestalten. Aber wir mussten die Teilnehmer in den Gruppen neu verteilen, denn Ahmad war Analphabet, er konnte auch Arabisch nicht lesen und schreiben, im Gegensatz zu Dr. Mohammad, der fließend Englisch sprach.

Männer dürfen keine Schwäche zeigen

Natürlich lief nicht alles perfekt und reibungslos im Haus. Es gab oft Unstimmigkeiten, aber auch Missverständnisse mit den Einheimischen, Missverständnisse aus unterschiedlichen Gründen. Das war auch klar, da die Erwartungen und Bedürfnisse der Einheimischen und der Neuankömmlinge so unterschiedlich waren. Öfters erschienen manche nicht zur Deutschstunde. Für die freiwilligen Helfer:innen war das frustrierend. Viele empfanden es als undankbar und sie hatten, aus ihrer Perspektive betrachtet, recht. Denn sie nahmen sich die Zeit und bereiteten sich vor, wünschten sich, dass Fortschritte gemacht werden, und dann kamen einige nicht zum Unterricht, obwohl sie gerade nichts anderes zu tun hatten.

Auf der anderen Seite kenne ich die Mentalität meiner Landsleute. Ich konnte mich manchmal ebenfalls nicht aufs Lernen konzentrieren. Ich erlebte es oft, dass viele der Männer tagsüber auf cool und lässig machten und dann die ganze Nacht nicht schlafen konnten. Die meisten konnten nicht begreifen und einordnen, was sie erlebt hatten. Es fehlte das Vermögen und die Sensibilität, die massive Lebensumstellung, die Verluste auf verschiedenen Ebenen und die Gefühle sowie die Emotionen, welche die ganze Situation auslöste, zu verarbeiten. Sowohl in Syrien als auch in Österreich werden Männer so sozialisiert, keine Schwäche zu zeigen. Es gibt in ihrer Welt und Wahrnehmung keine Erklärung und kein Verständnis für diese belastende Gefühlslage. Man besitzt keine Mechanismen und Werkzeuge, damit umzugehen, sie zu benennen, zuzulassen oder zu zeigen. Man blendet diese Empfindungen unbewusst aus, weil man zurzeit nicht in der Lage ist, sich mit diesen belastenden Erlebnissen auseinanderzusetzen. Diese Verdrängung führt dazu, dass die unterdrückten Gefühle stellvertretend zum Ausdruck gelangen, und sie erscheinen meiner Beobachtung nach in verschiedenen Varianten. Angefangen von Depressionen, über körperliche Symptome und Apathie bis hin zu Süchten und unerklärlichen Verhaltensmustern. Also kein Wunder, dass manche der Geflüchteten in solch einer Situation keinen Kopf zum Deutschlernen haben. Dieser psychische Aspekt wird aber leider von einer Gesellschaft, die vom Leistungsprinzip geprägt und für ihre eigenen Traumata-Arten nicht sensibilisiert ist, wenig Berücksichtigung erfahren. Ich persönlich war zu diesem Zeitpunkt für meinen schweren emotionalen Rucksack keineswegs sensibilisiert und die tickende Bombe in mir war mir nicht bewusst. Erst später, durch meine Psychotherapie und die Ausbildungen, die ich machte und immer noch mache, setzte ich mich damit intensiv auseinander. Mehr dazu in den nächsten Kapiteln. In Berndorf hatte ich keine Zeit dafür. Mein Tag war voll verplant. Ich war mit dem Leben und dem Kennenlernen einer neuen Kultur rund um die Uhr beschäftigt. Und mein Leben wurde dankenswerterweise mit vielen Freunden und Freundinnen aus der Gegend bereichert.

Doch nicht nur zwischen Einheimischen und Neuankömmlingen kam es zu Missverständnissen. Auch unter den Geflüchteten gab es immer wieder Zusammenstöße und Konflikte. Das ist auch selbstverständlich und darüber sollte ich eigentlich gar nicht schreiben. Denn Flüchtlinge sind keine homogene Gruppe. Es ist nur verständlich, wenn Menschen unterschiedlicher Herkunft, die auf so engem Raum leben und solche traumatisierenden Erfahrungen erlebt haben, dass die Dinge manchmal aus der Bahn geraten. Ich möchte kurz mein generelles Verständnis von Konflikten erläutern und über meine Beobachtung sprechen, dass in meiner Umgebung Konflikte und Auseinandersetzungen vermieden werden und negativ konnotiert sind. Obwohl jeder Konflikt ein großes Potenzial für Entwicklung bereithält, gehen wir Konflikten und Konfrontationen oft aus dem Weg, mit der Absicht, die Harmonie und den Frieden in unserem Leben zu bewahren. Das mag kurzfristig funktionieren, aber langfristig gefährden wir durch unsere Scheu vor Konfrontation das, was wir schützen wollen. Die ängstliche Suche nach Harmonie mündet oft in eine unfruchtbare Gleichmacherei. In jedem Konflikt lauert eine Chance, uns und unsere Beziehungen voranzubringen und diese zu vertiefen. Oft ist der Konflikt ein Wegweiser, der uns unser Handeln bewusst machen will. Oft ist er aber auch selbst der Weg für eine starke und tiefe zwischenmenschliche Beziehung und für die Entwicklung einer Zusammenarbeit und der Gemeinschaft. Auch im Streit, in einem Konflikt oder bei einer Auseinandersetzung können wir den Frieden beabsichtigen und friedlich unsere Gefühle und Bedürfnisse zeigen.

Wir können zusammenstoßen, ohne einander zu verletzen, um gemeinsam zu wachsen. Resilienz erreicht man gerade nicht, indem man Stress und Auseinandersetzungen vermeidet, sondern indem man lernt, damit umzugehen, davon zu profitieren und sie ohne großen Energieverlust zum Treibstoff für das Erreichen des nächsten Levels zu machen. Wir reden oft von Konfliktmanagement und davon, Konflikte zu schlichten. Das zeigt unser fehlendes Bewusstsein, die Konflikttransformation zu begreifen. Auf Arabisch sagt man »Konflikt ist das Salz einer Beziehung«. Und, ganz ehrlich, wir liegen nicht immer richtig. Ich bin unendlich dankbar für meine Freund:innen, die mir ihre Meinung über mein Handeln schonungslos, aber wohlwollend sagen. Wir brauchen die andere Perspektive dringend. Denn unsere Perspektive ist die einzige Perspektive, mit der wir uns nicht sehen können. Aber nicht vergessen, der Ton macht die Musik!

Bevor ich mich im Strudel meiner Gedanken verliere, lasst uns wieder nach Berndorf zurückkehren. Das ist übrigens typisch arabisch. Ein Damaszener-Spruch über diese Erzählweise lautet: »Er bringt dich durch eine Tür in Damaskus hinein und lässt dich durch dieselbe in Aleppo heraus.«

Österreich ohne Alkohol?!

Die Araber sagen: »Geduld und Humor sind zwei Kamele, mit denen du durch jede Wüste kommst.« Als Neoösterreicher sage ich: »Bier und Wein sind Zaubermittel, die jedem Menschen das Deutschlernen erträglich machen.«

Eine der Freundschaften, die ich in Berndorf geschlossen habe, war mit Fabian. Fabian ist gleich alt und obwohl wir aus zwei verschiedenen Welten kommen, sind wir einander sehr ähnlich. Wir haben den gleichen Humor und die gleichen Interessen, wir sind einfach auf einer Wellenlänge. Er war zum damaligen Zeitpunkt angehender Anwalt und sehr sportlich. Er brachte mir viel über Österreich bei und half mir später in vieler Hinsicht. Wobei ich da einschränken muss, nicht alles, was er mir beibrachte, war vorteilhaft. Mit Fabian ging ich das erste Mal in Österreich an einem Samstag fort. Er wollte mir zeigen, wie man in Salzburg ausgeht, und ich war sehr neugierig. »Trinkst du Alkohol?«, fragte er, als er mich vom Quartier abholte. »Sicher!«, erwiderte ich stolz. In Damaskus galt ich als Ungläubiger in der Familie, weil ich als Einziger Alkohol trank. »Aber du wirst mit den Österreichern nicht mithalten können«, meinte er ironisch mit einem herausfordernden Unterton. Und ja, er schaffte es, mich zu provozieren. Denn in Syrien vertrug ich von allen Freunden am meisten. »Sicher kann ich mithalten. Hast du eine Ahnung!«, gab ich prompt zur Antwort. »Okay, dann sehen wir heute, wer mehr trinkt«, sagte Fabian erfolgssicher. Und ich ließ mich dämlicherweise darauf ein. Damals wusste ich nichts vom Trinkverhalten in Österreich. Ich dachte, es wäre wie in Syrien. Meistens um des Genusses willen und des Beisammenseins. In Österreich hingegen scheint dies anders zu sein, aber lasst mich euch die Geschichte zu Ende erzählen.

Auf dem Weg kauften wir eine ganze Menge Bier und fuhren zu einem Freund von Fabian, der in Salzburg lebt, wo auch bereits andere Freunde und Freundinnen anwesend waren. Sehr nette Stimmung, Leute und Musik. Wir spielten Karten und die ersten Flaschen wurden geöffnet. Ich merkte, dass Fabian und seine Freunde das Bier tranken, als wäre es Wasser. Bei jedem Schluck nahmen sie ein Viertel der Flasche zu sich. Ich hingegen nahm kleine Schlucke zu mir, um den Geschmack wahrzunehmen. Aber anscheinend ging es hier nicht um den Geschmack. Nach fünfzehn Minuten hatte Fabian schon zwei Flaschen ausgetrunken und öffnete die dritte, ich aber war noch bei der ersten. Etwas verunsichert, versuchte ich mitzuhalten. Als ich das zweite Bier ausgetrunken hatte, merkte ich, dass ich mein Limit erreicht hatte. Ich begann grundlos zu lachen und mein Mund sprach ohne meine Erlaubnis. Ich hörte meine Stimme, aber es war nicht ich, der sprechen wollte. Fabian war dabei, die fünfte Flasche zu öffnen. Für mich wurde in diesem Moment klar, ich hatte die Wette verloren. Und wie die meisten Verlierer nach einer Niederlage, wollte ich heimgehen. »Wo willst du hin?«, fragte Fabian verwundert. »Ins Quartier. Danke fürs Mitnehmen zum Fortgehen. Es war nett.« »Was für Fortgehen? Wir sind noch nicht fortgegangen. Es war nur Vorglühen«, lachten Fabian und seine Freund:innen aus vollem Hals.

Im Laufe der Jahre in Österreich lernte ich viele Sitten und Bräuche kennen. Dabei zieht sich durch fast alle Rituale ein roter Faden, und zwar Alkohol. Alkohol ist fast bei jedem Anlass dabei. Manchmal geht es auch nicht um den Anlass, sondern um den Alkohol. Wenn Menschen sich in ihrer Freizeit treffen, muss Alkohol dabei sein. Als ob die Menschen ohne ihn keinen Spaß hätten. Es werden Anlässe erfunden, um Alkohol trinken zu können. Da fällt mir zum Beispiel der Frühschoppen ein. Sogar bei Beerdigungen wird getrunken. Beim Leichenschmaus Alkohol zu trinken oder zu lachen, wäre ein Skandal in Arabien. Man soll trauern, die Stirn runzeln und bestenfalls weinen. Wenn ich bei einem Geburtstag oder irgendeiner anderen Feierlichkeit eingeladen bin, fällt mir oft auf, wie einige Feiernde zwanghaft trinken. Sie fragen sich gegenseitig, wie viel hast du schon getrunken? Als würden sie sich vergewissern wollen, nicht im Rückstand zu sein. Und beeilen sich, wenn das Glas leer ist, nachzufüllen. Als wäre es eine Pflicht. Wobei dieses Trinkverhalten vermehrt bei Männern zu beobachten ist. Wenn ich bei solchen Anlässen keinen Alkohol trinken möchte, erlebe ich oft verwirrte und verständnislose Gesichter. Ich werde so angeschaut, als wäre ich ein Veganer. Als stünde ich am Ende der Nahrungskette. In Damaskus wird auch in bestimmten Kreisen viel Alkohol getrunken. Aber es geht meistens um den Genuss und das Beisammensein. In Syrien wusste ich schon, dass man von viel Alkohol betrunken wird, aber Alkoholleichen habe ich erst hier gesehen. Das war eindeutig ein Kulturschock. Als Fabian mich das nächste Mal mitnahm, überlebte ich das Vorglühen. Ich trank nur Wasser, und als wir in die Stadt fuhren, bestellte ich etwas Alkoholisches. Und so war ich mit fünf Euro auf Augenhöhe mit den anderen. Einmal schlug ich in einer Runde, in der viel Alkohol getrunken wurde, ein Gedankenspiel vor: Stellt euch Österreich ohne Alkohol vor. Einer der Anwesenden meinte, es würde am zweiten Tag ein Krieg ausbrechen.

Leider musste der Honeymoon in Berndorf nach fast drei Monaten, wie alles im Leben, zu Ende gehen. Wir mussten das Jungscharheim verlassen. Und wie Fairuz es ausdrückt: »Auch das Ende hat ein Ende.« Das Jungscharheim wurde aus vertraglichen Gründen an den nächsten Mieter weitergegeben. Einige der ehrenamtlichen Helfer:innen versuchten erfolglos, etwas dagegen zu unternehmen, aber wir wurden auf verschiedene Quartiere im Bundesland Salzburg verteilt. Dr. Mohammad und ich wurden zum Glück gemeinsam nach Radstadt, zum selben Haus, transferiert. Ich trug in meinem Gepäck unzählige schöne Erinnerungen, Freundschaften und Dankbarkeit. Ich kann nicht genug betonen, wie schön die Zeit war, die ich in Berndorf verbrachte. Sie war sehr amüsant, intensiv und lehrreich. Alle Namen der engagierten Helfer:innen und Freund:innen zu nennen, würde mehrere Seiten in Anspruch nehmen. Euch allen gilt mein aufrichtiger Dank. Ihr habt mir durch eure wohlwollende Haltung geholfen, mich nach der Flucht wieder wertvoll und sicher zu fühlen. Ihr habt bewiesen, dass jeder Mensch etwas zu seinem Menschsein beitragen und mit einem Lächeln an einen Fremden die Welt verändern kann. Ihr wart für mich der erste Anker in meiner neuen Heimat. Ein sehr wichtiger Anker.

Der Eichenbaum, der Arabisch spricht

Fabian fuhr Dr. Mohammad und mich mit seinem Auto zu unserem neuen Quartier nach Radstadt. Der Abschied vom Dorf, den Mitbewohner:innen und den Einheimischen war für alle emotional. Die Landschaft im Pongau unterscheidet sich stark von der des Flachgaus. Je mehr wir uns Radstadt näherten, desto weißer wurde die Gegend und ich liebe Schnee! In meiner Kindheit war es ein Spektakel, wenn es in Damaskus geschneit hatte. Meine Freude war unermesslich. Meine Mutter brachte mir ein Gebet bei, das ich wiederholen sollte, wenn es zu schneien beginnt, damit Gott mehr Schnee schickt. Ich stand beim Fenster, mit Stirn und Nase an der Fensterscheibe angeklebt, und wiederholte: »Herr Gott, vermehre und segne es.« Ich habe im Schnee mit meinen Freunden so lange gespielt, bis meine Kleidung bis zur Unterhose durchnässt war. Manchmal schneite es nicht wirklich, nur eine zwei Zentimeter dünne Schicht, aber wir spielten trotzdem, oft einfach mit dem Matsch.

Als wir in Radstadt ankamen, bewarf ich Mohammad mit einem Schneeball, aber wie immer, wenn es um Spaß ging, schaute er mich desinteressiert, genervt und verständnislos an. Ich selbst hatte auch nicht wirklich große Lust zu spielen. Das Haus machte einen scheußlichen Eindruck auf mich. Es war recht weit vom Zentrum der kleinen Stadt entfernt und stand einsam auf einem Hügel, nur von einem kleinen Bauernhof benachbart und von vielen unendlichen weißen Bergen belagert.

Unsere neue Unterkunft war eine ehemalige Herberge für Schiurlauber. Das dreistöckige Haus war voll belegt. Unser neuer, zuvorkommender und bemühter Betreuer ging mit uns in das Stockwerk der Arabisch Sprechenden, um uns auf die Zimmer zu verteilen. Wir mussten getrennt werden, weil nur ein Bett in den jeweiligen Zimmern frei war. Aber deren Bewohner wiesen uns zurück. Die winzigen Zimmer seien bereits so eng und voll, mit diesem Argument schlugen sie die Türen vor unseren Gesichtern zu. Der Betreuer schien kurz verzweifelt zu sein. »Was ist mit dem Zimmer vier zwischen den beiden voll belegten? Sollen wir da mal probieren?«, fragte ich ihn. »Dieses Zimmer ist leer. Es ist das einzige Doppelzimmer mit eigener Dusche und Toilette. Alle wollten das gute Zimmer beziehen und es gab viele Konflikte, wer es haben sollte. Wir entschieden uns, es niemandem zu geben«, erklärte er. »Lass uns rein und sag, wir sind ein homosexuelles Paar«, schlug ich vor, in der Hoffnung, das Zimmer zu bekommen. Unser Betreuer schaute mich kurz nachdenklich an, zuckte mit den Schultern, holte den Schlüssel von seiner Schlüsselkette, öffnete die Tür und sagte: »Bitte schön.« Es hat funktioniert! In der Tat gab es keine Proteste im Haus, weil wir das Zimmer beziehen durften. Manche Bewohner vermieden sogar den Kontakt mit uns und ließen uns in Ruhe. Ich muss an dieser Stelle zugeben, dass ich in Hinblick auf Homosexualität nicht aufgeklärt war, geschweige denn über andere Sexualpräferenzen. Ich habe mich in Syrien bis zu meinem fünfundzwanzigsten Lebensjahr gar nicht damit auseinandergesetzt. Ich kannte nur meine Heteronormativität. Denn Homosexualität und Queerness existieren in der kollektiven Wahrnehmung meiner ehemaligen Gesellschaft nicht. Wenn, dann nur als Krankheit oder Widerlichkeit. Dementsprechend verurteilte ich dämlicherweise Menschen, die eine andere sexuelle Orientierung als die angebliche Norm hatten. Ein Mann hat sich über seine Männlichkeit, Potenz und sein Machogehabe zu definieren. Nur dann bekommt man Bewunderung und Anerkennung. Dieses gestörte und unrealistische Männerbild ist nicht nur ein Problem der arabischen Welt, sondern ein globales Phänomen. Und wer denkt, dass Homophobie ein Problem ist, welches in Österreich anscheinend nicht existiert, irrt sich. Ich habe lange Fußball in der Landesliga Salzburg gespielt und viel gehört und gesehen. Ich habe in verschiedenen Ländern dasselbe Gelaber gehört: Ein echter Mann kann sieben Mal am Tag Sex haben, wenn er mündliche Vereinbarungen trifft, dann gilt das als Vertrag, er weint nicht und kennt keinen Schmerz. Das sind sehr traurige Glaubenssätze, an denen erfahrungsgemäß an erster Stelle die Männer selbst leiden. Ich träume davon, dass sich Männer irgendwann von diesen Fesseln befreien können und es nicht mehr echte Männer, sondern echte Menschen gibt. Später in Österreich lernte ich meinen ehemaligen Arbeitskollegen kennen. Er war an meiner Geschichte sehr interessiert und half mir und Menschen, die dasselbe Schicksal mit mir teilen. Irgendwann erfuhr ich, dass er einen Freund hat. Dieser Moment der Ernüchterung war für mich augenöffnend. Wieso sollte ich ihn jetzt ablehnen? Ich durfte zum Glück durch diese und andere Erfahrungen meine Weltanschauungen verändern.

Dr. Mohammad störte die Annahme im Haus, dass er homosexuell sei, gar nicht. Es war sogar in seinem Sinne, seine Ruhe zu haben, um Deutsch zu lernen. Er hatte keine besondere Affinität zu sozialen Interaktionen. In Berndorf nahm er nur sehr selten an den Aktivitäten teil. Eine der ehrenamtlichen Helfer:innen nannte ihn neckisch: »negativer pessimistischer Opa«. Ich dachte damals, ja, mit sechsunddreißig wirst du wohl nicht mehr so hyperaktiv sein. Nachdem wir uns für einige Wochen ein Doppelbett geteilt hatten, erzählte er mir seine Geschichte und warum er Bagdad verlassen musste:

Der Alltag im Krankenhaus in der irakischen Hauptstadt wurde immer unerträglicher und gefährlicher. Immer wieder kam es zu Gewalttaten und Beschimpfungen gegen das Ärztepersonal. Januar 2014, an einem Freitagnachmittag, ereignete sich ein Anschlag bei einem Checkpoint einer schiitischen Miliz. Mehrere schwerverletzte Zivilisten und Milizionäre wurden ins Krankenhaus eingeliefert. Einer von ihnen hatte ein schweres Schädel-Hirn-Trauma erlitten. Er war schon ein hoffnungsloser Fall. Aber Mohammad und das

Personal mussten ihn unter Drohungen und Beschimpfungen der bewaffneten Kameraden im OP-Raum behandeln. Doch der Verletzte starb nach einigen Minuten. So wurde Mohammad für seinen Tod verantwortlich gemacht und fast totgeschlagen. Das war der Tropfen, der das Fass zum Überlaufen brachte, und die Entscheidung war gefallen, den Irak zu verlassen.

Was solche traumatischen Ereignisse bei einem Menschen anrichten, durfte ich dann im Laufe der nächsten Jahre durch meine eigene Traumatherapie, durch Ausbildungen und viele Bücher detailliert kennenlernen. Nach ein paar Tagen in Radstadt begann ich, unerklärliche Gefühlszustände durchzumachen. Ich erlebte tagsüber Panikattacken, wachte in der Nacht schweißgebadet auf und konnte meinen Kopf nicht davon abhalten, an belastende Erinnerungen zu denken. Ich konnte nicht wirklich begreifen und durchblicken, was ich gerade erlebte. Es war Ende März und es waren mittlerweile etwas mehr als drei Monate seit meiner Ankunft in Österreich vergangen. Ich muss sagen, dass ich schon in Berndorf etwas dergleichen spürte, aber ich hatte keine Zeit, mir Gedanken darüber zu machen. Es war ständig etwas los in meinem Alltag und ich hatte große Neugier auf Österreich. Aber in Radstadt war es anders. Es schneite viel und war meistens grau und dunkel. Langsam ging mir der Schnee auf die Nerven, sodass ich meine Mutter fast um ein Gegengebet gebeten hätte. Es gab auch einige Einheimische, die sich für das Haus interessierten und engagierten, aber es waren deutlich weniger. Auch die Stimmung im Ort war anders. In Berndorf erlebte ich, dass die Menschen auf der Straße auf uns zugingen und uns begrüßten. »Griaß eich« sprach ich wie ein gebürtiger Flachgauer aus. Leider wusste ich nicht, dass »eich« nur für mehrere Personen gilt. So begrüßte ich auch einzelne Vorbeigehende so. In Radstadt wurden meine ersten drei Begrüßungen auf der Straße nicht erwidert. Ich habe die Entgegenkommenden auf der Straße trotz Gefahr der Zurückweisung dennoch weiterhin begrüßt. Mein Opa hat zu mir als Kind immer gesagt: »Wer zuerst den Anderen begrüßt, wird reich.« Ich grüße alle Menschen, aber ich bin nicht reich geworden, sondern Schriftsteller. Vielleicht hat er eine andere Art von Reichtum gemeint. Das Haus in Radstadt hatte durch einen Zwischenfall mit der Polizei keinen guten Ruf. Und wie es immer der Fall ist, wenn einer, den ich nicht kenne, der aber in dieselbe Kategorie »Ausländer« fällt, etwas anstellt, müssen wir alle dafür büßen. Hingegen wenn beispielsweise ein Deutscher hier bestraft wird, geraten nicht alle Deutsche unter Generalverdacht. Ein Phänomen, das Rassismus heißt.

Ich hatte zu diesem Zeitpunkt das Interview für meinen Asylantrag bei der zuständigen Behörde bereits hinter mir. Aber der Bescheid dauerte im Vergleich zu denen der anderer Syrer in Berndorf und Radstadt wesentlich länger. Alle anderen Syrer, mit denen ich ankam, bekamen den positiven Asylbescheid ziemlich schnell nach dem Interview. Dr. Mohammad hatte in dieser Hinsicht gar keinen Stress. Er wusste, dass Iraker und Flüchtlinge anderer Nationen im Vergleich zu Syrern keine große Chance hatten, hierzubleiben, und daher rechnete er von vornherein mit einer längeren Dauer des Verfahrens. Denn sie galten nicht als Kriegsflüchtlinge, sondern als Wirtschaftsflüchtlinge. Eine absurde Bezeichnung. Denn Armut ist nicht weniger verhängnisvoll als Krieg. Ich bin übrigens auch der Überzeugung, dass niemand seine Heimat freiwillig verlässt.

Mein psychischer Zustand hatte sich zu diesem Zeitpunkt dramatisch verschlechtert. Ich konnte nicht mehr weiter Deutsch lernen. Jedes Mal, wenn ich mich zum Lernen hinsetzte, schweiften meine Gedanken ab. Ich hatte Ein- und Durchschlafprobleme, und verschiedene Albträume suchten mich fast jede Nacht heim. Ich hatte absolut keine Ahnung, wie ich damit umgehen sollte. Ich konnte meine Gefühlslage nicht einordnen. Sie war abwechselnd von Antriebslosigkeit, Apathie, Ekelgefühlen und Sehnsucht begleitet. Gleichzeitig nahm das Gefühl zu, ein Fremder zu sein, nicht erwünscht zu sein, und auch das Heimweh wurde stärker. Ich war zwar schon für psychische Erkrankungen sensibilisiert, aber ich dachte nicht, dass ich davon je betroffen sein würde. Ich hatte immer eine starke und vitale Psyche gehabt und konnte ziemlich einfach stressige Situationen eigenständig und effizient bewältigen. Denn was ich in Syrien und auf dem Weg nach Europa erlebt hatte, gehörte aus meiner Sicht damals zum normalen Leben. Es ist so, wie es ist. Ich habe es überlebt und das Leben geht weiter, war meine Haltung. Eine gefährliche Haltung, wie wir später sehen werden. Von diesen Erfahrungen und meinem Heilungsweg werde ich an anderer Stelle noch ausführlich berichten.

Ich suchte natürlich das Gespräch mit Menschen. Und da stand mein Zimmergenosse Dr. Mohammad als Erster zur Verfügung. Aber er war der falsche Gesprächspartner, wie Ärzte es oft sind. »Hör auf zu übertreiben, Weichei, du bist nur besorgt, weil dein Asylbescheid vom Gericht etwas länger dauert, du bist nicht mehr der angesehene Beamte im Magistrat von Damaskus. Daher jammerst du. Sei froh, dass du überhaupt hier bist.« Er konnte nur solche Aussagen tätigen. Aber ich nahm es ihm nicht übel, wer weiß schon, warum sich manche Menschen in bestimmten Situationen abgrenzen und dichtmachen. Ein offenes Ohr fand ich bei Verena. Nicht direkt bei ihr, bei einem Freund von ihr. Verena ist eine pensionierte Lehrerin, die mit einigen Männern aus dem Haus Deutsch lernte und gelegentlich etwas mit ihnen unternahm. Das erste Mal begegnete sie mir, als ich an einem sonnigen Nachmittag abseits des Quartiers auf einer Bank saß, mit Aussicht auf Radstadt. »Alles gut bei dir? Ist was passiert?«, fragte sie. Anscheinend hat mein Äußeres mein Inneres gespiegelt. Ich erzählte ihr, dass es mir nicht gut geht, mehr konnte ich nicht artikulieren. Sie bat mich, mit ihr mitzufahren. Sie würde mir einen Freund vorstellen, mit dem ich in meiner Muttersprache über alles reden könne. In der Tat fuhr ich mit ihr nach Untertauern. Wir mussten einen kurzen Spaziergang machen, um den Freund zu erreichen. Die Gegend war malerisch schön: von eingeschneiten Bergen umgeben, ein kleiner Fluss und teilweise grüne Felder, die sich mit kleinen bunten Blumen von ihrer Schneeschicht befreit hatten. Nach einigen Minuten Spaziergang standen wir bei einem imposanten, Ehrfurcht gebietenden Baum. »Das ist der älteste Baum in der Gegend. Er wurde vom Blitz mehrmals getroffen, und wie du siehst, lebt er noch und ist gesund. Erzähl ihm, was du willst.« Mit diesen Worten entfernte sich Verena und wartete auf mich im Auto. Ich setzte mich auf einen Felsen und betrachtete den Baum ausgiebig. Die Idee kam mir im ersten Moment seltsam und etwas albern vor. Aber ich dachte, ich habe nichts zu verlieren. Es war einfach, die Art des Baumes zu bestimmen. Es war eine Eiche. Auf Arabisch heißt er Sendyan. In der arabischen Kultur ist das ein sehr bedeutungsvoller Baum, über den es tausende Gedichte und Sprichwörter gibt, die seine Stärke, seine Leidensfähigkeit und seinen Lebenswillen preisen. Eines davon sagt: »Wer in der Nähe eines Sendyan lebt, kann keine offenen Wunden haben.« Vorsichtig begann ich, den Baum auf mich einwirken zu lassen. Ich nahm eine starke Anziehungskraft wahr, als wollte er mir etwas sagen. Ich stand auf, näherte mich ihm langsam und legte meine Hand an seinen kraftstrotzenden Stamm. In diesem Moment fiel eine getrocknete Eichel direkt auf meinen Kopf. Ich erstarrte für einen Augenblick. Ein Gefühl der Geborgenheit und des Verstandenwerdens ergriff mich. Ich hatte die Überzeugung, dass mich der Baum kannte und verstand. Ohne irgendeine Einführung fragte ich ihn auf Arabisch: »Was ist los mit mir?« Ich blickte hinauf zu seiner Krone, durch die einige Sonnenstrahlen meinen Arm berührten. »Du musst mit dir gnädig sein und dir zu trauern erlauben«, antwortete er ebenfalls auf Arabisch. Ich weinte und erzählte ihm von mir und er hörte mir achtsam zu. Das Gespräch tat mir gut, als ob meine Seele in den Baum geschlüpft und mir gereinigt wieder zurückgegeben worden wäre. Von nun an waren wir Freunde und ich besuchte ihn regelmäßig.

Von diesem Freund lernte ich, wie eine Eiche zu leben. Der Eichenbaum lehrte mich, allein gleichmütig zu stehen, in erster Linie in mir stark verwurzelt und folglich mit allem um mich herum verbunden zu sein.

Angst ist der treueste Freund des Fremden

Ich fand auch einen Weg, Sport zu machen. Ich ließ mich durch einen nigerianischen Mitbewohner inspirieren, jeden Tag, so wie er, laufen zu gehen. John war ein sehr ruhiger und zurückhaltender Typ. Er wirkte, wenn er schwieg – und er sprach wenig –, todernst und nachdenklich, aber wenn er sprach, lachte er automatisch und sein Lachen mit der Lücke zwischen den Schneidezähnen wirkte auf mich etwas kindlich und herzensgut. Er war auch der Ordentlichste von allen, denn wenn er gekocht hatte, brachte er die Küche nachher zum Glänzen. Das war leider nicht bei allen Mitbewohnern des Hauses selbstverständlich. Dr. Mohammad regte sich oft deswegen auf, dass nach dem Kochen nicht ordentlich geputzt wird. Ich hingegen hatte keine Lust, etwas zu kochen bzw. überhaupt in die Küche zu gehen. Ich aß, was Mohammad so jeden Tag gebastelt hatte. Er konnte vielleicht keine sanften, tröstlichen Worte sagen, aber dafür kümmerte er sich indirekt um mich. Er kochte, machte Kaffee und Tee, ging einkaufen. Er kaufte mir von seinem Geld Sachen, die ich brauchte, und spielte in der Früh meine Lieblingsmusik, Fairuz.

Gemeinsam mit John joggen zu gehen, war zunächst einmal keine Option, denn er war sehr fit. Ich begann mit kleinen Runden und steigerte mein Tempo allmählich. Nach ein paar Wochen begann ich, meine Strecken auszudehnen und diese schneller zurückzulegen. Mein Rekord ist zwanzig Kilometer in zweieinviertel Stunden, nach Untertauern, den Freund besuchen und wieder zurück.

In Syrien hat das Joggen keine Kultur. Du kannst schwer einen Damaszener davon überzeugen, dass er in seiner Freizeit laufen oder freiwillig einen Berg besteigen soll. Ein Damaszener möchte in seiner Freizeit sitzen, gut essen, Shisha rauchen, Geschichten erzählen und Gerüchte verbreiten. Ein Damaszener ist nur darauf bedacht, seine Zunge zu trainieren. Der Damaszenerstahl ist weltweit berühmt für seine Qualität und die daraus hergestellten Messer für ihre Schärfe. Ein nach traditioneller Art handgeschliffenes Damaszenerstahl-Küchenmesser ist ein Erbstück. Allerdings sagt man in Damaskus: »Die Zunge eines Damaszeners ist noch schärfer und gefährlicher als Damaszenerstahl.« Daher verlangte mein Opa immer, im großen Omajad-Kreisverkehr das Symbol, das Damaszenerschwert, durch eine große Zunge zu ersetzen.

In Damaskus ging ich nur einmal laufen. Damals hatte ich eine amerikanische Serie angeschaut, in welcher der Protagonist öfters laufen ging. Mir kam die Sache cool vor und ich wollte ihn nachahmen. Ich zog mich sportlich an, steckte die Kopfhörer in meine Ohren und lief gleich von unserer Gasse los. Am Ende der Gasse saß unser alter Nachbar Abu Saaid wie jeden Tag am späten Nachmittag mit seinen Freunden vor dem Haus. Sie rauchten Shisha, tranken schwarzen Tee und spielten Tawle. Als ich vorbeilief, merkte ich, dass jemand mir nachschrie, war mir aber nicht ganz sicher. Ich steckte die Kopfhörer kurz ab und da hörte ich meinen Namen. Ich drehte mich um und sah Abu Saaid und seine Freunde, wie sie mir besorgt nachliefen: »Was ist los? Gibt es eine Schlägerei? Brauchst du Hilfe?« Er dachte, es sei etwas passiert.

Natürlich tat mir Sport während meines Aufenthalts in Radstadt gut. Es war eine Art der Ablenkung, eine vorübergehende Verdrängung. Ich hatte damals nicht das passende Mittel, Verständnis und Bewusstsein, die belastenden Empfindungen zu verarbeiten. Eine andere Tätigkeit half mir ebenfalls sehr, wieder Struktur und Sinnhaftigkeit in meinem Alltag zurückzugewinnen. Und zwar arbeiten! Ja, als Asylwerber darf man bekanntlich nicht arbeiten. Aber die ehrenamtlichen Helfer:innen aus Radstadt konnten mit dem Bauhof und der Gemeinde eine geringfügige Beschäftigung für die über dreißig Männer des Quartiers vereinbaren. Natürlich konnten nicht alle gleichzeitig arbeiten. Soweit ich mich erinnern kann, durften nur zwölf Geflüchtete arbeiten. Die Deutschlehrerin der VHS, die im Haus einen A1-Kurs hielt, entschied anhand der Deutschkenntnisse der Bewohner, wer arbeiten durfte. Obwohl ich zu diesem Zeitpunkt das Deutschlernen vernachlässigte und nur unregelmäßig beim Unterricht war, reichten meine Kenntnisse aus, um arbeiten zu dürfen. Natürlich war Herr Doktor auch unter den Auserwählten. Der Neurochirurg und ich durften Straßen säubern, beim Umzug einer Schule Möbel schleppen helfen und einige Gebäude putzen für fünf Euro pro Stunde und waren sehr dankbar für diese Arbeit. Ob fünf Euro wenig oder viel für eine Stunde arbeiten ist, war mir zu diesem Zeitpunkt ziemlich egal. Es ging mir persönlich nicht um den Geldbetrag, sondern darum, mich wieder als Mensch mit einem Sinn im Leben zu fühlen, eine Rolle in der Gesellschaft zu haben und nicht nur im Asylheim herumsitzen zu müssen. Es war deutlich zu merken, wie glücklich manche meiner Asylheim-Kameraden über diese Tätigkeit waren. Ich sah sie lächeln und Spaß untereinander haben. Die Gelegenheit, endlich aus diesem dunklen Loch gerettet zu werden und arbeiten zu dürfen, ließ manche förmlich aufblühen. Diese geringfügigen Arbeitsangebote beim Bauhof waren für alle wie eine Zuflucht vor dem Wahnsinn der negativen Gedanken, denen man logischerweise ausgesetzt ist, wenn man den ganzen Tag nur perspektivlos über seine Vergangenheit und Zukunft nachgrübelt.

Im März 2019 befand der damalige Innenminister von Österreich, dass Asylsuchende zu viel verdienen. Er kündigte sein Vorhaben an, den Stundenlohn für Asylwerber, die solche Hilfstätigkeiten verrichten, auf 1,50 Euro sinken zu lassen. Und das hat er umgesetzt. Ich fühlte mich verletzt und gedemütigt, als ich diese Ankündigung las. Ich war wütend über diese Verachtung und Herabsetzung. Mein erster Impuls war: Wenn diese Anordnung zu der Zeit gekommen wäre, als ich diese geringfügige Arbeit in Radstadt verrichtete, hätte ich auf diese 1,50 Euro und diese Erniedrigung verzichtet und gratis gearbeitet. Das ist derselbe Politiker, der Asylsuchende an einem Ort konzentrieren wollte. Es gibt viele andere abscheuliche Aussagen, die ich nicht reproduzieren möchte. Ich frage mich nur, welche Botschaft er diesen Menschen vermitteln wollte und wie förderlich sein Vorgehen für das gesellschaftliche Zusammenleben sein sollte. Hat sich Europa nicht geschworen, diesem rassistischen, menschenunwürdigen und überheblichen Narrativ nie wieder einen Platz zu gewähren? Was wurde verschlafen, dass diese Gesinnung in dieser hässlichen Form wieder Raum gewinnt und sogar regieren kann, und dass noch dazu der damalige Bundeskanzler diese Vorgehensweise absegnete und rechtfertigte? An dieser Stelle frage ich mich, wie wäre die politische Lage heute, wenn der Ibiza-Skandal und die Korruptionsaffäre rund um Kurz und Konsorten nicht ans Tageslicht gekommen wären? Durch meine persönliche Erfahrung mit Traumatherapie weiß ich, dass Sicherheitsgefühle zu empfinden und wertgeschätzt zu werden die wichtigsten Grundlagen für die Heilung nach traumatischen Ereignissen sind. Leider erleben geflüchtete Menschen durch die bestehenden Strukturen meistens das Gegenteil nach ihrer Ankunft, sofern sie keine weiße Haut haben.

Ich bin oft neugierig, was die nächsten Generationen in einhundert Jahren über unsere Politik der Kurzsichtigkeit sagen werden. Wir wissen, wie schnell aktuell Globalisierung stattfindet. Ich meine hier nicht im wirtschaftlichen Zusammenhang, sondern im Hinblick auf Interkulturalität, Sozialisation und gemeinsame globale Herausforderungen. Es ist eine Tatsache, die für keinen Menschen ein Geheimnis ist, dass die nächsten Generationen andere Haltungen, Weltanschauungen und Antworten zu diesen und anderen Themen haben werden. Genauso wie wir aus der heutigen Perspektive die Politik des vorigen Jahrhunderts unter die Lupe genommen und analysiert haben und uns für manche Ideologien schämen. Daher versuche ich mir vorzustellen, wie die Schüler:innen in hundert Jahren im Geschichtsunterricht, sofern sie noch in die Schule gehen müssen, diesem Umgang der Rechtspopulisten mit den Fremden auf den Grund gehen werden. Meine erste Prognose schaut jedenfalls nicht gut aus.

Dieser politische Kurs ist nicht nur aus einer moralischen, ethischen und menschlichen Betrachtungsweise miserabel, sondern auch aus religiöser Sicht. Keine andere Lehre hat so stark wie die christliche empfohlen, die extremste Variante des Fremden, den Feind, zu lieben. Eine christlich fundierte Partei ist bereit, alles für ihren Glauben zu tun, aber einen Fremden lieben wollen sie nicht, nicht einmal kennenlernen. Dabei hat meistens der Fremde, erfahrungsgemäß, mehr Angst als der Einheimische. Gleichzeitig hat niemand Hilfe und Liebe so nötig wie der Fremde. Während der scheinbar Fremde Krieg, Folter, Flucht, Armut, Hunger und die Trennung von seinen Liebsten und der Heimat zu verkraften versucht, verkümmert seine Seele im Exil durch Kränkungen und Entwürdigung. Der Fremde erlebt Diskriminierung und Rassismus, die dem Einheimischen erspart bleiben. Ich meine jetzt nicht nur solche Aussagen wie »Asylantenvirus« oder das unsägliche »Ratten-Gedicht«. Auch die Ohnmacht, die man durch das bestehende System und die Institutionen erlebt, kränkt und macht krank. Mit der Ohnmacht zu leben, dass man machtlos ist gegenüber all den Entscheidungen, die das Leben betreffen, ist, das weiß die Psychologie, das

Schlimmste. Ich habe Menschen in den Asylunterkünften kennengelernt, die durch das lange Warten auf den Asylbescheid und die Ungewissheit ihrer Zukunft seelisch kaputtgegangen sind.

Jalal

Jalal ist einer von ihnen. An einem Donnerstag, dem 21. Mai, als ich mit Dr. Mohammad gegen Nachmittag von der Arbeit beim Bauhof zurück ins Quartier kam, händigte mir mein Betreuer den schon sehnsüchtig, wie auf glühenden Kohlen sitzend erwarteten kleinen gelben Zettel aus. »Du hast vom Gericht für Asyl und Fremdenwesen einen Brief bekommen, um 17:30 Uhr schließt die Post. Du kannst ihn schon abholen«, teilte er mir mit, und die Freude in seiner Stimme deutete auf die starke Überzeugung hin, dass ich einen positiven Asylbescheid bekommen hatte. Ich war aber nicht der Einzige, der einen Brief vom Gericht erhalten hatte. Auch der Afghane Jalal. Er kam ebenfalls von der Arbeit und ein paar Minuten nach mir an. Aber diesmal klang unser Betreuer ganz anders, als er ihm seinen gelben Zettel gab. Sein Gesichtsausdruck war auf einmal besorgt. Jalal nahm den Zettel und gemeinsam eilten wir zur Post. Mohammad wollte mich begleiten. Auf dem Weg erfuhr ich, dass Jalal schon in der ersten Instanz negativ beschieden worden war, vor einem Jahr Beschwerde eingelegt hatte, und nun kam offensichtlich die Entscheidung. Der Weg zum Postamt war relativ lang und so erfuhren wir mehr über ihn. Jalals Geschichte war fast exemplarisch für das traurige Schicksal vieler Afghan:innen. Sein Vater, ein Englischlehrer, wurde von den Taliban, als Jalal elf Jahre alt war, ermordet. Er wurde mit seiner restlichen Familie, seiner Mutter und zwei Schwestern, vertrieben und sie flohen in den Iran. Nach ein paar Jahren schickte ihn seine Mutter als ihren Hoffnungsträger nach Europa, ihre ganzen Ersparnisse wurden in die gefährliche Flucht investiert. Bei der Post stand er vor mir, nahm seinen Brief und ging. Mohammad folgte ihm. Ich unterschrieb ebenfalls, nahm den Brief entgegen und begann beim Hinausgehen, ihn zu öffnen. Jalal saß auf der Treppe und bedeckte sein Gesicht mit seinen Händen. Mohammad stand daneben und versuchte den Brief mit dem Amtsdeutsch zu entziffern. Als er zu mir blickte, schüttelte er bedauernd den Kopf. Ich war sehr aufgeregt und hatte mittlerweile meinen Bescheid in der Hand. Ich las als Erstes das letzte Wort im ersten Absatz und da stand »zukommt«. Ich wusste genau, was das bedeutet. Das hieß, mein Asylantrag wurde anerkannt. Mein Herz begann heimlich vor Freude zu tanzen. Ich machte ein Foto und schickte es an Fabian. Dr. Mohammad riss mir den Zettel aus der Hand und nach ein paar Sekunden sagte er lächelnd: »Gratuliere!« Ich umarmte ihn fest. Fabian schickte mir ganz viele tanzendende Emojis. »Du hast eine unbefristete Aufenthaltsgenehmigung erhalten«, schrieb er dazu. Ich fühlte mich so erleichtert. Jetzt begann das Leben hier für mich. Ich wollte tanzen und vor Freude schreien, aber ich hielt mich zurück. Jalal weinte, als er meinen Bescheid sah. Mohammad und ich setzten uns zu ihm und versuchten ihn zu trösten. Aber wir alle drei wussten ganz genau, was negativ in der zweiten Instanz bedeutete: Abschiebung.

Dieser Tag war ein Meilenstein in meinem Leben, ab hier nahm mein Leben eine neue Wende. Ich durfte ab jetzt arbeiten, privat wohnen und Deutschkurse besuchen. Ich zog nach zwei Wochen aus dem Quartier in Radstadt aus und ging in eine Wohngemeinschaft nach Mondsee. Fabian hatte dort ein altes Haus auf einem Berg. Mit zwei anderen Syrern, die mit mir in Berndorf waren und ebenfalls positiv beschieden wurden, bezog ich das Haus zu einem freundschaftlichen Preis. Das Haus war ziemlich renovierungsbedürftig, lag oben auf dem Berg und fünfundvierzig Minuten zu Fuß von der Ortsmitte entfernt. Der Abschied von Mohammad war offensichtlich nur für mich emotional. »Du wirst mir fehlen, aber du kannst jetzt jederzeit bei uns übernachten«, sagte ich ihm, als mich Fabian abholte. Falls sich der eine oder die andere an dieser Stelle fragen sollte, ob ein Asylant auswärts schlafen darf: Gesetzlich gesehen, darf ein Asylsuchender in der Grundversorgung zwei Nächte im Monat außerhalb des Quartiers bleiben. »Du wirst mir nicht fehlen, endlich habe ich das ganze Bett für mich alleine, keiner tritt mich mehr beim Schlafen mit Händen und Füßen«, lautete Mohammeds »Liebeserklärung«. Er blieb übrigens nicht lange in Radstadt, er erhielt subsidiären Schutz. Subsidiär Schutzberechtigte sind Personen, deren Asylantrag zwar abgewiesen wurde, die aber mit weniger Rechten als Asylberechtigte für ein Jahr bleiben dürfen. Sie müssen jedes Jahr einen Antrag auf Verlängerung stellen und mit dem Wissen leben, dass sie, wenn der Staat Österreich ihre Herkunftsländer für sicher erklärt, abgeschoben werden. Eine bekannte Salzburger Zeitung schrieb einen Artikel über Dr. Mohammad, daraufhin kontaktierte ihn eine Ärztefamilie aus Salzburg und bot ihm ein Zimmer in ihrem Haus an und unterstützte ihn auf seinem Weg zur Nostrifizierung. Mittlerweile ist er im LKH Salzburg als Arzt wieder tätig.

Auch Jalal verließ das Haus nach ein paar Tagen, nachdem er den Brief erhalten hatte. Er floh nach Frankreich, in der Hoffnung, dort Asyl zu bekommen. Ich erfuhr Jahre später, dass er sich dort vor einen Zug geworfen hatte.

Das Leben ist zu kurz, um Deutsch zu lernen

Der nächste Abschnitt meines Lebens hieß: die österreichische Bürokratie kennenlernen, in Öffis schlafen und fremde Menschen auf der Straße ansprechen. Ich weiß nicht, was wir ohne Fabian gemacht hätten. Obwohl er viel um die Ohren hatte, half er uns, die Behördenwege zu erledigen, von denen wir überhaupt keine Ahnung hatten. Er nahm sich Zeit und fuhr mit uns überallhin. Unser neuer Wohnort war Mondsee und gehört somit zu Oberösterreich. Um uns beim AMS und bei der Bezirkshauptmannschaft anzumelden, mussten wir nach Vöcklabruck fahren. Die AMS-Referentin meinte, wir müssten, bis wir eine Arbeitsstelle gefunden hätten, einen täglichen Deutschkurs besuchen. Sie schickte uns zum BFI Vöcklabruck, um einen Sprachkenntnistest zu machen. Überraschenderweise durfte ich die ersten beiden Sprachniveaus überspringen und gleich mit A2 beginnen. Mein selbstständiges Lernen durch YouTube und mit den ehrenamtlichen Helfer:innen hatte Früchte getragen. Ich war im ersten Augenblick froh und motiviert, endlich die deutsche Grammatik strukturiert in einem Kurs zu lernen. Aber meine Freude verblasste schnell, denn der einzige A2-Kurs begann in Vöcklabruck um acht Uhr morgens – im Unterschied zu meinen Mitbewohnern Yasser und Ahmad, die A1 besuchten und deren Kurs um vier Uhr nachmittags startete. Das bedeutete für mich, um halb fünf in der Früh aufzustehen, 45 Minuten zu Fuß zur Haltestelle zu gehen, um mit dem Bus um 5:15 Uhr nach Unterach zu fahren, dort eine Stunde auf den Anschluss nach Attersee zu warten, um schließlich nach Vöcklamarkt zu gelangen. Nach vier Stunden Deutschkurs dann denselben Weg wieder retour. Ich war meistens um 16 Uhr wieder zu Hause. Auf meine Bitte, ob wir den Deutschkurs nach Salzburg verlegen könnten, weil die Busverbindung dorthin viel besser wäre, meinte die Referentin, das sei aus bürokratischen Gründen nicht möglich: »Wenn du diesen Kurs nicht annimmst, wird die Sozialhilfe gestrichen.« Als ich realisierte, dass es keine andere Möglichkeit gab, versuchte ich das Beste daraus zu machen. Aus Mitgefühl borgte mir Fabians Mutter ein Fahrrad, mit dem ich vom Berg hinunterfahren und meine Schlafzeit ausdehnen konnte. Leider wurde das Fahrrad nach ein paar Tagen gestohlen. Die Erzählung neigt an dieser Stelle dazu, ins Melodrama zu kippen, aber es gab Licht am Ende des Tunnels. Der Deutschkurs war anspruchsvoll und intensiv. Mit den ersten Lernfortschritten nahm auch die Freude zu. Nach einiger Zeit stellte ich jedoch fest, dass uns die Lehrerin die falsche Sprache beibrachte. Auf der Straße redeten die Menschen eine andere Sprache als die, die wir im Kurs studierten. Ich kam mir verarscht vor. Es war nicht nur so, dass der Dialekt sich durch die Aussprache unterschied, sondern die Menschen verwendeten andere Worte. Besonders schwierig waren die Richtungsangaben: »Ummi, umma, obi, oba, dauni, dauna.« Ich irre mich bis zum heutigen Tag mit diesen Richtungsangaben, ich gehe immer noch hinauf, wenn mir »obi« gesagt wird, mein Gehirn verbindet das stark mit »oben«. Es wurde mir schnell klar, dass ich mit dem Deutschkurs allein nicht so fließend sprechen konnte, wie ich es mir gewünscht hätte. Ich musste mit Menschen in Kontakt kommen! So begann ich, die lange Fahrtzeit zum Deutschlernen zu nutzen, anstatt zu schlafen. Es dauerte nicht lange, bis ich mich mit allen Busfahrern angefreundet hatte. Aber die Busfahrer waren nicht mein Beuteschema, da einige, abgesehen davon, dass sie mit dem Fahren beschäftigt waren, nicht gut Deutsch sprachen. Also suchte ich bei der Bushaltstelle nach Menschen, die auf mich sympathisch wirkten und gut gelaunt zu sein schienen, und sprach sie wegen Belanglosem an. Wenn sie gesprächig waren, bat ich sie, mir bei meiner Deutschhausaufgabe zu helfen. Ein Gespräch zu starten, klappte nicht bei allen. Manche nahmen schnell, nachdem ich sie ansprach, ihre Tasche unter den Arm und brachten sie vor mir in Sicherheit. Ich lernte aber auch viele Menschen kennen, mit denen ich bis heute befreundet bin. Oma Waltraut war das erste Mal etwas skeptisch und wortkarg. Das zweite Mal wurde sie neugierig und stellte mir viele Fragen zu meiner Flucht. Das dritte Mal kam sie früher zur Bushaltestelle, weil sie wusste, dass ich eine lange Wartezeit hatte. Sie brachte mir ein Stück selbstgemachten Apfelstrudel mit. Während der Fahrt begann sie, angestrengt Hochdeutsch zu sprechen und von der Flucht ihrer Mutter von Deutschland nach Kroatien zu erzählen. Als Oma Waltraut von den ständigen Albträumen ihrer Mutter am Sterbebett, von Bombardierungen und Krieg berichtete, konnte sie ihre Tränen nicht zurückhalten.

Nicht alle Begegnungen sind gut ausgegangen. Ein junger Mann, der ebenfalls beim BFI einen Kurs besuchte, fuhr dreimal die Woche gemeinsam mit mir zurück nach Mondsee. Ich sprach ihn nicht an, denn er hatte immer seine Kopfhörer auf und hörte ganz laut Musik. An einem wunderschönen sonnigen Tag war ich in Unterach am See und wollte in der einen Stunde Umstieg-Wartezeit meine Hausaufgabe auf einer Terrasse mit paradiesischer Aussicht auf den Attersee machen. Die Terrasse lag unmittelbar hinter dem Gemeindegebäude, wo sich die Bushaltestelle befindet. Der junge Mann setzte sich ebenfalls an den See und rauchte, diesmal ohne Kopfhörer, aber mit einem Bier in der Hand. Ich sprach ihn sofort an: »Hallo, machst du auch den Deutschkurs beim BFI?« »Nein, ich mache eine Schweißer-Ausbildung. Du schon?«, fragte er und näherte sich mir. Er stank stark nach Alkohol. Als er erfuhr, dass ich aus Syrien komme, wollte er wissen, ob ich Muslim bin. Seine Begeisterung war groß. Er teilte mir mit, dass er auch Muslim aus dem Kosovo sei. Dann begann er mich mit seinen extremen religiösen Glaubenssätzen zu behelligen. Stolz spielte er mir auf seinem Handy Lieder der extremistischen Gruppierung der Al-Nusra-Front vor. Dieselbe terroristische Miliz, die mich 2013 in Damaskus entführte. Mir wurde schlecht. Ich stand, ohne etwas zu sagen, auf und ging. Er folgte mir. »Wohin?«, wollte er wissen. »Zum Spar, ich will etwas zu essen kaufen.« Ich hatte

Angst vor ihm. Er beschloss mitzugehen. Bei der Käsetheke bestellte ich eine Semmel mit Käse. »Bruder, was machst du? Das ist häram! Die haben den Käse mit derselben Maschine geschnitten, mit der sie Schweinefleisch schneiden«, protestierte er. Zuerst wollte ich lachen, ich dachte, es sei ein Witz von jemandem, der den ganzen Tag Alkohol trinkt. Aber er meinte es ernst. Da verlor ich meine Geduld. »Was hältst du davon, wenn du dich bei meinem Essen nicht einmischst und mich in Ruhe lässt«, zeigte ich deutlich meinen Ärger. Er ging und wir trafen uns bei der Kasse. Er stand vor mir und legte eine Flasche Wein auf das Fließband. Kaum hatte er den Supermarkt verlassen, öffnete er die Flasche und begann zu trinken. Ich mied ihn bei den nächsten Fahrten strikt, obwohl ich zunehmend Empathie für ihn empfand und gerne verstanden hätte, was einen Menschen zu dieser Widersprüchlichkeit führte. Damals hatte ich kein Wissen und keine Tools in der Hand, um ihm zu helfen.

Eine der schönen Begegnungen war die mit Sonja und Philipp. Ich traf auf sie in der Früh beim Busbahnhof in Mondsee. Das Paar hatte Urlaub und wollte zum Flughafen Wien fahren. Es regnete leicht und wir standen mit anderen Menschen eng nebeneinander an der Bushaltestelle. Philipp schaute mehrmals auf meinen Essensbehälter mit den Datteln, und ich bot ihm eine mit Mandeln gefüllte an. Das ist übrigens Pflicht bei den Arabern, wenn jemand auf dein Essen schaut, musst du ihm etwas davon geben. Wobei es generell nicht empfohlen wird, auf der Straße zu essen, damit du keine armen Menschen reizt. Daher verwunderte es mich immer, dass meine ehemaligen Arbeitskolleg:innen, ohne den Vorbeigehenden etwas anzubieten, in aller Ruhe und ungeniert aßen. Das wäre bei Arabern eine Todsünde. Andersrum, wenn ich sie zum Essen einlud, nahmen sie das Angebot sofort an. Das wäre bei Arabern auch nicht so toll. Denn man muss höflichkeitshalber das erste Angebot ablehnen, bis der Einladende sein Angebot zwei- oder dreimal wiederholt und man sicher sein kann, dass das Angebot nicht nur aus Pflichtbewusstsein und Höflichkeit kommt, sondern ernst gemeint ist. Wenn es doch vorkam, dass meine österreichischen Mitmenschen mir etwas zum Essen anboten, blieb ich hungrig, denn wenn ich aus Höflichkeit das erste Angebot ablehnte, sagten sie schulterzuckend »Okay«, und aßen weiter. Nicht nur beim Essen gibt es diese obligatorische Höflichkeit, etwas vorerst abzulehnen, sondern auch beim Kaufen. Es kann vorkommen, dass der Verkäufer nach dem Kauf sagt: »Lass es, das geht aufs Haus.« Dieses Angebot dürfen Sie auf keinen Fall annehmen, auch wenn es wiederholt wird. Ich erinnere mich an eine Episode aus meiner Kindheit. Ich hatte mir zum ersten Mal in einer Videothek einen Film ausgeliehen. Als ich bezahlen wollte, sagte der Verkäufer: »Lass es, das geht aufs Haus«, und ich ging. Der Verkäufer stand fassungslos da, mit großen Augen und offenem Mund. Er erzählte es später meinem älteren Bruder und er bekam von ihm die Leihgebühr bezahlt.

Nachdem Philipp eine Dattel nahm, kamen wir ins Gespräch über Kochen und kulinarische Unterschiede unserer Kulturen. »Als Vegetarier mögen wir orientalisches Essen.« Auf diese Aussage folgte unmittelbar meine Einladung, für sie einmal zu kochen. Sie freuten sich über die Einladung und wir tauschten unsere Nummern aus. Nach einigen Wochen besuchten sie uns am Wochenende. Meine Mitbewohner freuten sich sehr und jeder bereitete für sie etwas aus seiner Heimatstadt vor. Ich hingegen war überfordert. Ich entschied mich für ein ziemlich komplexes Gericht, das ich liebe, aber vorher nie selbst gekocht hatte. Kusamehschi: mit Safranreis gefüllte Zucchini und Paprika, die in Tomatensauce eingelegt werden. So wandte ich mich an die begnadetste Köchin aller Zeiten, meine Mutter. Zu meiner Erleichterung leitete mich meine Mutter per Skype Schritt für Schritt an. Sie ist eine echte Damaszenerin und für sie ist Gastfreundschaft, wie für jede Araberin, das Heiligste. Sie ließ mich Zutaten für zehn Personen einkaufen, obwohl wir nur fünf waren. Nachdem ich das Gemüse ausgehöhlt und mit dem gewürzten Reis befüllt hatte, hörte meine Mutter plötzlich zu reden auf. Auf dem Handybildschirm fror sie ein. Vergeblich versuchte ich, sie wieder zu erreichen. Es war der übliche Stromausfall, nachdem im Krieg viele Kraftwerke in Syrien zerstört worden waren. Heldenhaft und mutig improvisierte ich den Rest allein. Aber alles, was schiefgehen kann, ist letztlich auch schiefgegangen. Ich übersah den wichtigsten Schritt am Ende. Ich sollte die gefüllten kleinen Zucchini mit einem Gewicht beim Kochen hinunterdrücken, mit einem großen Teller oder Ähnlichem. Das Gemüse zerfiel beim Kochen … Zum Glück retteten Yasser und Ahmad den Abend mit ihren Speisen, ich konnte unseren Gästen das Gericht als Suppe verkaufen und es schmeckte ihnen wunderbar. Allerdings machten unsere Gäste einen Fehler, ein formelles Hoppala: Sie brachten Nudelsalat mit. »Das ist typisch bei uns«, meinte Sonja, eine gebürtige Stuttgarterin. In arabischen Ländern ist es eine Beleidigung, wenn Sie zu einer Essenseinladung Essen mitbringen. Sie suggerieren damit, Ihr Gastgeber sei geizig und würde nicht genug zu essen anbieten. Prinzipiell darf man schon etwas mitbringen, Blumen oder eine Kleinigkeit, aber kein Essen. Allenfalls ist das Mitbringen einer Nachspeise möglich, aber grenzwertig. Geschenke gibt es wiederum zu verschiedenen Anlässen, Geburt, Hochzeit, Beschneidung etc. Meine Mutter hatte diesbezüglich eine ganz besondere Strategie: Sie hatte einen Küchenschrank allein dafür reserviert, um darin Geschenke, die sie erhalten hatte, zu verstauen, um sie bei Bedarf wieder weiterzuschenken. Aber wie Murphys Gesetz lautet, lief das irgendwann schief. Sie schenkte einer unserer Nachbarinnen zur Geburt ihres Kindes ein Messingtablett, das sie von eben dieser Nachbarin acht Jahre zuvor bekommen hatte. Ich war dabei beim Überreichen des Geschenks und amüsierte mich über die Gesichtsausdrücke aller. Für dieses Missgeschick geniert sich meine Mutter heute noch.

Die Wüste ist die Musik der Stille

Um die hohe Bedeutung der Gastfreundschaft der Araber:innen zu verstehen, muss man das Leben in der Wüste verstehen. Für die beduinischen Nomaden, die ständig auf Wanderschaft waren, war Gastfreundschaft etwas Heiliges. Der Araber sah in seinem Gast sich selbst, es war nur eine Frage der Zeit, bis er in Not geriet und sie die Rollen tauschten. Die Beduinen ließen das Feuer die ganze Nacht vor dem Zelt brennen und banden den Hund draußen an, damit jeder Verirrte in seiner Not den Unterschlupf sehen und hören konnte. Das Gesetz der Gastfreundschaft beinhaltet eine dreitägige Bewirtung, Essen, Trinken und Schlafen, dann muss der Gast entweder wieder abreisen oder für sein Essen arbeiten. In diesen drei Tagen darf man den Gast nicht fragen, wohin er will, solange er nicht von selbst darüber spricht. Sogar das Gesetz der Blutrache ist währenddessen außer Kraft. Den hohen Stellenwert der Gastfreundschaft nahmen die Araber auch mit in die Städte, zwar in abgeschwächter Form, aber immer noch kommt ihr eine große Bedeutung zu. In der arabischen Welt kann Ihnen nichts Schlimmeres widerfahren, als in Ihrer Umgebung für geizig gehalten zu werden. Wenn dieser Ruf mit Ihrem Namen verschmilzt, wird man mit Ihnen weder Ehe schließen noch Geschäfte machen oder auch nur befreundet sein wollen.

In meiner Jugend war ich öfter mit meinem Vater in der Wüste. Wir besuchten Onkel Abdullah, einen Freund meines Vaters, der aus einem großen Beduinenstamm kam und noch in den alten Traditionen lebte. Es waren lehrreiche und schöne Tage, aber auch schwierige, zumindest tagsüber. Denn die Sonne hatte dort einen anderen Charakter. Sie war erbarmungslos und brutal. Vor der Sonne gab es tagsüber keine Rettung. Sie blieb eine halbe Ewigkeit im Zenit und schoss ihre Strahlen förmlich auf die Erde, als gäbe es eine alte Rechnung zwischen ihr und den Erdlingen zu begleichen. Sogar Steine stöhnen, Bäume weinen und das Eisen schreit um Hilfe. Wolken und Schatten waren eine Seltenheit. Einzig die Nacht war eine Erlösung. Dann verwandelt sich die Wüste in einen magischen und mystischen Ort, an dem unendlich gedichtet, gesungen und gefeiert wird. Wenn ich meine Erfahrungen dort in einem Satz zusammenfassen sollte, würde ich sagen, in der Wüste gibt es nichts – und zugleich alles. Die Menschen leben dort in Harmonie mit der Natur und folgen sonst keinem anderen Gesetz und keiner anderen Autorität. Die Beduinen leben tatsächlich in einer anderen Welt als wir und haben ein ganz anderes Verständnis von ihr. Ein Nomade kommt nicht auf den Gedanken, Gegenstände anzuhäufen, die er nicht braucht. Kleidung ist für ihn ein Mittel, um sich vor der Kälte oder vor der Hitze zu schützen, daher hat er meistens nur zwei Bekleidungen: eine für den Winter und eine für den Sommer. Das Verständnis von Essen ist ähnlich: Es ist kein Genussmittel, sondern etwas, um am Leben zu bleiben, das nach seinem Gehalt ausgewählt wird, wobei ich mich an das Frühstück mit Sehnsucht erinnere: ein paar Datteln, einige Löffel Joghurt und selbstgemachtes Fladenbrot, ein Gedicht! Man sagt, die Wüste ist eine Meisterin des Minimalismus. Dennoch habe ich noch nie Menschen erlebt, die eine so hohe Konzentration auf das Leben im Hier und Jetzt haben wie die Nomaden. Man sagt auch, die Wüste ist die Musik der Stille, denn wenn um Sie herum die Anregungen von außen weniger werden, nehmen diejenigen in Ihrem Inneren zu. Die Stille der Wüste ist das Tor zu unserer Seele. Die Wüste drängt ihre Bewohner:innen dazu, den Weg nach innen zu gehen und die Schönheit in sich selbst zu finden. Das Auge wird automatisch die Schönheit in allem sehen, die Kargheit der Landschaft entfaltet sich in kleinen Kunstwerken, wie dem Spiel von Licht und Schatten. Die Abstraktion gewinnt eine neue Dimension, und die Stille und Einsamkeit an Freiheit.

Daher ist es nicht verwunderlich, dass Menschen, die damals dursteten, gleichzeitig das Paradies erschufen. Ich weiß, dass es für uns Städter:innen fast unmöglich ist, diese Lebenskunst in der Wüste zu verstehen, aber ich habe eine Geschichte parat, die dieses Lebensverständnis gut vermittelt. Onkel Abdullah erzählte sie mir damals, als ich ihn fragte, ob Beduinen, die in der Wüste leben, glücklich sind:

Es war einmal in alten Zeiten und Welten ein alter Mann, der Anführer des größten Stammes in der syrischen, irakischen und jordanischen Wüste. Er lag in seiner letzten Stunde in seinem Zelt aus Tierfellen und bereitete sich darauf vor, seinem Gott wieder zu begegnen. Als der Tod das Zelt betrat, bat der alte weise Mann den Tod um fünf Minuten, um seinem Sohn noch das letzte Vermächtnis zu geben. Der Tod nickte zustimmend, denn es war keine neue Sache für ihn, eine solche kleine Extrazeit zu gestatten. Er setzte sich im Schneidersitz neben die kleine Feuerstelle im Zelt und goss sich aus der edlen arabischen Kaffeekanne ein wenig des kräftigen Mokkas in eine kleine Schale und genoss seine Pause.

Als die Ehefrau bemerkte, wie die Kanne und die Schale sich von selbst bewegten, erschrak sie und lief hinaus zu ihrem Sohn, der gerade die Kamele fütterte. Als der Knabe sich neben dem Vater auf den Boden setzte, nahm dieser einen kleinen Kieselstein aus seinem Mund und legte ihn seinem Sohn in die Hand. »Was soll ich damit machen? Und was hat es mit dem

Stein auf sich?«, fragte dieser. Der Alte versuchte sich ein wenig aufzurichten und begann zu reden: »Diesen Stein legst du unter deine Zunge, er soll dich daran erinnern, bevor du etwas ausprichst, nachzudenken. Denn Worte sind wie Pfeile, sobald sie abgeschossen sind, kannst du sie nicht mehr zurückholen.« Der Sohn ballte seine Hand zur Faust und drückte den Stein fest. »Mein Sohn, ich muss wohl gehen, ich bitte dich, folgende Worte wie Ohrringe in deine Ohren zu stecken und dir gut einzuprägen.« Der Sohn neigte seinen Kopf noch näher zu seinem Vater und hörte aufmerksam zu. »Als Erstes möchte ich, dass du ein erfülltes Leben hast. Ich bitte dich, nur frisches Wasser zu trinken, gutes Essen zu dir zu nehmen, nur hochgezüchtete Kamele zu reiten. Zweitens musst du unser Erbe pflegen, beliebt bei deinen Mitmenschen zu sein und deinen Gästen das Teuerste, was du hast, zu geben.« Der Sohn wirkte verwundert und verständnislos. »Aber, mein geliebter Vater«, protestierte er, »wie kann ich mir diese Forderungen leisten? Du weißt, dass Gott in den letzten Jahren zu wenig Regen schickte.« Der Vater lächelte und bat seinen Sohn, noch näher zu rücken: »Mein Sohn, wenn du den Durst aushältst, bis deine Energie verschwindet, dann schmeckt jedes Wasser frisch. Wenn du erst isst, wenn der Hunger deinen Magen beißt, dann wird jedes Essen eine delikate Mahlzeit sein. Wenn du neben deinem Kamel gehst, bis deine Füße dich nicht mehr tragen können, dann wird jedes Kamel hervorragend gezüchtet sein«, erklärte der Vater und machte eine kleine Pause und hustete. »Und wie kann ich die Menschen mich lieben lassen? Das kann ich doch nicht kontrollieren«, sagte der Sohn und wartete gespannt auf die Antwort. »Indem du sie liebst. Das Geheimnis liegt darin, aufrichtiges

Interesse an ihnen und ihren Bedürfnissen zu zeigen«, erklärte der Vater. »Und wie gebe ich den Gästen das Teuerste? Wenn wir weiter bei jedem Gästeempfang ein Tier schlachten, haben wir bald keines mehr«, wollte der Sohn wissen. »Ein achtsames Ohr! Wer redet, hört seinem Gegenüber nicht zu. Wenn du deinem Gast achtsam zuhörst, gibst du ihm das Teuerste: deine Aufmerksamkeit.« In diesem Moment nahm der Tod die Seele des Vaters und schickte sie zu ihrem nächsten Unterricht.

Mediterrane Küche, ein Zaubermittel

Nach der Einladung von Sonja und Philipp begann ich an meinen Kochkünsten zu arbeiten. Ich nutzte jede Gelegenheit, wenn ich neue Menschen kennenlernte, sie zum Essen einzuladen. Und es war ein perfekter Rahmen, um näher mit Einheimischen bekannt zu werden und Freundschaften zu schließen. Später begannen meine neu gewonnenen Freund:innen anzurufen und sich selbst zum Essen bei uns einzuladen. Einmal, als ich vom Sprachunterricht nach Hause kam, fand ich im Postkasten einen Flyer für ein Fest, das die Nachbarn vom Mondseeberg jedes Jahr im Juli organisierten. Auf dem Flyer stand, dass jeder etwas zum Essen mitbringen sollte, und ich hatte sofort die Idee: »Wir kochen arabisch für sie und erobern die Herzen unserer Nachbarschaft!« Mein Plan stieß bei Ahmad auf Begeisterung, aber bei Yasser nicht. Ahmad kommt aus Hama, der Stadt der großen Wasserräder, und ist so alt wie ich. Er hatte in Syrien als Bäcker gearbeitet und war von Natur aus immer gut gelaunt. Er sang ohne

Grund Tag und Nacht und bei jeder Tätigkeit laut vor sich hin. Yasser hingegen war etwas älter als wir. Er war schon dreiundvierzig Jahre alt und hatte in Syrien als Turbinenmechaniker beim Damm am Euphrat gearbeitet. Er war damals mit dem Antrag auf Familienzusammenführung seiner drei Kinder und seiner Frau sehr beschäftigt. Er scheute sich generell, Kontakt mit anderen aufzunehmen. Am Tag des Festes kochte ich Hühnerfleisch mit Zitrone und Knoblauch, gebacken im Ofen, und als Beilage Curryreis. Ahmad buk kleine Teigtaschen, gefüllt mit Käse, Spinat und Hackfleisch. Yasser riet mir, bevor ich das Haus verlassen würde, den Bart zu stutzen: »Das wirkt auf deine Mitmenschen weniger bedrohlich.« Aber ich wollte nicht. Ich ließ meinen Bart ungepflegt wachsen, denn er war zu diesem Zeitpunkt nicht der Mittelpunkt der Welt. Außerdem hatte Ahmad ebenfalls einen dichten schwarzen Bart und wollte ihn auch nicht stutzen. Das Fest fand auf einem großen Parkplatz, zwei Straßen von uns entfernt, statt. Als wir die Zelte und Bierbänke erblickten und uns den feiernden Menschen näherten, stieg die Nervosität in mir. Ich hatte ehrlich gesagt Angst vor Ablehnung, denn die gesellschaftspolitische Stimmung war zu diesem Zeitpunkt angespannt. Letztlich dachte ich mir aber, egal was passieren wird, ich habe schon Schlimmeres erlebt. Als wir durch die Reihen gingen und die Menschen anlächelten, wurden die Gespräche leiser und das Lachen verstummte. Aber der Mann mit der Ziehharmonika spielte ungerührt weiter. Wir stellten unser Essen neben den anderen Speisen auf den großen Tisch und begrüßten die Männer, die neben uns am Grill standen. Die Begeisterung blieb in kleinem Rahmen. Ich suchte dringend Augenkontakt, aber zunächst ergab sich das nicht. Genau dieser Moment hat sich wie eine halbe Ewigkeit angefühlt. Mit Ahmad wollte ich nicht Arabisch reden, weil ich Angst hatte, das würde die Skepsis der Menschen zusätzlich verstärken. Und plötzlich stand da ein kleines Kind mit hellblonden Haaren und großen blauen Augen und fragte mich mit großer Neugier, was sich auf dem Blech befindet. Ich erklärte es ihm und bot ihm anschließend etwas zu essen an. An seiner Begeisterung für die Käsegebäcktaschen ließ es lautstark alle teilhaben. Es dauerte nur einen Augenblick, bis alle Kinder sich um uns herum versammelt hatten. Zu unserem Glück schmeckte unser Essen jedem einzelnen. Einige Mütter holten ihre Kinder zu sich und kosteten selbst das Essen. Eine von ihnen kam auf uns zu und fragte, ob sie etwas von dem Curryreis haben dürfe. Ahmad und ich atmeten langsam auf. Während sie das Essen sichtlich genoss, stellte sie sich vor. Lisa war Kindergärtnerin. Ihr Mann Hannes kam ebenfalls auf uns zu und fragte, ob wir etwas trinken wollten. Bei seiner Einladung deutete er auf die Getränke, die sich in der Kinderecke befanden. Ich nahm dankend an, deutete aber auf das Fass Bier hinter ihm. Als er uns zwei Biergläser brachte, gab ich ihm einen Zehn-Euro-Schein, schließlich kann ich selbst für mein Bier bezahlen, aber er lehnte ab. Das Glas Bier wirkte auf die Gäste wie ein Magnet. Auf einmal kamen alle und holten sich etwas von unserem Essen. Es war in Sekundenschnelle aufgegessen. Schließlich fanden wir uns an einem Tisch wieder gemeinsam mit Lisa, ihrem Mann und anderen, und die Stimmung war heiter, denn anstatt zu fragen, ob ich den Gurkensalat kosten könnte, sagte ich: »Kann ich den Gurkensalat kotzen?« Wir lachten viel und ich fühlte mich wohl. Nur eine Frau, die an der Ecke des Tisches saß, blieb skeptisch und lachte nicht mit. Helmut, der Musiker, fragte mich, ob wir, so wie er es in den Nachrichten gehört hatte, mit dem Schlauchbot nach Europa gekommen waren. Ich bestätigte das und erzählte etwas davon. Anschließend sprach ich meine Dankbarkeit aus, hier in Österreich leben zu dürfen. »Schön, dass ihr da seid!«, sagte Helmut, während er mir in die Augen blickte. Da äußerte sich die skeptische Frau und sagte: »Ja, aber wenn wir alle zu uns holen, bricht unser Wirtschafts-, Gesundheits- und Sozialsystem zusammen. Merkel kann nicht alle aufrufen, hierherzukommen.« Ich verstand nicht genau, was sie sagte, und lächelte, was ich immer machte, wenn ich Deutsch nicht verstand. Ich fühlte aber, dass es eine giftige Aussage war, und wusste nicht, was ich sagen sollte. Ich war kurz sprachlos. Da mischte sich Helmut wieder ein und konterte: »Bojana, wenn wir vor zwanzig Jahren so gehandelt hätten, wie du denkst, dann wärst du jetzt nicht hier.« Abgesehen von dieser schmerzhaften Aussage war es ein fröhliches Beisammensein. Wir gewannen die Lisas Freundschaft. Sie kam dann regelmäßig zu uns und unterstützte uns beim Deutschlernen und half uns, Einkäufe zu erledigen mit ihrem Auto.

Ein Basar, aber mit einem Dach

An dieser Stelle möchte ich den Österreicher:innen vorschlagen, den Begriff »einkaufen« gegen »abholen« zu tauschen, denn das, was ich beim Kaufen und Verkaufen hier erlebt habe, ist nicht dasselbe, wie die Araber:innen diese Angelegenheit sehen und praktizieren. Ich möchte das anhand folgender Geschichte erläutern. Einmal brachte Lisa Ahmad und mich zu einem Kaufhaus, um Schuhe zu kaufen. Meine einzigen Schuhe hatten schon längst den Geist aufgegeben. Es waren dieselben Turnschuhe, mit denen ich den Weg von Syrien nach Österreich zurückgelegt hatte. Lisa setzte uns bei einem Schuhgeschäft ab und ging ihre eigenen Einkäufe erledigen. Es dauerte nicht lange, bis ich mich für ein Paar entschieden hatte, das für alle Zwecke geeignet schien. Ich bin beim Einkaufen generell schnell und unkompliziert. »Achtzig Euro ist etwas teuer, Bruder, oder?«, fragte Ahmad. »Du hast keine Ahnung, über welche Feilschkünste ein Damaszener verfügt!« Ich rieb mir die Hände voller Vorfreude auf das Wortgefecht und ging zur Kassa. Die freundliche und zuvorkommende Kassiererin, etwa Mitte vierzig, mit kurzem, blondem Haar, scannte die Schuhe ein, packte sie in einen Papiersack und sagte: »Achtzig Euro!« Hier beginnt normalerweise in Syrien das Duell um den Preis und das ist für den Araber wichtiger als das Gekaufte selbst. Der Araber liebt das Feilschen, weil er damit mehrere Künste zugleich übt: Rhetorik, Schauspiel, Überzeugungskraft, soziale Kompetenz und Eloquenz. Es ist eine lebendige Angelegenheit, bei der man Körpersprache, Mimik, Gestik, Tonalität und Empathie gleichzeitig einsetzt. »Und, für uns? Wir sind das erste Mal in Ihrem Geschäft, und hoffentlich werden wir hier Stammkunden. Inschallah *(übersetzt: »wenn Allah will«)* bringe ich alle meine Bekannten hierher. Kommen Sie uns nicht entgegen? Ich zahle zwanzig Euro«, erwiderte ich und dachte an die Worte meines Vaters, der meinte, ich sollte zu Beginn des Feilschens ein Viertel anbieten und damit einen Anker setzen. So hätte der Verkäufer seinen Einkaufspreis bereits in der Tasche, und was er darüber hinaus verhandeln würde, wäre sein Gewinn. »Entschuldigung?«, fragte mich die Kassiererin mit großen Augen. »Schauen Sie einmal, Sie sehen so nett und zuvorkommend aus, und werden uns sicher nicht zurückgewiesen und enttäuscht gehen lassen. Ich möchte auch nicht bei meinem ersten Einkauf knausrig und stur sein, ich gebe Ihnen vierzig Euro. Somit haben Sie die Hälfte«, entschied ich mich, begann das Geld zusammenzufalten und legte es vor sie auf die Ablage. »Entschuldigung, was verstehen Sie nicht?«, fragte sie etwas verwirrt. Ich dachte an meinen Vater, der immer der Meinung war, dass die Hälfte des verlangten Preises für alle Beteiligten zufriedenstellend sei. So sagte ich: »Okay, okay, Sie scheinen nicht an weiterer Kundschaft interessiert zu sein. Ich gebe Ihnen vierzig Euro.« »Wie bitte? Die Schuhe kosten achtzig Euro, das steht auf dem Etikett, hier ist doch kein Basar!«, wurde sie etwas ungehalten. Etikett, Etikett, dachte ich, was ist das für eine lieblose Begegnung? Nur weil es hier ein Dach gibt, heißt das noch lange nicht, dass das kein Basar ist. Da erinnerte ich mich an die Worte meiner Mutter: Wenn der Verkäufer hartnäckig und eigensinnig bleibt, verwende die Jokerkarte, tu so, als würdest du gehen, aber geh langsamen Schrittes, er wird dich sicher zurückrufen und dir einen besseren Preis machen. Ich nahm mein Geld, zwinkerte Ahmad zu, bedankte mich und ging langsam hinaus. Meine Schritte wurden immer langsamer, aber vonseiten der Kassiererin kam keine Reaktion. Eigentlich war ich fest entschlossen, nicht zurückzublicken, aber beim Ausgang schaute ich dann doch zu ihr. Kopfschüttelnd packte sie die Schuhe wieder aus und wunderte sich über uns.

Lisa lachte sich kaputt über uns. »Du warst doch oft im Supermarkt und hast erlebt, dass man bei uns nicht um den Preis feilscht«, meinte sie. »Ja, bei uns im Supermarkt und im Restaurant feilscht man auch nicht, aber im Handel ist es unerlässlich. Ihr dürft das nicht verkaufen nennen, sondern abholen«, meinte ich aufgrund dieser Erfahrung enttäuscht. Letztendlich ging Lisa noch einmal allein in das Schuhgeschäft und holte die Schuhe ab. Mein dämlicher Stolz erlaubte mir nicht, mitzugehen.

Ich wäre gerne ein Hund in Österreich

Lassen Sie uns aber jetzt zurück nach Mondsee gehen. Während der Zeit des Deutschkurses bekam ich regelmäßig Arbeitsangebote vom Arbeitsmarktservice, für die ich mich bewerben sollte. Die Bestätigungen von meinen Bewerbungen musste ich wieder an das AMS zurückschicken. Bei jeder schriftlichen Bewerbung hoffte ich, sie würden mich nicht einstellen. Ich wollte unbedingt weiterhin den Deutschkurs A2 besuchen und ihn nicht abbrechen müssen. Denn das AMS verlangt nur das Kursniveau A1, und weitere Kurse muss man abbrechen, wenn man eine Arbeit annimmt. Die angebotenen Arbeitsstellen waren noch dazu nicht das, was ich gerne machen wollte, aber ich bekam zum Glück von den jeweiligen Restaurants und holzverarbeitenden Betrieben nur Absagen mit der Begründung, überqualifiziert zu sein. Bei einer Glühwein- und Punschfabrik in Mondsee war es dann aber doch so weit. Nach einem persönlichen Vorstellungsgespräch stellten sie mich ein, und ich sollte Anfang September zu arbeiten anfangen.

Kurz vor Arbeitsbeginn bekam ich allerdings ein Angebot des Samariterbundes mit den gleichen Betreuer:innen, die mich schon in Berndorf betreut hatten. Meine Aufgabe wäre es, als Betreuer und Kulturdolmetscher im Team Vollzeit zu arbeiten. Meine Freude war unermesslich. Ich sollte ein Haus in Seekirchen mit sechsunddreißig alleinstehenden Männern mitbetreuen und auch in anderen Häusern, so auch in Berndorf, unterstützend tätig sein. Aber täglich zwischen Mondsee und Seekirchen ohne Auto zu pendeln, wäre sehr zeitaufwendig. So machte ich mich auf die Suche nach einer Wohnmöglichkeit in der Nähe meiner Arbeitsstelle. Über die Initiative »Flüchtlinge willkommen«, die Geflüchteten Privatunterkünfte in WGs oder freie Zimmer in Familien vermittelte, fand ich ein Zimmer bei einer alleinstehenden Frau und ihrem Hund in Obertrum. Von dort konnte ich mit dem Fahrrad in zehn Minuten zur Arbeit gelangen. Eva, eine pensionierte Buchhalterin, war eine sehr engagierte ehrenamtliche Helferin, die sich für viele Geflüchtete einsetzte. Eva half mir bei vielen Dingen, unter anderem, den Führerschein zu machen und ein günstiges Auto zu finden. Sie unterstützte mich beim Schreiben meiner Vorträge und korrigierte sie sprachlich. Denn damals begann ich, in verschiedenen Orten über den Krieg in Syrien, über Damaskus, Zusammenleben und Flucht Vorträge zu halten. Sie verzichtete sogar nach zwei Monaten auf die Miete und bat mich, das Geld meiner Familie in Damaskus zu schicken. Dafür ging ich mit Luna regelmäßig Gassi. In Syrien bin ich öfter Gassi mit dem Hund meines jüngeren Bruders gegangen. Luna hatte dieselbe Wirkung auf meine Mitmenschen wie das Glas Bier bei jenem Fest in Mondsee. Die Menschen schauten mich anders an, als wenn ich allein unterwegs gewesen wäre, freundlicher und liebevoller. Dieselbe magische Wirkung auf meine Mitmenschen hatte später auch die Uniform des Samariterbundes. Ich wurde in den Supermärkten nicht mehr schief angeschaut, sondern man kam mir mit breitem Lächeln entgegen.

Von Luna und dem Hundeparadies in Österreich erzählte ich oft meinem jüngeren Bruder. »Luna hat einen Reisepass, mit dem sie, im Gegensatz zu dir, überall hinfliegen kann. Sie ist versichert. Es gibt Spitäler für Hunde, Physiotherapie und Trainingsplätze. Wenn du einmal auf dumme Gedanken kommst und einen brätst, kannst du ins Gefängnis kommen«, meinte ich etwas zynisch. Er dachte lange nach, seufzte sehnsüchtig und meinte: »Ich wäre gerne ein Hund in Österreich!« Der Wunsch meines Bruders war nicht abwegig, denn er wusste, sobald er sein Jusstudium abgeschlossen hatte, würde er zum Militär einrücken müssen. Als ich 2015 noch bei Eva wohnte, hatte er noch vier Semester vor sich. In Syrien darf man die Wehrpflicht aufschieben, solange man studiert. Mein Bruder zögerte seinen Abschluss bis 2020 hinaus, aber dann war es so weit. Er schloss sein Studium als Rechtsanwalt ab und musste das Land, seine zwei kleinen Kinder und seine Frau verlassen. Inzwischen, während ich hier sitze und schreibe, ist er in Ägypten, arbeitet in einer Kartonfabrik wie viele andere und wartet auf ein Wunder der Erlösung. Mit seinem Reisepass kann er nirgendwohin legal reisen, und Teil der Gewaltspirale in Syrien will er auch nicht werden.

First World Problems

Eva war ein weiterer ganz wichtiger Mensch in diesem Lebensabschnitt. Wobei sie es nicht immer leicht mit mir hatte. Ihre Vorstellung von Sauberkeit war eine ganz andere als meine. Oder ich hatte gar keine. Jedes Mal, nachdem ich gekocht hatte und dachte, die Küche saubergemacht zu haben, gab es stundenlange Vorträge über Sauberkeit. Ich war jedoch froh, etwas Ordnung von ihr gelernt zu haben. Im Jänner 2016 übersiedelte ich von Obertrum nach Palting, denn ich wollte gern allein leben. Eine Arbeitskollegin vermittelte mir eine Souterrainwohnung, die ich zu einem Freundschaftspreis mieten konnte. Palting liegt zwar, wie man auf gut Österreichisch sagt, am A… der Welt, aber ich war froh, nach einem guten Jahr in Österreich endlich meine eigene Wohnung zu haben. Ich meldete mich in Salzburg bei der Volkshochschule für einen B1-Deutschkurs an und fuhr jeden Tag nach der Arbeit zum Unterricht. Mein Alltag schien eine Struktur bekommen zu haben, und ich war damit zufrieden. Die Arbeit mit den Geflüchteten und Asylsuchenden war äußerst bereichernd. Ich durfte in den drei Jahren als Asylbetreuer viele Menschen aus über fünfzig verschiedenen Nationen betreuen, kennenlernen und ihre Geschichten erfahren und von ihnen lernen. Meine Aufgabe war es, das Haus am Laufen zu halten. Ich organisierte die Zimmerverteilung, erstellte den Reinigungsplan und sorgte für dessen Einhaltung. Ich fungierte als Drehscheibe zwischen den Ämtern, Ärzt:innen, der Gemeinde, der Volkshochschule, den ehrenamtlichen Helfer:innen und den Neuangekommenen. Diese Arbeit kannte keine Routine. Ich fuhr jeden Tag zur Arbeit mit der Haltung: Ich lass mich überraschen. Natürlich musste ich auch Streitigkeiten zwischen den Bewohnern schlichten. Wenn sechsunddreißig Männer in dieser Ausnahmesituation auf so engem Raum zusammenleben, ist es verständlich, dass es zu Zusammenstößen kommen kann. Es wäre auch nicht anders, wenn sechsunddreißig österreichische Männer für so lange Zeit, manche von ihnen für Jahre, perspektivlos in einem Haus zusammenleben müssten und nicht einmal ein Glas Bier trinken dürften, denn Alkohol war im Haus streng verboten. Auch Übernachtungsbesuche kamen nicht infrage. Dafür wäre auch gar kein Platz gewesen, denn manche lebten zu sechst in einem Zimmer. Wenn jemand diese Vorschriften nicht befolgte, musste ich eine Mahnung vom Land Salzburg einholen. Bei einer Wiederholung musste man das Haus verlassen. Einmal stellte ich fest, dass der Marokkaner Aziz einen Bekannten aus Linz bei sich zu Besuch hatte, der in seinem Zimmer auf dem Boden übernachtete. Ich musste den Besucher rausholen. Als ich zurück zu Aziz ins Zimmer kam, saß er fassungslos auf dem Bett, mit Tränen in den Augen: »Du hast mich vor meinem Freund erniedrigt.« Seine Worte und wie er in diesem Moment ausgesehen hat, haben sich tief in mein Gedächtnis eingebrannt. Diese Arbeit brachte mich jeden Tag an meine Grenzen. Im Fall von Aziz, der seit drei Jahren auf seinen Asylbescheid wartete, brachte ich es nicht übers Herz, den Vorfall an das Land Salzburg zu melden. Auch wenn es oft krachte, war ich manchmal sogar froh, wenn es laut wurde, und versuchte meistens, nicht sofort einzuschreiten. Oft kamen zwei Streithähne nach einer heftigen Auseinandersetzung Arm in Arm und Schulter an Schulter in mein Büro und waren wieder gute Freunde.

Von meinen Arbeitskolleg:innen hingegen hörte ich anfangs oft, dass die Arbeit belastend sei, sie abends nicht abschalten könnten und sich weiterhin gedanklich mit den Schicksalen der Bewohner beschäftigen würden. Ich konnte damals nicht nachvollziehen, nicht verstehen, was sie meinten, denn für mich schien alles normal zu sein. Natürlich war mir bewusst, dass unsere Klient:innen extreme Erfahrungen gemacht hatten. Sie alle zu erzählen würde ich einige Bücher füllen. Beispielsweise haben sich mir die Erzählungen zweier êzidischer Frauen eingeprägt. Ebenfalls das Schicksal von Fathi. Er war mit mir zur gleichen Zeit in Berndorf untergebracht, später betreute ich ihn dann in Seekirchen drei Jahre lang. Als ich diese Arbeitsstelle verließ, hatte er noch immer keinen positiven Bescheid bekommen. Ich erfuhr später, dass er nach insgesamt sechs Jahren in verschiedenen Heimen zurück in den Irak abgeschoben wurde. Für viele Asylsuchende, die jahrelang auf ihren Bescheid warten, fühlt sich diese Erfahrung so an, als würdest du zu einem Abendessen mit riesigem Buffet eingeladen sein, aber nur zuschauen und nichts essen dürfen. Das Hungrigsein in dieser Erfahrung ist am harmlosesten im Vergleich zu den herablassenden Blicken der anderen.

Aus heutiger Sicht verstehe ich meine Arbeitskolleg:innen. Nachdem ich seit acht Jahren in Österreich lebe und mich an den Wohlstand und diese Sicherheit gewöhnt habe, Traumatherapie machen durfte und ein friedliches Leben führe, gehen mir die Erlebnisse und Erzählungen dieser Menschen viel näher als damals und ich kann jetzt die Belastung meiner Kolleg:innen begreifen. Wahrscheinlich habe ich diese Arbeit als weniger belastend empfunden, weil ich mich selbst im Sturme der Nachwirkung meiner Flucht befand. Es war mit Sicherheit auch die schreckliche Begründung für meine fehlende Sensibilität, dass ich dieses Leid für die Normalität hielt. Die tägliche Konfrontation mit solchen Schicksalen ist alles andere als normal. Und leider, wie es der Fall bei vielen systemrelevanten Berufen ist, werden Menschen, die sich für die Arbeit im sozialen Bereich entscheiden, oft benachteiligt. Es beginnt mit den erschwerten Ausbildungskonditionen, schlechtem gesellschaftlichen Ansehen, fehlendem Interesse der Politik, diesen Bereich zu fördern und zu optimieren, und endet mit miserablen Löhnen und Arbeitsbedingungen.

Ich habe mich an Österreich dermaßen gewöhnt, dass ich mittlerweile nicht einmal nachvollziehen kann, wie meine Familie in Damaskus mit diesen schrecklichen Lebensbedingungen im Krieg und während der Pandemie leben kann, obwohl ich den Krieg selbst erlebt habe. Ich habe mich ziemlich schnell an die Sicherheit und den Wohlstand gewöhnt – das hat mich verändert. Es gibt allerdings keinen kausalen Zusammenhang zwischen Wohlstand und der Fähigkeit, ein empathischer Mensch zu werden. Ich hätte gerne behauptet, je besser es einem geht, desto empathischer und sensibler wird man. Der Gedankengang klingt schon schlüssig, aber leider trifft er nicht auf jeden zu. Ich möchte daher lieber behaupten, je geringer unsere existenziellen Probleme werden, desto mehr Raum entsteht für andere Dinge. Es ist auch wunderschön anzusehen und zu erleben, welche Möglichkeiten der Wohlstand uns bietet, uns weiterzuentwickeln. Aber Wohlstand, das ist Ihnen sicher kein Geheimnis, hat eine oder mehrere dunkle Seiten. Wenn die Herausforderung im Leben fehlt und man unglücklicherweise den Kompass verliert, sich selbst herauszufordern, könnte man in die Falle der unendlichen Unzufriedenheit tappen. Einer der häufigsten Sätze, die ich von Österreicher:innen gehörte habe, ist: »Wir jammern auf höchstem Niveau.« Was sagen Sie, liebe Leser:innen? Stimmt das? Natürlich dürfen wir nie verallgemeinern. Mit Verallgemeinerungen wird man nur vielen Menschen Unrecht tun. Ich unterscheide mich wie Boden und Himmel von meinem Bruder. Wieso soll dann ein ganzes Volk gleich ticken?

Ich denke, jammern ist allzu menschlich. Ich nehme an und hoffe, wenn Syrien, wie Österreich, irgendwann nach vielen Jahren denselben Weg zum Wohlstand einschlagen würde, und dort hoffentlich auch keine existenziellen Probleme herrschten, dass sich eine Kultur der First-World-Problems entwickeln wird, und dass Nachbarn wegen des nicht gemähten Rasens streiten werden. Den aktuellen Lebensstil in Syrien und Österreich zu vergleichen, macht keinen Sinn, weil ganz unterschiedliche Voraussetzungen und Bedingungen herrschen.

Sie fragen sich vermutlich, was es mit dem »Rasenproblem« auf sich hat. Das Asylquartier, das ich drei Jahre lang betreut habe, befand sich in einem Ort, in dem es gegen die Errichtung eines Asylheims viel Gegenwind gab. Erst später, nach mehrmaligen Essenseinladungen und freiwilligen Putzaktionen in der Wohngegend durch die Bewohner des Quartiers, haben die meisten Nachbarn die Asylsuchenden weitgehend »akzeptiert«. Dennoch gab es immer wieder Auseinandersetzungen. Die unmittelbaren Nachbarn beschwerten sich bei der Gemeinde, weil der Rasen und die Hecken in dem großen Garten des Asylheims nicht gestutzt wurden. Die Aufregung war sehr groß. Das ein paar Zentimeter zu lange Gras hat in der Wahrnehmung der Bewohner, und auch in meiner, keinen Platz gefunden, denn es gab andere Prioritäten. Es ist auch nachvollziehbar, dass Menschen, die meistens einen großen Rucksack von Traumata und emotionalen Belastungen tragen und in Ungewissheit und Perspektivlosigkeit leben, die nicht wissen, wann sie ihre Familie und ihre Heimat wiedersehen dürfen, und ständig von einer sprachlichen Beeinträchtigung geplagt werden, keine Affinität für die Ästhetik des Gartens haben. Nachdem wir dann einen Plan für die Gartenarbeit erstellt hatten, zur abwechselnden Erledigung der Aufgaben, hat diese Beschäftigung den Bewohnern und mir sehr gut gefallen und gutgetan. Vielleicht wäre es besser verlaufen, wenn unsere Nachbarn einfach mit ein paar Gartenwerkzeugen gekommen wären und den Bewohnern die Arbeit selbst beigebracht hätten.

Zimmer Nummer sechs

Wobei der Vorfall mit dem nicht gemähten Rasen im Vergleich mit anderen harmlos war. Das Gasthaus gegenüber dem Asylquartier beschwerte sich ebenfalls bei der Gemeinde und verlangte, dass wir bei allen Fenstern einen dicken Vorhang montieren, weil angeblich der Anblick der Asylsuchenden von den Gästen im Gastgarten nicht erwünscht sei. Vielleicht war es nicht appetitlich für sie, die somalischen Bewohner in dem Zimmer Nummer sechs, in das die Gäste eine freie Sicht vom Garten aus haben, beim Essen zu beobachten. Wir haben die Vorhänge montiert, ohne den Asylsuchenden den eigentlichen Grund dafür zu erklären. Vielleicht hätte ich es ihnen doch sagen sollen, um Amir aus Zimmer sechs eine Peinlichkeit zu ersparen. Amir, ein junger Somali, wollte ein paar Tage nach dem Montieren der Vorhänge seinen Geburtstag feiern. Er lud mich ein, und ich fuhr am Abend nach Arbeitsschluss, diesmal ohne Uniform, zu ihm. Zu meiner Überraschung warteten er und seine drei somalischen Freunde mit ihrer bunten somalischen Tracht schon vor dem Haus auf mich. Sie beschlossen, doch nicht im Haus zu feiern, sondern es sich heute besonders gut gehen zu lassen und ins gegenüberliegende Gasthaus essen zu gehen. Als ich davon erfuhr, zog sich mein Magen zusammen. In mir stieg ein Reflex auf, sie davon abhalten zu wollen. Aber ich getraute mich nicht, ihnen ihre Freude zu verderben. Ohne meine Bedenken zu äußern, spazierten wir zum Gasthaus. Es war Winter, im Garten konnte man nicht sitzen. Der Gesichtsausdruck des Kellners, als er uns am Eingang wahrgenommen hatte, war, als hätte er einen Geist gesehen. Wie benommen wies er uns den einzigen freien Tisch zu. Zu unserem Unglück saßen wir neben dreißig Feuerwehrburschen, die irgendeinen Vereinsanlass feierten. An dieser

Stelle möchte ich die rassistischen Witze und Kommentare der betrunkenen Burschen nicht wiedergeben. Ich überlasse das Ihrem Vorstellungsvermögen, liebe Leser:innen. Ich konnte das Essen nicht genießen. Jeder Bissen fühlte sich in meinem Magen wie ein Messerstich an. Obwohl die somalischen Bewohner nicht alles verstanden, nahmen sie die giftige Stimmung wahr. Ich bat sie, aufzustehen, wir zahlten die Rechnung und verließen das Restaurant, ohne aufzuessen.

Ob Österreich ein alltagsrassistisches Land ist? Wenn Sie »die falsche« Hautfarbe haben, o ja, aber wie! Das Problem mit dem Rassismus ist, dass er nicht verschwinden wird, wenn wir ihn nicht thematisieren. Im Gegenteil, er ist aufgrund des fehlenden Debattierens die Normalität geworden, auch Betroffene halten ihr Leid und ihre erschwerte Lebensrealität für normal, als hätten sie es so verdient. Denn wenn deinem Aussehen, deiner Herkunft und Religion ständig mit Ablehnung, Verachtung und Generalverdacht begegnet wird, verinnerlichst du mit der Zeit wie eine selbsterfüllende Prophezeiung diese Betrachtungen und glaubst an sie. Ich lernte viele Menschen of Color kennen, die die hässlichsten und destruktivsten Eigenschaften und Bilder mit ihrer eigenen Herkunft in Verbindung bringen. Menschen of Color sind Personen, die aufgrund religiöser, körperlicher und kultureller Fremdzuschreibungen durch die Dominanzgesellschaft vielfältige rassistische Erfahrungen machen. Ich möchte den Begriff »Menschen mit Migrationshintergrund« vermeiden. Denn nicht alle Menschen mit Migrationsvorgeschichte sind den gleichen rassistischen Strukturen ausgesetzt. Ein Mensch mit Wurzeln aus

Frankreich oder Schweden wird hier anders behandelt als ein Mensch, dessen Wurzeln in Afghanistan oder Somalia liegen. Wenn wir uns also entscheiden wegzuschauen, wird Rassismus nach wie vor vielen Menschen wehtun. Bei dieser Geschichte im Restaurant handelt es sich um offensiven, lupenreinen Rassismus. Das Heimtückische und Knifflige an Rassismus ist, dass er mehrere Erscheinungsformen hat, und wir haben es in unserer Zeit meistens mit subtilen und rassistisch institutionalisierten Strukturen zu tun. Sehr wenige Menschen wollen bewusst rassistisch sein. Aber wir handeln dennoch rassistisch, weil wir, unsere Denkart und Sprache, bis tief in die Wurzeln rassistisch geprägt sind. Unsere Institutionen sind nach rassistischen Weltanschauungen aufgebaut. In der Schule müssen Schwarze Menschen und Menschen of Color ständig auf der Hut sein, um Vorurteile nicht zu bestätigen. Auch wenn diese Menschen es schaffen, nicht aufzufallen, bleiben sie unter Beobachtung und somit den rassistischen Strukturen ausgeliefert. Wenn ein Mensch of Color zu spät kommt, schlechte Noten schreibt oder irgendwann laut oder aggressiv wird, neigen wir dazu, dieses Verhalten mit seiner Herkunft zu begründen. Aber wenn ein *Weißer*, Autochthoner dasselbe Verhalten an den Tag liegt, findet man womöglich andere Erklärungen: Er habe einen schlechten Tag, seine Eltern würden sich scheiden lassen, oder es gehöre ja zum Menschsein, nicht perfekt zu sein. Dieselben Unterscheidungen und Benachteiligungen findet man am Arbeits- und Wohnungsmarkt. Als ich diese Zeilen schrieb, saß ich im Zug von Salzburg Richtung München und wurde von zwei Polizisten kontrolliert. Natürlich haben sie die zwei blonden Frauen zwei Reihen vor mir übersprungen. Die beiden konnten es nicht glauben, dass ich mittlerweile Österreicher bin. Seit 2015 sei noch zu wenig Zeit zur Erlangung der Staatsbürgerschaft vergangen, weshalb sie die Gültigkeit meines Passes anzweifelten und ihn und meine restlichen Dokumente, Ausweis, Führerschein und Impfpass, akribisch untersuchten. Sie befragten mich über zehn Minuten lang. Die wohl absurdeste Frage war: »Wie haben Sie die österreichische Staatsbürgerschaft bekommen?« Ich habe mir den Witz, der mir in den Sinn kam, verkniffen und eine sachliche Antwort gegeben: »Ich habe sie beantragt!« Dieses Phänomen nennt man übrigens »racial profiling«. Wir können nicht mehr länger den feigen Versuch gestatten, Rassismus unter den Teppich des Rechtsradikalismus zu kehren. Ich erlebe bei Gesprächen über Rassismus häufig folgende Reaktion: »Rassismus ist böse. Ich bin nicht rassistisch. Nur wer rassistisch handelt, ist es, und das sind die Radikalen.« Das Reden darüber, dass das eigene Handeln rassistisch sei, ruft bei einigen *weißen* Menschen Scham, Wut und Knoten im Bauch hervor. Das ist nachvollziehbar. Man will nicht zugeben, dass man ein Teil des rassistischen Systems ist, und behauptet, Rassismus habe mit vorsätzlichem Handeln zu tun. Also nur wer absichtlich rassistisch handelt, sei rassistisch. Aber bei Rassismus geht es nicht um die Intention, sondern um die Wirkung des Handelns. Und darin liegt die Hartnäckigkeit des Rassismus. Ich kenne keinen Menschen persönlich, der vorsätzlich rassistisch ist. Wir wurden aber rassistisch sozialisiert und handeln dementsprechend unbewusst rassistisch, aber das ist keine Ausrede, denn Unwissenheit schützt nicht davor, jemanden zu verletzen.

Um nicht aus meiner Perspektive zu erzählen, möchte ich hier eine *weiße* Frau zitieren, die sich mit Rassismus auseinandergesetzt hat. Peggy McIntosh hat in ihrem Aufsatz »White Privilege: Den unsichtbaren Rucksack auspacken« diese Liste über ihre Privilegien als *Weiße* verfasst:

- Wenn ich eine Wohnung oder eine Arbeitsstelle suche, stellt mein Weißsein kein Hindernis dar.
- Ich kann mit vollem Mund sprechen, ohne dass Leute behaupten, das sei typisch für Personen meiner Hautfarbe oder Ethnie.
- Wenn mich die Polizei anhält bzw. kontrolliert, kann ich sicher sein, dass mein Aussehen nicht der Grund dafür ist.
- Ich kann ein teures Auto fahren, ohne für kriminell gehalten zu werden.
- Ich werde nicht aufgefordert, für alle Menschen meiner Hautfarbe zu sprechen.
- Ich bin, wenn ich einkaufen gehe, meist sicher davor, dass eine Ladendetektivin wegen meines Weißseins mich verfolgen oder mich verjagen würde.
- Ich muss meine Kinder nicht lehren, aufmerksam zu sein wegen des strukturellen Rassismus, um sie zu schützen.
- Wenn ich einen Wochenendausflug mache, muss ich mir keine Gedanken machen, an welchem Ort ich als Weiße sicher bin.
- Kaufe ich Make-up in der Farbe »neutral«, Stifte in Hautfarbe oder Pflaster, kann ich sicher sein, dass die Farbe meiner Hautfarbe ähnelt.

- Im Fernsehen, in Zeitschriften, überall sehe ich Menschen meiner Hautfarbe, die Namen und Berufe haben, und die meistens positiv dargestellt sind. Sie repräsentieren dabei vielfältige sozioökonomische Positionen und sind nicht stereotypisiert.
- Ich werde nicht ständig von fremden Personen zu meiner Herkunft befragt.
- Ich kann es einrichten, meine kleineren Kinder die meiste Zeit vor Menschen zu schützen, die sie nicht mögen.
- Ich kann mir ziemlich sicher sein, dass die Lehrer:innen oder die Arbeitgeber:innen meiner Kinder sie tolerieren werden, wenn sie sich an die Normen halten, die in der Schule und am Arbeitsplatz gelten. Meine größten Sorgen werden nicht sein, wie die Einstellung anderer wegen ihres Weißseins ist.
- Ich sehe es als Selbstverständlichkeit an, alle Menschen, die nicht weiß sind, benennen, einteilen und kategorisieren zu dürfen.
- Ich kann meine Aktivitäten so gestalten, dass ich nie Gefühle von Zurückweisung wegen meines Weißseins erfahren muss.
- Wenn ich erkläre, dass ein rassistisches Problem vorliegt, werden weiße Menschen mir mehr Glaubwürdigkeit verleihen, als sie eine »person of colour«, eine Schwarze Person, haben wird.
- Ich kann sicher sein, wenn ich rechtliche oder medizinische Hilfe benötige, werde ich nicht aufgrund meines Weißseins schlechter behandelt.

Natürlich ist die Liste viel länger, das war nur eine Kostprobe. Ich könnte fast zu jedem einzelnen Punkt eine Geschichte erzählen, die ich selbst erlebt habe. Ich werde mich nur mit einem Punkt begnügen, und zwar mit dem letzten. Als ich noch in Mondsee gelebt habe, in einer Phase, in der ich viel körperliches und seelisches Leid hatte, kontaktierte ich einen Hausarzt und machte telefonisch einen Termin aus. Um die Geschichte nicht ausufern zu lassen, fasse ich kurz zusammen: Nach zwei Stunden Wartezeit wurde ich ins Ordinationszimmer gerufen. Das Gesicht des Arztes war trockener und steifer als ein Kaktus. Ich zeigte ihm meinen Ausschlag an der Lippe und er verschrieb mir eine Salbe. Als ich ihm von meinem Schlafproblem erzählen wollte, meinte er schroff: »Nein, nur ein Problem«, und zeigte zur Tür. Ich wusste nicht, wie ich reagieren soll. Ich habe das einfach widerstandslos hingenommen.

Österreichs bestintegriertes Landei

Aber jetzt lasst uns zurück zu meinem Umzieh-Rekord kommen. Ich bin fünfmal in meinem ersten Jahr in Österreich umgezogen. Aber das war noch nicht genug. In Palting fühlte ich mich nicht angekommen. Das Minidorf war zu weit weg von allem, und ich konnte dort keine Freunde finden und es bedarf zum Ankommen, und um sich beheimatet zu fühlen Menschen. Der Wunsch, wieder in einer großen Stadt wohnen, wurde allmählich größer. Mir gefiel das Leben am Land und diese Ruhe war sogar notwendig, aber ich bin der Sohn einer Metropole und bin deren Lebensstil gewohnt. Damaskus hat schätzungsweise vier Millionen Einwohner. Eine Stadt, die nie schläft. Vor dem Krieg wurde die Nacht zum Tag. Ich kann mich an keinen einzigen Tag erinnern in meinem Leben in Damaskus, an dem ich zu Hause blieb und keine Freunde traf. In meinem alten Job im Magistrat Damaskus arbeitete ich bis dreizehn Uhr. Ich kam nach Hause, aß etwas, duschte, machte Siesta und dann begann für mich ein neuer Tag. Ich öffnete die Tür und ging auf die Straße, wo es von Leben nur so wimmelte. Jeder Abend brachte einen ganz neuen und anderen Ablauf mit sich. Wir spielten Karten oder Tawle, gingen essen oder ins Kino, in die Disco oder schauten Fußballspiele oder Fernsehserien bei einem von uns an. Wir haben Konzerte von Amr Diab, Shakira, Enrique Inglesias und David Guetta besucht. Auch wenn die Abende noch so unterschiedlich waren, hatten wir einen rituellen Ausklang: Wir holten uns, meistens um Mitternacht herum, Shawarma-Sandwiches bei Abu-Abdu im Alsalhia-Viertel, setzten uns mit einem Glas Airan auf Autos am Straßenrand vor dem Restaurant und aßen gemeinsam. Shawarma war mein Lieblingsessen. Es wird in Europa häufig mit Döner verwechselt. Es ist zwar dasselbe Konzept, Fleisch vom sich drehenden Spieß herunterzuschneiden, aber das ist auch schon das einzige gemeinsame Merkmal. Shawarma wird sowohl mit Hühner- als auch mit Rindfleisch gemacht. Es wird aus ganzen Fleischstücken zubereitet. Die Marinade wird aus zwölf verschiedenen Gewürzen gemacht und das Fleisch einen ganzen Tag darin eingelegt. Zum Einrollen verwendet man ein hauchdünnes Fladenbrot mit Knoblauchsoße, ein wenig eingelegte Gurke und etwas Granatapfelsirup. Es schmeckt einfach sensationell.

Sollten Sie sich an dieser Stelle fragen, ob meine Schilderungen etwas sozialromantisch gefärbt sind – wir alle betrachten die Vergangenheit mit einer selektiven Filter-Brille. Natürlich ist es auch nicht immer so harmonisch verlaufen. Wenn wir am nächsten Tag keine Arbeit hatten, kamen wir am Ende des Abends zu der Stammecke in unserer Gasse, setzten uns auf die Mauer aus weißem Marmor und erzählten uns die ganze Nacht Geschichten. Einer der Nachbarn, Abu-Naji, aus dem benachbarten Wohnblock beschwerte sich immer, weil er schlafen wollte. Da die Polizei solche Beschwerden nicht ernst nimmt, fing er an, uns mit Wasser zu bespritzen und mit rohen Eiern zu bewerfen. Aber wir kamen hartnäckig immer wieder zurück. Einmal hat er einen Plastiksack mit Wasser befüllt und auf uns geworfen, während ich meinen Freunden leidenschaftlich eine Geschichte erzählt habe. Der Sack landete genau auf meinem Kopf und »schmückte« mich wie ein Sombrero.

Meine Freunde und ich trafen uns jeden Tag, ohne dass wir dies explizit ausmachten. Termine waren für mich nur etwas, das ich einzig und allein von Zahnarztbesuchen kannte. So etwas wie einen Kalender besaß ich nicht. Daher war ich erstaunt, als ich erfuhr, dass man in Österreich sogar einen Termin ausmacht, wenn man seine Eltern oder Geschwister besucht. Das wäre für meine Familie unvorstellbar. Ich erinnere mich an meine Onkel und Tanten, die immer wieder mit ihren Kindern unangekündigt in der Früh an die Tür klopften und dann den ganzen Tag bei uns verbrachten. Es wäre für sie eine Beleidigung gewesen, sie um eine Terminvereinbarung zu bitten. Das hätte die Beziehung für immer zerstört.

Zufälligerweise besuchte mich beim Schreiben der vorigen Zeilen unangekündigt ein Freund, Shadi. Als er an der Tür klingelte, meldete sich sofort der Neoösterreicher in mir: Wieso hat er sich nicht vorher gemeldet? Ich habe mich darauf eingestimmt, heute zu schreiben. Dann baute sich der Araber in mir demonstrativ auf: Jetzt stell dich nicht so an. Der Gast ist von Gott geschickt! Also tauschte ich mein Stirnrunzeln gegen ein Lächeln und begrüßte Shadi mit meinem breiten Damaszener-Dialekt und einem typischen Willkommensspruch: »Der Prophet hat uns besucht.« Wir tranken schwarzen Tee und gingen lange spazieren. Die Arbeit nahm ich am nächsten Tag erfrischt auf.

Ich weiß, dass mir niemand glauben wird, aber beim Überarbeiten der vorigen Zeilen läutete es wieder an der Tür. Und die Arbeit musste abermals unterbrochen werden: Ein Freund, der mit seiner Frau gestritten hatte, suchte bei mir Herberge. Wir haben gemeinsam Pizza gemacht und redeten den ganzen Abend über Beziehungsprobleme. Am zweiten Tag ging er zu seiner Familie zurück. Jetzt, nachdem er gegangen ist, nehme ich die Arbeit wieder auf, um euch die Geschichte von meinem Umzugsmarathon zu erzählen, und warte nur darauf, dass die Klingel wieder losgeht …

»Komm nach Wien. Meine Freundin zieht bald zu mir um. Du kannst mit etwas Glück ihre schöne Garçonnière im dritten Bezirk nachmieten«, bot mir ein Freund aus Wien, Mahmoud, an, als er von meinen Gedanken erfuhr, in die große Stadt ziehen zu wollen. Es war keine einfache Entscheidung. Denn ich hatte mich an mein Umfeld, die Arbeit und meine Kollegen:innen schon gewöhnt. Es ist auch so, nach der Fluchterfahrung hassen viele geflüchtete Menschen die Übersiedlungen über alles. Ich habe von einigen Menschen, die dasselbe Schicksal mit mir teilen, gehört, dass sie auf gar keinen Fall wegziehen wollen, egal unter welchen Umständen. Dieser Prozess ist für viele einfach mit vielen negativen Erfahrungen konnotiert und das Bedürfnis nach Sesshaftigkeit unermesslich groß. Außerdem projiziert man auf den Ort, an dem man zufällig gelandet ist, eine besondere Verbindung, die zwar substanzlos ist, aber ihren Hintergrund aus der Sehnsucht nach der ersten Heimat speist.

Eine Arbeitskollegin stellte mir dankenswerterweise als Mittelwegslösung eine Familie aus dem Ort Mattsee vor, die eine Dachwohnung in ihrem Haus zu vermieten hatte. Mattsee ist etwas größer, näher zu Salzburg und meiner Arbeit, und liegt an einem See, in den ich schon durch die vielen Besuche an den Wochenenden verliebt war. Eine Liebe auf den ersten Blick war es ebenfalls mit der Familie aus Mattsee. Die Begegnung bei der Wohnungsbesichtigung war ausschlaggebend. Es passiert dir nicht jeden Tag, Menschen zu begegnen, die eine wohltuende Wärme in deinem Herzen verbreiten. »Geld spielt keine große Rolle, sag einfach, wie viel du für die Miete zahlen kannst.« Das war der erste Satz von Herbert, dem Familienvater. Die Mutter, Christine, und der Sohn, Moritz, wirkten auf mich sehr herzlich, vertraut und sympathisch. Ich warf alle Pläne mit Wien über Bord und zog nach Mattsee. Im Juli 2016 durfte ich somit meinen Umzugsmarathon beenden. Mittlerweile sind diese Menschen nicht mehr meine Vermieter oder Nachbarn, sondern meine eigene Familie.

Inzwischen kann ich mir gar nicht mehr vorstellen, in einer Großstadt zu leben, auch wenn mich meine Wiener Freund:innen als Landei bezeichnen. Ich bin es gern. Abgesehen von der Freundlichkeit und Sympathie meiner neuen Nachbarn war das Zusammenleben mit einer österreichischen Familie eine große Chance für mich, um die Sprache, Kultur und Mentalität besser kennenzulernen. Ich fahre jedoch regelmäßig nach Wien, um Landsleute zu treffen. Diese Begegnungen sind essenziell und heilsam. Ohne die Freundschaften und den Austausch mit Menschen, die meine Muttersprache sprechen und die sich mit denselben Problemen und Sorgen beschäftigen, wäre ich seelisch zugrunde gegangen. Ich bin nach den vielen Jahren im Exil für die Menschen in Syrien kein Syrer mehr. Ich bin anders geworden. Für die Einheimischen bin ich ebenfalls kein Österreicher. Ich bin anders. Und es stimmt. Ich bin weder noch. Ich bin ein Wanderer zwischen beiden Welten. Ich liebe es, in Wien zu sein, um in die neugeschaffene Welt von Menschen of Color einzutauchen. Die Themen, die Perspektiven und Kommunikationscodes der Menschen of Color sind mir – ohne von null anfangen zu müssen – vertraut. Ich muss nicht, wie es am Land nicht selten der Fall ist, beweisen, dass ich nicht »gefährlich« wie »meinesgleichen« bin, und den Menschen zeigen, dass es andere Perspektiven gibt. In einer vielfältigen Stadt wie Wien ist vieles selbstverständlich, und ich kann die Zeit nutzen, um über meine Themen zu reden. Es sind zwei verschiedene Welten, die ihre Nach- und Vorteile haben. Als ich nach Österreich kam, dachte ich, wenn ich mich in Österreich heimisch und wohl fühlen will, brauche ich möglichst viele Berührungspunkte mit autochthonen Österreicher:innen. Und dafür bietet das Leben am

Land eindeutig mehr Chancen als das in Wien. Ich erfahre es immer wieder von Freund:innen, die in Wien leben, wie schwierig es ist, mit Einheimischen in Kontakt zu kommen. In der Tat durfte ich am Land viele Einheimische kennenlernen und vieles über Österreich erfahren. Ich begegnete Menschen, die mein Leben mit ihren Perspektiven und ihrer Freundschaft bereichert haben. Aber an bestimmten Tagen, wenn mir danach ist, von Exil- oder rassistischen Erfahrungen zu sprechen oder von Schwierigkeiten des Zusammenlebens und über meine Sehnsucht nach Damaskus, dann wünschte ich, ich wäre in Wien.

Ich möchte Wien nicht idealisieren. Oft kennen die Wiener:innen ihre Nachbar:innen aus demselben Wohnblock nicht. Eine Sache, die mir völlig unverständlich ist. Am Land sind die Gegebenheiten ganz andere. In Wien herrscht eher eine Bubblestruktur. Im Normalfall kennt auf dem Land jeder jeden, und jeden kennt jeder. Und wenn Sie der erste Araber im Dorf sind, fallen Sie noch mehr auf. Als ich meinen ersten Damenbesuch in Mattsee hatte, stellte ich schon am nächsten Tag fest, dass der ganze Ort davon Bescheid wusste. Sogar die Farbe und Marke des Autos war allen bekannt. Auch wenn dieser Ratsch und Tratsch in kleinen Orten vielen auf die Nerven geht, finde ich es bis zu einem gewissen Ausmaß familiär und amüsant. Auch wenn es mitunter aus Neid und Missgunst kommt.

Das Leben am Land hat mir etwas sehr Wertvolles geschenkt. Durch die Natur, die Ruhe und die fehlenden Ablenkungen, die in einer großen Stadt aus jeder Ecke strömen, durfte ich meine innere Welt pflegen. Ich konnte nach innen wachsen. Ich bin mir nicht sicher, ob ich ohne den täglichen Blick auf den See Schriftsteller geworden wäre.

Integration ist Humbug

Würde man mich fragen, ob »Integration« besser am Land funktioniert, wäre meine Antwort: Bitte wiederholen Sie das Wort »Integration« nicht. Es ruft bei mir Abscheu hervor. Ich habe diesen Begriff aus meinem Wortschatz gestrichen und durch »Zusammenleben, Zusammenhalt oder Voneinander-Lernen« ersetzt. Wenn ich das Wort »Integration« oder »Toleranz« in einer politischen Debatte höre, spitze ich automatisch die Ohren und weiß, dass in den meisten Fällen eine Hierarchisierung der Überheblichkeit und Machtstrukturen zur Schau gestellt wird.

»Bist du Christ? Du bist offener und aufgeschlossener als deine Landsleute! Du bist aber sicher kein strenger Muslim, daher kommst du mit der österreichischen Mentalität zurecht. Was ist dein Geheimnis, so gut integriert zu sein?«, wurde ich immer wieder gefragt. Dabei fühle ich mich selbst nicht gut integriert. Worin denn? Ich konnte für mich selbst nicht definieren, was diese sogenannte »Integration« sein sollte. Außerdem weiß ich nicht, ob diese Komplimente als Lob gesehen werden können. Ich weiß nur, dass Flucht oder Migration oft bedeutet, auf den Startpunkt des Lebens zurückgeworfen zu werden. Und das ohne die Fürsorge der Eltern und der vertrauten Umgebung! Einige Politiker:innen behaupten, dass der Fremde die Quelle von allem Übel sei.

Er müsse gehen oder sich anpassen. »Integration« ist das Allheilmittel, das sie den Fremden anbieten, das aber, wie jedes Allheilmittel, Humbug ist. Die Gegenfrage ist: »Was ist denn österreichisch an den Österreicher:innen?« Nach acht Jahren in Österreich fällt es mir schwer, diese Frage zu beantworten, denn Österreich ist sehr bunt und unterschiedlich. Ich weiß nur, dass das Zusammenleben dort gelingt, wo nicht über »Integration« debattiert wird und die vermeintlich »Fremden« keinen überheblichen Inspektionen ausgesetzt sind.

Ich war am Anfang vom eindimensionalen Integrationskonzept überzeugt. Ich wollte mich auf Teufel komm raus integrieren. Ich lehnte die Wohnung in Wien ab und zog in das Salzburger Land, lernte die deutsche Sprache bis zum C2-Niveau und meldete mich beim Fußballverein an. Aber zu meiner Überraschung wurde das Gefühl des Andersseins stärker, je mehr ich mich mit Österreicher:innen umgab. Die fehlenden sozialen Codes und die noch nicht genügende Beherrschung der Sprache wurden immer mehr zum Verhängnis. Oft erlebte ich, wenn ich etwas Kompliziertes artikulieren wollte, dass die Worte in meinem Mund stockten und ich lange brauchte, bis ich die passenden Begriffe fand, und dann fiel mir jemand ins Wort und das Gespräch ging weiter, und ich fühlte mich sprachbehindert. Wenn ich über Themen sprechen wollte, die mich damals beschäftigten und interessierten, wie der Krieg in Syrien oder Rassismus, verstummte oft das Gespräch und das Thema wurde schnell gewechselt. Ich konnte auch nicht viel zu Urlaubserfahrungen oder der innenpolitischen Lage Österreichs beitragen. Ab einem bestimmten Zeitpunkt wurde deutlich, dass es nicht möglich ist, einen gleichwertigen Ersatz zu dem zu finden, was ich an sozialem Eingebundensein nach der Flucht verloren hatte. Die Erfahrungen in der primären sozialen Umgebung haben mich nicht auf diese Lebensstile und Lebenssituationen vorbereitet. Und die neue Gesellschaft hat nur bedingt Raum für die Andersartigkeit.

Es gibt jedoch einen positiven Aspekt meiner Erfahrungen der Entwurzelung aus Damaskus und der Tatsache, neue Wurzeln in einem anderen sozialen Kreis zu schlagen. Ich habe durch diese intensive Auseinandersetzung mit meiner alten und neuen Umgebung mehr zu mir selbst gefunden und mich selbst besser kennen und verstehen gelernt. Allein dadurch, dass ich nicht mehr in den familiären, sozialen und spirituellen Strukturen meines sozialen Milieus in Syrien lebe, konnte ich diese erst begreifen und mich von deren destruktiven Einflüssen, die mich an meiner Entfaltung hinderten, befreien. Ich habe in Österreich neue und wertvolle Aspekte des Lebens und Zusammenlebens kennenlernen dürfen, die mir halfen, meine Lebensart zu reflektieren und infrage zu stellen. Ebenfalls gaben mir meine Erfahrungen aus dem früheren Kulturkreis die Ressourcen, die herrschenden Lebensstile in der österreichischen Gesellschaft mit einem wachsamen Auge zu betrachten. Mit anderen Worten: Meine Erfahrungen in Syrien halfen mir, die Gesellschaft in Österreich zu analysieren, und meine Erfahrungen in Österreich ermächtigten mich, die Gesellschaft in Syrien zu reflektieren. Dadurch durfte ich neue Aspekte von mir entdecken. Ich möchte nicht um jeden Preis meine Bedürfnisse nach Zugehörigkeit erfüllen. Ich habe mittlerweile meinen ganz persönlichen Lebensstil und eine dynamische und vielschichtige Identität.

Die Identitätsschichten sind unser Navigationssystem, welche uns durch das Leben führen und ständig aktualisiert werden müssen. Sie sind ein körperlicher, psychischer und spiritueller Ausdruck unseres Selbst. Gesund sind sie, wenn wir sie bedingungslos annehmen, obwohl diese Schichten nicht immer miteinander harmonieren und Widersprüchlichkeiten und Ambiguitäten aufweisen. Aber ich liebe alle meine neuen und alten Anteile und genieße die Lebenskraft, die aus deren Verbundenheit entsteht. Ich bin nicht mehr auf ein hohles Zugehörigkeitskonstrukt angewiesen. Ich durfte in den Genuss kommen, eine wahre Zugehörigkeit zu empfinden, die von innen nach außen verläuft und nicht umgekehrt. Die Frage nach meiner Herkunft ist mir mittlerweile so leidig, als würde ich den Nachspann eines langweiligen Films lesen müssen. Ich habe mich von dem Druck der Identifikation befreit. Ich habe die langersehnte Heimat in mir gefunden, indem ich mich mit nichts identifiziere außer mit meinem Atem. Ich möchte mich nicht kategorisieren, damit ich mich nicht verliere. Ob in meinem Reisepass Syrien, Österreich oder Indien steht, kümmert mich nicht. Denn ich fühle den Menschen in mir in seinen unzähligen Facetten und erkenne mich in allem, was mir begegnet, wieder. Und wenn ich Dichter wäre, hätte ich gesagt: Ich bin wir alle.

Fremdheit wertschätzen lernen

Gelungenes Zusammenleben kann überall funktionieren. Es hängt von der Haltung aller Beteiligten ab, ob sie einander auf Augenhöhe begegnen oder mit Angst, Ablehnung und Arroganz. Das, was sich hinter »Integration« verbirgt, ist eine einseitige Form der Anpassung, eine Forderung, sich zu unterwerfen, sich aufzugeben. In der Mathematik bedeutet Integration, dass Teile einer Menge oder eines Systems sich zugunsten des Ganzen einschränken. Auf Arabisch verwendet man das Wort »Integration« in der Schauspielerei. Wenn eine Schauspieler:in ihre Rolle gut dargestellt hat, sagt man, sie habe sich gut in die Rolle integriert. Und das ist dasselbe Verständnis, das von Migrant:innen verlangt wird. Die kulturelle »Integration«, die von den Neuangekommenen und auch von Österreicher:innen mit Migrationshintergrund gefordert wird, ist für alle Beteiligten, auch für die autochthonen Menschen, kontraproduktiv und nimmt uns das Potenzial weg, uns durch unsere Unterschiede zu entwickeln und Gemeinsamkeiten zu erkennen. Ich werde im Verlauf dieses Textes erklären, für wie groß ich das Potenzial unserer Heterogenität für die Entwicklung auf persönlicher und gesellschaftlicher Ebene halte.

Leider sind Begegnungen auf Augenhöhe im Hinblick auf die Debatte über die »*Integration*« sehr erschwert. Bereichernde zwischenmenschliche Begegnungen sind von Wertschätzung und Respekt gekennzeichnet. Eine Begegnung auf Augenhöhe setzt die Anerkennung unseres Gegenübers als verletzlichen und bedürftigen Menschen – genauso wie wir es sind – voraus. Und die Erwartung, dass wir von ihm etwas lernen können, auch wenn das beim ersten Eindruck nicht ersichtlich ist. Im suboptimalen Fall lernen wir, wie wir nicht sein wollen. Wir brauchen aber stets den Anderen, den

Fremden, den Unbekannten, um das Eigene zu definieren. Von erstem Tag unseres Lebens an sind wir auf die Reaktion unserer Umwelt auf uns angewiesen.

Man kann sich nur durch das Gegenüber entwickeln. Der Sufi-Mystiker Shams Al-Tabrizi sagte: »Du kannst dich selbst nicht wirklich sehen, außer im Herzen eines anderen Menschen.« Und wenn man immer in seinen gewohnten Kreisen ist, woran soll man sich orientieren und sein Handeln reflektieren? Wir brauchen zur Reflexion einen Spiegel. Und den bieten uns oft Menschen, die einen anderen Lebensstil pflegen. Menschen, die uns fremd scheinen. Der Fremde ist deswegen für viele so bedrohlich, weil er einen Blick von außen auf die Gesellschaft wirft, ihre Ambivalenzen und Paradoxien erkennt – und weil er nicht geht, sondern bleibt. Das unterscheidet den »Fremden« vom »Gast«.

Wir begegnen dem vermeintlich Fremden meistens mit Angst. Angst ist ein wichtiges Signal, denn es zeigt uns, dass etwas ungewiss ist und unser gewohntes Lebensbild infrage gestellt wird. Das Prinzip des Katz-und-Maus-Spiels mit der Angst ist jedoch einfach. Wenn man vor der Angst wegläuft, wird sie mächtiger und gleichzeitig diffuser. Aber wenn man sich ihr bewusst stellt, kann man diese Signale empfangen und aus dem Potenzial der Angst und somit des Fremden Entwicklung schöpfen. Fremdheit ist unsere erste Lerninstanz. Der Mensch wird in die Welt hineingeworfen. Vom ersten Augenblick seines Lebens bis zu seinem letzten Atemzug muss sich der Mensch mit dem Gefühl des Fremdseins und der Fremdheit auseinandersetzen. Am Anfang sind uns die Sprache, die neuen Eindrücke, die Gepflogenheiten noch fremd. Und das Empfinden der Fremdheit begleitet uns bei jedem weiteren Schritt. In der Schule, in der Arbeit, in der neuen Wohnung, bei Interaktionen mit Menschen, die wir kennen oder nicht kennen, darin steckt immer ein Gefühl des Fremden. Wir haben uns allerdings daran so gewöhnt, dass wir es erst bei übermäßigem Auftreten wahrnehmen. Wir können uns leicht darauf einigen, dass das Empfinden der Fremdheit in jeglicher Situation Unbehagen auslöst. Aber ich gehe so weit zu behaupten, dass Lernen ohne das Fremde nicht möglich ist. Wir brauchen stets das Fremde, das Unbekannte, das Andere, um ein neues Puzzleteil in unser Bild der Welt einfügen zu können. Fremdheit ist ein produktives Gefühl. Denn es nagt an den vertrauten Grenzen unserer Wahrnehmung, stellt diese infrage und erweitert sie. Ich möchte mich nie nur auf mein Wissen verlassen, das mir vertraut ist, denn das, was ich kenne, habe ich mir nicht immer ausgesucht. Fremdheit ist eine Erfahrung, und eine Erfahrung zu machen bedeutet, sich etwas auszusetzen, das man noch nicht kennt, noch nicht ist oder noch nicht gedacht hat. Das heißt, sich etwas auszusetzen, das die eigenen Denkmuster verunsichert. Nichts ist so unbehaglich, aber zugleich so beglückend, wie etwas Neues zu erfahren, also etwas Altes in sich zu verändern. Das ist es, das in einem emotionalen Sinn »Lernen« bedeutet. Lernen ist also immer auch ein Bewältigen von Unsicherheit, zuletzt der eigenen Angst. Die Abwehr von ungewohnten Weltanschauungen verhindert neue Erfahrungen, dichtet den Panzer gewissermaßen gegen alles ab, was in unsere Welt eindringen und eine Irritation auslösen könnte, allen voran die Perspektive des Anderen. Es gibt jedoch keine absolute Fremdheit, ebenso wenig wie eine absolute Vertrautheit. Der Mensch, der mir in einem Moment fremd sein mag, kann mir im nächsten Augenblick nah erscheinen, oder das Umgekehrte kann der Fall sein. Wie oft hatte ich das Gefühl, jemanden zu kennen, bis ich mit neuen Anteilen seiner Persönlichkeit konfrontiert wurde. Ich möchte hier an jeden Menschen appellieren, das Fremde mit anderen Augen zu betrachten: mit den Augen der Neugierde, der Wertschätzung und des Reflektierens.

Es hat viele Jahre gedauert, mich in Österreich nicht mehr fremd zu fühlen. Ich bin mir nicht fremd gewesen, ich habe mich immer gekannt. Aber weil man mich als Fremden gesehen hat, habe ich mich selbst als solcher empfunden. Ich habe bei Menschen ein Gefühl der Fremdheit ausgelöst. Aber das war deren Empfindung. Die Einheimischen bei mir ebenfalls. Ich habe sie, die Situation und die neuen Lebensumstände ebenfalls als fremd wahrgenommen. Aber ich habe im Laufe der Jahre gelernt, die Angst nicht mehr regieren zu lassen und das Neue, das Fremde, als wertvolle Gelegenheit zu lernen zu betrachten, damit ich über meinen gewohnten Horizont hinauswachsen kann und einen passenden Umgang mit meiner Vergangenheit, meiner Gegenwart und meiner Zukunft entwickle.

Was soll dieses Philosophieren über die Fremdheit mit der sogenannten »Integration« zu tun haben? Zuerst einmal möchte ich damit sagen, dass Fremde wertvolle Freund:innen werden können und dass unsere Unterschiede das Leben bunt und bereichernd machen. Je mehr ich Menschen ich kennenlerne, die anders sind als ich, umso schärfer wird mein Blick auf die Wirklichkeit. Es geht mir auch darum zu betonen, dass Kulturen nicht in Stein gemeißelt und unveränderbar sind, sondern sie werden bei jedem Zusammentreffen zweier Menschen unterschiedlicher kultureller Prägung neu definiert. Gesellschaften sind Schauplätze dafür, uns tagtäglich neu zusammenzusetzen. Was ist überhaupt mit dem Begriff Kultur gemeint? Ich habe mich mit mehreren Thesen auseinandergesetzt. Alle drückten fast dasselbe aus: »Wie Menschen ihr Interagieren handhaben wollen.« Kultur ist ja ein Konstrukt, das in der zwischenmenschlichen Begegnung entsteht. Also, die Dinge verändern sich. Und das ist gut so. Denn das Gegenteil von Veränderung ist nicht Stillstand, sondern der Tod. Wobei es *die* österreichische oder *die* syrische Kultur nicht gibt. Ich würde sogar behaupten, dass der gut situierte Wiener Arzt womöglich mit einem syrischen Mediziner aus Aleppo mehr gemein hat als mit dem österreichischen Weinhauer in der Steiermark. Es gibt einige Stimmen, die davon ausgehen, dass Kultur völlig überbewertet wird und dass das am meisten »trennende« Strukturmerkmal die Klasse ist, also Arm und Reich. Aber wenn man Klassismus kritisiert, greift man das kapitalistische System an. Und viele wollen über ihre Privilegien nicht sprechen oder sie infrage stellen. Deswegen ist »Kultur« der bessere Sündenbock. Kultur wird häufig als dominantes Unterscheidungsmerkmal vorangestellt, als würde das alles definieren. »Ich als Österreicher …« bin ja so anders als »der Chinese«. Dabei wird übersehen, dass Kultur einfach mit Nationalität gleichgesetzt wird. Nationale Grenzen sind aber willkürlich gezogene geografische Linien und man kann niemals alle Menschen einer Nation kennen und behaupten, es gäbe eine gemeinsame Verbindung, eine gemeinsame Kultur. Vielmehr unterscheiden sich Menschen durch Klasse. Reiche Menschen aus Europa haben meistens keine Schwierigkeiten, mit anderen reichen Menschen aus Dubai, Brasilien oder Indien in ihren Luxusurlauben oder bei Geschäften zu interagieren. Wobei sie mit finanzschwachen Menschen, auch aus ihrem eigenen Land, wenige Gemeinsamkeiten haben würden. Ich glaube, dass ich mich beispielsweise nie in gewissen Kreisen bewegen oder bestimmte Entwicklungen durchmachen könnte, ohne die entsprechende finanzielle, physische und psychische Sicherheit zu haben. Das vermeintliche Problem mit den angeblichen »Fremden« scheint mir also nicht die Kultur zu sein, sondern meine schwache soziale Klasse.

Weiters möchte ich mit der Wertschätzung der Fremdheit das herrschende Verständnis sogenannter »Integration« aufbrechen und diesen abwertenden Umgang mit den angeblich Fremden bewusst machen. Die größte Institution in Österreich für Integrationsangelegenheiten schreibt Neuankömmlingen einen Wertekurs mit abschließender Prüfung vor, in dem sie einzig die österreichischen Werte lernen sollen. Das ist eine nationalistische Einstellung, weil sie suggiert, dass es in Österreich eine homogene Kultur gibt und vorausgesetzt wird, dass die Menschen, die hierherkommen, eine andere Kultur haben. Man bekommt durch diese Einbahnstraße der Vermittlung den Eindruck, dass die Neuangekommenen in primitiven Kulturen lebten, ihre Vorstellung vom Leben an der Grenze wegwerfen sollen und bekehrt werden müssen. Um welche »österreichischen Werte« geht es dabei? Als wären die Werte, über die HC Straches und Sebastian Kurz' Freunde verfügen, bedenkenlos zu verbreiten und zu lehren. Bei diesem Kurs geht es unter anderem um das Thema Gleichberechtigung. Es wird vermittelt, wie wichtig hierzulande Gleichberechtigung ist, aber dann gehen die Kursteilnehmer:innen hinaus und erfahren vom selben System Diskriminierung und Rassismus. das ist eine Unaufrichtigkeit. Prinzipiell könnte der Ansatz dieses Kurses eine wertvolle und bereichernde Angelegenheit sein, wenn er nicht so einseitig und determinierend wäre. Als ich nach Österreich gekommen bin, hätte ich gerne erfahren, wann zum Beispiel die Ruhezeiten eingehalten werden müssen, wie die Gesundheitsversorgung, das Schulwesen, der Arbeitsmarkt und das Steuersystem funktionieren. Also ein absolutes Ja für einen Orientierungkurs im neuen System, aber nein zu einem Wertekurs, der ein falsches Bild von Integration durch einseitige Leistung vermittelt, unpolitischen Personen bestätigt, dass deren Werte mit denen der anderen unvereinbar und diesen entgegengesetzt sind, was wiederum den Keil des Rassismus tiefer in unsere Gesellschaft treibt.

Unlängst hat die ÖVP diesen Wertekurs um weitere Stunden aufgestockt, um über Antisemitismus aufzuklären. Die Bekämpfung von Antisemitismus und Aufklärung darüber sind prinzipiell notwendig und erstrebenswert. Aber so zu tun, als wäre die eigene Kultur das Maß aller Dinge und alle anderen sollten davon lernen, obwohl es hierzulande ebenfalls Aufklärungsbedarf gäbe, ist nicht nur heuchlerisch, sondern sehr gefährlich. Man gewinnt so den Eindruck, als hätte Österreich keinen Bedarf, sich mit der eigenen Geschichte auseinanderzusetzen. Wenn es ein aufrichtiges Interesse an der Bekämpfung von Antisemitismus gäbe, würden angesichts der antisemitischen Demonstrationen, die sich eine Zeitlang regelmäßig an Wochenenden auf Wiener Straßen abspielten, ebenfalls politische Maßnahmen der Aufarbeitung ergriffen werden.

Sich gegenseitig die Schuld zuzuschieben, wird uns als Gesellschaft weiterhin in diesem Zustand zwischenmenschlicher Stagnation und sozialen Disengagements verharren lassen. Wir brauchen vielmehr einen Dialog auf Augenhöhe, mit welchen Werten die Menschen in Österreich ihr Zusammenleben gestalten wollen und warum. Einen Dialog und keine Diskussion, denn in der Diskussion hört man oft dem Gegenüber nicht zu und wartet nur auf die Gelegenheit, seine Meinung zu verteidigen. Dialog setzt voraus, dass wir nicht einander gegenüberstehen, sondern nebeneinanderstehen. Auch, dass man bereit ist, dem Gegenüber zuzuhören, die Bereitschaft aufweist, Neues zu lernen, Fehler einzugestehen und gegebenenfalls seine Privilegien infrage zu stellen. Wichtig ist auch, den Neuangekommenen immer den Raum zu geben, ihre Wertvorstellungen einzubringen, damit sie die neuen Schichten ihrer Identität in dem neuen Land gesund entwickeln und sich auf die Lernprozesse ohne Scham einlassen können. So ist es keine Einbahnstraße mehr, sondern ein Voneinander-Lernen. Und wenn das Ersetzen von »Integration« durch

»Zusammenleben« für manche nicht zufriedenstellend ist, schlage ich den Begriff »Emanzipation« vor. Aber auch diesen gilt es nicht einseitig wie »Integration« zu verstehen, sondern als Prozess, der die Einheimischen und die »Anderen« gleichwertig betrifft. Ein unangenehmer Prozess, der ausgehalten werden muss: liebgewonnene Weltbilder infrage zu stellen und sich eventuell von ihnen zu verabschieden. Die Integrationsforscherin Alina Knoflach sieht das Zusammentreffen der Kulturen als Transformationsprozess: »Transformationsprozesse solcher Art sind keine Neuheit. Selbst wenn sich Individuen oder Gesellschaften strikt an konservativen Ordnungssystemen festklammern, können Transformationen nicht aufgehalten werden. Transformationen sind also Teil des Menschseins und bleiben so lange bestehen, solange (Zusammen-)Leben existiert.«

Ich bin davon überzeugt, dass alle Gesellschaften in der Zukunft multiethnisch, multikulturell und multireligiös sein werden. Das zu vermeiden, ist nicht möglich.

Einander näherkommen

Wenn wir uns ganz weit nach draußen zoomen und eine Weitwinkelaufnahme unserer Welt machen, sehen wir haufenweise Wut und Hass. Wir sehen, dass wir uns voneinander immer mehr abkapseln. Und je weiter wir uns voneinander entfernen, desto lauter müssen wir einander anschreien. Wir sehen manche Politiker:innen, die ihr tägliches Brot davon abhängig machen, ein Feindbild zu pflegen, und erst gewählt werden, wenn sie »die anderen« auf die hässlichste Art entmenschlichen. Ein Blick in die sozialen Netzwerke zeigt unser Defizit, andere Meinungen hören zu können. Eine Kommunikation ohne Beschimpfungen, Demütigungen und Ächtung wird seltener. Aber wenn wir nah heranzoomen, zu unserem eigenen Leben, dann ändert sich das Bild meistens. Wenn wir einander näherkommen und unsere Verletzlichkeit sehen, dann können entmenschlichende Narrative schwer funktionieren. Ich habe oft die Erfahrung gemacht, wenn ich Menschen begegnet bin, die eine ablehnende Haltung gegenüber Menschen mit Fluchterfahrung haben, dass sie zu mir sagen: »Na, du bist anders, dich kenne ich, du bist willkommen.« Menschen aus der Nähe zu hassen ist schwierig. Über Menschen empört zu sein, die uns erst einmal wohlwollend zuhören, ist schwierig. Ein polarisierendes, gehässiges Gespräch mit einem Menschen zu führen, der uns seine verletzlichen Seiten zeigt, ist schwierig.

Für diese Entwicklung sind Begegnungsräume nötig, wo man, ohne verurteilt zu werden, miteinander reden kann, wo die leisen Stimmen ihre Geschichten, Sorgen und Ängste in Sicherheit erzählen können, um Veränderung im gesellschaftlichen Bewusstsein zu erzielen. Wir brauchen Begegnungsräume, um das Vertrauen in- und füreinander zu stärken und dadurch viel mehr über Diversität zu sprechen, die Vorteile einer diversen Gesellschaft zu betonen und medial sichtbarer zu machen, und um die Resilienz aller Beteiligten zu stärken. Ich hatte einmal eine Lesung in einer Gemeinde, deren Bürgermeister von der FPÖ war. Zur Überraschung aller ist der Bürgermeister dennoch zu der Veranstaltung gekommen. Er saß ganz hinten und machte auf mich einen argwöhnischen Eindruck. Er saß die ganze Zeit mit geneigtem Kopf da und ließ seinen Hut auf, sodass ich seine Augen kaum sehen konnte. Ich spürte den hitzigen Schwall, der von seiner Seite kam. Am Ende der Lesung stellte er sich in die Schlange zu den Menschen, die ihre Bücher signieren lassen wollten. Ich bemerkte meine Nervosität und ein paar Schweißtropfen auf meiner Stirn. Als er bei mir stand, nahm er seinen Hut ab und bat mich zurückhaltend und mit einwilligendem Kopfnicken, ein Exemplar für ihn zu signieren. Ich schrieb ihm auf Arabisch eine bekannte Redewendung, die man sagt, wenn man Gäste empfängt: »Albeit beitak« *(übersetzt: Mein Zuhause ist dein Zuhause).* Er fragte, was es bedeuten würde. Ich antwortete: »Es ist Ihre Hausaufgabe, vielleicht lernen Sie Arabisch oder einen arabischen sprechenden Menschen kennen, der es für Sie übersetzt.« Er hat ehrlich gelacht. Wobei ich betonen möchte, dass ich seit acht Jahren in Österreich lebe, und hier befindet sich mittlerweile mein Zuhause.

Zugehörigkeit ist das Gegenteil von Anpassung

Natürlich war es für mich äußerst wichtig, die Gepflogenheiten und die Lebensweisen in Österreich kennenzulernen und mich darauf einzulassen, denn ich lebe glücklicherweise nun mal hier. Aber mit dem überheblichen Zeigefinger und der Aufforderung zur Anpassung werden sich Menschen mit

Fluchterfahrung oder Migrant:innen niemals zugehörig fühlen. Diese Frage, warum manche Menschen, die seit vielen Jahren hier leben, ja sogar in zweiter und dritter Generation hier geboren sind, sich als Österreicher:innen dem Land Österreich nicht zugehörig fühlen und sogar missmutig und teilweise wütend sind über den Umgang mit ihnen und über die Schublade, in die sie gesteckt wurden, beschäftigte mich lange. Bis mir einmal bei einem Vortrag der Empathie- und Schamforscherin Brené Brown folgender Satz den Geist flammen ließ: »Zugehörigkeit ist das Gegenteil von Anpassung.« Das war für mich so aufschlussreich! Sich anzupassen bedeutet, nicht man selbst sein zu dürfen, sondern sich verstellen zu müssen und nicht wahrhaftig zu sein. Wenn Sie bestimmte Kategorien erfüllen müssen, wenn Sie Ihre Muttersprache an bestimmten Orten nicht sprechen können, nur ein bestimmtes Verhalten an den Tag legen dürfen, sich nur so anziehen, wie es üblich ist, bestimmte Leistungen erbringen müssen, um akzeptiert zu werden, dann passen Sie sich an, aber Sie sind nicht mit Ihrem authentischen Selbst zugegen. Zugehörigkeit ist ein Thema für jeden Menschen. Zugehörigkeit empfinden Sie, wenn Sie sich in erster Linie sich selbst zugehörig fühlen und authentisch sind. Erst wenn Sie mit all Ihren Facetten, Emotionen und Ihrer Verletzlichkeit Platz haben, können Sie ein Zugehörigkeitsgefühl gegenüber Ihrem neuen Umfeld entwickeln. Und wenn Sie wahrhaftig und authentisch sein dürfen, werden Sie nicht nur von Ihrer Umgebung beeinflusst, sondern Sie werden diese ebenfalls beeinflussen können. Eine wechselseitige, aktive Beziehung mit Ihrer Umgebung zu haben setzt voraus, Raum und Respekt von Ihrem Umfeld für Ihre Spiritualität, Bedürfnisse und für das, was Sie ausgleicht, sofern es die Freiheit der anderen nicht einschränkt, zu bekommen. Und dieses Prinzip gilt in jeder zwischenmenschlichen Beziehung. Wenn Sie immer nur das machen, was der Partner will, um die Beziehung aufrechtzuerhalten, und nicht das machen können, was Sie erfüllt, dann können Sie sich dieser Beziehung nicht zugehörig fühlen. Wenn Sie immer nur den Ideen und Visionen Ihres Arbeitgebers folgen und nie Ihre Ideen einbringen können, wird die Arbeit zwar funktionieren, aber Sie werden sich niemals der Firma zugehörig fühlen. Das ist der Unterschied zwischen Zugehörigkeit und Anpassung. Mit anderen Worten: Anpassung ist, wenn Sie bei einer Gruppe oder bei einem Menschen sein müssen oder wollen, aber, um dabei zu sein, bestimmte Aspekte Ihrer Identität unterdrücken oder vortäuschen müssen. Und am Ende ist Ihr Dasein für diese Gruppe oder diesen Menschen unbedeutend oder unerwünscht, denn es gibt viele, die sich anpassen würden und diesen Platz belegen könnten. Wahre Zugehörigkeit aber ist, wenn Sie bei einer Gruppe oder bei Menschen sein wollen und dies keine Identitätsanteile von Ihnen zu unterdrücken verlangt. Sie sind mit Ihrem authentischen Selbst willkommen. Natürlich dürfen und müssen in einer Beziehung, die auf diesem Konzept der wahren Zugehörigkeit beruht, bestimmte Verhaltensweisen und Rahmenbedingungen infrage gestellt und kritisiert werden, und manchmal muss sogar um die Lebensgestaltung gestritten werden. In einer gesunden Beziehung muss der Raum dafür da sein, über alles vorbehaltlos reden zu können, aber ohne das Gefühl zu haben, wenn man sich nicht fügt, wird man nicht angenommen, und ohne zu fürchten, dass die Beziehung bedroht ist, weil man seine Bedürfnisse kommuniziert hat. Fest steht: Wo Menschen zusammenkommen, gibt es Konflikte. Es gibt keine zwischenmenschliche Beziehung, die perfekt ist. Wenn Sie, liebe:r Leser:in, glauben, eine solche zu haben, werde ich mir um Sie ernsthaft Sorgen machen. Bei jeder zwischenmenschlichen Beziehung kommt es irgendwann zum Krach. Die Frage ist nur, wie wir mit Konflikten umgehen. Wie schon an einer anderen Stelle erwähnt wurde, hat ein Konflikt das Potenzial, die Verbindung zu vertiefen. Wenn die erwähnten Bedingungen des Zusammenlebens vorhanden sind, dann können wir Sicherheit empfinden und das Potenzial unseres Zusammenseins maximal ausschöpfen und uns entfalten.

Fazit: Ich kann mich einer Gesellschaft nicht zugehörig fühlen, die mich als anders und fremd wahrnimmt und mein Anderssein ablehnt, mich ändern will und mir nicht gestattet zu ihrer Gestaltung beizutragen. Weil ich nur dankbar sein darf und die Hand küssen soll, die mich füttert. Mit diesem Ungleichgewicht funktioniert ein gelungenes, nachhaltiges Zusammenleben auf Augenhöhe nicht.

Das Thema der Zugehörigkeit und der Identität hat mich in den vergangenen Jahren in verworrener Weise beschäftigt. Besonders, nachdem ich die österreichische Staatsbürgerschaft erhalten habe. Wer bin ich? Bin ich jetzt da oder noch dort? Oder weder noch? Die Frage der Menschen nach meiner Identität und meiner Empfindung war immer wieder Anlass, mich weiterhin innerlich zu zerreißen. Dabei habe ich Syrien mit der Enttäuschung verlassen, eine Heimat zu lieben, die mich nicht mich entfalten ließ, mit der Verletzung der Identität, eine Heimat zu verehren, die mich kleinhalten wollte. Ich habe Syrien verlassen auf der Suche nach Frieden und nach einer neuen Heimat. Einer Heimat, die mich liebt und mein authentisches Selbst ehrt. Die all meinen Identitätsschichten Raum eingesteht. Ich wollte in einer Heimat leben, die ich verfluchen kann und die mich dennoch vor dem Schlafengehen auf die Stirn küsst. Ich versuchte, mir diesen Wunsch in Österreich zu erfüllen und diese Heimat zu finden, aber immer wieder werde ich von manchen daran erinnert, dass ich »fremd« bin. Besonders, wenn ich mich politisch kritisch äußere und Haltung für meine Themen beziehe, sind manche autochthone Menschen irritiert, dass ich nicht irgendwo unsichtbar ein Klo für sie putze, und fordern mich dazu auf, still und dankbar zu sein und den Mund zu halten, weil ich ja Flüchtling war oder für sie immer sein werde. Damit drängen sie mich von meinem Wunsch, mich Österreich zugehörig zu fühlen, einen Schritt zurück. Wobei ich überzeugt bin, dass sich politisch zu engagieren und mitreden zu wollen, einen starken Ausdruck für die Zugehörigkeit zu der Gesellschaft darstellt.

Es ist nicht nur traurig für mich, dass ich bei jeder Angelegenheit zum Fremden gemacht werde und mir meine Zugehörigkeit zu Österreich und mein Recht, bürgerlich auf Augenhöhe mit allen zu stehen, abgesprochen wird. Es ist ebenfalls traurig für alle, die hierarchisch auf mich runterblicken wollen und die Perspektive des »Fremden« ablehnen. Sie verpassen die Chance, sich durch mich besser kennenzulernen, und erschweren den Prozess des Miteinanders. Indem sie es für illegitim halten, dass ich mich am politischen Leben in Österreich beteilige und bestimmte Sitten und Gebräuche infrage stelle und womöglich den Status quo ändere, sprechen sie sich selbst das Recht ab, sich gegen korrupte und patriarchalische Strukturen, unter denen sie leiden, aufzubegehren. Denn diese Strukturen leben davon, dass wir dem Vater oder dem Chef nicht widersprechen, egal was sie für Unheil anrichten, weil wir uns in die Hierarchie fügen müssen.

Uns gegenseitig auf Augenhöhe zu begegnen, ist ein Menschenrecht. Die große Hannah Arendt sagte: »Ich habe das Recht, Rechte zu haben.« Ich habe jedoch die Erfahrung gemacht, dass meine Aufforderung, Menschen, die dasselbe Schicksal mit mir teilen, auf Augenhöhe zu begegnen, manche irritiert. Denn wenn sie an Menschen mit Fluchterfahrung denken, kommen ihnen bestimmte Bilder und Schlagzeilen in den Sinn. Bilder von geflüchteten Menschen in den intimsten Situationen, in denen sie um das Überleben ringen, Situationen, in denen sie voller Angst Grenzen überqueren oder in Schlauchbooten des Todes eng aneinandergekauert sitzen. Bilder, die bestimmte Politiker:innen zu ihren Gunsten nutzen und mit ihren entmenschlichenden und dämonisierenden Narrativen verkoppeln, um Angst zu schüren. Oder es kommen ihnen die unzähligen Schlagzeilen in den Sinn, in denen geflüchtete Menschen oder Menschen of Color mit Kriminalität in Verbindung gebracht werden. Es sind ganz andere Bilder als diejenigen, die mir in den Kopf kommen, wenn ich an diese Menschengruppen denke. Ich sehe vor meinen Augen Menschen wie alle anderen. Menschen, die so unterschiedlich und bunt sind, dass ich sie nicht beschreiben kann. Menschen mit vielen Träumen und Zielen, mit unterschiedlichen Zugängen zu Kunst und Spiritualität. Menschen, die eine wohltuende Wärme ausstrahlen, das Leben lieben und gleichzeitig ihre eigenen Unzulänglichkeiten und Lernbedarf haben. Ich sehe Menschen, die es verdient haben, dass man ihnen auf Augenhöhe begegnet.

Die wenigen straffällig gewordenen Personen bekommen unverhältnismäßig viel Aufmerksamkeit von den Medien und manchen Politiker:innen. Wenn der Fokus ständig und ausschließlich auf problematische Ereignisse im Zusammenhang mit Migration gelegt wird, werden die Strukturen, die Wahrnehmung und der Umgang in diese Richtung ausgebaut, worunter die überwiegende Mehrheit der Menschen of Color leiden wird. Wobei ich den Anspruch an eine aufgeklärte, bewusste Gesellschaft und Politik stelle, die Mühe aufzubringen, die Schicksale von straffälligen Personen verstehen zu wollen und diese nicht nur als bloße Monster zu betrachten. Ich sehe es als wichtigen sozialen Fortschritt, den Blick auf Kriminalität nicht mehr so eng gefasst in Schwarz-Weiß-Denken zu halten, sondern die Hintergründe zu erforschen, welche Erfahrungen Menschen zu kriminellen, unverantwortlichen oder antisozialen Taten verleiten. Wir können und sollen Menschen, die straffällig werden, nicht im Stich lassen und uns von ihnen distanzieren. Denn sie verkörpern einen Ausdruck von uns, unserer Welt, unserer Wirtschaft, Erziehung, Politik und der Chancenungleichheit. Mit anderen Worten: Uns mit ihren Hintergründen, ihren sozialen Strukturen verständnisvoll zu beschäftigen, ist eine große Chance, die verstörenden Ursachen zu entdecken und zu bekämpfen – im Sinne einer friedvolleren Welt.

Eine Journalistin einer liberalen Zeitung stellte mir folgende Frage: »Laufen wir nicht Gefahr, dass gerade die Liberalen, zu denen Sie zählen, durch ihre weltoffene Haltung dem gelungenen Zusammenleben zuliebe destruktive und antifeministische Frauenbilder, die womöglich durch Zuwanderung ins Land importiert werden, dulden?« Multikulturalismus heißt nicht, dass man alles zulässt. Ich glaube, die Frage ist, welche Differenzen eine liberale Gesellschaft zulassen kann und wo bei bestimmten Praktiken Grenzen überschritten werden. Auf der Gender- und Geschlechtergerechtigkeitsfrage werde ich unerbittlich bestehen und ebenfalls auf allen anderen Gerechtigkeitsfragen. Wobei wir uns vor der Annahme hüten müssen, dass das Patriarchat und die Beschränkung von Frauenrechten nur unter Migrant:innen vorkommen. Ich war oft an Schulen in fast allen Bundesländern Österreichs, die nur aus »*weißen* Österreicher:innen« bestehen, und ich spiele auch im Fußballverein mit autochthonen Österreichern. Das herrschende Frauenbild, das ich dort erlebte, ist unerträglich. Es erscheint mir wichtig, dass wir uns in einer liberalen Gesellschaft darauf einigen, dass wir alle etwas zu lernen haben, welche Grenzen nicht überschritten werden dürfen, und dass wir über diese Grenzen ständig und leidenschaftlich im Dialog bleiben, aber auch gewisse Differenzen nicht nur akzeptieren, sondern respektieren. Anders ausgedrückt: Wir müssen für ein gelungenes

Zusammenleben einander nicht liebhaben und alles toll finden, was der Andere in seinem Leben tut. Das Gegenteil ist der Fall.

Es muss von dieser Idee abgerückt werden, dass wir für eine Demokratie möglichst viel Homogenität brauchen, und ebenso von der Vorstellung, in einer harmonischen Gesellschaft die gleiche Identität oder gleiche Identitätsschichten haben zu müssen, und dass wir eine Ganzheit seien, die es zu verteidigen gelte. Zu glauben, es gäbe eine ungebrochene Identität, ist sehr gefährlich. Der aus der Türkei stammende armenische Journalist Hrant Dink setzt einen weiteren Schritt zu diesem Gedanken: »Wenn du deine Identität nur durch ein Feindbild aufrechterhalten kannst, dann ist deine Identität eine Krankheit.«

Zugehörigkeit zu einer Gesellschaft setzt nicht voraus, dass wir eins werden. Wir müssen nicht an dasselbe glauben, die gleichen Interessen und Leidenschaften haben und uns politisch einig sein. Ganz im Gegenteil. Es ist wichtig, in diversen Gesellschaften die Vielschichtigkeiten der Identitäten, Irritationen und Ambiguitäten auszuhalten und zuzulassen. Früher pflegte ich in sozialen Medien Personen zu folgen, deren politische Haltungen mit meinen übereinstimmen. Dann merkte ich irgendwann, dass ich Menschen, die mich nicht verstehen oder deren Meinungen mir absurd erscheinen, entmenschliche und ihnen menschliches Versagen zuschreibe. Ich fragte mich oft, warum ist das so? Ich fragte mich auch, ob sie, »die anderen«, dasselbe von mir denken. Ich entschloss mich, diesen Menschen in den sozialen Medien zu folgen und ihre Beiträge zu lesen, mit der Erwartung, ihre Beweggründe zu verstehen. Ich musste mich überwinden, ohne sofort zu widersprechen, das Anecken, das durch deren Verständnis von den jeweiligen Themen entstanden ist, zuzulassen. Mit der Zeit merkte ich, dass ich einen großen Gewinn dadurch erzielen konnte. Ich konnte in die jeweiligen Thematiken tiefer eintauchen und sie aus verschiedenen Blickwinkeln betrachten. Oft fühlte ich mich noch stärker bestätigt in meinen Haltungen und konnte diese solide begründen. Nicht selten kam es auch zum Umdenken bzw. zum Erweitern der Zusammenhänge.

Zugehörigkeit zu einer Gesellschaft setzt Respekt für Andersartigkeit voraus. Um einander zu respektieren und zu vertrauen, müssen wir einander fühlen. Ich kann mein Gegenüber erst fühlen, wenn ich diese Person vorbehaltlos wahrnehme, und sie unabhängig von meinen Vorurteilen und allem Schubladendenken sie selbst sein darf. Somit können wir einander erkennen und anerkennen und unsere Unterschiede als Ergänzungen unseres Weltbildes sehen und nicht mehr als Störung.

Der Sufi-Mystiker und Dichter Rumi schrieb dazu: »Vergiss nie, dass du nur das verstehen kannst, was du lieben kannst.«

Das Integrationsparadoxon

Wenn es gelingt, dass sich Menschen of Color diesem Land zugehörig fühlen und ihr authentisches Selbst verwirklichen, ist diese Sache noch lange nicht abgeschlossen, die notwendige Auseinandersetzung mit diesem Thema beginnt dann erst. Wie der Professor für Erziehungswissenschaften Aladin El-Mafaalani in seinem Buch »Das Integrationsparadox« beschreibt: »Je gelungener die Integration ist, desto mehr Konflikte entstehen.« In seiner Metapher von der Gesellschaft als Raum, in dessen Mitte ein Tisch steht, auf dem Kuchen auf die Verteilung wartet, beschreibt er die Problematik folgendermaßen: Zuerst sitzen bei Tisch weiße Männer. In der zweiten Reihe Frauen. Am Boden sitzen die »Gastarbeiter« sowie Schwarze, Homosexuelle und andere sogenannte Randfiguren der Gesellschaft. Von den »Gastarbeitern« erwartete man, dass sie nach einer gewissen Zeit wieder in ihre Heimatländer zurückkehren, und man investierte daher nur wenig in ihre Eingliederung. Dabei übersah man die Tatsache, dass die Zeit und die Gewohnheit Schmiede unserer Identität sind. Die Kinder der »Gastarbeiter« wollen sich nicht mit dem Boden begnügen, sie und die anderen möchten auch bei Tisch sitzen. Die Enkelkinder wollen nicht nur an der Verteilung des Kuchens mitwirken, sondern auch mitentscheiden, welcher Kuchen auf den Tisch kommt und nach welchen Tischregeln er verteilt wird. Damit potenzieren sich die Konflikte. Anhand des Kopftuchstreits zeigt El-Mafaalani ein anderes Beispiel der Konfliktpotenzierung auf. Kopftücher seien an Bildungsstätten zu seiner Schulzeit noch kein Problem gewesen, da sie nur von muslimischen Reinigungskräften getragen wurden. Zum Problem wurde die Kopfverhüllung für einige Menschen erst jetzt, weil muslimische Lehrerinnen diese tragen. Die Versuche, das Kopftuchverbot zu begründen, haben den tiefsitzenden Rassismus in unserer Gesellschaft noch mehr enthüllt. Warum waren Themen wie die Selbstermächtigung von Frauen, die das Kopftuch tragen, für die Politiker:innen, die dessen Verbot verlangen, früher nicht relevant? Und glauben sie wirklich, dass sie diesen Frauen helfen, indem sie sie aus den Institutionen des Staates ausschließen und ihre Entfaltung und ihr Wachstum verhindern? Das ist eine merkwürdige Art, Frauen zu empowern.

Fazit: Mehr Teilhabe an der Gestaltung des gesellschaftlichen Lebens zieht neuen Streit über »Integration« nach sich. El-Mafaalanis persönlicher Lösungsansatz wäre, neue Grundlagen, Strukturen, Prozesse und Methoden zu schaffen, um die Partizipation aller und damit eine faire, soziale Gesellschaft zu ermöglichen.

Sich djihadieren

Ich möchte die Forderung, sich an das neue Umfeld *anzupassen,* nicht im Allgemeinen verteufeln. Freiheit braucht Grenzen und Vorschriften. In jeder zwischenmenschlichen Beziehung müssen wir uns auf die Bedürfnisse des Anderen einstimmen und ständig Kompromisse eingehen. Ich respektiere die Regeln, Sitten und Gebräuche und die Freiheit meiner Mitmenschen und versuche ständig, mich im Kontext meiner Umgebung zu betrachten. Den eigenen Willen durchzusetzen, ohne Rücksicht und Abwägung der Bedürfnisse anderer, ist weit entfernt von persönlicher Freiheit. Es ist erstens unsensibel, hat zweitens krankhafte Züge und drittens zerstört ein solches Verhalten langfristig jede Beziehung.

Ich habe dem Zusammenleben zuliebe sogar meinen Vornamen geändert bzw. ändern müssen. Mein Vorname ist eigentlich Jehad. Manche schreiben es Jihad und andere Djihad. In Europa versteht man unter diesem Wort den meistens »Heiligen Krieg«, aber das ist nicht zutreffend. Auf Arabisch bedeutet Djihad »bemühen«. Das Wort bezeichnet das Ringen um ein moralisches Leben und insbesondere gegen die sündenhaften Bedürfnisse. Wenn man arbeitet oder studiert, gilt das ebenfalls als Djihad, aber auch, wenn man für seine Religion oder seine Heimat eintritt und sie verteidigt. Wenn wir also versuchen, den Begriff einzudeutschen, würde es beispielsweise so ausschauen: Ich djihadiere mich, keine Sünden zu begehen. Wegen des Begriffsmissbrauchs durch islamistische Extremisten kennt man nur den Kriegskontext. Als ich meinen Vater gefragt habe, warum er diesen Namen für mich ausgesucht hat, war die Antwort: »Erstens, weil mein bester Freund Jehad heißt, zweitens, weil er eine sehr schöne und erstrebenswerte Bedeutung hat. Nur Menschen, die den innerlichen Kampf gegen die amoralischen Bedürfnisse gewinnen, machen die Welt zu einem besseren Ort.« Ich habe meinen Vornamen geändert, weil ich immer wieder peinlichen Situationen ausgesetzt war. Oft sind die Menschen vor mir zurückgeschreckt, wenn sie meinen Namen erfahren haben: »Sie haben aber einen dummen Namen«, hat meine Hausärztin beim ersten Besuch zu mir gesagt. In meinem ehemaligen Job haben sich manche Menschen ernsthaft Sorgen gemacht, als sie meinen Namen erfahren haben. Oft hat Dr. Mohammad erzählt, dass ehrenamtliche Helfer:innen zu ihm gekommen seien, um sich zu vergewissern, ob der Name »dasselbe böse Wort« sei. Einmal stand ich in einem Supermarkt voller Menschen ganz vorne an der Kasse, da rief mich Ahmad, mein WG-Genosse aus Mondsee laut bei meinem Namen und wollte mir noch eine Packung Tee zuwerfen. Die Gespräche der Umstehenden verstummten schlagartig, und ich tat so, als würde ich ihn nicht kennen. Lange habe ich überlegt, den Namen zu ändern. Und es war keine einfache Entscheidung. Sie hat mir schlaflose Nächte bereitet. Der Name ist ein wichtiger Aspekt einer jeden Identität. Nicht im Hinblick auf die anderen, sondern für das eigene Selbst. In einem Experiment haben Neurowissenschaftler:innen 2007 mittels fMRT festgestellt, dass in unserem Gehirn ganz spezielle Bereiche beim Hören unseres Namens aufleuchten, im Gegensatz zu allen anderen Namen. Das bedeutet, dass unser Name nicht bloß ein Wort ist oder Tinte auf einem Papier. Er ist vielmehr ein biologischer Teil von uns. Nach langen Grübeleien, meinen Namen zu ändern, habe ich kurz vor dem Erscheinen von »Wenn der Jasmin auswandert« Karim El-Gawhary getroffen. Er meinte: »Ändere den Namen und deine Sünde trage ich.« Das ist eine arabische Redewendung, die bedeutet, dass jemand dafür bürgt und davon überzeugt ist. Ich habe den Namen offiziell geändert und mich mittlerweile sehr an den Namen Jad gewöhnt. Jad ist eine Abkürzung von Jehad, hat aber eine andere Bedeutung. Und zwar »seriös«. Für mich als Stand-up-Comedian passt dieser Name ganz gut. Als ich bei der für die Namensänderung zuständigen Beamtin anrief, erklärte sie mir, dass es ungefähr sechs Monate dauern würde, ich dazu dutzende von Unterlagen vorlegen müsse, und wenn die Behörde dem Antrag zustimme, seien 600 Euro zu bezahlen. Am Ende des Telefonats gab sie mir einen Termin im nächsten Monat und fragte zuletzt noch nach meinem Namen. »Jehad, wie Djihad?«, fragte sie besorgt. »Ja …«, antwortete ich zögernd und versuchte, mein Lachen zu unterdrücken. »Kommen Sie bitte morgen zu mir.« Das war der schnellste Antrag meines Lebens bei einer Behörde. Nach ein paar Tagen bekam ich den Bescheid über die Namensänderung und wurde sogar von den Gebühren befreit.

Eine sprachliche Flucht

Bei der Erkundung der österreichischen Seele begleiten mich die deutsche Sprache und die Dialekte auf dem ganzen Weg. Wenn ich ein Buch über mein Leben nach der Flucht und die Themen, die mich begleiten, schreibe, komme ich nicht an Sprache und Deutschlernen vorbei. Die deutsche Sprache war und ist eine Herausforderung für mich. Aber diese Herausforderung macht mir nichts aus. Schon als Kind war ich von dem Thema Sprache fasziniert. Ich empfand Wörter nicht bloß als Wörter, sondern als Lebewesen, die Charaktereigenschaften haben und wie Menschen launisch sind. Ich hatte die Vorstellung, dass jeder Begriff ein Türchen hat, und wenn ich es öffne, gelange ich in eine eigene Welt. Ich finde es immer noch äußerst ungewöhnlich, wie Menschen mit Lauten und Tönen Gedanken und Empfindungen ausdrücken. Und wie anders dieselben Gedanken und Empfindungen in einer anderen Sprache klingen. Wenn ich allein zu Hause war, drehte ich unsere Satellitenschüssel auf dem Dach, um ausländische Fernsehsender empfangen zu können. Ich switchte stundenlang zwischen den Kanälen und ließ, mit offenem Mund und glänzenden Augen, die verschiedenen Sprachen auf mich einwirken – Bulgarisch, Russisch, Türkisch und viele andere. Für mich eine große Faszination. Ich sah indische Filme, ohne ein einziges Wort zu verstehen, und war so gebannt, dass ich meinte, den ganzen Zusammenhang nachvollziehen zu können. Bei meinen Sprachreisen mit der Satellitenschüssel gab es einen Haken. Meine Eltern argwöhnten, dass ich mit meinen neun Jahren Pornofilme ansehen würde. Denn in Syrien ist europäisches Satellitenfernsehen dafür bekannt, Pornokanäle zu beinhalten, die vor dem Internet die einzige Quelle für diese Inhalte waren. Fast jeder Haushalt hat eine solche Schüssel auf dem Dach. Wenn man von einem hohen Gebäude aus auf Damaskus blickt, sieht man ein Meer an Satellitenschüsseln. Es war ein weitverbreitetes Phänomen, jede Nacht ungefähr ab zwölf Uhr, wenn die Familie schläft, auf den Dächern leises Motorensummen zu hören. Es war auch nicht selten, dass Männer, die keine Satellitenschüssel hatten, von anderen zum gemeinsamen Pornoschauen eingeladen wurden.

Ich lernte in Damaskus Englisch und Französisch, auf der Flucht ein bisschen Griechisch, später Deutsch. Am sichersten fühle ich mich auf Arabisch und Deutsch. Arabisch ist die Sprache meines Herzens und Deutsch die meines Verstandes. Meine Emotionen und meine Gedichte kann ich viel besser auf Arabisch ausdrücken. Aber wenn ich philosophiere und über Politik oder Wissenschaft sprechen will, kann ich mich auf Deutsch besser artikulieren. Wenn ich »Bahebik« – »Ich liebe dich« – sagen will, fühlt es sich auf Arabisch ganz anders an als auf Deutsch. Ich gehe sogar so weit zu behaupten, dass ich auf Deutsch ein ganz anderer Mensch als auf Arabisch bin. Ich schrieb die Geschichte meiner Flucht und meiner Entführung auf Deutsch, um Sicherheitsabstand zu den Erinnerungen zu haben. Das machte ich am Anfang intuitiv, bis ich einmal von einer Berliner Hilfsorganisation für Geflüchtete eingeladen wurde, über dieses Thema auf Arabisch zu sprechen. Obwohl ich mehrere Lesungen und Interviews auf Deutsch zu dieser Thematik gegeben hatte, stockten auf Arabisch die Worte in meiner Kehle. Ich überlege oft, warum ich generell auf Deutsch schreiben will und nicht auf Arabisch. Ich glaube mittlerweile, dass ich neben der physischen Flucht eine sprachliche Flucht gebraucht habe. Die Worte unserer Muttersprache kleben an einem Universum der Erinnerungen. Die neuen Worte auf Deutsch waren für mich wie neugeboren, und ich konnte sie mit neuen Erinnerungen bestücken. Wenn ich über meine traumatischen Erfahrungen auf Arabisch spreche, fühlen sie sich nicht nur bedrückend nahe an, sondern meine Ausdrucksweise ist eine ganz andere als auf Deutsch. Ich merkte, dass ich auf Arabisch diffuse Sätze formuliere, sehr sarkastisch und verharmlosend spreche und bestimmte Grenzen der Normen und Sitten auf Arabisch nicht zu überspringen wage. Außerdem spreche ich einen syrischen Dialekt, der sich ziemlich stark von Al-Fousah, Hocharabisch, unterscheidet. Und die Möglichkeiten, eine hochkomplexe innerliche Befindlichkeit im Dialekt auszudrücken, ohne von gesellschaftlichen Erwartungen beeinflusst zu werden, sind nun mal eingeschränkt. Ich erlebte ebenfalls, dass sich in einer fremden Sprache Befindlichkeiten tendenziell wertfreier ausdrücken lassen, weil damit unbewusste Tabus und Zensuren gebrochen werden. Man steht nicht mehr unter dem Einfluss der Codices der Muttersprache und hat die Sitten und Normen der neuen Sprache noch nicht verinnerlicht. Daher bin ich nun froh, Hochdeutsch als neutrale Sprache zu beherrschen. Denn es ist meistens so: Wenn wir im Dialekt über Belastendes reden, sprechen wir aus den Anteilen heraus, die verletzt sind, die das Trauma erlebt haben, und womöglich verwenden wir unbewusst das Narrativ der Täter:innen. Erfahrungsgemäß ist ein differenzierter Wortschatz bei einer Psychotherapie essenziell für den Fortschritt. Mehr dazu im nächsten Kapitel.

Meine Flucht in die deutsche Sprache fühlte sich an, als würde ich einem Gefängnis entfliehen. Wir bemerken das Gefängnis der Muttersprache erst, wenn wir uns eine andere Sprache aneignen. Und erst, wenn wir aus ihrem Gefängnis entkommen, können wir sie zu unserem Verbündeten machen. Ich konnte die arabische Kultur in Syrien und das Erbe der Diktatur in der arabischen Sprache erst durch die deutsche Sprache entschlüsseln. Als Kind erlebte ich die arabische Sprache als sehr abgespalten und widersprüchlich. Man hatte den Diktator und seine Unterdrückungsapparate überschwänglich mit vielen Gedichten und Liedern gelobt, obwohl sie unser Leben und unsere Zukunft Tag für Tag zerstörten. Man musste sich ständig kleinmachen und Worte finden, die nicht den eigenen Gefühlen und Gedanken entsprachen, um zu überleben. Diese Diskrepanz und Dissoziation der Sprache hat sich auf den Alltag übertragen. Menschen sagten oft Dinge, die sie nicht ernst meinten. Sei es eine Einladung, Terminvereinbarung oder Schmeicheleien. Auf Deutsch erlebte ich die Freiheit, ohne Angst meine Befindlichkeit präzise auszudrücken. Auch die Erfahrung, offen und vorbehaltlos über Themen zu reden, die in meiner Muttersprache tabu sind, war einmalig. Die Selbstzensur, die uns die eigene Kultur auferlegt hat, fällt in der neuen Sprache weg. In der eigenen Sprache stecken Gebote und Verbote, die in einer fremden Sprache nicht existieren. Natürlich bleiben gewisse kulturelle Konditionierungen auch in der neu erlernten Sprache bestehen. Aber durch die Bewusstwerdung dieser Grenzen durch die neue Sprache können wir sie erweitern und sprengen. Deshalb brauchen wir eine fremde Sprache, die uns ermächtigt, dem Gefängnis der Muttersprache zu entkommen. Die Grenzen, die mich auf Arabisch einschränkten, sind mit der deutschen Sprache verschwunden. Mithilfe der deutschen Sprache erkenne ich auch viele Dinge, die ich früher nicht sehen konnte, Dinge, die mit der Komplexität und der Struktur der syrischen Gesellschaft zu tun haben. Eine weitere Sprache zu beherrschen wirkt auf die erste Sprache so, als würden wir in unserem Badezimmer einen zweiten Spiegel hinter uns aufstellen. So kann man sich gleichzeitig von vorne und von hinten betrachten. Nun stehe ich nicht mehr unter der Gnade der kapriziösen und zensierten Laune einer Sprache. Im Gegenteil, ich kann die arabische Sprache jetzt von der Diktatur und der Last der Sitten retten und erweitern, indem ich sie mit dem Bewusstsein der Mehrsprachigkeit verwende. Dasselbe Prinzip der Reflexion und Erweiterung durch neu erlernte Sprachen gilt im Grunde für alle Sprachen. Eins steht aber fest: Die Muttersprache lässt die neu erlernte Sprache nicht allein herrschen. Sie bleibt eifersüchtig und gibt immer wieder den Ton an. Die Muttersprache beeinflusst die neue Sprache heimlich und subtil, wie die Fäden einer Marionette. Aber manchmal es ist umgekehrt. Es ist schwer festzustellen, wann und wie das Zusammenspiel beider Sprachen funktioniert. Stellen Sie sich, liebe:r Leser:in, es so vor: Wir holen von zwei Stränden eine Handvoll Sandkörner und mischen sie zusammen. Würden Sie sich die Mühe antun, die Körner einzugrenzen?

»Sprache ist kein Museum, sondern eine Werkstatt.«
Kübra Gümüşay

Mit jeder weiteren Sprache entdeckte ich mich neu. Jede von ihnen enthüllt ein verstecktes Territorium in meiner Seele. Aber mit der Erweiterung unserer Person durch eine neue Sprache geht ein Teil von uns vorübergehend unter. Mein Humor, meine Wortwahl und mein Charakter sind im Arabischen anders als im Deutschen. Auf Deutsch war ich und bin ich immer noch zum Teil unsicher. Ich stottere, verhasple mich und kann bestimmte Aspekte meiner Persönlichkeit nicht einbringen. Es gilt nicht nur Worte und Aussprache zu lernen, sondern auch Weltanschauungen, Schwingungen sowie semantische, syntaktische und emotionale Ladungen. Die Macht der Sprachen auf uns und unsere Weltwahrnehmung geht aber auch weit über ihre dazugehörigen Assoziationen hinaus. So verfügen beispielsweise die Guugu Yimidhirr, ein uralter australischer Stamm im Nordosten des Landes, über ein inneres Navigationssystem. Sie haben in ihrer Sprache keine Wörter für links und rechts, sie spüren mit einem inneren Kompass die Himmelsrichtungen. Wenn Sie mit dem Auto unterwegs wären, würden Sie sagen, rechts ist der Supermarkt und links ist die Tankstelle. Ein Angehöriger der Guugu Yimdhirr würde sagen, im Osten liegt der Supermarkt und im Westen die Tankstelle. Und wenn Sie und er sich um 180 Grad drehten und die Straße zurückfahren würden, wäre seine Aussage im Gegensatz zu Ihrer immer noch dieselbe. Auch wenn er sich in einem dunklen Raum befände, wüsste er noch immer, wo Norden, Westen, Süden und Osten ist. Eine Forscherin, die diese Sprache lernen wollte, wurde anfangs belächelt, weil sie nicht sagen konnte, in welche Himmelsrichtung sie geht. Sie berichtet, wie sich nach einer Phase des Versuchens ein Fenster in ihrem Kopf öffnete und sie sich von oben zu sehen begann, wie ein rotes Pfeilchen in einem Navigationssystem. Dieses Phänomen zeigt, wie unsere Sprache die Wahrnehmung der Welt gestaltet. Der österreichisch-britische Philosoph Ludwig Wittgenstein drückte es so aus: »Die Grenzen meiner Sprache bedeuten die Grenzen meiner Welt.« Wir Menschen haben eine begrenzte Wahrnehmung. Unsere Sprache hat einen maßgeblichen Einfluss darauf, wie wir die Welt sehen. Durch die Sprache können Mauern und Gräben, aber auch Fenster und Türen in unserer Wahrnehmung entstehen. Der amerikanische Schriftsteller David Foster Wallace erzählt in seinem Buch »This Is Water« die folgende kurze Geschichte: »Schwimmen zwei junge Fische des Weges und treffen zufällig einen älteren Fisch, der in die Gegenrichtung unterwegs ist. Er nickt ihnen zu und sagt: ›Morgen Jungs. Wie ist das Wasser?‹ Die zwei jungen Fische schwimmen eine Weile weiter, und schließlich wirft der eine dem anderen einen Blick zu und fragt: ›Was zum Teufel ist Wasser?‹«

Ein weiteres Beispiel, das den Einfluss der Sprache auf unsere Wahrnehmung verdeutlicht, gibt es in den finnisch-ugurischen Sprachen. Im Gegensatz zu Deutsch kennen sie nur ein Personalpronomen, »hän«, welches sowohl zur Beschreibung des männlichen als auch des weiblichen Geschlechts verwendet wird. In einer Studie der Universität Michigan, welche amerikanische und israelische Kinder als Vergleichsgruppe zu den finnischen Kindern untersuchte, wurde festgestellt, dass die finnischen Kinder erst ein Jahr später ihr eigenes Geschlecht definieren können als die beiden anderen Untersuchungsgruppen, deren Sprachen geschlechterbezogene Personalpronomen aufweisen.

Nicht nur grammatikalische Regeln haben Einfluss auf uns, sondern auch die Tonalität. So haben manche Sprachen – wie Arabisch – bestimmte Laute, deren Entstehung an einer tieferen Stelle des Stimmapparats angesiedelt ist, wodurch der zweite Ast des Vagusnervs stärker stimuliert wird, der für soziales Engagement, Ruhe und Erholung zuständig ist. In einer Studie der Universität von Pennsylvania wurde festgestellt, dass durch manche Sprachen mehr Viren und Bakterien verbreitet werden können als durch andere. Die englische Sprache versprüht beispielsweise im Gegensatz zur japanischen viel mehr Aerosole, besonders mit dem »th«. Daher sollte niemand während einer Pandemie »stay healthy« sagen.

Auch das grammatische Geschlecht eines Gegenstandes hat Einfluss auf unsere Assoziationen. Die Brücke bekommt in der deutschen Sprache aufgrund ihres Artikels eine weibliche Zuschreibung. Auf Arabisch wird »Altschizr«, also Brücke, als männlich bezeichnet und erhält daher ganz andere Eigenschaften. Der Mond, der auf Deutsch männlich ist, ist auf Arabisch weiblich und wird mit ganz anderen Merkmalen verbunden. Eine Frau als Mond zu bezeichnen, ist auf Arabisch ein sehr zärtliches Kompliment. Auf Deutsch würde es keinen Sinn ergeben. Vielleicht ist die Frau sogar beleidigt: »Wieso?! Habe ich so ein rundes, blasses Gesicht?«

In diesem Zusammenhang noch ein Wort zur sogenannten Sapir-Whorf-Hypothese, die 1954 in den USA entwickelt wurde. Sie besagt, dass die Sprachen, die wir sprechen, die Art und Weise unseres Denkens beeinflussen. Diese Annahme scheint schlüssig zu sein, aber sie wurde für rassistische Zwecke instrumentalisiert. Sie suggerierte, dass Sprache der Grund dafür wäre, dass Völker hochentwickelt oder eben primitiv seien. Gemäß dieser These wurde verlangt, die Sprachen vieler Urbevölkerungen auszumerzen, weil sie der Grund für ihre Aggressivität und ihre kulturelle Zurückgebliebenheit seien. Diese Schlussfolgerung erinnert stark an die Rassentheorie und verbreitet rassistisches Gedankengut. Der Linguist Guy Deutscher widerlegt diese These in seinem Buch »Through the Language Glass«. Selbstverständlich beeinflusst die Sprache unsere Sicht auf die Welt. Sie befähigt einen beispielsweise, verschiedene Tönungen der Farbe Blau zu benennen: himmelblau, marine, cyan oder türkis. Trotzdem sind alle Menschen, die in ihrer Sprache diese Farbbezeichnungen nicht haben, fähig, die Unterschiede wahrzunehmen und sie beschreiben zu lernen. Deutscher erklärt, dass Sprache kein Gefängnis für das Denken ist. Mit anderen Worten: Die Sprache kann jemanden etwas sehen lassen, das sich andere Menschen nicht vorstellen können. Aber das heißt nicht, dass die anderen Menschen nicht imstande sind, Neues zu erlernen oder sich und ihre Sprache weiterzuentwickeln. Wenn eine Sprache kein Wort für eine bestimmte Notion hat, dann bedeutet das nicht zwangsläufig, dass diese Notion nicht verstanden und empfunden werden kann. Sprache ist Kultur. Da Kulturen keine statischen, sondern sich verändernde Lebensausdrücke der Menschen sind, verändern sich auch Sprachen. Die kulturelle Ausstattung und ihre Artefakte setzen Grenzen, die aber durch Sprachschöpfungen überwunden werden können. Shakespeare hat die englische Sprache mit seinen Wortschöpfungen vielfach bereichert. Das Jugend-Wort des Jahres ist ein gutes Beispiel dafür, wie eine bestimmte Situation, ein Gefühl, eine gesellschaftliche oder technische Neuerung versprachlicht wird. Dabei leistet jeder Mensch einen Beitrag zur Entwicklung der Sprachen. Was eine Sprache beinhaltet und ermöglicht, hängt massiv von der Lebensform ab. Auf Arabisch, und im Gegensatz zum Deutschen, gibt es nicht viele Bezeichnungen für Schneearten, wie Firn, Griesel und Filzschnee, aber ich kann jeder und jedem Arabischsprechenden erklären, worum es sich dabei handelt, und sie oder er wird mich verstehen.

Diese Beispiele für den Einfluss der Sprache auf uns sollten dazu dienen, unsere Wahrnehmung auf die Macht der Sprache in allen Bereichen unseres Lebens zu schärfen, aber auch die Welt mit etwas weniger Absolutheitsanspruch zu betrachten und den Perspektiven anderer mit mehr Demut zu begegnen. Ich möchte die unangebrachte Überheblichkeit manchen Sprachen gegenüber relativieren und feststellen, dass wir uns alle in einer ständigen Entwicklung befinden. Es geht mir darum, den Minderheiten und Benachteiligten die Möglichkeit zur Gestaltung einer gendergerechten und diskriminierungsfreien Sprache zu geben. Wir haben viel gewonnen, wenn wir unseren Drang zähmen, dass alles unserer Weltanschauung entsprechen müssen, und lernen, Irritationen zuzulassen, damit die Sprache alle Menschen abbilden kann. Ich wollte jedoch einen anderen Zugang zu dieser Thematik wählen, ohne seitenweise darüber zu schreiben, wie wichtig Gendern und diskriminierungsfreie Sprache sind, um alle Menschen zu inkludieren. Zudem gibt es draußen in der Welt Unzähliges zu entdecken, was noch nicht in Worte gefasst wurde: Emotionen, Situationen, Zustände und ganz viele Farben. Die Welt ist sehr reichhaltig und hat unglaublich viel anzubieten, um Phänomene zu benennen. Ein Appell geht auch an einige Lektor:innen, die Wortschöpfungen von Autor:innen löschen: Seid gnädig!

James A. Baldwin schrieb über die kränkende und lähmende Erfahrung, sich in einer Sprache als schwarzer, poetischer, homosexueller Mann nicht repräsentiert zu sehen. Er rätselte, ob das die Schuld der englischen Sprache sei, die von seinen Unterdrückern erschaffen wurde, und sich deshalb seine Welt und Erfahrungen darin nicht widerspiegeln könnten. Ober ob es seine Schuld sei, weil er sich zu wenig darum bemüht habe, diese Sprache zu verändern. Er schrieb nach seiner Auswanderung aus den USA: »What I began to see – especially since, as I say, I was living and speaking in French – is that it is experience which shapes a language; and it is language which controls an experience.« (»Was ich zu sehen begann – besonders seit ich, wie gesagt, auf Französisch lebte und sprach –, ist, dass es die Erfahrung ist, die eine Sprache formt; und es ist die Sprache, die eine Erfahrung kontrolliert.«) Kübra Gümüşay, die Autorin von »Sprache und Sein«, erklärte in einem Gespräch, dass Sprache kein Museum, sondern eine Werkstatt sei, in der jeder zu arbeiten gefordert sei.

Allein unsere Sprache anzupassen und zu sensibilisieren, ist jedoch oft nicht ausreichend. Das kennen wir aus vielen Bereichen, zum Beispiel wenn wir an die im Laufe der Geschichte unterschiedlichen Bezeichnungen für Menschen mit Beeinträchtigungen denken. *Krüppel* wurde schnell zu einer Beleidigung, ebenfalls die Anpassung: *behindert*. Vermutlich wird auch *beeinträchtigt* wieder revidiert werden. Dieselbe Anpassung und Wandlung erlebten die Bezeichnungen *Asylant, Flüchtling, Geflüchteter*. Aktuell ist es noch am neutralsten, »Mensch mit Fluchterfahrung« zu sagen. Also haben wir anscheinend ein Problem mit der gesellschaftlichen Haltung gegenüber finanzschwachen Menschen, die allein durch Sprachintervention allerdings nicht überwindbar ist. Wir brauchen eine ständige wechselseitige Beziehung zwischen Herzöffnung und Sprachöffnung. Und das gelingt, wenn wir uns in anderen Menschen zu sehen beginnen und sie in uns. Ich denke, erst wenn wir begreifen, dass andere zu erniedrigen bedeutet, uns zu erniedrigen, und andere zu ermächtigen Selbstermächtigung nach sich zieht, kann es zu einer

Verbesserung kommen. Denn letztendlich geht es immer um uns. Die Art unserer Kommunikation mit unserem Umfeld bildet in erster Linie uns ab. Es geht primär um uns und nicht die anderen.

Ich bin fremdgegangen

Wenn Sie, liebe:r Leser:in, eine neue Sprache lernen wollen, versuchen Sie nicht, Wort für Wort zu übersetzen. Das könnte Sie in Schwierigkeiten bringen. Beispielsweise das Wort »frech«: Ich bemerkte, dass viele meiner österreichischen Freund:innen diese Bezeichnung scherzhaft verwendeten, ohne dass das Gegenüber beleidigt war. Einmal wurde es zu mir gesagt. Als ich es übersetzte, fühlte ich mich sehr beleidigt, denn die Übersetzung auf Arabisch, »Uoakech«, ist eine wirklich schwere Beleidigung, die man kaum jemals verwendet. Beim Schreiben des Romans »Der Geruch der Seele« musste ich ein arabisches Nomen ins Deutsche übersetzen. Es handelte sich um eine Bezeichnung für Soldaten, die bereit sind, sich für ihr Heimatland zu opfern. Also schrieb ich »Aufopferer«, ein Wort, das es in der deutschen Sprache nicht gibt und das beim Lektorat ein längeres Anhalten verursachte. Ich hatte auch Schwierigkeiten beim Lektorat des übrigen Romans, da viele Metaphern und Analogien arabisch gedacht und somit für deutsche Leser:innen nicht verständlich waren. Beispielsweise, wenn zwei deutschsprechende Menschen sich kennenlernen, sagen sie meistens: »Es freut mich …« Auf Arabisch sagen viele einfach: »على راسي,« –

»Auf meinem Kopf.« Dies bedeutet, dich kennenzulernen, ist eine Ehre, die ich wie eine Krone auf meinem Kopf trage. Ich musste viele Kompromisse beim Lektorieren eingehen. Ich beneide jedoch Lektor:innen, die mit mir arbeiten, nicht. Ich kann auch ein Sturkopf sein. Und das ist auch verständlich. Im Arabischen gibt es kein Wort für »Kompromiss«. Es gibt nur »Zwischenlösungen« oder »Feilschen«. Ich möchte jedoch die arabische Kultur nicht als kompromisslos darstellen, das wäre ungerecht. Denn die allerwichtigste Weisheit in der arabischen Kultur ist: »Langmut ist die tugendhafteste aller Eigenschaften« – »الحلم سيد الأخلاق« Die Lektorin des Romans »Der Geruch der Seele« hat jedenfalls in der Zusammenarbeit Langmut bewiesen.

Ich hatte auch andere Ausdrücke geschaffen. So spielte ich einmal mit Moritz im Garten Fußball, und der Ball verschwand unter der Hecke. Natürlich wusste ich nicht, wie »Hecke« auf Deutsch heißt. So lautete meine Bitte an Moritz: »Hol den Ball bitte von den flauschigen Bäumen!« Diese neue Bezeichnung blieb, und wir verwenden sie immer noch für die Hecke im Garten. Moritz hat auch einige Worte meines Sprachgebrauchs adoptiert. So sagt er immer, um etwas zu bewundern: »Maschallah.« (»Möge Gott es segnen.«) Ich habe ebenfalls bestimmte Ausdrücke aus seinem Sprachgebrauch abgesahnt. Wenn ich auf eine Aktivität keine Lust habe, sage ich: »Es zaht mi ned.«

Auf meiner Reise, die deutsche Sprache zu erlernen, entdeckte ich weitere Wörter, die es im Arabischen gibt und auf Deutsch nicht und umgekehrt. So wird beispielsweise bei Famillienmitgliedern durch verschiedene Wörter unterschieden, ob es sich um ein Onkel oder eine Tante väterlicher- oder mütterlicherseits handelt. Aam ist der Bruder des Vaters, Khal der Bruder der Mutter. Aama ist die Schwester des Vaters, Khala die Schwester der Mutter. Vielleicht zeigt diese sprachliche Unterscheidung auch den Stellenwert einer großen Familie in arabischen Gesellschaften. So hat mich auch überrascht, dass es auf Deutsch keine Entsprechung für das Wort »Aaschiq« – قشع gibt. Aaschiq ist die Steigerung von Liebe, mehr als Liebe, eine Obsession, Leidenschaft, Passion oder Anbetung. Und auch diese Wörter beschreiben Aaschiq nur unvollkommen. Dafür verwenden wir auf Arabisch das Wort »lieben« anstelle des Wortes »mögen«. Auf Arabisch sagt niemand: »Ich mag Fußball, meine Lehrerin oder einen Sänger.« Man liebt jemanden oder hasst ihn. Da gibt es bei den Araber:innen keine Grauzone, entweder schwarz oder weiß. »Mögen« verwendet man nur sehr selten und meint damit meistens: »Es hat mich nicht ganz überzeugt.« Auch »Fadfadar« lässt sich nur mit einer Umschreibung übersetzen und bedeutet: Man geht zu jemandem, um sein Herz auszuschütten, damit es einem danach besser geht. Für das Wort »Kholua«, ةولخ, fand ich keine gleichwertige Übersetzung. Kholua bedeutet, dass man sich Zeit nimmt und sich zurückzieht und mit sich in Dialog tritt. Am nächsten käme die deutschen Begriffe »Zurückgezogenheit« oder »Alleinsein«, aber das es trifft nicht ganz. Ebenso verhält es sich mit dem Wort »Kebriaa«, ءايربك, das aus dem Wort »Kebr«, ربك, das »groß« bedeutet und »riaa«, ءاير, das »Heuchelei« bedeutet. Auf Deutsch würde man »falscher Stolz« sagen. Deutsche Wörter, für die ich keine Entsprechung im Arabischen gefunden habe, sind »fremdschämen« und Fingerspitzengefühl«. Oder »Wanderlust«, denn bei uns geht niemand freiwillig auf einen Berg, das wäre seltsam. Wo sich Deutsch und Arabisch im Gegensatz zu manch anderen Sprachen einig sind, ist »Schadenfreude«. Was diese Gemeinsamkeit bedeutet, ist mir noch nicht klar. Auch viele Redewendungen stimmen wortwörtlich überein: »Wer anderen eine Grube gräbt, fällt selbst hinein«, oder »Lieber den Spatz in der Hand als die Taube auf dem Dach«. Für mich komplett fremd und unverständlich ist die Metapher, eine Situation oder einen Zustand mit »bergauf« oder »bergab« zu beschreiben. Ich habe immer das Positive mit bergab und das Schwierige mit bergauf assoziiert. Und das ist nur logisch, denn im Gegensatz zum Hinuntergehen muss ich mich beim Hinaufgehen anstrengen. Manchmal macht Hinuntergehen oder -fahren sogar Spaß, denken Sie ans Schifahren. Sie fragen mich nun vielleicht, ob ich Schifahren gelernt habe? Ja, habe ich. Und es ist voll zach.

Das Schwierigste beim Deutschlernen waren umgangssprachliche Wendungen: Ich stehe auf sie, er will etwas von ihr, auf der Leitung stehen etc. Bei solchen Idiomen, die ursprünglich etwas anderes ausdrücken, stehe ich tatsächlich auf der Leitung. Gestern war ich mit einer Nachbarin laufen. Heute in der Früh fragte mich Herbert beim Kaffeetrinken vor dem Haus, ob ich mit ihr »etwas am Laufen« hätte. Ich habe gelacht. So eine absurde Vorstellung, wie könnte ich mit ihr etwas am Laufen haben?! Ich stelle mir das sehr umständlich vor ... Auch Verben, deren Klang ganz anders ist als ihre Bedeutung, verwirren mich. Ich habe am Anfang

»fremdgehen« verwechselt mit »sich verfahren«. So antwortete ich, als mich meine Freundin fragte, warum ich so spät komme: »es tut mir leid, ich bin fremdgegangen.« Vielleicht sind wir deshalb nicht mehr zusammen …

Allen Menschen, die beabsichtigen, eine neue Sprache zu lernen, gebe ich hier meine besten Tipps: Zum Beispiel, Deutsch im Schlaf zu lernen. Es gibt auf YouTube mehrere achtstündige Videos mit Konversation. Ich steckte meine Ohrstöpsel ein und schlief damit ein. Mit der Zeit merkte ich, dass ich bestimmte Wörter und Satzkonstruktionen verwendete, die ich nicht gelernt hatte. Lesen ist jedoch meiner Erfahrung nach das ultimative Mittel, eine neue Sprache fundiert zu erlernen. Man lernt beim Lesen automatisch dazu, bekommt einen breiteren Wortschatz und wird mit korrekter Grammatik konfrontiert. Ich habe Bücher und Zeitungen gelesen, die inhaltlich mein Interesse weckten, und versuchte, den Inhalt aus dem Kontext zu verstehen. Wenn ich Wörtern begegnete, die mir unbekannt waren, habe ich sie unterstrichen und weitergelesen. Am Ende bin ich auf diese Wörter zurückgekommen, habe deren Aussprache gelernt, sie mit ihrer Bedeutung und einem Beispielsatz auf einen Zettel geschrieben und diesen Zettel für drei Tage auf die Kühlschranktür gehängt, bis der nächste Zettel an der Reihe war.

Mehrsprachigkeit ist ein Schatz

Als Schriftsteller verbringe ich viel Zeit damit, neue Wörter, ihre Bedeutungen und Assoziationen zu erlernen. Jedes Mal, wenn ich ein neues Wort lerne, bekomme ich das Gefühl, ein weiteres Fenster habe sich auf der Welt geöffnet. Und ich komme mir selbst ein Stück näher und habe mehr Verständnis für mich und die Welt, indem ich Emotionen, Situationen und Zustände genauer in Worte fassen und verstehen kann. Wenn wir unseren Wortschatz erweitern, entdecken wir die Welt neu. Wenn wir das Leben, unsere Erfahrungen und Empfindungen differenzierter beschreiben können, ändern sie sich und wir werden sie sensibler erleben. Ein:e Weinkenner:in, die kein großes Repertoire an Beschreibungen der Geschmäcke und Gerüche hat, wird das ganze Potenzial des Weins nicht bewusst erleben können.

Als Kind war es mein Traum, alle Sprachen der Welt zu erlernen und daraus einmal eine Sprache zu bilden, in der alle Wörter und einfache Strukturen Platz haben. Aber ich wäre hierbei nicht der Erste gewesen. Im Jahr 1887 hat Ludwik Lejzer Zamenhof die Sprache Esperanto erfunden, um für die vielen verschiedenen Ethnien seines Umfeldes die Kommunikation zu erleichtern. Diese Sprache hat sich allerdings nie wirklich durchgesetzt, wurde von totalitären Regimen verboten, und die Anzahl der Mitglieder in den einzelnen Landesverbänden sinkt seit dem Zweiten Weltkrieg stetig. John Ronald Reuel Tolkien, der legendäre Schöpfer der Reihe »Der Herr der Ringe«, erfand in seiner Freizeit mehrere Sprachen und schrieb schließlich seine Bücher, damit diese Sprachen auch Verwendung finden. Jetzt denke ich anders über meinen Kindheitstraum, es wäre schade, wenn wir alle dieselbe Sprache sprechen würden. Denn die Unterschiedlichkeit unserer Ausdrucksmöglichkeiten ist in unzähligen Facetten höchst bereichernd. In einfachen Worten ausgedrückt, Mehrsprachigkeit ist ein Schatz. Daher macht es mich oft schwermütig, die Forderung von manchen Rechtskonservativen zu hören, andere Sprachen als Deutsch auf dem Schulgelände zu verbieten. Dass also an den Schulen Deutsch nicht nur im Unterricht, sondern auch vor und nach dem Unterricht und in der Pause Pflichtsprache sein sollte. Ich bin oft an verschiedenen Schulen und biete dort die unterschiedlichsten Formate an. Ich wurde häufig sowohl von Lehrer:innen als auch von Schüler:innen mit dem Thema Mehrsprachigkeit und den unendlich vielen Haltungen und Meinungen dazu konfrontiert. In erster Linie erlebte ich Lehrer:innen, die sich Sorgen um den Unterrichtsverlauf machen und darüber, dass manche Schüler:innen mit schwachen Deutschkenntnissen auf der Strecke bleiben könnten. Als Nächstes erlebte ich gekränkte Schüler:innen, deren einzige Sprache Deutsch ist, die sich immer wieder ausgeschlossen fühlen, wenn sich ihre Mitschüler:innen in ihrer Anwesenheit in einer fremden Sprache unterhalten. Hingegen berichteten mir Schüler:innen, die mehrsprachig aufwachsen oder Deutsch als Fremdsprache lernen, über ihren Missmut und das Gefühl, jemand versuche ihnen den Mund zuzuhalten, so als wäre ihre Muttersprache eine Schande. Natürlich gibt es diese Auseinandersetzungen an manchen Schulen mehr, an anderen weniger, doch eine gewisse Stigmatisierung kann man immer wieder auch außerhalb der Schule erleben. Mir selbst ist dieses Dilemma ebenfalls nicht fremd. Ich habe mich oft gescheut, in Österreich an mein Handy zu gehen, wenn ich im Supermarkt war und meine Mutter mich anrief. Ich wollte die skeptischen Blicke vermeiden, wenn ich Arabisch spreche. In Wien oder in Berlin mag das niemandem auffallen, aber im Salzburger Land herrscht eine andere Konstellation. Andererseits geht es mir auch extrem auf die Nerven, wenn ich mit meinen kurdischen Freunden unterwegs bin und sie untereinander nur Kurdisch reden.

Ich wurde oft gebeten, dieses Thema in der Klasse anzusprechen. Doch genau das wollte ich nicht tun. Denn ich wusste selbst nicht, wie ich damit umgehen sollte, und ich konnte keine Aussage machen, die für alle fair wäre und alle Faktoren umfasste. So versuchte ich, wenn Mehrsprachigkeit zu einem Thema im Workshop wurde, die Schüler:innen zu ermutigen, die Rollen zu tauschen und sich empathisch in die Lage der anderen hineinzuversetzen. So waren zum Beispiel Burak und Can der Meinung, dass es nicht schlimm sei, in der Klasse etwas in ihrer Muttersprache zu sagen. Ich stimmte ihnen zu und erklärte ihnen, dass dies aber auch von der Situation abhänge und der Ton die Musik mache. Ich fragte den Rest der Klasse, ob es in Ordnung sei, wenn ich mit Mohamad, der wie ich Arabisch spricht, kurz auf Arabisch rede. Ich fing an, mich mit Mohamad zu unterhalten, und schaute dabei immer wieder Burak und Can an und deutete auf sie, als würde ich über sie reden. Im Nachhinein sagten die beiden: »Es war unangenehm.« Thomas und Julia fühlten sich bestätigt. Ich bat sie, sich noch einmal genauso leidenschaftlich über Ed Sheerans letzten Auftritt zu unterhalten, wie sie das am Anfang der Stunde getan hatten – nur diesmal auf Englisch. Das Feedback war: »Wir konnten nicht so frei und fließend reden wie zuvor.« Ich erzählte ihnen, dass es mir persönlich auch so ergeht. Ich habe oft das Bedürfnis, über manche Dinge, besonders über Emotionen, auf Arabisch zu reden. Aber wenn im Raum jemand kein Arabisch versteht, vermeide ich es, Arabisch zu sprechen, besonders wenn wir ohnehin alle Deutsch können. Es soll bei dieser Übung nicht um die Frage gehen, wer recht oder unrecht hat, sondern darum, wie wir respektvoll miteinander und mit unseren Diversitäten umgehen, um das Potenzial dieser schönen Vielfalt ausschöpfen zu können. Was wir in der Klasse dringend brauchen, ist ein Dialog. Ein Dialog, der wohlwollend ist und bei dem es nicht um Sieger und Verlierer geht, sondern um die Sensibilisierung für die eigenen Bedürfnisse und die der anderen. Ein Dialog, der Platz für alle hat. Mein Wunsch ist, dass bald ein Fach an Schulen eingeführt wird namens »Menschwerdung«, bei dem die Persönlichkeitsentwicklung durch die Selbstwahrnehmung und in weiterer Folge Empathie und das Sich-in-die Lage-anderer-Hineinversetzen systematisch und aktiv geübt wird. Mein Wunsch ist keineswegs utopisch. Angesichts der positiven Einflüsse auf die zwischenmenschlichen Beziehungen, wenn Menschen aktiv Empathie und Mitgefühl üben, wäre es nur die erstrebenswerteste Richtung, die Lerninhalte in der Schule menschlicher zu gestalten. Verschiedene wissenschaftliche Erkenntnisse bestätigen, dass das Auswendiglernen, das Pauken, ein relativ schnelles Vergessen der Lerninhalte nach sich zieht und dass es für die Herstellung von Zusammenhängen zwischen den verschiedenen Fächern nicht förderlich ist, weil Kinder nicht lernen, selbstständig Wissen zu generieren. Sie müssen bloß passiv nachvollziehen, was Erwachsene bereits entdeckt haben. Neben dieser passiven Lernmethode, bei der ein Kind seine Selbstwirksamkeit nicht erfährt, müssen sich Kinder und Jugendliche mit Lerninhalten herumschlagen, die für ein friedliches und gelungenes Leben keinen menschlichen Wert haben. Ich kam einmal in eine vierte Gymnasialklasse einer elitären Schule und stellte fest, dass in der Stunde zuvor die Verkehrswege im Römischen Reich behandelt worden waren. Im Laufe des Workshops fand ich heraus, dass mehrere Schüler:innen nicht wussten, was Antisemitismus ist. Sie konnten auch nicht einmal fünf Menschenrechte aufzählen. Sie hatten auch noch nie von den »17 Zielen für nachhaltige Entwicklung« der Vereinten Nationen gehört. Ich würde neben »Menschwerdung« viele weitere Fächer an Schulen einführen, wie »Freundschaft pflegen«, »Umgang mit Stress«, »Innerer Frieden« und »Artikulationsfähigkeit«. Ich erlebte immer wieder Jugendliche, die nicht einmal ihre eigenen Themen artikulieren konnten. Die eigenen Gedanken strukturiert und zusammenhängend auszudrücken, ist ein Mindestanspruch, den man vor »Sinus, Cosinus, Tangens« erfüllen sollte. Bei den aktuellen Bildungszielen des Schulsystems sollte es uns nicht wundern, dass wir hochgebildete Fachleute haben, die menschlich noch in den Kinderschuhen stecken.

Doch lassen Sie uns zum Thema Mehrsprachigkeit zurückkehren. Für mich war es klar, dass ich eine konkrete Auseinandersetzung mit der Thematik brauchte. Ich hörte zuerst den Schüler:innen zu und fragte sie, wie sie die Sache empfinden. Dann interviewte ich einige Expert:innen und Lehrer:innen dazu. Und vor allem sah ich mir die wissenschaftliche Sicht auf das Gesamte an. Die wissenschaftliche Sicht ist eindeutig – nämlich dass die Muttersprache von Kindern mit Migrations- und Fluchthintergrund eine entscheidende Rolle beim Erlernen der deutschen Sprache spielt. Sie zu stärken, richtig zu lernen und im Unterricht zu nutzen, kann die kognitive Anregung und die nötige geistige Auseinandersetzung für das Erlernen weiterer Sprachen fördern. Ich unterrichtete lange Zeit drei syrische Kinder in Arabisch, die sehr klein waren, als sie nach Österreich kamen. Ihre Eltern wollten, dass ihre Kinder die Schrift und somit die Sprache gut beherrschen. Seit ich die Stunde auf Deutsch und zugleich auf Arabisch gestaltete, indem wir jeden neuen Begriff in Verbindung mit einem deutschen brachten, nahmen Effektivität und Aufmerksamkeit merklich zu. Mir geht es genauso: Wenn ich ein neues deutsches Wort lerne, das eine arabische Assoziation in meinem Kopf auslöst, dann merke ich es mir schneller und kann es besser in meinen Sprachgebrauch einbauen. Aber wenn ich seine Bedeutung auf Arabisch nicht kenne, kann ich es mir nur sehr schwer merken. Aus meiner eigenen Erfahrung kann ich sagen: Es gibt keine Schublade für Deutsch, keine für Arabisch und keine für Englisch. Wenn die Erstsprache ein gutes Fundament hat, profitiert auch die Zweitsprache davon und jede weitere Sprache, die man lernt. Während meiner Recherche wurde ich auch mit einem der wohl absurdesten Argumente konfrontiert: »Die Eltern sollen mit ihren Kindern zu Hause Deutsch sprechen, dann haben diese weniger Schwierigkeiten im Unterricht.« Doch damit erreicht man wohl genau das Gegenteil. Wie sollen Eltern mit ihren Kindern eine Sprache sprechen, die sie selbst nicht korrekt beherrschen? Das wirkt sich auf die Entwicklung beider Sprachen negativ aus. Die bessere Forderung an die Eltern wäre, dass sie differenzierter in der Muttersprache kommunizieren und auf die Gewinnung eines größeren Wortschatzes achten sollten. Wenn ich mich in meiner Muttersprache differenziert ausdrücken kann, werde ich automatisch dasselbe beim Deutschlernen anstreben.

Auch die sozialen und psychischen Aspekte sind von großer Bedeutung. Dadurch, dass diese Vielfalt an Sprachen in der Klasse sichtbar gemacht wird, dass diese Sprachen existieren und Platz in der Gesellschaft haben, werden Schüler:innen automatisch von dem Gefühl befreit, dass ihre Sprache eine Schande sei. Das gibt ihnen das nötige Selbstbewusstsein und motiviert sie, die zweite Sprache zu erlernen. Wenn nämlich ein Kind in der Schule erfährt, dass die Sprache, die es zu Hause spricht, die die Eltern sprechen, nichts wert sei, dann hat das verheerende Folgen für ihre Persönlichkeitsentwicklung. Tatsache ist, dass nicht die Zweisprachigkeit dieser Schüler:innen das Problem ist, sondern der schlechte Sozialstatus und das Sprachprestige dieser Familien sowie die ungleiche Wertschätzung bestimmter Sprachen in der Gesellschaft, noch tiefer, der Rassismus. Wenn ein Kind deutsch-französisch aufwächst, finden wir es toll und nennen es bilingual, wenn es aber deutsch-türkisch aufwächst, ist es ein Problem. Mir ist bewusst, wie sehr kulturelle, religiöse und wirtschaftliche Hintergründe die Beliebtheit einer Sprache beeinflussen. Aber es ist sehr wichtig, Mehrsprachigkeit in Bezug auf alle Sprachen wertzuschätzen und allen Existenzen Respekt entgegenzubringen. Die Schüler:innen sind so unterschiedlich wie noch nie zuvor. Ein interkulturelles Lernen an Schulen zu ermöglichen, wäre das Gebot der Stunde. Es ist verständlich, dass unsere Ordnungssysteme in allen Bereichen nicht auf die Vielfalt vorbereitet waren. Besonderes die Pädagogik. Aber durch die Wahrnehmung der Differenz im Spiegel des Anderen, die durch den Perspektivenwechsel des interkulturellen Lernens erlangt wird, wird die Entstehung einer stabilen Ich-Identität aller Beteiligten gefördert und das trägt zu einem gesellschaftlichen Zusammenhalt bei. Eine auf dieser Grundlage gewonnene Akzeptanz und Bewusstheit baut Ängste und Ungewissheit über die Zukunft ab und stärkt uns, gemeinsam die Herausforderungen unserer Zeit zu meistern. Jede Schicht einer Identität ist dynamisch und beweglich. Mit jeder Konfrontation unserer Identitätsanteile mit anderen, neuartigen Anteilen findet ein Wandel statt. Unsere Unterschiede unter den Teppich zu fegen und zu verschweigen, lässt uns die Chance verpassen, uns gemeinsam – und jeder für sich – bewusst und friedensorientiert zu entwickeln und zu verändern. Die Sprachen aller Schüler:innen in der Klasse sichtbar zu machen, ist der erste Schritt in Richtung interkulturelles Lernen. Diese Diversität wertschätzende Unterrichtsgestaltung beschert allen Beteiligten interkulturelle Kompetenzen, die wir aus mehreren Gründen für das Jetzt und die Zukunft unbedingt brauchen. In erster Linie geht es beim interkulturellen Lernen darum, kulturelle Sozialisation und deren Wichtigkeit für das Zusammenleben bewusst zu machen. Neugier, Offenheit und das Verständnis für andere kulturelle Prägungen zu entwickeln, anderen kulturellen Lebensformen und Orientierungen zu begegnen und sich mit ihnen auseinanderzusetzen. Dabei gilt es, sich Ängste einzugestehen und Spannungen auszuhalten, Vorurteile gegenüber Fremden wahrzunehmen, das Anderssein der anderen zu respektieren und last, but not least den vielen Identitätsschichten, die aufgrund unterschiedlicher ethnischer, kultureller und religiöser Zugehörigkeit entstehen, friedlich Platz zu geben, damit sie sich durch gemeinsam vereinbarte Regeln weiterentwickeln können. Es ist in erster Linie die Aufgabe der Politik, individualisiertes, nachhaltiges und interkulturelles Lernen zu ermöglichen. Viele Pädagog:innen haben diesen Bedarf verstanden und begonnen selbstständig Aspekte des interkulturellen und menschlichen Lernens in ihren Klassen zu implementieren. Es bedarf jedoch eines aufrichtigen politischen Handelns, um diese notwendigen Strukturen zu systematisieren.

Es hat mich viel Überwindung und Mühe gekostet, die arabische Sprache in der Öffentlichkeit zu sprechen, aber mittlerweile gehe ich selbstbewusst an mein Handy, wenn mich meine Mutter beim Einkaufen anruft, und oft richte ich der Kassiererin liebe Grüße aus Damaskus aus.

Das dunkle Loch des Traumas

Wie im zweiten Kapitel angekündigt, möchte ich Ihnen, liebe:r Leser:in, von meinem Weg der Traumaaufarbeitung berichten. Ein Freund, dem ich von meinem Vorhaben erzählte, in diesem Buch über meinen Aufarbeitungsweg zu schreiben, meinte: »Es ist doch unsexy, über psychische Probleme zu schreiben.« Ich bin anderer Meinung. Ich bewundere Menschen, die offen mit ihren Unzulänglichkeiten umgehen und sich verletzlich zeigen können. Es erfordert viel Stärke, Mut und Selbstbewusstsein, das authentische Selbst zu zeigen. Ich werde hier nicht explizit beschreiben, was meine persönlichen Traumata sind, sondern bloß den Aufarbeitungsweg. Erstens, weil ich bestimmte Dinge für mich behalten und meine Wunden nicht seelenstripartig darstellen möchte. Zweitens, weil ich oft die Erfahrung gemacht habe, dass Menschen in meiner Anwesenheit sich nicht getrauen, über ihr Leid zu sprechen: »Im Vergleich zu dir habe ich nichts erlebt. Ich darf nicht jammern.« Leid zu vergleichen ist sinnlos. Jedes Leid ist wichtig und es gilt, es erst zu nehmen. Leid zu vergleichen ist auch kontraproduktiv. Psychische Gesundheit ist eines der wichtigsten Themen, für das ich mich gerne engagiere. Leider ist die Frage der psychischen Gesundheit noch immer stigmatisiert und mit viel Scham behaftet. Diese fehlende Sensibilität und Pflege unserer Psyche drückt sich in vielen Formen und Phänomenen in unserem Alltag aus. Angefangen von Burn-out, hass- und wuterfüllten Auseinandersetzungen sowohl im Internet als auch im analogen Alltag sowie der Schwierigkeit, tiefe und intime Beziehungen zu pflegen, bis hin zu von Angst und Einsamkeit erfülltem Lebensgefühl. Diese Erscheinungen haben in erster Linie mit unserer Schwierigkeit zu tun, Schmerz anzuerkennen, zu benennen und zuzulassen, uns verletzlich zu zeigen und womöglich Hilfe zu suchen. Es braucht dringend eine Entstigmatisierung psychischer Leiden. Es wäre mein Wunsch, dass man in der Gesellschaft ganz offen mit psychischen Beeinträchtigungen umginge. Das könnte so aussehen: Zwei Bekannte treffen sich beim Einkaufen an der Kasse. »Hallo! Machen wir am Freitag etwas gemeinsam?«, fragt der eine. »Freitag nicht, da gehe ich zum Psychotherapeuten, ich möchte mir ein paar Sachen mit ihm anschauen. Gerne am Samstag«, antwortet der andere ganz selbstverständlich und entspannt und ohne Scham, während er seine Einkäufe einpackt. Wobei ich überzeugt bin, dass wir weniger Bedarf an therapeutischer Hilfe hätten, wenn wir auf gesellschaftlicher Ebene so weit wären, allen Emotionen Platz einzuräumen und offen über sie zu reden, und eine Heilungskultur entwickeln würden. Denn was unsere Wunden und Schmerzen heilt, ist letztendlich –

wie wir im Laufe dieses Kapitels erfahren werden – einen empathischen Raum zu haben, um sie spüren zu können.

In der Unterkunft in Radstadt begann ich, bestimmte Symptome einer Posttraumatischen Belastungsstörung (PTBS) zu entwickeln und zu erleben. Eine PTBS entsteht, wenn wir Situationen ausgeliefert sind, die unser Können und unsere Kraft übersteigen. Wenn Flucht oder Kampf nicht möglich sind, tritt unsere dritte mögliche Reaktion auf Gefahren ein, die Immobilisation oder Schockstarre. Wir kollabieren in Hilflosigkeit, Entsetzen und spalten uns geistig von unserem Körper ab. Eine sehr kluge Strategie unseres Organismus, um den überwältigenden Schmerz nicht in seiner ganzen Intensität zu spüren. Wenn wir nach dem Ereignis nicht genügend Ressourcen haben, uns von diesem Schrecken zu erholen, entwickeln wir mit ziemlicher Sicherheit als Traumafolge eine PTBS. Die ganze Energie, die der Körper für die Flucht oder den Kampf bereitgestellt hat, friert in unserem Körper ein und bleibt, wenn wir überleben, in unserem Nervensystem stecken und macht unser Leben zur Hölle, sofern sie nicht aufgearbeitet und entladen wird. Auch wenn wir diese gefährliche Situation überleben, bleibt diese Erfahrung tief im Körpergedächtnis eingeritzt, in Form von überschießender Energie, unkontrollierbaren Impulsen und unerwünschten Erinnerungen, die nicht zum Abschluss kommen konnten. Das traumatisierende Erlebnis setzt sich in unserem Gedächtnis fest und hindert uns daran, uns zu entfalten und unser Leben zu genießen. Das Wort Trauma kommt aus dem Griechischen und bedeutet allgemein Verletzung. Was uns psychisch verletzt, können unzählig viele Erlebnisse sein, und das ist anhand der Symptome festzustellen. Denn das Trauma liegt nicht im Ereignis per se, sondern in dessen Folgen, die aus der nicht gelungenen Verarbeitung des Ereignisses entstehen. Mehr zur Theorie finden Sie in den Anmerkungen.[1]

Ich erlebte die Symptome der posttraumatischen Belastungsstörung als Taubheit in bestimmten Körperteilen, Verschlossenheit, Hoffnungslosigkeit und Antriebslosigkeit, die den Körper und den Willen lähmten. Scham, Ekel, Depressionen, Selbstvorwürfe und Selbsthass waren die Folgen der erzwungenen Hilflosigkeit. Albträume suchten mich jede Nacht heim. Privat zu wohnen, Arbeit zu haben und Deutschkurse besuchen zu können, brachte Struktur in mein Leben und es ging mir besser. Aber irgendetwas brodelte weiter in meinem Körper. Es war nicht akzeptabel, denn ich wollte mein Leben wieder vollkommen ungestört genießen. Das erzählte ich später einer Arbeitskollegin, die mich daraufhin zu einem Psychotherapeuten, der mit Psychoanalyse arbeitet, vermittelte.

Aber ich merkte, dass mir diese Therapie nicht guttat, daher brach ich sie ab. Gleich werde ich Ihnen auch erklären, warum. Ich durfte damals glücklicherweise eine Ausbildung machen, »Basisqualifikation Psychotraumatologie«, die mir mein damaliger Dienstgeber für meine Arbeit mit geflüchteten Menschen ermöglicht hatte. Dort entdeckte ich einige Methoden zur Traumabewältigung, eine davon war »Somatic Experiencing« (SE), die mich am meisten ansprach. Ich kaufte mir einige Bücher, vor allem vom Entwickler dieser Methode, dem Biophysiker und Psychologen Dr. Peter A. Levine, und verschaffte mir einen umfassenden Eindruck davon. Dann suchte ich nach Therapeut:innen in meiner Nähe, die mit dieser Methode arbeiten. Meine Suche war von Erfolg gekrönt, und ich wurde von einer sehr professionellen, aufmerksamen und einfühlsamen Therapeutin aufgenommen. SE ist ein körperorientierter Ansatz. Unser Körper, der in vielen therapeutischen Schulen vernachlässigt wird, ist ein sehr schlauer Organismus und verfügt über viele Selbstregulationsmechanismen, die wir entdecken können und denen wir Raum geben sollten. Die Psyche und das Gedächtnis sind nicht nur im Gehirn, sondern im ganzen Körper existent. Traumata werden unter anderem in bestimmten Körperregionen abgespeichert, in denen der Impuls während des traumatischen Erlebnisses nicht zum Ausdruck gebracht werden konnte und dadurch verharrt. Wenn man in Kontakt mit den Ereignissen und Erinnerungen kommt, wird sich der Körper unweigerlich melden, in Form von Knoten im Bauch, einem versteiften Arm oder Fuß oder dem Zusammenziehen einiger Gesichtsmuskeln, begleitet von Atemschwierigkeiten. Wesentlich ist bei dieser Methode, im Gegensatz zu anderen, bei denen das Trauma verbal durch den Verstand bearbeitet wird, dass der / die Therapeut:in den / die Klient:in erst durch die Körperarbeit in einen Zustand der entspannten Wachsamkeit im Hier und Jetzt und des sozialen Engagements bringt. Somit werden auch implizite Körpererinnerungen zugänglich, die in der Regel durch den bloßen verbalen Zugang schwer zu erreichen sind.

Die Therapeutin begann, mir diese Versteifungen bewusst zu machen und sie durch aktives Wahrnehmen meiner physiologischen Empfindungen behutsam aufzulösen. So banal das klingt, so effektiv war diese Körperarbeit. Ich selbst war von den Ergebnissen überrascht. Bei dem Psychoanalytiker musste ich auf einer Couch liegen und über die belastenden Erinnerungen reden. Die Annahme mancher psychotherapeutischen Schulen, dass durch das häufige gedankliche Durchleben der belastenden Erinnerungen das Trauma geschwächt und aufgelöst wird, ist meiner Meinung nach kontraproduktiv und in einigen Fällen retraumatisierend. Auf der Couch verabschiedete ich mich von meinem Körper und geriet in völlige Dissoziation. Ich fühlte mich nach den Sitzungen beim Psychoanalytiker schwer und verwirrt. Wobei ich hier betonen muss, dass es nicht mein Ziel ist, hier psychotherapeutische Schulen und deren Methoden, Spezialisierungen und Ansätze zu vergleichen oder zu kritisieren. Es war mir jedenfalls fast unmöglich, allein mit Gedanken, Wille und Wollen einen Fortschritt zu erreichen. Gedanken sind meistens irreführend und nicht präzise. Der Körper hingegen kann nicht lügen. Bei der SE-Stunde musste ich nicht auf einer Couch liegen, die Therapie wurde im Sitzen, im Stehen, auf dem Boden, beim Malen oder Basteln oder bei bestimmten Gewahrseinsübungen durchgeführt. Wir mussten nicht einmal direkt über die traumatischen Erlebnisse reden. Die SE setzt darauf, das Individuum so zu stärken und Ressourcen aufzubauen, dass der traumatisierte Mensch lernt, selbstständig aus der Immobilisation herauszukommen. Je öfter der Betroffene die Erfahrung macht, wenn ihn die Traumafolgen heimsuchen, sein körperliches Unbehagen eigenständig auflockern zu können und anwesend zu bleiben, desto eher lockert sich auch der Griff des Traumas. Man baut langsam Sicherheitsinseln auf durch das Gewahrsein, im Hier und Jetzt zu sein, und lernt, den durch das Trauma in Vergessenheit geratenen Ressourcen wie Hobbys, Sport, Zugang zu Kunst und Ähnlichem wieder Raum im Leben zu geben. Mit diesen Sicherheitsinseln entsteht ein Gefühl der Selbstwirksamkeit, die es dem Betroffenen ermöglicht, sich selbstständig aus der Erstarrung, ohne zu Flucht- und Verdrängungsmustern greifen zu müssen, wieder herauszuholen. Es geht unter anderem darum, die durch die traumatische Erfahrung abgespaltenen Anteile empathisch wieder fühlen zu lernen und somit zu integrieren. Unser hochentwickeltes Gehirn wird durch die Gewahrseinsübungen allmählich miteinbezogen und lernt, dass das Geschehene schon vorbei ist. So verliert ein Trauma tendenziell seine Macht.[2]

Die Mythologie ist der Wissenschaft schon Jahrtausende voraus gewesen. Der Mythos Medusa erfasst die Essenz des Traumas und beschreibt den Weg zu seiner Verwandlung. Jeder, der Medusa in die Augen schaute, wurde sofort zu Stein. Bevor Perseus sich auf den Weg machte, um diese Schreckgestalt mit dem Schlangenhaar zu besiegen, suchte er bei der Göttin der Weisheit und der Kriegsführung, Pallas Athene, Rat. Dieser war einfach: Er sollte Medusa auf gar keinen Fall in die Augen schauen. Perseus benützte seinen glänzenden Schild, um das Spiegelbild der Medusa einzufangen. So gelang es ihm, ihr den Kopf abzuschlagen, ohne ihr in die Augen zu blicken.

Ebenso verhält es sich mit dem Trauma. Wenn wir es umwandeln wollen, müssen wir lernen, uns im ersten Stadium nicht direkt damit zu konfrontieren, bis wir gestärkt und sicher genug sind. Der Mythos Medusa sagt uns noch etwas: Aus ihren Wunden entstanden zwei weitere mythische Wesen: Pegasus, das geflügelte Pferd, ein Symbol für den Körper und instinktives Wissen, seine Flügel symbolisieren Transzendenz. Die zweite Figur ist Chrysaor, der Krieger mit dem goldenen Schwert, das für Weisheit und Klarheit steht. Beide zusammen verweisen auf die Transformation des Traumas. Wenn man es schafft, das Trauma zu verwandeln, wird man widerstandsfähiger und entdeckt die naturgemäße Selbstheilungsfähigkeit des Körpers, eine über Jahrmillionen entwickelte ausgeklügelte Fähigkeit zur Selbstregulation.

Ein wesentlicher Aspekt der Traumaaufarbeitung ist, wohlwollend die eingefrorene Energie zu mobilisieren. Ganz wichtig ist, dem Körper den Raum zu geben, das zu tun, was er tun möchte und was er zu tun weiß: zittern, beben, vibrieren, heulen, schreien oder zucken, aber auch tanzen und jubeln. Behindern wir diese Entladungen und leisten gegen unsere Instinkte Widerstand, sodass sie nicht zum Abschluss kommen können, vermag sich unsere natürliche Fähigkeit, wieder ins Gleichgewicht zu kommen, nicht zu entfalten. Als ich durch die SE-Therapie und Gewahrseinsübungen meine körperlichen Empfindungen und somit mich zu spüren begann, kam es in weiterer Folge zu diesen

Entladungen, die in der Literatur »gesunde Aggression« heißen. Ich konnte wieder weinen. Ich spürte die Wut und eingefrorene Lebensenergie in mir und brachte sie durch Trauern, Weinen und Mitgefühl zum Ausdruck.

Nach jeder Therapieeinheit fühlte ich mich beim Verlassen des Therapieraumes erleichtert und gegenwärtig. Ich konnte sogar die Farben in meiner Umgebung klarer und greller sehen und verspürte eine gewisse Unternehmungslust. Ich freute mich auch im Vorhinein auf jede Sitzung. Ich konnte durch die aktive Beteiligung an meinen körperlichen Empfindungen und Reaktionen der Hilflosigkeit und Überwältigung durch das Trauma entgegenwirken, ihre Spuren abmildern und neue Erfahrungen der Selbstwirksamkeit schaffen.[3]

Traumawachstum

»Der Körper ist der Übersetzer der Seele ins Sichtbare.«
Christian Morgenstern

Wie selbstsicher wir auch sein mögen, es besteht keine Garantie, von traumatischen Ereignissen verschont zu bleiben. Sich mit dem Thema Trauma auseinanderzusetzen, ist meiner Ansicht nach für alle notwendig. Erstens, um das menschliche Wesen zu verstehen und damit sich selbst. Zweitens, um bei sich selbst bleiben zu können, wenn das Schreckliche, Unerwartete eintritt. Drittens, um Verständnis, Mitgefühl und Hilfe uns und unseren liebsten Menschen entgegenzubringen, wenn sie unter Traumafolgen leiden. Traumata sind Tatsachen im Leben. Ein Trauma muss aber kein lebenslanges Gefängnis sein.

Diesbezüglich gefällt mir der Vergleich, wie die japanische Kunst und Weisheit »Kintsugi« den Umgang mit zerbrochener Keramik lehrt. Unter Verwendung von Gold werden die Scherben der beschädigten Keramikform wieder zusammengeklebt, wodurch ihr eine neue Schönheit verliehen wird. Im Hinblick auf ein Trauma sagt uns das, dass man nachher zwar Narben hat, aber diese Narben sind die schönsten und wertvollsten Teile unseres Selbst. Das kann ich persönlich bestätigen. Nach der Transformation meiner Traumata fühle ich mich widerstandsfähiger, wesentlicher und emphatischer. In der Literatur wird diese Entwicklung als Traumawachstum bezeichnet. Man eignet sich durch die Traumaaufarbeitung verschiedene Tools an, um mit Angst und Stress nachhaltiger und gelassener umgehen zu können.

Eine Weisheit aus dem Shambhala-Buddhismus besagt: »Wenn du das Wesen der Furcht nicht verstehst, findest du niemals zur Furchtlosigkeit.«

Natürlich werde ich manchmal von der Vergangenheit eingeholt, und bestimmte Dinge belasten mich immer wieder. Die Arbeit an einem friedlichen Leben ist eine Lebensaufgabe. Ein Leben anzustreben, in dem nur Glück erlebt werden darf oder soll, ist eindimensional und unrealistisch. Ständig ängstlich zu versuchen, unangenehmen Empfindungen aus dem Weg zu gehen, ermöglicht uns nur, oberflächliches Glück zu erleben. Glücksgefühle sind nur eine von vielen Emotionen. Man kann entweder das ganze Paket annehmen oder sich von seinen Emotionen abschneiden und versuchen, nur das eine zu erleben. Es scheint mir, dass die Tiefe und Intensität unseres Glücks proportional zu der Tiefe und Intensität unserer Leidensfähigkeit ist. Ich tausche mich sehr gerne mit Menschen aus, die über ihre Unzulänglichkeiten offen sprechen. Ich schöpfe aus diesen Begegnungen sehr viel Kraft. Es gibt immer wieder Tage, an denen ich mich bewusst meiner Trauer und meinem Schmerz zuwende und mich auf sie einlasse. Eine Erfahrung, die mich sehr stärkt und mich immer wieder daran erinnert, dass ich ein Mensch bin. Seitdem ich mir alle meine Emotionen und Empfindungen erlaube, kann ich mich auf Glücksmomente uneingeschränkt und vorbehaltlos einlassen und sie in ihrer ganzen Intensität genießen. Manchmal habe ich allerdings den Eindruck, dass mittlerweile ein Zwang herrscht, glücklich zu sein. Die Soziologin Hilke Brockmann beschreibt diesen Zustand so: »Man ist ständig verpflichtet, glücklich zu sein, als herrsche eine Art Glücksterrorismus.« Wir leben in einer Gesellschaft, in der es als Scheitern angesehen wird, wenn man nicht glücklich ist. Doch wir vergessen oft, dass sogenannte »negative Empfindungen« wertvolles Feedback und wichtige Selbstregulierungsdynamiken unseres Organismus sind. Hinzu kommt nämlich, dass wir unsere Gefühle nicht kontrollieren können. Ein Gefühl auf längere Zeit unterdrücken zu wollen, kommt dem Versuch gleich, sich einem Pferd entgegenzustellen, das auf den Abgrund zu galoppiert. Je mehr wir also versuchen, negative Gefühle zu kontrollieren und zu leugnen, desto stärker werden sie. Der Teufelskreis ist perfekt.

Es wird jedoch in Selbsthilfebüchern immer wieder gepredigt, positiv zu denken, aber wenn damit gemeint ist, unangenehme Gefühle zu verdrängen, finde ich das hochgradig gefährlich. »Allgemein wird davon ausgegangen, dass positive Emotionen einer guten Gesundheit förderlich sein müssen. Es trifft zwar zu, dass echte Freude und Befriedigung das körperliche Wohlergehen verbessern, aber positive Gemütszustände zur Ausblendung psychischen Unbehagens zu verwenden, schwächt die Widerstandskraft gegen Krankheiten«, schreibt Gabor Maté in seinem Buch »Wenn der Körper Nein sagt«. Er schreibt auch: »Je stärker Sie Ihre Angst mit Hilfe positiver Gedanken, Verleugnung oder Tagträumerei ausblenden, desto länger wird dieser Stress auf Sie einwirken und desto schädlicher wird er sein. Wenn jemand nicht die Fähigkeit besitzt, auf Hitze zu reagieren, steigt sein Risiko, sich zu verbrennen.« Positiv zu denken, ist wichtig. Zu sagen: »Es ist momentan unerträglich, aber es wird ganz bestimmt wieder besser werden«, ist in gewissen Situationen essenziell, aber es führt kein Weg an einer ernüchternden Auseinandersetzung mit seinem Inneren vorbei, um zu einem authentischen und zufriedenen Leben zu gelangen. Denn erst wenn man sich selbst begegnet, kann man anderen begegnen. Und wer die Rose haben will, muss die Stacheln akzeptieren. Wenn wir als Gesellschaft die Psyche ignorieren, ignorieren wir uns selbst. Und die Ergebnisse eines solchen Verhaltens sind allen bekannt.

Es ist mir ein großes Anliegen, über das Thema Trauma und psychischen Leidensdruck zu schreiben. Ich erlebe immer wieder Menschen, die einen Bedarf hätten, sich von psychischen Belastungen zu befreien, aber den Weg zur Aufarbeitung nicht finden. Menschen, die über ihre Traumata und ihren Schmerz sprechen wollen, aber nicht wissen, wie. Es ist leider immer noch ein Tabu, über psychischen Leidensdruck offen zu reden, sogar in gebildeten Bevölkerungsschichten. Wobei ich der festen Überzeugung bin, dass Hochschulabschlüsse kein Maßstab für die Menschwerdung sind. So bezeichnete einmal ein renommierter Arzt in einem privaten Gespräch mit mir Menschen, die Psychotherapie machen, als »Verrückte«. Und wie oft wird die Situation von Betroffenen, die an Depression oder Panikattacken leiden, abgetan mit »Spinnerei, stell dich nicht so an«, wird das Leiden von Menschen als »herumeiern« eingestuft und der Begriff Trauma als Modebegriff kleingeredet. Dabei ist eine empathische zwischenmenschliche Beziehung das wichtigste Element für die Heilung vor allem in jeder Therapie. Ein:e Therapeut:in muss für die eigenen Traumata und den eigenen Schmerz sensibilisiert sein und in Kontakt mit sich selbst stehen, um sich empathisch in die Gefühlslage des Gegenübers hineinspüren zu können. Die Hierarchisierung, die im medizinischen Bereich jedoch hartnäckig verankert ist, zwischen dem Arzt, »dem Gesunden«, und dem Patienten, »dem Kranken«, ist in der Psychotherapie extrem kontraproduktiv. Empathie kann meiner Ansicht nach nicht zwischen Heilenden und Bedürftigen entstehen, sondern nur zwischen Gleichwertigen und auf Augenhöhe.

Die Wissenschaft hat im Bereich der Traumaforschung noch vieles zu entdecken. Ich bin überzeugt, dass sich das

Verständnis vieler Krankheitsbilder im Laufe der Zeit verändern wird.

Viele Menschen glauben, dass Dinge, an die sie sich nicht bewusst erinnern oder mit denen sie sich nicht mehr beschäftigen, keinen Einfluss auf ihr Leben haben, doch das Gegenteil ist der Fall. Stellen Sie sich vor, liebe:r Leser:in, Sie müssten mit Ihrem Fuß die Tür zu einem Keller dauerhaft blockieren. In diesem Keller sitzen all die kleinen Monster unseres Lebens, alle Verletzungen, Traumata, Demütigungen. Wir haben sie in den Keller gesperrt und zu vergessen versucht. Unser Radius und unsere Freiheit sind dadurch begrenzt. Geschieht dann noch ein einschneidendes Lebensereignis, wie eine Trennung oder ein Todesfall, öffnet sich die Tür und wir sitzen plötzlich mit den Schatten unserer Vergangenheit da und wissen nicht, was wir tun sollen.

Als ich den Keller bei mir aufzuräumen begonnen habe, war es extrem schwierig und energieraubend. Aber ich fand im Keller nicht nur Monster, sondern auch wunderschöne alte Sachen von mir und der Kindheit, die ich vergessen hatte. Mein Radius erweiterte sich, ich fühlte mich frei und meine Lebensenergie entfaltete sich. Es ist höchst lohnenswert und ein Vergnügen, eine freundliche, verständnisvolle und liebevolle Beziehung mit sich selbst zu haben. Am wichtigsten bei der Aufarbeitung ist, auf seine Energie zu achten. Man sollte nicht auf Teufel komm raus seine Traumata aufarbeiten. Ich stelle mir den Prozess der Therapie wie beim Tauchen vor. Wir müssen es erst mal lernen. Wir brauchen dazu ein:e Begleiter:in. Jedes Mal lernen wir, etwas tiefer zu tauchen. Und dann machen wir eine Pause und beschäftigen uns mit anderen Dingen. Irgendwann werden wir genug Erfahrung, Sauerstoff und Kraft haben, um zum Boden hinunterzugelangen und die schönen Korallen unserer inneren Lebendigkeit zu bewundern.

Neuverhandeln

Nach Abschluss meiner Therapie entschied ich mich, Orte wieder zu besuchen, an denen ich viel Angst erfahren hatte. Natürlich konnte und kann ich nicht nach Syrien, weil auf mich dort Verhaftung und Bedrohung meines Lebens als Kriegsdienstverweigerer warten, aber dafür konnte ich nach Griechenland, und zwar nach Symi, jener kleinen Insel, auf der ich nach der Überfahrt über das Meer auf der Flucht vor sieben Jahren gelandet war. Dieser Prozess ist wichtig, sobald man sein inneres Gleichgewicht zurückbekommen hat, um die unangenehmen Erinnerungen, die mit dem jeweiligen Ort verbunden sind, neu zu verhandeln und abzuschließen. Ich wollte ganz allein reisen, aber in Athen, meiner Zwischenstation, besuchte ich Elena, einen meiner Schutzengel aus dem Buch »Wenn der Jasmin auswandert«. Es war mein Versprechen, sie zu besuchen, wenn sich das Leben wieder normalisiert hat. Und es war eine unglaublich schöne Woche. Wir gingen unsere Spaziergänge wieder, die ich damals auf meiner Flucht mit ihr gegangen war, aber die Gegend und jede Straße zeigten sich ganz anders und fühlten sich anders an. Wir saßen wieder auf dem Philosophenfelsen gegenüber der Akropolis mit einem riesengroßen Sack voll Sonnenblumenkernen und erzählten uns, was in den Jahren inzwischen alles geschehen war. Wir machten mehrere Ausflüge mit ihren Freund:innen, tranken in der Früh Frappé auf ihrem kleinen Balkon mitten im Häusergewirr, umgeben von ebenso vielen Tauben wie damals in meiner Mietwohnung, und abends spielte ich mit ihrem Freund auf demselben Balkon Tavla. Die nächtliche Überfahrt auf dem Weg nach Symi mit der riesigen Fähre war dann von einem Gefühlscocktail begleitet. Der Blick auf die Ägäis war ehrfurchtgebietend und von vielen schrecklichen Erinnerungen geprägt. Doch ich habe Tzakob, einen griechischen Soldaten, kennengelernt, dessen Anwesenheit die lange Fahrt angenehmer machte. Wir erlebten den Sonnenuntergang am Deck der Fähre und saßen stundenlang da, bis alle Menschen das Deck verlassen hatten. Ich erzählte ihm alles, was ich auf diesem Meer vor Jahren erlebt hatte. Er war sehr neugierig, wütend, fassungslos und beschämt, was in seinem Land passiert war und heute noch immer passiert. Einen Ausspruch von ihm habe ich noch gut in Erinnerung: »Würden die Türken uns attackieren, würden sie uns beim Chillen finden und wir hätten nichts, um uns gegen sie wehren zu können. Aber wenn Flüchtlinge das Meer passieren, können wir sehr wohl ihre Boote im Meer zerstören.«

In der ersten Morgendämmerung legte das Schiff im Hafen von Rhodos an. Es war Juli und viele Touristen waren an Bord. Mir war nicht ganz klar, ob ich mich auch als solchen sehen sollte. Ich hatte zwar meine Spiegelreflexkamera um den Hals gehängt und trug Sonnenbrille und kurze Hose, aber irgendetwas in meinem Inneren meinte: Du bist nicht wie sie. Ziemlich schnell fand ich heraus, warum. Als ich festen Boden betrat, sah ich dieses Monster vor mir. Es war genau dasselbe Schiff der Piraten, das unser Boot damals zerstört hatte, und von dessen Beiboot aus das kleine Kind in den Tod geworfen wurde, damals auf der Flucht. Ein dunkelgrünes Schiff mit vielen Vermessungsgeräten an seinem Mast. In mir stieg sofort große Wut auf, zugleich ein Gefühl der Gleichgültigkeit. Auf die Weiterfahrt mit einem kleineren Schiff nach Symi musste ich einige Stunden warten. Ich setzte mich mit einem Frappé vor das Patrouillenboot und versuchte, dieses Schiff und die Menschen hinter jenen verbrecherischen Taten zu verstehen. Manche Tourist:innen standen davor und machten Fotos mit dem Schiff im Hintergrund. In diesem Moment kam mir die ganze Menschheit etwas lächerlich und überflüssig vor. Ich spürte in meine Wut hinein und merkte, dass ich unbewusst meinen Atem flach hielt, als würde ein Fels auf meiner Brust liegen. Ich begann, mich auf meinen Körper zu konzentrieren und ihm Raum zu geben. Nach einigen Minuten atmete ich entspannt tief ein. Mir wurde bewusst, wie sehr diese Wut und dieser Hass meinen inneren Frieden belasteten. In diesem Moment wollte ich nicht mehr vor diesem Ungetüm sitzen. Ich stand auf und machte bis zur Abfahrtszeit nach Symi einen langen Spaziergang durch die Altstadt.

Am zweiten Tag auf Symi suchte ich im Hafen jemanden, der mich zu der kleinen, fast unbewohnten Nachbarinsel bringen würde, auf der nur ein alter Mann mit seinen Ziegen lebte. Meine Suche glückte, Marios, ein Architekt und Fischer erklärte sich bereit, mich mit seinem Boot hin- und zurückzufahren. Er kannte sogar den alten Mann namens Stefani und meinte, wir würden ihn nach einer Runde auf der Insel besuchen. Marios fand es gut, dass ich nach Griechenland zurückgekommen war. Er erzählte, er habe dieselbe Aufarbeitung gemacht, nachdem er beim Paragleiten auf Kalymnos abgestürzt war. Als wir losfuhren, versiegte das Gespräch. Obwohl es acht Uhr in der Früh und damit hell war, wirkte das Meer auf mich ehrfurchtgebietend und überwältigend, besonders als wir den Hafen verließen und die Wellen außerhalb der Bucht höher wurden und ich angespannter. Es war nicht einfach, unter den vielen Felszacken denjenigen zu finden, bei dem wir damals an Land gegangen war, ich musste mehrmals aussteigen und mich vergewissern, aber dann erkannte ich den richtigen Platz sofort wieder. Damals hatte ich geschlafen, meine Weggefährten weckten mich und wir mussten so schnell wie möglich über die spitzen Felsen das Boot verlassen. Genau an dieser Stelle verließ ich jetzt das Fischerboot. Obwohl nun heller Morgen war, hatte ich genau das Bild der dunklen Nacht mit den leuchtenden Lichtern von Symi vor Augen. Marios meinte, hier auf mich warten zu wollen, und ich stieg allein hinauf. Es dauerte nicht lange, bis ich die Stelle fand, wo wir damals Feuer gemacht hatten, und jenen Baum, auf den wir damals unsere Schwimmwesten gehängt hatten. Es war ein sehr aufwühlender Augenblick. Ich hob eine der Schwimmwesten, die schon fast am Zerfallen waren, vom Boden auf, von der ich annahm, dass sie meine war, und begann unwillkürlich zu schluchzen. Es fühlte sich an, als würde ich meine Wut, meine Trauer und meine Schuldgefühle im wahrsten Sinne des Wortes erbrechen.

Nachdem ich mich beruhigt hatte, nahm ich die Schwimmweste mit, stieg zu Marios hinunter, und wir fuhren auf die andere Seite der Insel zum Haus von Stefani, der von unserem Besuch überrascht war und sich sehr darüber freute. Er lud uns zum Frühstück ein, und später tranken wir seinen selbst gekelterten Weißwein. Er konnte sich an mich nicht erinnern, er hatte schließlich viele Flüchtlinge mit seinem kleinen Boot nach Symi übersetzt. Ich erzählte ihm von meinem Buch »Wenn der Jasmin auswandert«, dass ich darin von ihm und seiner großen Hilfe erzähle. Seine Augen wurden feucht.

Ich hatte mir vorgenommen, vier Tage auf Symi zu verbringen, aber nach diesem Besuch spürte ich, dass ich nicht mehr dortbleiben wollte, fuhr zurück nach Athen und verbrachte noch einige unvergesslich schöne Tage mit Elena und ihren Freund:innen. Ich hatte ihnen immer wieder erzählt, dass ich ein leidenschaftlicher Koch bin. Am vorletzten Abend in Athen habe ich für sie alle gekocht. Zu Mittag, während alle ihren Jobs nachgingen, kaufte ich ein und kochte ganz gemütlich vor mich hin. Am Abend servierte ich ihnen zuerst Tabouleh-Salat und Teigtaschen gefüllt mit Spinat, Feta und Walnüssen. Doch als ich das Hauptgericht aus dem Ofen holte, herrschte betretenes Schweigen in Elenas Wohnzimmer. »Willst du einen Witz mit uns machen? Du weißt, dass Moussaka griechisch ist, oder?«, fragte mich Yakoubush irritiert. Ich schnallte im ersten Augenblick gar nichts. Ich schwor auf mein Leben, dass es arabisch sei und ich damit aufgewachsen war, dass es meine Mutter immer als Plan B kochte, wenn ihr kein besonderes Gericht einfiel. Die Gemüter erhitzten sich, und die Griechen fühlten sich aufgefordert, die Ehre Griechenlands zu verteidigen. Ein neuer Krieg mit dem Orient stand kurz vor dem Ausbruch. Ich hatte Angst, auf der Straße übernachten zu müssen. Wir suchten bei Google Gerechtigkeit. Der Name Moussaka kommt aus dem Arabischen und leitet sich aus dem Adjektiv »عيقص« – »Sakiaa« ab, das in diesem Fall »gekühlt« bedeutet. Das sollte darauf hinweisen, dass dieses Gericht kalt gegessen wurde und gegessen werden kann. Aber das Gericht an sich gibt es in fast allen Kulturen des Mittelmeerraums in verschiedenen Variationen. Wir einigten uns darauf, dass es ein internationales Gericht ist, und genossen meine Kochkünste.

Letztendlich hatte diese Reise noch etwas für mich parat, und zwar bei der Rückreise am Flughafen. Hier hatte ich damals ja viermal versucht, mit illegalen Dokumenten nach Kopenhagen zu fliegen, wurde aber jedes Mal erwischt. Als ich den Flughafen betrat, stieg Nervosität in mir auf, obwohl ich diesmal echte Dokumente hatte, die mir zu fliegen erlaubten. Ich hielt meine Reiseunterlagen in der Hand und begann, mit mir selbst zu sprechen: Schau, du hast die Dokumente in der Hand, du darfst fliegen, beruhige dich. Aber ich wollte nicht auf mich hören. Es gipfelte darin, dass mein Flug demselben Gate zugewiesen wurde, an dem ich damals zweimal gescheitert war. Ich erkannte sogar den Polizisten, der mich bei meinen Versuchen herausgefischt hatte. Ich stellte mich mit Herzrasen in die Reihe. Und es passierte vor meinen Augen. Die Polizisten holten eine junge Frau aus der Reihe auf die Seite. Sie wurde dorthin gestellt, wo ich damals gestanden hatte. Ich schaute ihr in die Augen und sie schaute kurz zurück. Ich konnte die Verzweiflung, die Angst und die Trauer in ihren Augen nachempfinden. Ihre verängstigten Blicke lösten in mir einen eigenartigen Gefühlscocktail aus. Ich spürte Wut, Abscheu und Gleichgültigkeit zugleich. Ich wollte etwas sagen, ich wollte schreien und alle fragen: »Warum?«, aber ich hatte Angst, als Schlepper verdächtigt zu werden. Ich war sehr nervös, als ich an der Reihe war. Der Polizist nahm mein Flüchtlingsreisedokument in die Hand, las, dann schaute er mich kurz an. Ich blickte mit meiner ernstesten Miene zurück. »Sprechen Sie Deutsch?«, fragte er mich auf Deutsch. »Ja, warum?«, antwortete ich entnervt. »Nur ganz normale Kontrolle.« »Aber Sie haben nur mir diese Frage gestellt.« Er gab mir meinen Reisepass zurück und wünschte mir einen guten Flug. Dann winkte er mich hinein. Ich murmelte wie ein Mantra das Wort »absurd« und schüttelte gleichzeitig den Kopf, bis das Flugzeug abhob. Die Gefühle, die ich auf dem Flug nach Hause hatte, begleiten mich, wann immer ich einen Flughafen betrete, bis heute, selbst jetzt, mit dem österreichischen Pass. Ich fürchte, für mein Unbewusstes werde ich der ewige Illegale sein.

Transgenerationale Traumata

So wie die Welt ist, können wir sogar von traumatisierten Gesellschaften reden. Denn wir werden nicht in einem Vakuum geboren. Die Welt, in der wir geboren sind, besteht seit vielen Jahren und hat unzählige Ereignisse durchgemacht, deren Resultate, im positiven wie im negativen Sinne, die Menschen, die uns erziehen, und die gesellschaftlichen

Strukturen, in denen wir leben, geprägt und geformt haben. Das Leben besteht aus unzähligen fortschreitenden Schmetterlingseffekten, die schon Generationen vor uns ausgelöst wurden. Das Hartnäckige an unaufgearbeiteten, transgenerationalen Traumata ist, dass wir deren Auswirkungen in den frühen Entwicklungsphasen ziemlich stark aufsaugen und verinnerlichen und diese krankmachenden Strukturen, wie das Patriarchat oder Kriege, für normal halten. Der Psychiater Daniel Siegel ist der Auffassung, dass ein Trauma nie ein persönliches Problem ist, sondern immer ein kollektives, zumal es greifbare Einflüsse auf das Umfeld des Betroffenen hat. Wir erben von unseren Eltern nicht nur ihre Gene, soziale Klasse und Gegenstände, sondern auch ihre nicht umgewandelten Traumata. Ein Familienvater, der sich in die Alkoholsucht stürzt, um seinen Schmerz zu verdrängen, ist zeitweise nicht imstande, angemessen auf die Bedürfnisse seines Kindes zu reagieren. Das Kind wächst mit dem Gefühl auf, die Menschen seien nicht vertrauenswürdig und seine Bedürfnisse wären nicht wichtig. Man spricht von »proximalem Verlassensein«, wenn Eltern zwar physisch anwesend, aber emotional nicht erreichbar sind. Und Kinder deuten alles, was in ihrem Umfeld geschieht, rückbezüglich: »Ich habe es verursacht.« Das Kind lernt, dass Emotionen unwichtig sind, und es kann diese zudem in späteren Jahren nicht erkennen und benennen und wird vermutlich ohne Traumaaufarbeitung dieses Chaos in seine weiteren zwischenmenschlichen Beziehungen übertragen. Das ist eines der Prinzipien des kollektiven Traumas. Mit anderen Worten, wer keine Reaktionen auf seine Bedürfnisse erfahren hat, kann seine Emotionen, und die der anderen, nur schwer erkennen und anerkennen. Kann man etwas vermissen, das man nicht kennt? Wenn wir dafür sensibilisiert werden: ja. Für die Sensibilisierung braucht es aber Ressourcen und die Erlangung eines Bewusstseins, das reflektieren kann. Das heißt, der Kreislauf des Traumas in einer Familie oder Gesellschaft kann gebrochen werden, wenn ihre Mitglieder ihre Traumata aufarbeiten.

Wir leben in einer Gesellschaft, die das Individuum durch seine Leistung definiert: »Du bist, was du leistest.« Das hält die Hartnäckigkeit des kollektiven transgenerationalen Traumas aufrecht, weil wir uns in der Leistungsgesellschaft nicht spüren dürfen, und es gehört nicht zum Wettbewerbsdenken, uns mit der Vielschichtigkeit des inneren Lebens zu beschäftigen. Wir müssen das Maximale leisten und dies mit Perfektionsanspruch.

Unsere Gesellschaft bewundert sogar Menschen, die sich von ihren Emotionen abgeschnitten haben und gnadenlos viel leisten. Perfektionismus ist eine Pandemie, die unsere Psyche schon längst durchseucht hat. Perfektionismus hat selbstzerstörerische und suchtartige Aspekte, die dem zugrundeliegenden Gedanken entspringen: »Wenn ich perfekt aussehe und alles perfekt mache, kann ich die schmerzbesetzten Gefühle von Scham, Beurteilung und Tadel vermeiden oder minimieren.« Perfektionismus ist deshalb selbstzerstörerisch, weil es keine Perfektion gibt, dies ist ein unerreichbares Ziel. Perfektionismus ist also auch ein Kampf gegen uns selbst oder gegen das Empfinden der im Hintergrund lauernden, eingeredeten Wertlosigkeit. Denn diese zu fühlen, käme einem Vernichtungsschmerz gleich. Nicht genug und nicht wertvoll zu sein, bedeutet, dass die eigene Existenzberechtigung fragwürdig ist. Es ist nicht überraschend, dass viele Menschen, die in einem Burn-out landen, meistens einen ausgeprägten Perfektionismus aufweisen. Einerseits wird hohe Leistungsbereitschaft als Coping eingesetzt, um von dem Schmerz der Traumafolgen abzulenken, andererseits beteuert die innere Stimme des Perfektionismus, dass es nie genug sei und dass innezuhalten intolerabel sei, sodass der Perfektionismus die Qualität eines Zwangs bekommt.

Ein weiterer Ausdruck von traumatisierten Gesellschaften ist das Patriarchat. In kollektiv traumatisierten Gesellschaften lernen vor allem Männer nie, über ihre Bedürfnisse und Emotionen zu reden, sich verletzlich zu zeigen. Sie verwandeln ihre Scham und ihren Schmerz in Empathielosigkeit und Aggression. Eine tiefsitzende Ideologie der Abhärtung, der Stigmatisierung von Trauer und Schmerz. Das Buch »Die deutsche Frau und ihr erstes Kind« prägte die Erziehung Anfang des 20. Jahrhunderts in fast allen deutschsprachigen Haushalten. In ihm wurde systematisch gelehrt, wie Mütter die Bedürfnisse ihrer Kinder ignorieren sollen, um sie abzuhärten und zu disziplinieren, kein Körperkontakt, keine Liebe und Zärtlichkeit, also systematische Bindungstraumata von Geburt an. Männer werden durch das Patriarchat systematisch ihrer Menschlichkeit entleert. Das herrschende Männlichkeitskonzept ist nicht nur für Frauen und weiblich gelesene Personen bedrohlich, gefährlich und kostet viele Frauen das Leben, sondern auch für die Männer selbst. Es ist wahrlich ein Gefängnis. Bei diesem Rollenbilderkonzept lernt ein Mann nicht, sich als Mensch zu fühlen. Wir werden systematisch dazu erzogen, uns nicht zu spüren. Der erste Satz, den wir einem weinenden Jungen sagen, ist: »Hör auf zu weinen.« »Männer weinen nicht« gilt als weltweite Doktrin. Wir halten einen weinenden Menschen nicht aus, weil er uns womöglich mit unserem Schmerz in Resonanz bringt. Dabei ist Verletzlichkeit zu zeigen der Gipfel des Menschseins.

Ohne uns unserem Schmerz zu stellen, ihn anzuerkennen und uns um ihn zu kümmern, werden wir weiter den Schmerz mit Hass und Wut zu erwürgen versuchen. Es ist viel einfacher, stinksauer auf jemand anderen zu werden, als Schmerz und Scham zu spüren. Meistens sind einfache Wege nicht nachhaltig. Ich selbst arbeite noch daran, Unsicherheiten zu zeigen, Trauerprozesse auszuhalten und sie als Bewusstseinserweiterung zu sehen. Wenn eine Person oder eine Situation in mir Unsicherheit auslöst, versuche ich nicht, angriffig die Unsicherheit zurückzugeben, sondern versuche, sie anzunehmen, sie zu streicheln, und suche in mir nach Gründen für diese Verunsicherung. Und so habe ich in Zukunft in der gleichen Situation ein Werkzeug, um konstruktiv damit umzugehen. Die meisten von uns haben auch nicht gelernt, wie wir Schmerz erkennen, benennen und zulassen können. Wir wissen, dass es furchterregend ist, direkt auf unseren Schmerz einzugehen. Aber unseren Schmerz liebevoll zu behandeln und ihn zum Thema zu machen, kostet einen Bruchteil der Energie, die es braucht, um ihn zu verdrängen.

Ein Mensch, der seine Innerlichkeit pflegt, gelernt hat, mit sich empathisch und gnädig umzugehen, seine Verletzlichkeit zu zeigen, und der sich seiner Traumata bewusst ist, der seinen Schmerz, ohne sich dafür zu schämen, Ausdruck im Leben finden lässt, dem wird es schwerfallen, patriarchalisch oder toxisch perfektionistisch zu sein. Er braucht keine Feinde, um seinen inneren Terror auf sie zu projizieren. Er durchbricht für sich selbst und für sein Umfeld diesen Traumatisierungskreislauf. Denn wenn jemand das Erwachen des Bewusstseins erlebt, bringt er zwangsläufig Menschen in seiner Umgebung ebenfalls dazu, neue Perspektiven zu erfahren. Stellen Sie sich eine Gesellschaft vor, in der all jene, die verantwortungsvolle Positionen in der Familie, im Beruf oder in der Politik innehaben, beginnen, sich mit den Traumata und dem Chaos in ihrer Psyche auseinanderzusetzen, und aufhören, diese unbewältigten Emotionen unbewusst nach außen und auf andere zu projizieren. Wie viel Unheil würde dem Rest der Menschheit erspart bleiben!

Trauma ist daher nicht nur ein individuelles Problem, sondern auch ein kollektives. Es ist eine ständige Wechselbeziehung zwischen Individuum und Umfeld. Es ist also, wissenschaftlich gesehen, nicht ausreichend, das eine ohne das andere zu betrachten. Wir müssen den Blick erweitern, um heilendes Verständnis füreinander und für unser Verhalten aufzubringen. Wenn wir für die Spuren unserer Traumata sensibel werden, werden wir eine heilende Sprache finden, um beispielsweise das plötzliche Abschneiden von Beziehungen, den Bruch mit der Familie oder den unnahbaren toxischen Arbeitskollegen nicht mehr als persönliches Versagen zu verstehen, sondern als die Erweiterung und Folgen eines Traumas.

Die gute Nachricht ist, dass Heilung möglich ist. Unser Gehirn ist wie ein Teig, der wieder zusammengeknetet und umgeformt werden kann, »auch im hohen Alter«, sagt Neurobiologe Gerald Hüther. Wenn wir allmählich empathischen Kontakt mit uns selbst wiederherstellen, die Schmerzen, die bei ursprünglicher Abspaltung von uns selbst entstanden sind, fühlen lernen, diesen Anteilen in uns Raum geben und sie Ausdruck im Leben finden lassen, sensibel für unsere Körpersignale werden und unsere Verletzlichkeit zulassen, Trauer und emotionale Entladungen nicht zurückhalten, unserer Scham liebevoll entgegenkommen, nähern wir uns unserem Menschsein ein Stück weiter an, und unsere Welt würde ein friedlicherer Ort werden.

Erinnerungslöschung

Aus Sicht der molekularen Erinnerungsmedizin scheint die Möglichkeit nicht mehr weit entfernt zu sein, traumatische Erinnerungen löschen zu können. Es wird unweigerlich die Zeit kommen, wo wir uns medikamentös oder operativ dieser Möglichkeit bedienen können. Das wäre eine weitere Bestätigung, dass wir als Menschheit den Abhang hinunterrasen, und würde unser Versagen im Umgang mit dem Leben zeigen. Wenn wir eine Nacht schlaflos verbringen, greifen wir sofort zu einer Tablette, anstatt uns mit den Signalen unseres Körpers auseinanderzusetzen und zuzuhören, was er uns sagen will. Unsere Gesellschaft versucht, viele Probleme und Auswirkungen der kapitalistischen und patriarchalischen

Strukturen unter Tonnen von Medikamenten zu verstecken, weil es für die Leistungsgesellschaft günstiger ist, über die gesellschaftlichen und kulturellen Ursachen der gestressten Gemüter der Menschen hinwegzusehen. Ich möchte medikamentöse Hilfe nicht verteufeln. Sie ist in bestimmten Fällen, und besonders am Anfang einer Behandlung, von großer Bedeutung und wertvoll. Ich möchte lediglich auf unsere Neigung, alles mit Medikamenten lösen zu wollen, hinweisen. Wir wollen auf gar keinen Fall mehr Schmerz erleben und haben unsere Selbstwirksamkeit verloren. Dabei haben wir vergessen, dass der Schmerz oft unser nachhaltigster Lehrer ist. Maulana Dschalal ad-Din Rumi schrieb vor vielen Jahrhunderten: »Dass du vor deinem Schmerz wegläufst, lässt dich mehr leiden. Begegne ihm, um zu heilen!« Es geht nicht darum, sich an dem Schmerz festzuklammern, sich damit zu identifizieren und sich lebenslang darin zu suhlen, sondern ihn anzuerkennen, ihm Ausdruck zu verleihen, ihn liebevoll empathisch zu streicheln und aufzuarbeiten. Konflikte, Schmerz und Fehler drehen sich darum, uns einen Erkenntnisgewinn zu schenken. Echte Weisheit ist niemals umsonst.

In dem genialen Film »Vergiss mein nicht« versuchen Clementine und Joel nach ihrer Trennung durch ein Unternehmen für Erinnerungseliminierung sich gegenseitig aus ihren Erinnerungen zu löschen und ihren Qualen ein Ende zu setzen. Dabei stellen sie fest, auch wenn bewusste Erinnerungen – episodische – nicht mehr präsent sind, bleiben gewisse Körpererinnerungen für immer und ewig im Körper abgespeichert. Nach der Eliminierung treffen sie sich zufällig wieder und ihre Körper erkennen einander. Sie sind völlig durcheinander und verstehen die Welt nicht mehr. Das Interessanteste an diesem Film ist, dass Clementine in ihrer nächsten Beziehung genau dieselben Verhaltensmuster wiederholt, die ihre Beziehung zu Joel scheitern ließen, die auf Vernachlässigungserfahrungen in ihrer Kindheit beruhen und sie in große Unsicherheit im Hinblick auf ihr Aussehen und ihre Wertigkeit stürzen. Am Ende des Films wird klar, dass das Löschen von Erinnerungen nicht der richtige Weg sein kann und eine nüchterne Auseinandersetzung mit den Empfindungen die einzige Möglichkeit darstellt, um unsere Erfahrungen zu einem Lernprozess werden zu lassen und sie in unsere Persönlichkeit zu integrieren. So meinte der spanische Philosoph Georg Santayana: »Wer sich seiner Vergangenheit nicht erinnert, ist dazu verdammt, sie zu wiederholen.« Und falls Sie, liebe:r Leser:in, nun Bedenken haben, ich hätte Ihnen den Film gespoilert, bitte keine Sorge, ich habe nicht allzu viel verraten, er ist noch immer höchst sehenswert.

Ich habe die Erfahrung gemacht, dass traumatische Erinnerungen das Leben in ein dunkles Loch verwandeln können, abgeschnitten von der äußeren und der inneren Welt. Sie könnten uns zu einem funktionierenden Toten machen. Ich würde es verstehen, wenn ein Betroffener zu einem solchen Mittel der Eliminierung seiner Erinnerung griffe. Verstehen ist eine Sache, und Gutheißen eine ganz andere. Natürlich sehe ich das große Interesse der Pharmaindustrie, diese Methoden verlockend und schmackhaft zu machen, um Millionen, wenn nicht Milliarden für ihre Konzerne zu lukrieren. Aber wir verprassen mit solchen Bequemlichkeiten das Potenzial, das uns das Trauma zur Verfügung stellt. Ich erlebte den Transformationsprozess des Traumas als eine zutiefst spirituelle Erfahrung. Ein Trauma hat die Energieladung, um uns auf eine weitere Ebene unseres Menschseins zu bringen. Diese Energieladung ist das Ursprünglichste, was wir haben: unser Überlebensinstinkt. Sie ist dieselbe, die einer Mutter die Kraft verleiht, ein Auto anzuheben, wenn ihr Kind darunter eingeklemmt ist. Wenn wir die Glaswand des Traumas, die zwischen uns und dem Leben steht, überwinden, schaffen wir den Weg zurück zur Verbundenheit mit uns selbst, unserem Umfeld und unserem Leben. Oder wir werden diese vielleicht zum ersten Mal erleben. Ich lade Sie, liebe:r Leser:in, ein, wenn Sie sich näher mit Traumaaufarbeitung beschäftigen wollen, sich mit den Literaturangaben am Ende des Buches zu befassen.

Schließlich möchte ich allen sagen, die dieses Kapitel berührt hat: Egal, was Sie gemacht haben oder Ihnen widerfahren ist, Sie sind kein schlechter Mensch. Seien Sie bitte gnädig zu sich selbst. Jeder Mensch hat ein authentisches Selbst, das nicht zerstört werden kann. Geben Sie ihm bitte eine Chance, gespürt zu werden, Ausdruck im Leben zu finden und sich zu entfalten.

»Was wäre gewesen, wenn?«

»Warum hast du für deine Heimat nicht gekämpft?« Eine Frage, die mir in den vergangenen Jahren sehr oft gestellt wurde. Meistens von alten Menschen. Leicht konnte ich die versteckte Botschaft dieser Frage entschlüsseln: Du bist ein Feigling. Als Feigling gelte ich auch für viele Menschen, die in Syrien geblieben sind. Fremder und Feigling, der nicht oder nicht mehr dazugehört, bin ich für beide Seiten. Das ist das ewige Schicksal der geflüchteten Menschen, die Stiefkinder der Erde zu sein. Nach meiner Auffassung habe ich jedoch sehr wohl gekämpft. Meine Weigerung, an Gewalt teilzunehmen, ist ein Kampf. Ich habe gegen Gewalt und Hass mit meiner Flucht gekämpft. Es war ein Kampf mit mir selbst, die Entwurzelung und ihre Auswirkungen aufzuarbeiten und die ersten Jahre als Fremder im Exil auszuhalten. Ich empfinde jedoch die Bezeichnung Feigling mittlerweile als Kompliment, dass ich ein sensibler Mensch bin, der die Signale seines Inneren wahrnimmt und sich nicht blindlings in den Krieg stürzt, damit das Establishment seinen glamourösen Reichtum behält. Als Kompliment, dass ich ein Mensch bin, der sich und sein Leben nicht von der Aggression und dem blinden Hass der Größenwahnsinnigen führen lässt, sondern entschieden und selbstbestimmt einen anderen Weg geht. Den Weg des Friedens. Ich wollte nicht als »Held« in einen Krieg ziehen und als Täter zurückkehren. Ich wollte und will nicht kämpfen. Denn ich existiere auf dieser Welt, um andere Erfahrungen zu machen. Ich will leben. Ich will lieben. Ich will Freundschaft mit einem Baum pflegen und spüren, dass der Duft des Jasmins meine Seele von jeder Unbelehrbarkeit entwölkt. Ich will schreiben. Vielleicht schreibe ich einen Vers über die Existenz der ganzen Menschheit in mir, der nur einen einzigen Dominostein der Gewaltspirale kurz vor dem Fallen festhält. Ich will lieber alle meine Emotionen zulassen, als zu deren Ausblendung Kriege zu führen. In den Krieg zu ziehen, für »sein Land« zu kämpfen, bedeutet auch, sich als menschliche Waffe missbrauchen zu lassen. Diejenigen, die in Kriegen sterben, sind meistens die Zivilisten, also diejenigen, die den Krieg nicht angezettelt haben. Die in Wahrheit Verantwortlichen des Krieges sterben nicht, aber dafür verlieren sie ihre Menschlichkeit. Gewalt, sei sie verbal, handgreiflich oder Sonstiges, ist immer eine Absage an das Leben. Wenn ich mich in einer Situation für Gewalt entscheide, lehne ich meine Entwicklung ab. Nicht selten wird Gewalt angewandt, um Differenzen auszuschalten und die eigene Angst zu beschwichtigen. Dadurch geht man den einfachen Weg, sich nicht mit sich selbst, seinem Schmerz und seinen Unsicherheiten beschäftigen zu müssen. Gewalt vereinfacht scheinbar jeden Konflikt in Schwarz-Weiß-

Logik. Man beseitigt damit alle inneren Widersprüche und Ambiguitäten und reduziert dadurch die Welt auf brutale Art und Weise auf Opfer und Täter. Im Extremfall der Gewalt, dem Krieg, gibt es nur noch Feind oder Freund. Das Denken ist dadurch von der Komplexität befreit, das Leben zu verstehen. Und ich wollte nicht den einfachen Weg gehen, daher entschied ich mich dagegen, am Krieg in Syrien teilzunehmen, und ging den schwierigeren Weg.

Was wäre gewesen, wenn ich in Damaskus geblieben wäre? Diese Frage kam mir das erste Mal nach der ersten Nacht in Österreich in den Sinn. Nach dem Frühstück machte ich einen kurzen Spaziergang zum Zaun, der das Erstaufnahmezentrum Thalham umgab. Über Nacht hatte es leicht geschneit, und die Aufteilung zwischen verschneiten und aperen Flächen war gerecht halb / halb. Ich hängte meine Hände in das Drahtgeflecht ein und lehnte meine Stirn dagegen. Einer der wenigen Sonnenstrahlen, die ihre Befreiung von den Wolken geschafft hatten, landete in meinen Augen. Hinter mir waren alle Brücken eingestürzt. Ich hatte buchstäblich alles, was mir von Bedeutung war, verloren. Meine geliebte Stadt Damaskus wurde mir verboten. Es gab keine Aussicht, wann ich die Wärme meiner Mutter, meines Vaters und meiner Geschwister wieder spüren konnte. Die unbeschwerten Abende mit meinen Freunden waren nur noch durch meine Erinnerung zugänglich. Der Geruch des Jasmins in unserer Gasse schien sehr weit weg zu sein, aber mit der Zeit lernte ich, ihn mit der Vorstellungskraft meiner Seele zu riechen. Ich richtete meinen Blick auf die wenigen entschlossenen Sonnenstrahlen, die wie Scheinwerfer durch die Wolken schienen, hoffend, von der Sonne eine Antwort zu erhalten. Jeder hat seine Aufgabe, und meine ist, neue Definitionen zu schaffen. An dem Tag entschied ich mich, neue Brücken zu schlagen. Nach diesem großen Verlust und all dem, was ich erlebt hatte, hatte ich nichts mehr zu befürchten. Ich fühlte mich, als wäre ich zum zweiten Mal geboren worden, und ich wollte mich auf mein zweites Leben mit all seinen Farben und Möglichkeiten einlassen. Ein Leben neu starten zu dürfen, schien mir am Anfang eine attraktive Chance zu sein, weit weg von allem die Spuren des Krieges und der Tyrannei in meinem Inneren zu verwischen und so zu leben, als ob die Menschenrechte keine Begriffe zum Witzemachen wären und ich ausgiebig Zeit damit verbringen könnte, den nächsten Urlaub zu planen. Meine Vorstellung hat sich über die Jahre als Irrtum erwiesen. Eine wichtige Erkenntnis war, dass die Vorstellung, neu geboren zu sein, nicht realistisch ist. Manchmal frage ich mich, ob ich Damaskus überhaupt verlassen habe. Vielleicht habe ich die Stadt verlassen, aber sie und die Diktatur mich nicht. Alles, was ich dort erlebte, ist wie ein Stempel auf meinem Körper gedruckt. Ich trage die Last der ersten Heimat in Form von verinnerlichter Angst und ständiger Sorge um die Zurückgebliebenen überall mit mir herum. Vielleicht heiße ich Flüchtling, weil ich Spuren der ersten Heimat in mir nicht ganz loswerden kann. Wenn meine These stimmt, sind alle Menschen Flüchtlinge.

Damaskus offenbart sich in meinem Gedächtnis immer wieder in Form von schmerzhaft schönen Erinnerungen. Ich hasse die Dreistigkeit dieser Stadt, den schönsten Platz im Garten meiner Erinnerungen zu besetzen, ohne dafür etwas geleistet zu haben. Manchmal wundere ich mich über mich selbst, dass ich diese Stadt liebe, von der ich ständig Nachrichten erhalte, wie Menschen unter der Diktatur des Regimes leiden und sterben. Ich hasse meine Ohnmacht gegenüber der Schönheit der Illusion der ersten Heimat. Ich hasse ihre Ohnmacht gegenüber gewalttätigen Männern, die sie uns nahmen. Ich brauche Damaskus nur als ein Konstrukt in meinem Kopf, dass es einen Ort gäbe, zu dem ich hingehörte und wo ich einheimisch wäre, um mich zu trösten, wenn mich in Österreich das Gefühl, fremd zu sein, im Würgegriff hat. Tatsache ist, ich will nicht mehr in Damaskus leben. Dort habe ich mich unter der Herrschaft der Diktatur kein einziges Mal als Mensch mit Würde gefühlt. Ich musste in der Republik der Angst klein und dissoziiert bleiben, damit ich die Absurdität der Schreckensherrschaft des Regimes und deren Auswirkungen für normal halte und akzeptiere. Ich konnte mich erst in Österreich ohne Angst vor dem mörderischen Geheimdienst und den einschränkenden religiösen Einflüssen als vollständiges Individuum mit Würde erfahren. Für diese Möglichkeit bin ich sehr dankbar.

Ich weiß jetzt, dass die Frage »Was wäre gewesen, wenn?« nicht zielführend ist. Ich möchte mich von dem Drang, alles nach gut und schlecht beurteilen und werten zu wollen, etwas distanzieren. Das Leben ist viel komplexer als unser Schwarz-Weiß-Denken. Es hätte viel geschehen können, wenn ich in Syrien geblieben und zum Militär eingerückt wäre. Anhand vieler Beispiele von Freunden meines Jahrganges erfuhr ich mögliche Verläufe. Manche kamen bei kriegerischen Handlungen ums Leben oder zogen sich lebenslange Behinderungen zu. Andere liefen zu den Rebellen über und erlebten ähnliche Schicksale. Viele wurden jedoch körperlich unbeschadet wieder entlassen, aber dafür seelisch verwundet und leben in der Misere der Kriegsfolgen und lechzen jeden Tag nach Lebensmitteln und Treibstoff. Ich kenne auch einige, die so etwas wie »Warlords« wurden und ein Vermögen aus dem Krieg erbeuteten. Natürlich gibt es auch andere Verläufe. Aber es geht nicht darum, Vergleiche anzustellen, wer ein besseres Leben hat und weniger Leiden erlebt. Denn die Erfahrung der Verlorenheit als Fremder im Exil kann sich auch wie ein stumpfes Messer anfühlen, das ins eigene Fleisch schneidet. Jeder Mensch hat seinen eigenen Rucksack zu tragen. Und wenn ein anderer mehr als wir gelitten hat, bedeutet das nicht, dass unser Leiden weniger wert ist. Letztendlich ist Schmerz auf individueller Ebene, unabhängig von der Einstufung seiner Stärke durch das Umfeld, Schmerz. Der einzige Gewinner im Krieg ist: niemand. Krieg ist der unzivilisierteste Ausdruck des Menschseins.

Es gab für mich Zeiten, in denen die Frage »Was wäre gewesen, wenn?« und eine nüchterne Auseinandersetzung mit der Vergangenheit notwendig waren. Ich sehe aus heutiger Sicht keinen Bedarf mehr, mich in der Vergangenheit aufzuhalten. Es wirkt auf mich hinderlich, um das Hier und Jetzt wahrnehmen zu können. Der Prozess der Auseinandersetzung mit der Vergangenheit ist manchmal augenöffnend und aufschlussreich, manchmal jedoch zermürbend, energieraubend und voller Reue. Es ist jedenfalls wichtig, sich bewusst zu erinnern, um nicht unbewusst in der Vergangenheit auszuharren. Ohne uns an die Vergangenheit zu erinnern, können wir die Dinge für die Zukunft nicht wiedergutmachen, und was wir nicht wiedergutmachen können, werden wir zwangsläufig wiederholen. Die Vergangenheit anzunehmen bedeutet nicht, darin zu ertrinken, vielmehr können wir aus ihr lernen. Erinnern ist ein wichtiger Teil des Heilens, auch wenn einige Stimmen das Erinnern für kontraproduktiv halten. So heißt es auch in dem bekannten Lied von Vince Gill: »There ain't no future in the past«. Auf der anderen Seite gibt es ein Zitat eines meiner Lieblingsschriftsteller, Khalil Gibran: »Wer die Stimme der Vergangenheit verdrängt hat, hat keine Stimme, um mit der Zukunft zu reden.« Also, wie Sie sehen, ist es nicht einfach zu sagen, was in Bezug auf die Auseinandersetzung mit der Vergangenheit angemessen ist. Ich möchte nur dazu ermutigen, den Paradoxien und Widersprüchlichkeiten des Lebens gelassener entgegenzutreten. Das Leben besteht aus vielen Paradoxien. Ein authentisches Leben aus vollem Herzen erfordert, die Paradoxien des Lebens zuzulassen, anzunehmen und sich mit ihnen anzufreunden. Jedes Gefühl, jede Erfahrung, jeder Erfolg, jeder Verlust, jede Entscheidung beinhaltet den einen Wert und gleichzeitig sein Gegenteil. Die Liebe ist auch die Heimat für Schmerz und Hass. Eine wahre Zugehörigkeit zu seinem Umfeld entspringt aus der Fähigkeit und dem Mut, sich selbst treu zu bleiben und sich nicht unterwürfig anzupassen. Ein Leben ohne Schmerz erfordert es, den Schmerz anzunehmen. Wahrer Mut entsteht, wenn wir uns verletzlich zeigen können. Unsere Unsicherheiten sind die Wegweiser zu unserer Entfaltung und Befreiung von ihnen. Die schwierigen, unendlichen und verzweiflungsvollen Nächte mit der Enge in der Brust sind die Nächte, in denen unsere neuen Potenziale geboren werden könnten. Eine vergangenheitsfreie Zukunft setzt eine Auseinandersetzung mit der Vergangenheit voraus. Um ein harmonisches Leben aus vollem Herzen zu führen, müssen wir uns also auf die Paradoxien des Lebens einlassen. Oder um es in Rumis Worten zu sagen: »Beklage dein Schwanken zwischen dem einen Gefühl und seinem Gegenteil nicht. Denn du kannst nicht mit einem Flügel abheben. Das Erleben beider Gefühle stärkt beide Flügel, damit du fliegen kannst.«

Universum in meinem Inneren

An jenem Tag in Thalham begriff ich, was ich alles verloren hatte. Aber nicht, was mir das Exil schenken würde. Ich brauchte Jahre, um zu begreifen, dass ich auch etwas Wichtiges gewonnen hatte. Ich entdeckte den Zugang zu einer unbekannten Welt in mir. Diese Erfahrungen der Auseinandersetzung mit der Flucht, der Entführung und meinem neuen Leben in Österreich haben mich nicht verändert, sondern mich mir nähergebracht. Das chinesische Wort für Krise »Weiji« besteht aus zwei Silben: Gefahr und Chance. Als Außenseiter wurde ich zu einem erfahrenen und talentierten Beobachter meiner selbst und meiner Umgebung. Ich war gleichermaßen distanziert vom kulturellen Leben in Syrien und in Österreich. Durch diese Beobachterposition lernte ich, Verhaltensmuster von mir und meinen Mitmenschen und die dahinterstehenden Bedürfnisse zu verstehen. Natürlich waren Einsamkeit und fehlende Zugehörigkeit eine schmerzhafte Erfahrung. Aber ich fand einen Weg, die Einsamkeit in Freiheit zu verwandeln, die fehlende Zugehörigkeit durch eine wahre Zugehörigkeit zu mir selbst zu ersetzen und nicht durch eine hohle Zugehörigkeit, die von anderen Personen abhängt und voraussetzt, dass man sich verstellt. Dieser Weg erfordert, dass ich meiner Verletzlichkeit Raum gebe und meine Unvollkommenheit erkenne und anerkenne. Die Transformation dieser Erfahrungen hat mir die Welt aus einem ganz anderen Blickwinkel gezeigt und mich gelehrt, den Blick nach innen zu richten und das unentdeckte Universum in meinem Inneren zu erforschen. Dieser Weg führte teilweise über das Meditieren. Meditieren ist ein weit gefasstes Feld. Es gibt viele Arten und Weisen zu meditieren. Es geht bei Meditation nicht darum, innere Spannungen und Unruhen wegzumeditieren, sondern sie einfach wahrzunehmen, anzunehmen und, ohne auf sie zu reagieren, vorbeiziehen zu lassen. Es geht auch nicht darum, aktiv zu werden, nicht zu denken und nicht zu reagieren, sondern sich einfach dabei zu beobachten, wie wir abgelenkt werden. Ich lernte beim Meditieren den Beobachterstandpunkt kennen. Das hat vieles relativiert, um den Blick für weltliche und wesentliche Dinge zu schärfen und unsere Unterschiede als Gemeinsamkeiten zu erkennen. Es ist allzu menschlich, einfach innezuhalten und unserem Geist, Körper und unserer Seele die nötige Zeit zu geben, die Dinge anders zu betrachten. Wir denken die ganze Zeit, ununterbrochen, und unser Denken formt unsere Emotionen. Unsere Emotionen verleiten uns zu einem bestimmten Verhalten. Es macht Sinn, dieses Denken einmal unter die Lupe zu nehmen bzw. einfach einmal zu sein, ohne das Denken. Ich war überzeugt vom Konzept des freien Willens, bis ich Achtsamkeitsmeditation begonnen habe. Ich entdeckte, dass unsere Gedanken nicht unbedingt aus freien Stücken entstanden sind, sondern sehr oft unter dem Einfluss unseres Umfeldes. Ebenfalls lernte ich, meine inneren Antreiber zu erkennen, die meistens an Leistung und der Anerkennung durch unser Umfeld orientiert sind. Ich entschlüsselte auch die Sprechart, die ich mit mir gepflegt hatte. Es war keine wohlwollende, sondern eine beurteilende. Wenn ich so mit meinen Freund:innen gesprochen hätte, wie ich mit mir sprach, hätte ich keine mehr gehabt. Meditation ist das beste Mittel gegen die Leistungsgesellschaft, denn wo darf man sonst scheitern, ohne dafür verurteilt zu werden? Es ist eine Art Bildung, ein Unterricht vom Ursprung in unserem Inneren, der sich auf einer universellen Ebene befindet und mit allen anderen Lebewesen und der Natur verbunden ist. Menschwerdung stellt die höchste Form der Bildung dar. Ein wesentliches Zeichen, diese Bildung erkannt zu haben, ist, sich in jedem Lebewesen reflektiert zu sehen, das einem begegnet.

Eigentlich hatte ich die Intention, als ich dieses Buch zu schreiben begann, die Unterschiede zwischen dem Leben in Syrien und in Österreich unter die Lupe zu nehmen. Aber je länger der Schreibprozess dauerte und ich in Österreich lebe, desto mehr Gemeinsamkeiten sehe ich. Als ich nach Österreich kam, fühlte sich alles anders an. Ich hatte das Gefühl, auf einem anderen Planeten gelandet zu sein. Aber nun kann ich sehen, wie erschreckend ähnlich wir einander sind. Die Schale, das Äußere und die Erscheinungsformen mögen unterschiedlich sein. Aber der Kern unseres menschlichen Wesens ist universell, der Kern, der uns miteinander und mit der Natur verbindet. In meiner Auseinandersetzung mit dem Thema Traumata staunte ich immer wieder über das Erbe der Natur in uns, das bei allen gleich ist. Auch bei der Beschäftigung mit den Themen Integration und Zusammenleben, Rassismus und Diskriminierung bin ich in diesem großen Labyrinth immer wieder zu demselben Raum gelangt, auf dessen Tür »Anerkennung« stand. Ich möchte unsere Unterschiede nicht verleugnen. Aber Tatsache ist, dass wir viele fundamentale Gemeinsamkeiten haben, auf die wir mehr Aufmerksamkeit richten könnten und sollten.

Wandern nach innen

Auf Arabisch gibt es einen Spruch, der besagt: »Wenn man sich bei einem Stamm vierzig Tage aufhält, wird man einer von ihnen.« Damit ist gemeint, dass man dessen Sitten und Gebräuche übernimmt. Nach acht Jahren in Österreich kann ich nicht genau sagen, welche Aspekte des »österreichischen« Lebensstil ich verinnerlicht habe. Ich glaube aber, dass der Einfluss mancher österreichischer Vorlieben auf mich inzwischen sehr groß ist. Ich gehe mittlerweile wandern, und das mache ich freiwillig und gerne. Falls Sie jetzt denken, was ist daran so bemerkenswert, würde ich Sie bitten, einfach einmal kurz innezuhalten und sich das durch den Kopf gehen zu lassen. Das erste Mal, als ich meiner Mutter davon erzählte, verstand sie das einfach nicht. »Mein Sohn! Haben die Vögel des Himmels dein Gehirn davongetragen? Was haben die Europäer mit dir gemacht?«, wurde sie laut und verständnislos am Handy. Ich fand auch kein arabisches Wort für wandern oder Wanderlust, um ihr das zu erklären. Bei uns geht man, läuft, spaziert oder bummelt, aber wandern, nein, das tut sich niemand an. In der Freizeit will man in einer schattigen, kühlen Ecke mit seiner Liebsten sitzen, Sonnenblumenkerne knabbern, Mokka und Mate-Tee trinken, sich gegenseitig Geschichten erzählen, die bei jeder erneuten Erzählung mehr an Gewürzen und Spektakeln bekommen. Auf den Berg zu gehen, das ist viel zu heiß und zu anstrengend. Außerdem gibt es auf Bergspitzen in Syrien keine Gipfelkreuze, sondern Militärbasen, und man läuft Gefahr, erschossen zu werden. Meine erste Wanderung wurde mir aufgezwungen. Es war ein Betriebsausflug meiner ehemaligen Arbeitsstätte auf den Gaisberg. Oggi, mein damaliger Arbeitskollege, meinte, ich bräuchte Wanderschuhe. Ich verstand nicht, was er von mir wollte. Dabei stellte ich fest, dass jede Tätigkeit in Österreich eine eigene Schuhkategorie erfordert. In Syrien kennt man nur Sportschuhe und formelle Schuhe. Und das war es dann. Jetzt in Österreich habe ich Laufschuhe, Freizeitschuhe, Wanderschuhe, Schischuhe, Fußballschuhe, Hallenschuhe, Fahrradschuhe, Eislaufschuhe, Winterschuhe, formelle Schuhe. Und das, obwohl ich mich als Kleinverdiener bezeichne. Vermutlich gibt es Schuhe, deren Namen ich gar nicht kenne.

Mittlerweile liebe ich es, wandern zu gehen. Ich gehe am liebsten allein, und zwar immer auf denselben Berg. Ich weiß nicht, warum ich immer dieselbe Wanderstrecke nehme und für andere Wege nicht aufgeschlossen bin. Ich bemühe mich auf diesem Wanderweg, mir jedes einzelne Detail der Gegend einzuprägen, jeden Baum, jeden gebrochenen Ast und jeden Stein. Ich merkte mir, um wie viel Uhr die Sonne in einer bestimmten Neigung steht und durch den ganzen Wald strahlt und alle Blätter beleuchtet. Wahrscheinlich ist das der Versuch, dieses eine Gefühl wieder erleben zu können: Heimat. Ich habe mit dem Berg und dem Wald, durch den ich immer gehe, eine Freundschaft auf Augenhöhe geschlossen. Ich kenne jeden einzelnen Baum, und sie kennen mich inzwischen gut. Ich kann mich beim Wandern ohne Wenn und Aber diesem Wald und diesem Berg zugehörig fühlen. Bei der Natur spüre ich keine Arroganz. Ich muss gar nicht beweisen, dass ich nicht so schlimm wie meinesgleichen bin, muss auch keine Leistung erbringen, um willkommen zu sein. Meine Anwesenheit, meine Gedanken, meine Sprache, meine Emotionen und Gefühle und meine ganze Existenz wirken für den Wald und den Berg selbstverständlich. Wenn mir auf dem Weg neue Gesichter begegnen, fühle sogar ich mich wie der Einheimische und sie sind die Fremden. Wobei ich nicht glauben will, dass ein Mensch sich in der Natur fremd fühlen kann. Das Vertraute an der Natur ist, dass sie nicht perfekt ist. Denn Perfektion ist seelenlos. In der Natur habe ich oft das Gefühl, dass die Ruhe, die Kreativität und die Klarheit, die mich ergreifen, daher rühren, dass ich weit von allen mechanischen, technischen und gesellschaftlichen Erfindungen der Menschheit entfernt bin. Je weniger Erwartung und Ablenkung es im Außen gibt, desto mehr Raum bietet sich in mir für die Entfaltung meines Herzens und meiner Seele. Ich habe inzwischen auch nicht mehr die Erwartung an die Natur, dass sie mich ausgleicht, sondern fühle mich einfach als ein Teil von ihr. Die Stille, die ich in der Natur gefunden habe, liegt nicht in ihr, sondern in mir. Sie half mir nur, den Zugang dazu zu entdecken. Ahmad Kuftaro, ein Sufi-Mystiker, dessen Unterricht ich als Teenager in Damaskus mehrmals besuchte, drückte es einmal so aus: »Stille ist nicht das Fehlen von Lärm, sondern die Verbundenheit mit der eigenen Seele.« Uns mit der Natur zu verbinden, macht uns demütiger und wesentlicher. In der Natur zu sein, lehrte mich, dass die wichtigsten und wertvollsten Dinge immaterielle Dinge sind. Die Verfügbarkeit der Natur ist leider, angesichts des voranschreitenden Klimawandels, keine Selbstverständlichkeit …

Eine andere absurde Sache, die ich mittlerweile mache, ist, schwarzen Tee zu trinken, aber ohne Zucker. Wer schon einmal bei Araber:innen Tee getrunken hat, weiß Bescheid. Wir trinken in der Regel Zucker mit schwarzem Tee. Wenn ich bei Landsleuten eingeladen bin, muss ich jedes Mal ihre Hand festhalten, bevor sie den Zucker in meine Tasse leeren. Wie sie mich dabei anblicken, ist schwer zu beschreiben, als würden sie einen Außerirdischen sehen, eine Mischung aus Entsetzen, Verlust und Verständnislosigkeit. Und das Merkwürdigste überhaupt ist, dass ich paranoid pünktlich geworden bin. Wobei ich viele Erfahrungen mit Österreicher:innen gemacht habe, für die Pünktlichkeit kein großes Thema war. In Deutschland hingegen fand ich, dass Pünktlichkeit mehr Gewicht hat. Wenn ich dort Lesungen oder Stand-up-Comedy-Auftritte hatte, war das Publikum meistens Minuten vor Beginn vollzählig anwesend. In Österreich kommen üblicherweise einige zehn Minuten später, und dann fragen sie irritiert: »Na, sag amoi, die ham scho ang'fangan!« Ehrlich gesagt, ich finde das sympathisch.

Es macht auch Sinn, dass es dieses Klischee gibt, Österreicher:innen seien »humorvoller« als Deutsche. Wir wissen, je disziplinierter, genauer und korrekter jemand agiert, desto eher leidet sein Humor darunter. Man scheut sich vor Fehlern und kann deshalb weniger über sich selbst lachen. Wo man keine Fehler machen darf, liegt jedes Wort auf der Goldwaage und wirken die Ambivalenzen des Humors bedrohlich auf die strukturierte Schwarz-Weiß-Logik. Es wundert auch nicht, dass Deutschland das Land bedeutender Denker und Literaten ist. Ihre Werke beinhalten immer eine wesentliche Aussage: »Noch unter den schlimmsten Bedingungen ist der menschliche Geist großartig.« Komödien dagegen werden dieser Aussage komplett widersprechen: »Noch unter den besten Bedingungen wird der Mensch einen Weg finden, alles zu vermasseln.« Manche Menschen fragen mich, wie ich auf der Bühne Witze machen kann über Krieg, Entfremdung und psychisches Leiden. Ich versuche dann, mir vorzustellen, wie öde und monoton ein Leben für diese Menschen ohne Humor ist. Humor ist wie Weinen ein mächtiger Selbstregulationsmechanismus. Der Unterschied ist, wenn man an die Kippe der Verzweiflung gelangt und einen Weg findet, darüber zu lachen, wechselt man die

Position von der Unter- zur Überlegenheit in dieser Misere. Ich stand meiner Oma nahe und ihr Tod bekümmerte mich als Kind sehr. Mein Vater verpasste mir bei der Beerdigung meiner Oma eine Ohrfeige, weil ich den Witz gemacht hatte, dass ihr Kuchen sowieso nicht geschmeckt hatte. Seitdem vermeide ich Beerdigungen.

Schon in der ersten Mythologie der Menschheit haben die Babylonier Humor gegen die schrecklichste Dämonin Lamaštu eingesetzt, die, von hässlicher und furchteinflößender Gestalt, nachts durch die Straßen wandelte und Ausschau hielt nach neugeborenen Kindern, um ihr Blut zu trinken. Sie hängten jedem Säugling ein Amulett mit der Gestalt Pazuzus um den Hals. Dieser Zwerg machte verschiedene Grimassen, immer mit herausgestreckter Zunge, und galt als mächtiger Gegenspieler Lamaštus, die eine Begegnung mit ihm strikt vermied. Wenn Sie, liebe:r Leser:in, das nächste Mal vor einem aussichtslosen Dilemma stehen, überlegen Sie, ob Sie einen Witz daraus machen können.

Und was den Humor angeht, bin ich manchmal unsicher, ob manche Menschen den Humor verlieren oder ich einen komischen habe. Ich hatte einmal ein Interview mit einer bekannten Zeitschrift. Damals trug ich einen Arm in Gips, da ich mir beim Fußballspielen das Kahnbein gebrochen hatte. »Was ist mit Ihrer Hand?«, war die erste Frage der Journalistin. »Ich habe mich mit ein paar Typen geschlägert«, wollte ich einen kleinen Witz daraus machen und lachte. Aber sie lachte kein bisschen. Sie blickte mich fassungslos an und ihr Unterkiefer klappte schlagartig herunter. Ich versuchte zurückzurudern, aber sie glaubte nur der ersten Antwort und wollte dabei bleiben. Ich hatte die ganze Zeit Sorge, sie würde das im Interview erwähnen. Und das war nicht das einzige Missverständnis an diesem Tag, denn sie fragte nach meinen Inspirationsquellen und Ritualen beim Schreiben. Ich wollte eine gehobene Antwort geben und ihr von meiner Sehnsucht nach dem Kuss der Muse erzählen. Aber mein Problem ist, dass ich nicht nur Umlaute nicht richtig aussprechen kann, sondern sie manchmal an falschen Stellen einsetze, wie zum Beispiel statt tun – »tün«, oder statt Oberösterreich – Öberösterreich. So antwortete ich: »Der Schreibprozess wird oft von einem Kuss der Möse angeregt.« Ich wollte weitererzählen, aber sie schaute mich schockiert an. Bis wir den Aussprache-Irrtum aufgeklärt hatten, war ich wahrscheinlich für sie nicht nur gewalttätig, sondern auch Sexist.

Denk an das Volk der Zelte

Wenn du dein Frühstück zubereitest, denk an die
Anderen
Vergiss nicht die Tauben zu füttern
Während du deine Kriege führst, denk an die Anderen
Vergiss diejenigen nicht, die den Frieden fordern
Wenn du deine Wasserrechnung bezahlst, denk an die
Anderen
Vergiss diejenigen nicht, die von Entbehrung gestillt
werden
Und wenn du nach Hause – in dein Haus – zurück-
kehrst, denk an die Anderen

Vergiss diejenigen nicht, die in Zelten leben
Und wenn du dich mit ausgefallenen Metaphern befreist, denk an die Anderen
Vergiss diejenigen nicht, die ihr Rederecht verloren haben
Und wenn du an die Anderen denkst, denk an dich selbst
Und sag: Wäre ich bloß eine Kerze in der Dunkelheit
Mahmud Darwish

Ich habe es geschafft. Ich führe ein sinnerfülltes Leben in Sicherheit und fühle mich in mir und an dem Ort, an dem ich lebe, beheimatet. Viele Menschen, die dasselbe Schicksal mit mir teilen, konnten diesen Mindestanspruch an ein würdiges Leben nicht haben. Unzählige Menschen leben seit Jahren in provisorisch gebauten Flüchtlingslagern, ohne Aussicht auf Verbesserung ihrer Lebensumstände. Andere sind im Mittelmeer an der Grenze Europas ertrunken. Nicht wenige werden, nachdem sie die gefährliche Reise überlebt haben, in Flüchtlingsunterkünften in Europa jahrelang hingehalten, ohne die Erlaubnis, Teil der Gesellschaft zu werden, bis sie seelisch zugrunde gehen. In vielen traurigen Fällen werden sie mit der Begründung in die Ungewissheit abgeschoben, dass sie Wirtschaftsflüchtlinge seien. Eine zutiefst despektierliche Bezeichnung. Denn Armut ist genauso zerstörerisch für die menschliche Seele wie Krieg. »Wer als (West-)Europäer auf der Suche nach einem Job umzieht, gilt als mobil und flexibel, wer aus anderen Teilen Europas oder einem sogenannten Drittstaat kommt, als Migrant oder Wirtschaftsflüchtling«, schrieb der Soziologe Erol Yildiz.

Ich sehe Flucht und Migration nicht als Problem, sondern als Teil der Lösung. Migration ist ein Ausdruck der Fähigkeit der Menschheit, widrige Umstände zu meistern und neue Wege für unsere Entwicklung zu finden. Flucht ist eine Liebeserklärung an das Leben. Wenn wir Flucht und Migration stoppten, würden wir unsere menschliche Natur und Überlebensinstinkte, unsere Fähigkeit, mit der ständigen Veränderung der Welt umzugehen, leugnen.

Ganz gewiss ist, dass sich kein Mensch aus Abenteuerlust und freiwillig auf gefährliche Fluchtwege begibt. Fluchtbewegungen zeigen uns, wo wir menschlich und moralisch stehen. Der Grund, warum wir die Genfer Flüchtlingskonvention und den Flüchtlingsschutz in unserem Gesetz verankert haben, ist, dass sich nach dem Zweiten Weltkrieg außergewöhnliche Persönlichkeiten, die diese Misere der Flucht und Vertreibung am eigenen Leib erlebt hatten, dafür eingesetzt und stark gemacht haben. Wenn wir diese Gesetze jetzt missachten und verwerfen und sie nur nach kapitalistischen und rassistischen Maßstäben einsetzen, wird ein beachtlicher Teil der modernen Geschichte Europas verworfen. Wir könnten dieses Leid massiv reduzieren. Erstens sollten wir alle geflüchteten Menschen gleich behandeln, unabhängig von der Entfernung ihrer ursprünglichen Heimat, ihrer Hautfarbe, ihrer Religion und ihrem Bildungsniveau. Zweitens sollten alle Staaten auf politischer Ebene Menschenrechte vor die wirtschaftlichen Interessen stellen. Wenn wir mit Diktatoren wie Wladimir Putin, Xi Jinping und den Golfscheichs verkehren und Geschäfte abschließen, dann sind wir beteiligt an den Taten dieser und dem Leid der Menschen, das daraus entstehen wird. Die Zuständigen sollen den Geflüchteten, wo auch immer sie sich gerade aufhalten, freien Zugang zum Arbeitsmarkt ermöglichen. Die meisten Länder, in denen Geflüchtete sich aufhalten, brauchen ohnehin diese Arbeitskräfte. In Uganda stellte eine Studie 2014 fest, dass 80 Prozent der Flüchtlinge in der Hauptstadt Kampala keine humanitäre Hilfe bräuchten, wenn sie arbeiten würden, und sie würden sogar Arbeitsplätze für Einheimische schaffen.

Wir bräuchten auch viel schnellere und zuverlässigere Resettlement-Programme, denn das wäre der sicherste Weg für die geflüchteten Menschen und für die Aufnahmeländer. Es gibt zahlreiche Studien und Statistiken, die belegen, dass Wohlstandsgesellschaften einen ständigen Zuzug von Migrant:innen brauchen. Zum Beispiel benötigt Deutschland aus Sicht des ehemaligen Vorstandsvorsitzenden der Bundesagentur für Arbeit, Detlef Scheele, jährlich vierhunderttausend Migrant:innen, damit die Wirtschaft weiterläuft und die Rente für die Menschen, die in Pension gehen, gezahlt werden kann. Wobei ich humanitäre Hilfe nicht nach einem Nutzen und einer Leistung gewähren möchte. Es ist unsere Pflicht, in Not geratenen Menschen zu helfen, und ein selbstverständliches Menschenrecht, dass einem gehofen wird.

Die Kinder in diesen Lagern bräuchten unbedingt besseren Zugang zu Bildung. »Kinder lassen sich nicht unterkriegen, wenn sie angemessene soziale und emotionale Hilfe parallel zu Unterricht im Schreiben und Lesen bekommen«, sagt David Miliband, der Präsident des International Rescue

Committee. Aber die Hälfte der weltweiten Flüchtlingskinder im Grundschulalter erhält keine Bildung. Bildung ist unsere Retterin und Erlöserin. Eine Begegnung auf der Flucht mit einem Jungen aus Aleppo, dessen Schule bombardiert wurde, hat mich im Hinblick auf Bildung nachhaltig geprägt. Diesen traf ich bei dem ersten gescheiterten Versuch in der Ägäis, bei dem ein Säugling durch die Hand der griechischen Küstenwache ums Leben gekommen war. Es waren die Soldaten, die unser Boot zerstört und zum türkischen Gewässer zurückgezogen haben. Zum Glück rettete uns die türkische Küstenwache damals mit einem großen Militärschiff kurz vor dem Ertrinken. Danach saßen wir durchnässt, frierend und erschöpft zusammengekauert auf dem Schiffsbug. Während das Schiff Richtung türkischen Hafen steuerte, gaben uns Soldaten Rettungsdecken, die angesichts des kalten Windes im Januar uns kaum wärmen konnten. Neben mir saß ein Junge namens Omar. Sein Vater, der Rücken an Rücken an einem anderen Mann angelehnt war, schlief schnell ein. Omar, der unter dem Arm seines Vaters und auf seiner Brust lag, betrachtete alles in seiner Umgebung mit fragenden Blicken und weit aufgerissenen Augen. Wir hielten für einige Sekunden Augenkontakt. Ich war innerlich zu abwesend, um irgendeine Geste zu machen. Er fragte mich mit leiser, zitternder Stimme, während er mit der Hand auf den Boden des Schiffes deutete: »Ist das ein Militärschiff?« »Ja, extra für dich, weil du ein Held bist«, erwiderte ich. Ein stolzes Lächeln breitete sich langsam auf seinem Gesicht aus. »Was hättest du in Europa machen wollen, wenn wir die Meeresüberfahrt geschafft hätten?«, fragte ich ihn. Ohne zu zögern, antwortete er: »Ich wäre endlich wieder in die Schule gegangen.«

Was Sie und ich, liebe:r Leser:in, für diese Menschen machen können, ist, Politiker:innen zu wählen, die ein aufrichtiges Interesse haben, diese Schritte umzusetzen, wenn möglich an die NGOs, welche vor Ort tätig sind, zu spenden und last, but not least – unser Leben in Sicherheit und Frieden weiterhin wertzuschätzen und zu pflegen. Das Schicksal dieser Menschen geht uns alle etwas an. Jede geduldete Menschenrechtsverletzung auf dieser Welt geht uns etwas an. Diese Lektion wurde uns noch mal in Putins Krieg gegen die Ukraine erteilt. Dieser Krieg hat uns auch erneut gezeigt, dass »Flüchtling« kein Synonym für Terrorist ist. Dass »Flüchtling« kein Synonym für einen verdächtigen Mann mit dunkler Haut ist. »Flüchtling« ist ein Mensch wie Sie, der gezwungen wurde, seine Heimat zu verlassen. »Flüchtling« kann jede und jeder werden. Es ist unsere Verantwortung und Pflicht, diesen Menschen zu helfen. Manche stellen die Aufnahme von geflüchteten Menschen als Last für die Gesellschaft und Wirtschaft dar. Tatsache ist, dass alle Geflüchteten, mit denen ich zusammengewohnt habe oder die ich betreute und die das Recht auf Asyl erhielten, schon in den Arbeitsmarkt integriert sind und wertvolle Beiträge für den Wohnstand unseres Landes leisten. Dr. Mohammad, mein Zimmergenosse in Radstadt, wurde im Irak als Neurochirurg ausgebildet. Jetzt arbeitet er in einem Salzburger Krankenhaus. Österreich investierte keinen einzigen Cent in seine Ausbildung und sein Aufwachsen. Er wurde dem Arbeitsmarkt mühelos auf einem Goldteller serviert. Ein großer Gewinn für Österreich und ein riesiger Verlust für den Irak. Ebenso Ahmad, mein WG-Kollege in Mondsee. Er arbeitet derzeit bei einer Heizungsinstallationsfirma. Es wurden weder Kindergeld noch Kosten in seinen Bildungsweg investiert. Er kam im perfekten Alter nach Österreich und integrierte sich am Arbeitsmarkt. Ich könnte stundenlang solche Beispiele aufzählen. Österreich kann sich über diese Menschen glücklich schätzen.

Empathie und Altruismus sind zwei Fundamente der Zivilisation. Wie wir mit Vertriebenen und Menschen in Not umgehen, wird die Zukunft unserer Welt formen. Geflüchtete Menschen können einen großen Beitrag für den Frieden leisten, weil sie genau wissen, wie grausam Krieg und Vertreibung sind. Es ist im Sinne des globalen Friedens, diese Menschen zu ermächtigen und zu unterstützen, damit sie in ihrer Rolle die Gewalt- und Korruptionsspirale stoppen. Wenn sie vernachlässigt werden und in Flüchtlingslagern und Asylunterkünften vor sich hinvegetieren, werden sie leichte Beute für radikale Ideologien. Wenn sie hingegen Raum erhalten, ihr Potenzial zu entfalten, profitiert die ganze Welt von ihren Beiträgen.

Ende 2020 waren laut dem »Global Trends Report« von UNHCR (Hoher Flüchtlingskommissar der Vereinten Nationen) 82,4 Millionen Menschen auf der Flucht. Etwa ein Prozent von ihnen sind nach Europa, in die USA, nach Australien und Neuseeland gekommen. Die überwiegende Mehrheit sind Binnenflüchtlinge in Afrika, Asien, Lateinamerika und im Nahen Osten. Die meisten Flüchtlinge befinden sich heute in »langwierigen Situationen«. Das Büro des Hohen Flüchtlingskommissars der Vereinten Nationen definiert eine »langwierige Flüchtlingssituation« als eine Situation, in der 25 000 oder mehr Flüchtlinge derselben Nationalität fünf oder mehr Jahre in einem bestimmten Asylland im Exil leben. »Langwierige Flüchtlingssituationen« gehören zu den größten humanitären Herausforderungen, mit denen Regierungen auf der ganzen Welt konfrontiert sind. Menschen in »langwierigen Flüchtlingssituationen« werden oft die Bewegungsfreiheit, der Zugang zu Bildung und eine legale Beschäftigung vorenthalten. UNHCR schätzt, dass die durchschnittliche Dauer größerer »langwieriger Flüchtlingssituationen« jetzt 26 Jahre beträgt. Mit anderen Worten, es gibt Menschen auf der Flucht auf dieser Welt, die seit 26 Jahren auf der Suche nach Beheimatung in einem anderen Land sind oder auf eine Rückkehr warten, ohne die Möglichkeit, sich frei zu bewegen, ein Bankkonto zu eröffnen und legalen Zugang zum Arbeitsmarkt zu haben. Die meisten Mittel der humanitären Hilfe werden in Form von Erste-Hilfe-Gütern geliefert: Decken, Lebensmittel und Medikamente. Dies sind wichtige Grundlagen für das Leben in der ersten Phase. Aber was ist mit den nächsten 26 Jahren? Wir bräuchten nachhaltige Unterstützung und Visionen. Die Politik muss weltweit fundamental umdenken. Es ist wichtig, in die Menschen zu investieren. Wir dürfen Geflüchtete nicht nur als Menschen sehen, denen geholfen werden muss, sondern müssen beginnen, sie als Menschen mit Potenzialen und Rechten zu betrachten. Kein Mensch hält ein Leben aus, in dem er seine Selbstwirksamkeit nicht spürt. Ein Mensch, der sein Leben nicht selbst gestalten und auf sein Umfeld keinen Einfluss nehmen kann, ist geistig tot. Geflüchtete Menschen wird es immer geben. Das ist ein wesentliches Merkmal der Menschheitsgeschichte. Jede Nation hat es im Laufe der Geschichte erlebt. Solange ausländische Großkonzerne die Wirtschaft in Afrika beherrschen, werden Menschen flüchten. Solange der Klimawandel so drastisch voranschreitet, werden Menschen flüchten. Solange wir mit Diktatoren Geschäfte pflegen und somit Menschenrechtsverletzungen dulden, um unseren Wohlstand zu bewahren, werden Menschen flüchten. Solange wir in patriarchalischen Strukturen leben, in denen Männer, die nie gelernt haben, ihren Schmerz zu spüren, zu zeigen und zu benennen, uns regieren und ihren Schmerz und ihre Traumata in Aggression und imperialistische Träume umwandeln, werden Menschen flüchten.

Es gibt auch viele Möglichkeiten, um das Leid von Menschen, die bereits vertrieben worden sind, zu mindern. Wenn wir einen Blick nach Kanada werfen, werden wir eine ganz andere Herangehensweise an diese Thematik entdecken. Dort wurden mehrere Patenschaftsprogramme für geflüchtete Menschen konzipiert. Wie beispielsweise die »Group of Five«. Wenn sich fünf oder mehr kanadische Staatsbürger:innen oder Menschen, die dauerhaft in Kanada leben, zusammentun und für die Kosten aufkommen, dürfen sie eine geflüchtete Familie aus dem Ausland holen. Diese Familie muss vom UNHCR oder von der Regierung des Landes, in das sie geflohen ist, als geflüchtete Menschen anerkannt sein.

Mein persönlicher Traum ist, Fluchtministerien ins Leben zu rufen, und zwar in jedem Staat der Welt, die vernetzt arbeiten, um all den erwähnten Problemen nachhaltig und präventiv entgegenzuwirken. Das wäre im Sinne aller Staaten. Es gibt nichts Teureres und Aufwendigeres, als auf diesem Gebiet kein Geld zu investieren.

Salam

Dieses Buch zu schreiben, war eine große emotionale Herausforderung für mich. Es handelt von vielen intimen Angelegenheiten und persönlichen Wunden. Ich fühlte mich beim Schreiben oft nackt, schutzlos und verletzlich, als würde ich in einem Bad des Unbehagens schwimmen. Aber es war mir ein Bedürfnis, es zu machen. Damals, als ich Syrien verstört verlassen habe und in Österreich planlos ankam, hätte ich es sehr dringend gebraucht, jemanden zu finden, der mit mir diese Gedanken und Einblicke in sein Leben teilt. Ich hoffe, dass ich mit diesem Buch irgendjemandem für ein paar Schritte auf seinem Weg die Hand halten und ihn begleiten durfte. Ich schrieb über diverse Themen, weil ich Teil dieser Gesellschaft sein möchte. Ich habe das Privileg, schreiben zu können und gehört zu werden, und ich wollte die ungerechten und unmenschlichen Strukturen unserer Gesellschaft aufzeigen und meine Vision von einem gelungenen Zusammenleben mitteilen. Ich möchte mich nicht zurücklehnen und zuschauen. Ich will mich gegen Ungerechtigkeit aussprechen und einsetzen, auch wenn mir das Kritik und Anfeindungen erbringt. Ich habe es trotz Unsicherheit gewagt, mich in die Wildnis zu begeben, und dieses persönliche Buch verfasst. Ich bin überzeugt, dass wir uns für ein erfüllendes Leben und eine solidarische Gesellschaft in die Wildnis begeben müssen. Mit der Wildnis ist hier Verletzlichkeit gemeint. Beim Schreiben dieses Buches musste ich immer wieder, um Kraft zu schöpfen, dieses Zitat von Theodore Roosevelt lesen: »Es ist nicht der Kritiker, der zählt, nicht derjenige, der aufzeigt, wie der Starke gestolpert ist oder wo der, der Taten gesetzt hat, sie hätte besser machen können. Die Anerkennung gehört dem, der wirklich in der Arena ist; dessen Gesicht verschmiert ist von Staub und Schweiß; der sich tapfer bemüht; der irrt und wieder und wieder scheitert; der die große Begeisterung kennt, die große Hingabe, und sich an einer würdigen Sache verausgabt; der, im besten Fall, am Ende den Triumph der großen Leistung erfährt; und der, im schlechtesten Fall des Scheiterns, zumindest dabei scheitert, dass er etwas Großes gewagt hat …«

Ich habe bewusst das syrische Regime, das mich aus meiner Heimat vertrieben hatte und vielen Menschen unermessliches Leid brachte, nicht thematisiert. Ebenfalls sprach ich nicht über die Peiniger und Terrorist:innen, die mich 2013 in Damaskus entführten und folterten. Ich hatte in den vorigen Jahren viel Wut, Hass und Ärger auf diese Menschen. Aber diese Emotionen zerrissen mich nur, und ich konnte nichts Produktives aus ihnen machen. Ich habe mich von diesen Emotionen befreit, indem ich sie in Taten für eine bessere Welt umgewandelt habe. Ich hasse meine Peiniger nicht mehr. Ich vergebe ihnen, was sie mit mir gemacht haben. Denn ich will ihre Spuren in mir nicht haben und möchte nicht, dass ich mich von ihren Gräueltaten erstarren lasse. Ich wurde Opfer ihrer Gewalt, aber ich wollte nicht mehr als Opfer leben, sondern als Überlebender. Und ich weiß, dass sie genauso Opfer sind. Opfer der Phänomene, die sie ihrer Menschlichkeit entleert haben. Sie sind Opfer ihrer Ignoranz, des Patriarchats und des Kapitalismus, von Rassismus und dem unaufgearbeiteten Schmerz ihrer Vorfahren. Ich verurteile die Taten des syrischen Regimes und der Terrorist:innen auf das Schärfste. Der Krieg und der Terror müssen sofort aufhören und die Schuldigen zur Rechenschaft gezogen werden. Aber indem ich Wut und Hass auf sie in produktive Antriebskraft umwandeln konnte, habe ich mehr Handlungsraum und Möglichkeiten, mich für eine friedlichere Welt einzusetzen und mich von den Handschellen der Vergangenheit zu befreien.

Wir alle haben zwar das Recht, unsere Wut zu spüren und zum Ausdruck zu bringen. Unterdrückte Wut macht uns krank. Wut zu äußern, ist eine wichtige menschliche Erfahrung, aber gleichzeitig ist es unendlich wichtig zu erkennen, dass es langfristig kontraproduktiv ist, Wut, Ärger oder Verachtung auf Dauer aufrechtzuerhalten. Wut ist ein Katalysator, ein Beschleuniger, sie festzuhalten laugt uns aus und macht uns krank. Verinnerlichte Wut nimmt uns die Lebensfreude. Nach außen gerichtete blinde Wut beeinträchtigt unsere Versuche, sie loszuwerden und Beziehungen aufzubauen. Wut ist ein Gefühl, das wir in etwas Lebensspendendes und Entwicklungsorientiertes umwandeln müssen: in Mut, in Liebe, in Veränderung, in Mitgefühl und in Gerechtigkeit.

Mir scheint es, dass Menschen sich an Hass und Wut in bestimmten Situationen deshalb so festklammern, weil sie den Schmerz, der dahintersteckt, nicht spüren wollen. Schmerz, den man nicht bewusst aufarbeitet, wird zu Angst, zu Wut und Hass. Aus Hass, der nicht umgewandelt wird, entstehen Feindseligkeiten und noch mehr Hass. Also muss es einen gesunden Ausweg aus dieser Teufelsspirale geben. »Jeder Einzelne von Ihnen hat Ärger in sich, aber ich will Ihnen kurz ein Geheimnis erzählen: Wenn wir im Panzer unseres Ichs und im Kreislauf der Selbstsucht gefangen bleiben, dann wird unser Ärger zu Hass, Gewalt, Rache und Zerstörung. Wenn wir es aber schaffen, diesen Kreislauf zu durchbrechen, dann kann sich derselbe Ärger in eine große Kraft verwandeln. Wir können den Kreislauf mithilfe unseres angeborenen Mitgefühls durchbrechen, über unser Mitgefühl verbinden wir uns mit der Welt, um sie besser zu machen. Derselbe Ärger könnte in diese Kraft verwandelt werden«, sagte der Friedensnobelpreisträger Kailash Satyarthi in seinem Vortrag auf der TED-Konferenz von 2015 dazu. Liebe:r Leser:in, werden Sie wütend! Werden Sie wütend auf Ungerechtigkeit. Wut zu unterdrücken, ist gesundheitsschädlich. Bringen Sie Ihre Wut zum Ausdruck, aber machen Sie bitte aus der Wut eine Idee oder eine Tat für die Verbesserung unserer Welt. Ein Feuer kann nicht mit Feuer bekämpft werden.

Entwurzelung, Entfremdung und Sprachlosigkeit sind schmerzhafte Erfahrungen. Ich bin jedoch dankbar für jeden dieser Lernprozesse. Sie haben mich erweitert. Das sind die reichhaltigsten und nachhaltigsten Entwicklungen, nicht mehr dieselben Meinungen, Haltungen und Weltanschauungen zu haben, die man vor ein paar Jahren hatte. Sich mit anderen zu vergleichen, ist destruktiv. Aber sich mit sich selber zu vergleichen, ist konstruktiv. Ich hoffe, dass ich in der Zukunft wieder andere Perspektiven, Erkenntnisse und Meinungen haben werde als die jetzigen. Es war kein einfacher Weg, hierherzukommen, wo ich mich seelisch und geistig befinde. Der Weg ist noch nicht zu Ende. Ich habe noch vieles zu lernen, und ich freue mich auf die nächsten Lektionen, auf die unangenehmen Gefühle, verletzlich zu sein und in der Wildnis zu stehen, und auf die Fehler, die ich machen werde, um neue Erkenntnisse zu gewinnen. Daher bitte ich Sie, liebe:r Leser:in, meine Schriften kritisch zu lesen und mir den Spiegel vorzuhalten.

Kurz bevor ich mich von Ihnen verabschiede, möchte ich betonen, dass ich dankbar und glücklich über mein Leben in Österreich bin. Jeder Tag, den ich in Sicherheit leben kann, ist ein kostbares Geschenk des Schicksals. Ich bin auch dankbar für meine neuen Identitätsschichten. Ich habe viele Heimaten. Ich habe zwei Namen. Ich habe zwei Sprachen. Eine, die durch den Dialog zwischen Jerusalem und der Wüste entstanden ist, und eine andere, die sich durch den Dialog zwischen Kant und Goethe entwickelt hat. Ich kann von all dem profitieren.

Mittlerweile habe ich vier verschiedene Jasminpflanzen, die mich an die schmalen Gassen der Stadt des Jasmins, Damaskus, mit den Baldachinen aus Jasminranken und das lauschige und zärtliche Flair dieser Stadt erinnern. Ich habe aus meinem Fehler gelernt und stelle sie im Winter in die Wohnung, weil ihre Gemüter die Kälte nicht ertragen können. Für jeden einzelnen Sonnenschein trage ich sie jedoch hinaus, damit sie sich von diesem streicheln lassen. Allerdings habe ich den Damaszener Jasmin, den meine Mutter mir in einer aufwendigen Geheimaktion hierhergeschickt hat, in der vorigen, eisigen Nacht draußen vergessen. Er hat seine Farbe und seine Lebendigkeit verloren, sodass ich ihn zurückschneiden musste. Nun wird er von mir gehegt und gepflegt und ich bete täglich für neue Lebenszeichen seinerseits. Denn der Jasmin ist eine wichtige Schicht meines Identitätskomplexes, der mit seinem Duft alle anderen verbindet. Seit ich meiner Mutter von der Misere des Jasmins erzählt habe, fragt sie mich ständig, wie es dem Jasmin gehe. Denn sie hatte mir diesen Baby-Jasmin mit einer Person, die mit dem Flugzeug über Beirut nach München geflogen ist, geschickt. Da sie keine Samen für den Damaszener Jasmin gefunden hatte, hüllte sie die Wurzeln des kleinen Jasmins in nasse Taschentücher und einen Plastiksack. Diese Person trug den Jasmin wie einen Blumenstrauß. Nach einer für den Jasmin lebensbedrohlichen Reise ist er in den letzten Atemzügen bei mir in Mattsee angekommen. »Weder dein Gemüt noch das des Jasmins hält das kalte Wetter bei den Ausländern aus«, meinte meine Mutter vorgestern. Sie bezeichnet die Österreicher:innen als Ausländer. Was für sie vollkommen korrekt ist. Das Problem ist, wenn ich mit ihr telefoniere, passe ich meine Ausdrucksweise ihrer an und bezeichne die Österreicher:innen ebenfalls als Ausländer. Und nachdem ich auflege, bleibt diese Wahrnehmung für einige Zeit in meinem Kopf hängen und verwirrt mich ein wenig, aber ich muss zugeben, es fühlt sich gut an, die Rollen mal zu tauschen.

Am Ende möchte ich hervorheben, dass ich ein ganz gewöhnlicher Mensch mit vielen Unzulänglichkeiten bin. Ich habe nur das Glück und die Gnade gehabt, Menschen auf meinem Weg zu treffen, die mir mit Hingabe geholfen, mich gefordert und gefördert haben. Sie haben an mich geglaubt, als ich das nicht konnte. Sie haben den Samen, der ich war, gegossen und gepflegt, damit er zu diesem Baum wachsen kann. Und das ohne Erwartung oder Bedingungen. Sie haben nicht gewollt, dass ich ihre Vision oder Lebensphilosophie verfolge, sondern mir die Unterstützung gegeben, das zu tun und zu werden, was ich bin und was mich ausmacht, auch wenn mein Weg ihrer Weltanschauung nicht entsprochen hat. Ich fühle mich diesen Menschen zugehörig. Meine Dankbarkeit kann ich nicht in Worte fassen, sondern nur im Herzen fühlen.

»Als ich ihm sagte, dass mein Herz aus Erde sei,
verspottete er mich, weil sein Herz aus Eisen sei.
Bald wird es regnen. Mein Herz wird blühen
und sein Herz wird rosten.«

SHAMS AL-TABRIZI

Ich möchte mich aufrichtig bei Alina Knoflach, Magdalena Holztrattner, Helena Grebner, Merve Bahar, Nedžad Moćević, Bayan Anouz, René Flicker, Magdalena Doepke, Daria Dachs, Soma Ahmad, Felicia Call, Sabine Kampmüller, Shota A., Tina Maria Huber, Silvia D., Moritz Schöchl und Christine Dobretsberger bedanken, dass sie dieses Buch mit ihren einzigartigen Beiträgen bereichert haben.

Ganz besonders möchte ich mich bei Doris Brandl für ihren unermüdlichen Einsatz bedanken, mich beim Schreiben dieses Buches zu begleiten.

Anmerkungen

1

Ich kann Ihnen, liebe:r Leser:in, nicht explizit sagen, welche Erfahrungen traumatisierend sein können, denn das ist nicht eingrenzbar. Trauma ist sehr individuell. Was dem einen nur ein Schrecken ist, kann für den anderen ein Erlebnis von traumatischem Ausmaß darstellen. Es gibt auch andere Arten der Traumatisierung als das Schocktrauma. Ich nenne zum Beispiel das Entwicklungstrauma, das durch wiederholte toxische Stresserfahrungen in der Kindheit oder sogar in der Schwangerschaft gekennzeichnet ist, die bestimmte Gehirnentwicklungen und Gene beeinflussen können. Ein Kind, das von seinen Eltern emotional vernachlässigt wird oder ständig beschämende, dauerhafte Zurückweisung erlebt, physisch oder psychisch gewalttätig behandelt wird, entwickelt womöglich eine posttraumatische Belastungsstörung. Welche Spuren Traumata hinterlassen können und wie sie sich äußern, ist sehr individuell und hängt von den jeweiligen persönlichen Ressourcen und vielen weiteren Faktoren ab: der Erziehung in der Kindheit, der Entwicklung von Ressourcen, dem Umgang mit Stress, dem jeweiligen sozialen Umfeld, welches je nach Stabilität zur Regeneration und Genesung beitragen kann etc. PTBS-Symptome können sich beispielsweise durch ein ständiges Besorgtsein ausdrücken, immer auf der Hut sein zu müssen, übertriebene Reaktionen auf minimale Gefahren, aber auch unbegründetes Misstrauen gegenüber allem. Schlafstörungen sind ebenfalls ein zuverlässiger Begleiter, wie auch die Schwierigkeit, Nähe und tiefgehende Intimität zu anderen Menschen zu pflegen, auszuhalten und zu erwidern. Dazu gehören auch ständige innere Unruhe und der Drang nach einer Ablenkung von dem innerlichen Brodeln. Eine Blitzerinnerung, ein Flashback oder irgendeine

Assoziation mit dem Trauma oder den Traumatäter:innen, ein Geruch, Geräusch oder eine Erfahrung, können das innere Leben unbewusst und schlagartig zum Aufwallen bringen. Die Symptomatik kann individuell variieren. Wenn wir an die traumatischen Ereignisse zurückdenken oder unbewusst davon getriggert werden, versetzt uns unser Nervensystem in einen Zustand, als würde es jetzt wieder passieren. Die archaischen Gehirnstrukturen versetzen uns in Alarmzustand. Unser höher entwickeltes Gehirn ist gehemmt und kann sich nicht einschalten und diese hochkommenden Emotionen als Reaktion auf die damaligen Erlebnisse einstufen. Somit sitzen wir wieder mitten im Hurrikan des damaligen Traumas fest. Unser Körper wird von Stresshormonen überflutet. Das geht weit über bloßes Erinnern hinaus. Man kommt mit der Energie und den Impulsen der Ausnahmesituation, die man nicht zum Abschluss bringen konnte, somit auch mit dem Gefühl der Hilflosigkeit, des Entsetzens und der Angst erneut in Kontakt, als würde das Schreckliche jetzt noch einmal geschehen.

Traumatisierte Individuen gestalten ihr Leben meistens so, dass sie mit dem Körper und seinen Empfindungen, Erinnerungen und seiner Energie nicht in Kontakt kommen. Sie vermeiden alles, was diese Erfahrung in ihnen triggert, wie sie auch die Begegnung mit einer hochgiftigen Schlange vermeiden würden. So bleiben sie an der Oberfläche ihrer Existenz und vermeiden, darüber zu reden. Das Trauma stülpt sich über unser authentisches Selbst, sodass wir jedes Mal, wenn wir zu uns selber Kontakt aufnehmen und gegenwärtig sein wollen, mit dem Trauma konfrontiert werden und uns dann von uns selber wieder abspalten. In der Fachsprache nennt man diesen psychischen Zustand Dissoziation. Dieser Zustand entleert den Körper vom Geist. Menschen, die den Schmerz nicht fühlen und sich von sich abspalten, versuchen sich über Umwege zu spüren und gleichzeitig nicht zu spüren. Es ist ein paradoxer Zustand. Man möchte im

Reinen mit sich sein, aber bestimmte Anteile in sich nicht wahrhaben. Es ist so, als würde man beim Autofahren gleichzeitig Gas und Bremse drücken. Diesen Zustand versucht man durch verschiedenes Suchtverhalten (Drogen, Sexsucht, Neigung zum Workaholismus, exzessiv Sport betreiben etc.) bzw. viele Ablenkungszwänge zu erreichen. Daher sollten wir dieses Verhalten bei uns und anderen Menschen nicht verurteilen, sondern ihnen mit Empathie und Unterstützung begegnen, denn es ist die momentan einzig vorhandene Antwort ihres Organismus auf das Schreckliche und seine Folgen. Wir planen einen Urlaub, um das Leben in vollen Zügen zu genießen. Alles ist perfekt organisiert, nichts steht zwischen uns und einer unbeschwerten Zeit. Wir wollen uns öffnen, leicht und befreit sein. Wir legen alle kontrollierenden Polizist:innen unseres inneren Lebens und unserer Gedanken ab. Die Gewohnheiten und die Auslastung des Berufes, die uns von unseren innerlichen Qualen abgelenkt hatten, fallen weg. Angekommen am Urlaubsort merken wir, dass etwas nicht passt, und wir werden von den verdrängten und unverarbeiteten Empfindungen und Energien eingeholt. Viele Menschen werden plötzlich im Urlaub krank oder werden aus unerklärlichen Gründen von Panikattacken ergriffen. Leider greifen manche Betroffene zu betäubenden Mitteln oder einem unerwarteten Verhalten, um solche Situationen zu überbrücken.

Diese oben erwähnten Reaktionen haben damals in der ursprünglichen Situation Sinn gemacht, denn sie haben unser Überleben gesichert. Jetzt, nachdem das Schreckliche weit zurückliegt, wir auch Ressourcen entwickelt haben, damit umzugehen, hindern die Symptome uns daran, die ursprüngliche Reaktion vollständig zum Abschluss zu bringen und sie aufzulösen. »Diese Menschen werden als Leidende oft übersehen, weil sie im Alltag gut funktionieren und oft sehr angepasst sind.«, schrieb Bessel A. van der Kolk in seinem genialen Buch »Verkörperter Schrecken«.

Verdrängung ist zu bestimmten Zeitpunkten wichtig und notwendig, denn wir haben nicht genug Kraft und Unterstützung, uns mit dem Schmerz auseinanderzusetzen.

Auf Dauer kostet Verdrängung viel und immer mehr Kraft. Wenn wir ein Gefühl oder eine Empfindung in Schach zu halten versuchen, halten wir alle anderen Emotionen ebenfalls in Schach. Wir blockieren alles. Indem man sich von einer belastenden Erinnerung distanziert, distanziert man sich von sich selbst. Durch die Distanz gegenüber den eigenen Gefühlen und Empfindungen schottet man sich von sich selbst ab. Und wenn man keinen Kontakt mit sich selbst aufnehmen kann, wie sollte man es dann mit den Mitmenschen schaffen? Daran gehen viele Beziehungen zugrunde, die für die persönliche Genesung von großer Bedeutung wären, was wiederum die Ressourcen für die Heilung verringert. Betroffene haben große Angst vor ihren eigenen Gefühlen und unberechenbaren Reaktionen. So kann zum Beispiel eine sexuelle Erregung schnell in Aversion, Ekel und Abwehr umschlagen. Wenn Betroffene zu dieser inneren Verhärtung und diesen Abwehrmechanismen Zuflucht nehmen, fühlt es sich so an, als würde man heftigen Durst mit Salzwasser zu stillen versuchen.

Wir greifen beim Schmerzempfinden oft zur Verdrängung. Aber mit dem Versuch, den Schmerz zu fragmentieren, fragmentiert man sich selbst. Weil es zu belastend ist, mit dem ursprünglichen Schmerz und der eingefrorenen Energie in Kontakt zu kommen, entwickeln wir diffuse Umgangsstrategien mit den aufgrund von heftigem Schmerz abgespaltenen Identitätsanteilen und sind der Meinung, mit diesen Strategien den Weg zur Heilung einzuschlagen. Dabei erzeugen wir durch das Verdrängen, die Dissoziation, durch Suchtverhalten und durch die verzerrten Bilder von uns selbst und der Realität nur noch weitere Traumata für uns selbst und für andere. Denn wenn Menschen den Schmerz nicht verarbeiten, versuchen sie, ihn an andere weiterzugeben. Es gibt sehr unterschiedliche Bewältigungsstrategien für die inneren Qualen, so wie auch Menschen unterschiedlich sind. Viele versuchen unbewusst, die traumatischen Ereignisse zu reinszenieren, mit der Hoffnung, die im Nervensystem gespeicherten Traumaqualen mit einem für sie besseren Ausgang abzuschließen. Sie begeben sich wieder in ähnliche Situationen, in denen sie ihre Traumata erfahren haben. So landen sexuell traumatisierte Frauen immer wieder bei gewaltbereiten Männern. Oder Menschen, die in der Kindheit von ihren Bezugspersonen chronische emotionelle Vernachlässigung erfahren hatten, suchen Partner:innen, die weiterhin ihre Emotionen nicht ernst nehmen und sie ständig verunsichern, in der Hoffnung, die Erlebnisse der Vergangenheit zu zähmen und die damals ersehnte Bindung zu den abwesenden Bezugspersonen stellvertretend zu gewinnen.

2

Diese körperorientierte Therapie lässt das Körperbewusstsein wachsen, und die aufgrund des Traumas vernachlässigten Gehirnregionen, die für Körpergewahrsein zuständig sind, werden angeregt. Es handelt sich bei dieser Therapie um Gewahrsein und nicht um aktives Gestalten. Es geht darum, dass wir das angeborene Potenzial zur Selbstregulation unseres Organismus ins Fließen und zur Entfaltung bringen, ohne uns selbst mit dem fehlgeleiteten Verstand im Weg zu stehen. Auch Freud schien es verstanden zu haben: »Der Geist mag vergessen haben«, sagt Freud, »aber der Körper nicht. Dankenswerterweise.«

»Die westliche Kultur scheint den Körper und seine Fähigkeit, das subtile Leben im Inneren zu spüren, sowie das Bauchgefühl stark zu vernachlässigen. Viele Menschen im Westen leiden daran, den Zugang zum inneren Kompass ihrer Empfindungen verloren zu haben«, so Dr. Levine. Wir sind stolz auf unsere Philosophie, Rationalität und unseren Verstand und haben den Körper und seine Instinkte vollkommen verteufelt, ganz so, als wollten wir uns von unserer »animalischen« Seite entfernen. Hingegen sehen viele östliche Traditionen im Körper eine Kraft, die uns für die Transformation und Genesung zur Verfügung steht. Die Kum-Nye-Tradition des tibetischen Buddhismus lehrt, dass der Raum außerhalb des Körpers zwar weit, aber endlich ist. Der Raum innerhalb des Körpers ist hingegen unendlich. Wir haben den Körper zum bloßen Ding gemacht, zum objektiven biochemischen Mechanismus, der gut auszusehen, fit zu sein und zu funktionieren hat. Wir lechzen nach einem Nervenkitzel, um uns wieder spüren zu können, und machen den gravierenden Fehler, nach Lebendigkeit außerhalb unseres Körpers zu suchen. Mit exzessivem Sex- und Alkoholkonsum und vielen anderen Verhaltensweisen betäuben wir uns noch mehr, anstatt auf unseren Körper zu horchen, unserem Schmerz liebevoll zu begegnen und den unangenehmen körperlichen Empfindungen Raum für Transformation zu geben. Unsere Entfremdung vom eigenen Körper und das Abgeschnittensein vom Bauchgefühl drücken sich in unserer Gesellschaft in vielen Erscheinungsformen aus: die stromlinienförmigen Models mit der »Idealfigur«, die öden Landschaften der Pornografie, Burn-outs und die Schwierigkeit, aufrichtige Nähe zu pflegen und auszuhalten. In dem Maß, wie wir entkörpert sind, sind unsere Grundinstinkte – Überlebenstrieb, Sexualität und Intimität – verzerrt. Das macht uns verschlossen, ängstlich und verärgert. »Je weniger wir den Körper annehmen, desto tiefer ist er getrennt von allem, was mit dem innersten Kern unseres Selbstempfindens verbunden ist«, schreibt Peter A. Levine. Liebe:r Leser:in, wie viele Menschen kennen Sie, die ihren Körper ablehnen? Ich nehme an, Sie werden mehr als zehn Finger brauchen und vielleicht zählen Sie sich selbst ebenfalls dazu. Ich empfehle allen Interessierten, den Film »Embrace« anzuschauen, der die krank und unglücklich machenden Bilder über unseren Körper thematisiert.

Die körperliche Entfremdung, vor allem in der westlichen Welt, begann unter anderem mit *Cogito ergo sum*. Der Philosoph René Descartes fasste das menschliche Wesen mit seinem berühmten Satz so zusammen: »Ich denke, also bin ich.« Dieser Satz ist vollkommen verkehrt. Wir existieren nicht, weil wir denken, sondern wir denken, weil wir existieren. Viele Biolog:innen und Neurowissenschaftler:innen werden nicht zögern zu sagen: »Der Darm hat das Gehirn erschaffen und nicht umgekehrt.« Denken Sie an unsere biologische Verwandte, die Seescheide, die wie wir zu den Chordatieren gehört. Die Seescheide frisst ihr Gehirn, sobald sie sesshaft wird. Ein sehr sympathisches Tier. Wozu ein Gehirn haben, das uns nur kaputtdenkt?

Den Körper in einer Therapie außer Acht zu lassen ist kontraproduktiv. Es ist irreführend zu glauben, der Verstand, das Denken, die Rationalität wären schlauer als der Körper und das Bauchgefühl. Das Unbewusste ist archaischer als das Bewusste. Unser Körper reagiert in Bruchteilen von Sekunden, bevor das Gehirn auch nur zu einem Gedanken fähig ist. Wir können durch das Unterbewusste, oder wie ich persönlich es nenne, Überbewusste, bei Begegnungen mit Menschen Eindrücke spüren, wahrnehmen, ordnen und Entscheidungen treffen, bevor sie der Verstand auch nur ansatzweise registrieren kann. Ich bin überzeugt, dass wir in einer Therapie auf die gesamte menschliche Wesenheit setzen müssen und nicht nur auf das Rationale, den Verstand.

3

Ein weiterer wichtiger Bestandteil der Aufarbeitung des Traumas ist, mit sich selber gnädig zu sein und Mitgefühl zu haben. Wenn ich von Zweifeln und Ängsten geplagt wurde, stellte ich mich vor den Spiegel, streichelte meinen Kopf und sagte aufmunternde Worte zu mir. Denn oft identifizieren wir uns mit dem Trauma. Wir verabscheuen, was wir erlebt haben und was Menschen mit uns angerichtet haben, und richten letztendlich diesen Hass gegen die Spuren, die diese Ereignisse und diese Menschen in uns hinterlassen haben. Aber die traumatische Erfahrung ist schon längst beendet, und die dafür Verantwortlichen sind womöglich längst nicht mehr da. Und so richten wir den Hass, die Abscheu und die Abwehr gegen die Empfindungen, die in uns stecken, und somit gegen uns selbst.

Die Therapeutin gab mir auch Werkzeuge an die Hand, mit denen ich außerhalb der Therapiesitzungen arbeiten konnte. Wenn ich dissoziiert und getriggert war, konnte ich selbstständig mit einigen Übungen diesen Zustand verändern und mich wieder daraus befreien. Das Ziel dieser Übungen war, den vorderen Ast des Nervus vagus zu stimulieren, der für Erholung, Entspannung und soziales Engagement zuständig ist. Eine dieser Übungen bestand darin, einen bestimmten Laut, WHOOO, tief aus dem Brustraum durch die Kehle zu schicken, und damit in diesem Bereich Vibrationen auszulösen. Im Dissoziationszustand halfen mir die achtsame Wahrnehmung meiner körperlichen Abläufe, auch Düfte, kalte Duschen, Ausübung von Sport, Meditation, Yoga und heilende Freundschaften. Eine weitere Übung, die mir geholfen hat, ist eine Achtsamkeitsübung beim Duschen: mit dem Brausestrahl langsam den ganzen Körper durchwandern, von den Fußspitzen bis zu den Haaren. Lassen Sie Ihr Bewusstsein nacheinander alle Körperteile scannen, und spüren Sie dabei den Empfindungen nach, wie sich der jeweilige Körperteil anfühlt, neutral, betäubt, unangenehm, lebendig. Aber bleiben Sie bitte nur beim Beobachten und Wahrnehmen, ohne sich damit zu identifizieren, ohne etwas erklären oder verändern zu wollen. Machen Sie diese Übung am besten mehrmals in der Woche. Sie lässt das Körperbewusstsein wachsen, und die aufgrund des Traumas vernachlässigten Gehirnregionen, die für Körpergewahrsein zuständig sind, werden angeregt. Diese Übung erdet und lässt uns die Sprache unseres Körpers allmählich lernen und darauf hören, was er uns sagen will.

Literaturangaben

Brawn B. Verletzlichkeit macht stark. München: Goldmann 2017.
Charf D. Auch alte Wunden können heilen. München: Kösel 2018 (1. Auflage).
El-Mafaalani A. Das Integrationsparadox. Köln: KiWi-Taschenbuch 2018.
König V. Bin ich traumatisiert? München: Gräfe und Unzer 2021 (5. Auflage).
Levine P. Sprache ohne Worte. München: Kösel 2010 (8. Auflage).
Levine P. Trauma und Gedächtnis. München: Kösel 2017 (2. Auflage).
Maté G. Wenn der Körper Nein sagt. Kandern: Narayana 2020.
Maté G. Unruhe im Kopf. Kandern: Narayana 2021.
Van der Kolk B. Verkörperter Schrecken. Traumaspuren in Gehirn, Geist und Körper und wie man sie heilen kann. Paderborn: Probst 2016 (3. Auflage).

»Für seine Gefühle und Schwächen einstehen können ...«

Jad Turjman (1989–2022): Ein Nachruf statt eines Nachworts

In Zeiten der Krise zeigt sich der Charakter eines Menschen wohl am deutlichsten, insbesondere dann, wenn es um existenzielle Fragen wie Leben und Überleben, Liebe, Hingabe oder den Tod geht. Jad Turjman überlebte eine brutale Diktatur und einen Bürgerkrieg, die Gefangennahme und Folter durch religiöse Fanatiker und die Flucht von Syrien nach Österreich – mit mehreren Zwischenstationen, Rückschlägen, Gefahren, Demütigungen und schließlich einer ungeplanten, dem Zufall geschuldeten Endstation in Salzburg. Manch anderer wäre an einer solchen Biografie zerbrochen, zum Zyniker und Misanthropen oder dem Sklaven der eigenen Traumata und Ängste geworden. Einige hätten gelogen, betrogen und ihre Nächsten verraten, um selbst zu überleben. Die Opferrolle hat durchaus Vorteile, doch wenn es hart auf hart geht, ist man – vordergründig betrachtet – als Täter auf der sicheren Seite. Jad Turjman ist nie der Versuchung erlegen, zum Täter zu werden. Er hat nicht resigniert, ist niemals bitter oder gleichgültig geworden. Vielmehr hat er die passive Opferrolle hinter sich gelassen und eine positive Lebenseinstellung vermittelt, die anderen Menschen Kraft gab.

Jad hat schnell gelebt, schnell und intensiv. Er war stets ein Lernender, süchtig nach Eindrücken und Informationen, ein Denker, der die Welt erkunden und verstehen wollte, einer, der Querverbindungen schuf, wo andere sie übersahen; er war ein Kulturvermittler im besten Sinne des Wortes. In nur wenigen Jahren wurde der einstige Beamte im Magistrat von Damaskus zu einem deutschsprachigen Romanautor, einem originellen Essayisten, zu einem Flüchtlingsbetreuer, Lehrer und Stand-up-Comedian … Kaum etwas war ihm dabei wichtiger als die Arbeit mit Jugendlichen. Im Rahmen des Projekts »Heroes« betreute er männliche Jugendliche mit Migrationshintergrund und bemühte sich, deren patriarchale Denkmuster und Vorurteile gegenüber Frauen durch kluges Hinterfragen und durch Rollenspiele zu durchbrechen. Bei seinen Vorträgen, Lesungen und Workshops in Schulen ging es um Rassismus, Fremdsein und Vorurteile, um kulturelle Brüche und Ausgrenzungen, aber auch um die meisten anderen Themen, die für junge Menschen in unserer Gesellschaft wichtig sind. Dass Jad Kindern und Jugendlichen auf Augenhöhe begegnete und seine eigene Verletzbarkeit nie zu verbergen versuchte, brachte ihm Respekt und Sympathie ein. Auf Menschen zuzugehen, zu helfen, zu vermitteln, etwas zu verändern, die Welt im Rahmen der eigenen Möglichkeiten zu einem besseren Ort zu machen, sich mit und zwischen den Kulturen eine neue Heimat zu schaffen, Zuschreibungen und Klischees humorvoll zu hinterfragen, war seine Antwort auf den Hass, den Schmerz und die Erniedrigungen, die er hatte erdulden müssen. Mit großer Leidenschaft und Konsequenz bemühte er sich, neue Wissensbereiche für sich zu entdecken, vor allem aber die zahlreichen Ressentiments zu überwinden, mit denen er in Syrien aufgewachsen war, die ihm unter anderen Vorzeichen allerdings auch in seiner neuen Heimat, in Österreich, immer wieder begegneten.

In meiner Rezension zu Jads erstem Buch »Wenn der Jasmin auswandert – Die Geschichte meiner Flucht« für die Tageszeitung »Die Presse« schrieb ich: »[Das Buch] plädiert für Empathie und zeigt den echten, den Menschen aus Fleisch und Blut hinter dem Asylwerber und Flüchtling, der vielen Einheimischen in erster Linie als Projektionsfläche für die eigenen positiven oder negativen Bilder und Gefühle oder Ängste dient.« Gerade darin sah ich damals Jad Turjmans Bedeutung und seinen gesellschaftlichen Auftrag. Was er schrieb, ging mir nicht nur deshalb so nahe, weil ich selbst einmal Flüchtling und Migrant gewesen war, sondern auch, weil Jads »Handlungen so nachvollziehbar sind, weil uns Syrien [...] kulturell doch nicht ganz so fremd ist, wie viele glauben, weil an seiner Stelle wohl jeder andere ebenfalls vor dem Krieg flüchten, das Elend im Libanon und in Griechenland verlassen, die korrupten Beamten bestechen, mit gefälschten Pässen Grenzen überqueren und einzelnen hilfsbereiten Menschen unendlich dankbar sein würde«.

Der Eindruck, den ich nach der Lektüre des Buches von dessen Autor gewonnen hatte, bestätigte sich, als ich Jad im Jahr 2019 persönlich kennenlernte. Es freute mich sehr, dass er sofort bereit war, an einem Schulprojekt und später an einer Interviewreihe mit mir, einem jüdischen Kollegen, teilzunehmen, obwohl er durchaus zugab, mit antijüdischen und antiisraelischen Slogans aufgewachsen zu sein und einst selbst Vorurteile gegenüber Juden gehabt zu haben. Syrien sei eine brutale Diktatur, deren Propaganda davon lebe, Feindbilder zu instrumentalisieren, erzählte er mir. In der Sprache werde zwischen Juden und Israel, Zionismus und Politik nicht unterschieden. Für die syrischen Machthaber sei »der Jude« ein Feind, der darauf warte, Syrien zu besetzen. Doch Jad hatte Feindbilder dieser Art genauso längst hinter sich gelassen wie die tradierten patriarchalen Vorstellungen von Männlichkeit und Geschlechterrollen oder die in seiner Heimat weit verbreiteten Ressentiments gegenüber Homosexuellen.

Jad Turjmans Tod mit nur 32 Jahren ist nicht nur ein tragischer Verlust für seine Familie, seine Bekannten, Freund:innen und Kolleg:innen, sondern auch für die österreichische und die deutschsprachige Literatur, in besonderem Maße aber für die österreichische Gesellschaft im Allgemeinen. Gerade in Zeiten sich verstärkender Existenzängste, der zunehmenden Wut, Hetze, Gewaltbereitschaft und einer gesellschaftlichen Polarisierung, die von Jahr zu Jahr immer unüberwindbarer scheint, braucht unser Land dringend Menschen, die nicht nur in mehreren Welten zu Hause sind, sondern auch bereit und vor allem fähig sind, Brücken zu bauen. Nicht die meist falsch verstandene Integration – eine »einseitige Form der Anpassung, eine Forderung, sich zu unterwerfen, sich aufzugeben« – war Jad wichtig, sondern das Miteinander in dem Sinn, dass wir, Flüchtlinge, Zuwanderer und Einheimische, zwar Gemeinsamkeiten erkennen, uns aber gerade durch das Verständnis für unsere Unterschiede entwickeln. Wir brauchen dringend Männer mit Migrationshintergrund, die feministisch denken und sich dabei der Aufklärung und Erziehung junger Männer und Jugendlicher widmen, so wie Jad es getan hat; wir brauchen Menschen mit Fluchterfahrung, die sich nicht nur ihren Traumata stellen, sondern darüber, wie Jad, auch stimmig und eindringlich zu berichten verstehen; wir brauchen Autor:innen, die sich zwischen den Kulturen verorten und sowohl der Kultur, aus der sie kommen, als auch jener, in die sie zugewandert sind, den Spiegel vorhalten. Es gab und gibt nicht viele solche Menschen in Österreich, schon gar nicht unter jenen, die mit der großen Fluchtbewegung vor nur sechs bis acht Jahren nach Europa kamen, so wie Jad Turjman, der ursprünglich nach Schweden wollte und zufällig in Österreich strandete.

Dass Jad in vielerlei Hinsicht einmalig, dass er nicht nur ein brillanter Autor, ein Sprachkünstler und ein luzider Denker war, beweist in besonderem Maße das vorliegende Buch, sein letztes, das nun leider als sein Vermächtnis gelesen werden kann. In »Wenn der Jasmin Wurzeln schlägt« schafft Jad etwas, das nur sehr wenigen Autoren gelingt: Eine Mischung aus Erzählung und Essay, aus Anekdote und Reflexion, aus Gesellschaftskritik und persönlichem Rechenschaftsbericht, aus launigem Humor und tiefernsten, poetischen Passagen. Einem weniger Begabten wäre eine solche Verknüpfung verschiedener Gattungen und Stilelemente zu einem peinlichen Potpourri oder zu einem fade schmeckenden Eintopf verkommen.

Besonders beeindruckend sind für mich die Passagen über toxische Männlichkeit und »traumatisierte Gesellschaften«, über Traumabewältigung und Körperarbeit. Selten hatte ich einen derart ehrlichen und differenzierten Bericht über die Auswirkungen von Traumata auf Körper und Geist gelesen, und noch seltener ein derart eindringliches und sehr persönliches Plädoyer dafür, sich den eigenen Verletzungen zu stellen, sie therapeutisch zu bearbeiten, Wut zu kanalisieren und sie in eine produktive, etwas Positives erschaffende Kraft zu transformieren. Was Jad über seine Geburtsstadt Damaskus schreibt, könnten meine Mutter und ich beinahe wortgleich über unsere Geburtsstadt Leningrad (heute St. Petersburg) sagen. »Vielleicht habe ich die Stadt verlassen, aber sie und die Diktatur mich nicht«, schreibt Jad in »Wenn der Jasmin Wurzeln schlägt«. »Alles, was ich dort erlebte, ist wie ein Stempel auf meinen Körper gedrückt. Ich trage die Last der ersten Heimat in Form von verinnerlichter Angst und ständiger Sorge um die Zurückgebliebenen überall mit mir herum. [...] Dort habe ich mich unter der Herrschaft der Diktatur kein einziges Mal als Mensch mit Würde gefühlt.« Damit hat Jad präzise auf den Punkt gebracht, was wohl fast jeder Flüchtling empfindet.

Wie außergewöhnlich begabt Jad gewesen ist, zeigt die Geschichte, wie sein erstes Buch entstanden ist. Der *Residenz Verlag* erhielt das Manuskript über den Internet-Dienst *Messenger* ungefragt zugeschickt – eine ungewöhnliche Form der Zustellung, die normalerweise nicht unbedingt erfolgversprechend gewesen wäre. Hinzu kommt, dass Jad bei seiner Ankunft in Österreich 2014 kein Wort Deutsch sprach, seinen ersten Roman aber, keine fünf Jahre später, schon auf Deutsch schrieb. Trotz alledem waren die zuständigen Mitarbeiterinnen des Residenz Verlags von Jads Text derart begeistert, dass sie sofort entschlossen, das Manuskript als Buch zu publizieren. Es wurde zu einem Bestseller.

Im Rahmen der von Jad Turjman sowie dem während der Balkankriege als Kind aus Bosnien geflüchteten österreichischen Lehrer und Historiker Hasan Softić und mir gestalteten und auf *YouTube* präsentierten Interviewreihe »Zwei Moslems und ein Jude« wurde Jad in Anspielung auf das Projekt »Heroes« einmal gefragt, was denn für ihn persönlich ein Held sei. Ein Held, meinte Jad, sei jemand, der sich dessen bewusst sei, was er tue und warum, jemand, der für seine Haltungen, seine Gefühle und Schwächen einstehen könne. »Ein Held kann über seine Ängste offen reden. Gerade Jugendliche müssen lernen, über Ängste und Zweifel offen zu reden.« Verletzlichkeit zu zeigen, sei kein Zeichen der Schwäche, sondern umgekehrt – zutiefst menschlich und sowohl für den Einzelnen als auch für die Gesellschaft unendlich wichtig. In Österreich aber stünden die Menschen unter permanentem Stress, weil sie sich ständig bemühten, keine Fehler zu machen, zu funktionieren und die von ihnen erwartete Leistung zu erbringen.

Jad bemühte sich, Zuschreibungen und Begriffe (wie z. B. Leistung) zu dekonstruieren und dann neu zu bewerten. So, wie er Fremdheit als Bereicherung wertschätzte und meinte, man könne sich nur durch das Gegenüber, den Kontakt und die Auseinandersetzung mit anderen, entwickeln, fand er im Laufe der Jahre auch einen immer intensiveren Zugang zu der ihn umgebenden österreichischen Landschaft, die er sehr liebte, und dadurch auch zu sich selbst, zu seinem Inneren. »Beim Anblick der grünen Wiesen, des Flusses und der eingeschneiten imposanten Berge im Hintergrund, um deren Spitzen einige Wolken schwebten, verstand ich, warum aus diesem Land so viele angesehene Künstler:innen kamen«, heißt es in »Wenn der Jasmin Wurzeln schlägt«. »Ich fühlte mich […] wie im Paradies. Das Auge ist hier ständig angeregt. Hunderte Grüntöne, weiße, graue, grüne Berge und atemberaubende Seen. […] Als Araber hat man […] in der Wüste kilometerlang nur eine eintönige gelbe Landschaft vor Augen. […] Die Araber:innen schaffen ihr Paradies, die Farben und Töne mit ihren Worten.« In seinem allerletzten, mit dem Mobiltelefon aufgenommenen Video, das er auf dem felsigen Gipfel des Hohen Göll aufnahm und an seine Freund:innen schickte, meinte Jad, er habe bei dem anstrengenden, vierstündigen Aufstieg »seine Seele gespürt« … Möge seine Seele, wo immer sie jetzt sein mag, ihren Frieden finden.

Vladimir Vertlib

Jad Turjman

Vorwort von Karim El-Gawhary

Wenn der Jasmin auswandert

Die Geschichte meiner Flucht

ISBN 978 3 7017 3480 1

»Dieses dokumentarische Buch erschüttert mich gerade im Innersten. Es ist die Geschichte einer Flucht aus Syrien nach Europa. Dieser Bericht: er sollte Pflichtlektüre werden in allen europäischen Ländern.«

Katja Gasser, ORF2 Kulturmontag

»Wir dürfen mit unseren Sinnen die künstlerischen Wege der Suche, der Erfahrung, der Verzweiflung, der Wut, der Ohnmacht, der Hoffnung des Optimismus erschließen.«

Bernhard Jenny bei der Verleihung der Rose der Menschenrechte

»Drei Jahre nach Schließung der sogenannten Balkanroute handelt es sich um die erste sowohl umfassende als auch sprachlich und inhaltlich anspruchsvolle Beschreibung der Flüchtlingskrise auf Deutsch aus der Perspektive eines unmittelbar Betroffenen. (…) Sein Buch ist nicht nur ein wertvolles Zeitdokument, sondern trifft den richtigen Ton, schafft eine stimmige Mischung zwischen Distanz und Betroffenheit, zwischen einer nüchternen, aber äußerst plastischen Beschreibung und erklärenden Passagen, in denen gar nicht versucht wird, den persönlichen Blickwinkel zu verleugnen.«

Vladimir Vertlib, Die Presse

Björn Schumacher

Die Zerstörung deutscher Städte im Luftkrieg

„Morale Bombing" im Visier von Völkerrecht, Moral und Erinnerungskultur

ARES VERLAG

Umschlaggestaltung: DSR – Digitalstudio Rypka / Thomas Hofer
Umschlagfoto Vorderseite: Ullstein-Bilderdienst
Umschlagfoto Rückseite: Archiv des Verlages

Titelbild: Frauen und Kinder laufen durch das brennende Danzig (undatiert, entweder nach einem Bombenangriff im Herbst 1944 oder während der Kämpfe im März 1945)
Rückseite: US-amerikanischer Luftangriff auf Merseburg mit abgeschossenem B-17-Bomber

Bildnachweise
Denkmalschutzamt Hamburg: S. 64; Landesbildstelle Hamburg: S. 165; National Archives / Public Record Office, London: S. 27; Björn Schumacher: S. 287, 291, 293, 300, 303, 304, 311; Ullstein Bilderdienst: Titelbild, S. 67, 75, 77, 85, 115, 133, 169, 244, 257; restliche Fotos: Archiv des Verfassers und des Verlags

Bibliographische Information Der Deutschen Bibliothek
Die Deutsche Bibliothek verzeichnet diese Publikation in der Deutschen Nationalbibliographie; detaillierte bibliographische Daten sind im Internet unter http://dnb.ddb.de abrufbar.

Hinweis:
Dieses Buch wurde auf chlorfrei gebleichtem Papier gedruckt. Die zum Schutz vor Verschmutzung verwendete Einschweißfolie ist aus Polyethylen chlor- und schwefelfrei hergestellt. Diese umweltfreundliche Folie verhält sich grundwasserneutral, ist voll recyclingfähig und verbrennt in Müllverbrennungsanlagen völlig ungiftig.

ISBN 978-3-902475-59-6

Layout: Ecotext-Verlag, Mag. Schneeweiß-Arnoldstein, 1010 Wien
Gesamtherstellung: Druckerei Theiss GmbH, A-9431 St. Stefan

Printed in Austria

„Perhaps, when passions die and slaughters cease,
The mothers on whose homes destruction fell,
Who wailing sought their Children through the hell
Of London, Warsaw, Rotterdam, Belgrade,
Will seek Cologne's sad women, unafraid,
And cry: ‚God's cause is ours. Let there be peace!'"

Vera Brittain (1893–1970), englische Schriftstellerin und Friedensaktivistin, in ihrer „Totenklage für Köln" nach dem „Tausend-Bomber-Angriff" vom 30./31. Mai 1942

„Denn es gilt Irrtümer, nicht Menschen auszurotten."

Konrad Heresbach (1496–1576), deutscher Humanist
(Text des Denkmals auf dem Großen Markt von Wesel am Rhein, einer durch Bombardierungen im Februar und März 1945 zu 98 % zerstörten Stadt)

Inhaltsverzeichnis

Zivile Bombenopfer

Einleitung

„Es gibt keinen Sinn, darüber zu richten, ob der Bombenkrieg, an dessen Unmenschlichkeit ohnehin niemand zweifelt, im juristischen Sinne rechtmäßig gewesen ist oder nicht. ... Was bringt uns das?" Wer diesen Worten des Staatsrechtlers und damaligen Bundespräsidenten Roman Herzog[1] zustimmt, sollte mein Buch gleich wieder zuklappen; denn mir geht es um die Rechtmäßigkeit des Luftkriegs, speziell des alliierten Luftkriegs gegen Deutschland. Ob „uns das was bringt", mag der Leser selber entscheiden. Meine anfängliche Skepsis schwand, je tiefer ich in die Materie eindrang.

Die Zerstörung Dresdens und anderer europäischer Städte beschäftigt aber nicht nur die Jurisprudenz, insbesondere die Völkerrechtslehre. Wer sich zur philosophischen Aufklärung bekennt und den Rechtsbegriff unter Einbeziehung moralischer Grundelemente definiert, kommt an der ethischen Dimension des Bombenkriegs nicht vorbei. Sie prägt diese Monographie nachhaltig. Berührt wird obendrein die Geschichtswissenschaft. Der Leser soll über (unterschiedslose) Flächenangriffe im Kontext der anglo-amerikanischen Strategie informiert werden. Auch die Charaktere dahinterstehender Befehlshaber – etwa Winston Churchill und Arthur Harris – dürften ihn interessieren. Deutsche Bombenkriegserinnerung in ihren Bezügen zur Literaturgeschichte rundet die historischen Elemente ab. Letzteres spiegelt persönliche Neigungen wider. Ein Besuch der Gedenkstätte im historischen Würzburger Rathaus bestärkte mich in dem Entschluß, dieses Buch zu schreiben. Während ich dort rechtsethische Wertungen des sinnlosen Angriffs auf Würzburg (16. März 1945) vergeblich suchte, sprang mir – zusehends irritiert – ein anderes Unwerturteil in die Augen: „Krieg, den die Deutschen losgebrochen haben." Ähnlich mag der US-Politologe Stephen A. Garrett bei einem Besuch dieser Stadt empfunden haben: „Würzburg beherbergte am Tag seiner Folterung sehr wenig Industrie, speziell militärischer Art; wer zudem bedenkt, daß Deutschland praktisch am Boden lag, bevor alliiertes Militär zu diesem Ort vordrang (die endgültige Unterwerfung kam nur sieben Wochen spä-

1 Aus der Rede zum 50. Jahrestag der Zerstörung Dresdens; zitiert nach Frankfurter Allgemeine Zeitung, 14. Februar 1995.

ter), kann sich kaum vorstellen, nach welchem Kalkül die Stadt zur Zerstörung ausgewählt wurde."[2]

Das Buch gliedert sich in sechzehn Kapitel:

1. Dresden, 13.–15. Februar 1945
2. Wie viele starben in Dresden?
3. Grundzüge britischer Luftkriegsstrategie bis 1945
4. Kann „Morale Bombing" moralisch sein?
5. Der militärische Ertrag des Area Bombing in ethischer Sicht
6. Kollektivschuld und Tätervolk
7. Area Bombing und Ethik in der britischen Diskussion
8. Anthony Grayling und die Theorie des gerechten Krieges
9. John Rawls' Area-Bombing-Kritik – Dresden und Hiroshima
10. Rechtstheoretischer Diskurs
    a) Zur Anwendbarkeit der Haager Landkriegsordnung
    b) Verbotstatbestände der Haager Landkriegsordnung
    c) Ungeschriebenes Luftkriegsgewohnheitsrecht
11. Deutsche Luftangriffe im Spiegel des Völkerrechts
12. Reparationen für Bombenkriegsschäden?
13. Von Versailles zum Nürnberger Prozeß
14. War Churchill ein Kriegsverbrecher?
15. Bombenkrieg und Erinnerungskultur
16. Dresden gedenkt

Die drei Eingangskapitel schildern die beiden Nachtangriffe der Royal Air Force (RAF) vom 13./14. Februar 1945 und die Tagesangriffe der United States Army Air Force (USAAF) vom 14./15. Februar 1945. Schwerpunktmäßig wird der Leser durch die Debatten um Dresdner *Todesopferzahlen* und *Tiefflieger* geführt. Ich bediene mich der juristischen Lehre vom Tatsachenbeweis einschließlich seiner differenzierten Wahrscheinlichkeitskategorien – ein bislang vernachlässigter methodischer Zugriff. Das Versäumnis hängt mit den Erkenntnisinteressen des forschenden Personals zusammen. Viele Historiker, aber nur wenige Juristen und erst recht keine Gerichtshöfe haben sich systematisch mit dem Inferno des 13. bis 15. Februar 1945 beschäftigt.

Eine seit 2004 recherchierende Historikerkommission geht von 25.000 bis 30.000 Dresdner Bombentoten aus.[3] Die Schätzung kann den Eingeweihten nicht überraschen, denn namhafte Kommissionsmitglieder waren mehrfach mit dieser Zahl hervorgetreten[4] oder hatten sie äußerstenfalls

---

2 St. Garrett, Ethics and Airpower in World War II, S. x.

3 Siehe deren „Zwischenbericht", Frankfurter Allgemeine Zeitung v. 28. April 2006.

4 F. Reichert, Verbrannt bis zur Unkenntlichkeit, S. 61.

bis 40.000 „gestreckt“[5]. Derartige Schätzungen entsprechen dem Common Sense deutscher Erinnerungskultur. Abweichungen nach oben werden reflexhaft mit „rechtskonservativen und neonationalistischen Kreisen“ assoziiert (Ingolf Roßberg, damaliger FDP-Oberbürgermeister von Dresden und Initiator der Historikerkommission). In der Tat lassen sich Zahlen um die 25.000 ohne Bruchstellen aus dem dürren Archivmaterial herleiten. Sie stoßen allerdings auf Gegenargumente, deren Analyse lohnend erscheint.

W. G. Sebalds Klage, die Romanliteratur blende den Bombenkrieg aus, gilt auch für *Ethik* und *Völkerrechtswissenschaft*. Moraltheoretische und vor allem juristische Dissertationen, Monographien, Lexika usw. sind äußerst rar. Wer in seriösen Bibliotheken etliche Regalmeter Literatur zu den Luftangriffen auf Dresden, Hamburg, Pforzheim oder Potsdam erwartet, wird enttäuscht. Er stößt an ein Tabu. Aber wie lange darf Roman Herzogs „Schweigegebot“ noch befolgt werden? Wer Wissenschaft an ihrem traditionellen Maßstab, Erkenntnisse zu gewinnen, mißt, sollte statt Tabuzonen lieber Freiräume zum Forschen eröffnen. Hier setzen die Kapitel 4 bis 9 mit dem Entwurf einer Bombenkriegsethik an. Die zentrale Frage lautet: Sind Flächenangriffe auf menschliche Siedlungen unter irgendeinem moralphilosophischen Aspekt rechtfertigungsfähig?

In Kapitel 4 geht es um eine vom damaligen britischen Rüstungsminister Winston Churchill 1918 übernommene, in Deutschland meist *Morale Bombing*[6] genannte Theorie des totalen Kriegs. Sie propagiert die Schwächung des Durchhaltewillens eines Volks, insbesondere seiner Soldaten, durch großflächige Angriffe auf menschliche Siedlungen. Diese auf den ersten Blick empörend unmoralische Theorie könnte nach handlungsfolgenorientierter „Verantwortungsethik“ dennoch legitim sein, nämlich dann, wenn sie in einer konkreten Situation per saldo mehr Nutzen als Schaden bewirkt. Der Nutzen britischen Demoralisierungsbombens könnte darin liegen, zum militärischen Sieg der Alliierten und damit zur Beseitigung des totalitären NS-Regimes beigetragen zu haben. In den Brennpunkt rückt die Frage *moralischer Dilemmata* bzw. *Pflichtenkollisionen*. Mit Hilfe einer Formel versuche ich, das Dilemma aufzulösen: „Es ist verboten, unschuldige Zivilisten durch gezielte Angriffe auf Wohn-

---

5 G. Bergander, Dresden im Luftkrieg, S. 229; ihm folgen bspw. F. Taylor, Dresden Tuesday 13 February 1945, und M. Hastings, Armageddon, S. 382–387.

6 Die im deutschen Schrifttum gebräuchliche Fassung „Moral Bombing“ dürfte auf einem semantischen Fehler beruhen. „Moral“ ist im Englischen das zu den Substantiven „morals“ bzw. „morality“ gehörende Adjektiv und bedeutet „moralisch im Sinne der Ethik“. Diese Art von Moral ist beim Demoralisierungsbomben aber nicht gemeint. Hier geht es zweifelsfrei um das englische Wort „morale“. Es kommt aus der Sprache der Psychologie und meint Zahlungs-, Arbeits-, Kampf- oder Durchhaltemoral. Doppeldeutig ist hier weniger die englische als vielmehr die deutsche Sprache.

viertel zu töten oder zu verletzen; es sei denn, die Angriffe sind das einzige geeignete Mittel des Angreifers oder unter mehreren geeigneten Mitteln dasjenige mit den geringsten Einbußen für alle schutzwürdigen moralischen Güter, um die eigene staatsethisch legitime Herrschaft zu schützen und/oder eine fremde tyrannische Regierung dauerhaft zu beseitigen, dadurch in möglichst allen am Konflikt beteiligten Ländern Demokratie und Rechtsstaatlichkeit zu etablieren und in der Konsequenz einer weit größeren Zahl von Menschen Würde, Leben, körperliche Unversehrtheit und Freiheit zu schenken bzw. zu bewahren." Wir werden sehen, ob dieser Lösungsansatz zum Ziel führt.

Unabhängig von ihrer Zielrichtung als „Morale Bombing" haben alliierte Flächenangriffe der Jahre 1940 ff. auch militärische Ziele getroffen und in den getroffenen Städten Ressourcen gebunden, die der Kriegführung des NS-Staats zwangsläufig entzogen wurden. Es stellt sich die in Kapitel 5 diskutierte Frage, ob die Flächenangriffe unter diesem Aspekt ein geeignetes, erforderliches und alles in allem verhältnismäßiges Mittel alliierter Luftkriegsstrategie gewesen sind.

Weitere Rechtfertigungsversuche harren der Analyse. Läßt westalliiertes Demoralisierungsbomben sich mit einer *Theorie kollektiver Schuld* legitimieren? Gemeint ist die These, alle Angehörigen einer Nation könnten schuldig werden, wenn einige von ihnen gegen fundamentale Moralprinzipien verstoßen. Seien sie derart schuldig wie die Deutschen mit ihrer – vermeintlichen – Teilhabe an NS-Verbrechen, dürften sie in letzter Konsequenz liquidiert werden. Dem Individualismus abendländischer Ethik ist jener Ansatz denkbar fremd. Ein Ignorieren der Kollektivschuldlehre würde gleichwohl Probleme aufwerfen. Beschreibt dieser Begriff vielleicht doch keine finstere Gegenaufklärung mit tendenziell rassistischen Elementen, sondern einen ernsthaften moralphilosophischen Entwurf? In Politikerreden und Feuilletons sind kollektive Schuld und – wesentlich häufiger – (kollektive) deutsche Verantwortung längst eine feste Größe. Ob und in welchem Umfang größere Teile der deutschen Nation in NS-Verbrechen verstrickt waren und welche ethischen Folgerungen sich daraus ergeben, wird in Kapitel 6 unter dem Gesichtspunkt „Tätervolktheorien" beleuchtet. In den Brennpunkt gerät eine der leidenschaftlichsten Debatten bundesdeutscher Geschichtswissenschaft.

Das 7. Kapitel „Area Bombing und Ethik in der britischen Diskussion" kann naturgemäß nur eine selektive Darstellung sein. Vieles deutet darauf hin, daß in England, einer Nation mit herausragender moralphilosophischer Tradition, mehr als nur zwanzig oder dreißig Autoren normative Fragen zum Demoralisierungsbomben gestellt haben. Diese Diskussion vollständig abzubilden, würde den Rahmen meiner Monographie überdehnen. Die meisten Luftkriegsforscher sind zudem keine Juristen oder

Moralphilosophen, sondern Historiker. Ihre Publikationswege erschließen sich in ihrer ganzen Bandbreite fachfremden Lesern wie mir nicht auf Anhieb.

Unübersehbare Leidenschaft prägt *britische Kontroversen* über den Luftkrieg gegen das Reich. So abwegig es anmutet, Deutschland nur unter dem Blickwinkel des NS-Systems zu bewerten, so widersinnig wäre es, das Vereinigte Königreich als exklusiven Hort einer schmutzigen Militärstrategie entlarven zu wollen (mögen „deftige" Aussagen maßgebender Militärs wie Bomber-Command-Chef Arthur Harris das auch nahelegen). Premierminister Neville Chamberlain distanzierte sich 1939 deutlich vom totalen Krieg gegen Zivilisten. Sein Nachfolger Winston Churchill und die Area-Bombing-Befürworter seines Kabinetts konnten ihre Strategie zumindest nicht offen propagieren. Unter dem Druck von Teilen der Kirche und des Unterhauses erlernten sie die Kunst effektiver Verschleierung. Offiziell wurde in London während des Krieges nur von Punktangriffen auf militärische Ziele gesprochen.

Diese Ambivalenz setzte sich nach 1945 fort. Wurden Historiker, die den Flächenangriffen einen militärischen Nutzen zuschreiben – „barbarisch, aber sinnvoll", Richard Overy 2002 im „Stern" – jahrelang von der britischen Presse gefeiert („Mission accomplished" attestierte der „Guardian" Frederick Taylor, dem Autor einer beschwichtigenden Dresden-Monographie), so könnte das Pendel langfristig zur anderen Seite ausschlagen. 2006 rechnete der bekannte Londoner Philosoph und Essayist *Anthony Grayling* mit der britischen Luftkriegsstrategie ab.[7] Ob sein rechtsethisches Fundament, die Lehre vom gerechten Krieg (bellum iustum), wirklich trägt, wird im interdisziplinären Dialog zu klären sein. Die lebhafte Resonanz in den Feuilletons deutscher Tages- und Wochenzeitungen, zahlreiche Rezensionen und Interviews lassen einen spannenden Prozeß diskursiver Meinungsbildung erwarten, der sich über mehrere Jahre hinziehen dürfte. Bemerkenswert ist Graylings Buch über die „toten Städte" allemal. Näheres findet sich in Kapitel 8.

Ein wichtiger US-amerikanischer Beitrag zur Moral des „Morale Bombing" kommt aus der Feder des Politologen Stephen Garrett. Seine Studie „Ethics and Air Power in World War II. The British Bombing of German Cities" (1993) ist hierzulande leider kaum bekannt. Eher geringe Beachtung finden bislang auch die kritischen Worte seines Landsmanns *John Rawls* (1921–2002), während des Zweiten Weltkriegs Marinesoldat im pazifischen Raum. Rawls schlug die ihm angebotene Offizierslaufbahn wegen der Abwürfe konventioneller und atomarer Bomben auf japani-

7 A. C. Grayling, Among the Dead Cities. Was the Alliied Bombing of Civilians in World War II a Necessity or a Crime? (deutsche Ausgabe 2007: „Die toten Städte. Waren die alliierten Bombenangriffe Kriegsverbrechen?").

sche Städte aus. Sein Hauptwerk „A Theory of Justice“ (1971) machte ihn zu einer Lichtgestalt der politischen Philosophie. Harvard-Professor Rawls hält die Flächenangriffe auf deutsche Städte zwar in ihrer frühen Phase, nicht aber seit dem Kriegswinter 1942/43 für rechtfertigungsfähig. Dies bedarf in seinem kantischen, handlungspflichtenorientierten Ansatz einer grundsätzlichen Begründung. Rawls liefert sie nur teilweise. Auch der von ihm gewählte Zeitpunkt ethischer Neubewertung, die Wende an der Ostfront („Stalingrad“), erscheint fragwürdig. In Kapitel 9 gehe ich darauf ebenso ein wie auf ethische Aspekte der Atombombenabwürfe von Hiroshima und Nagasaki. Herausgestellt sei, daß mit John Rawls eine der größten Autoritäten des angelsächsischen Geisteslebens plausible Ansätze einer Luftkriegsethik entwickelt – mit den reichen Mitteln seiner bewundernswert klaren Sprache.

Das Kapitel 10 und teilweise auch die Kapitel 11 bis 14 befassen sich aus unterschiedlicher Perspektive mit der Haager Landkriegsordnung (HLKO), die im Jahr 2007 ihren hundertsten Geburtstag gefeiert hat. Kein wirklich beglückendes Jubiläum, denn die HLKO gehört zu den am meisten unterschätzten Kodifikationen des Völkerrechts. Speziell das Thema „HLKO und Luftkrieg“ wird in der rechtswissenschaftlichen Literatur sträflich vernachlässigt. Der Einwand, eine „Landkriegs“ordnung von 1907 habe nichts mit Luftkrieg und der ausgefeilten Bombardierungstechnik der 1940er Jahre zu tun, erweist sich als Simplifikation. Auch der Hinweis, kein Völkerrechtler oder Politiker der Zwischenkriegszeit habe die HLKO als Instrument umfassender Luftkriegskontrolle betrachtet, wird der Komplexität der Materie nicht gerecht.[8] Zwar paßt der Schlüssel der HLKO nicht auf Anhieb ins Schloß des Luftkriegs, geeignete Argumentation läßt ihn aber geschmeidig werden. Wir müssen nur das reichhaltige Arsenal juristischer Methoden- und Interpretationslehre bedienen. Mit teleologischen, historischen und logisch-systematischen Auslegungselementen kann die HLKO sehr wohl zum Gradmesser strategischer Stadtangriffe werden – um so mehr, als sie ein Kind des Humanismus und der philosophischen Aufklärung ist.

Schwerpunktmäßig analysiere ich *Art. 25 HLKO*: „Es ist untersagt, unverteidigte Städte, Dörfer, Wohnstätten oder Gebäude, mit welchen Mitteln es auch sei, anzugreifen oder zu beschießen.“ Die Norm wirft eine Fülle schwieriger Auslegungsfragen auf – etwa hinsichtlich der Operation „Gomorrha“. Dieser Feuersturmangriff auf die Industriearbeiterviertel Hamburgs am 27./28. Juli 1943 forderte 35.000 Todesopfer (insgesamt kamen Ende Juli 1943 in Hamburg 40.000 Menschen durch Bomben um). War die mehr oder weniger in Rüstungsproduktion und

---

8 Siehe etwa H. Blix, Area Bombardment: Rules and Reasons, S. 41.

-transport involvierte Hamburger Arbeiterschaft vielleicht ein legitimes militärisches Ziel?

Wer eine Verletzung der HLKO durch strategische Luftschläge bezweifelt, sollte sich nicht gleich aus dem völkerrechtlichen Diskurs über Dresden und Hiroshima verabschieden. Ihm stellt sich die Aufgabe, das Demoralisierungsbomben auf seine Vereinbarkeit mit anderen Rechtssätzen prüfen. Vor allem deutschsprachige Autoren erkennen dabei Verstöße gegen *ungeschriebenes Kriegsgewohnheitsrecht*. Das mag angesichts der Zügellosigkeit des Luftkriegs verblüffen, ergibt bei näherer Analyse aber durchaus Sinn. Die Durchführung unterschiedsloser Flächenangriffe ist die eine, offene Bekenntnisse zu dieser Strategie die andere Seite der Medaille. Stellt man auf regierungsamtliche Erklärungen und die Verschleierungspropaganda der am Zweiten Weltkrieg beteiligten Staaten ab, dann könnte sich in der Tat ein gewohnheitsrechtliches Verbot des Area Bombing herauskristallisieren. Spannende Rechtsfragen harren der Antwort! Eine Wiederbelebung alter Traditionen offenbart sich in meinen Gedanken an ein unmittelbar geltendes „*Völkervernunftrecht*", das die Normen der HLKO ergänzen oder korrigieren könnte.

Das von der rechtswissenschaftlichen Methoden- und Argumentationslehre geprägte Kapitel 10 verfügt über ein entsprechendes Abstraktionsniveau. Es wurde in einem kleineren Schriftbild gedruckt und mit „Rechtstheoretischer Exkurs" übertitelt. Der rechtsdogmatisch und -theoretisch weniger interessierte Leser mag selber entscheiden, ob er dieses Kapitel mit seinen drei Unterkapiteln in die Lektüre einbezieht.

Auch *deutsche Bombenangriffe* sind beinahe zwangsläufig ein Thema dieses Buchs. Naive Schwarz-Weiß-Konturierungen und einseitige Schuldzuweisungen mögen Geschichtsideologen aller politischen Lager erfreuen – man denke an die Anti-Wehrmachtsaustellung der späten 1990er Jahre –, dem rationalen, differenzierend wertenden Leser wird dadurch aber nicht geholfen. Ist die Luftwaffe dem Haager Humanitätsideal im großen und ganzen gerecht geworden? Hat sie die Angriffe auf London, Coventry, Warschau, Rotterdam, Belgrad und Stalingrad im Einklang mit den Art. 23 b und g, 25 und 27 HLKO geplant und ausgeführt? Wie verhält es sich mit der Attacke durch Kampfflugzeuge der „Legion Condor" gegen das baskische Guernica im Spanischen Bürgerkrieg? Das als kurze Ergänzung geplante Kapitel wurde schließlich eines der längsten meiner Monographie. Es zeigt, welch vielfältige, von der Rechtswissenschaft unvollständig beantwortete Fragen die Kriegführung der Luftwaffe aufwirft. Hervorgehoben sei, daß die deutschen Luftstreitkräfte zu strategischen Einsätzen weniger taugten als die britischen und US-amerikanischen. Sie entfalteten ihr Potential vor allem im taktischen Bereich. Während taktische Luftschläge (regelmäßig) Fronteinsätze des Heers unterstützen und nur mittelbar zur Kriegsbeendigung beitragen sollen, sind strategische Bombenabwürfe – allein oder im Verbund mit anderen Bombardements – im Idealfall der Schlüssel zum militärischen Sieg. Luft- und nicht Land- oder Seestreitkräfte sollen den Feind unmittelbar in die Knie zwingen!

Die *Kapitel 12 bis 14* gelten entschädigungs- und strafrechtlichen Folgen einer Verletzung der HLKO. Einen Anknüpfungspunkt liefert Art. 3 des ihr zugrunde liegenden Abkommens (betreffend die Gesetze und Gebräuche des Landkriegs) vom 18. Oktober 1907: „Die Kriegspartei, welche die Bestimmungen der bezeichneten Ordnung verletzen sollte, ist gegebenen Falles zum Schadensersatze verpflichtet. Sie ist für alle Handlungen verantwortlich, die von den zu ihrer bewaffneten Machtgehörenden Personen begangen werden."

Was aber heißt „gegebenen Falles"? Internationales Vertragsrecht, das diesen Begriff hätte konkretisieren können, gab es 1945 nicht. Helfen könnten zwei gewohnheitsrechtlich anerkannte Institute: Entschädigung (Reparationen) und Genugtuung (Satisfaktion). Das Schlaglicht fällt auf die seit dem Versailler Vertrag berühmt-berüchtigten *Reparationen*, deren friedensstiftende Kraft in der Tat hinterfragt werden sollte. Immerhin liefert Versailles eine Blaupause – müssen konsequenterweise nicht auch die Spreng- und Brandbombenattacken gegen Dresden Reparationsansprüche ausgelöst haben? Falls ja: Wer ist oder war aktivlegitimiert, also zur Entgegennahme der Leistungen berechtigt? Wie verhält es sich mit der Passivlegitimation? Wer ist oder war zur Erbringung der Leistungen verpflichtet? Können Reparationsansprüche durch Verjährung oder (stillschweigenden) Verzicht des womöglich aktivlegitimierten Deutschen Reiches oder der ihm nachfolgenden Bundesrepublik Deutschland untergegangen sein?

Noch bewegender ist der strafrechtliche Aspekt. Sind Verstöße gegen die Art. 23 b und g, 25 und 27 HLKO (oder sonstiges Kriegsvölkerrecht) auch dann zu bestrafen, wenn die Täter für eine im großen und ganzen gerechte Sache gekämpft haben – etwa für einen demokratischen Rechtsstaat, der sich militärischer Attacken eines totalitären Unrechtsstaats erwehren mußte? Immerhin wächst dem Rechtsstaat hier tendenziell eine „Befreierrolle" zu; und wer verurteilt schon gern seine „Befreier", am wenigsten wohl der frühere Unrechtsstaat. Juristisch relevant ist diese Sichtweise aber nicht. Recht orientiert sich am Gleichheitssatz. Sachlich Gleiches muß von Trägern hoheitlicher Gewalt gleich behandelt werden, über Normverletzungen ohne Ansehen der Person des Täters oder seiner Staatsangehörigkeit so gleichartig wie möglich gerichtet werden. Alliierte Befehlshaber wie *Premierminister Winston Churchill* oder sein *Luftmarschall Arthur Harris* standen im Krieg gegen das nationalsozialistische

Deutschland nicht außerhalb des *Völkerstrafrechts*. Die Frage, ob sie vor einem Militär- oder sonstigen Tribunal hätten angeklagt werden müssen, ist legitim. Sie dient juristischen Erkenntnisinteressen. Obendrein kann sie eine Präventivfunktion erfüllen. Je objektiver und umfassender der Zweite Weltkrieg aufgearbeitet wird, desto größer wird die Chance auf dauerhaften Frieden und eine gerechte Weltordnung sein.

Deutschskeptische Autoren tun sich mit dieser Sichtweise schwer. Meist fordern sie, die historische Schuld delinquenter Nationalsozialisten (politisch korrekt: „deutsche Schuld“) nicht durch Analysen fremder Verbrechen zu *relativieren*. Aber wäre so etwas überhaupt möglich? Was heißt eigentlich „relativieren“? Eine rechtliche oder moralische Norm, derzufolge schwere Verbrechen den Unwertgehalt bestimmter andere Verbrechen schmälern, gibt es nicht. Vielleicht existiert sie in der Vorstellung von Menschen, die in einer weiteren Hinsicht „relativieren“, indem sie eigene individuelle Schuld (oder diejenige naher Angehöriger) auf viele Schultern verteilen und dadurch den vermeintlichen Rettungsanker deutscher Kollektivschuld ergreifen wollen. Je umfassender sie den Kreis der Schuldigen zeichnen, desto stärker, so hoffen sie wohl, könnte die Schuld des individuellen Übeltäters verblassen. Dies ist bei nüchterner Analyse aber keine ethische oder juristische Grundsatzfrage, sondern ein psychologisches Problem.

Wie dem auch sei: Keinesfalls entspricht es dem Zweck dieser Studie, zu „relativieren“ bzw. Schandtaten und Tote gegeneinander „aufzurechnen“ – womöglich in dem Bestreben, die bedrückendsten Jahre deutscher Geschichte in ein milderes Licht zu rücken. Auch hypothetische Strafverfahren gegen Churchill und andere Befehlshaber des Vereinigten Königreichs sind keine populistische Aufrechnung. Vernünftige nationale Identität kann es, ungeachtet der Vagheit dieses Begriffs, nur im Paket geben. Wer angesichts großartiger Momente in der tausendjährigen deutschen Geschichte Stolz empfindet, sollte auch fähig sein zu Scham und Trauer über den Niedergang politischer Moral im NS-Staat. Ferner sollte er sich um intellektuelle Redlichkeit gegenüber nichtdeutschen Kriegshandlungen bemühen. Nichts anderes geschieht im vorliegenden Buch. Apodiktische Klassifizierungen – etwa: Churchill war ein Kriegsverbrecher (bzw.: war kein Kriegsverbrecher) – sind keinesfalls leicht zu begründen. Sie setzen Informationen voraus, die in erster Linie ein zeitgenössisches Tribunal hätte beschaffen können. Folgende Fragen drängen sich auf: Was wußte der britische Premier vom Kriegsvölkerrecht? Welche Rolle spielen seine Kriegsziele? Wie wirken sich unterschiedliche völkerrechtliche Lehrmeinungen auf seinen Vorsatz und seine Schuld aus?

Eine seriöse Strafrechtslehre wird *alternative Lösungsvorschläge* nicht von vornherein ausschließen. Immerhin läßt sich der fiktive Verfahrensverlauf in verschiedenen Hypothesen mit jeweils klar formulierten Schlußfolgerungen erarbeiten. Das mag bescheiden klingen, ist aber viel mehr, als die Rechtswissenschaft in dieser brisanten Frage bisher geleistet hat. Konkretere Aussagen liefert Kapitel 14.

Die *Kapitel 15 und 16* beleuchten das verwegene Thema Erinnerungskultur. Bereits ein flüchtiger Blick dokumentiert die Intensität und Vielfalt, mit der die Bundesrepublik Deutschland, aber auch die Republik Österreich der Opfer des NS-Systems gedenken. Sinnfälliger Ausdruck ist die 2005 eingeweihte, monumentale Erinnerungsstätte für die ermordeten Juden Europas am Brandenburger Tor – ein quer durch die gesellschaftlichen Gruppen umstrittener, aber ästhetisch bemerkenswerter Entwurf, über dessen bleibenden Wert im Gefüge deutscher Geschichtsbewahrung künftige Generationen urteilen sollten. Einstweilen mag im Raume stehen, was ein nachdenklicher Zeitungsredakteur im Februar 2008 anzumerken wußte: „Unabhängig davon, wie man es findet, war es eine unerhörte Tat, dem vereinigten Deutschland eine ewige Erinnerung an seinen tiefen Fall ins demokratische Herz einzupflanzen."[9] Schwerer haben es Mahnmale für deutsche Opfer von Krieg und Gewaltherrschaft. Vor zehn Jahren wurde das Marine-Ehrenmal Laboe, von 1927 bis 1936 für die Gefallenen der Kaiserlichen Marine errichtet und nach dem Zweiten Weltkrieg als Mahnmal der Kriegsmarine genutzt, in eine „Gedenkstätte deutsche Marine" integriert. Diese verfolgt den Zweck, der „auf See Gebliebenen aller Nationen" zu gedenken.[10] Seitdem ist der wie der Steven eines Wikingerschiffs geformte Turm „Mahnmal für eine friedliche Seefahrt auf freien Meeren" und läßt die eindringlichen Gedenkworte im Inneren „Sie starben für uns. Den Lebenden zur Mahnung" als anachronistischen Fremdkörper erscheinen. Die Umwidmung wirft brisante Fragen auf, die in Laboe nicht konsequent gestellt, geschweige denn beantwortet werden – etwa diejenige, ob es schicklich ist, auf hoher See sterbende fremde Seeleute in einem deutschen Soldatenmahnmal zu ehren. Haben diese Personen oder ihre Angehörigen das etwa gewünscht? Vor allem aber: Sind Soldaten eines „autoritären Obrigkeitsstaats" (Kaiserreich) oder eines „totalitären Unrechtsstaats" (NS-System), die nach geläuterter Auffassung für kein legitimes Kriegsziel gekämpft haben, eines exklusiven Gedenkens unwürdig?

Laboe ist kein Einzelfall. Banalisierung und überakzentuierte Internationalisierung – mit dem stillschweigenden Ziel, das Gedenken an deutsche Opfer zu verwässern – drohen auch dem ambitionierten Projekt eines „Zentrums gegen Vertreibungen". Das liegt nicht nur an Interventionen

---

9 St. Dietrich, Sichtbare Zeichen, Frankfurter Allgemeine Zeitung, 9. Februar 2008.

10 F. Krautkrämer, Nicht viel übriggeblieben. Ein Mahnmal im Wandel, Junge Freiheit, 27. April 2007.

osteuropäischer Staaten, deren Repräsentanten sich der radikalen Aufarbeitung ruhmloser Teile ihrer eigenen Geschichte bislang entziehen.[11] Die flotte, aber intellektuell schwachbrüstige Sentenz „Deutsche Täter können keine Opfer sein“ scheint hartnäckiger in den Köpfen staatstragender Eliten verankert zu sein, als unbefangene Rationalisten sich das vorstellen mögen. Cui bono – Wem nutzt das? Diese Frage drängt sich über sechzig Jahre nach dem Ende der NS-Zeit stärker denn je auf.

Das Fehlen gedruckter oder elektronisch abrufbarer Listen deutscher Luftkriegsmahnmale überrascht daher nicht. Wer Kapitel wie „Bombenkrieg und Erinnerungskultur“ sowie „Dresden gedenkt“ gründlich vorbereiten will, kann sich auf eine mehrjährige Fleißarbeit einstellen (und stürzt die mit der Bitte um Auskunft angeschriebenen Personen mitunter in Ratlosigkeit). Ca. 150 Stadtarchive, historische Institute, Museen, Kultur- und Friedhofsämter in Deutschland und Österreich haben meine Anfragen – meist engagiert – beantwortet. Hervorgehoben seien die vorzüglichen Informationsschreiben der Städte Augsburg (Friedhofsamt), Bochum (Stadtarchiv), Chemnitz (Stadtarchiv), Erfurt (Stadtarchiv), Eschweiler (Heimatforscher Simon Küpper), Friedrichshafen (Stadtverwaltung), Gelsenkirchen (Institut für Stadtgeschichte), Graz (Kulturamt), Hannover (Bürgerbüro), Heilbronn (Stadtarchiv), Hildesheim (Pressestelle), Kassel (Stadtarchiv), Krefeld (Fachbereich Grünflächen), Leipzig (Stadtarchiv), Münster (Amt für Grünflächen und Umweltschutz – Friedhofswesen), Nordhausen (Amt für Kultur, Soziales und Bildung), Nürnberg (Stadtarchiv), Singen (Fachbereich Kultur/Schule/Sport/Ortsteile), Wesel (Fachbereich Stadtkultur – Team Archiv), Wiener Neustadt (Stadtarchiv), Wiesbaden (Amt für Grünflächen, Landwirtschat und Forsten), Witten (Stadtarchiv), Würzburg (Stadtarchiv) und Wuppertal (Stadtarchiv). Die meisten mir benannten, von einer größeren Öffentlichkeit kaum beachteten Gedenkstätten, Ruinen oder Friedhöfe habe ich aufgesucht.

Deutsche und österreichische Bombenkriegserinnerung erweist sich als vielfältig – ein weltanschaulicher Flickenteppich, in dem von national-

---

11 Ein beklemmendes Beispiel schildert die Sächsische Zeitung v. 8. April 2006: Drei Deutsche, die im schlesischen Bunzlau (Boleslawiec) Plakate mit drastischer Kritik an Vertreibungsverbrechen verbreitet hatten („Polen und Tschechen herzlich willkommen in der EU! Unsere Justiz arbeitet bereits fleißig, denn Mord verjährt nicht!“), wurden wegen „Beleidigung der polnischen Nation“ und „Aufstachelung zum Völkerhaß“ vom Landgericht Hirschberg (Jelenia Gora) zu Freiheitsstrafen von acht bis zehn Monaten verurteilt. Die Aussetzung der Strafen zur Bewährung ändert nichts am totalitären Charakter der Urteile. Die Botschaft Polens an Deutschland und die Europäische Union lautet: Offene Diskussionen über die Umstände der Zwangsaussiedlung Deutscher aus den Reichsgebieten östlich von Oder und Görlitzer Neiße sind unerwünscht und werden mit strafrechtlichen Repressalien unterbunden. Offenbar hat die Republik Polen den Lackmustest „freiheitlich-demokratische Grundordnung“ noch nicht in allen Facetten bestanden.

und christlich-konservativ bis hin zu deutschskeptisch jedes Webmuster vorkommt. Kostproben:

- *„Euch Lebende mahnen 3.330 Opfer des Bombenterrors“* (Berlin-Marzahn, Parkfriedhof)
- *12. März 1918 – „Auch Ihr starbt für das Vaterland“* (Koblenz, Hauptfriedhof)
- *„Es werden sich die Wunden schließen, die furchtbar der Barbar der Menschheit schlug“* (Chemnitz, Städtischer Friedhof)
- *„Krieg, den die Deutschen losgebrochen haben“* (Würzburg, Gedenkraum des historischen Rathauses)
- *„Gericht Gottes, das in den Jahren des Krieges über unser Volk hereinbrach“* (Berlin, Ruine der Gedächtniskirche)
- *„Wie viele starben? Wer kennt die Zahl? An Deinen Wunden sieht man die Qual der Namenlosen, die hier verbrannt im Höllenfeuer aus Menschenhand“* (Dresden, Heidefriedhof)
- *„Wehrlose Opfer der Willkür“* (Hildesheim, Nordfriedhof)
- *„Ihr Toten, Ihr Toten, was sollen wir tun“* (Hannover, Stadtfriedhof Ricklingen)
- *„Bomber Harris do it again“* (Spruchband „antideutscher Antifaschisten“ am 13. Februar 2004 auf dem Münchner Marienplatz)

Ein *zentrales Mahnmal für die Opfer des Luftkriegs* fehlt bislang. Entbehrlich ist ein solches Projekt aber keineswegs. Geschichte, auch die Leidensgeschichte vieler Deutscher, läßt sich nicht aufarbeiten, wenn man sie verdrängt. Die Tatsache, daß Deutsche während der NS-Diktatur grauenhafte Verbrechen begangen haben, ändert daran nichts. Wie die Opfer so sind auch die Täter Individuen. Mag es noch angehen, von „Opfervölkern“ zu sprechen, wenn Menschen wegen ihrer Abstammung, Nationalität oder Religion verfolgt werden, so ist der Begriff „Tätervolk“ unter rechtsethischen Vorzeichen kaum mehr tolerabel. Fragwürdig sind daher alle Versuche, den virulenten deutschen Verdrängungsmechanismus bis zum St. Nimmerleinstag zu perpetuieren. Sosehr Deutschland, dessen Name mit der größten Vertreibungswelle der Geschichte verknüpft ist, ein „Zentrum gegen Vertreibungen“ braucht, sosehr braucht es eine zentrale Gedenkstätte gegen unterschiedslosen und Terror-Luftkrieg. Kein anderes Land, Japan wohl ausgenommen, hat in gleichem Ausmaß unter dieser zivilisationsfeindlichen Kriegführung gelitten. Daß in einer solchen Gedenkstätte auch der Opfer deutscher Luftangriffe sowie der von alliierten Bombern getöteten Kriegsgefangenen und Zwangsarbeiter gedacht werden sollte, versteht sich von selbst. Sensible Erinnerungskultur unterscheidet nicht zwischen Opfern erster und zweiter Klasse. Deutsche und Nichtdeutsche, Männer, Frauen und Kinder, Akademiker und Arbeiter,

Soldaten und Kriegsgefangene – im Antlitz des Todes waren sie miteinander vereint.

Das Projekt kann, muß aber nicht in Berlin realisiert werden, wo die langfristige Wirkung konkurrierender Erinnerungsstätten einstweilen kaum abschätzbar ist. Abstumpfungseffekte bei Besuchern und politisch Verantwortlichen sind nicht von vornherein auszuschließen. Gleiches gilt für die unerfreuliche Vision, Berlin könne zum Ziel eines formidablen Erinnerungstourismus werden. Vorstellen kann man sich ein „Zentrum wider den totalen Krieg" in Dresden. Dort ist die Scheußlichkeit des unterschiedslosen Bombenkriegs zum symbolträchtigen Fanal herangereift. An welcher Stelle aber soll das Zentrum entstehen: auf den Elbwiesen (wo Abertausende Zuflucht vor dem „Höllenfeuer aus Menschenhand" suchten), nahe der wiedererstandenen Frauenkirche, am Bahnhof (wo der Bombentod die wohl reichste Ernte hielt) oder auf dem Altmarkt? Einiges spricht für diesen großen innerstädtischen Platz. Vom 20. Februar bis zum 5. März 1945 kam es hier zu einem in der Menschheitsgeschichte einmalig bizarren Vorgang: der Verbrennung vieler Tausend von Verwesung bedrohter Bombenleichen.

Dieses Buch wäre nie zustande gekommen ohne die mir jahrzehntelang gewährte Hilfe. Ich danke meiner Mutter Renate Schumacher und meinem 2003 verstorbenen Vater Georg Schumacher. Beide haben während und nach den großen Weltbränden eine Menge Leid erfahren. Mit sechs Jahren mußte mein Vater 1919 wegen seiner deutschen Staatsangehörigkeit das ihm zur Heimat gewordene Antwerpen verlassen. Als Halbwaise des Ersten Weltkriegs verbrachte er entbehrungsreiche Jugendjahre in Köln, wo seine Mutter 1943 zweimal ausgebombt wurde (das zweite Bombardement überlebte sie als einziger Bewohner eines großen Altbaus). Nach der Entlassung aus amerikanischer Gefangenschaft durfte mein Vater nicht in die spätere Wahlheimat Ostpreußen zurückkehren. Von dort floh meine Mutter im Januar 1945 mit ihren Eltern vor der heranrückenden Roten Armee. Um ein Haar wäre sie am Abend des 13. Februar 1945 in das Dresdner Inferno geraten. Derart schlimme Erfahrungen blieben mir als Nachkriegsgeborenem erspart. Der Anblick von Trümmergrundstücken und rudimentären Hausfassaden, die ich als Achtjähriger 1960 in Köln und anderswo sah, hat mich dennoch geprägt. Begriffe wie „Ruinenästhetik"[12] lösen zwiespältige Gefühle in mir aus. Die Bereitschaft zur Ästhetisierung des Grauens setzt eine innere Distanz voraus, die dem heute Dreißigjährigen leichter fallen mag als dem Fünfzig- oder Siebzigjährigen.

---

12 Siehe H. Böhme, Die Ästhetik der Ruinen.

Ein Bruder meiner Mutter geriet als achtzehnjähriger Soldat während der alliierten Invasion in britische Kriegsgefangenschaft. Er starb am 23. September 1944 in Mittelengland und ruht auf dem Soldatenfriedhof Cannock Chase. Wir Menschen neigen dazu, angesichts des bedrückenden Phänomens Tod die Sinnfrage zu stellen. Mag der frühe Tod meines Onkels, wie das Sterben Millionen anderer Menschen in diesem Krieg, nicht ganz vergebens sein. Er sollte uns Nachgeborene zum Frieden mahnen. „Mortui viventes obligant" heißt es am Ehrenhain des Duisburger Waldfriedhofs.

Herzlich danke ich Herrn Prof. Dr. Ralf Dreier, emeritierter Ordinarius für Allgemeine Rechtstheorie an der Universität Göttingen, der Anfang der 1980er Jahre meine Dissertation „Rezeption und Kritik der Radbruchschen Formel" betreut hat. Deren Thema war das Verhältnis von Natur- bzw. Vernunftrecht und staatlich gesetztem Recht, vor allem unter dem Gesichtspunkt des „gesetzlichen Unrechts" im NS-Staat. Auch mein neues Buch hat Ralf Dreier mit wertvollen Anregungen bereichert. Weiterer Dank gilt drei Historikern. Jörg Friedrichs populärwissenschaftliche, auch in ihrer fesselnden Sprache beeindruckende Monographie „Der Brand. Deutschland im Bombenkrieg 1940–1945" hat meine Sensibilisierung für dieses Thema richtunggebend gestärkt. Als wahre Fundgrube erwiesen sich die Veröffentlichungen des Luftkriegsexperten Dr. Horst Boog: ideologiefrei, argumentereich, analytisch klar und von beispielhafter Durchdringungstiefe. Bewegt las ich auch die erhellende, nur wenigen Kennern vertraute Studie „Pforzheim. Code Yellowfin" der deutsch-amerikanischen Geschichtswissenschaftlerin Ursula Moessner-Heckner, die als Schülerin am 23./24. Februar 1945 den albtraumhaften Untergang ihrer Heimatstadt und den Feuertod vertrauter Menschen miterleben mußte.

Nicht vergessen möchte ich meine Freunde. Nicht wenige haben Schicksalsschläge erlitten: Familie Faas, die jahrelang unverschuldet von einer Kalamität in die nächste geriet, oder Familie Kallenbrunnen, deren 18jährige Tochter Patrice im Januar 2004 durch eine unfaßbare Ursachenkette unter einen Bus geriet und starb. Und ich denke an Ruth, eine künstlerisch-kreative, idealistische Frau, die im Juli 2006 von einem herabfallenden, zentnerschweren Eichenast getroffen wurde. Sie liegt im Wachkoma.

Nach Jahrzehnten der Starre und Tabus ist Bewegung in die Diskussion um die Flächenangriffe des Zweiten Weltkriegs gekommen. Mögen die ethischen und rechtwissenschaftlichen Analysen dieses Buches neue Denkanstöße liefern!

Dresden, 13.–15. Februar 1945

In der Nacht vom 13. zum 14. Februar 1945 griff die Royal Air Force (RAF) *Dresden* in zwei Wellen (double blow) mit 772 viermotorigen Lancaster-Bombern an. Sie warf insgesamt 1.478 Tonnen gewöhnliche Sprengbomben und Blockbuster (Wohnblockknacker = hochexplosive Minenbomben) sowie 1.181 Tonnen Stabbrandbomben über dicht besiedeltem Gebiet ab: Dresden-Altstadt, angrenzende Bezirke und Südvorstadt. Die deutsche Luftabwehr hatte den Angreifern kaum etwas entgegenzusetzen. Zuvor in Dresden stationierte Kanonen waren Mitte Januar an die 120 km entfernte Ostfront verlegt worden; nur wenige Abfangjäger mit unzureichenden Treibstoffmengen stellten sich den Bombern entgegen. Ein einziges deutsches Flugzeug, wohl die Maschine eines Kuriers, wurde im Dresdner Luftraum gesichtet.[13] Es ist nicht sicher, aber doch sehr wahrscheinlich, daß die Westalliierten dank intensiver Luftaufklärung über die unzureichende Verteidigung der Stadt informiert waren.[14]

Der erste Angriff auf die nachtdunkle Stadt begann um 22:03 Uhr und endete um 22:28 Uhr – perfekt inszeniert von einer Elitestaffel der RAF: der Bomber Group Five. Nach der Markierung des Zielareals mit Magnesiumleuchtbomben wurden die viermotorigen Lancaster von dem in großer Höhe kreisenden Masterbomber (master of ceremonies) in die Startaufstellung gerufen. In festgelegter, eingeübter Reihenfolge klinkten die Besatzungen ihre zerstörerische Fracht aus. Die zuerst abgeworfenen Wohnblockknacker erzeugten Druckwellen, deckten Dächer ab, zertrümmerten Fenster und ließen Brandmauern einstürzen. Alsdann regneten schmale Brandstäbe in die ungeschützten, „geknackten“ Häuser mit ihren kaminartigen Luftströmungen. Zuletzt kamen die Sprengbomben zum Einsatz. Sie zerstörten Wasserleitungen, verkraterten die Straßenoberfläche und verhinderten fast vollständig den Einsatz von Löschtrupps. Die Folge waren Großbrände, die sich schließlich zu einem einzi-

---

13 Über Einzelheiten der Angriffe informieren die Standardwerke von G. Bergander, Dresden im Luftkrieg; D. Irving, Der Untergang Dresdens; W. Schaarschmidt, Dresden 1945. Daten/Fakten/Opfer; F. Taylor, Dresden Tuesday 13 February 1945; siehe auch die komprimierte Darstellung von F. Reichert, Verbrannt bis zur Unkenntlichkeit, im Katalog der gleichnamigen Ausstellung (von 1995) des Stadtmuseums Dresden. Literarisch verarbeitet werden die Luftschläge in einem Antikriegsroman, dem Bestseller „Schlachthof 5“ des deutschstämmigen US-Amerikaners K. Vonnegut.

14 Anderer Ansicht ist G. Bergander, Dresden im Luftkrieg, S. 47.

gen Flammenmeer vereinigten. Dresden wurde überragt von einer gigantischen Heißluftsäule, die Abertausende Tonnen Sauerstoff ansaugte und einen orkanartigen „Feuersturm" entfachte.

Eine nachrückende „Second Blow"-Staffel – bestehend aus Bombern der Gruppen Eins, Drei, Sechs und Acht – warf von 1:30 Uhr bis 1:55 Uhr weitere Spreng- und Brandbomben in dieses Inferno hinein. Bedeutsamer war allerdings ihr spontaner Entschluß, angrenzende Wohnviertel, den Hauptbahnhof sowie den Großen Garten, in den viele Menschen vor dem ersten Angriff geflohen waren, zu bombardieren. Das tückische, auf ein Höchstmaß an Vernichtung abzielende Doppelangriffsmodell hatten die Briten mehrmals erprobt – mit besonders makabrem „Erfolg" am 11./12. September 1944 in Darmstadt.[15] Wer sich glücklich pries, bei der ersten furchtbaren Angriffswelle mit dem Leben davongekommen zu sein, wurde unversehens von der ebenso zerstörerischen zweiten heimgesucht.

15 km^2 bebaute Fläche, mehr als je zuvor bei einem Großangriff auf eine deutsche Stadt, wurden zerstört oder beschädigt. Das herrliche „Elbflorenz", die fürstliche Residenzstadt mit ihrem Reichtum an barocker Architektur und bildender Kunst, ging in der Feuerhölle zugrunde. Tagelang noch stürzten Gebäude in sich zusammen: die monumentale Frauenkirche, ein Kronjuwel protestantischer Kirchenbaukunst, am 15. Februar 1945.

Militärische Ziele wie der Flughafen Dresden-Klotzsche oder die Albertstadt-Kasernen drei Kilometer nördlich des Zentrums wurden ebensowenig attackiert wie Rüstungsbetriebe für Radargeräte, elektronische Bauteile und Zünder für Flakgeschosse am Rande der Stadt.[16] Zwar gab es auch im Zentrum Betriebe der Elektro-, Werkzeug- und optischen Industrie, deren Erzeugnisse u. a. der Wehrmacht zugute kamen[17] – allerdings „im Rüstungsausstoß nicht vor Monaten".[18] Nicht nur aus heutiger, auch aus damaliger Sicht war eine Zerstörung dieser Betriebe relativ sinnlos, weil der Krieg gegen das Deutsche Reich de facto entschieden war und mit Kampfhandlungen über viele Monate hinweg nicht mehr gerechnet werden mußte. Die meisten dieser Fertigungsstätten (z. B. Goehle-Werk, Brückner & Kanis, Kelle & Hildebrandt, Sachsenwerk u. a.) blieben im

15 J. Friedrich, Der Brand, S. 359: Darmstadt „galt hinfort als der Referenzangriff der Bomber Commands. Er diente als Muster für Dresden. Darmstadt und Dresden sind Muster und Vorstellung"; ebenda, S. 290 f., zu einem Doppelangriff auf Saarbrücken am 5. Oktober 1944.

16 Siehe R. Neillands, Der Krieg der Bomber, S. 372.

17 H. Schulz, Rüstungsproduktion im Raum Dresden 1933–1945, passim.

18 Rüstungsminister Albert Speer am 3. April 1945; zitiert nach O. Groehler, Geschichte des Luftkriegs 1910–1980, S. 458.

Luftaufnahme von Dresden durch die britische 542. RAF-Aufklärungsstaffel am Mittag des 14. Februar 1945

übrigen verschont und konnten ihre Produktion nach dem 15. Februar 1945 fortsetzen.[19]

Davon abgesehen fragt sich, ob die Existenz von Zulieferbetrieben, die es in vergleichbarer Anzahl in den meisten deutschen Groß- und Mittelstädten gab, den Vernichtungsangriff auf Dresden auch nur annähernd erklären kann. Selbst die Royal Air Force hatte 1942 in der Stadt „kein lohnendes Ziel für einen konzentrierten Angriff" gesehen.[20] Das mag angesichts der Zunahme rüstungsrelevanter Warenfertigung Anfang 1945 nicht mehr uneingeschränkt gegolten haben. Mehrere Rüstungsbetriebe waren in die sächsische Metropole verlagert worden, weil sie vor alliierten Luftangriffen auf Berlin und Braunschweig geschützt werden sollten oder infolge des Vorrückens alliierter Verbände nicht an alter Stelle – bspw. in Posen, Saargemünd und Aachen – weiterproduzieren konnten.[21] Allemal plausibler wäre jedoch die Zerstörung von Nachschubverbindungen zur deutschen Ostfront gewesen. Der strategisch bedeutsame Verschiebebahnhof Friedrichstadt westlich der Innenstadt wurde aber erst bei Tagesangriffen der United States Army Air Force (USAAF) und ihrer „Flying Fortresses" („Fliegende Festungen", schwere viermotorige Bomber) am 14. und 15. Februar getroffen, ohne allerdings größere Schäden zu erleiden. „Wie von einer charakteristischen Ironie geleitet, wurden die Schienenwege der Stadt, Vorwand für das alliierte Bombardement, alles in allem kaum beschädigt. Innerhalb weniger Tage fuhren wieder Züge durch die Stadt."[22]

Aufwühlend schildern deutsche Schriftsteller das Inferno des 13. bis 15. Februar 1945. Trauer und Zorn mischen sich in die bildhafte Sprache des aus Dresden stammenden Erich Kästner: „Die Stadt Dresden gibt es nicht mehr. Sie ist, bis auf einige Reste, vom Erdboden verschwunden. Der Zweite Weltkrieg hat sie, in einer einzigen Nacht und mit einer einzigen Handbewegung, weggewischt. Jahrhunderte hatten ihre unvergleichliche Schönheit geschaffen. Ein paar Stunden genügten, um sie vom Erdboden fortzuhexen. ... Noch heute streiten sich die Regierungen der Großmächte, wer Dresden ermordet hat. Noch heute streitet man sich, ob unter dem Garnichts fünfzigtausend, hunderttausend oder zweihunderttausend Tote

---

19 H. Schulz, Rüstungsproduktion im Raum Dresden 1933–1945, S.113.

20 Zitiert nach G. Bergander, Kalkül und Routine, S. 12.

21 H. Schulz, Die Rüstungsproduktion im Raum Dresden 1933–1945, S. 109. Gleichwohl betont Schulz, a. a. O., S. 113, „daß die Rüstungsindustrie im Raum Dresden ... zu keinem Zeitpunkt Ziel der alliierten Luftstreitkräfte war".

22 M. Hastings, Armageddon, S. 386; noch unverblümter J. F. Ch. Fuller, Der Zweite Weltkrieg 1939–1945, S. 372 f.: „Als Entschuldigung für diesen Akt von Vandalismus diente die Tatsache, daß Dresden ein Eisenbahn- und Straßenzentrum war und daß es notwendig war, die Deutschen daran zu hindern, Truppen durch die Stadt zu senden, um den russischen Vormarsch aufzuhalten. Doch alles, was nötig gewesen wäre, um diese Verbindungen zu neutralisieren, war, ihre Ausgänge unter beständigem Luftbombardement zu halten."

liegen. ... Bestraft künftig die Regierungen und nicht die Völker! Und bestraft sie nicht erst hinterher, sondern sofort! Das klingt einfacher, als es ist? Nein, das ist einfacher, als es klingt."[23]

Der Schlesier Gerhart Hauptmann erlebte die Katastrophe als Patient eines Dresdner Sanatoriums: „Wer das Weinen verlernt hat, der lernt es wieder beim Untergang Dresdens. Dieser heitere Morgenstern der Jugend hat bisher der Welt geleuchtet. Von Dresden aus, von seiner köstlichen gleichmäßigen Kunstpflege in Musik und Wort, sind herrliche Ströme durch die Welt geflossen, und auch England und Amerika haben durstig davon getrunken. Haben sie das vergessen? Ich habe den Untergang Dresdens unter der Sodom- und Gomorrha-Hölle der feindlichen Flugzeuge persönlich erlebt. Ich stehe am Ausgangstor meines Lebens und beneide meine toten Geisteskameraden, denen dieses Erlebnis erspart geblieben ist. ... Ich bin nahezu 83 Jahre alt und stehe mit einem Vermächtnis vor Gott, das leider machtlos ist und nur aus dem Herzen kommt; es ist die Bitte, Gott möge die Menschen mehr lieben, läutern und klären zu ihrem Heil als bisher."[24]

1944 hatte Dresden 700.000 gemeldete Einwohner. Dazu gesellten sich im Februar 1945 ausländische Kriegsgefangene und Zwangsarbeiter sowie armselige Scharen flüchtender Frauen, Kinder und älterer Männer aus dem deutschen Osten, vornehmlich aus Schlesien. Nach groben Schätzungen hielten sich 950.000 bis 1.300.000 Menschen in der sächsischen Metropole auf.[25] Sie hatten so gut wie keine Erfahrungen mit dem Luftkrieg; zweimal nur – am 7. Oktober 1944 und 16. Januar 1945 – war Dresden von kleineren Verbänden angegriffen worden. Das geflügelte Wort vom „Reichsluftschutzkeller Dresden", eine Anspielung auf die vielen Evakuierten aus dem Westen des Reichs, erwies sich als Euphemismus. Kein Bunker konnte die Bedrängten aufnehmen, die obendrein – wie anderswo in Deutschland auch – keineswegs optimal über Luftschutz informiert waren. Nur wenigen war bewußt, daß tiefe Keller oft Todesfallen waren.[26] Die Opfer Dresdens wurden von explodierenden Bomben oder Gesteinstrümmern erschlagen, verbrannten oder erlitten einen tödlichen

---

23 E. Kästner, Als ich ein kleiner Junge war, S. 51 f.

24 Zitiert nach F. Kurowski, Dresden. Februar 1945, S. 2; A. Rodenberger, Der Tod von Dresden, S. 5.

25 W. Schaarschmidt, Dresden 1945, S. 33, mit weiteren Nachweisen; G. Bergander, Dresden im Luftkrieg, S. 210–215, errechnet nachvollziehbar die Zahl 950.000; die niedrigste Schätzung liefern F. Reichert, Verbrannt bis zur Unkenntlichkeit, S. 54, und W. Post, Die Opfer von Dresden, S. 32: 566.738 Einwohner plus ca. 100.000 Flüchtlinge und Umquartierte. Diese Einwohnerzahl beruht auf einer Statistik des Winters 1946/47 und läßt Dresdner Frontsoldaten außer Betracht.

26 U. Moessner-Heckner, Pforzheim. Code Yellowfin, S. 54: „Reichspropagandaminister Dr. Joseph Goebbels ... befürchtete, detaillierte Berichte über Feuerstürme in Hamburg, Wuppertal und Kassel könnten bei der Bevölkerung zu Panik führen. Vor allem aus diesem

Hitzschlag, erstickten an Sauerstoffmangel oder starben durch Rauch- sowie Kohlenmonoxidvergiftung.

Leidenschaftliche Diskussionen entzünden sich an der Frage, ob Zuflucht suchende Menschen am 13./14. Februar 1945 auf den Elbwiesen, im Großen Garten sowie an Ausfallstraßen aus Bordwaffen britischer und US-amerikanischer Begleitjäger beschossen worden sind. Wurde derartigen Schilderungen jahrzehntelang kaum widersprochen, so scheint das Pendel seit Götz Berganders Monographie „Dresden im Luftkrieg" (Erstauflage 1977) zur anderen Seite auszuschlagen. Der Terminus „Luftkriegslegende" könnte sich zum geflügelten Wort entwickeln.[27] Der „Dresdner Historikerstreit" hat ein weiteres Reizthema, das den heftigen Kontroversen um die Zahl der Bombentoten nur wenig nachsteht (siehe das Kapitel „Wie viele starben in Dresden?"). „Tiefangriffe bei Nacht, Abregnen von Phosphor, amerikanische Tiefangriffe am Tage und dabei ein fast noch größeres Blutbad – das sind neben den gigantischen Flüchtlings- und Todeszahlen die hartnäckigsten Legenden im Zusammenhang mit dem Untergang Dresdens."[28] Ein engagierter Autor berichtet von „massiven Anfeindungen", weil er die These von den Tiefangriffen für widerlegt hält.[29]

Berganders Skepsis gegenüber dieser These[30] wird gestützt durch eine weitere Studie auf beachtlichem logisch-analytischen Niveau: „Tiefflieger über Dresden? Legenden und Wirklichkeit" von Helmut Schnatz. Die Überlegungen beider Autoren seien hier nur knapp skizziert; denn selbst deren Kritiker behaupten nicht, daß der (vermeintliche) Bordwaffenbeschuß an die Bedeutung der beiden britischen Nachtangriffe heranreicht. Insofern dürfte breite Übereinstimmung zu erzielen sein, zumal auch Schnatz die westalliierte Luftkriegführung differenziert betrachtet. Den aggressiven Charakter des strategischen Doppelschlags der RAF stellt er deutlich heraus: „Die Zielsetzung der beiden nächtlichen Angriffe war, das kann nach ihrer operativen Planung nicht bezweifelt werden, in ihrer Anlage nicht nur gegen die Stadt als eine Ansammlung von Gebäuden und Wirtschaftsbetrieben gerichtet, sondern auch darauf, so viele Nichtkombattanten wie möglich umzubringen."[31]

Grund ließ er das deutsche Volk nicht über die besten Maßnahmen zum Schutz gegen solche Angriffe aufklären. ... Verschwiegen wurde, daß im Falle eines Flächenangriffs die Menschen sofort nach Abwurf der Bomben den Keller verlassen mußten."

27 Bereits 1965 taucht der Terminus „Legende" im Titel eines Buchs von Walter Weidauer auf: Inferno Dresden. Über Lügen und Legenden um die Aktion „Donnerschlag".

28 G. Bergander, Dresden im Luftkrieg, S. 186 f.

29 H. Schnatz, Der Luftangriff auf Swinemünde, S. 10.

30 G. Bergander, Dresden im Luftkrieg, S. 192–209.

31 H. Schnatz, Tieffieger über Dresden?, S. 163.

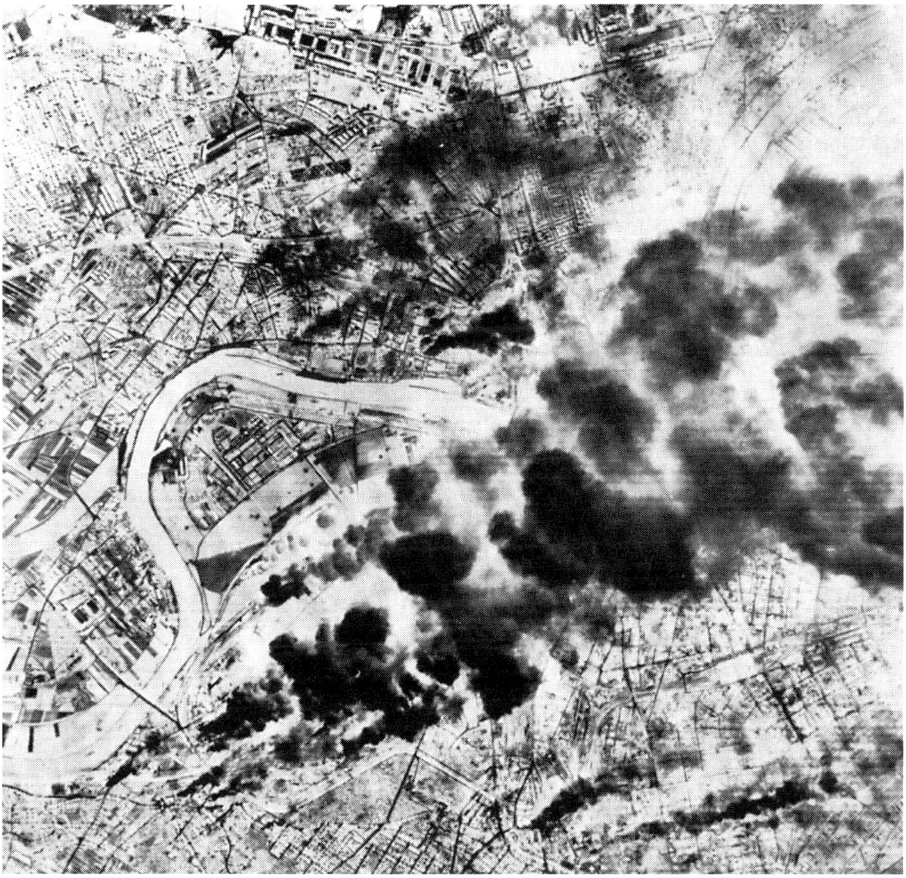

Aufnahme des britischen Luftbombardements von Dresden

In Reichweite ist der Konsens auch beim Thema *britische Tiefangriffe*. Solche Angriffe hat es in einem weiten Sinne des Wortes gegeben; tieffliegende Markierer und Pfadfinder begleiteten die Bomberströme der RAF in der Nacht vom 13. zum 14. Februar 1945. Allerdings verfügte nur ein Teil dieser Begleitflugzeuge, Nachtjäger vom Typ Mosquito, über Bordwaffen der angeblich nach dem Ende der zweiten Angriffswelle verwendeten Art. Auch die Mosquitos scheiden aber aus zeitlichen Gründen oder zumindest unter den thermischen Bedingungen des mittlerweile entstandenen Feuersturms für Tiefangriffe aus. Die These, britische Begleitjäger hätten in Dresden Bordwaffen gegen Zivilisten eingesetzt, kann daher als widerlegt gelten.[32]

32 Sehr ausführlich wiederum H. Schnatz, Tieflieger über Dresden?, S. 44–69; siehe auch G. Bergander, Dresden im Luftkrieg, S. 193: „Die Erzählungen über nächtliche Tiefangriffe sind inzwischen in keinem ernstzunehmenden Beitrag mehr vorgebracht worden.“

Komplizierter verhält es sich mit den *US-amerikanischen Tieffliegern*. David Irving beschreibt deren Einsatz nach dem großen Tagesangriff vom 14. Februar 1945 wie folgt: „Es waren die Mustang-Jäger, die plötzlich sehr niedrig über der Stadt auftauchten und auf alles feuerten, was sich bewegte, und mit Maschinengewehren auf die in der Stadt fahrenden Lastwagenkolonnen schossen. Ein Teil der Mustangs konzentrierte sich auf die Flußufer, wo sich zahllose ausgebombte Menschen angesammelt hatten. Ein zweiter Teil griff Ziele im Gebiet des Großen Gartens an. ... Überall wo Menschenkolonnen auf den Straßen nach oder aus der Stadt dahinzogen, wurden sie von Jägern angegriffen und mit Maschinengewehren oder Bordkanonen beschossen. Zweifellos wurden viele Menschen in der Stadt ein Opfer dieser Bordwaffenangriffe im Tiefflug, die später ein ständiges Merkmal amerikanischer Angriffe werden sollten."[33]

Dieses Szenario erscheint angesichts der vielerorts beschriebenen Tieffliegereinsätze gegen Zivilisten nicht von vornherein irreal.[34] Wer die im Kern übereinstimmenden Aussagen verständiger Beobachter als „Legende" abtut, trägt die Beweislast für die Richtigkeit seiner Behauptung. Theorien über vermeintliche Wahrnehmungsstörungen oder Phantasmagorien leidgeprüfter Menschen setzen sich einer schwer zu überwindenden Hürde aus: der offensichtlichen Vielzahl an Zeugen.[35] Etliche Aussagen mag man mit Logik, profundem technischen Verständnis und geschichtswissenschaftlichem Scharfsinn entkräften; bezogen auf die Gesamtheit der Berichte wird das aber zur Sisyphusaufgabe.[36] Eher spekulativ klingt die Vermutung, Zeitzeugen hätten den Abschuß deutscher Jäger durch die USAAF mit Tieffliegerangriffen gegen Zivilisten verwechselt.[37] Dies gilt zumindest dann, wenn solche Fehlwahrnehmungen als Massenphänomen beschrieben werden.

Auch der Hinweis auf die „zügige Räumung" des Dresdner Luftraums nach dem Tagesangriff der USAAF widerlegt die Tieffliegerthese nicht

33 D. Irving, Der Untergang Dresdens, S. 227, ähnlich H. Rumpf, Der hochrote Hahn, S. 134; wohl nicht ganz vorurteilsfrei M. Seydewitz, Zerstörung und Wiederaufbau von Dresden, S. 80. „Aber damit hatten die Herren vom Oberkommando der anglo-amerikanischen Luftwaffe immer noch nicht genug. Am nächsten Tage wurde der Mord an den Dresdnern fortgesetzt."

34 F. Kurowski, Dresden. Februar 1945, S. 136: „Viele Besatzungen der Begleitverbände machten sich nach ihren Einsätzen selbständig und griffen einzelne Menschen an. Zahlreiche Zeugenaussagen belegen diese makaberen Menschenjagden" (Zeugenaussagen im Archiv Kurowskis).

35 W. Schaarschmidt, Dresden 1945, S. 54.

36 H. Schnatz, Tiefflieger über Dresden?, S. 124–137 („Widersprüchliches und Ungereimtes in Literatur und Zeugenaussagen"), schildert unstimmige, teilweise kuriose Einlassungen. – Wie aber verhält es sich mit den übrigen Zeugenaussagen? Alle relevanten öffentlichen und privaten Archive sollten geöffnet, alle ereignisnahen Bekundungen von Zeitzeugen einmal gründlich auf ihren sachlichen Gehalt untersucht werden.

37 Siehe etwa H. Schnatz, Tiefflieger über Dresden?, S. 138–144.

mit letzter Eindeutigkeit. Spontaner Bordwaffenbeschuß einzelner Menschengruppen bedarf keiner generalstabsmäßigen Planung. Die US-Jäger hätten nicht viel Zeit dafür gebraucht – sieht man einmal davon ab, daß sie sich (überwiegend im Sturzflug) aus einer Flughöhe von 7.000 bis 9.000 Metern auf eine Operationshöhe von wenigen hundert Metern hätten begeben müssen.[38]

Andererseits läßt das schmale Zeitfenster nach dem US-Großangriff nur die Möglichkeit weniger Tiefeinsätze zu, die obendrein kaum von langer Hand geplant worden sein können.[39] Dafür sprechen auch die knapp bemessenen, nicht für umfangreiche Bodeneinsätze vorgesehenen Treibstoffvorräte der USAAF-Mustangs.[40] Allerdings existierte eine generelle Weisung, Tiefangriffe „on withdrawal" („beim Rückzug") zu fliegen. Ein Befehl, unmittelbar nach dem Abwurf der letzten Bombe – um den Preis vielfältiger Selbstgefährdung – mit einer Treibjagd auf Dresdner Zivilisten zu beginnen, ist daraus schwerlich herzuleiten. Realistisch betrachtet können die von Zeugen bekundeten Tiefangriffe des 14. Februar 1945 nur Exzeßhandlungen einiger fanatischer, vielleicht deutschfeindlicher Piloten gewesen sein. Irvings Darstellung bedarf insoweit einer bedeutsamen Korrektur.

Schnatz weist obendrein auf die Nichterwähnung von Tieffliegereinsätzen in amerikanischen Militärberichten hin. Ist dieser Aspekt aber so beweiserheblich, wie Schnatz es dem Leser suggeriert? Kann aus dem Schweigen amerikanischer Protokollführer wirklich auf eine „Luftkriegslegende" geschlossen werden? Eher nicht; kaum ein Soldat dürfte daran interessiert sein, Massaker an Zivilisten zu dokumentieren und dadurch sich oder seine Kameraden der Gefahr späterer Strafverfolgung auszusetzen. Da aus physikalisch-technischen Gründen nur wenige Tiefangriffe auf Dresdner Zivilisten stattgefunden haben können, greift auch das Argument einer (vermeintlichen) Übereinstimmung deutscher und US-amerikanischer Protokollüberlieferungen nicht.[41] Zwar steht in den Protokollen der Luftwaffe tatsächlich nichts über Bordangriffe auf Dresdner Zivilisten; dies läßt sich aber einleuchtend erklären. Vermutlich hat die Reichsluftaufklärung die wenigen Attacken kaum wahrgenommen oder als bedeutungslos eingestuft. Gemeinsame deutsch-amerikanische Vertu-

---

38 Anderer Ansicht wiederum H. Schnatz, Tiefflieger über Dresden?, insbesondere S. 108–123.

39 Dafür sprechen auch die aufgrund der Brände schlechten Sichtverhältnisse im Dresdner Luftraum; H. Schnatz, Tiefflieger über Dresden?, S. 84–89; zur Flughöhe der US-Jäger und den daraus resultierenden Risiken H. Schnatz, ebenda, S. 89–93.

40 Hierzu und zu einigen weiteren Kapazitätsaspekten H. Schnatz, Tiefflieger über Dresden?, S. 93–123; eine diskussionswürdige Replik zum Treibstoffargument liefert W. Schaarschmidt, Dresden 1945, S. 56 f.

41 So aber H. Schnatz, Tiefflieger über Dresden?, S. 123.

schungspläne brauchten daher nicht ausgeheckt zu werden. Schnatz, der das auffällig thematisiert, hat sich hier argumentativ verrannt.[42]

Vehemente Kritik an Bergander und Schnatz entzündet sich an der relativen Geringschätzung des Zeitzeugenbeweises durch beide Historiker: „Anstatt sich bei den Tätern nach der Wahrheit umzusehen, hätte es Autoren wie Götz Bergander gut angestanden, die Opfer aufzusuchen und sich deren Kenntnisse von den Vorkommnissen in und bei Dresden anzueignen."[43] Diese Kritik könnte einen berechtigten Kern haben. Dennoch überzeugt sie nur zum Teil. Die Analysen von Bergander und Schnatz offenbaren Scharfsinn sowie eine detaillierte Auswertung der thermischen und optischen Gegebenheiten des 13. und 14. Februar 1945. Beträchtliche Sachkunde in Fragen der Flugtechnik sowie der Abläufe strategischer Luftangriffe von RAF und USAAF am Ende des Zweiten Weltkriegs kommen hinzu. Mögen einzelne Schlußfolgerungen von Schnatz auch überakzentuiert sein, so sind ihm und Bergander doch maßgebende Fortschritte der Tiefflieger-Diskussion zu verdanken. Fast alles spricht dafür, daß der Bordwaffenbeschuß des 14. Februar 1945 kein zentrales Kapitel, sondern nur eine *Randnotiz im großen Dresdner Luftkriegsbuch* gewesen sein kann.[44]

---

42 H. Schnatz, Tiefflieger über Dresden?, S. 160.

43 F. Kurowski, Dresden. Februar 1945, S. 137 f.

44 H. Schnatz, Tiefflieger über Dresden?, S. 123, hält sie für ausgeschlossen („unmöglich"). Ihm ist zuzugeben, daß Befürworter der „Tieffliegerthese" jedenfalls dann in einem argumentativen Nadelöhr steckenbleiben, wenn sie die Attacken als systematisch geplantes, großes Massaker charakterisieren. – Resümierend G. Bergander, Dresden im Luftkrieg, S. 209: „Massentiefangriffe haben nicht stattgefunden. ... Nach dem Mittagsangriff am 14. Februar 1945 erschienen mindestens drei Jagdflugzeuge tief fliegend über Dresden, wovon eines mit Sicherheit feuerte. Mit großer Wahrscheinlichkeit waren es amerikanische Begleitjäger, die deutsche Jäger verfolgten."

Wie viele starben in Dresden?

Am 20. Februar 1945 begann die Inszenierung eines Albtraums: die *Verbrennung vieler tausend Bombenopfer* auf dem Dresdner Altmarkt. Die Getöteten wurden auf einem Rost aufgeschichtet und mit Flammenwerferöl sowie Sprengstoff aus Blindgängern, in beschränktem Maße auch mit knapp gewordenem Rohöl und Benzin verbrannt. Angeordnet wurde die Verbrennung von Gauleitung und Stadtverwaltung, die mit Verwesungsprozessen in großem Ausmaß und damit einhergehender Seuchen-, vor allem Typhusgefahr rechneten. Die Aktion endete am 5. März 1945, weil kaum noch Brennmaterial zur Verfügung stand.[45]

Warum aber mußte mitten im kalten Kriegswinter 1944/45 innerhalb weniger Tage mit der Ausbreitung von Seuchen gerechnet werden? Nach den Luftschlägen vom 13./14. Februar 1945 blieb die Tagestemperatur in Dresden eine Woche lang konstant bei +2 bis +5° Celsius; nachts kühlte es auf +1° bis –3° Celsius ab. Bemerkenswerte Verwesungsprozesse dürfte es nur in den glutheißen Kellern zerstörter Häuser gegeben haben, die teilweise aber erst mehrere Wochen nach dem Brand betreten werden konnten.[46] Vergleiche mit dem Hamburger Feuersturmangriff vom 27./28. Juli 1943 drängen sich auf. Mitten in einem trocken-heißen Sommer starben dort annähernd 40.000 Menschen, ohne daß Seuchengefahr gedroht hätte. Anfängliche Bedenken der Hamburger Polizei wurden durch ein Gutachten ausgeräumt.[47] Naheliegende Erklärung: Die Dresdner Opferzahl ist erheblich höher als die Hamburger (oder wurde zumindest am Anfang erheblich höher eingeschätzt) und bewegt sich in einer nie restlos aufzuklärenden Dimension.

Unklar ist bereits, wie viele Menschen auf dem Altmarkt (und möglicherweise an anderen Stellen der Stadt) verbrannt worden sind. Waren es 6.865 (Schlußbericht des Befehlshabers der Ordnungspolizei vom 15. März 1945), 9.000 (Urkundenstelle des Dresdner Rathauses am 23. Juli 1965), 25.000 (Erich Puff, Hausmeister) oder gar 60.000 (Max

---

45 W. Schaarschmidt, Dresden 1945, S. 111–121, der Leichenverbrennungen auch an anderen Stellen der Stadt nicht ausschließen will.

46 W. Schaarschmidt, Dresden 1945, S. 111 f.

47 H. Brunswig, Feuersturm über Hamburg, S. 279; W. Schaarschmidt, Dresden 1945, S. 247.

Funfack, Oberstabsarzt in einem Lazarett)?[48] Ein Großteil der sterblichen Überreste wurde auf dem Heidefriedhof bestattet. Dort befand sich bis 1960 neben einem fünf Meter hohen Holzkreuz folgende Inschrift: „Die Asche von 10.000 Menschen bedeckt dieser kleine Hügel von 4 x 6 Meter."[49]

Zeitgenössische, aber erst 1993 im Staatsarchiv Dresden ausgewertete Aktenmitteilungen dreier Friedhöfe dokumentieren die Bestattung von insgesamt 21.271 Menschen. Die Zahl gliedert sich wie folgt: Heidefriedhof: 17.295; Johannisfriedhof: 3.462; Neuer Annenfriedhof: 514.[50] Dazu passende Auflistungen enthält eine – im Jahre 1965 dem Buchautor Walter Weidauer („Inferno Dresden") übergebene – „Schlußmeldung des Höheren SS- und Polizeiführers Elbe" vom 15. März 1945: „Bis 10.3.1945 früh festgestellt: 18.375 Gefallene, 2.212 Schwerverwundete, 13.718 Leichtverwundete. ... Die Gesamtzahl der gefallenen einschließl. Ausländer wird auf Grund der bisherigen Erfahrungen u. Feststellungen bei der Bergung auf etwa 25.000 geschätzt. ... Mit Rücksicht auf die schnell fortschreitende Verwesung ... auf dem Altmarkt insgesamt 6.865 Gefallene eingeäschert."[51] Genau die gleichen Zahlen finden sich in der „Lagemeldung Nr. 1404, Luftangriffe auf das Reichsgebiet" des Chefs der Ordnungspolizei Berlin. Eine aktualisierte Opferzahl von 22.096 übermittelte die Dresdner Polizei ihren Berliner Kollegen am 31. März 1945 (Lagemeldung Nr. 1414 vom 3. April 1945).[52]

Der Historiker Friedrich Reichert bildet aus diesen Dokumenten die Gesamtzahl der Opfer ab: „Die städtischen Archivakten belegen mehrfach schlüssig, daß die Luftangriffe gegen Dresden vom 13. bis 15. Februar 1945 nachweisbar ca. *25.000 Todesopfer* forderten, so wie auch die hier zitierte Schlußmeldung vom 15. März 1945 sachkundig einschätzte."[53]

Gründliches Archivstudium und Prägnanz können Reichert nicht abgesprochen werden. Skepsis gegenüber seiner Schätzung kommt aus einer anderen Richtung. Sind Bezeichnungen wie „Schlußmeldung" und „bis 10.3.1945 festgestellt" nicht trügerisch? Sie täuschen eine Erkenntnissicherheit vor, die ganze drei bis vier Wochen nach einer so außergewöhn-

48 Aussage Erich Puff: „Auf dem Altmarkt sind ca. 9.000 Leichen, welche identifiziert werden konnten, verbrannt worden. Gesamt sind es mindestens 25.000. Köpfe, Arme, Beine, verbrannte und unbekannte Tote sind überhaupt nicht gezählt worden."; Aussage Max Funfack: „Allein auf dem Altmarkt wurden gegen 60.000 eingeäschert. Das hat mit Bestimmtheit General Mehnert referiert, und auch ich entsinne mich auf eine solche Zahl anläßlich der Berichte auf dem Altmarkt selbst." (dazu W. Schaarschmidt, Dresden 1945, S. 114 ff., unter Hinweis auf das Dresdner Staatsarchiv)

49 W. Schaarschmidt, Dresden 1945, S. 119.

50 W. Post, Die Opfer von Dresden, S. 38 f.

51 W. Post, Die Opfer von Dresden, S. 34 f.

52 W. Post, Die Opfer von Dresden, S. 35.

53 F. Reichert, Verbrannt bis zur Unkenntlichkeit, S. 61.

lichen Katastrophe kaum bestanden haben kann. Zudem sind die Polizeiberichte über 18.375 bzw. 22.096 geborgene Leichen ähnlich fragwürdig wie die dokumentierten Bestattungszahlen. Die Dunkelziffer dürfte wegen übermenschlicher Belastungen der Bergungs- und Bestattungstrupps beträchtlich sein. Mehrfach wurden „unbekannte Tote, einzelne Körperteile, auch Köpfe nicht gezählt. ... Zuletzt wurde überhaupt nicht mehr gezählt“ (Hausmeister Erich Puff).[54]

Getötete, die in später verfüllten Kellern zurückblieben und bei der Neubebauung „eingewalzt“, also niemals geborgen wurden, kommen in der „Schlußmeldung“ vom 15. März 1945 sowie allen Folgeprotokollen ohnehin nicht vor.[55] Gleiches gilt für jene, die im Feuersturm entweder unmittelbar zu Aschehäufchen verbrannt und verweht oder aber zunächst geschrumpft und später zu Asche zerfallen sein könnten.[56] Um die Verbrennungsthese ranken sich allerdings physikalische Probleme. „Die Tatsache, daß der Feuersturm den Sauerstoff in Bodennähe absaugte und seine höchsten Temperaturen weiter oben erreichte, sollte zur Prüfung der Frage Anlaß geben, ob am Boden des Brandgebiets wirklich durchweg Krematoriumsbedingungen (über 1.000 °Celsius, Sauerstoffzustrom) herrschten, unter denen Zigtausende von Menschen bis auf die Asche verbrannten.“[57]

---

54 Staatsarchiv Dresden, Zapf-Nachlaß, Erich Puff, Semmelweisstr. 12; dazu W. Schaarschmidt, Dresden 1945, S. 194: „Mit hoher Wahrscheinlichkeit sind mehr Tote als in den Dokumenten angegeben geborgen worden.“ – Skeptisch gegenüber den Bestattungszahlen des Heidefriedhofs W. Schaarschmidt, ebenda, S. 135: „Die Vermißtenzentrale beanstandete die Führung der Totenbücher auf dem Heidefriedhof. Bei ihr eingetragene Tote seien in die Totenbücher nicht aufgenommen. Vom Heidefriedhof wurde geantwortet, die Totenzettel seien vom Regen verwaschen und unleserlich geworden.“ Zu den Bestattungen auf dem Johannisfriedhof W. Schaarschmidt, ebenda, S. 194: „Mehr als 2.500 Arbeitstage“ sind angeblich „für die Beerdigung von 3.666 Angriffsopfern aufgewandt worden. ... Ein Verhältnis Bestattungen pro Arbeitstag von beinahe 1:1 erscheint nicht realistisch.“ – Hervorgehoben sei ferner, daß Massengräber auch auf anderen Dresdner Friedhöfen angelegt wurden. Drei davon hat der Verfasser dieser Studie auf dem Nord-, dem Neuen Katholischen sowie dem Äußeren Matthäusfriedhof gesehen.

55 A. Rodenberger, Der Tod von Dresden, S. 187, vermutet, daß 30 bis 50 Prozent aller Toten noch unter den Trümmern Dresdens ruhen. Plausible Gründe für diese Annahme liefert er nicht.

56 W. Schaarschmidt, Dresden 1945, S. 125, zitiert u. a. den mit der Leichenbergung beauftragten, von ihm 1997 befragten Wehrmachtsmajor Matthes: „Das waren keine ‚normalen‘ Leichen mehr, sondern geschrumpfte Mumien, die bei Berührung mit dem Fuß in Asche zerfielen.“ – Vgl. U. Moessner-Heckner, Pforzheim. Code Yellowfin, S. 133: „In Pforzheim werden wochenlang die Toten geborgen. Von vielen findet man nur noch Asche. Andere werden nie gefunden und gelten als vermißt. ... Weit über 17.000 Menschen verloren ihr Leben; 17.600 ist die amtlich überlieferte Zahl. Wahrscheinlich starben mehr.“

57 H. Boog, „Erstickt, erdrückt, erschlagen, verbrannt“, Frankfurter Allgemeine Zeitung, 12. Februar 2005; D. Irving, Der Untergang Dresdens, S. 238 f., zitiert Hanns Voigt, Leiter der Abteilung Tote der Vermißtennachweiszentrale Dresden: „Nie habe ich für möglich gehalten, daß Tote in so vielen Gestalten den Gräbern übergeben werden könnten: Verbrannte,

Auf *wenigstens 35.000 Getötete* könnte eine Erklärung des Friedhofsgärtners Wilhelm Zeppenfeld hindeuten. Dieser berichtet von 28.746 Bestattungen allein im Massengrab auf dem Heidefriedhof sowie von versäumten Zählungen bei Leichen mit schweren Kopfverbrennungen und -deformationen.[58] Ähnliche Zahlen nennt Wehrmachtsoffizier Theo Miller in mehreren Briefen an David Irving vom Februar 1965: „Meine Aufzeichnungen beim Räumkommando wiesen 30.000 Leichen aus. Selbst wenn Sie annehmen, daß der Anteil der völlig verbrannten etc. Toten 20 Prozent betrug, kommen Sie nicht über eine Gesamtzahl der Opfer von 36.000 hinaus. ... Etwa am 20. März ... übergab ich das Buch einem anderen Offizier. Meine letzte Zahl der Toten war rund 30.000. ... Ich muß noch einmal auf die hohen Ziffern der Opfer zurückkommen, die ich bestreite, sofern sie über 50.000 liegen."[59]

Die Zahl 35.000 lag auch der offiziösen DDR-Geschichtsschreibung zugrunde und hat, verbunden mit einer Art Öffnungsklausel („oder mehr"), mittlerweile Publikationen und Gedenkreden der Bundesrepublik Deutschland erobert. Markanter Verfechter dieses Zahlenprofils ist der Dresdner Zeitzeuge und Historiker Götz Bergander, dessen Standardwerk „Dresden im Luftkrieg" Quellenreichtum und wohltuende Nüchternheit mit gelegentlichen Beschwichtigungstendenzen[60] offenbart. „Wer die Zerstörung Dresdens miterlebt hat – und der Verfasser gehört dazu –, dem erscheinen 35.000 Tote zu wenig. Dennoch akzeptiere ich die Möglichkeit, daß diese Zahl der Wahrheit am nächsten kommt, mag sie auch um einige tausend höher gewesen sein. In jedem Fall setzt sie eine Größenordnung."[61]

Verkohlte, Zerstückelte, Teile von ihnen, als unkenntliche Masse, scheinbar friedlich schlafend, schmerzverzerrt, völlig verkrampft, gekleidet, nackt, in Lumpen gehüllt und als ein kümmerliches Häufchen Asche, darunter Reste verkohlter Knochen."

58 G. Bergander, Dresden im Luftkrieg, S. 226.

59 Zitiert nach R. J. Evans, Der Geschichtsfälscher, S. 213 ff., der Millers Schätzungen im großen und ganzen vertraut; skeptisch gegenüber Miller und dessen Ausführungen W. Schaarschmidt, Dresden 1945, S. 128 ff. Bemerkenswerterweise argumentiert Miller eher als „Sachverständiger" denn als Zeitzeuge, wenn er Geometrie (Raumkapazitäten) und Chemie (Dauer einer Leichenkremation) gegen hohe Opferzahlschätzungen ins Feld führt.

60 Siehe W. Bergander, Dresden im Luftkrieg, S. 322–350 („Schrecken ohne Ende und Ende mit Schrecken"), bspw. S. 329: „Flächen- oder Punktangriff: Verluste unter der Zivilbevölkerung waren unvermeidlich"; S. 339: „Bei der ... Betrachtung ... darf nicht übersehen werden, daß der britische Bomberchef ein knappes Drittel der aufgebotenen Streitmacht zum Angriff auf das Hydrierwerk Böhlen abgezweigt hat. ... Die Abzweigung nach Böhlen beweist, daß es sich bei den Angriffen auf Dresden nicht um die legendäre ‚Operation Thunderclap' gehandelt hat." – Auf kriegsrechtliche Wertungen verzichtet Bergander.

61 G. Bergander, Dresden im Luftkrieg, S. 210 ff. (229); zentrale Thesen Berganders werden übernommen von F. Taylor, Dresden Tuesday 13 February 1945 (zur Opferzahl ebenda, S. 443–448), und M. Hastings, Armageddon, S. 382–387.

Einige Autoren gehen von *mindestens 130.000 Bombentoten* aus.[62] Sie stützen sich auf Aussagen des bei den Leichenverbrennungen auf dem Altmarkt anwesenden Oberstabsarztes (möglicherweise auch verantwortlichen Standortarztes)[63] Max Funfack sowie des Studienrates Hanns Voigt, der als Leiter der „Abteilung Tote" bei einer kurzfristig eingerichteten „Vermißtennachweiszentrale" (VNZ) mit insgesamt 370 Mitarbeitern fungierte. Die „Die Abteilung Tote" sollte soviele Opfer wie möglich identifizieren und abschließend die Gesamtzahl der Toten schätzen. „Am 6. März 1945 wurde die Abteilung vom Reich anerkannt und in die VNZ eingegliedert."[64]

Voigt war vorbildlich bemüht, Todes- von Vermißtenmeldungen zu unterscheiden. Er ließ insgesamt vier Karteien anlegen. Die erste enthielt „Kleiderkarten" mit jeweils einer Stoffprobe einer nichtidentifizierten Leiche nebst genauen Angaben über Ort und Datum der Auffindung. Die ebenfalls nach Straßen und Hausnummern geordnete zweite Kartei umfaßte Hinweise auf persönliche Wertsachen nichtidentifizierter Opfer. Die dritte Kartei war ein alphabetisches Verzeichnis identifizierter Bombentoter und die vierte eine Liste der nach dem Inferno gefundenen Eheringe.[65]

Resümierend bekundete Voigt, bis zum Einmarsch der Roten Armee am 8. Mai 1945 ca. 80.000 bis 90.000 Karteikarten über zum Teil namentlich bekannte Tote angelegt zu haben, und schätzte die Zahl der von ihm nicht mehr erfaßten Opfer anhand sichergestellter Schmuckstücke und Eheringe auf ca. 50.000.[66] An 80.000 bis 90.000 teils identifizierte, teils nicht identifizierte Bombentote erinnert sich auch der mit den Leichenverbrennungen befaßte, 1997 nochmals eingehend befragte Wehrmachtsmajor Eberhard Matthes.[67]

Die Karteien der VNZ liegen nicht komplett vor. Gleiches gilt wohl für weitere relevante Schriftstücke. Die fehlenden Dokumente wurden von der Roten Armee beschlagnahmt und vermutlich zunächst in die Sowjetunion verbracht. Urheber dieser Aktion könnte die durch weltweite Empörung verunsicherte Londoner Regierung gewesen sein. „Die Annahme liegt nahe, daß auf Churchills Anordnung hin die britische Seite an die sowjetische mit dem Wunsch herantrat, sie möge alle Unterlagen über die Dresdner Bombenopfer, die in ihre Hände fielen, der britischen Seite

---

62 D. Irving, Der Untergang Dresdens, S. 259 ff., hält im abwägenden Vergleich mit dem Hamburger Feuersturm deutlich mehr als 135.000; W. Schaarschmidt, Dresden 1945, insb. S. 235 ff., 135.000 bis 150.000 Bombentote für realistisch.

63 Siehe W. Schaarschmidt, Dresden 1945, S. 225.

64 D. Irving, Der Untergang Dresdens, S. 230.

65 Zu weiteren Einzelheiten der Dateien D. Irving, Der Untergang Dresdens, S. 242 f.

66 D. Irving, Der Untergang Dresdens, S. 259–262.

67 W. Schaarschmidt, Dresden 1945, S. 218–221.

im Original aushändigen. Dafür sollten den Russen aus dem englischen Beutebestand deutscher moderner Waffenentwicklung Kompensationen überlassen werden."[68] Daß die Sowjetunion das Kooperationsangebot kaum zurückgewiesen haben dürfte, liegt auf der Hand. Sowohl im Hinblick auf ihre Gebietsansprüche in Ostpreußen und Ostpolen als auch aus Angst davor, wegen massenhafter Kriegsverbrechen eigener Militärs an den (Nürnberger) Pranger gestellt zu werden, hatte sie ein lebhaftes Interesse am Wohlwollen der Westalliierten.

130.000 bis 150.000 Bombentote könnten eine realistische Marke setzen, auch wenn das albtraumartige Durcheinander während und nach dem 13. bis 15. Februar 1945 sowie die Propagandaschlachten der 1950er und -60er Jahre einen Zerrspiegel ohnegleichen bilden. Immer wieder werden die Dresdner Opferzahlen zum Gegenstand unwürdigen Zanks. *Politische Instrumentalisierung* verdrängt die Suche nach historischer Wahrheit. Unter Ideologieverdacht gerieten 1965 auch die Zeugen Max Funfack und Hanns Voigt, die zu einem Widerruf ihrer Aussagen gedrängt (Funfack) bzw. beschimpft und mit dem NS-System in Verbindung gebracht wurden (Voigt).[69] Hauptakteur der Kampagne war Walter Weidauer (1899–1986): 1932/33 kommunistischer Reichstagsabgeordneter, jahrelang inhaftierter NS-Verfolgter und erster Oberbürgermeister von Nachkriegs-Dresden (1946–1958). Als SED-Bezirksvorsitzender und Autor einer Bombenkriegsstudie („Inferno Dresden", erste Auflage 1965) zementierte er wie kein zweiter die DDR-offiziöse Opferzahl von „mindestens 35.000", die 1955 von Max Seydewitz einer größeren Öffentlichkeit präsentiert worden war.[70] Weidauers Studie offenbart Antiamerikanismus und – in der Konsequenz – eine in zweifacher Hinsicht tendenziöse Geschichtsschreibung. Zum einen will Weidauer den Verursacheranteil der RAF am „Inferno Dresden" ab- und jenen der USAAF aufwerten.[71] Zum anderen prangert er bei aller manchmal marktschreierischen Empörung über „Dresden" das atomare Desaster Hiroshimas als die weitaus schlim-

---

68 W. Schaarschmidt, Dresden 1945, S. 23.

69 W. Schaarschmidt, Dresden 1945, S. 99–101 (zu Voigt) und S. 223–233 (zu Funfack und anderen); ebenda, S. 231: „Die Quelle Funfack ist von Weidauer unterdrückt worden."

70 M. Seydewitz, Die unbesiegbare Stadt. Zerstörung und Neuaufbau von Dresden (1. Aufl. 1955 unter dem Titel „Zerstörung und Wiederaufbau von Dresden"), S. 137–141.

71 W. Weidauer, Inferno Dresden, S. 44. „Den Rest, vielleicht das Allerschlimmste, besorgten am Mittag des 14. Februars 1945 die Amerikaner. ... Die Brutalität kannte keine Grenzen. Neben dem Abwurf von 475 t Sprengbomben und 300 t Brandbomben war den begleitenden Jagdfliegern die Erlaubnis erteilt worden, ‚Gelegenheitsziele' mit Bordwaffen anzugreifen. Tausende Obdachlose, Männer, Frauen und Kinder wurden gekillt."

mere Barbarei an.[72] Propagandistischer Hauptfeind der DDR waren die USA und nicht das bedeutungslosere Großbritannien!

Naturgemäß kann die Glaubwürdigkeit eines längst verstorbenen Zeitzeugen wie Voigt aus heutiger Sicht nur abstrakt beurteilt werden. Immerhin muß er seinen Vorgesetzten bis zum Februar 1945 als belastbar, ausdauernd und gewissenhaft aufgefallen sein; sonst wäre ihm keine so verantwortungsvolle Aufgabe übertragen worden. Auch Voigts Gesprächspartner, der britische Historiker David Irving, sah wenig Anlaß zur Skepsis: jedenfalls nicht zu dauerhafter Skepsis.[73] Respektvoll erwähnt er Voigts „typisch deutsche Gründlichkeit" sowie – bezogen auf Aufbau und Alltagsarbeit der VNZ – „die sorgfältige bürokratische Gründlichkeit, wie man sie den Deutschen zuschreibt".[74]

Zudem liefert Voigt keine wirren Spekulationen oder Schätzungen. Bezüglich der 80.000 bis 90.000 Toten seiner Kartei verweist er auf von ihm registrierte und teilweise auch in Augenschein genommene Leichname, also eine zum Teil empirisch ermittelte Zahl, und bezüglich weiterer 50.000 Toter auf eine vernünftige Schätzgrundlage. Sogar eine zur Propaganda des Kalten Krieges passende Erklärung für die DDR-offiziöse Opferzahl 35.000 bietet Voigt an. Die sowjetischen Besatzer hätten seine Schätzung von 135.000 nicht anerkennen wollen, weil sie den alliierten Luftstreitkräften eine derartige Vernichtungskapazität nicht zugetraut hätten.[75] Sie „strichen einfach die erste Ziffer weg".[76]

Eventuell hätte Irving auf noch mehr Substanz in Voigts Aussagen drängen können. Möglicherweise hätte der in der Bundesrepublik lebende, keiner „Zensur" ausgesetzte Voigt weiterführende Fragen beantworten

---

72 W. Weidauer, Inferno Dresden, S. 45, sarkastisch über hohe Bombentonnen- und Opferzahlschätzungen der westdeutschen Presse: „Es geht um den immer wiederkehrenden Refrain: Die Atombombe ist nicht so schlimm wie die sogenannten konventionellen Luftangriffe im Zweiten Weltkrieg."

73 Ungeachtet der Tatsache, daß Irving unter dem Eindruck des ihm 1966 zugänglich gewordenen polizeilichen „Schlußberichts" vom 15. März 1945 vorübergehend zu einer Gesamtopferzahl von 25.000 bis 35.000 tendierte (D. Irving, Leserbrief an die „Times" vom 7. Juli 1966). „Seit den 80er Jahren ist er allerdings wieder zu höheren Opferzahlen zurückgekehrt" (G. Bergander, Dresden im Luftkrieg, S. 218 f.). Erwähnt sei die 1995 auf seinen Internetseiten auftauchende Zahl von annähernd 100.000 („up to 100.000"), die sich nur auf Voigts Totenkartei oder auf Angaben des Zeugen Matthes beziehen kann; vgl. dazu – leider ohne Vertiefung – F. Taylor, Dresden. Tuesday 13 February 1945, S. 446.

74 D. Irving, Der Untergang Dresdens, S. 229 f.

75 „Nicht zutrauen wollten", sollte man vielleicht ergänzen. R. J. Evans, Der Geschichtsfälscher, S. 196 f., hält Voigt entgegen, die (antiwestliche) sowjetische Stadtkommandantur hätte kein Interesse an einer Bagatellisierung, sondern an einer Dramatisierung der Dresdner Opferzahlen haben müssen. Er verkennt den Facettenreichtum sowjetischer Nachkriegspropaganda. Aus deren Sicht gab es gleich zwei Argumente für ein Niedrighalten der Opferzahl: das von Voigt genannte sowie das Bestreben, verwerfliche Kampfhandlungen der Briten eher herunterzuspielen, damit US-amerikanische („Hiroshima") um so heftiger angeprangert werden konnten.

76 Voigt-Zitat nach D. Irving, Der Untergang Dresdens, S. 256.

können. Erstens: Wie verteilen sich – zumindest ungefähr – die von der VNZ registrierten ca. 85.000 Toten auf die einzelnen Kalendertage des Erfassungszeitraums (bis zum 8. Mai 1945)? Zweitens: Entspricht die in den ersten Wochen registrierte Zahl etwa derjenigen in der polizeilichen „Schlußmeldung“ vom 15. März 1945? Drittens: Wie viele Tote haben Voigt oder seine Mitarbeiter (um deren Aussagen sich Irving hätte bemühen können) persönlich gesehen und zumindest überschlägig gezählt? Viertens: Wie viele der von ihm registrierten Toten waren namentlich bekannt? Fünftens: Warum bestehen selbst bei großzügiger Schätzung der auf dem Altmarkt verbrannten Leichen gewisse Diskrepanzen zu der von Voigt protokollierten Opferzahl? Sechstens: Können die von Voigt weiteren 50.000 Toten zugeordneten Eheringe usw. zumindest teilweise den bereits registrierten 80.000 bis 90.000 Bombenopfern gehört haben? Siebtens: Handelte es sich bei diesen 50.000 um extrem deformierte, auf dem Altmarkt verbrannte oder gar um originäre „Ascheleichen“?

Dessenungeachtet spricht der erste Anschein für Voigts Seriosität. Wer ihm dennoch maßgebliche Irrtümer, bewußte Übertreibungen oder gar Propagandalügen unterstellt, trägt die Beweislast für die Richtigkeit seiner Behauptungen. An solchen Beweisen aber fehlt es. Weidauers Einwand, die Totenkartei der VNZ sei gar nicht in die Sowjetunion verschleppt worden und werde – mit der höchsten Kartennummer 31.102 – in der Urkundenstelle des Dresdner Rathauses aufbewahrt,[77] ist in maßgebender Hinsicht falsch. Die in Dresden verbliebenen Kennzettel sind nur Restbestände der Originalkartei. Der sorgfältig recherchierende Weidauer hätte das spätestens Ende der 1960er Jahre wissen müssen. Am 14. Dezember 1966 hatte G. Schmiedel, Leiter der VNZ und Voigts direkter Vorgesetzter, einen für DDR-Verhältnisse mutigen Brief an das Dresdner Stadtarchiv geschrieben: „Unmittelbar nach der Einnahme von Dresden belegten sowjetische Wehrmachtsteile die Räume des Vermißtennachweises als Quartier. Ich ... versuchte, die Unterlagen des Vermißtennachweises sicherzustellen. Leider waren ein Teil der Totenlisten und andere wertvolle Suchunterlagen durch die Kriegsereignisse verlorengegangen.“[78] „Durch die Kriegsereignisse verlorengegangen“ – das kann in diesem Kontext (fast) nur eines bedeuten: von der Sowjetarmee konfisziert!

Erst recht können Totschlagargumente wie „obskures Element“ oder „übles faschistisches Element“ Voigts Glaubwürdigkeit nicht erschüttern.

---

77 W. Weidauer, Inferno Dresden, S. 114.

78 Zitiert nach W. Schaarschmidt, Dresden 1945, S. 101. – Unbefriedigende Analysen zur VNZ in nahezu der gesamten neueren Literatur. F. Taylor, Dresden. Tuesday 13 February 1945, S. 444–446, will lediglich 25.000 bis 40.000 Bombenopfer akzeptieren. Seine Kritik an Voigts Angaben („persönliche Schätzung“) ist bei weitem unzureichend. Dessen Berechnungen beruhen im Kern auf einer empirischen Basisangabe (80.000 bis 90.000 Karteikarten über geborgene Tote).

Bergung eines Opfers in Dresden

Ihr semantischer Hintergrund ist klar: „Das war die typische Sprache der Kommunisten für Personen, die ihnen lästig fielen.“[79] Ebenso sachwidrig ist es, Voigt wegen seiner frühen NSDAP-Mitgliedschaft (seit 1933) und späteren aktiven Mitarbeit in der NSDAP-Kreisleitung Dresden anzugreifen.[80] Derartige Parteikarrieren sind unerfreulich. Sie waren aber, zumal bei einem beamteten Lehrer, kein exotisches Phänomen und lassen nicht zwangsläufig auf eine ausgeprägte nationalsozialistische Gesinnung schließen. Obendrein gibt es keine zwingende Kausalverknüpfung. Selbst wenn Voigt überzeugter Nationalsozialist gewesen sein sollte, muß er deswegen nicht – quasi als Erfüllungsgehilfe des Reichspropagandaministeriums – Horrorzahlen über Dresdner Bombentote verbreitet haben. Wer den historischen Diskurs zu Unflätigkeiten mißbraucht – Weidauer geht

---

79 R. J. Evans, Der Geschichtsfälscher, S. 197.

80 W. Weidauer, Inferno Dresden, S. 112 f.: „Zunächst kolportierte Irving die Lüge eines obskuren Elements, des ehemaligen Studienrates Hanns Voigt. ... Wer war dieser Studienrat? Im Sommer 1945 kam eines Tages Frau Elsa Fenske, damals Stadtrat für Sozialwesen in Dresden, zum Verfasser, der damals 1. Bürgermeister von Dresden war, und teilte mit, daß der Leiter der Vermißtenzentrale Dresden, ein gewisser Hanns Voigt, ein übles faschistisches Element sei. ... Voigt war nicht nur Mitglied der NSDAP seit 1933, sondern auch aktiver Mitarbeiter der Kreisleitung der NSDAP Dresden und Günstling des berüchtigten Nazikreisleiters Walter gewesen.“

mit schlechtem Beispiel voran –, entlarvt sich selbst als Ideologe mit partiell beschränkter Glaubwürdigkeit.

Komplizierter ist die Situation um den Zeugen Funfack, dessen Hinweis auf 60.000 Leichenverbrennungen auf dem Altmarkt ebenfalls eine sechsstellige Gesamtopferzahl nahelegt. Ergänzend hatte er Irving 1963 mitgeteilt, während des Krieges als Standortarzt für die Leichenbeseitigung verantwortlich gewesen zu sein.[81] Diese Aussagen hat Funfack jedoch zurückgezogen. Vermutlich von einer SED-„Ideologiekommission" unter Druck gesetzt, schrieb er 1965 Briefe u. a. an Irving und Weidauer: „Warum ich jetzt nach zwanzig Jahren in das Scheinwerferlicht der Öffentlichkeit ... der Bundesrepublik gestellt werde und als Zeuge für die Zahl der Toten benannt werde, ist mir allerdings völlig unklar. Ich habe ... die Zahlen nur von dritter Hand erfahren. Ich war auch niemals Standortarzt von Dresden oder etwa stellvertretender Standortarzt, sondern immer nur als Fachurologe im Lazarett tätig."[82] Gleichwohl sollte auch Funfacks ursprünglicher Behauptung, 60.000 Leichen seien verbrannt worden,[83] mit einer Portion Skepsis begegnet werden. Der einzige wirklich dokumentierte Scheiterhaufen (auf dem Altmarkt) kann kaum binnen zehn Tagen solche Leichenberge bewältigt haben, zumal die ganze Zeit hindurch Brennstoffmangel herrschte.[84]

Redlicherweise bleibt folgendes Resümee: Juristische Vollbeweise mit dem Ziel, eine *„an Sicherheit grenzende Wahrscheinlichkeit"* zu erzeugen, sind für alle Zahlen oberhalb von 25.000 nicht leicht zu führen.[85] Sie werfen um so mehr Probleme auf, je enger der auslegungsbedürftige Begriff der an Gewißheit grenzenden Wahrscheinlichkeit gefaßt und je höher die Zahl der Bombentoten angesetzt wird. So gesehen sind Wissenschaftler wie Reichert in einer komfortablen Position. Ihre 25.000-Opfer-Schätzung verweist auf zeitgenössische Dokumente, die zwar auf fragwürdigen Leichenzählungen beruhen, aber zumindest nicht nachweisbar von dritter Seite gefälscht sind. Sie erscheint auf den ersten Blick gefestigter als konkurrierende Opferzahlthesen und kann nach den Maßstäben praktischer Vernunft zumindest nicht nach unten korrigiert werden.

Ist diese strenge Sichtweise angesichts des Dresdner Chaos vom Februar/März 1945 aber wirklich maßgebend? Sollte der Historiker sich nicht mit milderen Beweismaßstäben begnügen? Worin unterscheidet

---

81 Siehe W. Schaarschmidt, Dresden 1945, S. 223.

82 W. Weidauer, Inferno Dresden, S. 126.

83 Staatsarchiv Dresden, 17.2.3, Irving-Sammlung 15; zitiert nach W. Schaarschmidt, Dresden 1945, S. 116.

84 Siehe W. Schaarschmidt, Dresden 1945, S. 112 f.

85 Zum Beweisziel (Ziel der richterlichen Beweiswürdigung) der „an Sicherheit grenzenden Wahrscheinlichkeit" siehe BGH in Strafsachen, Urteil v. 19. Februar 2003 (StR 371/02); BGH in Zivilsachen, Urteil v. 4. November 2003 (VI ZR 28/03).

sich überhaupt geschichtliche Wahrheit von der bloßen Möglichkeit oder reinen Spekulation über historische Geschehnisse? Zur – wissenschaftstheoretisch gesprochen – Metaebene der Geschichtswissenschaft gehört eine angemessene Methodenlehre. Letztlich wird der Begriff historische Wahrheit immer auch von Definitionen abhängen, deren Rechtfertigung sich nach ihrem mutmaßlichen wissenschaftlichen Ertrag bemißt.

Anders als die präskriptive (wertende bzw. „vorschreibende"), unter Entscheidungsdruck stehende Strafjustiz – sie muß zudem die hohe Hürde des *in dubio pro reo* überwinden – hat die deskriptive (beschreibende) Geschichtswissenschaft keine perfektionierte Lehre vom Tatsachenbeweis entwickelt.[86] Um geschichtliche Vorgänge so wahrheitsgetreu wie möglich abzubilden, sollte sie bei der Rekonstruktion umstrittener Geschehnisse vom Beweisziel der dem Juristen vertrauten „*überwiegenden Wahrscheinlichkeit*" ausgehen. Es ist erreicht, wenn unter Würdigung aller bekannten Umstände mehr für als gegen den fraglichen Geschehensablauf spricht. Je facettenreicher der Geschehensablauf, desto bedeutsamer die geordnete und systematische Befragung kompetenter Zeitzeugen![87]

Vor diesem Hintergrund können die von der Friedhofsverwaltung gezählten Bombenleichen nur als Ausgangspunkt der Wahrheitsfindung dienen. Gewichtige Indizien lassen vermuten, daß zahlreiche Tote nie erfaßt worden sind. Teilweise wurden sie aus den beschriebenen Gründen nicht geborgen, teilweise wegen übergroßer Strapazen der mit Bergung, Leichenverbrennung und Bestattung beschäftigten Hilfstrupps nicht mitgezählt. Vor allem die plausibel bekundeten und sich aus Indizien ergebenden „Falschzählungen" lassen auf eine hohe Dunkelziffer schließen. Die wahre Opferzahl dürfte oberhalb von 25.000 und, folgt man Voigt, wahrscheinlich (im Sinne von „überwiegender Wahrscheinlichkeit") bei mindestens 80.000 bis 90.000, wenn nicht gar 130.000 bis 150.000 liegen. Daran ändert auch die Einsicht nichts, daß jede einzelne der in die Diskussion geworfenen Zahlen – das gilt natürlich auch für die verbreitete Angabe von 35.000 Bombentoten – gewisse Schätzungen mit einbezieht.

Der Annahme einer über 35.000 hinausgehenden Opferzahl stößt manchmal auf statistische Einwände. Zum einen werden die Schadensflächen anderer bombardierter Städte (etwa diejenige Hamburgs mit einer Ausdehnung von 13 km^2) und die dort abgeworfenen Bombentonnagen in eine proportionale Relation zu Dresden gesetzt. Zum anderen wird

86 Siehe K. Brunner, Einführung in den Umgang mit Geschichte, S. 59 ff.: „Was ist Wahrheit?"; zur geschichtswissenschaftlichen Methodenlehre ebenda, S. 68–91. – Da der Untergang Dresdens, speziell die dortigen Opferzahlen, (soweit bekannt) nie Gegenstand eines Straf- oder Streitverfahrens war, ist anscheinend niemand auf die Idee gekommen, mit dem differenzierten Instrumentarium juristischer Beweislehre an dieses Phänomen heranzugehen.

87 Zur Bedeutung des (Zeit)zeugenbeweises siehe etwa D. Wierling, Oral History.

der Umfang baulicher Schäden in verschiedenen Orten miteinander verglichen: „Der Berichter, der Dresden aus seiner Studienzeit gut kannte, war am 14. April 1945 in Dresden. Er hat die Hauptschadensgebiete zusammen mit dem Feuerschutz-Offizier beim Stabe des BdO abgefahren und mit ‚Hamburger Augen' betrachtet. Die baulichen Schäden waren mit Sicherheit erheblich geringer als in Hamburg. ... Wir können heute als sicher annehmen. Die Verluste in Dresden 1945 waren nicht höher als in Hamburg 1943."[88]

Solche Verfahren dürften aber nur begrenzten Ertrag bringen. Im wesentlichen hängt die Opferzahl von folgender Frage ab. Wie viele Menschen waren in welcher Intensität der zerstörerischen Kraft von Sprengbomben, todbringenden Gasen und vor allem Feuer ausgesetzt? Es ist ein gewaltiger Unterschied, ob die gleiche Bombenmenge auf ein kaum besetztes, ein halb gefülltes oder ein mit 80.000 Zuschauern überquellendes Fußballstadion geworfen wird. Im übrigen signalisiert der Vergleich mit Pforzheim durchaus eine Opferzahl im sechsstelligen Bereich. In der nordbadischen Schmuck- und Handwerkerstadt starben am 23. Februar 1945, wenige Tage nach dem Dresdner Feuersturm sowie unter ähnlichen physikalisch-thermischen Bedingungen, auf einem Areal von 2,5 km² mindestens 17.600 Menschen. Jeder dritte Einwohner Pforzheims fiel dem Inferno zum Opfer. Die wegen der Flüchtlinge stärker bevölkerte Totalschadensfläche von Dresden beläuft sich auf immerhin 15 km².[89]

Realitätsfern erscheinen dagegen Theorien über *mehr als 150.000 Bombentote*. Sie beruhen erstens auf spontanen Kriegsgerüchten, mögen diese aus dem Mund eines außergewöhnlichen Gelehrten und NS-Verfolgten auch sehr authentisch klingen: „Gestern brachte der junge Rothe, ein frischer Junge von etwa siebzehn Jahren, einige Nummern vom ‚Kamenzer Tageblatt'. Trostlos für uns die Heeresberichte: Weder im Westen noch im Osten kommt der Gegner vorwärts. ... Schamlos die kurzen Notizen über Dresden. Immer nur die unersetzlichen Kunstdenkmäler, kein Wort über die 200.000 Toten."[90]

Zweitens beruhen solche Schätzungen auf der erst 1955 (wieder) aufgetauchten Abschrift eines „Tagesbefehl Nr. 47" vom 23. März 1945. Als

---

88 H. Brunswig, Feuersturm über Hamburg, S. 360 f.

89 Zu „Pforzheim" siehe U. Moessner-Heckner, Pforzheim. Code Yellowfin, S. 93–162. – Anschaulich auch das Beispiel einer Luftwaffennachrichtenkaserne in Nordhausen/Harz, deren Grundfläche vielleicht 0,005 km² bedeckte. Anfang 1945 wurden dort auf engstem Raum mehrere Tausend Zwangsarbeiter und KZ-Häftlinge, u. a. aus Auschwitz, zusammengepfercht. Mindestens 1.278 starben in der Bombennacht des 3./4. April 1945.

90 Victor Klemperer, brillanter Analytiker nationalsozialistischer Herrschaftsrhetorik, in einem Tagebucheintrag vom 22. Februar 1945, in: ders., Ich will Zeugnis ablegen bis zum letzten. Tagebücher 1933–1945, Band 8, S. 56; siehe auch die Einlassungen des sowjetischen Diplomaten Wladimir Semjonow; wiedergegeben bei W. Schaarschmidt, Dresden 1945, S. 218–222.

Die Zahl der Toten hatte so überhandgenommen, daß Massenbeisetzungen auf dem weit außerhalb des Dresdner Stadtzentrums liegenden Heidefriedhof nicht mehr vorgenommen werden konnten: Pferdefuhrwerke transportierten die Toten auf den Altmarkt, wo sie verbrannt werden mußten.

Aussteller des im Original nicht vorhandenen Dokuments firmiert eine Behörde, die es unter dieser Bezeichnung nie gegeben hat: „Der höhere Polizei- und SS-Führer – Der Befehlshaber der Ordnungspolizei". In diesem erstaunlichen Dokument heißt es: „Bis zum 20.3. abends wurden 202.040 Tote, überwiegend Frauen und Kinder, geborgen. Es ist damit zu rechnen, daß die Zahl auf 250.000 Tote ansteigen wird. Von den Toten konnten nur annähernd 30 % identifiziert werden ... Da der Abtransport der Toten nicht rechtzeitig und rasch vonstatten gehen konnte, wurden 68.650 Gefallene eingeäschert, die Asche auf einem Friedhof beigesetzt."[91] Alle seriösen Historiker halten das Schriftstück für eine Fälschung.[92] For-

91 In einer anderen Abschrift dieses rätselhaften Dokuments wird zumindest die Dienststelle korrekt wiedergegeben: „Tagesbefehl Nr. 47 (D. Höh. SS- und Pol-Fhr. Elbe, Befehlsstand der Ordnungspolizei), Dresden, 22. März 1945". Bemerkenswerterweise fehlt in dieser Abschrift eine „0" am Ende jeder Zahlenangabe; aus 202.040 werden 20.204 geborgene, aus 250.000 werden 25.000 geschätzte und aus 68.650 werden 6.865 eingeäscherte Bombentote.

92 G. Bergander, Dresden im Luftkrieg, S. 222 ff., vermutet einen auf Dramatisierung anglo-amerikanischer Kriegsexzesse hinwirkenden Joseph Goebbels als Hintermann der Fälschungsaktion: „Den Zahlen der Todesopfer war einfach eine Null angehängt worden." Plausibler klingt die Deutung Schaarschmidts, der als Urheber Personen vermutet, die zur Verbreitung nicht einer hohen, sondern einer niedrigen Opferzahlschätzung beitragen wollten: „Die oben angeführten Fälschungsmerkmale im Kopf des ‚Dokumentes' sind so offen-

male Bedenken an seiner Echtheit ergänzen sich mit inhaltlichen. Vor allem organisatorisch sind diese Zahlen schwer nachzuvollziehen. Wie hätten bis zum 20. März 1945 – zumal unter den abnormen Dresdner Bedingungen – 202.040 Bombentote geborgen und obendrein exakt gezählt werden können?

Drittens könnte eine Opferzahlschätzung von mehr als 150.000 auf Angaben des mit Leichenbergungen beauftragten Wehrmachtsmajors Eberhard Matthes gestützt werden. Dieser bekundete mehrfach, Anfang Mai 1945 folgende Mitteilung an den Berliner Führerbunker geleitet zu haben: „35.000 voll identifizierte, 50.000 nicht identifizierte, bei denen aber zum Beispiel Eheringe, Metallschmuck gefunden worden waren, was später zur Identifizierung hätte dienen können, und 168.000 Bombenopfer, bei denen es nichts mehr zu identifizieren gab.“[93] So nachvollziehbar die beiden ersten, in Reichweite der Angaben Voigts liegenden (und dessen Gesamtschätzung um 50.000 reduzierenden) Zahlen auch sind, so erstaunlich klingt der Hinweis auf „168.000 Bombenopfer, bei denen es nichts mehr zu identifizieren gab“. Warum gab es hier „nichts mehr zu identifizieren“? Und warum konnte, wenn das Identifizieren unmöglich geworden war, immerhin noch fast exakt in einer so schwindelerregenden Größenordnung gezählt werden? Weitere Auffälligkeit: Die Zahl 168.000 liegt um (annähernd) 100.000 über jener wahrscheinlich gefälschten von 68.650 eingeäscherten Gefallenen aus dem ominösen „Tagesbefehl 47“!

Der Streit um die Dresdner Bombentoten beschreibt eine der letzten klaffenden Wunden des Zweiten Weltkriegs. Er wird wohl nie ganz enden, weil alle Zahlen auf *Wahrscheinlichkeitsaussagen* beruhen, die zwar argumentativ verbessert, aber kaum jemals mit Absolutheitsanspruch versehen werden können. Glücklicherweise schließen Wahrscheinlichkeit und Rationalität sich nicht wechselseitig aus. Ein fairer, ergebnisoffener Dialog über die Opferzahl sollte allemal in Reichweite sein. Wichtiger Schritt könnte die Konstituierung einer Historikerkommission am 24. November 2004 gewesen sein. Er wird freilich nur gelingen, wenn seriöse Geschichtswissenschaftler den Bekenntniseifer des damaligen Dresdner Oberbürgermeisters Roßberg bremsen. Dieser hatte Schätzungen von mehr als 35.000 Opfern vorab mit „rechtskonservativen und neonationalistischen Kreisen“ assoziiert und als „ebenso dreiste wie gefährliche

---

sichtlich, daß es in der Absicht der Fälscher gelegen haben muß, diese Fälschung als solche kenntlich zu machen. ... Bringt man ein offensichtlich gefälschtes Dokument, das die Zahl 200.000 enthält, an die Öffentlichkeit, so wird damit auch diese Zahl als gefälscht angesehen“ (W. Schaarschmidt, Dresden 1945, S. 203 f.).

93 Zitiert nach G. Bergander, Dresden im Luftkrieg, S. 228.

Dresden, April 1945: Schloßstraße mit Blick auf die Hofkirche und das Georgentor

Instrumentalisierung" verteufelt.[94] Ist das nur verbale, dem Thema denkbar unangemessene Kraftmeierei oder soll ergebnisoffene Wissenschaft von vornherein mit der Totalitarismuskeule erschlagen werden?

94 FDP-Oberbürgermeister Roßberg orientiert sich möglicherweise unbewußt an der Diktion seines kommunistischen Amtsvorgängers Weidauer. Man mag Roßberg die speziellen sächsischen Erfahrungen mit einer rechtsdoktrinären NPD-Landtagsfraktion zugute halten; eine Rechtfertigung für die Verunglimpfung konservativer Bürger ist das wahrlich nicht! – In einem Zwischenbericht vom April 2006 nennt die Historikerkommission erwartungsgemäß die Zahl 25.000; dazu R. Burger, 25.000 Tote, wahrscheinlich mehr (Frankfurter Allgemeine Zeitung, 28. April 2006). – Siehe auch, mit weiteren Nachweisen, H.-J. von Leesen, Nüchternheit statt weiterer Schnellschüsse, Junge Freiheit, 20. Januar 2006.

Grundzüge britischer Luftkriegsstrategie bis 1945

Wie geriet Dresden eigentlich ins Visier alliierter Luftkriegsplanung? Warum wurden deutsche Städte ungeachtet ihrer militärischen Bedeutung (bzw. Bedeutungslosigkeit) zum Ziel von Spreng- und Brandbombenangriffen? Vorausgeschickt sei eine Erläuterung zum grundlegenden operativen *Dualismus von Taktik und Strategie*. Dieser geht auf den preußischen General und Militärschriftsteller Carl von Clausewitz zurück und unterscheidet zwischen dem „Gebrauch der Streitkräfte im Gefecht“ (Taktik) und dem „Gebrauch der Gefechte zum Ziel des Krieges“ (Strategie).[95] Während der Begriff „taktisch“ im Bombenkrieg eine Kooperation der Luftstreitkräfte mit anderen Waffengattungen – insbesondere zum Zweck des Geländegewinns oder einer Stadteroberung – beschreibt, steht der Terminus „strategisch“ für Luftaktionen, die den Krieg entweder allein oder im Zusammenwirken mit weiteren Schlägen ähnlicher Art entscheiden sollen. Unvoreingenommene Betrachter werden hier an Attacken gegen eindeutige militärische Ziele wie Kasernen, aber bspw. auch gegen Rüstungsfabriken, Flugplätze, Verkehrswege und -knotenpunkte, Ölraffinerien und Hydrierwerke denken. Sie spielten in der Realität des Zweiten Weltkriegs tatsächlich eine wichtige Rolle; die Planungen britischer Befehlsstäbe bildeten da keine Ausnahme. Dort tauchten frühzeitig aber auch andere Strategieüberlegungen auf. Rüstungsminister Winston Churchill begeisterte sich für den Plan eines „Tausend-Bomber-Angriffs“ auf Berlin im Jahre 1919 (für den Fall einer Fortsetzung des Kriegs über 1918 hinaus), der zwangsläufig zu großflächigen Zerstörungen und einem Massensterben von Zivilisten geführt hätte. Das Ende des Ersten Weltkriegs bereitete dieser – damals noch realitätsfernen – Vision ein vorläufiges Ende.

Die *„Tausend-Bomber“-Option* mit ihren zivilisationsschädlichen Implikationen wurde aber nie ganz preisgegeben. Lord Hugh Trenchard, einflußreicher RAF-Stabschef der Zwischenkriegszeit, rechtfertigte sie ein Stück weit mit den sozioökonomischen Realitäten des Industriezeitalters.

95 Grundlegend dazu C. von Clausewitz, Vom Kriege, S. 77–100 („Von der Strategie überhaupt“), S. 101–123 („Das Gefecht“).

„Zwischen zivilen und militärisch relevanten Bombenzielen“, so schrieb er 1928, „könne angesichts der Verzahnung der Wirtschaft in industrialisierten Nationen nicht unterschieden werden.“[96] Die demoralisierende Wirkung großflächiger Luftschläge hielt er für zwanzigmal wichtiger als deren materielle Folgen.[97] Mag auch der Gedanke einer bewußten und gewollten Tötung von Nichtsoldaten zunächst Hemmschwellen aktiviert haben – Trenchard befürwortete ausdrücklich nur Luftschläge gegen Rüstungsarbeiter –, so lag er doch in der Logik dieses Konzepts. „Der Glaube der Royal Air Force an die Wirksamkeit des Bombardements von Industriegebieten beruhte ... auf der Überzeugung, daß der Durchhaltewille der Industriearbeiter zusammenbrechen würde, wenn Bomben auf ihre Fabriken und Wohnsiedlungen herabregneten. Die Royal Air Force der Vorkriegszeit war auf den strategischen Terrorbombenkrieg ausgerichtet, und dies war der Kern der ‚Trenchard-Doktrin‘“.[98] „Morale Bombing“[99] – ein unschuldig klingender Euphemismus – wurde zum Etikett des totalen Kriegs. Das Sterben naher Angehöriger und guter Freunde, der Verlust von Wohnstätten (dehousing), der Untergang der Heimatstadt im Flammeninferno: derartiges Unheil sollte Industriearbeiter und für ihr Land kämpfende Soldaten kriegsentscheidend demotivieren.[100]

Sir Hugh Trenchard

Auch wenn das Vereinigte Königreich seine Bomber in den 1920er Jahren gegen widerspenstige Kolonialvölker einsetzte, sah es seinen Hauptgegner frühzeitig im Deutschen Reich. „Wir Briten hatten [1936] ein Bomberkommando organisiert. Dessen Daseinsberechtigung lag allein darin, Deutschland zu bombardieren, wenn es unser Feind sein sollte.“[101] Der

96 Zitiert nach H. Boog, Bombenkrieg, Völkerrecht und Menschlichkeit im Luftkrieg, S. 266.

97 L. Fritze, Die Moral des Bombenterrors, S. 29.

98 M. Hastings, Bomber Command, S. 48.

99 Der Begriff „Morale Bombing“ könnte auf eine Rede Churchills vom 9. Juli 1941 zurückgehen; siehe Ch. Kucklick, Terror gegen den Terror?, S. 25.

100 Churchills wissenschaftlicher Berater, der aus Baden-Baden stammende und seit 1919 in Oxford lehrende Physiker Lord Cherwell (bürgerlich: Frederick A. Lindemann), schlug am 30. März 1942 vor, die Einwohner von 58 deutschen Städten mit über 100.000 Einwohnern zu „enthausen“. Etwa 22 Millionen Menschen sollten ihre Wohnungen (und viele von ihnen zwangsläufig ihr Leben) verlieren; siehe J. Friedrich, Der Brand, S. 90: „Lord Cherwell, als Churchills Rasputin hinterrücks belächelt“; zu Lord Cherwell und seinem „Enthausungs“-Euphemismus auch H.-J. von Leesen, Bombenterror, S. 19, 24.

101 J. M. Spaight, Bombing Vindicated, S. 52.

selbsternannte „Soldier of Christ" Winston Spencer Churchill schwelgte 1925 in damals noch virtuellen Armageddon-Visionen: „Die Schrecken von 1919 blieben in den Archiven vergraben, aber ihre Idee lebt weiter. Der Tod steht in Bereitschaft, gehorsam, abwartend, bereit, die Menschen in Massen hinwegzumähen, bereit, wenn man ihn ruft, die Zivilisation ohne Hoffnung auf Wiederaufbau zu Staub zu zerstampfen. Er wartet nur auf den Einsatzbefehl. Vielleicht wird es sich das nächste Mal darum handeln, Frauen und Kinder oder die Zivilbevölkerung überhaupt zu töten, und die Siegesgöttin wird sich zuletzt voll Entsetzen jenem vermählen, der dies in gewaltigstem Ausmaße zu organisieren versteht. Zum ersten Mal bietet sich einer Gruppe gesitteter Menschen die Möglichkeit, die andere Gruppe zu völliger Hilflosigkeit zu verdammen."[102]

Befremdliche, schockierende, beinahe barbarisch klingende Sätze, die freilich im geschichtlichen Zusammenhang betrachtet werden sollten. Churchill war kein Tyrann, sondern Repräsentant eines nach innen vorbildlichen Rechtsstaats. Seine freiheitlich-demokratische Gesinnung dürfte über jeden Zweifel erhaben sein. Allerdings war Churchill auch ein begabter Schriftsteller, dessen bildhafte Sprache in kraftvollem Expressionismus zur höchsten Blüte reifen konnte. Zudem gehörte er Kreisen der britischen Oberschicht an, die im Deutschen Reich den militärischen und wirtschaftlichen Hauptrivalen Londons erkannten und ihre diffuse Germanophobie – deren Einfluß auf Churchill hin und wieder schwankte – mit der Figur des „preußischen Militarismus" zu legitimieren versuchten.[103] Vor allem aber wurde Churchill in verantwortungsvoller Position

---

102 W. Churchill, Thoughts and Adventures (1932); zitiert nach H. Rumpf, Das war der Bombenkrieg, S. 73, und H.-J. von Leesen, Bombenterror, S. 14f.; teilweise wortgleich W. Churchill, Nach dem Krieg (1928), in: ders., Memoiren, Erster Band, Erstes Buch („Von Krieg zu Krieg"), S. 58–61.

103 Tatsächlich dürfte Churchill jahrzehntelang von der Vorstellung eines „preußisch-deutschen Militarismus" und einer deutschen Alleinschuld am Ersten Weltkrieg geleitet worden sein. Das war die Ideologie der Westalliierten, deren demokratischem Lebensgefühl das wilhelminische Kaiserreich fremd bleiben mußte. Im übrigen vermittelte dieser „Militarismus" Teilen der deutschen Geisteselite eine positive Identität! 93 Wissenschaftler, Schriftsteller und Künstler schrieben am 4. Oktober 1914 in einem Manifest: „Ohne den deutschen Militarismus wäre die deutsche Kultur längst vom Erdboden getilgt. Zu ihrem Schutz ist er aus ihr hervorgegangen in einem Lande, das jahrhundertelang von Raubzügen heimgesucht wurde wie kein zweites. Deutsches Heer und deutsches Volk sind eins"; siehe Th. Hinz, Ruhe ist das erste Bürgerrecht, Junge Freiheit, 25. Mai 2007. – Zu späterem „Haß", der großen Teilen des deutschen Volks gegolten haben muß, hat Churchill sich ausdrücklich bekannt! Nach einem Rundgang durch Berlin am 16. Juli 1945 schrieb er: „Als ich aus dem Auto stieg und mich unter sie [eine große Menschenmenge] mischte, ließen sie mich mit Ausnahme eines alten Mannes, der mißbilligend den Kopf schüttelte, hochleben. Seit Deutschland den Kampf aufgegeben hatte, war mein Haß verflogen …" (ders., Memoiren, Sechster Band, Zweites Buch – „Der Eiserne Vorhang" –, S. 324f.) – R. Overy, Die Wurzeln des Sieges, S. 368, unterschätzt wohl Churchills germanophobe Tendenzen: „Anders als viele seiner Landsleute unterschied Churchill jedoch zwischen Hitler und dem Nationalsozialismus auf der einen und Deutschland auf der anderen Seite. … Roosevelt dagegen neigte eher dazu,

zum Zeitzeugen jenes Ersten Weltkriegs, den fast zehn Millionen junger Soldaten mit dem Leben bezahlen mußten. Zweifellos war es legitim (und für einen Pragmatiker wie den späteren Premierminister naheliegend), über militärische Alternativen zu verlustreichen Schlachten und Stellungskriegen nachzudenken.

Dennoch attackierten die Briten bis Ende 1941 schwerpunktmäßig militärische Ziele in Deutschland. Das Ergebnis war ein Fiasko. Unzureichende Navigationstechnik führte zu einer mangelhaften Treffer- und – angesichts effektiver deutscher Jagdabwehr – bemerkenswert hohen Abschußrate. Anschaulich beschreibt das die deutsch-amerikanische Geschichtswissenschaftlerin Ursula Moessner-Heckner: „Das britische Bomber Command beschränkte sich in den ersten Kriegsmonaten auf militärische Ziele und das Abwerfen von Flugblättern und bombardierte ferner Schiffe und Hafenanlagen. Diese Angriffe fanden tagsüber statt. ... Nach einem Tagesangriff auf Wilhelmshaven am 18. Dezember 1939, bei dem von vierundzwanzig gestarteten Welligton-Bombern zwölf abgeschossen wurden, brach das britische Bomber Command die Tagesangriffe ab und verlegte sich auf Nachtangriffe. ... Ohne verbesserte Navigationshilfen waren Präzisionsangriffe jedoch nahezu unmöglich. In der Nacht fanden die Piloten oft nicht die richtige Stadt, so zum Beispiel bei einem Angriff auf Berlin in der Nacht vom 25./26. August 1940. ... Die Mehrzahl der einundachtzig gestarteten Maschinen fand Berlin nicht, und ungefähr zwanzig verirrten sich nach Stuttgart-Untertürkheim. ... Hatte man dagegen die vorgesehene Stadt gefunden, so fielen die Bomben oft Kilometer vom eigentlichen Ziel entfernt und zerstörten Wohngebiete.“[104]

Die von Moessner-Heckner beschriebenen Einsätze waren teils taktischer, teils strategischer Natur. Genau datieren läßt sich der Beginn des strategischen Luftkriegs zwischen Briten und Deutschen. Gleich nach dem Beginn der deutschen Westoffensive und der Ernennung Churchills zum Premierminister (jeweils am 10. Mai 1940) beschloß sein Kabinett wohl am 15./16. Mai 1940, den Luftkrieg auf das Hinterland des Deutschen Reichs auszudehnen. Erfolgversprechende Alternativen standen den Briten kaum zur Verfügung. In einem Brief an seinen Vertrauten Lord Beaverbrook schrieb Churchill im Juni 1940: „Es gibt nur noch eines, was [Hitler] niederwerfen wird, und das ist ein absolut verheerender, vernichtender Angriff durch sehr schwere Bomber von unserem Boden auf das

---

in Hitler den typischen Deutschen zu sehen. Er hegte tiefe, in seiner Kindheit wurzelnde Vorurteile gegenüber Deutschland, das er während eines Schulbesuchs in Baden-Baden auf einer der zahlreichen Reisen zu deutschen Kurorten in Begleitung seines erkrankten, stark antideutsch eingestellten Vaters kennengelernt hatte.“

104 U. Moessner-Heckner, Pforzheim. Code Yellowfin, S. 18 f.

Churchill 1939, ein Jahr vor seiner Ernennung zum Premierminister

Kernland der Nazis."[105] Der von Völkerrechtler James Molony Spaight, einem pensionierten Unterstaatssekretär des Luftfahrtministeriums, als „großartig" gepriesene und auf den 11. Mai 1940 datierte Kabinettsbeschluß[106] bereitete den Boden für die schrittweise Weiterentwicklung und Realisierung des Area-Bombing-Konzepts. Dieses war keineswegs nur eine Folge jener Navigationsprobleme, die dem Bomber Command Präzisionsangriffe auf eng lokalisierte Ziele bis 1942/43 beträchtlich erschwerten.

Hinzu kamen die auf der Insel als völkerrechtswidrig interpretierten Einsätze der Luftwaffe gegen London und andere südenglische Städte in den Jahren 1940/41 („Battle of Britain", „Blitz"), die sich symbolhaft um die Zerstörung der Kathedrale von Coventry ranken. Gezielte Angriffe gegen deutsche Zivilisten waren nur noch eine Frage der Zeit. Am 10. September 1940 beschloß Churchills Kriegskabinett, das Zurückbringen von Bomben zu verbieten; am 30. Oktober 1940 folgte der Beschluß, „Angriffe auf militärische Ziele, die die Regel sein sollten, so ausführen zu lassen, daß die deutsche Zivilbevölkerung in ihrer Umgebung die Schwere des Krieges spürt".[107] Am 16. Dezember 1940 wurden deutsche Zivilisten erstmals zum unmittelbaren Ziel eines Luftschlags, als das Bomberkommando die Stadtmitte Mannheims bei einem „Vergeltungsangriff" für Coventry bombardierte.[108] Zu einer weiteren Eskalation führte die RAF-Direktive vom 9. Juli 1941, die den Besatzungen auferlegte, ihr Hauptaugenmerk auf „das deutsche Transportsystem und die Zerstörung der Moral der Zivilbevölkerung sowie insbesondere der Industriearbeiter zu richten". Die meisten deutschen Eisenbahnzentren seien „günstig lokalisiert", da in der Nähe von dicht besiedelten Arbeiterwohnvierteln gelegen. Die Zerstörung jener Zentren könne „mittelbare Folgen für die Moral der Bevölkerung" haben, „selbst wenn sie nicht direkt attackiert wird".[109]

---

105 W. Churchill, Memoiren, Sechster Band, Zweites Buch („Der Eiserne Vorhang"), S. 567.

106 J. M. Spaight, Bombing Vindicated, S. 73; ders., a. a. O., S. 68: „Wir begannen, Ziele in Deutschland zu bombardieren, ehe die Deutschen das in England taten. Das ist eine historische Tatsache, die auch öffentlich zugegeben worden ist. Wir brachten London zum Opfer dar; denn die Vergeltung war gewiß. Es ist zwar keine absolute Gewißheit, aber doch sehr wahrscheinlich, daß die Deutschen London und das Industriegebiet nicht angegriffen hätten. Deutschland bemühte sich um Stillhalteabkommen im Bombenkrieg, sooft sich dafür die leiseste Chance zu bieten schien." – Am 11. Mai 1940 könnte Churchill seinen Entschluß zur Eröffnung des strategischen Bombenkriegs dem Kabinett mitgeteilt haben.

107 L. Fritze, Die Moral des Bombenterrors, S. 49.

108 R. Neillands, Krieg der Bomber, S. 61; H. Boog, Der anglo-amerikanische strategische Luftkrieg über Europa und die deutsche Luftverteidigung, S. 462 f.

109 Ch. Webster u. N. Frankland, The Strategic Air Offensive Against Germany 1939–1945, Vol. IV ("Annexes and Appendices"), S. 136.

Unmißverständlich in den Vordergrund rückte das Demoralisierungskonzept mit der *Area Bombing Directive* vom 14. Februar 1942, einem Schlüsseldokument des strategischen Luftkriegs. Sie wies das Bomberkommando an, als Hauptziel (primary object) die Kampfmoral der feindlichen Zivilbevölkerung, vor allem der Industriearbeiterschaft, ins Visier zu nehmen („operations should now be focussed on the morale of the enemy civilian population and in particular, the industrial workers"). In einem etwas gewundenen Gedankengang bekräftigte Charles Portal, Stabschef der Luftstreitkräfte, diese Präferenz: „Ich nehme an, es ist klar, daß die Zielpunkte die Wohngebiete sein sollen und beispielsweise nicht Werften oder Flugzeugfabriken. Das muß ganz deutlich gemacht werden, falls es noch nicht verstanden worden ist."[110] Im November 1942 lieferte er, auf welcher empirischen Grundlage auch immer, die dazu passenden Erfolgsprognosen. Durch Flächenangriffe sollten 25 Millionen Deutsche obdachlos, 900.000 getötet und eine Million verwundet werden.[111] Wie sich im nachhinein herausstellte, hatten Portals Prognosen einen Realitätsbezug; und sie wären vielleicht noch realitätsnäher ausgefallen, wenn er die Erfahrungen des US-Militärs mit „German Village" in Dugway/Utah bereits damals hätte auswerten können. Dort wurden 1943 originalgetreue Nachbildungen Berliner Mietskasernen mit gleichfalls originalgetreuer Einrichtung geschaffen – nur um ihre Brandeigenschaften zu studieren. Das Ergebnis war für die Auftraggeber ernüchternd: Berlin „würde sich schwieriger gestalten als die meisten anderen deutschen Städte. ... Die Bauqualität ist höher, und die einzelnen Blocks sind besser voneinander getrennt", führte der leitende Brandbombenexperte Horatio Bond vor dem nationalen Ausschuß für Rüstungsforschung aus. Es sei „kaum zu erwarten, daß die Flammen ungehindert von einem Gebäude auf das nächste übergreifen".[112] Dennoch hatte „German Village" Auswirkungen auf die Flächenangriffe des Bomber Command. Dessen bevorzugter Brandbombenanteil von 60 % an der Gesamttonnage hatte sich in Dugway als vergleichsweise wirksam entpuppt.[113]

---

110 Siehe etwa H. Boog, Britische Luftkriegsdoktrin, S. 57–60. – Ungeachtet seiner deutlichen Worte wurde Portal vielleicht doch nicht überall verstanden. RAF-Navigator Freddy Fish gab später zu Protokoll: „Ich kann ihnen versichern, daß uns bei jeder Einsatzbesprechung, an der ich teilnahm ... gesagt wurde, daß wir militärische Ziele bombardieren. Mein Bordbuch enthält Eintragungen wie ‚Industriezentrum', ‚Rüstungsfabrik', ‚Ölraffinerie', ‚Rangierbahnhöfe', ..., ‚Industrieanlagen' usw. ... Die Besatzungen, die ich kannte, waren sich also die ganze Zeit sicher, daß wir nur ausgewählte militärische Ziele bombardierten; zu behaupten, wir seien eine Art von Schlächtern gewesen, die absichtlich unschuldige Zivilisten töten, ist blanker Unsinn. Wir hielten uns gewiß nicht für ‚Terrorflieger'"; zitiert nach R. Neillands, Der Krieg der Bomber, S. 406.

111 J. Friedrich, Der Brand, S. 90 f.

112 M. Davis, Angriff auf „German Village", S. 88.

113 H. Boog, Luftwaffe und unterschiedsloser Bombenkrieg bis 1942, S. 447 f.

Die Umsetzung der Area Bombing Directive verlangte nach kongenialer Personalpolitik. Sie ließ nicht lange auf sich warten. Am 22. Februar 1942 wurde „Morale Bombing"-Hardliner Arthur Travis Harris zum Chef des strategischen Bomberkommandos ernannt. 1921/22 Befehlshaber auf irakischen Stützpunkten, hatte er die Erfahrungen gequälter Kolonialvölker mit dem ihm eigenen Mitgefühl beschrieben: „Araber und Kurden lernen nun, daß innerhalb von 45 Minuten ein ganzes Dorf ausgelöscht und ein Drittel der Bewohner getötet oder verwundet werden kann."[114] Der Rubikon zum totalen Krieg gegen die Zivilbevölkerung war endgültig überschritten.

Milder beschreibt Richard Overy die strategischen Präferenzen des Bomber-Command-Chefs: „Weder hat er die Strategie der sogenannten ‚Flächenbombardierung' entwickelt, noch war er angetan von der Idee, die Moral der Bevölkerung als ein eigenständiges strategisches Ziel zu definieren. Vielmehr verstand er den Luftkrieg als ein Mittel, Deutschlands wirtschaftliche und militärische Macht durch Angriffe auf Industriegebiete und Industriearbeiter so lange zu schwächen, bis die Invasion auf dem europäischen Kontinent nur noch eine reine Säuberungsoperation sein würde."[115] Dazu scheinen die folgenden Sätze Harris' zu passen: „Angriffe auf Städte sind wie jede andere kriegerische Handlung nicht zu rechtfertigen, wenn sie nicht strategisch begründet sind. Doch sie sind nur insofern strategisch gerechtfertigt, als sie geeignet sind, den Krieg abzukürzen und das Leben alliierter Soldaten zu schonen."[116] Aber warum hat Harris dann bis zuletzt Flächenangriffe befohlen, die einige zehntausend Mitglieder seines Bomberkommandos und viele hunderttausend europäische Zivilisten – darunter mehr Kinder als Industriearbeiter – das Leben gekostet haben? Ehrlicher war Harris 1943 in seiner Korrespondenz mit dem britischen Luftfahrtministerium, dessen verschleiernde Kriegspropaganda er mißbilligte: „Es sollte unterstrichen werden, daß die Zerstörung von Gebäuden, öffentlichen Einrichtungen und Leben, die Schaffung eines Flüchtlingsproblems von bislang unbekanntem Ausmaß und der Zusammenbruch der Moral an der Heimat- wie der Kriegsfront durch die Furcht vor noch umfassenderen und heftigeren Bombenangriffen akzeptierte und beabsichtigte Ziele unserer Bombardierungsstrategie sind. Keinesfalls sind sie Nebenwirkungen von Versuchen, Fabriken zu treffen."[117]

---

114 Ch. Kucklick, Terror gegen den Terror?, S. 13.

115 R. Overy, Die alliierte Bombenstrategie als Ausdruck des „totalen Krieges", S. 39.

116 Royal Air Force Museum (RAFM), Harris Papers, H53, zitiert nach R. Overy, Die alliierte Bombenstrategie als Ausdruck des „totalen Krieges", S. 39 f.

117 RAFM, Harris Papers, zitiert nach R. Overy, Die alliierte Bombenstrategie als Ausdruck des „totalen Krieges", S. 40.

Arthur Harris, genannt „Bomber Harris", mit den Air Vice-Marshals Graham (lks.) und Saundby (re.)

Portals Erläuterungen der Area Bombing Directive umschreiben das Phänomen *Terrorangriff*. Es wird gleichermaßen durch subjektive und objektive Merkmale definiert. Der Angreifer will primär nichtmilitärische Ziele zerstören und Nichtkämpfer (Nichtkombattanten), in der Regel Zivilisten, töten und verletzen. Er handelt – in der Terminologie der Strafrechtslehre – mit direktem Vorsatz (zumindest zweiten Grades, *dolus directus II*). Im Extremfall kann die Tötung bestimmter Individuen zum Zweck des Angriffs werden; dann erfolgt sie absichtlich (*dolus directus I*).[118] Ein weiterer, manchmal der alleinige Zweck des Luftschlags wird darin liegen, Furcht und Schrecken (lateinisch: *terror*) unter den Überlebenden zu verbreiten. Kein zwingendes Merkmal eines Terrorangriffs ist der Demoralisierungsaspekt. „Bombenterror" verübt auch derjenige, der feindliche Städte und Zivilisten aus Haß oder blanker Zerstörungswut attackiert, ohne davon Auswirkungen auf deren Durchhaltemoral zu erwarten.[119] Der Terrorangriff läßt sich sowohl gegen *Präzisionsangriffe* auf militärische Objekte als auch gegen „unterschiedslose Angriffe"

118 Die Individuen können unmittelbarer oder mittelbarer Handlungszweck sein. Unmittelbar ist der Zweck, wenn das Opfer als (gesamte) Person den Täter zur Tat verleitet. Beispiel: A tötet B, weil er ihn/sie haßt. Mittelbar ist der Zweck, wenn bestimmte Eigenschaften oder Verhaltensweisen des Opfers den Täter zur Tat bestimmen. Beispiel: A tötet B, weil er ihn/sie berauben oder sich an ihm/ihr sexuell befriedigen will.

119 Begrifflich überzeugend L. Fritze, Die Moral des Bombenterrors, S. 93 f.

abgrenzen. Zivile Opfer werden beim echten Präzisionsschlag weder beabsichtigt noch mit einem schwächeren Vorsatzgrad gewollt, also nicht einmal billigend in Kauf genommen (bedingter Vorsatz, *dolus eventualis*). Sie sind von allen Kriegsparteien, gerade auch vom Angreifer, unmißverständlich bedauerte „Kollateralschäden". Ganz anders *der unterschiedslose Luftschlag*, der sich definieren läßt als Attacke, die neben herkömmlichen militärischen Zielen in etwa gleichem oder etwas größerem Umfang auch menschliche Siedlungen treffen soll. Der schwedische Völkerrechtler und Politiker Hans Blix, u. a. leitender Waffeninspekteur der UN im Irak-Konflikt (2000–2003), erläutert das dahingehend, daß kein Versuch erkennbar werden dürfe, diese beiden Objektgruppen innerhalb der Zielfläche voneinander zu trennen.[120] Vernichtungs- und Zerstörungsvorsatz, es kann sich um direkten Vorsatz ersten oder zweiten Grades oder auch bedingten Vorsatz handeln, gehen hier in beide Richtungen.

In der Luftkriegspraxis der Jahre 1939 ff. waren die Trennlinien zwischen Präzisions- und unterschiedslosen Angriffen nicht immer so scharfkantig wie in der Theorie. Zum einen lag das an weiten Auslegungen des Begriffs „militärisches Objekt" und einer damit einhergehenden „Militarisierung" des zivilen Bereichs, zum anderen an der Unfähigkeit der Bomberbesatzungen, ausgewählte Ziele hinreichend sicher zu orten und zu treffen. Noch fließender verlaufen die – kriegsrechtlich weniger bedeutsamen – Trennlinien zwischen Terror- und unterschiedslosem Angriff. Nüchtern betrachtet dürften zahlreiche Großangriffe der RAF unterschiedslos gewesen sein.[121] Der in Deutschland und Großbritannien verbreitete Terminus Flächenangriff (Area Bombing) ist in seinem unaufgeregten Klang ein Produkt des Euphemismus. Wer denkt bei einem wertneutralen Begriff aus der Flächengeometrie an die bewußte und gewollte Tötung vieler tausend Menschen? Zu Meistern sprachlicher Erfindungskunst wurden die Briten. Neben „Morale Bombing" haben sie auch die im deutschen Sprachraum nahezu unbekannten Worte „Carpet Bombing" (Teppichbombardement), „Cascade Bombing" (Kaskadenbombardement), „Saturation Bombing" (Sättigungsbombardement, wiederum ein Euphemismus) und „Mass Bombing" (Massenbombardement) kreiert. Treffendster Ausdruck ist „Obliteration Bombing" (Vernichtungsbombardement).[122]

Eine Rückkehr zu den milderen Strategieakzenten von 1940/41 bahnte sich in Großbritannien gegen Kriegsende an, als die Skepsis gegen-

120 H. Blix, Area Bombardment: Rules and Reasons, S. 52.

121 Selbstverständlich können die Trennlinien auch etwas anders gezogen werden. H. M. Hanke, Luftkrieg und Zivilbevölkerung, S. 146, operiert mit einem doppelten Begriff des Terrorangriffs, der in seiner weiten Fassung auch „Zerstörungen … der Zivilbevölkerung als Teil einer gesamt als Ziel gewählten Siedlung" umfaßt.

122 Siehe A. C. Grayling, Among the Dead Cities, S. 5.

über Area Bombing Directive und unterschiedslosem Luftkrieg allmählich wuchs. Portal drängte ab Herbst 1944 – unter dem Eindruck neuer Radartechnologie – massiv auf Präzisionsschläge, konnte sich gegenüber seinem Untergebenen, dem als Machtfaktor ebenbürtigen Harris, aber nur bedingt durchsetzen. Dieser hatte von allen Befehlshabern der RAF den wohl engsten Kontakt zu Premierminister Churchill.[123] Zwar wurden Prioritätslisten erstellt, die wechselweise von verschiedenen militärischen Zielen wie Hydrierwerken und Verkehrswegen angeführt wurden, doch durfte bei ungünstigen Wetterbedingungen gemäß einer plastilinartigen Kategorie „wichtige industrielle Ziele“ auch andernorts bombardiert werden. Weitgehend sinnentleerte Begriffe wie „Industriebetrieb“ oder „Industriearbeiter“ dienten den Briten längst als Chiffre zur Terrorisierung der gesamten feindlichen Zivilbevölkerung. Harris nutzte das zur Intensivierung der von ihm und wohl auch Churchill favorisierten Flächenangriffe. Sie „übten eine makabre Faszination auf ihn aus, und er wollte dieses Programm, das er im Februar 1942 begonnen hatte (die Zerstörung der sechzig wichtigsten Städte Deutschlands), nun auch zu Ende führen“.[124]

Das allein erklärt aber nicht, warum die RAF gerade in Dresden ein so infernalisches Zerstörungspotential entfaltete. „Elbflorenz“ war ein Dorado der Kunst, der Architektur, der Geisteswissenschaften und nach herkömmlicher militärischer Einschätzung eher bedeutungslos. Allerdings könnte die Stadt ab Herbst 1944 durch die zusammenbrechende deutsche Ostfront in Churchills Blickfeld geraten sein. Vielleicht wollte der britische Premier ein baldiges Kriegsende erzwingen – nicht zuletzt in der Hoffnung, gegenüber Stalin eigene Vorstellungen vom Europa der Nach-

---

123 Ch. Webster u. N. Frankland, The Strategic Air Offensive against Germany, Vol. III (Victory), S. 335 ff.

124 U. Moessner-Heckner, Pforzheim. Code Yellowfin, S. 80; ebenda, S. 78–92, schildert die Autorin britische Strategieüberlegungen der letzten Kriegsmonate. Deren Hektik und Ambivalenz dokumentieren drei Direktiven Portals vom 25. September 1944, 25. Oktober 1944 und 15. Januar 1945. Auch wenn Portal dem Präzisionsbomben Priorität einräumte, gab es genügend Freiräume zur Realisierung der „Morale Bombing“-Doktrin. Die letzte Direktive „wies wiederum die Petroleum-Industrie als vorrangiges Ziel und das Transportnetz als zweite Priorität aus. In dieser Weisung rangierten die Flächenangriffe gleich nach der Transportoffensive. Doch mußten diese Angriffe wiederum in Verbindung mit Aktionen gegen die Petroleum-Industrie und das Transportwesen gebracht werden, das heißt, Harris sollte nur Flächenangriffe auf Städte durchführen, die zugleich auch Treibstoff- und Transportziele waren. Als Zielliste für Flächenangriffe wurde eine Aufstellung verwendet, die das CSTC [Combined Strategic Target Committee von RAF und USAAF] am 22. November 1944 erarbeitet hatte.“ (U. Moessner-Heckner, ebenda, S. 81) Diese Zielliste erfaßte auch Dresden. – Das CSTC arbeitete im Auftrag der SHAEF (Supreme Headquarters Allied Expeditionary Forces). Unmittelbar nach Hitlers Kriegserklärung an die USA hatten die Luftstreitkräfte Großbritanniens und der Vereinigten Staaten von Amerika eine „vereinigte Bomberoffensive“ gegen das Deutsche Reich vereinbart („Combined Anglo-American Bomber Offensive“); siehe Ch. Messenger, Bomber Harris, S. 227..

kriegszeit dann besser durchsetzen zu können. Immerhin war die Sowjetarmee Mitte Februar 1945 am östlichen Oderufer bis auf 120 Kilometer an Dresden herangerückt. Was lag näher, als durch wuchtige, aber auch gezielte Luftschläge gegen mitteldeutsche Städte Nachschub- und Rückzugswege der Wehrmacht zu blockieren?

Diese nachvollziehbare Option entsprach aber bestenfalls am Rande den Realitäten des 13./14. Februar 1945. Die Vernichtung Dresdens war alles andere als ein präziser Lufteinsatz gegen Verkehrswege oder sonstige militärische Objekte. Sie ist nach den hier verwendeten Definitionen nicht einmal unterschiedslos, weil militärische Ziele eine völlig untergeordnete Rolle spielten.[125] Die von den Westalliierten Anfang 1945 vereinbarte Aktion „Donnerschlag" („thunderclap"), hochkonzentrierte Spreng- und Brandbombenangriffe auf mitteldeutsche Städte, mutierte zum späten Höhepunkt des „Morale Bombing" und Dresden zum Inbegriff blanken Terrors. Den Angreifern kam es auf die Tötung möglichst vieler deutscher Zivilisten und das Zerstören einer Stadt in größtmöglichem Ausmaß an.

Sollte derartiger Terror im Februar 1945 primär der Demoralisierung deutscher Soldaten und Industriearbeiter dienen? Gab es unmittelbar vor Kriegsende keine realistischeren *Bombardierungsmotive* als den ewigen Kampf gegen den teutonischen Durchhaltewillen? In Betracht kommen:

- die nicht enden wollende Vergeltung für deutsche Luftschläge gegen London, Coventry, südenglische Kleinstädte, Warschau und Rotterdam;[126]
- der gemeinsame Wunsch von Militär und Rüstungsindustrie, aber auch Teilen der britischen Öffentlichkeit, die angehäuften Waffenarsenale zu „verbrauchen";[127]
- die Demonstration des RAF-Vernichtungspotentials in zuvor unbeschädigten, leicht brennbaren, kaum evakuierten und – im Falle Dresdens – mit vielen Flüchtlingen angereicherten Orten, speziell gegenüber der verbündeten Sowjetunion;[128]

---

125 Siehe H. Schulz, Die Rüstungsproduktion im Raum Dresden 1933–1945, S. 113.

126 M. Connelly, Die britische Öffentlichkeit, die Presse und der strategische Luftkrieg gegen Deutschland 1939–1945, S. 82, zitiert aus einer Rede Churchills vom 14. Juli 1941: „Wenn heute abend die Bewohner Londons darüber abzustimmen hätten, ob wir einer Konvention beitreten sollten, in der die augenblickliche Beendigung aller Bombenangriffe auf Städte verfügt würde, riefe die Mehrheit mit Gewißheit aus: ‚Nein, erst wollen wir den Deutschen mit gleicher Münze und mehr heimzahlen.'"

127 R. Kohn, Kommentar, S. 474 f.: „Nachdem die Mittel zugeteilt waren, mußte dieses Instrument auch eingesetzt werden, oder die Bevölkerung dieser Demokratien hätte mit höchster Empörung reagiert."

128 L. Kettenacker, Churchills Dilemma, S. 51–54, beschreibt rastlose, liebedienerische Bemühungen Churchills, Stalin von der militärischen Bedeutung britischer Flächenangriffe zu überzeugen; ebenda, S. 52: „Stalin war außer sich, als er im Juli 1942 erfuhr, daß an eine Entlastungsfront im Westen im Jahre 1942 nicht zu denken war. Der britische Premier sah sich daraufhin genötigt, sozusagen einen Gang nach Canossa anzutreten, um Stalin in

- eine frühzeitig verinnerlichte und als Folge des NS-Systems entfesselte Germanophobie Churchills und seiner Militärs;
- eine daraus resultierende Gleichgültigkeit des britischen Befehlsstabs gegenüber der deutschen und letztlich der europäischen Hochkultur.

Möglicherweise haben alle diese Beweggründe eine Rolle gespielt. Im Detail wird das wohl nie zu ermitteln sein. Stand im Vordergrund der Wunsch, militärische Stärke zu demonstrieren? Für einen *Motivationsmix* unter Hervorhebung dieses Aspekts spricht der Einsatzbefehl an die beiden Bomberstaffeln, die Dresden in der Nacht des 13./14. Februar 1945 attackierten. Obendrein enthält jener Befehl Passagen, die zumindest in der Kombination auf Terrorisierungsabsicht hindeuten. Er spricht von der „größten bebauten Fläche, die noch nicht bombardiert wurde", und davon, Dresden „im Zuge weiteren Vormarsches unbenutzbar" zu machen. Diese Formulierung läßt sich allerdings auch in einem militärtaktischen Sinne deuten. Ein (für die deutschen Verteidiger) „unbenutzbares" Dresden war aus der Sicht des Februar 1945 von der sowjetischen Invasionsarmee leichter zu besetzen – ein Kalkül, das in den bombardierten Städten des Reichs freilich selten aufging, weil ausgerechnet Ruinen und Schutthaufen unverhoffte Verteidigungsmöglichkeiten boten.

Wegen seiner militärhistorischen Bedeutung sei der Einsatzbefehl des 13. Februar 1945 ausführlicher zitiert: „Dresden, die siebtgrößte Stadt Deutschlands – und nicht viel kleiner als Manchester –, ist auch die größte bebaute Fläche, die noch nicht bombardiert wurde. Mitten im Winter, mit Flüchtlingsströmen in westlicher Richtung und mit Truppen, die unterzubringen sind, werden Quartiere dringend gebraucht, nicht nur für Arbeiter, Flüchtlinge und Truppen, sondern auch für die aus anderen Landesteilen verlegten Verwaltungsdienststellen. ... Mit dem Angriff ist beabsichtigt, den Feind dort zu treffen, wo er es am meisten spüren wird; hinter einer teilweise schon zusammengebrochenen Front gilt es, die Stadt im Zuge weiteren Vormarsches unbenutzbar zu machen und nebenbei den Russen, wenn sie einmarschieren, zu zeigen, was das Bomberkommando tun kann."[129]

Moskau persönlich die Gründe dafür zu erläutern. Dieser zeigte sich zunächst von den Ausführungen des Premiers keineswegs beeindruckt. Die Gesprächsatmosphäre entspannte sich erst, als dieser auf den Luftkrieg zu sprechen kam. ... Wenn nötig, erklärte Churchill, werde man jedes Haus in nahezu jeder Stadt einäschern. Diese Worte, vermerkt das Protokoll, hatten eine stimulierende Wirkung, und die Atmosphäre wurde zunehmend herzlicher. ‚M. Stalin smiled and said that would not be bad.'"

129 Intelligence Narrative of Operations No. 1007, 13/14 February, 1945; zitiert nach G. Bergander, Dresden im Luftkrieg, S. 120 f. – M. Hastings, Armageddon, S. 387, nennt den Einsatzbefehl ein „banales Dokument": „Furchtbarer Kriegshorror ist keineswegs immer, nicht einmal oft, das Produkt abwägender Überlegung derer, die ihn veranlassen."

Zerstörte Hamburger Neustadt mit dem Hamburger Wahrzeichen, der St. Michaeliskirche

Kann „Morale Bombing“ moralisch sein?

Rechtfertigen germanophobe Tendenzen Churchills oder seiner Befehlshaber einen gezielten Angriff auf deutsche Zivilisten? Bildet der Wunsch nach Vergeltung und Demonstration militärischer Stärke einen rechtfertigenden Grund? Welche Perspektive man auch wählt – die Distanz dieser Motive zu den traditionellen Wertmustern abendländischer Ethik erscheint unüberbrückbar. Nicht von ungefähr wurde das Argument, die nukleare Hölle Hiroshimas habe weniger das de facto bereits besiegte Japan, sondern vor allem den expandierenden Stalinismus in die Schranken weisen sollen, als „besonders verdammungswürdig“ bezeichnet.[130] Nur ein über jeden Zweifel erhabenes, ethisch hochwertiges Ziel vermag – eventuell – die Massentötungen in Dresden und anderen deutschen Städten zu legitimieren. Ein solches Ziel könnte mit dem Demoralisierungsbomben verfolgt worden sein. „Morale Bombing“ – welch hintergründiger Doppelsinn von „Moral“! Immerhin behaupten Verfechter dieser Doktrin, mit Terrorschlägen gegen Großstädte ein schnelleres Ende der Feindseligkeiten bewirken, per Saldo die Zahl der Kriegsopfer reduzieren und in letzter Konsequenz einen totalitären Unrechtsstaat beseitigen zu können. Sie verweisen darauf, daß derartiges im Pazifikkonflikt funktioniert habe. Erst die atomaren Schläge gegen Hiroshima und Nagasaki im August 1945 hätten Japan in die Knie gezwungen. Ins Blickfeld rückt der Problemkreis moralischer (sittlicher) *Dilemmata* bzw. *Pflichtenkollisionen*: Ein schützenswertes sittliches Gut kann nur um den Preis der Vernichtung eines anderen bewahrt werden. Vielfach kollidiert ein moralisches Verbot mit einem moralischen Gebot, also eine Unterlassungs- mit einer Handlungspflicht.

Brisanz entfaltet die Kollision gleichartiger Werte bzw. Schutzgüter („Menschenleben gegen Menschenleben“). Das Dilemma verdichtet sich zu der Frage, ob der Widerstreit zwischen den moralischen Pflichten, sowohl die Bewohner feindlicher Städte als auch eine vermutlich sehr große Zahl unbekannter künftiger Opfer von Krieg und (feindlicher) Gewaltherrschaft zu schützen, nach der Quantität entschieden werden darf.

130 J. Rawls, Das Recht der Völker, S. 241.

Zwei Lösungsansätze stehen sich gegenüber. Der strukturell einfachere verknüpft zwei traditionelle europäische Denkrichtungen: die handlungsorientierte (deontologische) *Pflichtenethik* und den ausgeprägten *Individualismus* der philosophischen Aufklärung. Letzterer erklärt die Würde bzw. Personalität jedes einzelnen Menschen zum (unendlichen) sittlichen Höchstwert. In der Konsequenz dieses Ansatzes liegt das Verbot, den Wert von Menschenleben in qualitativer oder quantitativer Hinsicht unterschiedlich zu bestimmen. Addition, Multiplikation und wechselseitige Aufrechnung scheiden danach aus. 20.000 Menschenleben sind nicht wertvoller als ein einziges.[131] Du sollst nicht töten! Dieser Ansatz fordert ein absolutes, durch keine anderen Prinzipien eingeschränktes Verbot, unschuldige Zivilisten durch gezielte Luftangriffe umzubringen. Eine prägnante, ideengeschichtlich einflußreiche Fassung dieses Verbots formulierte 1539 der spanische Spätscholastiker Francisco de Victoria in einem Traktat über den Kolonialismus seines Zeitalters: „Niemals" sei es erlaubt, „Unschuldige als solche und absichtlich zu töten".[132] Ähnliche Worte verwendet ein christlich-naturrechtlich geprägter Philosoph der Gegenwart, Robert Spaemann: „Es ist stets unerlaubt, absichtlich unschuldige Menschen zu töten oder ihre Tötung zu veranlassen, welche Vorteile auch immer für wie viele Menschen auch immer aus einer solchen Tötung folgen mögen. Wo wir vor einem unbedingten Selbstzweck stehen, da endet jede Güterabwägung und jeder Kalkül. Daraus folgt etwa … das Verbot von Bombardements auf offene Wohngebiete im Krieg usw."[133]

Zwei Klarstellungen sind vonnöten. Die erste kreist um den Schuldbegriff. Da niemand absolut unschuldig sein dürfte, kann hier nur eine relative Unschuld, also ein funktions- oder situationsbezogener Begriff der Unschuld gemeint sein. Als „unschuldig" sollten vernünftigerweise Menschen gelten, die den attackierenden Luftstreitkräften keinen aktuellen Grund zur Tötung geben, mögen sie in sonstiger Hinsicht – als Einbrecher, Raub- oder Lustmörder, als menschenverachtende Antisemiten oder sonstige Rassisten – moralisch noch so schuldig sein. Irrelevant ist nach dieser Prämisse auch die vermeintliche „Kollektivschuld" irgendei-

---

131 Gustav Radbruch hätte diese Sichtweise als liberalistische Variante des Individualismus bezeichnet. In seiner rechtsphilosophischen Parteienlehre beschreibt er zwei weitere Varianten: eine demokratische und eine sozialistische (ders., Rechtsphilosophie, S. 63–70). – „Do not do an immoral thing for moral reasons" (Thomas Hardy); zitiert nach St. Garrett, Ethics and Air Power in World War II, S. 131.

132 Francisco de Victoria, Vorlesungen über die kürzlich entdeckten Inder und das Recht der Spanier zum Kriege gegen die Barbaren, S. 149; siehe dazu L. Fritze, Die Moral des Bombenterrors, S. 25 ff.

133 R. Spaemann, Gut und böse – relativ?, S. 12.

Hiroshima nach dem Atombombenabwurf 1945: Hauptstraße vom Rotkreuz-Hospital aus gesehen

ner Nation.[134] Handlungspflichtenorientierte Ethik fragt allein nach dem Vorliegen einer akuten Notwehr- oder Notstandssituation. Nur in diesem Falle, also etwa bei der Ausschaltung feindlicher Nachtjäger oder Flakstellungen, darf sie Bomberbesatzungen die bewußte und gewollte Tötung von Menschen gestatten. Erlaubt könnte danach unter bestimmten Voraussetzungen die gezielte Tötung von Soldaten sein – und allenfalls die Tötung solcher Zivilisten, die wie Soldaten tätig werden. Man denke bspw. an jugendliche Flakhelfer.

Zweitens: Was heißt „gezielt"? Der Terminus verweist zum einen auf die in deontologischen Moralphilosophien akzeptierte Lehre vom Doppeleffekt (*actus duplicis effectus*).[135] Die Folgen ein und derselben Handlung

---

134 Abwegig erscheint daher die Antwort eines deutschen Stadtarchivs an den Verfasser dieses Buchs. Auf die Frage, ob es in der betreffenden Stadt Gedenkstätten für die unschuldigen Opfer alliierter Flächenangriffe gäbe, wurde belehrend mitgeteilt, daß die damaligen Bewohner aufgrund ihrer vielfältigen Verwicklungen in die NS-Herrschaft keineswegs unschuldig gewesen seien.

135 O. Höffe, Lexikon der Ethik, S. 63 f. („Erfolg").

können, insbesondere im Krieg, durchaus vielschichtig sein. Erwünschten Haupt- stehen unerwünschte Nebenwirkungen gegenüber. Letztere heißen in zeitgenössischer Militärsprache „Kollateralschäden". Auch wenn unschuldige Zivilisten durch ein Luftbombardement zu Tode kommen, kann dieses – als Angriff gegen legitime militärische Ziele – vom Standpunkt deontologischer Ethik gerechtfertigt sein. Pflichtenethik im Umfeld philosophischer Aufklärung wird obendrein die Beachtung des Verhältnismäßigkeitsprinzips verlangen.

Der Terminus „gezielt" verweist zum anderen auch auf die Unterscheidung zwischen Vorsatz ersten und zweiten Grades. Während dieser auch „direkter Vorsatz" genannt wird, heißt jener in seiner gebräuchlichsten Fassung „Absicht". Die Verwendung des Wortes „absichtlich" im Traktat de Victorias könnte darauf hindeuten, daß die Tötung unschuldiger Zivilisten durch strategische Luftschläge nur dann verboten sein soll, wenn es dem Angreifer auf die Tötung bestimmter Individuen ankommt. Das aber kann nicht richtig sein und wäre, wenn vom Scholastiker de Victoria tatsächlich so gemeint, der klassische Fall einer „begriffsscholastischen" Spitzfindigkeit. Es gibt keinen plausiblen Grund, die nicht absichtliche, aber trotzdem direkt oder bedingt vorsätzliche Tötung oder Verletzung eines Menschen deutlich milder zu bewerten als die absichtliche. Dies belegt ein simples, dem Strafrechtsjuristen vertrautes Beispiel: Wenn A auf eine Menschenmenge schießt, um den darin befindlichen B aus Haß zu töten, handelt er absichtlich und in hohem Maße moralisch verwerflich. Wenn A dabei die in der Menge stehenden C und D trifft, handelt er in bezug auf diese zwar unabsichtlich, aber dennoch direkt-vorsätzlich oder wenigstens bedingt vorsätzlich und um keinen Deut moralischer. In beiden Fällen zerstört A bewußt und gewollt elementare moralische Werte: das Leben und die Gesundheit anderer Menschen. Die gleichen ethischen Maßstäbe müssen für Luftschläge gelten, mit denen bewußt und gewollt Menschen getötet werden, deren individuelle Existenz dem Angreifer völlig gleichgültig ist. Andernfalls käme man zu der absurden Konsequenz, die Tötung von Industriearbeitern – bei ihnen mag das britische Bomberkommando „absichtlich" gehandelt haben – moralisch strenger zu bewerten als die Tötung von Hausfrauen, Kindern und Greisen.[136]

Diese *scharfkantige individualistische Moralphilosophie* prägt auch die Jurisprudenz, nicht zuletzt die höchstrichterliche Rechtsprechung der Bundesrepublik Deutschland. Am 15. Februar 2006 erklärte das Bundes-

136 Vgl. den argumentreichen Gedankengang von L. Fritze, Die Moral des Bombenterrors, S. 56–59; zu berücksichtigen bleibt im übrigen, daß das Bomberkommando – in Kenntnis der verheerenden Konsequenzen – jahrelang todbringende Frachten über Innenstädten abgeladen hat. Dieses Verhalten spricht für ein absichtliches Töten aller im Wirkungsbereich der Bomben lebenden Personen!

verfassungsgericht die sog. Abschußermächtigung eines „Luftsicherheitsgesetzes“ für verfassungswidrig und nichtig (1 BvR 357/05). Deutsche Luftstreitkräfte dürfen selbst dann nicht auf ein entführtes Flugzeug mit „tatunbeteiligten Menschen an Bord“ schießen, wenn die Maschine erkennbar zu einem Terroranschlag nach dem Vorbild des 11. September 2001 mißbraucht werden soll. Der rechtsethische Impetus des Bundesverfassungsgerichts verdient Respekt. Gleichwohl sind die Konsequenzen seines Urteils beunruhigend. Je nach Ziel des Terroranschlags kann die vom Recht erzwungene Zurückhaltung der Luftwaffe eine vier-, fünf- oder gar sechsstellige Zahl Menschen das Leben kosten. Selbst der Einwand, Fluggäste und -personal hätten auch bei einem Nichteingreifen der Luftwaffe keine realistische Überlebenschance, weil sie spätestens zum Zeitpunkt der Terrorattacke sterben müßten, konnte die Karlsruher Richter nicht umstimmen. Deren strenge Sichtweise schließt die Einbeziehung hypothetischer Geschehensabläufe aus. Sie fordert ein Aufrechnungsverbot für Menschenleben auch dann, wenn eine echte „Aufrechnungslage“ gar nicht besteht.[137] Erstaunlich und vom moralphilosophischen Standpunkt bedauerlich ist die Tatsche, daß die Richter die womöglich ungeheuren, lebensfeindlichen Folgen ihrer Entscheidung ausblenden. Moralischer Rigorismus mag (fast immer) eine angemessene Grundhaltung sein; wer ihn vertritt, sollte redlicherweise aber auch die Konsequenzen offenbaren und sich der ethischen Debatte stellen.[138] Sensible Problemerfassung zeigt das Bundesverfassungsgericht allerdings, soweit es auf prognostische Unsicherheiten bei der Handlungsfolgenabwägung verweist: Was haben die Terroristen konkret vor? Wie kompetent und entschlossen sind sie bei der Durchführung ihres apokalyptischen Plans? Gibt es vielleicht ein milderes Mittel zur Beendigung der Terroraktion?

---

137 Auszug aus der Entscheidung 1 BvR 357/05 vom 15. Februar 2006: „Die einem solchen Einsatz ausgesetzten Passagiere und Besatzungsmitglieder befinden sich in einer für sie ausweglosen Lage. ... Dies macht sie zum Objekt nicht nur der Täter. Auch der Staat ... behandelt sie als bloße Objekte seiner Rettungsaktion zum Schutze anderer. Eine solche Behandlung mißachtet die Betroffenen als Subjekte mit Würde und unveräußerlichen Rechten. Sie werden dadurch, daß ihre Tötung als Mittel zur Rettung anderer benutzt wird, verdinglicht und zugleich entrechtet. Indem über ihr Leben von Staats wegen einseitig verfügt wird, wird den als Opfern selbst schutzbedürftigen Flugzeuginsassen der Wert abgesprochen, der dem Menschen um seiner selbst willen zukommt.“

138 Treffend bemerkt H. Wefing (wfg), Die Harry-Theorie, Frankfurter Allgemeine Zeitung, 16. Februar 2006: „Die sich aufdrängende Frage ‚Aber was denn dann?‘ sieht die Verfahrensordnung des Bundesverfassungsgerichts unglücklicherweise nicht vor. ... Ähnliche Überlegungen waren auch während der jüngsten Diskussion über die Folter zu hören: Mit rechtsstaatlichen Mitteln lasse sich manches Dilemma nicht auflösen, ohne den Rechtsstaat selbst preiszugeben. Vielleicht aber finde sich im Extremfall einer, der bereit sei, das Recht zu brechen, um größeres Übel abzuwenden. Man darf dies wohl die ‚Dirty Harry‘-Theorie nennen: Im letzten Moment taucht ... ein Luftwaffenpilot auf, der ein Flugzeug eben doch abschießt, ehe es in ein vollbesetztes Stadion oder ein Atomkraftwerk rast.“

Im Herbst 2007 flammte die Diskussion um die Abschußermächtigung erneut auf und hinterließ einen tiefen Riß im Berliner Koalitionsgebälk von CDU/CSU und SPD. Gelegentlich wurde herausgestellt, daß auch der strenge Standpunkt des Bundesverfassungsgerichts nicht zwangsläufig zu einer Verurteilung von Luftwaffensoldaten führe, die dem Abschußverbot zuwiderhandeln. Das liege an der Rechtsfigur des übergesetzlichen (schuldausschließenden) Notstands. So begrüßenswert diese Klarstellung auch ist, die Frage nach der ethischen Rechtfertigung des Abschusses gekaperter, für terroristische Anschläge vorgesehener Flugzeuge vermag sie nicht zu beantworten. Rechtfertigender und schuldausschließender Notstand sind nicht das gleiche. Nur die Annahme eines rechtfertigenden Notstandes deklariert die betreffende Handlung als rechtlich (und regelmäßig auch moralisch) erlaubt. Obendrein kann kein Luftwaffensoldat sich im Ernstfall darauf verlassen, daß ein Strafrichter ihm einen schuldausschließenden Notstand zubilligen wird.

Die Stärke dieses strikten deontologischen Ansatzes ist seine normative Klarheit. Gut und Böse bleiben scharf konturiert und lassen sich moralpädagogisch jedem Gutwilligen leicht vermitteln. Eine solche Moralphilosophie hat nicht das geringste Problem damit, die Kapitalverbrechen eines Adolf Hitler oder Josef Stalin zu brandmarken. Wären selbst abgrundtief böse Menschen durch engagierten Ethikunterricht zu bekehren, dann wäre sie unübertrefflich. Leider trifft das auf Hitler, Stalin und andere Akteure der Geschichte aber nicht zu. Deshalb erscheint es legitim, über alternative Ethikkonzepte nachzudenken, die äußerstenfalls die Tötung einer überschaubaren Zahl unschuldiger Menschen für legitim erklären, wenn die Tötung einer gigantischen Zahl anderer unschuldiger Menschen auf sonstige Weise nicht zu verhindern ist. Kann der von Robert Spaemann beschworene „unbedingte Selbstzweck" vielleicht eher in dem moralischen Gebot abgebildet werden, das in konkreter geschichtlicher Situation schlimmstmögliche Geschehen zu verhüten?[139]

Damit sind wir beim zweiten ethischen Lösungsansatz. Er läßt sich als teleologisch, konsequential oder handlungsfolgenorientiert beschreiben. „Hieraus folgt nun, daß ein Mensch ... gut handelt, wenn er in den gegebenen Umständen nach seinem Urteil über sämtliche Konsequenzen die-

139 Ähnlich Lothar Fritze, der die Geltung moralischer Normen von ihrer Wirkung zum Schutz des wohlverstandenen allgemeinen Interesses abhängig macht, „das (fast) jeder einzelne hat". Spaemanns Verbot der Tötung auch nur *eines* Unschuldigen fordere „dazu auf, auch Rettungsmöglichkeiten für Unschuldige grundsätzlich *nicht* zu ergreifen. Da von der gesellschaftlichen Ingeltungsetzung dieser Norm der einzelne gerade nicht profitierte, zerstörte dieses Verbot seine eigenen Geltungsbedingungen"; ders., Die Moral des Bombenterrors, S. 242 f.; siehe auch L. Fritze, Die Tötung Unschuldiger, Kap. II.

ser bestimmten Tat im Hinblick auf die besten Konsequenzen handelt.“[140] Wer will, mag den etwas unscharfen Begriff *Verantwortungsethik* assoziieren, der seit Max Weber (1864–1920) vielfach als wertvoller Antipode einer angeblich rückwärtsgewandten Gesinnungsethik verstanden wird.[141] Dieser Ansatz würde das Dilemma als Prinzipienkonflikt deuten und ein differenzierendes Ergebnis, vernünftigerweise eine Regel-Ausnahme-Relation, hervorbringen.[142] Sie müßte – ausgehend von einem vermeintlich guten Zweck der Massentötungen – die Verhältnismäßigkeit des „Morale Bombing“ zum ethischen Prüfstein machen.

Bestandteil des Verhältnismäßigkeitsprinzips, auch Übermaßverbot genannt, sind die Merkmale Geeignetheit (Tauglichkeit), Erforderlichkeit und Angemessenheit (Verhältnismäßigkeit im engeren Sinne) – bezogen auf die zur Verfügung stehenden Mittel zum Erreichen eines vorgegebenen legitimen Zwecks. Geeignet ist ein Mittel, wenn es das Erreichen des Zwecks allein oder im Zusammenwirken mit anderen Mitteln kausal bewirkt oder wenigstens fördert. Erforderlich ist ein Mittel, wenn kein milderes, andere Personen weniger oder gar nicht belastendes Mittel bereitsteht, das den angestrebten Zweck in mindestens etwa gleicher Weise erreicht. Angemessen (verhältnismäßig im engeren Sinne) ist ein Mittel nur dann, wenn die mit seiner Anwendung verbundenen Nachteile nicht völlig außer Verhältnis stehen zu den Vorteilen, die es bewirkt. Letzteres erfordert die gründliche Abwägung aller Vor- und Nachteile des Mittels.[143]

Als differenzierte ethische Formel könnte eine handlungsfolgenorientierte Regel-Ausnahme-Relation zum Luftkrieg auf menschliche Siedlungen folgenden Inhalt annehmen: *Es ist verboten, unschuldige Zivilisten durch gezielte Angriffe auf Wohnviertel zu töten oder zu verletzen; es sei denn, die Angriffe sind das einzige geeignete Mittel des Angreifers oder unter mehreren geeigneten Mitteln dasjenige mit den geringsten Einbußen für alle schutzwürdigen moralischen Güter, um die eigene staatsethisch legitime Herrschaft zu schützen und/oder eine fremde tyrannische Regierung dauerhaft zu beseitigen, dadurch in möglichst allen am Konflikt beteiligten Ländern Demokratie und Rechtsstaatlichkeit zu etablieren und in der Konsequenz einer weit größeren Zahl von Menschen Würde,*

140 Elisabeth Anscombe, „Statt einer Einführung“, in: J. Nida-Rümelin, Kritik des Konsequentialismus, S. 3. Kritisch dazu J. Nida-Rümelin, ebenda, S. V: „Vernünftigerweise tut man das, was die besten Folgen hat. Diese scheinbar triviale These ist falsch.“

141 O. Höffe, Lexikon der Ethik, S. 103 f. („Gesinnung“), 114 ff. („Verantwortung“).

142 O. Höffe, Lexikon der Ethik, S. 206 f. („moralische Dilemmata“), 230 f. („Pflichtenkollisionen“).

143 Die Entwicklung des Verhältnismäßigkeitsgebots aus dem Rechtsstaatsprinzip des Grundgesetzes, Art. 20 Abs. 1 GG, gehört zu den reifsten Leistungen des Bundesverfassungsgerichts; siehe BVerfGE 35, 382, 400 f.

Leben, körperliche Unversehrtheit und Freiheit zu schenken bzw. zu bewahren.

Diese Formel intendiert die Bewahrung gerechter und die Ablösung ungerechter durch gerechte Herrschaftssysteme. Sie wird getragen von der grundlegenden Unterscheidung zwischen Tyrannei (= totalitärer Unrechtsstaat) und demokratischem Rechtsstaat. Die Abgrenzung mag im Detail Probleme aufwerfen, an ihrer prinzipiellen Berechtigung ändert das aber wenig. Die Idee des freiheitlich-demokratischen Rechtsstaats und seiner Überlegenheit gegenüber Absolutismus, Diktatur und Totalitarismus beruht auf dem Substrat aufgeklärter Rechts- und Staatsphilosophie. Sie ist rational begründbar, weil die Postulate der Aufklärung von einer rationalen Ethik akzeptiert werden, und zugleich sinnfälligster Ausdruck juristischen Fortschritts der vergangenen dreihundert Jahre. Anders als konkurrierende Gestaltungsmodelle schafft der freiheitlich-demokratische Rechtsstaat Freiheit, Gleichheit, Sicherheit und Wohlstand nicht nur für eine Minderheit seiner Bürger. Er dient dem wohlverstandenen allgemeinen Interesse, soweit dieses durch die Realisierung möglichst vieler berechtigter Individualinteressen definiert wird. In Deutschland wird die Staatsidee der Aufklärung bspw. durch Immanuel Kant und – mit Abstrichen – Georg Wilhelm Friedrich Hegel repräsentiert, deren Rechtsphilosophien, „interpretiert als rechtsethisch begründete Fortschrittstheorien des neuzeitlichen Verfassungsstaates, nach wie vor und mit Recht Relevanz und Aktualität" haben.[144] Es ist müßig zu erwähnen, daß die freiheitliche Rechtsstaatsidee sich gegen jede Form totalitären Unrechts wendet. Dieser antitotalitäre Konsens vereint alle echten Demokraten. Wer ihn nur gegen einzelne Diktaturen richtet, muß sich fragen, ob sein Demokratieverständnis (partiell) von aufklärungsfeindlicher Ideologie geleitet wird. Man kann durchaus – wie der frühere Außenminister Joseph Fischer – für die Bundesrepublik Deutschland einen „Gründungsmythos Auschwitz"[145] reklamieren. Konsequenterweise sollte man aber ergänzen, daß die Bundesrepublik auch auf einen „Gründungsmythos Archipel Gulag" zurückblickt.

Daraus ergeben sich für eine konsequentialistische Ethik mindestens zwei Folgerungen. Erstens: Gezielte Angriffe gegen unschuldige Zivilisten sind niemals gerechtfertigt, wenn die angreifenden Streitkräfte zu einem totalitären Unrechtsstaat gehören. Dabei spielt es keine Rolle, ob die angegriffene Stadt auf dem Territorium eines Rechts- oder Unrechtsstaats liegt. Kriegsziel eines Unrechtsstaats kann nämlich nicht die Schaffung oder Festigung von Demokratie und Rechtsstaatlichkeit sein. Zweitens:

---

144 R. Dreier, Recht – Moral – Ideologie, S. 335.

145 Bedenken gegenüber der Verwendung des unscharfen Begriffs „Mythos", der einen reduzierten Realitätsgehalt beschreiben könnte, seien hier zurückgestellt.

Gezielte Angriffe gegen unschuldige Zivilisten (durch die Streitkräfte eines demokratischen Rechtsstaats) müssen regelmäßig die Entscheidung eines im Ausgang ungewissen Krieges erzwingen wollen und nicht die Abkürzung eines de facto bereits entschiedenen. Nur bei dieser Konstellation können sie sinnvoll die Voraussetzung „Schaffung oder Festigung (= Etablierung) eines demokratischen Rechtsstaats“ erfüllen. Ethisch gerechtfertigt kann die „Morale Bombing“-Strategie – zumindest im Regelfall – daher lediglich als Mittel zur *Kriegsentscheidung*, nicht aber zur bloßen *Kriegsverkürzung* sein.

Mittelbar mit dem Rechtsstaatsprinzip verknüpft, zumindest unter dem Aspekt einer Theorie der Menschenrechte, ist die Forderung, daß ein Flächenangriff auf lange Sicht mehr Menschen retten muß als töten darf. Aus einem Kriege darf „nicht größeres Übel hervorgehen als das, was durch denselben Krieg vermieden werden soll“.[146] Daraus folgt wiederum zweierlei. Zum einen muß eine plausible Opferbilanz überhaupt erstellbar sein. Gelingt das nicht, sind die Angriffe von vornherein nicht rechtfertigungsfähig. Zum anderen muß die Opferbilanz „qualifiziert positiv“ sein. Es müssen, allein wegen der Schwankungsbreite solcher Schätzungen, weitaus mehr Menschen gerettet als getötet werden.[147]

Besondere Bedeutung könnte dem Merkmal „dauerhaft“ zukommen. Der angreifende Rechtsstaat müßte die von ihm bekämpfte Tyrannei durch eine stabile freiheitlich-demokratische Grundordnung ablösen wollen. Flächenangriffe, die – von vornherein erkennbar – einen langanhaltenden Haß auf den Angreifer oder massive Solidarisierungseffekte mit dem Unrechtsstaat schüren, religiösen oder nationalen Fundamentalismus und womöglich in letzter Konsequenz unbeherrschbaren, weltumspannenden Terrorismus auslösen würden, sind vor den Schranken rationaler Ethik problematisch. Der siegreiche Rechtsstaat sollte ein über die Anwendung militärischer Gewalt hinausgehendes Befriedungsprogramm entwickeln, das den Bewohnern des unterlegenen (ehemaligen) Unrechtsstaats die Vorteile einer freiheitlich-demokratischen Verfassung verdeutlicht und zugleich den Respekt für tradierte kulturelle Prägungen dieses Staats nicht vernachlässigt.

Prozedural verlangt jene Formel ein Urteil hypothetischer bzw. „virtueller“, in jeder Hinsicht objektiver und nicht eigennütziger Beobachter, die alle Vor- und Nachteile eines Bombenangriffs gründlich gegeneinander abzuwägen hätten. Da die Forderungen rationaler Ethik nicht beliebig sein dürfen, müßte das Urteil eindeutig sein – losgelöst insbesondere

146 Francisco de Victoria, Vorlesungen über die kürzlich entdeckten Inder und das Recht der Spanier zum Kriege gegen die Barbaren, S. 151.

147 Ausführlich zu diesen Voraussetzungen L. Fritze, Die Moral des Bombenterrors, S. 118–122, Zitat „qualifizierte positive Opferbilanz“ ebenda, S. 119.

von informationsabhängigen Schwankungen in der Bewertung der strategischen Situation. Das könnte prima vista für eine nachträgliche Beurteilung des Bombardements im Lichte aller letztlich bekannten Tatsachen sprechen. Dieser Gedanke sollte indes verworfen werden. Eine erst nach dem strittigen Geschehen *(ex post)* wertende Ethik würde ihre ureigenste Aufgabe, konkrete Verhaltensempfehlungen zu liefern, nicht mehr erfüllen.[148] Jeder um moralische Lebensführung bemühte Mensch möchte rechtzeitig (*ex ante*) wissen, ob ein von ihm projektiertes Verhalten gut, böse oder sittlich indifferent ist. Maßgeblich kann daher nur die Datenlage im Zeitpunkt des Militärschlags sein. Die „objektiven Beobachter" – in der konkreten Kriegssituation fällt deren Rolle unvermeidlich dem angreifenden Staat zu – müßten von diesem Informationsstand ausgehen und eine Wertung mit Prognosecharakter abgeben. Verantwortungsethik ist daher stets auch Wahrscheinlichkeitsethik. Später bekannt gewordene Fakten, die zur Falsifikation der Prognose führen, dürften eine nach bestem Wissen und Gewissen zustande gekommene Entscheidung nicht im nachhinein unmoralisch werden lassen.

Handlungsfolgenorientierte (Verantwortungs)ethik würde daher die Begründbarkeit des *Demoralisierungsbombens* an klare Tatsachenvoraussetzungen knüpfen. Die Flächenangriffe des Bomber Command gegen deutsche Städte hätten, insbesondere aus damaliger Sicht, *geeignet* bzw. *tauglich* gewesen sein müssen, in angemessener Zeit das NS-System zu beseitigen. Genau daran aber hätten rasch Zweifel aufkommen müssen. Selbst Churchill sprach auf ausdrückliches Befragen von einem „Experiment".[149] Bereits der erste heftige „Morale Bombing"-Schlag gegen Lübeck am 28./29. März 1942 lieferte der RAF kaum Hinweise auf einen Erfolg ihrer aggressiven Strategie. Obwohl die vom Bomber Command mit Bedacht ausgesuchte, militärisch nahezu bedeutungslose Hansestadt – schwach verteidigt und ungeachtet ihrer Backsteinbauweise mit leicht brennbarem Altstadtkern[150] – schwere Schäden erlitt und 320 Einwohner verlor, trat kein nennenswerter Demoralisierungseffekt ein. Er konnte auch nicht in Rostock (23. bis 27. April 1942: 216 Tote)[151],

---

148 Hierum rankt sich einer der zentralen Einwände gegen handlungsfolgenorientierte Ethikkonzepte; siehe J. Nida-Rümelin, Kritik des Konsequentialismus, passim.

149 Time Magazin (Interview), 7. Juni 1943.

150 J. Friedrich, Der Brand, S. 86: „Harris, der ein starrsinniger und zugleich ganz dem Praktischen zugewandter Mann war, schlug eine Stadt zur Verbrennung vor, die den Erfolg garantierte: Lübeck. ... Das waren die Gründe für Lübecks Zerstörung: seine Lage, seine Schwäche und seine Altersschönheit." – Lübecks Kirchen mit ihren herrlichen Schnitzwerken fungierten als perfekter Brandkatalysator. Opfer der Flammen wurde etwa Bernt Notkes Altarbild „Gregorsmesse" in der Marienkirche.

151 J. Friedrich, Der Brand, S. 183 f., Ch. Kucklick, Feuersturm, S. 139.

Der erste Angriff der Royal Air Force auf Berlin, 25./26. August 1940

Köln (30./31. Mai 1942: 486 Tote, „Tausend-Bomber-Angriff")[152] und Neuss (31. Juli/1. August 1942: 279 Tote)[153] erzielt werden. Besondere Enttäuschung dürften der RAF die schwachen „Morale Bombing"-Effekte in der Reichshauptstadt bereitet haben, die spätestens 1942 eine Schlüsselrolle im britischen Demoralisierungskonzept spielte. Die Wasserkanäle, massiven Steinbauten und großen Bauabstände Berlins leisteten den Spreng- und Brandbomben beträchtlichen Widerstand. Über 360 Luftangriffe, verstärkt von November 1943 bis März 1944, ließen die deutsche Durchhaltemoral nicht entscheidend kippen.[154] „Die ‚Schlacht um Berlin' bedeutete für die RAF eine Niederlage, zugleich das Ende des ‚Bombertraums'. Harris versuchte, dies abzustreiten – ohne Erfolg. Berlin wurde nur teilweise, keineswegs total zerstört, die Deutschen erhoben sich nicht gegen Hitler."[155]

152 Ch. Kucklick, Feuersturm, S. 139; J. Friedrich, Der Brand, S. 259, anspielend auf die von Hunnen getötete legendäre Stadtheilige Ursula und Churchills Aversion gegen „deutsche Hunnen": „Der Tausendbomberangriff leitet in die Welt der Hunnenschlacht"; siehe auch M. Rüther, Köln im Zweiten Weltkrieg, S. 165–173.

153 Ch. Kucklick, Feuersturm, S. 140.

154 Bewegende Stimmungsbilder der Jahre 1943/44 aus dem Berliner Haus Kantstraße 6 (Nähe Bahnhof Zoo) liefert P. Wapnewski, Churchill, vom Bunker aus gesehen, Frankfurter Allgemeine Zeitung, 3. Dezember 2002.

155 R. Neillands, Der Krieg der Bomber, S. 321. Als verheerendsten Angriff auf Berlin beschreibt Neillands, ebenda, S. 312, denjenigen vom 22./23. November 1943 (der u. a. die Kaiser-Wilhelm-Gedächtniskirche zerstörte). Insgesamt seien im November 1943 etwa

Immer tragfähigere Langstreckenbomber, verbesserte Zielgeräte und die ständige Zunahme des Brand- im Vergleich zum Sprengbombenanteil änderten daran wenig.[156] Bei abwägender Betrachtung, insbesondere mit Blick auf die überragende Bedeutung von Menschenleben, war Churchills und Harris' „Morale Bombing"-Doktrin bereits vor den Vernichtungsangriffen gegen Wuppertal-Barmen (29./30. Mai 1943: 3.400 Tote)[157] und wiederum Köln (28./29. Juni 1943: 4.377 Tote, „Peter-und-Paul-Angriff")[158] sittlich diskreditiert, spätestens aber unmittelbar danach. Statt sie unverzüglich preiszugeben, stieß das Bomber Command in eine neue Dimension des Luftterrors vor. Die hartnäckigen, listenreichen Attacken gegen Hamburg Ende Juli 1943 (Unternehmen „Gomorrha", darunter der Feuersturmangriff vom 27./28. Juli 1943: 35.000 Tote) gerieten zum Zivilisationsbruch.[159] Kreuzzugsmentalität war ebenso unübersehbar wie aufkeimender Rassismus. Ein von den Zwängen amtlicher Verlautbarungen befreiter Harris schrieb 1942 in der Wucht seiner Alltagssprache: „What we want do do in addition to the horrors of fire is to bring the masonry crashing down on top of the Boche, to kill Boche, and to terrify Boche."[160]

Zum einen gab es keine Hinweise auf eine Resignation oder gar Kapitulation seitens der Reichsführung. Hat sich je ein Diktator durch die Tötung seiner Untertanen beeindrucken lassen? Zum anderen konnten deutsche Soldaten und Industriearbeiter durch das Demoralisierungsbomben weder kriegsentscheidend entmutigt noch zu einem Putsch gegen das NS-Regime verleitet werden. Gewiß schlichen sich beträchtliche Ermüdungseffekte ein, nicht zuletzt an der „Heimatfront". Aber wo hätten

---

4.000 Berliner von Bomben getötet worden. Dazu paßt allerdings nicht die Angabe von 25.000 Bombentoten bei einem US-Angriff auf Berliner „Reichsbahnanlagen und -gebäude" am 3. Februar 1945 (R. Neillands, ebenda, S. 361, zitiert hier aus einer Biographie über den amerikanischen General Carl A. Spaatz). Da in der luftkriegserprobten Reichshauptstadt kein Feuersturm entstand, spricht wenig für die Richtigkeit dieser hohen Zahl. Sie könnte um eine Zehnerpotenz zu hoch liegen; siehe J. Friedrich, Der Brand, S. 258, 365.

156 H. Magenheimer, Neue Einblicke in das Ausmaß, Junge Freiheit, 10. Februar 2006: „Hatte ein britischer Bomber 1940 knapp eine Tonne an Bombenlast getragen, so stieg diese Last gegen Kriegsende auf das Vierfache und mehr. So warfen am 23./24. Oktober 1944 immerhin 955 Bomber 4.538 Tonnen auf Essen (4,75 Tonnen pro Bomber)."

157 J. Friedrich, Der Brand, S. 14–20; Ch. Kucklick, Feuersturm, S. 141.

158 J. Friedrich, Der Brand, S. 255–261; Ch. Kucklick, Feuersturm, S. 141; M. Rüther, Köln im Zweiten Weltkrieg, S. 282–288.

159 J. Friedrich, Der Brand, S. 191–196; Ch. Kucklick, Feuersturm, S. 141. Insgesamt starben im Juli 1943 etwas mehr als 40.000 Hamburger durch RAF-Angriffe.

160 Aus einem Brief von Harris an das britische Luftfahrtministerium, zitiert nach H. Probert, Bomber Harris, S. 223. Es ging um die Frage, ob (fast) ausschließlich Brand- oder eine Mixtur aus Brand- und Sprengbomben auf deutsche Städte regnen sollten. Harris votierte für letzteres. – Das aus dem Französischen entlehnte und dort seit 1870/71 fast nur auf Deutsche bezogene Wort „le boche" (ursprünglich „Holzkopf") läßt sich sinnkonform als „Scheißdeutscher" übersetzen; siehe etwa das deutsch-englische Online-Wörterbuch www.dict.cc.

Britisches Propagandaplakat zur moralischen Unterstützung der Bomberbesatzungen im Zweiten Weltkrieg: „Back them up!“ – Stärkt ihnen den Rücken! Im Bild: Britische Flugzeuge über dem Berliner Regierungsviertel

sie sich zu einem Aufstand gegen den perfekten nationalsozialistischen Überwachungsstaat verdichten sollen? In Berlin, Hamburg, Köln oder dem Ruhrgebiet, deren Bewohner jeweils Hunderte Luftangriffe und unzählige -alarme über sich ergehen lassen mußten? Gewiß hatte der nicht enden wollende Terror Schlaflosigkeit und vielfältige psychosomatische Störungen zur Folge. Aber dennoch: Ein derartiger Überlebenskampf läßt selbst große Angst allmählich auf Liliputformat schrumpfen. Er stumpft ab, führt zu Fatalismus und Resignation, vielleicht zu gesteigerter Beschäftigung mit der Sinnfrage, aber selten zu einer erfolgversprechenden Revolution.[161] Und als der Umsturz trotzdem mit allem Nachdruck geprobt wurde – von den Männern des 20. Juli 1944 –, trat britisches Demoralisierungsbomben als motivbildender Faktor nicht sonderlich in Erscheinung. Es spielte keine völlig untergeordnete, aber auch keine herausragende Rolle. Das Zurückweichen der deutschen Ostfront, der Kriegseintritt der USA, vor allem aber die im Volk nach wie vor lebendigen christlich-abendländischen Kulturwerte: das war die Kraftquelle deutschen Widerstands, die Hitler und seine Entourage um ein Haar beseitigt hätte.[162]

Andersherum wird ein Schuh daraus. Wie deutsche Fliegerangriffe auf London so trugen auch britische Bombenabwürfe zu verstärkter Solidarität zwischen dem leidenden Volk und seiner Regierung bei[163] – ein Effekt, der durch die anglo-amerikanische Forderung nach „bedingungsloser Kapitulation" des Deutschen Reichs eher noch verstärkt wurde. Moralisch entlasten kann die Briten auch dieser zweite Kausalzusammenhang nicht. Die erstmals am 26. Januar 1943 (auf der Konferenz von Casablanca) verkündete Kapitulationsforderung gehört in die Kategorie reiner Machtpolitik. Moralisch vernünftig und politisch klug wäre es gewesen, von Deutschland statt bedingungsloser Unterwerfung die sofortige Rückkehr zu einer freiheitlich-demokratischen Grundordnung und ausgewogene (pauschalierte) Reparationen für solche Schäden zu verlangen, die unmittelbar auf der – zumindest überwiegend – dem Reich zuzurechnenden Entfesselung des Zweiten Weltkriegs[164] sowie nachweislichen Kriegsverbrechen beruhen.

---

161 Lokalhistorische Forschungen belegen das nachdrücklich; siehe etwa das durch Materialfülle überzeugende Werk von Martin Rüther, Köln im Zweiten Weltkrieg.

162 Zu den Hintergründen des Hitler-Attentats, speziell zu Claus Graf Schenk von Stauffenberg, siehe E. Zeller, Geist der Freiheit. Der 20. Juli.

163 Allerdings fürchteten auch NSDAP-Größen unter dem Schock des Hamburger Feuersturms vorübergehend die „Morale Bombing"-Logik. Albert Speer zu Hitler am 1. August 1943: „Noch sechs solcher Angriffe und der Krieg ist zu Ende" (zitiert nach J. Friedrich, Der Brand, S. 115).

164 Skeptisch St. Scheil, Fünf plus Zwei. Die vereinte Entfesselung des Zweiten Weltkriegs.

Kritiker dieser Sichtweise könnten einwenden, die Demoralisierungsstrategie der RAF sei durch Entwicklungen der Flugzeug-, Bombardierungs- sowie Pyrotechnik im Laufe des Krieges schrittweise plausibler geworden. Weitere technologische Fortschritte sowie eine allmähliche Überforderung deutscher Luftabwehr hätten sich angebahnt, so daß Churchills Hoffnung, das Deutsche Reich durch hochkonzentrierte Flächenangriffe doch noch kapitulationsreif zu bomben, bis in die letzten Kriegsmonate hinein realistisch gewesen sei. Angesichts der Unmoral des NS-Regimes müsse britisches Beharren auf der „Morale Bombing“-Option zumindest bis zur Aktion „Thunderclap“ Anfang 1945 als ethisch noch vertretbar gelten.

Eine solche Kritik ginge aber ins Leere. Abgesehen davon, daß sie für die erste Phase systematischen Demoralisierungsbombens 1942/43 von vornherein keine Legitimation liefern kann, gelingt ihr auch für die im Hochsommer 1944 einsetzende zweite Phase – zeitgleich mit der beginnenden Einkesselung des Reichs – nicht der große Wurf. Die Vernichtung Dresdens läßt sich dadurch keinesfalls rechtfertigen. Wie dargelegt, basieren die Urteile konsequentialistischer Ethik maßgeblich auf Wahrscheinlichkeitsaussagen. Damit korrespondierende Handlungsfolgenabwägungen können nur dann plausibel sein, wenn sie ein Höchstmaß konkreter Informationsdaten berücksichtigen. Abstrakte Erwartungen an militärtechnische Fortschritte und ihre Auswirkungen auf den Durchhaltewillen eines Volks sind das regelmäßig nicht. Anderes mag gelten, wenn solche Zusammenhänge bereits spürbar werden oder sich konkret anbahnen. Davon kann bei den Flächenangriffen Ende 1944 aber ebensowenig die Rede sein wie 1942/43. Auch weiter entfernt liegende Orte fielen nun dem Bombenfuror zum Opfer, ohne daß entscheidende Demoralisierungseffekte erzeugt werden konnten. In den Ostseestädten Königsberg, Stettin und Stralsund verhielten sich die Menschen ähnlich standhaft (oder abgestumpft) wie in dem über Monate hinweg – von den US-amerikanischen Luftstreitkräften – massiv bombardierten Österreich. Die Drohung der anglo-amerikanischen Luftflotte „Wir kommen überall hin“ verhallte weithin ungehört. Selbst der verheerende Doppelangriff auf Darmstadt (11./12. September 1944: 10.550 bis 12.000 Tote)[165] sowie die Vernichtungsschläge gegen Freiburg im Breisgau (27./28. November 1944: 2.700 Tote)[166], Heilbronn (4./5. Dezember 1944: 6.530 bis 7.000 Tote)[167] und

165 J. Friedrich, Der Brand, S. 361 f. (höhere Zahl); Ch. Kucklick, Der Feuersturm, S. 144 (niedrigere Zahl).

166 J. Friedrich, Der Brand, S. 311; Ch. Kucklick, Feuersturm, S. 145.

167 J. Friedrich, Der Brand, S. 342 (niedrigere Zahl); Ch. Kucklick, Feuersturm, S. 145 (höhere Zahl).

Magdeburg (16./17. Januar 1945: 4.000 bis 16.000 Tote)[168] veranlaßten die Deutschen nicht zum Aufstand gegen Hitler. Keinesfalls durften Churchill und Harris mit überwiegender Wahrscheinlichkeit davon ausgehen, daß ausgerechnet in Dresden oder einer anderen 1945 großflächig bombardierten Stadt der Durchbruch gelingen würde.

Zudem konnte die „Morale Bombing"-Strategie aus der Sicht des Frühjahrs 1945 allenfalls noch den Status einer *Kriegsverkürzungsthese* annehmen, weil die Entscheidung über Sieg und Niederlage längst gefallen war. Damit ist der Weg zu ihrer Rechtfertigung von vornherein abgeschnitten; denn wie verwegen würde sich eine Ethik gerieren, die Zehntausende unschuldige Menschen in den Tod bomben lassen wollte, nur um kriegerische Auseinandersetzungen wenige Wochen früher zu beenden und so eine völlig unbekannte Zahl anderer Menschen zu retten! Daran ändern auch Schicksale einzelner Regimegegner nichts, die ausgerechnet als Folge solcher Horrorangriffe mit dem Leben davonkommen.[169]

Diese Erwägungen gelten selbst dann, wenn man „Dresden" als Teil einer umfassenderen, auf ein sofortiges Kriegsende abzielenden „Thunderclap"-Strategie begreift. Die Hypothek von drei Jahren „Morale Bombing"-Desaster kann nicht durch bloße Wiederholung vielfach widerlegter Erfolgserwartungen abgeschüttelt werden. Selbst wohlwollende Autoren sehen die „Morale Bombing"-Theorie mit dem Ende der von Harris so genannten „Battle of Berlin" als widerlegt an: „Hingegen rechnete kein westlicher Stabschef oder Staatsmann damit, durch Bombardierung Dresdens die deutsche Kapitulation erzwingen zu können. Den Traum, mit dem Schwert des Bomberkommandos allein den Sieg erringen zu können, hatte Sir Arthur Harris bereits 1944 begraben müssen."[170]

Die meisten Experten urteilen noch strenger. „Ein unmittelbarer Einfluß [des Terrorluftkriegs] auf die Kriegsmoral der deutschen Zivilbevölkerung blieb aus; diese sank erst seit Mitte 1944 unter dem Eindruck der Rückschläge an den Fronten ab, stieg aber bei Erfolgsmeldungen ohne

168 J. Friedrich, Der Brand, S. 353 (niedrigere Zahl); Ch. Kucklick, Feuersturm, S. 146 (höhere Zahl) – eine Schätzungsbreite mit beträchtlichem Klärungsbedarf. M. Wille, Tod und Zerstörung durch Luftbombardements im Zweiten Weltkrieg, S. 71 f., geht unter Hinweis auf Bestattungsregister des Magdeburger Westfriedhofs – hier ruhen die meisten Opfer des 16. Januar 1945 – lediglich von 2.000 Toten aus.

169 Markantes Beispiel ist die Rettung des Dresdner Juden und Literaturwissenschaftlers Victor Klemperer und seiner Frau Eva durch das Chaos nach dem 13. Februar 1945. „Darauf riß Eva mit einem Taschenmesserchen die Stella von meinem Mantel" (V. Klemperer, Ich will Zeugnis ablegen bis zum letzten. Tagebücher 1933–1945, Bd. 8, S. 37). Ohne den Feuersturm wären die Klemperers – grausame Ironie des Schicksals – mit großer Wahrscheinlichkeit deportiert und ermordet worden.

170 G. Bergander, Dresden im Luftkrieg, S. 307; zur deskriptiven Methode Berganders, der sich auf wertneutrales Gegenüberstellen von Meinungen beschränkt, anschaulich ebenda, S. 322–350.

Königsberg nach britischem Luftangriff im August 1944

Rücksicht auf die ständig zunehmenden Luftangriffe jeweils fühlbar wieder an.“[171] Empört rügte Brigadegeneral George McDonald, Direktor des Nachrichtendienstes der amerikanischen Luftstreitkräfte, am 21. Februar 1945 die Übernahme des „Morale Bombing“-Modells durch seine Kommandozentrale. „Diese Weisung [in bezug auf Berlin, Leipzig, Dresden] versetzt die USAAF eindeutig ins Geschäft der Flächenbombardierung von Städten, die mit Zivilisten überfüllt sind. ... Fünf Jahre wahlloser Bombardierung ... haben bis jetzt keine entscheidende Wirkung erzielt. Weder wurde der Kampfeswille der Deutschen gebrochen noch gibt es Anzeichen dafür, daß durch die Vernichtung ganzer Städte eine Verminderung der deutschen ‚Fähigkeit zum bewaffneten Widerstand‘ erzielt wurde.“[172] Wer das immer noch nicht glauben wollte, mußte nur die nationalsozialistische Presse sichten, die nach der Zerstörung Dresdens einen ihrer heftigsten Propagandafeldzüge einleitete: „[Der Feind] will uns ... durch Massenmord zur Kapitulation zwingen, damit dann ... das

171 E. Spetzler, Luftkrieg und Menschlichkeit, S. 319; ähnlich H. Brunswig, Feuersturm über Hamburg, S. 418: „Verlauf und Ende des Zweiten Weltkriegs sind durch das Schicksal Hamburgs sicher nicht beeinflußt worden.“

172 Zitiert nach U. Moessner-Heckner, Pforzheim. Code Yellowfin, S. 86 f.

Todesurteil vollstreckt werden kann. Gegen diese Drohung gibt es keinen anderen Ausweg als den des kämpfenden Widerstandes."[173]

Kurioserweise hat ausgerechnet der damalige Rüstungsminister *Churchill* das am 21. Oktober 1917 vorhergesehen: „Es ist unwahrscheinlich, daß eine Terrorisierung der Bevölkerung durch Luftangriffe die Regierung eines großen Landes zur Kapitulation zwingen wird. Die Gewöhnung an derartige Bombardierungen, ein effektives System von Unterständen und Schutzräumen sowie eine strenge Kontrolle durch Polizei und Militärbehörden dürften ausreichen, den Kampfwillen der Nation aufrechtzuerhalten. Wir haben selbst erleben können, wie der Kampfgeist der Bevölkerung durch die deutschen Luftangriffe eher gestärkt als untergraben worden ist. Nach allem, was wir über die Leidensfähigkeit der Bevölkerung erfahren haben, rechtfertigt nichts die Annahme, daß sie durch solche Methoden zur Unterwerfung gezwungen werden könnte; eher ist anzunehmen, daß sie in ihrem Durchhaltewillen nur noch bestärkt würde."[174] Was Churchill zur Korrektur seiner damaligen Einschätzung bewogen hat, bleibt unklar. Geriet er angesichts immer neuer Fortschritte der Flug- und ballistischen Technologie in einen „Morale Bombing"-Rausch? Dies könnte erklären, warum Churchill die Untauglichkeit dieses Konzepts entweder nicht wahrgenommen oder nicht zum Anlaß einer Korrektur britischer Luftkriegsstrategie gemacht hat. Vielleicht waren seine (und Harris') Vorstellungen vom Verfall der Kriegsmoral im deutschen Volk auch so unscharf, daß er die für verständige Beobachter erkennbare Falsifikation der „Morale Bombing"-Theorie nicht als solche deuten konnte.[175] Harris bspw. soll noch am 1. März 1945 – nach der Verbrennung Pforzheims – über den bevorstehenden Durchbruch des Demoralisierungskonzepts räsoniert haben.[176] Fakt ist, daß das deutsche Volk längst in Agonie und Apathie versunken war. Wie sollte der Humus für eine erfolgreiche Revolution da noch aufgeschüttet werden?

Zusammenfassend bleibt festzuhalten, daß anglo-amerikanische Flächenangriffe auf deutsche Städte in ihrer Zielrichtung als „Morale Bombing" ein ungeeignetes Mittel zur Niederwerfung des Reichs waren. Erforderlichkeits- oder Verhältnismäßigkeitsprüfungen unter diesem Aspekt sind entbehrlich.

---

173 R. Sparing, Der Tod von Dresden. Ein Leuchtzeichen des Widerstandes, „Das Reich", 4. März 1945.

174 Zitiert nach H. Probert, Die Auswirkungen des strategischen Luftkriegs auf die deutsche Moral 1940–1945, S. 198. Auch Ende 1941 muß Churchill beträchtliche Zweifel am Demoralisierungskonzept vorgetragen haben; H. Probert, a. a. O., S. 205.

175 Zum Falsifikationsargument L. Fritze, Die Moral des Bombenterrors, S. 89.

176 O. Groehler, Zielort Pforzheim, S. 25.

Der militärische Ertrag des Area Bombing aus ethischer Sicht

Allerdings könnten die Flächenangriffe *unter anderen strategischen Gesichtspunkten* ethisch relevant gewesen sein. Insbesondere könnte das britische „Morale Bombing"-Konzept mit Hilfe (erwünschter) *Nebenwirkungen* den Kriegsverlauf zugunsten der Westalliierten beeinflußt haben und letztlich ein *geeignetes Mittel* zur Entscheidung des Zweiten Weltkriegs gewesen sein. Hierfür gibt es Anhaltspunkte. Erstens wurden bei der Vielzahl großer Flächenangriffe zwangsläufig auch militärische Ziele, etwa Bahnhöfe, Nachschubverbindungen der Wehrmacht und sonstige wichtige Verkehrswege, getroffen. Zweitens gab es, bedingt durch Luftalarm sowie Störungen der Strom- und Wasserversorgung, Produktionsausfälle in der deutschen Industrie. Drittens haben die Aufrechterhaltung und Wiederherstellung elementarer Daseinsvorsorge sowie Aufräumarbeiten in zerstörten Städten die unterschiedlichsten personellen und materiellen Ressourcen gebunden – Ressourcen, die dann anderswo, etwa bei der Produktion militärisch wichtiger Güter, naturgemäß fehlten.

Derartige „Nebenwirkungen" werden von britischen Militärhistorikern kreativ aufbereitet. So räumen Webster und Frankland in dem vierbändigen Standardwerk „Strategic Air Offensive against Germany" zwar ein, daß die nächtlichen Flächenangriffe der RAF für sich allein den Zweiten Weltkrieg kaum verkürzt hätten. Gleiches unterstellen sie aber auch für die präzisen Tagesangriffe der USAAF. Aus dieser zusammengebastelten Prämisse schließen sie, daß beide Angriffstypen als gleichwertige Teilursachen kumulativ zur Niederwerfung Deutschlands geführt hätten: „In ihrem [speziellen] Zusammenwirken zehrten die verschiedenen Bestandteile der Offensive an den Reserven [sinnvoller] deutscher Kriegswirtschaft und erzwangen Produktionsverlagerungen besonders in der Flugzeugindustrie. Diese beiden Konsequenzen machten Deutschland verletzbarer in der späteren, ausschlaggebenden Phase strategischer Luftkriegführung. ... Deshalb war der Sieg nicht einfach nur Folge des Zusammenwirkens von Alliierten, sondern auch Folge des Zusammenwirkens aller verschiedenen Formen der Kriegführung, die gegen den Feind zur See, zu Lande und in der Luft zum Einsatz kamen."[177]

Die entscheidende Frage, in welchem Ausmaß die beiden „Bestandteile der Offensive" zum alliierten Sieg beigetragen haben, wird von britischen Autoren nicht klar und eindeutig beantwortet. Immerhin gehen Webster und Frankland wie bspw. auch Overy und Taylor davon aus, daß Deutschland luftkriegsbedingte Störungen seiner Industrieproduktion jahrelang kompensieren oder sogar überkompensieren konnte.[178] In der Tat weist die Statistik für den Flugzeugbau, und nicht nur dort, bis weit ins Jahr 1944 hinein eine deutliche Steigerungsrate aus.[179] Erst ab Mitte 1944 erlebte das Deutsche Reich immer markantere Engpässe bei der Produktion militärisch bedeutsamer Güter – ein Umstand, der immerhin an einer Stelle des Werks von Webster und Frankland mit gehäuften Präzisionsschlägen gegen wichtige Militärziele in Verbindung gebracht wird: „Im letzten Kriegsjahr spielte das Bomberkommando eine größere Rolle bei der nahezu vollständigen Zerstörung aller Bereiche deutscher Ölproduktion, bei der Unbrauchbarmachung des Kommunikationssystems [„virtual dislocation"] und der Auslöschung anderer kriegswichtiger Aktivitäten."[180]

Die These von der Effektivität anglo-amerikanischer Bombardements wirft daher Fragen auf. Weitgehend unbrauchbar ist sie für den moralphilosophischen Diskurs. Das liegt an ihrer Pauschalität. Ethik orientiert sich an konkreten Handlungen. Sie fragt nicht primär nach der „Richtigkeit des Luftkriegs", sondern nach der Richtigkeit jedes einzelnen Luftschlags. Flächenangriff X, dessen sozioökonomische Folgen minimal bleiben, ist nicht schon deshalb legitim, weil Flächenangriff Y nachhaltige Produktionsausfälle oder monatelange Aufräumarbeiten zur Folge hat. Bombenterror wie in Dresden entzieht sich auch dann der ethischen Rechtfertigung, wenn der Nachweis gelingen sollte, daß in Gelsenkirchen oder anderswo mit meisterhafter Perfektion sowie einem Minimum an Kollateralschäden Ölraffinerien und Bahngleise zerstört worden sind.

Im übrigen ist die Verhältnismäßigkeitsprüfung selbst dann nicht beendet, wenn einige oder gar sämtliche Flächenangriffe ein maßgeblicher

---

177 Ch. Webster und N. Frankland, The Strategic Air Offensive against Germany, Vol. III (Victory), S. 288 f.

178 Stellvertretend wiederum Ch. Webster und N. Frankland, The Strategic Air Ofensive against Germany, Vol. III (Victory), S. 288; ebenso J. Friedrich, Der Brand, passim.

179 Siehe Ch. Webster und N. Frankland, The Strategic Air Offensive against Germany, Vol. IV (Annexes and Appendices), S. 498. Die von beiden Autoren erwähnte Studie „Allied Intelligence Estimates of German Air Craft Production" erfaßt ohnehin nur den Zeitraum bis Juni 1944.

180 Ch. Webster und N. Frankland, The Strategic Air Offensive against Germany, Vol. III (Victory), S. 288.

Beitrag und damit ein geeignetes Mittel zum Sieg über Hitler-Deutschland gewesen sein sollten. Handlungsfolgenorientierte (Verantwortungs)ethik wirft im nächsten Schritt die Frage nach der *Erforderlichkeit* der Flächen-

Luftschutzkeller während eines Angriffs auf Berlin (1943)

angriffe auf. Gab es unter den Bedingungen des Zweiten Weltkriegs keine milderen, d. h. weniger zivilisationsschädlichen Strategien mit gleichem oder höherem militärischen Ertrag?

Als mildere Alternative kommen nur Präzisionsangriffe in Betracht. Sind sie zumindest ebenso ertragreich wie großflächige Stadtangriffe? Der erste Anschein spricht eindeutig dafür, weil sie sich unmittelbar gegen jene Ziele richten, die dem Feind die Kriegführung ermöglichen. Hinzu kommt, daß den Alliierten Radartechnologien wie das Rotterdam- (seit Juli 1943) und das noch leistungsstärkere Meddo-System (seit Herbst 1943) zur Verfügung standen. Beide zeigten militärische Objekte unabhängig von Helligkeit und Wetterlage elektronisch-kartographisch an und erlaubten zielgenaue Bombenabwürfe.[181] Wer sich dennoch zur

181 Siehe – auch zur überragenden Bedeutung dieser Systeme im U-Boot-Krieg – G. W. Feuchter, Geschichte des Luftkriegs, S. 233 ff.

militärstrategischen Überlegenheit von Flächenangriffen bekennt – vielleicht weil Aufräumarbeiten in zerstörten Innenstädten mehr militärisch relevante Ressourcen binden als in zerstörten Raffinerien –, trägt die Beweislast für die Richtigkeit seiner Behauptung. Er müßte vergleichende Ergebnisanalysen möglichst vieler Flächen- und Präzisionsangriffe vorlegen und einen durchschnittlichen militärischen Ertragsfaktor für beide Angriffstypen bestimmen. Diese Methode würde eine hinreichend sichere Bestimmung des Gesamtertrags von Präzisions- und Flächenbombardements erlauben – aber auch die ungefähre Bestimmung hypothetischer deutscher Produktionsverluste, die vor allem deshalb ausgeblieben sind, weil das Bomber Command statt moralisch unbedenklicher Präzisions- lieber unterschiedslose Angriffe flog, die ab Herbst 1944 immer häufiger in puren Terror ausarteten.

Derart differenzierte Analysen legen britische und US-amerikanische Experten aber ebensowenig vor wie Zahlenmaterial über deutsche Zivilopfer.[182] Ihre Feststellungen bleiben pauschal; die vorgelegten Diagramme konzentrieren sich auf beschädigte Produktionsstätten und prozentual meßbare Zerstörungsgrade.[183] Nicht unbedingt differenzierter, aber deutlich couragierter sind die Thesen des britischen Generalmajors John Frederick Charles Fuller. 1952 schrieb dieser wortgewaltige Kritiker des „Morale Bombing“ seinem Premierminister ins Stammbuch: „Hätte Mister Churchill strategisch klar gedacht, statt von Zerstörungswut besessen zu sein, so hätte ihm klar werden müssen, daß die Ziele, nach denen zu schlagen war, nicht [die Innenstädte] ... oder die Industrien selbst waren, sondern die Kohle und das Öl – die Quellen ihrer Kraft. Wären diese systematisch angegriffen worden, so wären schließlich 90 % der deutschen Industrie lahmgelegt worden.“ Als Luftschläge „gegen die Kohle“ bezeichnet Fuller die ständige Bombardierung der Eisenbahnlinien in Bergbaurevieren.[184]

In der Tat wandte sich das Kriegsschicksal erst dann zugunsten der Westalliierten, als die Amerikaner ab März 1944 im späteren Invasionsraum und ab Oktober 1944 im Reichsgebiet zu einem „*Öl- und Verkehrskrieg*“, also gezielten Luftattacken gegen Raffinerien, Treibstofflager,

182 Selbst die folgenschwersten Einsätze werden meist nur beiläufig und ohne Angabe von Opferzahlen erwähnt; siehe Ch. Webster und N. Frankland, The Strategic Air Offensive against Germany, Vol. III (Victory), S. 199 f., zum Angriff auf Pforzheim (23. Februar 1945) mit seinen mindestens 17.600 Toten.

183 Selbst dabei wurde noch selektiv verfahren; siehe wiederum Ch. Webster und N. Frankland, The Strategic Air Offensive against Germany, Vol. IV (Annexes and Appendices), S. 465: „Unser statistisches Material wurde ausgewählt aus der großen Zahl britischer und US-amerikanischer Nachkriegsübersichten. ... natürlich nur sehr begrenzt im Verhältnis zur Gesamtzahl [der Übersichten].“

184 J. F. Ch. Fuller, Der Zweite Weltkrieg 1939–1945, S. 262 f.

Verkehrswege und „Bottleneck"- bzw. Schlüsselindustrien, übergingen. Allein die Angriffswelle vom 12. bis zum 28. Mai 1944 zerstörte acht Hydrierwerke. Etwas zögerlich folgten ihnen die Briten, nicht zuletzt auf Betreiben Portals. Die Ergebnisse waren beeindruckend. Von März bis Juni 1944 halbierte sich die deutsche Treibstofferzeugung.

Überdies mußte das Reich ab August 1944 den Wegfall der Erdöltransporte aus Rumänien verkraften.[185] Den Panzern und Jagdbombern der Wehrmacht ging der Sprit aus, obwohl Schlüsselobjekte wie die einzige deutsche Äthylen-Dibromid-Fabrik – unentbehrlich für die Flugbetriebsstoffherstellung – oder die wenigen Produktionsbetriebe des V-Waffen-Treibstoffs keinen einzigen Treffer erhielten.[186] Die Ardennenoffensive kam ebenso rasch zum Erliegen wie der Verzweiflungssturm aus der hinterpommerschen „Festung" Küstrin. Auch in den großen Schlachten der letzten Kriegswochen hatten deutsche Truppen einer personell und waffentechnisch übermächtigen Roten Armee außer hingabevoller Kampfmoral nicht mehr viel entgegenzusetzen. Britische „Morale Bombing"-Befürworter reagierten merkwürdig ambivalent. Während Harris – und im Falle Dresdens „bedeutsamere Leute" als er – 1944/45 weiterhin am liebsten Flächenangriffe mit ausgeklügelten Feuersturmaggregaten anordneten[187], zollte derselbe Harris 1947 den Präzisionsschlägen der USAAF ein unerwartetes Lob: „Der Triumph der Anti-Öl-Offensive war komplett und unbestreitbar."[188]

Rätselhaft erscheint im Rückblick, warum sich die Westalliierten nicht bereits im Sommer oder Herbst 1943 zum bedingungslosen Vorrang von Präzisionsangriffen entschließen konnten. Erstaunen darüber herrschte auch im Generalstab der Luftwaffe sowie in der Reichsregierung.[189] Rüstungsminister Albert Speer gab 1945 in alliierter Gefangenschaft zu Protokoll: „Wir hatten den Eindruck, und ich habe das meinen Männern oft gesagt, daß sie das Tempo der Zerstörung bei uns so drosselten, daß ihre Invasion und ihre Angriffspläne damit gleichlaufen, d. h., daß unsere Widerstandskraft im Osten noch so weit aufrechterhalten blieb, bis sie ihre Etappen im Westen erreicht hatten. ... Ich nahm an, daß es auch für sie von Wert war, daß der Russe bei einem plötzlichen Zusammenbruch

185 H. Magenheimer, Neue Einblicke in das Ausmaß, Junge Freiheit, 10. Februar 2006.

186 E. Spetzler, Luftkrieg und Menschlichkeit, S. 315.; ähnlich G. W. Feuchter, Geschichte des Luftkriegs, S. 253: „Der weitere Verlauf des Krieges zeigte ... mit aller Deutlichkeit, daß die Angriffe auf die Treibstoffziele und die auf das deutsche Verkehrsnetz weitaus die entscheidendsten waren."

187 „Much more important people than myself" nennt A. Harris, Bomber Offensive, S. 242, die Verantwortlichen des Dresdner Feuersturms.

188 A. Harris, Bomber Offensive, S. 233.

189 Ausführlich dazu O. Groehler, Geschichte des Luftkriegs 1910–1980, S. 426 ff.

bei uns mit seinen Panzerspitzen nicht in das außerordentlich wichtige Gebiet bis zum Rhein vorstoßen konnte."[190]

Wie dem auch sei; auch unter dem Gesichtspunkt erwünschter strategischer Nebenwirkungen ist anglo-amerikanisches, insbesondere britisches Demoralisierungsbomben nicht zu rechtfertigen. Es fehlt an der Geeignetheit, zumindest aber an der Erforderlichkeit dieses Mittels zur militärischen Niederwerfung des Reichs. Ob die Flächenangriffe auf Dresden, Hamburg oder Pforzheim *angemessen* (= *verhältnismäßig im engeren Sinne*) waren, bedarf keiner Prüfung mehr. Vom Standpunkt handlungsfolgenorientierter Ethik sind sie diskreditiert.

Area Bombing gegen deutsche Städte wurde zu einem *Frankenstein-Szenario*. Keineswegs hat die zerstörerische Mixtur aus Brand- und Sprengbomben „erheblich dazu beigetragen, daß die Alliierten den Krieg gewannen und er nicht noch länger dauerte, durch allmähliche Erzeugung einer depressiven Grundstimmung".[191] Wie depressiv die Stimmung auch gewesen sein mag; deutsche Soldaten und Volkssturmangehörige kämpften buchstäblich „bis zur letzten Patrone". Insgesamt tötete der strategische Luftkrieg gegen das Reich zwischen 600.000 und über 700.000 Menschen[192] und raubte vielen Millionen die Unterkunft („Dehoused Persons" im Jargon des britischen Planungsstabs). Zerstört wurden die meisten deutschen Groß-, aber auch zahlreiche Kleinstädte. Ca. 160 Orte lagen in Trümmern. Kein anderes Ereignis, abgesehen vielleicht vom Dreißigjährigen Krieg, hat die mitteleuropäische Siedlungslandschaft so gräßlich und lang andauernd verstümmelt. Psychologen mögen erklären, warum ein Großteil davon das öffentliche Bewußtsein bis heute nicht erreicht hat. Nur eine kleine Minderheit aller Deutschen weiß etwas vom Untergang Bad Oldesloes (24. April 1945)[193], Donaueschingens (2. Januar 1945 und 30. April 1945)[194], Donauwörths (11. und 19. April 1945)[195],

190 Zitiert nach O. Groehler, Geschichte des Luftkriegs 1910–1980, S. 428.

191 So aber E.-M. Bader in einem Leitartikel („Dresden") der Frankfurter Allgemeinen Zeitung vom 12. Februar 2005.

192 Siehe etwa M. Czesany, Europa im Bombenkrieg 1939–1945, S. 652, der von 635.000 Luftkriegstoten im Deutschen Reich ausgeht (570.000 Zivilisten – darunter 85.000 Kinder –, 26.000 Polizisten und Wehrmachtsangehörige, 39.000 Kriegsgefangene und Zwangsarbeiter). Für Dresden setzt Czesany die offenbar frei geschätzte Zahl von 60.000 Luftkriegstoten an; dort können deutlich weniger, aber auch deutlich mehr Menschen den Bomben zum Opfer gefallen sein.

193 Ch. Kucklick, Feuersturm, S. 149.

194 Davon künden u. a. Gedächtnistafeln an privaten und öffentlichen Gebäuden der Stadt.

195 In Donauwörth wurden 75 % der historischen Innenstadt zerstört; es starben ca. 320 Menschen. Laut Auskunft des Stadtarchivs (14. Dezember 2005) an den Verfasser galten die Angriffe dem Bahnhof sowie der Eisenbahnbrücke über die Donau. Ein Rundgang durch das – mit ungebrochener Liebe zur reichsstädtischen Tradition wiederaufgebaute – Donauwörth läßt an dieser Darstellung zweifeln. Bahnhof und Eisenbahnbrücke, deren militärische

Schwandorfs (17. April 1945)[196] oder anderer Kleinstädte durch Luftangriffe in den letzten Kriegswochen.[197]

Die furchtbarsten strategischen Angriffe der RAF trafen – neben Dresden – die Städte Darmstadt (11./12. September 1944: 10.550 bis 12.300 Tote)[198], Hamburg (27./28. Juli 1943: 35.000 Tote)[199], Heilbronn (4./5. Dezember 1944: 6.530 bis 7.000 Tote)[200], Kassel (22./23. Oktober 1943: 7.000 bis 10.000 Tote)[201], Magdeburg (16./17. Januar 1945: 2.000 bis 16.000 Tote – eine an Dresden erinnernde Schätzungsbreite)[202] und Pforzheim (23./24. Februar 1945: 17.600 bis 20.277 Tote)[203]. Etwa 20.000 Todesopfer forderten die Dauerbombardements in Köln, lediglich 11.667 in der am häufigsten angegriffenen Reichshauptstadt Berlin mit ihren vier Millionen Einwohnern.[204] Zehntausende Zivilisten verloren ihr Leben in den beiden „Ruhrschlachten", obwohl sie durch Schutzbunker, Bergwerksstollen und Flugabwehrgeschütze vergleichsweise gut

---

Bedeutung ca. 20 Tage vor dem Ende eines längst entschiedenen Krieges detaillierter Begründung bedarf, liegen 500 bis 800 Meter weit vom Stadtkern entfernt. Angesichts ihrer Punktschlagskapazität und desolater deutscher Flugabwehr hätten die Bomber den historischen Kern, wenn sie es gewollt hätten, wahrscheinlich verschonen können. Donauwörth dürfte einem unterschiedslosen Luftangriff zum Opfer gefallen sein.

196 1.250 getötete Schwandorfer sind „das Ergebnis eines Vernichtungsschlages"; siehe G. Klitta, Das Finale des Zweiten Weltkrieges in Schwandorf, S. 201 ff.

197 Etwas anders liegen die Dinge in Freudenstadt (Nordschwarzwald), dessen historische Altstadt ebenfalls im April 1945 ein Opfer der Flammen wurde. Ursache der ausgedehnten Brände war französischer Artilleriebeschuß. In der Rekordzeit von nur fünf Jahren wurde Freudenstadt in sehr enger Anlehnung an die Vorkriegsarchitektur wiederaufgebaut.

198 J. Friedrich, Der Brand, S. 361 (höhere Zahl); Ch. Kucklick, Feuersturm, S. 144 (niedrigere Zahl).

199 J. Friedrich, Der Brand, S. 191–196; Ch. Kucklick, Feuersturm, S. 141. Insgesamt starben im Juli 1943 etwas mehr als 40.000 Hamburger durch RAF-Angriffe.

200 J. Friedrich, Der Brand, S. 342 (niedrigere Zahl); Ch. Kucklick, Feuersturm, S. 145 (höhere Zahl).

201 J. Friedrich, Der Brand, S. 116–118, 378–385 (höhere Zahl); Ch. Kucklick, Feuersturm, S. 142 (niedrigere Zahl).

202 Ch. Kucklick, Feuersturm, S. 146 (höhere Zahl); M. Wille, Tod und Zerstörung durch Luftbombardements im Zweiten Weltkrieg, S. 71 f., unter Berufung auf US-amerikanische Quellen und Auswertungen der – unvollständigen – Magdeburger Friedhofsregister in den 1990er Jahren (niedrigere Zahl). Die Zahl 16.000 sei während der NS-Zeit ins Blaue hinein propagiert und von der DDR unkritisch übernommen worden. J. Friedrich, Der Brand, S. 353, schätzt die Zahl der Toten des 16. Januar 1945 auf 4.000; das Statistische Jahrbuch des Rates der Stadt Magdeburg von 1945/46 verzeichnet 6.000 Bombentote, M. Wille, a. a. O., S. 71.

203 J. Friedrich, Der Brand, S. 108–112 (höhere Zahl); U. Moessner-Heckner, Pforzheim. Code Yellowfin, S. 133, spricht von 17.600 als „amtlich überlieferter Zahl", aber: „Wahrscheinlich starben mehr."

204 J. Friedrich, Der Brand, S. 258, 365; die Todesopferzahl des USAAF-Angriffs auf Berlin am 3. Februar 1945 gibt Friedrich wie die meisten anderen Autoren mit 2.893 an. Wer von 25.000 Todesopfern am 3. Februar 1945 ausgeht, kommt zwangsläufig auf eine höhere Berliner Gesamtopferzahl; siehe M. Kopleck, Berlin 1933–1945, S. 39: „68.000 Tonnen Bomben fielen auf Berlin, 35.000 Menschen verloren ihr Leben."

geschützt waren.[205] Nicht nur Industriegroßstädte, wie Essen, Dortmund oder Duisburg, wurden hart getroffen; am 24. März 1945 meldete das kleinere Gladbeck die bestürzende Zahl von 3.095 Bombentoten.[206] Im Brandbombeninferno verglühte auch das an einer wichtigen Bahnstrecke gelegene Hildesheim, „Venedig des Nordens" oder „Kleinod der deutschen Städtefamilie"[207] genannt. Dort starben 1.736 Menschen am 22. März 1945; zugrunde ging u. a. das Knochenhaueramtshaus, phantasievolle Perle deutscher Fachwerkarchitektur.[208] Die herrlichen Ostseestädte Stettin, Danzig und Königsberg sanken dahin, lange bevor sie – nach der Potsdamer Konferenz vom 2. August 1945 – polnischer bzw. sowjetrussischer Territorialhoheit unterstellt wurden.

In der Nacht vom 3. zum 4. April 1945 wurden in Nordhausen mutmaßlich 8.800 Menschen durch einen weiteren Doppelschlag des Bomber Command getötet, darunter 6.000 Einwohner, 1.500 Kriegsgefangene sowie 1.300 Zwangsarbeiter und KZ-Häftlinge. Diese waren vornehmlich aus aufgelösten bzw. in Auflösung befindlichen Konzentrations- und Vernichtungslagern des Ostens in die linksliberal geprägte „Stadt des Freisinns" gelangt, vor allem aus dem KZ-Außenlager Boelcke-Kaserne.[209] Die mitteldeutsche Stadt beherbergte legitime Angriffsziele, etwa Teile des aus Berlin nach Nordhausen geflüchteten Militärpersonals des „Dritten Reichs".[210] Die Realität des britischen Luftschlags hatte damit jedoch – wie zuvor in Dresden – kaum etwas zu tun: „Die Zielgenauigkeit der britischen Bombenschützen war beim entscheidenden zweiten Angriff recht gut. Die Bombenteppiche vernichteten überwiegend zivile Ziele, was dem Charakter eines reinen Terrorangriffs und dem besonderen Ziel und Zweck der Zerstörung Nordhausens voll entsprach. Alle Krankenhäuser und Lazarette wurden dabei mit zerstört. ... Dagegen blieben die Bahnanlagen, die Rüstungsbetriebe und das gefährliche 5-Millionen-Liter-Spritlager im Süden und Westen der Stadt fast vollkommen unberührt. Selbst der Flugplatz wurde nur leicht beschädigt."[211]

Der letzte Großangriff des Bomberkommandos traf das majestätisch elegante Potsdam, „Hort des reaktionären Preußentums" (bzw. das,

205 Ausführlich J. Friedrich, Der Brand, S. 156–165.

206 Ch. Kucklick, Feuersturm, S. 148.

207 J. Friedrich, Der Brand, S. 207.

208 J. Friedrich, Der Brand, S. 210–215.

209 J. Friedrich, Der Brand, Der Brand, S. 354, spricht ohne weitere Vertiefung von 6.000 Nordhäuser Toten. Auf dem Sockel der eindringlich gestalteten „Menschensäule" vor dem Nordhäuser Rathaus ist von 8.800 Opfern die Rede; diese Zahl nennen auch Ch. Kucklick, Feuersturm, S. 148, und M. Schröter, Die Zerstörung Nordhausens und das Kriegsende im Kreis Grafschaft Hohenstein 1945, S. 60.

210 O. Groehler, Bombenkrieg gegen Deutschland, S. 432.

211 M. Schröter, Die Zerstörung Nordhausens und das Kriegsende im Kreis Grafschaft Hohenstein 1945, S. 58.

Swinemünde nach dem US-Luftangriff 1945

was Winston Churchill und sein Kriegskabinett dafür hielten)[212], am 14./15. April 1945. Vermutlich 3.578[213], möglicherweise gar 5.000[214], wenigstens aber 1.800 Menschen[215], die mit „preußisch-deutschem Militarismus" nicht mehr und nicht weniger zu tun hatten als unzählige andere auf der Welt, büßten mit ihrem Leben. Die industrielle Bedeutung Potsdams war denkbar gering; wie in Dresden wollte die RAF Architektur beseitigen, die neben ihrer Schönheit auch als sinnfälliger Ausdruck gesamtdeutscher Identität wahrgenommen wurde: „Die Hof- und Garnisonkirche, Grablege Friedrichs II., verbrannte wie das Potsdamer Stadtschloß, Modell des preußischen Barocks. In die strenge Vornehmheit ganzer Straßenzüge und Ensembles schlug der Bombenhammer, weil der Stein beseelt war. Die Baugestalt war ein Erzieher, der stumm belehrte über Schönheit und Form, Maß und Zweck. Auch die Bombe war Erzieher und richtete über Macht und Ohnmacht."[216]

212 O. Groehler, Bombenkrieg gegen Deutschland, S. 436.
213 Statistisches Jahrbuch der Stadt Potsdam 1966, S. 5.
214 Ch. Kucklick, Feuersturm, S. 148.
215 H.-W. Mihan, Die Nacht von Potsdam, S. 119, unter Berufung auf die Sterberegister Potsdamer und zu Potsdam gehörender Friedhöfe; eindrucksvoll die Auflistung dreier markanter Daten der Potsdamer Stadtgeschichte durch H.-W. Mihan, a. a. O., S. 200: 14. April 1745 – Grundsteinlegung des Schlosses Sanssouci, 14. April 1845 – Grundsteinlegung der Friedenskirche, 14. April 1945 – Der Luftangriff durch die RAF. Wer mag hier an Zufall glauben!
216 J. Friedrich, Der Brand, S. 524.

In den letzten Kriegsmonaten verheerten nicht nur britische, sondern immer häufiger auch amerikanische Fliegerbomben deutsche Städte. Der heftigste Schlag der USAAF traf am 12. März 1945 die kleine Marinefestung Swinemünde auf der pommerschen Halbinsel Usedom. Dieser „Angriff auf Rangierbahnhöfe"[217] wurde wohl durch eine Anhäufung deutscher Flüchtlingsschiffe, darunter Kreuzer und Zerstörer, ausgelöst. Beschwichtigend schreibt Schnatz: „Es sieht ganz so aus, daß es Russen und Amerikanern dabei um unmittelbare, taktisch-operative Zielsetzungen ging. ... Die Zivilbevölkerung war nicht das Ziel, genoß aber auch keine besondere Rücksichtnahme. ... Es spricht alles dafür, daß sie [die Todesopferzahl] bei höchstens etwa 4.500 liegt."[218] Herrschende Meinung ist das allerdings nicht. Meist wird die Zahl der Swinemünder Bombentoten, überwiegend Flüchtlinge aus Pommern und Ostpreußen, mit 23.000 wiedergegeben.[219] Für das ethische Urteil spielt die Differenz kaum eine Rolle. „Keine besondere Rücksichtnahme auf die Zivilbevölkerung" – das heißt offenbar: Swinemünde hat ein vom moralischen Standpunkt inakzeptables, unterschiedsloses Bombardement erlebt! Auch wer aus dieser euphemistischen Wortwahl auf einen taktisch-operativen Präzisionsschlag der USAAF schließt, wird einräumen müssen, daß die Opferzahl selbst bei niedrigster Schätzung in keinem angemessenen Verhältnis zum Zweck der Operation steht.[220]

Am 8. April 1945 vernichteten amerikanische Verbände das niedersächsische Halberstadt, weil die ursprünglichen Angriffsziele Zerbst und Staßfurt von Industriedunst verdunkelt waren und die Erprobung eines neuen Bombardierungsverfahrens eine gute Sicht erforderte.[221] Sogar die weit entfernte, erst ab Sommer 1944 ins Visier geratene Habsburgermetropole Wien hatte im Dauerfeuer der USAAF 8.769 amtlich beurkundete (insgesamt wohl ca. 10.000) Bombentote zu beklagen.[222] Das steiermär-

---

217 Einsatzprotokoll der USAAF, siehe Interessengemeinschaft Gedenkstätte Golm, Das Inferno von Swinemünde, S. 83 f.

218 H. Schnatz, Der Luftangriff auf Swinemünde, S. 134–138.

219 Interessengemeinschaft Gedenkstätte Golm e. V., Das Inferno von Swinemünde, passim.

J. Friedrich, Der Brand, S. 170 ff., tendiert zu einer Opferzahlschätzung knapp im fünfstelligen Bereich. – Dessenungeachtet gehört die Apokalypse von Swinemünde neben der Versenkung der „Goya", der „Steuben" und der „Wilhelm Gustloff" zu den großen Flüchtlingsdramen des Ostseeraums.

220 Unverständlich Schnatz' Urteil über die Opferzahldiskussion: „Freilich ist wegen des politisch-ideologischen Interesses kaum damit zu rechnen, daß bestimmte Kreise ihre Meinung revidieren (ders., Der Luftangriff auf Swinemünde, S. 138)." Wer sind „bestimmte Kreise", etwa die friedensbewegte Interessengemeinschaft Gedenkstätte Golm e. V.?

221 J. Friedrich, Der Brand, S. 355, 358: „Wie in Hildesheim waren Halberstadts Fachwerkhäuser beredt, je älter desto mehr. ... Mit fünfhundertfünfzig Tonnen Munition wurde Halberstadt vernichtet. ... Die Menschenverluste ... liegen zwischen 1.800 und 3.000."

222 M. Czesany, Europa im Bombenkrieg 1933–1945, S. 577.

kische Graz kam besser davon, weil im dortigen Schloßberg ein bis 1945 kontinuierlich ausgebautes Netz von Luftschutzstollen zur Verfügung stand.[223] Taktischen Luftoperationen fielen am Niederrhein Düren, Jülich, Kleve und Wesel zum Opfer; sie gehören zu den prozentual am stärksten zerstörten Städten des Deutschen Reichs.[224]

Zu beklagen bleibt auch der *Tod von annähernd 100.000 Briten.* Bei ihren Einsätzen starben 55.000 Soldaten des Bomber Command; viele Tausend wurden verwundet oder gerieten in deutsche Gefangenschaft.[225] 40.000 getötete Zivilisten in südenglischen Städten lassen sich als unmittelbare Opfer deutscher Luftangriffe, aber auch als mittelbar Leidtragende einer britischen Militärstrategie erfassen, die ab dem 14. Februar 1942 maßgeblich auf die Tötung Unschuldiger ausgerichtet war und exakt drei Jahre später in Dresden ihren qualvollen Höhepunkt erreichte.[226] James Molony Spaight, ein ehemaliger Unterstaatssekretär des britischen Luftfahrtministeriums, räumte schon 1944 ein: „Wir brachten London zum Opfer dar, denn die Vergeltung war gewiß. Es ist keine absolute Gewißheit, aber doch sehr wahrscheinlich, daß die Deutschen London und das Industriegebiet nicht angegriffen hätten. Deutschland bemühte sich um ein Stillhalteabkommen im Bombenkrieg, sooft sich dafür die leiseste Chance zu bieten schien."[227]

Bestürzende Zahlen nennt Lothar Fritze in seinem moralphilosophischen Werk zum „Bombenterror". Danach soll die deutsche Luftwaffe in weiteren Ländern Europas mehrere Zehntausend Zivilisten getötet haben. Etwa genauso hoch sei die Zahl der Menschen, die alliierten Bomben

---

223 M. Czesany, Europa im Bombenkrieg 1939–1945, S. 571: „Mit diesem Aufwand blieb jedoch unzähligen Menschen die Gesundheit erhalten und wurde vielen das Leben gerettet. Trotzdem fanden ... noch 1.980 Personen den Tod und wurden 1.800 Menschen verletzt."

224 Der Begriff „taktisch" müßte allerdings großzügig ausgelegt werden. Düren und Jülich wurden am 16. November 1944 keineswegs zu Eroberungszwecken planiert. Angesichts mörderischer Gefechte im nahe gelegenen Hürtgenwald sollten den westalliierten Bodentruppen sichere Rückzugsmöglichkeiten geschaffen werden: „Die älteren Gemäuer von Jülich und Düren waren keineswegs der Angriffszweck. Sie standen nur quer auf einer Ebene, die tote Zone werden mußte, damit der Ausbruch aus der Hölle des Hürtgenwaldes nicht in die nächste Barrikade rannte" (J. Friedrich, Der Brand, S. 144). Ethische Fragen ranken sich um diesen erweiterten Begriff des taktisch-operativen Angriffs. Dürfen herrliche alte Städte mitsamt vielen Tausend Bewohnern planiert werden, damit Bodentruppen ein Kampfgebiet etwas ungefährdeter verlassen können? Wie realistisch waren überhaupt die von einem intakten Düren und Jülich ausgehenden Gefahren für die alliierten Kämpfer? Laut Friedrich starben in Düren am 16. November 1944 exakt 3.127 Personen; nach anderen Quellen waren es 2.900 (Ch. Kucklick, Feuersturm, S. 145) oder sogar 8.000 bis 12.000 (L. Gillessen, Eine Stadt im Planquadrat des Todes, Dürener Zeitung, 14. November 1964).

225 J. Friedrich, Der Brand, S. 44 f., 63.

226 L. Fritze, Die Moral des Bombenterrors, S. 16, spricht von 60.595 getöteten britischen Zivilisten.

227 J. M. Spaight, Bombing Vindicated, S. 68 ff.

in den von Deutschland zeitweilig besetzten Ländern zum Opfer fielen.[228] Maximilian Czesany reklamiert allein für Frankreich 67.078 „offiziös" (Transportministerium) und über 300.000 „inoffiziell" (Jacques Vasseur) erfaßte Zivilopfer anglo-amerikanischer Luftschläge.[229] Am schlimmsten litten Caen, Marseille, St. Etienne und Le Havre. Churchills Appell an Roosevelt, das „Franzosenschlachten" bei Angriffen gegen deutsche Stellungen und Nachschubverbindungen zu beenden, hatte einen grauenhaften Hintergrund. Resümierend Fritze: „Die Gesamtzahl der während des Zweiten Weltkriegs im Bombenkrieg Getöteten wird auf 1,5 Millionen veranschlagt."[230]

1947 schlug Völkerrechtler Spaight eine Brücke zur Moralphilosophie. Akzentuierter als jeder Zeitgenosse rechtfertigte er die britische Demoralisierungsstrategie: „Die Vernichtung der militärischen Stärke Deutschlands erforderte unvermeidlich die Tötung von alten Männern und Frauen, von Kindern und Behinderten. Das war ein Übel, aber für die Menschlichkeit ein geringeres Übel als der Triumph jenes schlimmen Phänomens, dessen Früchte sich in Buchenwald, Nordhausen, Belsen und Dachau zeigten."[231]

So selbstbewußt klingt das heute nicht mehr. Längst greifen im Vereinigten Königreich Ansätze abwägender Nachdenklichkeit. Militärhistoriker John Keegan, der „nahezu jede berühmte Schlacht der Menschheitsgeschichte von Alexander bis zum ausgebliebenen Kampf um Bagdad nacherzählen"[232] kann, meldete sich Ende 2005 zu Wort: „Die uneinsichtigsten Überlebenden der Kriegsjahre schrecken davor zurück, sich die Folgen auszumalen, die die strategische Bomberoffensive hatte: 600.000 zivile Todesopfer, in der Mehrzahl Frauen und Kinder, viele davon sind verbrannt. ... Dresden zwingt uns zu der Erkenntnis, daß es in keinem Krieg irgend etwas Nettes oder Bewundernswertes gibt und daß der Sieg, selbst der so wünschenswerte Sieg über Nazideutschland, nur um den

228 L. Fritze, Die Moral des Bombenterrors, S. 16 f.

229 M. Czesany, Europa im Bombenkrieg, S. 529 f.; ebenda, sehr prononciert: „In etlichen der brieflich befragten ... französischen Städte existieren offenbar keine genauen Statistiken, während andere sich ... bislang strikt weigern, exaktes Informationsmaterial zu nennen. Kaum hatten nämlich die Alliierten den Sieg über Hitlerdeutschland erkämpft, Frankreich vom unseligen Besatzerjoch ‚befreit' und die Vichy-Regierung ihres Amtes enthoben, so fielen ... die durch alliierte Terrorangriffe aus der Luft provozierten Verluste unter der französischen Zivilbevölkerung im Zeitraum 1940 bis 1944 einer offensichtlich wohltuenden Vergessenheit anheim."

230 L. Fritze, Die Moral des Bombenterrors, S. 17.

231 J. M. Spaight, Air Power and War Rights, S. 47 – „Die einzige Unmoral, derer wir uns damals hätten schuldig machen können, wäre gewesen, den Krieg gegen Hitler zu verlieren" (unbekannter britischer Zeitzeuge; zitiert nach Ch. Kucklick, Terror gegen den Terror?, S. 20).

232 N. Minkmar, Sir John Keegan. Dresden-Mahner, Frankfurter Allgemeine Zeitung, 4. November 2005.

Preis unermeßlichen Leidens sowohl völlig Unschuldiger als auch ihrer Angehörigen unter Waffen zu haben ist."[233] Das sind wohlklingende Worte, die zur Wurzel des Problems aber nicht vordringen. Warum klammert Keegan die offensichtliche Untauglichkeit oder jedenfalls Unverhältnismäßigkeit der Area-Bombing-Strategie aus? Diese hatte mit rationaler Kriegsplanung kaum mehr zu tun als mit plausibler Ethik. Ihr ungeheurer Blutzoll reduzierte die Kämpfer für Freiheit, Demokratie und Menschenrechte spätestens in Dresden auf das sittliche Format apokalyptischer Reiter.[234]

Wo hingegen furchtbares Leiden früher als im Januar 1945 hätte beendet werden können, schwiegen alliierte Spreng- und Brandbomben. Luftschläge gegen *Auschwitz* blieben aus, obwohl geheimdienstliche Informationen über die systematische Tötung von Lagerinsassen vorgelegen haben sollen. Außerdem war im Frühsommer 1944 vier jüdischen Auschwitzhäftlingen die Flucht gelungen; ihre Berichte über Massenvergasungen erreichten Regierungsvertreter in Washington und London am 24. Juni 1944. Erregt soll Churchill Außenminister Anthony Eden um Rat gefragt haben: „Was kann man machen? Was kann man sagen?" Beide kamen überein, Bahngleise zum KZ Auschwitz bombardieren zu lassen. Churchill zu Eden: „Nehmen Sie sich alles von der Air Force, was geht. Und greifen Sie auf mich zurück, wenn notwendig."[235] Die RAF zögerte allerdings, das Leben britischer Flieger zu riskieren – „ohne einen Zweck".[236] Möglicherweise war es Luftfahrtminister Sinclair, der die Einsatzbefehle stillschweigend ad acta legte.[237]

John McCloy, stellvertretender Verteidigungsminister der USA, wird von einem Mitarbeiter mit dem Ausruf „Kill this" zitiert.[238] Sein weiteres Verhalten bleibt unklar. Während er bis 1983 erklärte, mit seinem Regierungschef nie über einen Auschwitz-Angriff geredet zu haben, gab er 1989, drei Jahre vor seinem Tod, etwas anderes zu Protokoll: „Einmal sprach ich mit Mr. Roosevelt darüber, und er reagierte gereizt. Er sagte: ‚Nun hören Sie mal, was für eine Idee! … Alles, was die Nazis tun werden, ist, das KZ nur ein kleines Stück die Straße hinunter zu verlegen.'"[239]

---

233 J. Keegan, „Telegraph" vom 3. Oktober 2005.

234 Konsequente Verfechter der „Morale Bombing"-Doktrin finden sich heute vor allem in den USA. Norman Podhoretz, ein neokonservativer Sympathisant von George W. Bush, fragte 2006 provokant: „Hätte der Zweite Weltkrieg von Großbritannien und den USA gewonnen werden können, wenn diese zwei Länder nicht den Schneid gehabt hätten, Dresden mit Brandbomben und Hiroshima und Nagasaki mit Atombomben anzugreifen?"; ders., Too Nice to Win? Israel's Dilemma, New York Post, 28. Juli 2006.

235 M. Gilbert, Second World War, S. 546.

236 J. Friedrich, Der Brand, S. 130.

237 H. M. Kloth, „Was für eine Idee!", S. 91.

238 M. Gilbert, Second World War, S. 546.

239 Zitiert nach H. M. Kloth, „Was für eine Idee!", S. 91.

Erkennbare Reaktionen der britischen und amerikanischen Luftstreitkräfte blieben jedenfalls aus. Entweder haben Churchill und McCloy ihre Befehle in aller Stille zurückgezogen oder deren Ausführung nicht engmaschig überwacht oder sich gegenüber unwilligen Befehlsempfängern nicht energisch genug durchgesetzt. Bei Franklin Roosevelt mag angesichts der Präsidentschaftswahlen vom November 1944 die Angst vor spektakulären Entscheidungen hinzugekommen sein.[240]

Bezweifelten Briten wie Amerikaner die Effektivität eines Luftschlags gegen das Konzentrationslager Auschwitz oder nahegelegene Bahngleise, weil sie vermuteten, die Nationalsozialisten würden unverzüglich die Gleise reparieren oder das Lager an anderer Stelle reorganisieren? Wollten sie den sofortigen Tod einer unbekannten Zahl Häftlinge vermeiden? Beachtliche Einwände, gewiß, aber können sie angesichts der Realität von Auschwitz wirklich überzeugen? Die Bahngleise hätten im übrigen nach ihrer Instandsetzung aufs neue bombardiert werden können. Wahrscheinlich herrschte in London und Washington die Meinung vor, eine Konzentration aller militärischen Kräfte auf den Sieg über Hitler-Deutschland würde per saldo den Verfolgten des NS-Regimes am wirksamsten helfen. Diese Meinung entbehrt wegen des geringen Aufwands eines Auschwitz-Bombardements allerdings jeder Plausibilität – nicht zuletzt angesichts der sinnlosen Menschen- und Materialverluste, mit denen das Bomber Command viele Flächenangriffe auf deutsche Städte bezahlen mußte. Wer unbeirrt einen Abnutzungskrieg gegen zivile Ziele führt, sollte sich für konzertierte Luftschläge gegen die Stätten des Zivilisationsbruchs nicht zu schade sein! Bizarr erscheint die Tatsache, daß alliierte Flieger am 13. September 1944 eine wenige Kilometer von Auschwitz entfernte Fabrik attackiert haben. Die Bahngleise, vielleicht sogar die Gaskammern des Konzentrationslagers im Präzisionsbombardement – das wäre ein unzweideutiges Bekenntnis zu jenen unveräußerlichen Menschenrechten gewesen, die in der ersten Hälfte des 20. Jahrhunderts so beispiellos mißachtet worden sind!

---

240 H. M. Kloth, „Was für eine Idee!“, S. 91.

Kollektivschuld und Tätervolk

Bleibt die Frage, ob andere Gesichtspunkte das Demoralisierungsbomben *rechtfertigen*. Sind die großflächigen Brandangriffe der RAF vielleicht Strafe für eine vermeintliche „deutsche Schuld" an rassisch, religiös, politisch oder eugenisch motivierten NS-Verbrechen? Die Luftschläge trafen willkürlich ausgesuchte Deutsche, richteten sich aber gegen die gesamte Nation. Die These von der gerechten Strafe kann also nur plausibel sein, wenn alle Deutschen vor 1945 schuldig geworden sind. Genau das behauptet die Kollektivschuldlehre.

Kollektivschuld, d. h. Schuld einer Person allein aufgrund ihrer Zugehörigkeit zu einem bestimmten Kollektiv, war abendländischem Denken jahrhundertelang fremd. Kaum ein ernstzunehmender Ethiker fragte danach, ob und wie viele Angehörige eines Kollektivs in schlechthin schockierender Weise gegen das Moralprinzip verstoßen. Der trennungsscharfe, im Diskurs neuzeitlicher Ethik bewährte Schuldbegriff beschreibt die (verwerfliche) Willensbildung eines Individuums: „Moralisch schuldig wird jemand, der mit seinen Handlungen oder Unterlassungen oder durch bloßen Vorsatz bewußt und nach freier Entscheidung gegen sein Gewissen und sittliche Normen verstößt."[241] Sogar bei gemeinschaftlich handelnden Personen verlangt diese Moralphilosophie eine individuelle Schuldermittlung. Auch Personen aus dem familiären Umfeld der Täter bleiben außer Betracht; es gibt keine Sippenhaft(ung).

Kritiker mögen einwenden, Familie und Volk dürften nicht in einen Topf geworfen werden. Der individualistische Schuldbegriff werde der einzigartigen Natur von Völkern (bzw. Nationen) nicht gerecht. Diese seien Schicksals-, Kultur- oder ethnische Gemeinschaften, die ein hohes Maß an kollektiver Identität verbürgen. Belegt werde das nicht nur durch positive Identitäten wie Patriotismus, Vaterlandsliebe oder -stolz. Auch ein bemerkenswertes Phänomen deutscher Geschichte, der Verdruß an der eigenen Nation, vermittle kollektive Identität – wenn auch mit negativen Verknüpfungen. Überdies könne Selbstverdruß ein Ausdruck angemessener Reflexion sein. Er sei der Humus, aus dem deutsche Kollektivschuldgefühle erwüchsen, die angesichts der „Singularität" nationalsozialistischer Verbrechen vollauf begründet seien.

---

241 O. Höffe (Hrsg.), Lexikon der Ethik, S. 258.

Die Kritik hat einen berechtigten Kern. Menschen verfügen nicht nur über individuelle Fähigkeiten, Charakterzüge und Instinkte; sie existieren auch innerhalb bewußtseinsbildender Gemeinschaften. Man denke an Formationen wie Familie, Sippe, Stamm oder jenes durch eine republikanische Staatsverfassung charakterisierte Kollektiv, das die politische Theorie des Westens mit dem Begriff Nation verknüpft – eine Charakterisierung, die allerdings ideengeschichtlicher Analysen bedarf.[242] Der Mensch ist also in mehrfacher Hinsicht ein Gemeinschaftswesen, nach der politischen Philosophie des Aristoteles sogar ein von Natur staatsbildendes Wesen (physei politikon zoon): „Darum ist denn auch der Staat der Natur nach früher als die Familie und als der einzelne Mensch, weil das Ganze früher sein muß als der Teil. ... Wer nicht in Gemeinschaft leben kann oder ihrer, weil er sich selbst genug ist, gar nicht bedarf, ist selbst kein Glied des Staates und demnach entweder ein Tier oder ein Gott."[243]

Starke Worte, die über die Existenz einer „Kollektivschuld" aber wenig aussagen. Auch wer von Natur aus Gemeinschaftswesen ist, muß nicht zwangsläufig und synchron mit anderen Gemeinschaftswesen schuldig werden. Selbst unvermeidbare mentale Beeinflussungen durch andere Menschen ändern daran nichts. Begreift man Schuld als Vorwerfbarkeit willensgesteuerten Verhaltens – und andere tragfähige Definitionen lassen sich kaum begründen –, so hängt die Kollektivschuldthese von ihrer Vereinbarkeit mit dem Konzept der Willensfreiheit ab. Dieses ist freilich umstritten. Verfügen Menschen (zumindest teilweise) über einen freien Willen, der es ihnen ermöglicht, sich von psychologischen, physiologischen und chemisch-physikalischen Bedingungen ihrer Existenz zu lösen und Entscheidungen zu treffen, die naturwissenschaftlich weder erklärbar noch prognostizierbar sind? Oder sind sie in ihren moralischen Entscheidungen vollständig durch diese Kausalfaktoren festgelegt, insbesondere durch genetische Strukturen oder persönliche Lebenserfahrungen? Letzteres behaupten die sog. Deterministen, die auf individuelle Instinkte,

242 Dies leistet Karlheinz Weißmann in seiner Studie „Nation?". Er erläutert das Entstehen von Nationen anhand des Dualismus „deutscher Weg"/„französischer Weg". Der „französische Weg" ist danach durch politische („Staatennation"), der „deutsche" durch „vorpolitische" kulturelle oder ethnische Implikationen („Volksnation") gekennzeichnet, die Weißmann zu Recht gegen Rassismusvorwürfe in Schutz nimmt; ders., Nation?, S. 103–192, insb. S. 187–192. Sein Verständnis von Nation weist in eine voluntaristische Richtung: „Eine Nation ist, was eine Nation sein will und diesen Willen dauernd aufrechterhalten kann"; ders., Nation?, S. 196. Ein solcher Begriff der Nation sollte hinsichtlich der gebrochenen kollektiven Identität vieler Deutscher auch als Mahnung gedeutet werden!

243 Aristoteles, Politik, S. 5 (1253 a).

frühkindliche Prägungen sowie soziale, ökonomische und politische Rahmenbedingungen im Prozeß moralischer Willensbildung verweisen.[244]

Möglicherweise kann der ethische Determinismus die Kollektivschuldthese zumindest in einem übertragenen Sinne retten. Es müßte dann der Nachweis gelingen, daß Deutsche – andere Völker interessieren die Kollektivschuldbefürworter ohnehin kaum – in ihren moralischen Entscheidungen oder Grundhaltungen weitgehend durch ihre Nationalität „determiniert" und furchtbare Verbrechen eines Deutschen oder mehrerer Deutscher automatisch von der mutmaßlichen Zustimmung fast aller Landsleute begleitet werden. Wer solche Vermutungen absurd findet, dürfte freilich nicht falsch liegen. Verhaltensanalysen in sämtlichen Erdteilen zeigen, daß Menschen moralische Entscheidungen meist losgelöst von ihrer Nationalität treffen. (Dies ist, nebenbei bemerkt, ein Indiz für die Plausibilität der aristotelischen Ethik [„Nikomachische Ethik"] und ihrer Grundannahme von der partiellen menschlichen Willensfreiheit.[245]) Daraus ergeben sich Konsequenzen. Wer die Willensfreiheit nicht akzeptiert, kann in normativen Ethikdiskursen nicht sinnvoll über Schuld reden, weder über individuelle noch über kollektive. Der Terminus Schuld würde bei ihm zur Contradictio in adiecto, tauglich höchstens als politischer Kampfbegriff. Wer hingegen die individuelle Willensfreiheit proklamiert, muß konsequenterweise differenzieren. Er wird entdecken, daß das fünfjährige Kind Sabine Walter, der fünfzehnjährige Schüler Theo Schneider und die fünfundzwanzigjährige Krankenschwester Bianca Schmidt nicht ebenso schuldig wie Hitler, Himmler oder Eichmann sein können.

Kaum etwas spricht dafür, dieses ethische Konzept zu verändern – am wenigsten die Kollektivschuldtradition des christlichen Mittelalters. Sie sollte vielmehr zur Vorsicht mahnen. Vor allem Judenpogrome aus der Zeit der Kreuzzüge beruhten auf der beunruhigenden Vorstellung, ein für den Kreuzestod Christi verantwortliches Volk dürfe in seiner Gesamtheit bestraft oder verfolgt werden. Unheilvolle Bedeutung entfaltete das IV. Laterankonzil 1215 (auf dem auch einschneidende Maßnahmen gegen „Ketzer" beschlossen wurden). Abertausende Juden, die mit Christi Mißhandlung und Tötung nicht das geringste zu tun hatten, verloren durch diese archaische Lehre Leib und Leben.[246]

244 O. Höffe, Ethik, S. 44: „Die empirischen Wissenschaften vertreten insgesamt einen methodischen Determinismus, nach dem sich für alles, auch die menschliche Praxis und das ihr zugrunde liegende Wollen, im Prinzip (wenn auch nicht immer schon auf dem gegenwärtigen Forschungsstand) adäquate wissenschaftliche Erklärungen finden lassen."

245 Aristoteles, Nikomachische Ethik, S. 48 (1111 a): „Da unfreiwillig ist, was aus Zwang oder Unwissenheit geschieht, so möchte freiwillig sein, dessen Prinzip in dem Handelnden ist, und zwar so, daß er auch die einzelnen Umstände der Handlung kennt."

246 M. Wolffsohn und U. Puschner, Geschichte der Juden in Deutschland, S. 34 f.

Harmloser in den Konsequenzen sind kollektive Schuldbekenntnisse aus deutschem Nachkriegsmund, die demütig, geläutert und beinahe philanthrop klingen. Tolerabel sind sie dennoch nicht. Modernes deutsches Kollektivschulddenken offenbart sich als Ausfluß eines unaufgeklärten, gegen die eigene Nation gerichteten Menschenbildes mit rassistischen Beimengungen. Obendrein fragt sich, ob so mancher Vergangenheitsmahner, der ausdrücklich oder assoziativ eine Kollektivschuld beschwört, in Wahrheit nur von eigenem Fehlverhalten in der NS-Zeit ablenken möchte – oder vom Fehlverhalten enger Angehöriger. So wirbelte im August 2006 ein spätes Bekenntnis des Literaturnobelpreisträgers Günter Grass viel Staub auf. Diese Ikone der politischen Linken, bis 2002 (dem Erscheinungsjahr der Novelle „Im Krebsgang") Protagonist einer stromlinienförmigen, nicht immer ausgewogenen Vergangenheitsbewältigung, räumte ein, 1944 als Siebzehnjähriger durchaus nicht widerwillig in die Panzerdivision „Frundsberg" der Waffen-SS einberufen worden zu sein. „Um der Enge des Elternhauses zu entkommen", habe er zunächst in der U-Boot-Truppe dienen wollen, die aber zu diesem Zeitpunkt niemanden mehr aufgenommen habe.[247]

Noch verblüffender sind die Kollektivschuldassoziationen des damaligen Bundespräsidenten Richard von Weizsäcker am vierzigsten Jahrestag der deutschen Kapitulation (8. Mai 1985): „Wer seine Augen und Ohren aufmachte, wer sich informieren wollte, dem konnte nicht entgehen, daß Deportationszüge rollten." Seinen NS-belasteten Vater nahm von Weizsäcker dagegen in Schutz. Heinz Nawratil, kritischer Analytiker deutscher Schulddebatten, merkt an: „Die Pikanterie liegt hier darin, daß der Vater des Bundespräsidenten, Ernst von Weizsäcker, als Staatssekretär im Reichsaußenministerium so sehr in die Judendeportationen verstrickt war, daß die Anklage der Nürnberger Kriegsverbrecherprozesse ... für ihn sogar die Todesstrafe forderte. Schließlich kam der Angeklagte mit sieben Jahren Haft davon. ... Eine seltsame Moral: Der kleine Mann wird schon durch den bloßen Anblick der Deportationszüge schuldig. Der große Mann aber, der das grüne Licht für diese Züge gab, ist unschuldig."[248]

247 Frankfurter Allgemeine Zeitung v. 12. August 2006 mit Günter-Grass-Interview und zahlreichen ergänzenden Beiträgen. – Die bloße Mitgliedschaft in der Waffen-SS sollte indes zurückhaltend beurteilt werden. Das gilt verstärkt für das letzte Kriegsjahr, in dem nicht nur Freiwillige einberufen wurden. Kurt Schumacher, SPD-Vorsitzender, am 30. Oktober 1951: „Die Waffen-SS ist weder mit der allgemeinen SS noch mit den speziellen Organisationen der Menschenvernichtung und -verfolgung gleichzusetzen, sondern hat sich selbst als eine Art vierter Wehrmachtteil gefühlt und ist damals auch so gewertet worden. Sie war für Kriegszwecke geschaffen. Sicher sind viele der jungen Menschen Träger einer spezifisch hitlerischen Ideologie gewesen, ohne aber die Verbrechen der zwölfjährigen Diktatur als solche zum Bestandteil ihrer politischen Zielsetzung zu machen, sehr oft, ohne sie zu kennen oder ohne sie ausreichend zu kennen." (zitiert nach W. Venohr, Die Abwehrschlacht, S. 219)

248 H. Nawratil, Der Kult mit der Schuld, S. 20f.

Fürwahr: „Die höchste Schamlosigkeit: die Scham, die einer als eigene empfinden sollte, auf alle Umstehenden verteilen und bewirtschaften … ‚Wir sind alle schuldig', sagt der, der zuerst gefehlt hat, und die braven Unschuldigen nicken und schämen sich."[249]

Eine erste Blaupause solcher List könnten ausgerechnet die Nationalsozialisten geliefert haben: „Durch ihre Propagandapolitik signalisierte die NS-Führung ihren ‚Volksgenossen', daß sie zu Mitwissern und Komplizen eines Verbrechens ungeheuerlichen Ausmaßes geworden waren – und ihr Schicksal somit auf Gedeih und Verderb mit der Existenz des Regimes verbunden war."[250] Die Westalliierten, deren Kriegführung keinesfalls immer dem christlich-abendländischen Reinheitsgebot folgte, nahmen jene Steilvorlage erfreut auf – mit besonderer Emphase US-Präsident Franklin D. Roosevelt: „Dem gesamten deutschen Volk muß eingehämmert werden, daß die ganze Nation an der gesetzlosen Verschwörung gegen die Gesittung der modernen Welt beteiligt war."[251]

Die Konsequenzen sind ernüchternd. Selbst bei wohlwollender Betrachtung ist „Kollektivschuld" keine sinnvolle ethische Kategorie und taucht daher in Lehrbüchern und Lexika der Philosophie bestenfalls am Rande auf.[252] Sie ist „ein unsinniger, unliberaler, antichristlicher, beklagenswert nazistischer Gedanke".[253] Klarsichtig widersteht die jüdische Politologin und Heidegger-Schülerin Hannah Arendt (1906–1975) der Verlockung, das deutsche Volk oder dessen Kriegsgeneration in toto zu diskriminieren: „Moralisch gesehen ist es ebenso falsch, sich schuldig zu fühlen, ohne etwas Bestimmtes angerichtet zu haben, wie sich schuldlos zu fühlen, wenn man tatsächlich etwas begangen hat. Ich habe es immer für den Inbegriff moralischer Verwirrung gehalten, daß sich im Deutschland der Nachkriegszeit diejenigen, die völlig frei von Schuld waren, gegenseitig und aller Welt versicherten, wie schuldig sie sich fühlten."[254]

Tatsächlich ist das Wort Kollektivschuld ein Stück weit aus der Mode gekommen. Ausdrückliche Bekenntnisse zu seinen Inhalten, etwa zur These der „gerechten Strafe", sind in seriösen Foren verpönt.[255] Rich-

---

249 Worte des Aphoristikers Johannes Gross; zitiert nach H. Nawratil, Der Kult mit der Schuld, S. 21 ff.

250 P. Longerich, „Davon haben wir nichts gewußt!", Einbandtext.

251 Zitiert nach H. Nawratil, Der Kult mit der Schuld, Buchumschlag (Rückseite).

252 Eines der prägnantesten Nachschlagewerke, Otfried Höffes (Hrsg.) „Lexikon der Ethik", erwähnt die „Kollektivschuld" überhaupt nicht.

253 V. Gollancz, Stimme aus dem Chaos, S. 320.

254 Zitiert nach H. Nawratil, Der Kult mit der Schuld, S. 6.

255 Ungeniert drauflospoltern kann nur, wer die störende Zwangsjacke seriösen Argumentierens längst ausgezogen hat. So ereiferte sich die Stadtverordnete (ÖkoLinX-ARL) und frühere Grünen-Politikerin Jutta Ditfurth am 26. Februar 2004 im Frankfurter Römer: „Es verbrannten Häuser von FrankfurterInnen, die Hitler zugejubelt, die den Angriff auf Polen gefeiert, auf Juden gespuckt und ihre Wohnungen geplündert haben und die Widerstands-

tunggebend gebessert hat sich das Argumentationsniveau aber nicht. Aus der Büchse der Pandora kriechen verklausulierte Kollektivschuldmythen. Politiker, Journalisten, Kirchenmänner, fast alle Honoratioren der Bundesrepublik Deutschland bevorzugen den Begriff einer fortwährenden kollektiven „Verantwortung" oder „Scham", wenn sie das Volk ermahnen, NS-Verbrechen nicht zu vergessen.

Leerformelhaft wirkt insbesondere die *kollektive Verantwortung*, wenn sie etwas anderes bezeichnen soll als die juristische Haftung eines Staats wegen Rechtsverletzungen von Amtsträgern oder die ohnehin vage „politische Verantwortung" von Ministern, Staatssekretären usw. für Fehlleistungen ihrer Mitarbeiter. Zwar gebietet es eine aufgeklärte Moral, aus den NS-Verbrechen zu lernen und nachfolgende Generationen strikt im Geiste von Menschlichkeit und klassischen Menschenrechten zu erziehen. Diese Pflicht gilt aber nicht nur für die deutsche, sondern in gleichem Umfang und ebenso selbstverständlich auch für alle anderen Nationen. Ein solches Unrecht darf sich weder hierzulande noch irgendwo sonst in der Welt wiederholen! Mit deutscher Kollektivverantwortung hat das wenig zu tun. Im Gegenteil: Die gehäufte Verwendung dieses Begriffs in Deutschland könnte andernorts sogar zu einem Absinken moralischer Hemmschwellen und Standards beitragen. Insbesondere könnte sie andere Völker dazu verleiten, Antisemitismus oder sonstigen Rassismus als „spezifisch deutsches Phänomen" zu begreifen und im Zuge dieser Fehldeutung keinen vollauf überzeugenden Ethikunterricht an eigenen Schulen und Universitäten durchzuführen.

Wenig Ertrag bringt auch der Terminus *kollektive Scham*. Was ist darunter zu verstehen? Aufrichtige Scham national- und geschichtsbewußter Deutscher über die NS-Verbrechen verdient Sympathie und tiefen Respekt. Sie ist aber in ihren Wurzeln ein individuelles und kein kollektives Gefühl, mögen auch noch so viele Menschen das gleiche empfinden. Wie Kollektivschuld entlarvt sich auch der harmlos klingende Begriff kollektive Scham als widersprüchlich. Obendrein kann Scham vom Standpunkt

---

kämpfer denunziert hatten. Es verbrannten Häuser von Deutschen, denen es scheißegal war, daß die Wehrmacht seit Jahren eine Blutspur durch Europa zog. ... Die alliierten Luftangriffe – auch die am 22. März 1944 auf Frankfurt am Main – waren eine gerechte Strafe für die Deutschen, und es gibt viele Anhaltspunkte dafür, daß sie halfen, den Krieg zu beenden." (zitiert nach dem linksgerichteten Internetforum www.frankfurter-info.org) – Ein anspruchsvollerer Kollektivschuldverfechter ist R. Giordano, Die zweite Schuld oder Von der Last, Deutscher zu sein: „Jede zweite Schuld setzt eine erste voraus. ... Das Hauptthema Giordanos sind die Folgen der moralischen Katastrophe, die eintrat, weil das Bekenntnis zur Kollektivschuld ausblieb." (Buchumschlag) Neuerdings begibt Giordano sich auf die Suche nach der unwiderstehlichsten Kollektivschuldmetapher: „Das deutschverursachte Morduniversum des Zweiten Weltkriegs und seiner Besatzungspolitik", wettert er in einem Leserbrief an den „Spiegel" vom 3. Dezember 2007 und erklärt zugleich, nicht länger für die Errichtung eines Zentrums gegen Vertreibungen in Berlin streiten zu wollen.

aufgeklärter Moral ebensowenig eingefordert werden wie Reue oder alle anderen Gefühle auch. „Liebe Deinen Nächsten wie Dich selbst" – dieser Imperativ christlicher Grundhaltung überzeugt auf Anhieb eher als Appell denn als verbindliche moralische Verhaltensnorm (auch wenn er eine Ableitung konkreter Verhaltensnormen zulassen dürfte).

Es gibt semantisch überzeugende Wege, den NS-Totalitarismus im Bewußtsein zu halten. Das Beharren auf „kollektiver (deutscher) Verantwortung" oder „kollektiver (deutscher) Scham" gehört nicht dazu. Auch permanente Wiederholungen verleihen diesem Verbalkonformismus keine philosophische Statur. Wer ethische Urteile und Appelle mit den reichen Mitteln klarer Sprache formulieren kann, sollte nicht in die Niederungen undifferenzierter, inhaltsarmer und vor allem mißverständlicher Floskeln herabsteigen. Er könnte seinem Anliegen einen schlechten Dienst erweisen. Und wer die Verbrechen von Nationalsozialisten im Kontext des gesellschaftlichen Umfelds analysieren will, sollte redlicherweise hinzufügen, daß er nicht normative Ethik, sondern empirische Sozialforschung betreibt. Mit Wert- oder Unwerturteilen, auch unter Verwendung der Begriffe Scham und Verantwortung, sollte er dabei sparsam umgehen – erst recht, wenn er diese Begriffe auf deutsche Nachkriegsgenerationen bezieht.

Noch fragwürdiger ist es, wenn gegenwärtige und künftige Deutsche wie folgt etikettiert werden: „Erben des judenmordenden Staates ... generationenlang, für immer."[256] Natürlich sollte man Verständnis haben, wenn NS-Verfolgte oder ihre Nachfahren sich emotionsgeladen ausdrükken und einen angemessenen ethischen und rechtsphilosophischen Duktus mitunter verfehlen. Die Zeit wird viele Wunden heilen. Bedrückender ist der Verfall intellektueller und semantischer Redlichkeit bei höchsten Repräsentanten der Bundesrepublik Deutschland, mögen deren Motive im Einzelfall noch so ehrenwert sein. So erwärmte sich Bundespräsident Roman Herzog 1995 an dem Gedanken, „Redeformen entwickeln zu müssen, die diesen [Nachkriegs]generationen ihre Verantwortung vor Augen führen".[257] Wer informiert Politiker mit volkspädagogischem An-

---

256 Michel Friedman im Rheinischen Merkur vom 16. November 1985: „Versöhnung ist ein absolut sinnloser Begriff. Versöhnung wäre allenfalls denkbar gewesen, wenn es Auschwitz nicht gegeben hätte. Und sie hätte nur von den Juden ausgehen können ... Die Erben des judenmordenden Staates bieten den Opfern und Nachkommen der Opfer Versöhnung an und sind erbittert, wenn dieses Wort zurückgewiesen wird. Es kommt ihnen in Wirklichkeit gar nichts anderes zu, als die schwere historische Verantwortung auf sich zu nehmen, generationenlang, für immer." – Fragwürdiges Herummäkeln an Deutschland offenbart sich auch in der Formulierung, die Nationalsozialisten hätten ihre Verbrechen „im deutschen Namen" begangen. Demokratietheoretisch kritisiert H. Nawratil, Der Kult mit der Schuld, S. 18, diese verfehlte Aussage: „Seit wann ist eine totalitäre Diktatur legitimiert, im Namen des Volkes zu handeln?"

257 Zitiert nach H. Nawratil, Der Kult mit der Schuld, S. 22.

spruch darüber, daß „Redeformen" oder „Sprachregelungen" niemanden moralisch ertüchtigen? Haben wohlklingende Phrasen zu irgendeiner Zeit Gutes bewirkt? Erfahrungsgemäß stumpfen die Adressaten ab oder werden zusehends trotziger; der pädagogische Zweck verkehrt sich ins Gegenteil.

Ähnlich umstritten wie Kollektivschuld ist der Korrespondenzbegriff „Tätervolk". Gleichwohl tauchen mindestens drei *Tätervolktheorien* in nationalskeptischen Debattierzirkeln auf. Nach *Theorie 1* sollen sich zwar einige Deutsche dem NS-Zivilisationsbruch widersetzt, viele Millionen aber von der Shoa gewußt und sie zumindest billigend in Kauf genommen haben. Für diese spektakulären Thesen fehlt jeder tragfähige Beleg. Wenn dem so gewesen wäre, warum wurde dann der Holocaust mit größtmöglicher Heimlichkeit geplant – so heimlich, daß selbst akribische Historiographie seine Entwicklung nicht genau rekonstruieren kann?[258] Wie sollen angesichts nationalsozialistischer Desinformationsstrategie Millionen Deutsche Befürworter des Holocaust geworden sein (während andere Völker praktisch keine Kenntnis davon hatten)? Ungefähre Ahnungen oder Befürchtungen, die nicht wenige Zeitgenossen nach den gewaltigen antijüdischen Propagandakampagnen vom Herbst 1941 und Frühjahr 1943 vermutlich hatten, sind noch lange kein gesichertes Wissen.

Im übrigen wäre selbst die Kenntnis dieses scheußlichen Verbrechens keinesfalls mit seiner Billigung gleichzusetzen. Auch wenn es im totalitären NS-Staat keine Meinungsumfragen und erst recht keine von der Parteidoktrin gelöste bewußtseinsbildende „Öffentlichkeit" gab, konnte von gesellschaftlicher Zustimmung zur Judenverfolgung nicht die Rede sein. Beobachtungen aus allen Phasen der NS-Herrschaft deuten auf das Gegenteil hin. Die NSDAP stieß auf ein überwiegend verständnisloses, ja unwilliges Volk, wenn sie penetrant versuchte, kruden Antisemitismus an die Stelle unveräußerlicher Menschenrechte zu setzen. Ihre schon in der Weimarer Republik einsetzenden Boykottaufrufe gegen jüdische Geschäfte und Dienstleister blieben ohne nennenswerte Resonanz bzw. zeigten nur dann eine gewisse Wirkung, wenn sie – wie am 1. April 1933 – mit massiven Einschüchterungen nichtjüdischer Kunden einhergingen.[259] Auch die Appelle, freundschaftliche und insbesondere sexuelle Kontakte zu „Nichtariern" abzubrechen, wurden geflissentlich überhört. Ihre Erfolglosigkeit führte in totalitärer Konsequenz zu den Rassenschandegesetzen von 1935. Nennenswerte Genugtuung nichtjüdischer Deutscher über die dadurch erzwungene biologische Segregation der Juden ist nicht belegt.[260] „Ab 1942 gerieten die Anstrengungen zur Ausrichtung der

258 Siehe etwa Ch. R. Browning, Judenmord, passim.
259 P. Longerich, „Davon haben wir nichts gewußt!", S. 321 f.
260 P. Longerich, „Davon haben wir nichts gewußt!", S. 322.

Bevölkerung auf die ‚Endlösung' endgültig zum Fiasko."[261] „Hatte das Regime zwischen Spätsommer 1941 und Frühjahr 1943 auf den deutlichen Unwillen der Bevölkerung in der ‚Judenfrage' mit verstärkter antisemitischer Propaganda reagiert und sich immer offener zur Vernichtung und Ausrottung der Juden bekannt, so wurde die ‚Endlösung' ab Mitte 1943 mehr und mehr zum Un-Thema. Die Tatsache, daß Goebbels Ende 1943 Schlägertrupps der Partei in die Berliner Kneipen entsandte, um möglicher Kritik schlagkräftig zu begegnen, charakterisiert die Situation: Äußerungen, die sich außerhalb des vom Regime verordneten Rahmens bewegten, wurden gewaltsam unterdrückt."[262]

Bestätigt wird dieser differenzierende Befund von Juden, die ihre persönlichen Erfahrungen mit „arischen" Deutschen während der NS-Herrschaft minutiös beschreiben. Einer von ihnen ist der Dresdner Sprachwissenschaftler Victor Klemperer, der während der letzten Kriegsjahre in „Judenhäusern" lebte und zwangsweise zu Hilfsarbeitertätigkeiten in mittelständischen Dresdner Betrieben herangezogen wurde. Ab dem 1. November 1943 arbeitete er bei der Kartonagenfabrik Adolf Bauer; markante Eindrücke über nichtjüdische Kollegen vertraute er seinem Tagebuch am 2. April 1944 an: „Sonnabend vor acht Tagen wurde mir eine junge Arbeiterin beigegeben, deren Maschine streikte. Sie war sofort zutraulich, suchte Anschluß. ‚Es ist noch nicht aller Tage Abend.' ... Unser Schicksal ‚zerreiße ihr das Herz'. ... Beim Fortgehen drückte sie mir die Hand, in der Fabrik eine ganz ungewöhnliche Sache unter den Arbeitern. ... Mit der Frau Loewe, die im ersten Stock in der Druckerei arbeitet, war es ja ganz ähnlich. Einzeln genommen sind fraglos neunundneunzig Prozent der männlichen und weiblichen Belegschaft in mehr oder minder hohem Maß antinazistisch, judenfreundlich, kriegsfeindlich, tyranneimüde ..., aber die Angst vor dem einen Prozent Regierungstreuer, vor Gefängnis, Beil und Kugel, bindet sie."[263]

261 P. Longerich, „Davon haben wir nichts gewußt!", S. 324.

262 P. Longerich, „Davon haben wir nichts gewußt!", S. 327; ein Berliner Stimmungsbild der Jahre 1943/44 zeichnet auch P. Wapnewski, Churchill, vom Bunker aus gesehen, Frankfurter Allgemeine Zeitung, 3. Dezember 2002: „Ich vermag nicht zu sagen, ein wie großer Teil des deutschen Volkes damals (noch) aus engagierten, aus überzeugten Nationalsozialisten bestand. ... Meine Ärzte in der Abteilung 17 (‚Augen') des Lazaretts, Reservisten allesamt, gaben sich wenig Mühe, ihre dezidierte – wenn auch abgestufte – antinazistische Gesinnung zu tarnen. Ähnlich die Krankenschwestern – von einer nur, von Paula, wußte man, daß sie eine Nazisse war und man sich vor ihr besser zurückhielt mit flotten, staatsgefährdenden Sprüchen. Die Patienten, die Kameraden waren zwar politisch nicht gerade oppositionell eingestellt, schienen mir aber von einer nüchternen, indolenten und auch phlegmatischen Gleichgültigkeit bestimmt zu sein."

263 V. Klemperer, Ich will Zeugnis ablegen bis zum letzten. Tagebücher 1933–1945, Bd. 7, S. 38 f.; kritisch zu deutschen Eliten der 1930er und 1940er Jahre V. Klemperer, ebenda, Tagebucheintrag vom 10. Februar 1943: „Ich habe mich wirklich in ‚Mein Kampf' eingelesen ..., es ist ebenso interessant wie gräßlich und deprimierend – dies Buch lag vor, und

Wenn dennoch etliche „Nachgeborene" glauben, viele Millionen Deutsche seien Befürworter dieses Verbrechens gewesen, so könnte das an zwei psychologisch merkwürdigen Phänomenen liegen. Erstens sendet ein Teil der Erlebnisgeneration Signale aus, deren Wortlaut zwar entlasten soll, zugleich aber unterschwellige Selbstvorwürfe suggeriert – reflexhafte, den Plural bevorzugende Verteidigungsfloskeln: „Davon haben wir nichts gewußt!"[264] Daß jene Selbstvorwürfe nur selten schuldhafter Verstrickung entspringen, dürfte angesichts der auf eine kleine Minderheit von Deutschen begrenzten Planung und Durchführung des Holocaust kaum zu bestreiten sein. Gleichwohl verrät das Personalpronomen „wir" das schlechte Gewissen von Menschen, die sich als Kollektiv nicht frei von Verantwortung wähnen. Alliierte Kollektivschuldpropaganda hat ihr Ziel offenbar erreicht: Judenverfolgung und -ermordung werden generationenübergreifend als Versagen des ganzen deutschen Volks gedeutet. Zweitens bauen sich im Gefolge von 68er-Bewegung und Historikerstreit immer wieder Schuld- und Sühnekampagnen eines medial vermittelten deutschskeptischen „Zeitgeists" auf, dem an der Rehabilitierung des eigenen Volkes nichts gelegen ist. Ihr Verlauf läßt sich anschaulich an den Reaktionen auf Gewalttätigkeiten zwischen deutschen und nichtdeutschen Bewohnern ablesen. Während die Medien über nationalistisch motivierte Straftaten an Deutschen erst seit 2007 häufiger berichten, lösen tatsächliche oder vermeintliche Übergriffe Deutschstämmiger gegen Ausländer und nichtautochthone Deutsche heftige „antifaschistische" Erregungen mit Lichterketten und dem Ruf nach immer neuen, staatlich geförderten Programmen „gegen rechts" aus. Die Nutznießer der Programme mag das freuen. Unvoreingenommene Zeitgenossen fragen hingegen, was sich hinter den auslegungsbedürftigen Klassifizierungen „rechts" oder „rechtsextrem" (sie werden in der Regel unterschiedslos verwendet) verbirgt und ob Verwahrlosung und Gewaltbereitschaft eines kleinen Teils der deutschen Jugend, zumal in den östlichen Bundesländern, ihre Ur-

man machte diesen Menschen zum Führer und ließ ihn bis jetzt elf Jahre führen! Das ist der deutschen Oberschicht niemals zu verzeihen." Ein anderer, der es genau wissen muß, ist Konrad Adenauer, bis 1933 führendes Mitglied der Zentrumspartei und Oberbürgermeister von Köln. Als amtierender Bundeskanzler sagte er in einer Regierungserklärung vom 27. September 1951 zum Abkommen mit Israel über eine Wiedergutmachung: „Das deutsche Volk hat in seiner überwiegenden Mehrheit die an den Juden begangenen Verbrechen verabscheut und hat sich an ihnen nicht beteiligt." Deutscher Bundestag, Stenographische Berichte, Erste Wahlperiode, S. 6697 f.

264 P. Longerich, „Davon haben wir nichts gewußt!", S. 7: „Schließlich muß das Verb dieses Satzes unsere Aufmerksamkeit erregen: Geleugnet wird bezeichnenderweise meist nicht, daß man nicht etwas gehört oder geahnt hätte, sondern das damalige *Wissen*. Die kategorische Feststellung, man habe nichts *gewußt*, schließt indessen nicht aus, daß Gerüchte, Hinweise und Teilinformationen über den Judenmord eben doch bekannt waren, die aber, aus den verschiedensten Gründen, flüchtig blieben und sich nicht zu einem Gesamtbild, zum Wissen, verdichteten."

sache nicht eher in dem fortschreitenden Zerfall familiärer Bande und des früher von den Kirchen und klassischen Institutionen des Bürgertums gepflegten Wertekanons haben. Derartiges interessiert den „Zeitgeist" allenfalls am Rande. Er weiß als Kronzeugen nur umstrittene Historiker wie den US-Amerikaner Daniel Jonah Goldhagen zu präsentieren, dessen Einfallsreichtum bei der Präsentation von Kollektivschuldvorwürfen regelmäßig in grobkörniger Pauschalierung endet.

Goldhagens Kernthesen lauten: a) ein „bösartiger, eliminatorischer Antisemitismus" habe die deutsche politische Kultur schon lange vor Hitler verformt, und b) „ganz gewöhnliche Deutsche" hätten infolgedessen millionenfach Juden erniedrigt und ermordet: „Ohne die Nationalsozialisten und ohne Hitler wäre der Holocaust niemals möglich gewesen. Genauso wesentlich war aber die große Bereitschaft der meisten gewöhnlichen Deutschen, die rabiate Verfolgung der Juden in den dreißiger Jahren zunächst zu tolerieren, zu unterstützen, oft sogar tätig daran mitzuwirken und sich schließlich ... auch an der Ermordung der Juden zu beteiligen."[265] Was heißt das: „ganz gewöhnliche Deutsche"? Gehören KZ-Aufseher, Sicherheitsdienst (SD) der SS und sonstige in NS-Verbrechen eingebundene, sorgfältig ausgesuchte Personen etwa dazu? Goldhagen mißbraucht einen harmlos klingenden Begriff, mit dem sich die große Mehrheit des deutschen Volks assoziieren läßt, zur Kennzeichnung einer überschaubaren Zahl von Nationalsozialisten, die Humanitätsverbrechen verübt haben! Sein unausgesprochener (dreigliedriger) Syllogismus –

- NS-Verbrecher sind „ganz gewöhnliche Deutsche";
- NS-Verbrecher haben Millionen Juden ermordet;
- also haben „ganz gewöhnliche Deutsche" Millionen Juden ermordet

– beruht auf einem Vordersatz (Prämisse) von suggestiver Boshaftigkeit. „Goldhagen ist ein Manichäer, der ganze Völker vor seinen Richtstuhl zerrt und sie dann in Schafe und Böcke, in oben und unten, in gut und böse sortiert. ‚Tertium non datur' heißt seine Maxime, die ihm auf alle Fragen eine einfache Antwort erlaubt. Er will, wie er verrät, den Judenmord verstehen und erklären; aber er erklärt nichts und versteht nichts."[266]

Bleibt die Frage, warum Goldhagens von der Fachwelt fast einhellig abgelehnte Thesen[267] in Deutschland ein partiell begeistertes, junges Publikum finden. Ihr geht mit beachtlichem statistisch-empirischem Material der Frankfurter Psychologe Fritz Süllwold in seiner Studie „Deutsche

265 D. J. Goldhagen, Hitlers willige Vollstrecker, S. 9.

266 K. Adam, Bemerkenswert ahistorisch, Die Welt, 28. Juni 2006. Adams Beitrag ist eine Replik auf zwei Zeitungsartikel Goldhagens, in denen Papst Benedikt XVI. angegriffen und dem „berühmten" Widerstand des 20. Juli 1944 mehrheitlich antisemitische Motive unterstellt wurden.

267 Überzeugend etwa Ch. Browning, Judenmord, passim; Zustimmung findet Goldhagen bei R. Gellately, Hingeschaut und weggesehen. Hitler und sein Volk, passim.

Normalbürger 1933–1945" nach. „Erwartungsgemäß", so Süllwold, „pflegen die Nachgeborenen [zur Unterdrückung der Juden im NS-Staat] weniger differenziert als die Zeitzeugen der NS-Epoche Stellung zu nehmen. Während die Zeitzeugen bei fast jeder Frage von recht verschiedenen Reaktionen in der Bevölkerung berichten und unterschiedliche Häufigkeiten der jeweiligen Reaktionsweisen angeben ..., kennen die Nachgeborenen oft nur eine einzige Verhaltens- oder Erlebnisart und sehen diese als ‚die' Reaktionsweise der Bevölkerung an. Hier zeigt sich die übliche Gesetzmäßigkeit, daß mit zunehmendem zeitlichen Abstand von einer historischen Epoche die Vorstellungen über das Verhalten und Erleben der Bevölkerung jener Epoche gröber, einfacher und einheitlicher werden." [268] Besonders die Mutmaßungen der Nachgeborenen über die Reaktionen deutscher Normalbürger der NS-Zeit auf antijüdische Aktionen und Agitationen zeugten von einer „fast grotesk anmutenden Wirklichkeitsverkennung".[269] Bei einem Teil nachgeborener Deutscher beschreibt Süllwold eine feindselig-aggressive Haltung gegenüber den eigenen Vorfahren, deren Irrationalität Hand in Hand mit der harschen Abwehr jeglicher Aufklärungsversuche gehe. Dieses Zerrbild erfasse auch die Leugnung der Wiederaufbauleistung des deutschen Volks, die allein dem Marshall-Plan oder gar dem Wirken der erst in den 1960er Jahren zugezogenen „Gastarbeiter" zugeschrieben werde. Völlig verdrängt würden die bewundernswerten Anstrengungen zur Eingliederung von zwölf Millionen Heimatvertriebenen aus dem deutschen Osten und den deutschen Siedlungsgebieten Ost- und Mittelosteuropas. Die Nachgeborenen „zeigen auch keinerlei Bereitschaft, die Tugenden wahrzunehmen, die von ihren Vorgängern in der Aufbauphase nach dem Kriege in außergewöhnlichem Ausmaß faktisch verlangt wurden, nämlich Anstrengungsbereitschaft, Fleiß, Risikofreude und Eigeninitiative, Disziplin, Leidensfähigkeit, persönliche Bescheidenheit und Solidarität".[270]

Wer würde auf die beunruhigende Idee verfallen, Engländer, Schotten, Waliser und Nordiren als „Tätervölker" zu brandmarken, weil diese 1944, dem Erscheinungsjahr der Monographie „Bombing Vindicated" („gerechtfertigtes Bombardieren"), ziemlich ungeschminkt mit der britischen Luftkriegsstrategie konfrontiert wurden?[271] Oder weil sie im selben Jahr eine glänzende Analyse dieser Strategie in Vera Brittains Büchlein „Seed of Chaos" („Saat des Chaos") hätten lesen können. Die Autorin – Romanschriftstellerin, Pazifistin und Mitglied eines „Bombing Re-

268 F. Süllwold, Deutsche Normalbürger 1933–1945, S. 160.
269 F. Süllwold, Deutsche Normalbürger 1933–1945, S. 161.
270 F. Süllwold, Deutsche Normalbürger 1933–1945, S. 167–170, insb. S. 169.
271 Verfasser war James Molony Spaight, Unterstaatssekretär im britischen Luftfahrtministerium.

striction Committee" – wandte sich in beispielgebender argumentativer Dichte gegen die These von der Legitimität der Flächenbombardements. Unter anderem bezweifelte sie die kriegsverkürzende Wirkung dieses „Experiments"[272].

Zwar haben beide Bücher nur begrenzte Leserschichten erreicht. Vera Brittain sah sich zudem harscher Kritik meinungsbildender Prominenz ausgesetzt, die sich an der offiziösen Verschleierung anglo-amerikanischer Flächenangriffe orientierte.[273] Dennoch dürften „ganz gewöhnliche Briten" mehr vom brutalen Area-Bombing-Konzept ihrer Kriegsherren erfahren und geahnt haben als Deutsche von den größten Verbrechen des NS-Regimes.

Tätervolktheorie 2 stützt sich auf die „Machtergreifung" Hitlers unter Ausnutzung demokratischer Institutionen und Prozeduren der Weimarer Republik. Zu ihren markanten Anhängern gehört der Historiker Alan Bullock, Churchill-Mitarbeiter und richtungweisender Hitler-Biograph der ersten Nachkriegsjahrzehnte. In sorgsam abgewogenen, prima vista zustimmungsfähigen Sätzen nähert er sich der These, der Nationalsozialismus sei lange vor 1933 in der deutschen Geschichte „verwurzelt" gewesen: „Damit sollen die Deutschen nicht der Erbsünde bezichtigt oder die anderen, von den Nazis nur grob verzerrten Seiten des deutschen Lebens übersehen werden. Aber der Nationalsozialismus war nicht irgendein schreckliches Unglück, das aus heiterem Himmel über das deutsche Volk hereinbrach. Er war in ihrer Geschichte verwurzelt."[274] Darüber würde der Leser gern mehr erfahren – seit wann, wie tief und in welcher Hinsicht soll der Nationalsozialismus in Deutschland „verwurzelt" gewesen sein? Bullock weicht aus: „Und wenn es auch wahr ist, daß die Mehrheit des deutschen Volkes niemals für Hitler gestimmt hat, so ist es doch ebenso wahr, daß es 13 Millionen taten. Beider Tatsachen muß man sich erinnern."[275]

In der Tat: Ohne die bemerkenswerten Erfolge der NSDAP bei den freien Wahlen der Jahre 1932/33, insbesondere zum Reichstag (31. Juli und 6. November 1932) sowie zum Parlament des Freistaats Lippe (15. Januar 1933), hätte es die „Machtergreifung" in ihrer konkreten Form nie gegeben. Hitler wäre nicht am 30. Januar 1933 zum Reichskanzler ernannt, das „Ermächtigungsgesetz" vom 23. März 1933, diese trostlose

272 Laut Times, Ausgabe vom 7. Juni 1943, soll Churchill die Strategie der Flächenangriffe wie folgt charakterisiert haben: „Das Experiment ist durchaus einen Versuch wert, solange andere Maßnahmen nicht ausgeschlossen werden."

273 Hauptkritiker waren George Orwell und US-Präsident Roosevelt; siehe V. Brittain, One Voice (Introduction by Y. A. Bennett), S. xviii ff.

274 A. Bullock, Hitler, S. 805.

275 A. Bullock, Hitler, S. 805.

Selbstentleibung der Weimarer Republik, niemals beschlossen worden.[276] Allerdings weist Tätervolktheorie 2 eine bereits bei Bullock anklingende Bruchstelle auf: Die meisten Deutschen haben ungeachtet wirtschaftlicher Nöte und massiver politischer Verunsicherung bei keiner freien Wahl für die NSDAP gestimmt! Selbst bei den letzten „freien" Reichstagswahlen vom 5. März 1933 kamen die Nationalsozialisten nicht über 43,9 % der Stimmen hinaus und sicherten sich die absolute Mehrheit nur knapp durch eine Koalition mit dem „Kampfbund Schwarz-Weiß-Rot" (Deutschnationale Volkspartei und Stahlhelm). Dieses Ergebnis ist besonders bemerkenswert, weil massive SA-Aktionen die Wahlbürger einschüchterten und Reichskanzler Hitler durch propagandistisch geschickte Inszenierung einer „nationalen Erhebung" Teile des deutschen Volkes in Aufbruchstimmung und Begeisterungstaumel versetzte.[277] Daß diese Begeisterung nicht Hitlers signifikantem Antisemitismus und seinen ohnehin nur schemenhaft erkennbaren Visionen von der territorialen Neuordnung Europas galt, sei nachdrücklich betont. Derlei Entartungserscheinungen offenbarten sich in beispielloser Radikalität erst während der letzten Jahre der NS-Diktatur.

Weniger scharfkantig und spekulativ klingt auf Anhieb *Tätervolktheorie 3*. Sie beklagt, daß das Volk, konfrontiert mit Verhaftungen und anderen Repressalien gegen Juden und sonstige Verfolgte des Regimes, regelmäßig „weggeschaut" habe. Ausbuchstabiert kann das nur heißen: Es gab im NS-Staat eine moralische Pflicht zu aktivem Widerstand, die das deutsche Volk in seiner Gesamtheit verletzt haben soll. Alle Deutschen hätten gegen die schrittweise Entrechtung der Juden protestieren, notfalls mit Gewalt gegen Vollzugsbeamte und SS-Leute vorgehen und sich in letzter Konsequenz lange vor dem 20. Juli 1944 zu einer machtvollen Revolution zusammenschließen müssen. Moralischer Schatten laste nicht nur auf der deutschen Erlebnisgeneration, sondern auch auf den Nachgeborenen, die unter vergleichbaren Herrschaftsbedingungen – Tätervolk-

---

276 Während die Legalität der Ernennung Hitlers zum Reichskanzler unbestritten ist, kam das Ermächtigungsgesetz („Gesetz zur Behebung der Not von Volk und Staat") nur unter flagranten Verstößen gegen die Weimarer Reichsverfassung zustande. „Zwar wurde es, gegen die SPD, im Reichstag mit 411 zu 94 Stimmen beschlossen und hätte auch dann die erforderliche Zweidrittelmehrheit gehabt, wenn die wegen Verhaftung oder Flucht abwesenden Abgeordneten der KPD und der SPD dagegen gestimmt hätten. Aber schon das Verfahren im Reichstag war rechtlich zweifelhaft, weil die illegal Ausgeschlossenen auf die Willensbildung keinen Einfluß nehmen konnten und die in und vor der Kroll-Oper postierten SA-Leute eine Drohkulisse bildeten, die die freie Willensbildung beeinträchtigte. Jedenfalls aber war das Gesetz mangels wirksamer Zustimmung des Reichsrats rechtswidrig." (R. Dreier, Bemerkungen zum „Dritten Reich", S. 498)

277 Karl Doehring auf der Leipziger Tagung der Vereinigung deutscher Staatsrechtslehrer im Oktober 2000: „Wer die Begeisterung des Jahres 1933 nicht gesehen hat, kann sie nicht nachvollziehen." (zitiert nach R. Dreier, Bemerkungen zum „Dritten Reich", S. 498)

theorie 3 in verschärfter Fassung mit ungünstiger Zukunftsprognose – genauso versagt hätten bzw. versagen würden wie ihre Vorfahren. Wie aus einem Lehrbuch politischer Korrektheit klingen Sätze des nordrhein-westfälischen Landtagspräsidenten Ulrich Schmidt zum 60. Jahrestag der Reichspogromnacht. In einer Gedenkstunde des Landtags hob er hervor: „Die Erinnerung an den 9. November 1938 verbindet sich mit Trauer und Scham. Zu wenige haben Widerstand geleistet. Zu viele haben mitgemacht. Zu viele haben die Augen zugemacht oder weggeschaut. Und keiner von den Nachgeborenen darf sich sicher fühlen, daß er damals anders gehandelt hätte.“[278]

Bei aller Sympathie für die Vision eines dem NS-System aktiv trotzenden Demos bleibt diese Theorie drei gewichtigen Einwänden ausgesetzt. Der erste fußt auf der Erkenntnis, daß „die bloße Existenz von Konzentrationslagern ... zwangsläufig einen Schrecken so fürchterlichen Ausmaßes“ bewirkt, „daß der Mensch ihm natürlicherweise auszuweichen strebt, sich anpaßt oder ins Privatleben zurückzieht. Es gibt keine Zivilcourage mehr, sondern allenfalls noch Martyriumsbereitschaft“.[279] Widerstand in einer stabil organisierten Tyrannei setzt Heroismus voraus: Heroismus mit der Bereitschaft, die schrittweise Entrechtung der eigenen Person bis zur Vernichtung der physischen Existenz zu erdulden. Eine Ethik, die solches verpflichtend auferlegen will, ist in hohem Maße problematisch. Nach traditioneller Moraltheorie folgt das bereits aus dem unendlichen Wert jedes Individuums und dem daraus resultierenden Verbot, Menschenleben nach Qualität oder Quantität gegeneinander aufzurechnen – aus welch edlem Motiv und zu wessen Nutzen auch immer.

Der zweite Einwand gründet auf dem Effizienzkriterium. Kein Dissident durfte realistischerweise davon ausgehen, mit Einsatz von Gewalt das Abbrennen von Synagogen sowie die Verhaftung und Deportation von Juden verhindern oder nur beträchtlich verlangsamen zu können. Gestapo, SS usw. hätten den heldenhaften Widerstand sofort gebrochen und ihr Vernichtungsprogramm unbeirrt fortgesetzt. Der Beinahe-Erfolg des Attentats vom 20. Juli 1944 taugt nicht als Maßstab. An ihm beteiligten sich nicht nur „ganz gewöhnliche Deutsche“, sondern gerade auch

278 Text am Eingang der Mahn- und Gedenkstätte Alte Synagoge in Essen: „Die Essener Juden wurden während der dreißiger Jahre schrittweise aus dem wirtschaftlichen und gesellschaftlichen Leben der Stadt ausgegrenzt und schließlich in die Ghettos und Vernichtungslager verschleppt. Ausgrenzung und Verschleppung fanden vor den Augen der Essener Öffentlichkeit statt, wurden weithin mit Gleichgültigkeit aufgenommen, teils gebilligt, teils aktiv unterstützt.“ – Als demgegenüber Klaus von Dohnanyi 1998 die (gleichfalls überflüssige) Frage stellte, ob auch Juden „weggeschaut“ hätten, wenn andere Minderheiten verfolgt worden wären, konterte Ignatz Bubis mit dem Vorwurf der „Bösartigkeit“; siehe dazu A. Neitzel, Zur Auseinandersetzung um eine Rede von Martin Walser, Pommersche Zeitung, 12. Dezember 1998.

279 M. Kriele, Staatsphilosophische Lehren aus dem Nationalsozialismus, S. 402.

gesellschaftliche Eliten, die über Jahre hinweg miteinander kooperieren und Zugang zu den Schaltstellen der NS-Macht aufbauen konnten.

Dritter Einwand: Moralische Gebote und Verbote richten sich an Personen, die verständig sowie körperlich und seelisch stabil genug sind, diese Normen auch zu befolgen. Selbst wenn es eine moralische Pflicht zu aktivem Widerstand im „Dritten Reich“ gegeben haben sollte, könnte ihre Nichtbefolgung nur den Adressaten jener Pflicht zur Last gelegt werden. Wer dazu gehört haben könnte, dürfte in zahlreichen Fällen schwer festzustellen sein. Kinder, alte oder gebrechliche Menschen gehören gewiß nicht dazu. Eine Klassifizierung des ganzen deutschen Volks als „Tätervolk“ bliebe selbst dann widersinnig, wenn eine Widerstandspflicht bejaht würde.

Subtiler sind die *Tätervolk-Assoziationen* des britischen Historikers Frederick Taylor, die sich diskret in den *Germanoskeptizismus* der Postmoderne einbetten. Bestürzende Segmente deutscher Geschichte werden in verbindlich klingenden Worten auf die gesamte Nation projiziert. In der materialreichen Monographie „Dresden. Tuesday, February 13, 1945“ mutmaßt Taylor, „daß die Deutschen ungeachtet ihres hohen kulturellen Standards – Beispiel Dresden – aufgrund ihres Verhaltens in Osteuropa und den von ihnen besetzten Ländern nicht länger als zivilisierte Nation galten“.[280] Ausführlich listet er geschichtliche Wundmale der sächsischen Metropole auf. Taylor schildert Ausschreitungen gegen Juden sowie nationalistisch motivierte und antisemitische Attacken des in Dresden geborenen Staatswissenschaftlers Heinrich von Treitschke (1834–1896).[281] Zudem hätten Hitler und Speer die Stadt nach Abriß von 2.600 historischen Gebäuden autogerecht umgestalten wollen. Diese und einige weitere – zweifelsfrei trübe – Tatsachen legitimieren aber nicht die Verbrennung Dresdens im Luftkrieg. Taylor behauptet das auch nicht. Deskriptiver Geschichtswissenschaftler statt präskriptiver Moralist, deutet er heikle ethische Fragen lediglich an. Die suggestiven Elemente seines Werks sind gleichwohl beachtlich. Britannien feiert Taylor und die vermeintliche Absolution von dem Makel, bei der Niederwerfung Deutschlands schwere Kriegsverbrechen begangen zu haben: „Mission Accomplished“.[282]

---

280 F. Taylor, Dresden. Tuesday February 13, 1945, Bloomsbury 2004, S. 426: „The Germans ... were felt to have excluded themselves by the community of civilized nations“; unergiebig auch Taylors Versuch, Dresden als legitimes Angriffsziel zu beschreiben. Die Nachtangriffe der RAF galten allenfalls am Rande militärischen Objekten.

281 Die Scheußlichkeiten der Dresdner Judenverfolgung dokumentieren Tagebuchaufzeichnungen des bereits 1912 zum Protestantismus übergetretenen, dennoch seit 1940 zwangsweise in „Judenhäusern“ lebenden Linguisten Victor Klemperer (1881–1960): „Ich will Zeugnis ablegen bis zum letzten.“

282 The Guardian, 7. Februar 2004.

Zweifellos haben in Dresden eine unbekannte Zahl Kriegsbefürworter, Antisemiten und Anhänger autoritärer Herrschaftsformen gelebt. Rechtfertigt das aber die Tötung von 35.000 oder gar 135.000 wehrlosen, überwiegend unschuldigen Menschen, die Vernichtung einmaliger und für eine ganze Nation, ja für die abendländische Kultur identitätsstiftender Kunstschätze? Wie ist, wenn man diese Frage bejaht, mit Orten zu verfahren, deren Mauern Betrüger und Bankräuber, Exhibitionisten und Ehebrecher beherbergen? Sind auch sie, ggf. in abgestufter Form, unter Einsatz militärischer Mittel zu bestrafen? Um es deutlich hervorzuheben: Wer in ethischen Foren ohne Ironie und Konjunktiv Begriffe wie „Kollektivschuld" oder „Tätervolk" verwendet, wer damit Haß gegen eine mißliebige Nation einschließlich der zu ihr gehörenden Säuglinge, Greise, Schwerbehinderten und -kranken befördert, der nähert sich dem nationalsozialistischen Konstrukt des „(geborenen) Untermenschen". Nie wurde der Beweis erbracht, daß einzelne Völker oder sonstige Populationen genetisch und/oder kulturell bedingt schuldiger sind oder werden können als andere. Erst recht ist der völlige Zusammenbruch politischer Moral in der tausendjährigen Geschichte Deutschlands kein solcher Beweis. „In allen Nationen gibt es eine kleine Zahl von Wahnsinnigen; wenn es ihnen gelingt, die Macht zu ergreifen, sind sie dazu fähig, unzählige Menschen in ein Räderwerk von Haß und Krieg hineinzuziehen. Deshalb kommt es entscheidend darauf an, niemals die Angehörigen einer Nation zu demütigen, in der einige wenige Führer unvorstellbare Greuel veranlaßt haben. Man kann es nicht oft genug sagen: Es gibt kein Volk, das schuldiger ist als das andere."[283]

Eine der machtvollsten Stimmen deutscher Geschichtswissenschaft, Golo Mann, prägte 1958 die Formel vom „barbarischen Argument der Bomben aus der Luft". Folgt die Unmoral, gerade auch in Zeiten des Kriegs, einem quasi naturgesetzlichen Austauschprinzip? Golo Mann: „Damals erst, so kurz vor dem Ende, sind die schwersten Angriffe erfolgt, auch auf Städte, die bisher verschont waren und wegen ihrer industriellen Bedeutungslosigkeit sich geschützt glaubten, auf Darmstadt, auf Dresden; nächtliche Massenmorde an der Zivilbevölkerung, die zeigten, welchen Tiefstand die öffentliche Moral nun überall erreicht hatte. ‚Kriegführende', hat ein alter Historiker geschrieben, ‚tauschen Eigenschaften aus.' H. hatte nichts von den Angelsachsen angenommen, aber die Angelsachsen einiges von H."[284] Niemand bringt das treffender auf den Punkt als

283 Worte des Schweizer Christen (Frère) Roger Schutz, am 16. August 2005 von einem Geistesgestörten ermordeter Gründer der überkonfessionellen Gemeinschaft Taizé in der Provence, in: Idea-Spektrum (evangelisches Nachrichtenmagazin), Nr. 1/2004, S. 7.

284 G. Mann, Deutsche Geschichte des 20. Jahrhunderts, S. 450 f.

der durchgeistigte Pazifist und Widerstandstheoretiker Mahatma Gandhi: „In Dresden und in Hiroshima hat man Hitler mit Hitler besiegt.“[285]

Zudem können auch die eifrigsten Kollektivschuldverfechter nicht darlegen, aus welcher moralischen Norm alliierte Befehlshaber und Bomberbesatzungen eine Legitimation hergeleitet haben könnten, „Strafurteile“ zu fällen und sie unverzüglich selber zu „vollstrecken“ – mit der Konsequenz, willkürlich ausgewählte, „schuldige“ deutsche Männer, Frauen und Kinder (und obendrein nichtdeutsche Kriegsgefangene und Zwangsarbeiter) ihres Lebens, ihrer Gesundheit und ihres Eigentums zu berauben. Nachdrücklich sei darauf hingewiesen, daß Täterschaft und Schuld nach bewährter abendländischer Tradition in einem eigens dafür geschaffenen Verfahren ermittelt und durch ein abschließendes Urteil festgestellt werden, das zugleich Grundlage des institutionalisierten Urteilsvollzuges durch eigens dazu ermächtigte Vollstreckungspersonen ist. Wer das nicht akzeptiert, hat die Botschaft von Aufklärung und Humanitas gründlich mißverstanden. 1943 kam die Germanophobie britischer Befehlshaber als *theologisch überhöhte Rechtfertigungsideologie* daher. Die RAF pries die Vernichtung Hamburgs als Operation „Gomorrha“.[286] Und als seien Feuersturmangriffe gegen hilflose, verängstigte, unsäglich leidende Menschen noch nicht „Gottesurteil“ genug, dekretierten Briten, Sowjets und US-Amerikaner in Potsdam am 2. August 1945, das deutsche Volk fange jetzt an, „die furchtbaren Verbrechen zu büßen, die unter Leitung derer, welche es zur Zeit ihrer Erfolge oft gebilligt und denen es blind gehorcht hat, begangen wurden“.

Vernunftresistente Metaphysik fällt in einem verstörten Land auf fruchtbaren Boden. Eine nicht unmaßgebliche Rolle spielt der deutsche Protestantismus. Er trägt schwer an der Bürde, sich ab 1933 vielfach mit den neuen Herren arrangiert oder gar verbrüdert zu haben. Sein Wunsch, Besserungsnachweise zu erbringen, ist allemal verständlich. Entschieden zurückzuweisen bleibt aber der Versuch, individuelle Schuld (einzelner Würdenträger, Laienfunktionäre usw.) auf ein ganzes Kollektiv zu verlagern.

Spätestens 1965 stimmten Rat und Synode der Evangelischen Kirche in Deutschland (EKD) einen bis heute nicht verstummten Betroffenheitskanon an. In ihrer Ostdenkschrift zur deutsch-polnischen Grenzfrage sprachen sie vom „schweren Unglück, das das deutsche Volk schuldhaft über sich und andere gebracht hat“, und forderten dazu auf, „die Folgen der Schuld zu tragen und Wiedergutmachung für begangenes Unrecht

---

285 Zitiert nach L.-B. Keil, Als Hitler mit Hitler vergolten wurde – der Bombenkrieg, Die Welt, 1. November 2004.

286 Zu den Angriffen auf Hamburg im Juli 1943 H. Brunswig, Feuersturm über Hamburg; Ch. Kucklick, Feuersturm, S. 62–128.

Nagasaki nach dem Abwurf der Atombombe (1945). Links im Hintergrund: die Reste der katholischen Kathedrale

zu leisten". Nachdem die Bundesrepublik die von der EKD verlangte Anerkennung der Oder-Neiße-Grenze vollzogen und Entschädigungen in beispielgebender Höhe gezahlt hatte, wurde das ethische Niveau der EKD-Deklamationen noch fragwürdiger. Einzelne Landeskirchen entdeckten das Vergeltungsprinzip so unverblümt, daß Churchill und Roosevelt ihre helle Freude daran gehabt hätten. Operation „Gomorrha" statt Wiedergutmachung![287] Eine frisch glänzende (oft durch Marktbuden verdeckte) Bronzetafel an der Berliner Gedächtniskirche belehrt den Betrachter: „Der Turm der Kirche soll an das Gericht Gottes erinnern, das in den Jahren des Krieges über unser Volk hereinbrach." Ähnlich fundamentalistisch im Denken, aber radikaler in der Diktion versuchten die USA, ihre Brand- und Atombombenabwürfe auf Tokio, Hiroshima und Nagasaki zu legitimieren. Ihr neuer Präsident Harry Truman erklärte die Japaner kurzerhand zu „Bestien", die keine andere Behandlung verdient hätten.[288]

287 Zur umfangreichen Wiedergutmachung der aus der NS-Herrschaft resultierenden Schäden siehe Brodesser/Fehn/Franosch/Wirth, Wiedergutmachung und Kriegsfolgenliquidation, passim.

288 D. McCullough, Truman, S. 458.

Area Bombing und Ethik in der britischen Diskussion

Ähnlich spannend verläuft die Luftkriegsdiskussion im anglo-amerikanischen Bereich. Was sagen britische Moraltheoretiker zu Flächenangriffen auf Dresden und andere europäische Städte? Gab es im demokratischen Großbritannien während des Zweiten Weltkriegs öffentliche Debatten? Wie beurteilen Engländer, von 1940 bis 1945 selbst Opfer des Luftkriegs, sechzig Jahre später dieses Phänomen?

Ins Blickfeld rückt der *Utilitarismus*, speziell in Großbritannien von 1800 bis 1970 tonangebende Moralphilosophie. Sein Kennzeichen ist eine ausgeprägte Handlungsfolgenorientierung („Konsequentialismus" bzw. „Teleologie"). Der sittliche Wert menschlichen Verhaltens bemißt sich nach seinen gesellschaftlichen Folgen. Etwas salopp und in idealtypischer Zuspitzung: Der Zweck heiligt die Mittel. Der Utilitarismus unterscheidet sich markant von handlungspflichtenorientierten („deontologischen") Moralphilosophien, die „allein diese Regeln beachten und auf einen durch keine Handlungsfolgenabwägung getrübten Normvollzug achten"[289]. Mag auch die populäre Übersetzung „Nützlichkeitsethik" (utilis = nützlich) sittliche Indifferenz suggerieren, so haben utilitaristische Denker wie Jeremy Bentham (1748–1832) und John Stuart Mill (1806–1873) doch stets die Bedeutung fundamentaler Werte für die *ethische Mittel-Zweck-Relation* betont. Dem steht nicht entgegen, daß die Wertebasis der beiden – Bentham war Vertreter eines quantitativen Kategorien verpflichteten („größtes Glück der größten Zahl"[290]), Mill eines eher qualitativ inspirierten Hedonismus – in aktuellen Ethikforen als wenig sach- und problemadäquat gerügt wird. Zwar gestattet der Utilitarismus Güterabwägungen zur Auflösung moralischer Dilemmata. Luftbombardements, die über Jahre hinweg in größtem Ausmaß töten

289 W. Kersting, John Rawls zur Einführung, S. 96.

290 Prägnant erläutert W. Kersting, John Rawls zur Einführung, S. 100, diese schlichte „Glücksformel": „Der soziale Nutzwert einer Handlung bemißt sich nach der mathematisch gleicherweise einfach wie exakt kalkulierbaren Nettomenge an Befriedigung. Als gesellschaftlicher Nutzen gilt nichts anderes als die arithmetische Summe des Wohlbefindens aller einzelnen."

und zerstören, ohne politischen, ökonomischen oder anderen sinnvollen Ertrag zu bringen, können aber nach keiner ernsthaften utilitaristischen Konzeption gerechtfertigt sein.[291]

Nahezu identisch fallen die Urteile *katholischer Moraltheologie* aus. Sie ist Musterbeispiel einer handlungspflichtenorientierten (deontologischen) Ethik mit unverrückbaren Normen zum Lebensschutz. Fundament sind mosaischer Dekalog und scholastische Naturrechtslehre, verknüpft mit der Vorstellung von der Gottesebenbildlichkeit des Menschen. Das Postulat, Unschuldige niemals zielgerichtet umzubringen, begreift katholische Moraltheologie als Ausfluß des göttlichen Gebots „Du sollst nicht töten". Daß dieses auch strengerer, pazifistischer Auslegung zugänglich erscheint, sei hier außer acht gelassen. Die „kriegsethischen" Konsequenzen der Moraltheologie gleichen denjenigen kontinentaleuropäischer Aufklärungsphilosophie, besonders der individualistischen Lehre vom unendlichen personalen Wert des Menschen. Beide Konzepte verbieten jeden unmittelbar gegen beliebige Zivilisten gerichteten Militärschlag. Vertretbar erscheinen bestenfalls Attacken mit dem zuvor beschriebenen „Doppeleffekt", also bspw. (Luft)angriffe, die legitimen militärischen Zielen gelten, aber ungewollt oder jedenfalls unbeabsichtigt den Tod einer überschaubaren Zahl unschuldiger Menschen herbeiführen.[292]

Die gleichen Folgerungen ziehen konsequenterweise auch andere Kirchen. Einzelne Würdenträger der *Church of England* taten das bereits in den 1940er Jahren. Vorbildlicher Streiter war der Bischof von Chichester, *George Bell*, ein Freund Dietrich Bonhoeffers. Unermüdlich versuchte er, Churchills „Morale Bombing"-Strategie mit Brandreden zu Fall zu bringen. Dafür zahlte er einen hohen Preis. Bell wurde zur Zielscheibe historisierenden Spotts[293] und im Oktober 1944, obgleich dafür prädestiniert,

---

291 Vorzüglich die „Einführung in die utilitaristische Ethik" von Otfried Höffe – Texte sowohl der Klassiker des Utilitarismus wie auch zeitgenössischer Verfechter und Kritiker dieser Philosophie.

292 J. Rawls, Das Recht der Völker, S. 129. – Die mosaische Forderung, Unschuldige nie zielgerichtet zu töten, beherzigt die katholische Kirche konsequenterweise in der Abtreibungsfrage (konsequent auch deshalb, weil sich nach ihrer Ansicht bei der Verschmelzung von Ei- und Samenzelle Menschwerdung und Beseelung mit der Folge der Gottesebenbildlichkeit vollziehen). So stoppte Papst Johannes Paul II. die „Scheinvergabe" an ungewollt schwangere Frauen in katholischen Beratungsstellen. Nach deutschem Recht ist die Vorlage eines Beratungsscheins Conditio sine qua non für eine „rechtswidrige, aber straffreie" Abtreibung in den ersten drei Schwangerschaftsmonaten; siehe die §§ 218 a, 219 StGB. Das von teleologischem Mittel-Zweck-Denken beeinflußte Argument, nur durch Ausgabe von Beratungsscheinen könne die Kirche abtreibungswillige Frauen in ihre Beratungsstellen locken und einige von ihnen zum Austragen des Kindes bewegen (also „per saldo" dem Lebensschutz dienen), wies der Papst zurück.

293 Als „pestartiger Priester" wurde er vom geschichtskundigen Außenminister Anthony Eden empfunden; L. Kettenacker, Die britische Bevölkerung und der Bombenkrieg, S. 93. „This pestilent priest" soll der englische König Heinrich II. über den unbeugsamen Erz-

Sanitätseinsatz in Kassel nach einem Bombenangriff (1943)

nicht zum Erzbischof von Canterbury ernannt.[294] Der über die Zerstörungen Hamburgs, Lübecks oder Kassels gut informierte Bischof warnte mehrmals im Oberhaus vor einer Gleichstellung des deutschen Volks mit den NS-Verbrechern. Am 9. Februar 1944 rief er in einer tumultartigen Sitzung aus: „Ich verlange, daß die Regierung Stellung bezieht zur Politik der Bombardierung feindlicher Städte im gegenwärtigen Umfang, insbesondere hinsichtlich von Zivilisten, Nichtkombattanten sowie von nichtmilitärischen und nichtindustriellen Zielen. Ich bin mir darüber völlig im klaren, daß bei Angriffen auf Zentren der Kriegsindustrie und des Transportwesens die Tötung von Zivilisten, soweit sie sich als Resultat einer in gutem Glauben durchgeführten Militäraktion ergibt, unvermeidlich ist. Aber hier muß eine Verhältnismäßigkeit zwischen den eingesetzten Mitteln und dem erreichten Zweck bestehen. Eine ganze Stadt auszulöschen, nur weil sich in einigen Gegenden militärische und industrielle Einrichtungen befinden, negiert die *Verhältnismäßigkeit*.[295] ... Die Alliierten repräsentieren etwas Größeres als Macht. Das Schlüsselwort auf unserem Banner heißt ‚Recht'. Es ist von höchster Wichtigkeit, daß wir, die wir mit unseren Verbündeten die Befreier Europas sind, die Macht so nutzen, daß sie unter der Kontrolle des Rechts steht."[296]

---

bischof Thomas Beckett gesagt haben, der kurz darauf in der Kathedrale von Canterbury ermordet wurde; L. Kettenacker, ebenda.

294 A. C. Grayling, Among the Dead Cities, S. 181.

295 Zitiert nach L. Fritze, Die Moral des Bombenterrors, S. 251.

296 Zitiert nach J. Friedrich, Der Brand, S. 99 f.; zu George Bells beherzter Rede M. Czesany, Europa im Bombenkrieg 1933–1945, S. 385–389; ein fiktives Gespräch zwischen Bell und Churchill entwirft R. Hochhuth, Soldaten – Nekrolog auf Genf, S. 146 ff.

Mit fortschreitender Kriegsdauer rüttelten Bells Reden immer mehr Parlamentarier auf, nicht zuletzt im Unterhaus. Dort trat drei Wochen nach der Vernichtung Dresdens der Labour-Abgeordnete *Richard Stokes* ans Rednerpult. Katholik Stokes, Waffenfabrikant und Offiziersveteran des Ersten Weltkriegs, wandte sich in einer die Vor- und Nachteile des Luftkriegs abwägenden Rede entschieden gegen „Terror Bombing".[297] Wiederholt mußte die Regierung, vertreten durch Luftfahrtminister Archibald Sinclair, im Unterhaus bohrende Fragen beantworten. Ehrliche Antworten gab es nicht. Routiniert trug Sinclair den stets gleichen Propagandaschwindel vor: Das Bomber Command greife nur militärische Ziele an und getötete Zivilisten seien unbeabsichtigte, leider unvermeidbare Nebenwirkungen.[298] Lediglich am 20. Dezember 1944 verlor er kurz den Überblick. Auf die Nachfrage der Abgeordneten Eleanor Rathbone, ob die Bomberbesatzungen über die Lage historisch und künstlerisch wertvoller Gebäude unterrichtet würden, entgegnete er: „Ja, wo es tunlich ist, dies zu tun. Ganz offen gesagt, es ist nicht tunlich bei Angriffen auf deutsche Ziele, aber bei Angriffen auf taktische Ziele in Italien ... ist es möglich."[299]

Auch wenn die meisten Briten kaum etwas Konkretes über die Flächenangriffe wußten, waren sie keinesfalls ahnungslos. Zum einen war ihnen in der „Luftschlacht um England" 1940/41 die verheerende Wirkung der Bombe nachhaltig demonstriert worden, zum anderen leiteten Regierungsmitglieder daraus den Ruf nach „Vergeltung" ab, in werbender Manier etwa Churchill am 14. Juli 1941 im Londoner County Club.[300] Ebenso deutlich formulierte Harris seine Kampfansage an das Deutsche Reich: „Sie haben Wind gesät und werden einen Wirbelsturm ernten."[301] Auch die *britische Presse* heizte die Stimmung an. Bereits am 12. September 1940 forderte ein Leitartikel des „Mirror" kaum verhohlen den totalen Krieg: „Die Erfindung des Bombenflugzeugs hat alle Ritterlichkeit auf immer abgeschafft. Heute heißt es ‚Üb Vergeltung oder geh zugrunde'. Wir sind nicht zu passivem und höflichem Martyrium bereit. Wir müssen zurückschlagen. ... Außerdem ist die Zerschlagung des deutschen Verkehrsnetzes und der Nervenzentren im wesentlichen ein ‚militärisches' Ziel – wenn es überhaupt sinnvoll ist, diese fast schon veraltete Unter-

297 L. Fritze, Die Moral des Bombenterrors, S. 252; M. Connelly, Die britische Öffentlichkeit, die Presse und der strategische Luftkrieg gegen Deutschland 1939–1945, S. 86.

298 Intensive Unterhausdebatten fanden am 24. November 1942, 11. März 1943, 1. Dezember 1943 und 6. März 1945 statt; siehe O. Groehler, Bombenkrieg gegen Deutschland, S. 427, und R. Neillands, Der Krieg der Bomber, S. 307.

299 J. M. Spaight, Air Power and War Rights, S. 291 f.

300 M. Connelly, Die britische Öffentlichkeit, die Presse und der strategische Luftkrieg gegen Deutschland 1939–1945, S. 82.

301 N. Stargardt, Opfer der Bomben und der Vergeltung, S. 59;

scheidung aufrechtzuerhalten."[302] In den Folgejahren gab es viele reißerische Artikel und Aufmacher, zuweilen mit schwer erträglicher Hybris. „British Paramount" am 22. März 1945: „Heute ist Köln, die einst so stolze Stadt am Rhein, nur noch eine kahle, unheimliche Ruine. Sie liegt da als Symbol für den fast göttlichen Zorn freier Menschen, die nur langsam in Wallung geraten, aber schrecklich in ihrer Rache sind."[303]

Die *britische Öffentlichkeit* reagierte uneinheitlich auf diese Mischung aus selektiver, mehrdeutiger Berichterstattung und widersprüchlicher, teils verlogener Propaganda. Eine Gallup-(Um)frage vom Mai 1941 – „Wären Sie damit einverstanden, wenn die RAF sich entschlösse, die Zivilbevölkerung in Deutschland zu bombardieren?" – wurde zwar mehrheitlich bejaht, doch ergab die Einzelauswertung ein differenziertes Bild: „Es hat den Anschein, als befinde sich die Befürwortung von Vergeltungsmaßnahmen fast in einem umgekehrten Verhältnis zur Erfahrung von Bombenangriffen."[304] Eindeutiger bejahten die Bewohner Londons 1944 den Luftkrieg des Bomber Command, obwohl sie von den Meinungsforschern – etwas verschlungen – auf den wahren Charakter der Angriffe hingewiesen worden waren. Sechs von zehn Befragten signalisierten uneingeschränkte Zustimmung, zwei von zehn Zustimmung trotz erheblicher Bedenken wegen der Tötung deutscher Zivilisten, und nur einer von zehn mißbilligte die Angriffe uneingeschränkt.[305]

Solche Stimmungsbilder liefern indes keinen Grund für eine moralische Verurteilung der Briten. „Die populären Massenblätter haben das Bomber Command glorifiziert und gleichzeitig den Haß auf die Deutschen systematisch geschürt, und dies durchaus mit Zustimmung der Regierung, welche die Bevölkerung über den Charakter der Kriegführung unter Air Marshal Sir Arthur Harris im unklaren ließ."[306] Dokumente britischen Mitgefühls und menschlicher Größe sind Leserbriefe jener Zeit. Am 30. November 1943 veröffentlichte der „New Statesman" einen von sechs Personen unterzeichneten Beitrag: „Viele Bürger Coventrys, die den ganzen Horror intensiver Luftangriffe ertragen mußten, möchten Aussagen des Daily Express diskutieren, wonach die Bevölkerung Coventrys der Meinung sei, man solle die Deutschen noch härter bombardieren. Dies ist

302 M. Connelly, Die britische Öffentlichkeit, die Presse und der strategische Luftkrieg gegen Deutschland 1939–1945, S. 81 f.

303 M. Connelly, Die britische Öffentlichkeit, die Presse und der strategische Luftkrieg gegen Deutschland 1939–1945, S. 85.

304 Schlußfolgerung des Umfrageberichts; zitiert nach M. Connelly, Die britische Öffentlichkeit, die Presse und der strategische Luftkrieg gegen Deutschland 1939–1945, S. 88.

305 Ergebnisse einer vom New Statesman veröffentlichten Umfrage des Instituts Mass Observation; siehe M. Connelly, Die britische Öffentlichkeit, die Presse und der Luftkrieg 1939–1945, S. 89 f.

306 L. Kettenacker, Die britische Bevölkerung und der Bombenkrieg, S. 91.

Eine Botschaft des Oberbefehlshabers der Britischen Kampfflugzeuge an das deutsche Volk

NOCH nie hat der Mann, der die Bombenangriffe auf eine Land leitet, eine Botschaft an die Bevölkerung dieses Landes gerichtet. Ich, Luftmarschall Harris, Oberbefehlshaber der britischen Kampfflugzeuge, die Deutschland angreifen, habe mich entschlossen, diese Botschaft an das deutsche Volk zu richten.

Wir in England haben zur Genüge erfahren, was Luftangriffe bedeuten. Zehn Monate hindurch hat uns eure Luftwaffe mit Bomben belegt. Zuerst bei Tage. Als wir das abgestellt hatten, kam sie bei Nacht. Ihr hattet damals eine starke Luftwaffe. Eure Flieger schlugen sich gut. Zweiundneunzig Nächte hintereinander haben sie London gebombt; Coventry, Plymouth, Liverpool und andere britische Städte haben sie schwer angegriffen. Der Schaden, den sie anrichteten, war beträchtlich; 43 000 britische Männer, Frauen und Kinder sind dabei ums Leben gekommen; viele historische Bauten, die uns lieb und teuer waren, sind zerstört.

Damals glaubtet ihr, — denn Göring hatte es euch versprochen — das ihr selber vor Bomben sicher seid. Und tatsächlich konnten wir nur mit wenigen Flugzeugen antworten. Jetzt sind die Rollen vertauscht. Jetzt kommen nur ab und zu ein paar deutsche Maschinen zu uns; und wir bomben Deutschland nach Noten.

Warum wir das tun? Nicht aus Rachsucht — obwohl wir Warschau, Rotterdam, Belgrad, London, Plymouth Coventry nicht vergessen. Wir bomben Deutschland, eine Stadt nach der andern, immer schwerer, um euch die Fortführung des Krieges unmöglich zu machen. Das ist unser Ziel. Wir werden es unerbittlich verfolgen. Stadt für Stadt: Lübeck, Rostock, Köln, Emden, Bremen, Wilhelmshaven, Duisburg, Hamburg,— und die Liste wird immer länger. Lasst euch von den Nazis mit ins Verderben reissen, wenn ihr wollt. Das ist eure Sache.

* * *

IST das Wetter gut, dann kommen wir bei Nacht. Schon jetzt fliegen tausend Bomber eine Stadt wie Köln an und zerstören innerhalb einer Stunde ein Drittel von ihr. Wir wissen das, denn wir haben die Luftaufnahmen. Ist der Himmel bewölkt, so kommen wir bei Tag und bomben eure Fabriken und Docks; Danzig, so weit entfernt es auch ist, weiss Bescheid. Wir kommen bei Tag und bei Nacht; kein Teil des Reiches ist sicher.

In Köln, im Ruhrgebiet, in Rostock, Lübeck oder Emden mag man der Ansicht sein, dass wir mit unsern Bombern schon allerhand geleistet haben. Wir sind anderer Ansicht. Was ihr bisher erlebt habt, wird nicht zu vergleichen sein mit dem was kommt, sobald unsere Produktion von Bombenflugzeugen erst zu einem Strom anschwillt und die amerikanische sich verdoppelt und vervierfacht.

Ich möchte ganz offen darüber sprechen, ob wir einzelne militärische Ziele angreifen oder ganze Städte. Selbstverständlich bomben wir lieber eure Fabriken, Docks und Eisenbahnen; das trifft Hitlers Kriegsmaschine am schwersten. Aber die Arbeiter, die in diesen Werken beschäftigt sind, wohnen dicht um sie herum. Deshalb fallen unsere Bomben auf eure Wohnhäuser und — auf euch.

Wir bedauern, dass das notwendig ist. Die Arbeiter des Dieselmotorenwerks Humboldt-Deutz in Köln z.B., von denen eine Anzahl in der Nacht des 30. Mai umkam, mussten die Gefahren des totalen Kriegs auf sich nehmen, genau wie die Seeleute unserer Handelsflotte, gegen welche die (mit Motoren von Humboldt-Deutz ausgerüsteten) U-Boote ihre Torpedos abgefeuert hätten. Waren die Arbeiter der Flugzeugwerke von Coventry, ihre Frauen, ihre Kinder nicht auch „Zivilbevölkerung" ganz wie die Arbeiter der Rostocker Flugzeugwerke und deren Familien? Aber Hitler hat es so gewollt!

* * *

ES stimmt, dass eure Abwehr unseren Bombern Verluste zufügt. Eure Führer erzählen euch zu eurem Trost, diese Verluste seien so schwer, dass wir unsere Luftangriffe bald nicht mehr würden fortsetzen können. Wer das glaubt, wird bitter enttäuscht werden. Ich, der die britischen Kampfflugzeuge befehligt, will euch sagen, wie gross unsere Verluste sind: nicht einmal 5 v. H. der Bomber, die wir über Deutschland schicken, gehen verloren. Eine solche Verlustrate kann kaum den ständigen Zuwachs verzögern, der durch die steigende Produktion unserer eigenen und der amerikanischen Fabriken sichergestellt ist.

* * *

AMERIKA greift erst jetzt in Europa ein. Die ersten Geschwader, Vorläufer einer ganzen Luftflotte, sind aus U.S.A. in England eingetroffen. Ist es euch klar, was es bedeutet, wenn die auch Deutschland angreifen? Allein aus einem einzigen amerikanischen Betrieb, den neuen Fordwerken in Willow Run, Detroit, rollt schon jetzt alle zwei Stunden ein neuer viermotoriger Bomber heraus, der vier Tonnen Bomben nach jeder deutschen Stadt tragen kann. Und Willow Run ist nur ein Betrieb unter Dutzenden. An diese Anlagen könnt ihr nicht heran. Auch eure U-Boote können die amerikanischen Bomber nicht am Herüberkommen verhindern; denn die *fliegen* über den Atlantik.

Bald werden wir jeden Tag und jede Nacht erscheinen bei Regen, Sturm und Schnee — wir und die Amerikaner. Ich war gerade acht Monate drüben, und so weiss ich genau, was bevorsteht. Wenn ihr uns dazu zwingt, werden wir das Dritte Reich von einem Ende zum andern heimsuchen. Ihr könnt uns nicht hindern, und ihr wisst das.

Ihr habt keine Chance. Ihr habt uns 1940 nicht schlagen können, als wir waffenlos waren und allein standen. Eure Führer waren dann so verrückt, auch noch Russland und Amerika anzugreifen (aber eure Führer *sind* eben verrückt — das weiss die ganze Welt, ausser Italien). Wie könnt ihr jetzt auf einen Sieg hoffen, da wir, mit Russland und Amerika, immer stärker werden, während euch die Kraft mehr und mehr ausgeht? Nein, ihr habt keine Chance.

* * *

VERGESST Eines nicht: wie weit eure Armeen auch vormarschieren, sie können nie bis nach England kommen. Sie konnten schon nicht herkommen, als wir waffenlos waren. Sie können siegen, soviel sie wollen, — den Luftkrieg müsst ihr dann immer noch mit uns und den Amerikanern ausfechten. Den könnt ihr nie gewinnen — aber wir gewinnen ihn bereits.

Und nun noch ein letztes Wort:

Es steht bei euch, mit Krieg und Bomberei Schluss zu machen. Stürzt die Nazis, und ihr habt Frieden! Es ist nicht wahr, dass wir einem Rachefrieden planen. Das ist eine deutsche Propagandalüge. Aber wir werden es ganz gewiss jeder deutschen Regierung unmöglich machen, noch einmal einen totalen Krieg anzufangen. Ist das nicht ebenso euer Interesse wie das unsere?

A. T. Harris Air Marshal RAF.

G.41

Britisches Flugblatt an die deutsche Bevölkerung, unterzeichnet von Arthur Harris gewiß nicht die Meinung aller oder auch nur der meisten Menschen in Coventry. Das allgemeine Empfinden ist Horror und der Wunsch, daß niemand sonst erleiden soll, was sie erlitten haben!“[307]

Kurz nach dem Krieg schaltete sich *Arthur Harris* in die Debatte um unterschiedslose Angriffe ein. Bis 1945 zu „öffentlichem Schweigen“ verpflichtet, durfte die (spätere) Symbolfigur des totalen Kriegs endlich sagen, was sie immer gedacht hatte. In seinen Memoiren „Bomber Offensive“ (1947) bereichert Harris den moralphilosophischen Diskurs mit zwei Argumenten: „Trotz allem, was sich in Hamburg abspielte, erwies

Luftangriff auf Hamburg in der Nacht vom 24./25. Juli 1943 – im Bild eine britische Lancaster

sich das Flächenbombardement als vergleichsweise humane Methode. Zum einen bewahrte es die blühende Jugend dieses Landes und unserer Alliierten davor, wie 1914/18 in Flandern auf dem Schlachtfeld niedergemäht zu werden. Allerdings wird oft angemerkt, das Bombardieren sei besonders niederträchtig, weil es Opfer unter den Zivilisten fordere. Das stimmt, aber Zivilopfer haben [zum anderen] alle Kriege gefordert. So veröffentlichte die britische Regierung ein Weißbuch, in dem geschätzt wurde, daß unsere Deutschland-Blockade nahezu 800.000 Tote gefordert hatte, in der Hauptsache natürlich Frauen, Kinder und alte Menschen; denn der Feind mußte um jeden Preis seine Kämpfer angemessen ernähren, so daß die meiste Nahrung ihnen überlassen wurde. ... Es ist nicht leicht zu schätzen, wie viele Opfer genau die alliierten Bombardements in

307 Zitiert nach A. C. Grayling, Among the Dead Cities, S. 193.

Deutschland gefordert haben, ... aber die Amerikaner haben die Zahl der Toten mit 305.000 angegeben."[308]

Ungeachtet der vom Leidensdruck des Opfers abhängenden Frage, ob es humaner ist, langsam zu verhungern oder qualvoll im Keller bombardierter Häuser zu ersticken, verschiebt Harris hier die Muster des „Pro Bombing"-Standpunkts. Von Demoralisierungseffekten, die entgegen den Erwartungen britischer Luftkriegseliten nie zum Katalysator deutscher Kapitulation wurden, ist keine Rede mehr. „Verantwortungsethik" demonstriert er durch Hinweise auf *gerettete alliierte Soldaten* und Verlustbilanzen aus der Sicht des besiegten Feindes.

Diese Perspektivenverschiebung mag Nachkriegspensionär Harris in einem milderen Licht erscheinen lassen – so sie denn ehrlicher Überzeugung und nicht zwanghaften Rechtfertigungsversuchen eines Luftmarschalls entspringt, der bis 1945 den „verdammten Deutschen" (Boche) von Feuern verbrannt und niederstürzenden Trümmern erschlagen sehen wollte.[309] Und natürlich verdient Harris in einer Hinsicht entschiedene Zustimmung: Zahlreiche Ziviltote haben, beabsichtigt oder auch nicht, alle großen Schlachten der letzten Jahrhunderte gefordert. Dennoch geht seine Argumentation ins Leere. Zweifel ranken sich bereits um die von Harris genannten Opferzahlen. Nicht 305.000, sondern mehr als 600.000 Deutsche starben durch anglo-amerikanische Bombardements.[310] Geht man von 130.000 bis 150.000 Bombentoten allein in Dresden aus, dann sind es sogar über 700.000. Auch die einem angeblichen „Weißbuch" der britischen Regierung entnommene Zahl von 800.000 Hungertoten im Reich wirft Fragen auf. Konkrete Nachweise liefert Harris nicht. Anderswo, etwa im Internet-Lexikon Wikipedia, ist von einer Million Opfern der Seeblockade in Deutschland und Österreich-Ungarn zwischen 1917 und 1919 die Rede. Aber kann ein Teil von ihnen nicht auch an konkurrierenden Ursachen verstorben sein? 1918/20 wütete die „Spanische Grippe", die weltweit 25 bis 50 Millionen Menschen tötete und gerade auch in Mitteleuropa reiche Ernte hielt.[311]

Obendrein unterstellt Harris, daß bestimmte Opferzahlen des Ersten Weltkriegs ohne anglo-amerikanische Flächenangriffe auch 1939/45 er-

308 A. Harris, Bomber Offensive, S. 176 f.

309 Aus einem Brief von Harris an das britische Luftfahrtministerium, in dem es um die Frage ging, ob ausschließlich Brand- oder, wie von Harris gewünscht, eine Tonnage von zwei Dritteln Brand- und einem Drittel Sprengbomben über deutschen Städten niedergehen sollte (zitiert nach H. Probert, Bomber Harris, S. 223).

310 J. Friedrich, Der Brand, S. 44 f., 63.

311 An der Grippe starben u. a. der französische Dichter Guillaume Apollinaire, „Vater" des Surrealismus, der österreichische Maler Egon Schiele und der deutsche Soziologe Max Weber; siehe St. Winkle, Kulturgeschichte der Seuchen, S. 1045 ff. – A. C. Grayling, Among the Dead Cities, S. 248, bezeichnet Harris' Schätzung dennoch als „likewise correct".

reicht oder übertroffen worden wären. Dies ist reine Spekulation. Die militärischen Bedingungen beider Kriege waren derart verschieden, daß (hypothetische) Opferzahlvergleiche nur bescheidenen Ertrag bringen. Harris wirft, salopp gesagt, Äpfel und Birnen in einen Topf. Das zeigen bereits konkrete Folgeanalysen der Luftschläge gegen Dresden und Hamburg. Zwar konnte eine unbekannte, aber wohl kleine Zahl von Häftlingen und Zwangsarbeitern im Dresdner Inferno entkommen. Doch welcher Kämpfer, insbesondere Rotarmist, blieb bis zur Einnahme Dresdens am 8. Mai 1945 am Leben, weil die Stadt drei Monate zuvor in Schutt und Asche gebombt worden war? Ähnliches gilt für das Unternehmen „Gomorrha" im Juli 1943. Eine Westfront, an der alliierte Kämpfer infolge der Hamburg-Angriffe hätten gerettet werden können, gab es damals nicht. Und die These, „Gomorrha" oder andere Flächenbombardements hätten Soldaten an der Ostfront vor dem Tod bewahrt, würde den spekulativen Wildwuchs auf die Spitze treiben. Obendrein unterschlägt Harris seine 55.000 in der strategischen Luftoffensive getöteten Bomber-Command-Soldaten.

Gravierender ist ein weiterer Einwand. In seiner pseudowissenschaftlichen Gewinn- und Verlustrechnung läßt Harris die strategischen Alternativen zu unterschiedslosen Bombardements völlig außer Betracht – insbesondere den von ihm an anderer Stelle als „unbestreitbar" gepriesenen Erfolg der Anti-Öl-Offensive.[312] Diese Präzisionsschläge und nicht etwa zivilisationsfeindliches Area Bombing haben das Deutsche Reich in die Knie gezwungen. Die anglo-amerikanischen Flächenangriffe der Jahre 1942 ff. waren eben keine notwendige und verhältnismäßige Strategie zur Per-Saldo-Rettung von Menschenleben.

Last but not least wirft Harris' Rechenexempel delikate moralische Fragen auf. Erstens: Zählt das Leben eines Engländers, Schotten oder Walisers mehr als das eines Deutschen? Zweitens: Dürfen Soldaten und Zivilisten als gleichberechtigte Posten in einer Gewinn- und Verlustrechnung für Menschenleben auftauchen? Zumindest die zweite Frage dürfte die Briten in der Mitte des Krieges eingehender beschäftigt haben. So entsprang die Area Bombing Directive vom 14. Februar 1942 nicht zuletzt der Forderung, Rüstungsarbeiter zu liquidieren – Menschen also, deren ziviler Status seit den 1920er Jahren zunehmend als zweifelhaft empfunden wurde.[313]

---

312 A. Harris, Bomber Offensive, S. 233.

313 Lord Hugh Trenchard, damaliger Staabschef der RAF, schrieb 1928, „zwischen zivilen und militärisch relevanten Bombenzielen könne angesichts der Verzahnung der Wirtschaft in industrialisierten Nationen nicht unterschieden werden"; zitiert nach H. Boog, Bombenkrieg, Völkerrecht und Menschlichkeit im Luftkrieg, S. 266. Trenchard befürwortete ausdrücklich die Bombardierung von (Rüstungs)arbeitern, die er wohl als „Soldaten ohne Uniform" betrachtete.

Komprimierte Kritik an dieser Aufweichung des Zivilschutzideals findet sich im luftkriegsethischen Essay „Seed of Chaos. What Mass Bombing really Means" („Saat des Chaos. Was Massenbombardements wirklich bedeuten", 1944) der Romanschriftstellerin und christlich inspirierten Pazifistin *Vera Brittain*. Mutiges Werk einer klugen Frau, das – 2005 in London wiederveröffentlicht – endlich jene Anerkennung finden sollte, die ihm in der Endphase des Zweiten Weltkriegs versagt blieb! Unter dem Eindruck des Hamburger Feuersturms Ende Juli 1943 und der „Battle of Berlin" im Winter 1943/44 bezweifelt Brittain zunächst die kriegsverkürzende Wirkung der Flächenangriffe. Diese seien ein „Experiment"[314] mit militärisch ungewissem Ausgang, aber verheerender Wirkung auf den ethischen Grundkonsens der Briten. Überhaupt sei Kriegsverkürzung ein fragwürdiger Begriff, der die „Gesamtmenge" an Zerstörung und Leid, die von einzelnen konzentrierten Luftangriffen ausgehen könne, gänzlich außer acht lasse. Zudem seien deutsche Zivilisten und Soldaten durch ihren harten Überlebenskampf zermürbt und daher nicht zum Umsturz, auf lange Sicht aber vielleicht zu einem Rachefeldzug bereit. Schließlich schadeten sich die Briten mit ihrer Zerstörungswut selbst, da Deutschland zu ihren besten Absatzmärkten gehöre.

Alsdann wendet Brittain sich gegen die These, Deutschland habe mit dem Terrorluftkrieg angefangen und verdiene Vergeltung. Wer mit der gezielten Bombardierung von Zivilisten begonnen habe, sei völlig offen und angesichts der schwierigen Abgrenzung zwischen unterschiedslosem und Präzisionsangriff größtenteils Interpretationssache. Es könnten versehentliche britische oder deutsche Luftangriffe auf Zivilisten gewesen sein, die nach der „Logik des Krieges" die Spirale der Gewalt ausgelöst hätten. Selbst wenn die deutsche Luftwaffe unbestreitbar mit Terrorangriffen begonnen haben sollte, hätte die RAF nicht mit gleicher Münze heimzahlen dürfen. Wer der pervertierten Moral des Feindes den Kampf ansage, widerspreche sich selbst, wenn er dessen brutale Kriegführung imitiere.[315]

Die Wiederveröffentlichung der Bücher von Harris und Brittain im Jahre 2005 ist kein Zufall. Leidenschaftlicher denn je diskutiert das Vereinigte Königreich über Flächenangriffe und Demoralisierungsstrategie. Das mag tiefere, nicht auf Anhieb überschaubare gesellschaftliche Gründe haben. Der konkrete Anlaß der Debatte erschließt sich um so leichter: Jörg Friedrichs im Herbst 2002 publiziertes Buch „Der Brand. Deutschland im Bombenkrieg 1940–1945". Warum diese Aufregung auf der Insel? Entgegen ersten Vermutungen breitet Friedrich keine neuen schockierenden

314 Winston Churchill im Interview mit dem Time Magazin vom 7. Juni 1943.
315 V. Brittain, Seed of Chaos, S. 95–100.

Fakten aus. Er stimuliert oder strapaziert den Leser auch nicht mit direkten moralischen oder völkerrechtlichen Wertungen. Seine Waffe ist die zwischen Lakonie und kraftstrotzender Metaphorik pendelnde Sprache, die sich im Hirn des Lesers durchaus zu moralischen Unwerturteilen über Churchill und seine militärische Entourage verdichten kann. Etablierte Historiker, voller Skepsis gegenüber dem kometenhaft aufgestiegenen Kollegen, empfinden Friedrichs Worte teils als „impressionistisch“[316], teils als „expressionistisch“[317] (was denn nun, möchte man spontan fragen). „Vernichtungskrieg“, „Zivilmassaker“, „mongolischer Vernichtungsorkan“, „unerklärliche Vernichtungstrunkenheit“ – Friedrichs Begriffsarchitektur mag denjenigen irritieren, der diese Form verbalen Aufbegehrens allein der Beschreibung des Holocaust zugestehen will.[318]

Während „The Times“ und „Daily Telegraph“ unter plakativen Überschriften ausgewogene Rezensionen des Friedrich-Buchs veröffentlichten[319], holte der langjährige Keeper des Churchill Archives Center, Correlli Barnett, in der „Daily Mail“ zum definitiven Schwinger aus. Sein Treffer landete weit unter der Gürtellinie: „Da man im nachhinein immer schlauer ist, argumentieren unbedachte Historiker, Großbritannien hätte sich aus dem Ersten Weltkrieg heraushalten und ein militaristisches kaiserliches Deutschland akzeptieren oder gar später einen Friedenskompromiß mit Hitler schließen sollen. Nun hat sich ein deutscher Historiker, Jörg Friedrich, diesem gefährlichen Pack von Revisionisten angeschlossen, die Großbritannien und den Briten einen historischen Dolch in den Rücken stoßen wollen.“[320]

Schwerpunktmäßig diskutieren auch in Großbritannien Militärhistoriker über die Moral des „Morale Bombing“. Vertiefenden Analysen weichen sie vielfach aus. Frederick Taylor schildert im Detail die militärische Bedeutung Dresdens[321] – und eröffnet damit Nebenschauplätze; denn die Nachtangriffe der RAF vom 13./14. Februar 1945 galten nur am Rande militärischen Zielen. Empörende Unmoral wird mit beschönigenden Pauschalurteilen und scheinbar vernünftigem Kalkül veredelt. „Barbarisch, aber sinnvoll“, so (leer)formelhaft betitelt Richard Overy eine Replik auf

316 H. Mommsen, Moralisch, strategisch, zerstörerisch, Frankfurter Rundschau, 23. Dezember 2002.

317 Norbert Frei beim Bombenkriegsgedenken der Stadt Mainz am 27. Februar 1945 (in Anwesenheit des Verfassers dieser Studie).

318 H.-U. Wehler, Der Weltuntergang kann nicht schlimmer sein, Süddeutsche Zeitung, 14. Dezember 2002.

319 R. Boyes, British „deliberately ‚Terror-bombed Civilians‘, The Times, 19. November 2002; K. Connolly, Germans call Churchill a War Criminal, Daily Telegraph, 19. November 2002.

320 C. Barnett, Bombing of Germany Not a War Crime, Daily Mail, 20. November 2002.

321 F. Taylor, Dresden. Tuesday 13 February 1945, S. 148–165.

Friedrich.[322] Tatsächlich ist die Floskel „barbarisch, aber sinnvoll" ein trauriger Beleg für die *wechselseitige Abkopplung von Moralität und Rationalität* in der Gegenaufklärung. Hier wird ein künstlicher Widerspruch konstruiert. Richtig ist das Gegenteil: Moralität und Rationalität gehören untrennbar zusammen. Was barbarisch ist, kann nicht zugleich sinnvoll sein! Nur dort, wo Sinnlosigkeit bzw. Irrationalität obwalten, kann Amoralität bis hin zur Barbarei ihren Platz finden. Dies räumt Overy in seinem kreativen Hauptwerk „Die Wurzeln des Sieges" indirekt auch ein: „Die Alliierten gewannen den Zweiten Weltkrieg, weil sie es verstanden, ihre wirtschaftliche Stärke in eine effiziente Kampfkraft und die moralischen Energien ihrer Völker in einen effektiven Siegeswillen zu verwandeln."[323] Hier spricht Overy als Aufklärer. „Die moralischen Energien" Großbritanniens und der USA begründet er mit der ethischen Legitimität demokratischer Verfassungsstaaten.

Zurück zum Dresden-Angriff: Keineswegs alle ethisch relevanten Aspekte des 13./14. Februar 1945 sind ausdiskutiert. Dies lädt offenbar zu ihrer „Relativierung" ein. Verwiesen sei auf die in Deutschland und Großbritannien gestellte Frage, ob in Dresden genug für den zivilen Luftschutz getan worden sei.[324] Frederick Taylor: „Es war indes ein öffentlicher Skandal, daß wirklich solider, technisch ausgereifter Luftschutz in Dresden nur Personen in öffentlichen Ämtern zur Verfügung stand."[325] Hier stellt sich ein Grundsatzproblem: Wie hat eine plausible Ethik Umstände zu bewerten, welche die Folgen einer verbotenen Handlung richtunggebend verschlimmern, ohne daß der Täter dies vorher oder im Zeitpunkt seiner Tat beeinflussen kann? Die Konsequenzen reichen weit: Läßt sich der Anblick des vom Bomber Command geschaffenen Dresdner Gorgonenhauptes leichter ertragen, weil die Natur – etwa thermische Einflüsse in der Angriffsnacht – oder gar die Opfer bzw. ihr den Luftschutz vernachlässigender Gauleiter Martin Mutschmann zu einer Steigerung der Zahl der Bombentoten beigetragen haben?

Zunächst einmal: Wer die Qualität des Dresdner Luftschutzes kritisiert, der attackiert die politische Führung der Stadt. Er will sagen, daß die Verantwortlichen ihre Mitbürger und die vielen Flüchtlinge sehenden Auges

---

322 R. Overy, Barbarisch aber sinnvoll, Der Stern v. 19. Dezember 2002; kritisch dazu Ch. Kucklick, Terror gegen den Terror?, S. 34–37.

323 R. Overy, Die Wurzeln des Sieges, S. 417.

324 F. Taylor, Dresden Tuesday 13 February 1945, S. 135–147; G. Bergander, Dresden im Luftkrieg, S. 90–111; ähnlich H. Schnatz, Der Luftangriff auf Swinemünde, S. 134 f., zum Luftschutz in der von ca. 27.000 Flüchtlingen überschwemmten pommerschen Marinefestung (12. März 1945): „Die Tragödie in Swinemünde bestand darin, daß die Flüchtlinge sich ... an einigen Plätzen zusammendrängten. ... Solche Menschenansammlungen waren unter dem Aspekt des Luftschutzes nicht zu verantworten."

325 F. Taylor, Dresden Tuesday 13 February 1945, S. 138.

ins Verderben stürzen ließen. Treffen diese Wertung und die dahinter stehende Tatsacheneinschätzung aber zu? Hätten die Dresdner Verantwortlichen wirklich viele Monate oder Jahre lang mit der Flüchtlingswelle des Frühjahrs 1945 rechnen und ihre Luftschutzaktivitäten rechtzeitig daran orientieren müssen? War Dresdens militärische Bedeutung so groß, daß zumindest für die Bürger der Stadt ein einigermaßen brauchbares Arsenal an Bunkern und Kellerdurchgängen hätte errichtet werden müssen? War der Verzicht auf – aus heutiger Sicht – halbwegs angemessenen Luftschutz nicht auch Ausdruck von Arglosigkeit? Gauleiter Mutschmann, der sich und seine Familie mit einem Privatbunker versorgt hatte, „mußte" nach eigenen Worten mit einem Großangriff lediglich „rechnen", „hoffte aber dann ... wieder, daß Dresden nichts geschehen würde".[326]

Unterstellen wir dennoch, die Luftschutzdefizite der sächsischen Metropole seien ein „Skandal" gewesen. Was folgt daraus? Etwa ein moralisches Recht der RAF auf Einäscherung der Stadt? Verhält es sich nicht eher umgekehrt? Habe ich ein größeres Recht darauf, einen mir hilflos ausgelieferten Menschen zu verprügeln als einen anderen, der – auf solche Attacken vorbereitet – meine Hiebe zumindest teilweise parieren kann? Auch der Einwand einer vermeintlich größeren Effizienz des Angriffs auf Wehrlose muß scheitern. Wer so daherredet (Taylor tut das nicht), identifiziert sich gleich wieder mit dem untauglichen Demoralisierungsargument. Er mißachtet die Erkenntnis eines George Bell, daß Barbarei und Brutalität denkbar ungeeignete Bundesgenossen bei der Verbreitung von Freiheit, Demokratie und Menschenrechten sind. Der Teufel läßt sich mit Beelzebub bestenfalls für kurze Zeit austreiben. Auf den Punkt gebracht: Hätten die riesigen Menschenansammlungen und die fehlenden Luftschutzkeller von Dresden die RAF vom Angriff abhalten sollen? Vom ethischen Standpunkt eindeutig ja!

Andere britische Argumente zum Luftkrieg verfehlen die Problematik ebenso deutlich. Das betrifft etwa die These, wegen der Unterlegenheit des britischen Landheers seien strategische Bombardements die einzige Möglichkeit gewesen, den Krieg nach Deutschland hineinzutragen („carrying the war to the enemy").[327] Abgesehen davon, daß dieses Argument höchstens ein Zeitfenster von 1940 bis 1942 („Battle of England", „Blitz") erfassen und die Zerstörungsangriffe auf Hamburg, Magdeburg, Dresden oder Pforzheim von vornherein nicht rechtfertigen kann, wirft sein militärstrategischer Wert Fragen auf. Was wird erreicht durch das bloße „Hineintragen" des Kriegs in Feindesland? Hat eine Fußballmannschaft automatisch größere Siegchancen, wenn sie das Geschehen häufiger in

326 Zitiert nach G. Bergander, Dresden im Luftkrieg, S. 90.
327 J. M. Spaight, Bombing Vindicated, passim.

Ausgebrannte Häuserreihen in Hamburg

die Hälfte des Gegners verlagert? Ist die Qualität einer Attacke nicht ungleich bedeutsamer als ihre Quantität? Schließlich: Darf die Prüfung der militärischen Qualität strategischer Bombardements moralische Hürden einfach überspringen?

Großbritanniens heftige Reaktion auf Jörg Friedrich hat, wie angedeutet, heterogene Gründe. Neben einem durch den Ausgang des Zweiten Weltkriegs euphorisch verklärten Churchill-Bild spielt die Vorstellung, auf der „hellen" alliierten Seite gegen „dunkle" Achsenmächte gekämpft zu haben, eine maßgebende Rolle. Sieger befassen sich nicht gern mit eigenen Greueltaten. Sie reden lieber über die Unmenschlichkeit der Besiegten, und diese trat am Ende des Krieges mit unvermittelter Wucht zutage. Jedes von den Alliierten befreite Konzentrationslager zeigte Engländern, Schotten, Nordiren und Walisern aufs neue, wo sich bis 1945 der „anus mundi" befunden hatte – natürlich im NS-Staat.[328]

328 Siehe W. Kielar, Anus Mundi. Fünf Jahre Auschwitz, Frankfurt am Main 1984.

Anthony Grayling und die Theorie des gerechten Krieges

Die Auseinandersetzung mit dem NS-System beeinflußt auch *Anthony Clifford Graylings* „Among the Dead Cities" von 2006 (deutsche Ausgabe 2007: „Die toten Städte"). Neben Vera Brittains kompaktem Büchlein „Seed of Chaos" sind die „toten Städte" der wohl bedeutendste britische Beitrag zur Ethik des Luftkriegs. Graylings Familienname ist gewissermaßen Programm. Hören wir diesem fesselnd schreibenden Essayisten zu: „Stellen Sie sich meine Überraschung vor, als ich ... hinter das Codewort des letzten RAF-Bombenangriffs auf Nürnberg in der Nacht des 16./17. März 1945 kam. Das Codewort war mein eigener Name: ‚Grayling'[329]. ... Es war ein kostspieliger Angriff aus der Sicht des Bomber Command. Die Nachtjäger der Luftwaffe schossen 24 Lancaster-Bomber ab: 8,7 % dieser Staffel und damit nahezu das Doppelte von dem, was Bomber Command während der heißen Phase des Bombenkriegs als ‚akzeptable' Abschußquote betrachtete."[330]

Grayling, Professor am Londoner Birkbeck College, ist Experte für theoretische wie für praktische Philosophie. Er veröffentlichte Monographien über Wittgenstein, Russell und Descartes sowie populäre Werke wie „The Meaning of Things", „The Reason of Things" und „The Mystery of Things". Grayling, „one of Britain's leading intellectuals",[331] will die Philosophie aus ihrem sprichwörtlichen Elfenbeinturm herausholen und mit Analysen zur anglo-amerikanischen Luftstrategie der Jahre 1940 ff. ethische Prinzipien für aktuelle Waffengänge erarbeiten. Unübersehbar ist sein pädagogischer Anspruch, Großbritannien von moralischer Selbstbeweihräucherung zu befreien und auf eine radikale Diskussion über eigene Schuldanteile während des Zweiten Weltkriegs einzustimmen. Er hebt hervor, die Regierungen in London und Washington hätten 1949 die 4. Genfer Konvention über den Schutz von Zivilisten abgelehnt, weil sie auch Artikel umfassen sollte, die das Area Bombing für verbrecherisch erklärt hätten: „Tatsächlich wurde das erst 1977 durch das Zusatzprotokoll II nachgeholt. Diesmal stimmten die Briten zu, die USA aber erneut

329 Ein Grayling (deutsch: Äsche) ist eine seltene Fischart.
330 A. C. Grayling, Among the Dead Cities, S. 12 f.
331 A. C. Grayling, Among the Dead Cities, Buchdeckel.

nicht. ... Mein Buch wendet sich ... nicht in erster Linie an die Deutschen, sondern an die Briten. Es geht mir um die Lektion, die wir zu lernen haben.“[332]

Bei alledem verurteilt Grayling „neonazistisches Bestreben“, die moralische Qualität britischer Flächenangriffe in die Nähe der schlimmsten NS-Verbrechen zu rücken.[333] „Es steht völlig außer Frage, daß, selbst wenn die alliierte Bomberoffensive im Zweiten Weltkrieg ganz oder teilweise moralisch verwerflich gewesen sein sollte, dieses Unrecht auch nicht annähernd an die moralische Ungeheuerlichkeit des Holocaust oder das Ausmaß an Vernichtung heranreicht, das Nazi-Deutschland und Japan durch ihre Angriffskriege über die Welt brachten.“[334] Außerdem nimmt er jenen Lorbeerkranz auf, der den Bomber-Command-Besatzungen ab 1940 in Großbritannien geflochten wurde: „Zweitens möchte ich klarstellen, daß diese Untersuchung, die sich mit dem moralischen Status des alliierten Flächenbombardements beschäftigt, nicht die Tapferkeit und die Opferbereitschaft jener Männer, die für die Royal Air Force oder die US Army Air Force Bombenangriffe gegen das von den Nazis beherrschte Europa flogen, in Abrede stellen soll.“[335]

Die moralphilosophische Gretchenfrage nach dem Vorrang von Pflichten- oder Verantwortungsethik, von Deontologie oder Teleologie, läßt Grayling scheinbar offen. Beide Standpunkte hätten offensichtliche Nachteile. Tendenzen hin zu Konsequentialismus bzw. Handlungsfolgenorientierung sind freilich unübersehbar. Kants deontologischer Ethik und der Forderung, niemals etwas Böses zur Verwirklichung des Guten zu tun, hält der Londoner Philosoph einen gewichtigen (oder von ihm als gewichtig empfundenen) Einwand entgegen: „Strikte Regeln werden durch ihre Strenge rasch ineffektiv.“[336] Ein wenig mehr Problematisierung und Auseinandersetzung mit Kants Deontologie könnten diese Passage seines Werks bereichern.

Graylings Thesen entwickeln sich aus einem ideengeschichtlichen Abriß, dessen Zentrum die Lehre vom *gerechten Krieg* bzw. *bellum iustum* bildet. Er erwähnt über 2000 Jahre alte Überlieferungen aus China,[337] widmet sich schwerpunktmäßig aber mittelalterlichem Natur- (Thomas von Aquin) und neuzeitlichem Vernunftrecht (Hugo Grotius). Ideengeschichtlicher Nukleus der Lehre vom gerechten Krieg seien die Theorien

---

332 A. C. Grayling, „Die Verbrechen der Nazis sind keine Entschuldigung für unser Handeln“ (Moritz Schwarz im Interview mit A. C. Grayling, Junge Freiheit, 27. Juli 2007).

333 Eine Absicht, die er deutschen Historikern wie Jörg Friedrich und Christoph Kucklick ausdrücklich nicht unterstellt; A. C. Grayling, Among the Dead Cities, S. 273 f.

334 A. C. Grayling, Among the Dead Cities, S. 5.

335 A. C. Grayling, Among the Dead Cities, S. 7.

336 A. C. Grayling, Among the Dead Cities, S. 216.

337 A. C. Grayling, Among the Dead Cities, S. 221 f.

Nächtlicher britischer Bombenabwurf auf Nürnberg, 28./29. August 1942

vom *gerechten Kriegsgrund* (just cause of war) und von den *richtigen Kriegszielen* (right war aims bzw. right war intentions). Beide zusammen seien die ideengeschichtliche Heimat des *ius ad bellum*. Gerechte Gründe für einen Waffengang gebe es vor allem aus der Sicht einer angegriffenen bzw. unterdrückten oder einer ihr zu Hilfe eilenden Nation. Beide Modalitäten ließen sich als „Verteidigungskrieg“ kennzeichnen.

Problematisch erscheint die von Grayling skizzierte Frage nach der Rechtfertigungsfähigkeit vorsorglicher Erst- oder Präventivschläge (preemptive strikes). Können Präventivschläge vom Standpunkt der Moralphilosophie den Begriff des Verteidigungskriegs erfüllen? Wenn ja, unter welchen konkreten Umständen? Und was sind „richtige Kriegsziele"? Grayling entwickelt sie in deduktiver Ableitung. Man solle das Gute fördern und das Böse vermeiden. Dies ist eine nahezu wörtliche Übersetzung aus Thomas von Aquins „Summa Theologica" („bonum faciendum, malum vitandum"). Das Gute als Kriegsziel erschließt sich für Grayling aus der philosophischen Aufklärung. Gutes fördere, wer Frieden, Stabilität, Demokratie und Wohlstand verbreiten oder daran mitwirken möchte, daß aus ehedem verfeindeten eng miteinander befreundete Nationen werden. Diese hehren Kriegsziele reklamiert der Autor der „toten Städte" für die Westalliierten.[338]

Niemand wird Grayling im Ansatz widersprechen wollen; es sei denn, er ist überzeugter Pazifist. Diskussionswürdig erscheint aber Graylings undifferenzierte, reichlich positive Einschätzung der alliierten Kriegsziele. Deren problematische Elemente spart er aus – allen voran die Frage nach der Kumulation eines gerechten mit einem ungerechten oder zumindest moralisch umstrittenen Kriegsgrund. Welche Antworten muß die Ethik geben, wenn bspw. eine zunächst gerecht handelnde Kriegspartei plötzlich den *„Sieg um jeden Preis"* (Churchill) will? „Ich habe nichts zu bieten als Blut, Mühsal, Tränen und Schweiß ... Sie fragen. Was ist unser Ziel? Ich kann es in einem Wort nennen: Sieg – Sieg um jeden Preis, Sieg trotz allem Schrecken, Sieg, wie lang und beschwerlich der Weg dahin auch sein mag; denn ohne Sieg gibt es kein Weiterleben ... kein Weiterleben für all das, wofür das Britische Weltreich eingetreten ist; kein Weiterleben für den jahrhundertealten Drang und Impuls des Menschengeschlechts, seinem Ziel zuzustreben."[339]

Sieg um jeden Preis, das heißt in letzter Konsequenz: Sieg um den Preis des Lebens einer unvorstellbar großen Zahl Menschen. Eine so grobkörnige Formel ist für eine anthropozentrische Ethik, d. h. für alle verbreiteten abendländischen Moralphilosophien, nicht akzeptabel. Dies gilt selbst dann, wenn unterstellt wird, daß der „Sieg um jeden Preis" einer unbekannten Zahl anderer Menschen die Rettung bringen könnte. Churchill mag das geahnt haben, denn er füttert seine Rede sogleich mit der kaum begründbaren Unterstellung, daß es „ohne Sieg kein Weiterleben" gebe. Vielleicht täuschte Churchill sich auch in der Reichweite seiner Aussage; möglicherweise war ihm, dem Hexenmeister zündender Worte, vor allem an einer mitreißenden Parole gelegen. Andererseits deuten selbst wohlwollende Analysen seiner Kriegführung nicht darauf hin, daß Unschuldi-

338 A. C. Grayling, Among the Dead Cities, S. 211 f.

339 Aus Churchills Antrittsrede als Premierminister vom 13. Mai 1940; zitiert nach W. Churchill, Blut, Schweiß und Tränen, S. 13.

ge mit aller Kraft und der diesem Ziel gebührenden Priorität verschont werden sollten. Erstaunlicherweise findet eine breite Diskussion darüber bis heute kaum statt – weder bei Grayling noch bei anderen Philosophen und erst recht nicht in der stromlinienförmigen „Vergangenheitsbewältigung" historisch-politischer Gegenwartsdiskurse.[340]

Was ist zweitens davon zu halten, wenn die im Kern gerechte Kriegspartei nach der Manier einer spätantiken Gottheit die *„bedingungslose Kapitulation"* (Roosevelt)[341] statt der Etablierung eines demokratischen Rechtsstaats vom Kriegsgegner fordert – und damit die Chancen freiheitlich-demokratischer Revolutionen im Feindesland schmälert? „Die Formel der bedingungslosen Kapitulation ignorierte praktisch die Existenz jener Deutschen, die dem NS-Regime Widerstand leisteten, wie auch die Möglichkeit eines politischen Friedensschlusses mit einem Deutschland, das sich des Hitler-Regimes entledigt haben würde. Roosevelt wollte tatsächlich mit keinem Deutschen, ob Nationalsozialist oder nicht, verhandeln."[342] Zwar haben die Westalliierten in der Bundesrepublik Deutschland die 1933 verlorengegangenen Prinzipien von Demokratie und Rechtsstaatlichkeit installiert, das geflissentliche Übersehen des deutschen Widerstands gegen Hitler wirft aber einen Schatten auf ihre Einstellung zu Frieden, Recht und Freiheit. Die Etablierung eigener militärischer und ökonomischer Stärke scheint den USA und Großbritannien in der konfliktentscheidenden Phase wichtiger gewesen zu sein als ein rasches Kriegsende und die Konstituierung demokratisch-rechtsstaatlicher Systeme in Europa. Macht- und Hegemoniestreben können aber aus einer im Gerechtigkeitsprinzip gründenden Weltordnung nicht abgeleitet werden. Diese verlangt vernünftigerweise ein gleichberechtigtes Miteinander freiheitlicher Rechtsstaaten.[343]

---

340 Immerhin gibt es erfreuliche Ausnahmen, etwa die gründliche Analyse des Begriffs „Sieg um jeden Preis" bei L. Fritze, Die Moral des Bombenterrors, S. 143–166; siehe auch H. Wohlrapp, Krieg für Menschenrechte?, S. 128 f.: „Manche gehen so weit zu behaupten, es wäre ein Verbrechen gewesen, diesen Krieg nicht zu führen. Es wäre also ein Verbrechen gewesen, nicht 50 Millionen Menschen zu opfern und Europa in Schutt und Asche zu legen, weil dies die einzige Möglichkeit gewesen sein soll, Hitler zu stoppen und die Judenvernichtung zu benden. Dieses ist eine gewaltige Behauptung, mit der der katastrophale Höhepunkt und Abschluß eines halben Jahrhunderts irrelaufender Macht- und Interessenpolitik auf das Format *einer* [Hervorhebung B. Sch.] moralisch richtigen Handlungsweise zurechtgestutzt werden soll."

341 Die Formel von der „bedingungslosen Kapitulation", eine im Bürgerkrieg der Nord- gegen die Südstaaten entwickelte „amerikanische Tradition" (A. Vagts, Unconditional Surrender – vor und nach 1943, S. 287, 293), beschreibt die kompromißlose Zerstörung der staatlichen Souveränität des Kriegsgegners.

342 H. Boog, Die Anti-Hitler-Koalition, S. 84.

343 Instruktiv zum Begriff der „bedingungslosen Kapitulation" auch L. Fritze, Die Moral des Bombenterrors, S. 167–175.

Drittens: Wie ist es zu bewerten, wenn gerecht handelnde Kriegsparteien sich mit einem formidablen Verbrecher wie *Stalin* verbünden, der auf allen Schlachtfeldern seines „vaterländischen Kriegs" – von Deutschland über Polen bis Japan – keine im Sinne des westlichen Rechts- und Staatsverständnisses gerechten Ziele verfolgte? Was soll man davon halten, daß die vermeintlich Gerechten nur aufgrund dieses Bündnisses den Konflikt für sich entschieden und Forderungen des unanständigen Waffenbruders nach Bevölkerungsverschiebungen und willkürlichen Gebietsabtretungen erfüllt haben?

Die Kritik könnte sogar zu einem früheren Zeitpunkt ansetzen und fragen, warum Großbritannien auf den Polen-Angriff der Wehrmacht mit einer Kriegserklärung an das Deutsche Reich reagiert, den Einfall der Roten Armee in Polen am 17. September 1939 aber faktisch ignoriert hat. Kein Zweifel: Die Sowjetunion war spätestens in diesem Moment – wenn nicht schon durch das geheime Zusatzprotokoll zum Hitler-Stalin-Pakt vom 23. August 1939 – zum Aggressor geworden, der „zusammen mit Deutschland den Krieg führte"![344] Das Argument, NS-Deutschland habe sich als weltweit größte Bedrohung für Frieden und Freiheit herauskristallisiert, wird nicht nur dadurch relativiert. Wenn der soeben zum Premierminister ernannte Churchill das NS-Regime am 13. Mai 1940 als „ungeheuerliche Tyrannei" beschrieb, „die in dem finsteren, trübseligen Katalog des menschlichen Verbrechens unübertroffen bleibt"[345], so mögen die meisten Leser des 21. Jahrhunderts spontan zustimmen. Sie besitzen allerdings Informationen über NS-Verbrechen, die Churchill 1940 gar nicht haben konnte. Auschwitz hatte bis dato weder stattgefunden, noch dürfte es in seiner letztendlichen Zuspitzung geplant gewesen sein.[346]

Dessenungeachtet schält sich aus der Brandrede des britischen Premierministers auch in der Perspektive des Jahres 1940 ein plausibler Kern heraus. Eindringlich dokumentiert das die fortschreitende Entrechtung

344 S. Slutsch, 17. September 1939, S. 251 f.

345 W. Churchill, Blut, Schweiß und Tränen, S. 13.

346 Selbst dann, wenn ein engerer Kreis der NS-Führung 1939/40 konkrete Vorstellungen zur Ermordung der Juden gehabt haben sollte, darf eine gedankliche Antizipation dieser Pläne durch Churchill nicht einfach unterstellt werden; zur spannenden historischen Frage, ob das, was heute unter „Endlösung" subsumiert wird, von langer Hand oder kurzfristig unter dem Druck der Kriegsentwicklung geplant wurde, siehe etwa Ch. Browning, Judenmord, S. 47–92 („Der Entscheidungsprozeß im Machtzentrum"), bspw. S. 83: „Ich gehe von einem stufenweisen, kontinuierlichen Entscheidungsprozeß aus, der sich vom Frühjahr 1941 bis in den Sommer 1942 erstreckte und seine Schlüsselstationen im Hochsommer und Frühherbst 1941 hatte, korrespondierend mit den Höhenflügen der deutschen Siegeszuversicht ... Im Dezember 1941 mußte das NS-Regime einsehen, daß die Ermordung von Juden aus dem Reichsgebiet ein weitaus heikleres Unterfangen war als der Massenmord an den sowjetischen Juden ... Zugleich bekräftigte Hitler vor privilegierten Parteigrößen, die bereits in die ‚Endlösungs'-Pläne eingeweiht waren, seine Entschlossenheit, an dem Vorhaben festzuhalten."

jüdischer Bürger, deren Exodus aus dem „Dritten Reich" längst in vollem Gange war. Allein Großbritannien hatte bis Anfang 1939 über 50.000 deutsche Juden aufgenommen.[347] Ein hinreichender Grund, das Brennglas politischer Schande allein auf Deutschland zu richten, war das dennoch nicht. Historischer Redlichkeit zum Trotz läßt Churchills Blut-Schweiß-und-Tränen-Philippika vom 13. Mai 1940 die Greueltaten Stalins in den 1920er und 1930er Jahren völlig außer acht. Diese übertrafen alles, was die Nationalsozialisten in der Frühphase ihrer Herrschaft verbrochen haben, und sie waren den freien Gesellschaften des Westens zumindest in groben Zügen bekannt. Bereits 1924 erschien in deutscher Sprache der authentische Bericht eines russischen Historikers über den „roten Terror".[348] 1932 beschrieb der Ökonom Otto Auhagen die durch Stalin bewußt ausgelöste Hungersnot in der Ukraine, die bis Ende 1933 über sechs Millionen Menschen dahinraffen sollte.[349] Schließlich inszenierte Stalin von 1936 bis 1938 den später so genannten „Großen Terror", eine „Verfolgungsorgie unter mutmaßlichen Regimegegnern"[350], mit etwa 700.000 Hinrichtungen und millionenfachen Verhaftungen. Insgesamt dürfte Stalins Schreckensherrschaft 20 Millionen Sowjetbürger das Leben gekostet haben.[351] Das Verhältnis der von NS- und Sowjetregime bis 1939 Ermordeten wird auf 1:1000 geschätzt.[352]

„Ich würde einen Krieg, in dem der Meister des Gulag den Meister von Auschwitz bezwingt, anders als einen ‚gerechten Krieg' benennen", hält Historiker Jörg Friedrich in einem Streitgespräch Grayling vor[353] und enthüllt zugleich dessen monokausale Betrachtungsweise. Der sichtlich überraschte Autor der „toten Städte" ist gezwungen, vom philosophischen zum politischen Standpunkt zu wechseln: „Was erwarten Sie? Die Amerikaner und die Briten wollten den Krieg gewinnen, und deshalb waren sie bereit, die Sowjetunion zu benutzen. Es ist Realpolitik. Man mag es Zynismus nennen, aber es half."[354]

Zustimmung verdient Grayling, wenn er den in einer politisch brisanten Weltlage von Hitler-Deutschland entfachten Krieg als ungerecht

347 W. Benz, Der Holocaust, S. 33.

348 S. P. Melgunow, Der rote Terror in Russland 1918–1923.

349 O. Auhagen, Wirtschaftslage in der Sowjetunion 1932, S. 644–655; R. Mark und G. Simon, Die Hungersnot in der Ukraine und anderen Regionen der Sowjetunion 1932 und 1933, S. 5–12.

350 L. Fritze, Die Moral des Bombenterrors, S. 216.

351 R. Conquest, Der Große Terror, S. 551.

352 G. Koenen, Utopie der Säuberung, S. 275.

353 A. C. Grayling, „Auch eine Siegermacht muß zugeben, daß sie Unrecht getan hat", Frankfurter Allgemeine Sonntagszeitung, 18. Februar 2007.

354 A. C. Grayling, „Auch eine Siegermacht muß zugeben, daß sie Unrecht getan hat", Frankfurter Allgemeine Sonntagszeitung, 18. Februar 2007.

brandmarkt.[355] Der Rußlandfeldzug ab Juni 1941 läßt sich ebensowenig moralisch rechtfertigen wie der Angriff auf Polen im September 1939. Es kann sogar dahingestellt bleiben, ob der NS-Staat gegen die bolschewistischen Sowjetrepubliken einen klassischen Angriffskrieg oder einen „vorbeugenden Erstschlag" führen wollte.[356] Diese den Historiker elektrisierende Frage wirkt sich nicht auf die moralische Bewertung der „Operation Barbarossa" aus. Selbst wer eine akute militärische Bedrohung des Reichs durch die Rote Armee erkennen und Hitler einen plausiblen Kriegsgrund zubilligen will, kommt nicht umhin, dessen Kriegsziele als völlig ungerecht zu verurteilen. Auch die Sowjetunion führte zu keiner Zeit einen gerechten Krieg gegen das Deutsche Reich. Beiden Staaten ging es letztlich um Macht- und Herrschaftszuwachs, nicht aber darum, im jeweils anderen oder im eigenen Land ein politisches System auf der Basis von Recht und Freiheit im Sinne der philosophisch-politischen Aufklärung zu errichten.

In der Konsequenz der Unterscheidung von gerechtem und ungerechtem Krieg liegt die *differenzierende Bewertung von Kampfhandlungen*. Wer als Soldat eines freiheitlich-demokratischen Rechtsstaats für die Bewahrung und Ausbreitung von Menschenrechten und in letzter Konsequenz auch für den Frieden kämpft, verdient Privilegien. Er hat ein moralisches Recht darauf, feindliche Soldaten im Kampf zu töten – jedenfalls dann, wenn diese in Diensten eines totalitären Unrechtsstaats an Feldzügen zur Schaffung von Herrschafts- und/oder „Lebensraum", an „heiligen Kriegen gegen Ungläubige" oder ähnlich kruden, empörend unmoralischen Veranstaltungen teilnehmen. Das Verbot, Unschuldige gezielt zu töten, käme hier nicht zum Tragen; denn wer in Diensten eines verbrecherischen Systems steht, kann nach dieser Logik nicht „unschuldig" sein. Soldaten aller Waffengattungen gehören zu den typischen Repräsentanten eines Unrechtsstaats, sogar zu seinen gefährlichsten. Es wäre widersinnig, ihnen im Krieg den gleichen Schutz angedeihen zu lassen wie Zivilisten.

Diese klare Festlegung birgt freilich eine Konsequenz, die auf Anhieb verblüffen mag. Soldaten totalitärer Unrechtsstaaten können kein Recht auf Tötung ihres Feindes haben, nicht einmal in klassischen Verteidigungssituationen. In einem geschlossenen System geordneter Regeln wäre es widersprüchlich, einem Angreifer das Töten und zugleich dem Angegriffenen die Abwehr der Tötungshandlung zu erlauben! Der Soldat eines freiheitlich-demokratischen Rechtsstaats ist, solange er nach den Regeln

355 A. C. Grayling, Among the Dead Cities, S. 211 f.

356 Dazu etwa W. Maser, Fälschung, Dichtung und Wahrheit über Hitler und Stalin, S. 216–261, der mit beachtlichen Argumenten nachzuweisen versucht, daß sich Hitler und Stalin zeitgleich auf einen Überfall der jeweils anderen Diktatur vorbereitet und die entscheidende Phase des Zweiten Weltkriegs demnach gemeinsam entfesselt hätten.

anständiger Kriegführung kämpft, ein im moralischen Sinne Unschuldiger, der nicht getötet werden darf. Das heißt aber keineswegs, daß Kombattanten einer Diktatur, etwa Stalins Rotarmisten oder Wehrmachtsangehörige der Jahre 1939 bis 1945, zu „Mördern“ werden, wenn sie ihren Feind im Kampf töten. Regelmäßig haben Wehrmachtsangehörige nach ihrem soldatischen Ehrencodex gehandelt, der sich von denjenigen eines Rechtsstaates nicht signifikant unterscheidet. Auch wenn solche Kodizes hier vom allgemeinen Tötungsverbot verdrängt werden (wofür einiges spricht), so befinden diese Soldaten sich zumindest in einem „unvermeidbaren Verbotsirrtum“. Sie verdienen Respekt ob ihres Einsatzes für ihr Volk und im Falle des Soldatentods ein unzweideutig ehrendes Gedenken!

Gewarnt sei im übrigen vor Schwarzweißmalerei. Der demokratische Rechtsstaat bildet eine stetige Herausforderung. Nicht alle Systeme, die sich demokratisch nennen, sind es auch. Das betrifft keineswegs nur euphemistische Gebilde wie die „Deutsche Demokratische Republik“. Auch den traditionsreichen Demokratien des Westens droht am Anfang des 21. Jahrhunderts die Gefahr, den Volkswillen einflußreichen Lobbygruppen oder supranationalen Bürokratien zu opfern. Das beharrliche Verschweigen dieses Phänomens durch die Machteliten beteiligter Nationalstaaten ändert nichts an seiner Gefährlichkeit. Virulenter Beleg ist das strukturelle Demokratiedefizit der Europäischen Union. Daran wird auch die Existenz des Europäischen Parlaments nichts ändern, das zwar die sogenannten „Unionsbürger“ (also eine verfassungsrechtlich irrelevante Bevölkerung) vertritt, aber keinen als Sprach-, Kultur- oder Schicksalsgemeinschaft gewachsenen Demos. Ein derartiges Parlament kann schwerlich als „Volksvertretung“ bezeichnet werden.

Wenden wir uns wieder dem Autor der „toten Städte“ zu. Moralphilosophischer Pragmatismus und Schwarz-Weiß-Malerei sind keine neuen Phänomene. Sie bilden ein generelles Übel alliierter (und aktueller deutscher) Kriegsbewertung, dem Grayling in weiten Teilen seines Werks durchaus entrinnen kann. Vielleicht läßt sich seine These vom Bellum iustum gegen Hitler-Deutschland sogar retten, wenn sie in einen „Stufenplan“ eingebaut wird, der sich an Churchills und Roosevelts Losung „Germany first“ orientiert, als Endziel aber die Befreiung Europas von allen totalitären Strukturen vorsehen muß. Das setzt allerdings voraus, den Kalten Krieg gegen die Sowjetunion (und dessen jahrelang drohendes Umschlagen in einen heißen) als logische, von vornherein geplante Fortsetzung des Zweiten Weltkriegs zu begreifen. Gewiß, die Sowjetunion und ihre Nachfolgestaaten existieren längst nicht mehr unter der Knute des Stalinismus. Dieses Endziel wurde also erreicht. Aber war das auch ein Verdienst der Westalliierten – und wenn ja, in welchem Umfang? Spätestens hier wird die Beweisführung spekulativ. Die Realität entlarvt die Vorstellung, 1945 habe es nur gute „Befreier" auf der einen und böse „Unterdrücker" auf der anderen Seite der Front gegeben, als unangemessene Simplifikation, die im Interesse historischer Redlichkeit preisgegeben werden sollte.

In Anlehnung an Hugo Grotius' „De iure belli ac pacis" (1625) erschließt Grayling seiner Theorie des gerechten Krieges eine weitere Dimension: die Art und Weise der Kriegführung (*ius in bello*).[357] Er stellt zwei Lösungsansätze vor: a) die Pflichtenethik (insbesondere Kantscher Prägung), die zielgerichtete Angriffe auf Unschuldige grundsätzlich verbietet und gemäß der Doktrin des Doppeleffekts lediglich Attacken erlaubt, denen Unschuldige als Kollateralschäden zum Opfer fallen,[358] sowie b) handlungsfolgenorientierte Ethiktheorien mit „flexiblen" Ergebnissen. Grayling neigt, wie angedeutet, zur zweiten Sichtweise. Er liefert eine Definition gerechter Kriegführung, die um die Begriffe „notwendig" und „verhältnismäßig" kreist: „Die Mittel der Kriegführung müssen in einem Verhältnis zum erstrebten Ende stehen. ... Per definitionem erweist sich jede Kriegshandlung als gerecht, die notwendig und verhältnismäßig ist, um den Krieg zu gewinnen. ... Aus demselben Grund ist jede nicht notwendige und unverhältnismäßige Handlung falsch."[359]

Der beunruhigenden Folgerung, unverhältnismäßige Bombenattacken könnten die Waffenbrüderschaft Churchills, Roosevelts und Stalins letzten Endes doch zu Unrecht machen, weicht Grayling ebenso aus wie der Frage, ob diese Waffenbrüderschaft – im Sinne des Ius ad bellum – jemals ein gerechter Krieg war.[360] Auch über diesen Aspekt seiner ethischen Luftkriegstheorie mag man streiten. Hilfreich könnte es sein, das Ius ad bellum begrifflich strikter vom Ius in bello zu trennen, als der Autor der „toten Städte" das tut. Konsequenzen für die moralische Bewertung unterschiedsloser Angriffe ergeben sich daraus aber nicht.

Trotz einiger Ungereimtheiten setzt sein in der abendländischen Naturrechtslehre verwurzeltes Werk Maßstäbe. Das betrifft auch die Methodik Graylings, britische Flächenangriffe am Leitfaden der Zerstörung Hamburgs und nicht etwa Dresdens zu analysieren. Er vertritt die These, Spreng- und Brandbombenattacken am Ende eines nahezu entschiedenen Krieges seien zwangsläufig moralische Übel bzw. Greueltaten (moral atrocities), wenn solche Angriffe bereits in der Kriegsmitte jeder Rechtferti-

---

357 A. C. Grayling, Among the Dead Cities, S. 217: „Die ersten zwei Bücher seines großartigen Werks widmen sich der Frage, wann ein Krieg gerecht ist; das dritte beschäftigt sich mit der Frage, was als gerechte Kriegshandlung zählen mag."

358 A. C. Grayling, Among the Dead Cities, S. 215 f.

359 A. C. Grayling, Among the Dead Cities, S. 213 f.

360 Siehe A. C. Grayling, Among the Dead cities, S. 214.

gung entbehrten.[361] Das zentrale Ethikproblem reduziert er auf eine simple Frage: Macht es einen moralischen Unterschied, Frauen und Kinder aus der Luft zu bombardieren oder am Boden mit einer Pistole zu erschießen? Seine Antwort erwächst aus der antiken Geschichtsschreibung: „Schon Thukydides stellte vor 2500 Jahren fest, daß der Angriff auf Zivilisten ein Verbrechen ist. Die politischen Führer in Großbritannien und die Militärs hatten Thukydides gelesen und wußten, was sie taten."[362] Seit Vera Brittain und George Bell hat kein britischer Autor das moralische Dilemma westalliierter Kriegführung so deutlich beschrieben – Krieg gegen ein als „Barbarei" apostrophiertes System unter Zuhilfenahme barbarischer Mittel! Eine griffige Lösungsformel, abbildbar in einer Regel-Ausnahme-Relation, entwickelt Grayling nicht.[363] Dies erstaunt, weil er durchaus Sympathie für „flexible", handlungsfolgenorientierte Ethik-Konzepte erkennen läßt. Seine Folgerungen fokussieren in einem *Frage- und Antwortspiel* nach der Manier platonischer Dialoge: „War Area Bombing notwendig? Nein. War es verhältnismäßig? Nein. Richtete es sich gegen humanitäre Grundsätze, um deren Ausarbeitung Menschen zur Kontrolle und Begrenzung von Krieg intensiv gerungen haben? Ja. Richtete es sich gegen allgemeine moralische Standards, die von der westlichen Zivilisation in den letzten fünf Jahrhunderten oder gar zweitausend Jahren erkannt und akzeptiert wurden? Ja. Richtete es sich gegen die Beiträge vernünftigen nationalen Rechts zur Ächtung von Mord, Körperverletzung und Sachbeschädigung? Ja. Kurz zusammengefaßt: War Area Bombing Unrecht? Ja. Schweres Unrecht? Ja."[364]

Man sollte meinen, diese Aussagen Graylings fänden – auch in ihrer sprachlichen Eindringlichkeit – uneingeschränkte Zustimmung. Das ist aber nicht der Fall. Der Potsdamer Militärhistoriker Rolf-Dieter Müller nennt Graylings „Gleichsetzung von Hamburg (1943), Hiroshima (1945) und New York (2001) ... allzu unhistorisch". Der Hinweis auf Hamburg, so Müller, „dürfte wenig hilfreich sein, wenn heute Politiker oder einzelne Soldaten in einer unübersichtlichen Situation Entscheidungen über den Einsatz von Gewalt treffen müssen".[365] Wegen der methodologischen Unterschiede zwischen empirischer Geschichtswissenschaft und normativer Moralphilosophie könnte das Adjektiv „unhistorisch" hier etwas Triviales bezeichnen – die geringe wissenschaftstheoretische Schnittmenge von Historie und Moral. Offenbar will Müller aber etwas anderes ausdrücken.

361 A. C. Grayling, Among the Dead Cities, S. 272.

362 A. C. Grayling, „Auch eine Siegermacht muß zugeben, daß sie Unrecht getan hat", Frankfurter Allgemeine Sonntagszeitung v. 18. Februar 2007.

363 Siehe dazu Kapitel 4: „Kann ‚Morale Bombing' moralisch sein?"

364 A. C. Grayling, Among the Dead Cities, S. 276 f.

365 R.-D. Müller, Die Moral des Philosophen, Frankfurter Allgemeine Zeitung, 4. August 2007.

Er deutet Graylings „Gleichsetzung“ (gemeint ist die ethische Gleichbewertung) als „allzu unhistorisch“, weil sie nicht seiner eigenen Sichtweise entspricht. Hätte Grayling die Entfachung des Hamburger Feuersturms durch die RAF als moralische Bagatelle bewertet, so wäre ihm Müllers Vorwurf wohl erspart geblieben. Damit gehört der Potsdamer Historiker, mag er ansonsten auch Nachdenkenswertes über den Luftkrieg im Allgemeinen oder Graylings Ethik im Besonderen schreiben[366], zu jenen bundesdeutschen Geschichtswissenschaftlern, deren Blick sich mitunter germanophoben Verzerrungen öffnet.

Erkennbar verhindert der sture Täter-Opfer-Schematismus deutscher Geschichtsideologie mit fest verteilten Rollenzuweisungen eine offene, differenzierte Auseinandersetzung über die Schuldanteile des Zweiten Weltkriegs. Das Deutsche Reich oder gar das deutsche Volk fungieren als exklusive Bösewichte – ein quasi zur Staatsräson erhobener Nationalskeptizismus! Die Konsequenz daraus bringt Lothar Fritze in seiner verdienstvollen Monographie „Die Moral des Bombenterrors“ auf den Punkt: „Der Krieg der Alliierten, insbesondere der Kampf gegen das nationalsozialistische Deutschland, gilt heute als der Prototyp eines gerechten Krieges. Sowohl humanitäre Interventionen als auch Präventivkriege wurden in den letzten Jahren unter Berufung auf das Wirken der Anti-Hitler-Koalition und die mutmaßlichen Lehren des Kampfes gegen Hitler gerechtfertigt. Damit wurde eine Legitimationsressource geschaffen, die sich bei Bedarf scheinbar problemlos abrufen läßt.“[367]

Zwangsläufig amputiert eine solche Sichtweise die Theorie des gerechten Krieges. Sie integriert allein das Ius ad bellum und blendet das Ius in bello völlig aus. Mit seriöser politischer Philosophie hat das wenig zu tun; es ist sinnloser ethischer Partikularismus. Wer ernsthaft einen Vorrang des Ius ad bellum behauptet, muß überzeugende Argumente dafür liefern. Worin könnten sie liegen? Etwa in der Einschätzung, daß Menschen oder Staaten, die über viele Jahre hinweg beglückend Gutes tun, beinahe zwangsläufig das eine oder andere Unheil anrichten („Wo gehobelt wird, da fallen Späne.“) und daher eine Art *Unrechtsbonus* verdienen, also gleichsam ein Recht darauf haben, gelegentlich schweres Unrecht zu tun? Wem das frivol erscheint, der dürfte indes nicht falsch liegen. Mit Recht empören wir uns über Eltern, die ihre Säuglinge oder Kleinkinder verhungern lassen oder gar zu Tode quälen. Gibt es irgendeinen Grund, solche abscheulichen Taten milder zu beurteilen, wenn dieselben Eltern ihre fünf älteren Kinder zu rechtschaffenen Menschen erzogen haben? Es geht hier, wohlgemerkt, nicht um die Frage einer vielleicht verminderten

366 Siehe etwa Rolf-Dieter Müller, Der Bombenkrieg 1939–1945.
367 L. Fritze, Die Moral des Bombenterrors, Umschlagdeckel.

Hamburg nach dem Flächenbombardement vom Sommer 1943

subjektiven Schuld, um sog. mildernde Umstände, die einen Strafrichter – auch unter dem Aspekt der Resozialisierung des Täters – zu einer Reduzierung der Strafe veranlassen könnten. Es geht um die Frage nach der Rechtfertigung der Tat; und sie ist mit einem klaren Nein zu beantworten. Die Alliierten hatten kein moralisches Recht auf unmoralische Flächenangriffe gegen deutsche Städte, weil sie womöglich unter dem Aspekt des Ius ad bellum einen gerechten Krieg geführt haben!

Die Vernichtung Dresdens kann auch nicht mit den massiven Verursachungsanteilen Hitler-Deutschlands an den Waffengängen der Jahre 1939 ff. legitimiert werden. Weder der Polen- noch der Rußlandfeldzug der Wehrmacht rechtfertigen Verstöße westalliierter Bomberflotten gegen das Ius in bello. Das gilt selbst dann, wenn man der monokausalen These von der deutschen Alleinschuld am Ausbruch des Zweiten Weltkriegs folgt.[368] Auch der Holocaust, auf den Grayling mehrfach hinweist[369], kann und darf hier keine Rolle spielen.[370] Von der Antike bis in die Gegenwart hinein etablierte abendländische Ethik sich als rationale Moraltheorie, die ihre besten Erkenntnisse aus abwägendem Diskurs, nicht aber aus Rachegelüsten oder sonstigen Gefühlsaufwallungen ableitet. *Unrecht darf nicht mit neuem Unrecht vergolten werden.* Mit besonderer Strahlkraft formuliert Sokrates die Ablehnung des Racheprinzips in Platons Dialog „Kriton“: „Sokrates: In keinem Falle darf man Unrecht tun? Kriton: Gewiß nicht. Sokrates: Also auch der, dem Unrecht widerfahren ist, darf nicht wieder Unrecht tun, wie die meisten glauben; denn man darf ja eben unter keinen Umständen Unrecht tun. Kriton: Nein, das darf man nicht. Sokrates: Und weiter. Darf man Böses zufügen, Kriton, oder nicht? Kriton: Kein Zweifel, man darf es nicht, Sokrates. Sokrates: Wie nun? Böses zu erwidern, wenn einem Böses widerfährt, ist das, wie die meisten behaupten, recht oder unrecht? Kriton: unrecht, ganz entschieden ... Sokrates: Also weder erlittenes Unrecht vergelten noch Böses zufügen darf man irgendeinem Menschen, mag man auch noch so schwer von ihm zu leiden haben.“[371]

---

368 Gelegentlich entsteht der Eindruck, daß die Alleinschuldthese der Befürchtung entspringt, eine Anerkennung sowjetischer, polnischer oder auch westalliierter Verursachungsanteile am Zweiten Weltkrieg könne Hitlers Angriffskriege in einem milderen Licht erscheinen lassen. Eine solche Annahme ist falsch. Anders als etwa im Zivilrecht, wo Mitverschulden des Geschädigten den Haftungsumfang des Schädigers mindert, gibt es keine Absolution. Verstöße gegen das Friedensvölkerrecht werden nicht dadurch erträglicher, daß auch die Gegenseite politisch oder moralisch versagt hat. Das gilt vor allem dann, wenn ein Diktator wie Hitler das Fehlverhalten späterer Kriegsgegner als Vorwand für rassisch und imperialistisch motivierte eigene Feldzüge ausschlachtet. – Differenzierende Erklärungsmodelle, die u. a. die Auswirkungen der Pariser Vorortverträge von 1919, die partielle Deutschfeindlichkeit im Vereinigten Königreich, die Hochrüstung der aggressiven Sowjetdiktatur mitsamt ihrem Überfall auf Ostpolen und das Baltikum sowie die beachtliche Unterdrückung ethnischer Minderheiten in Polen und der Tschechoslowakei beleuchten, präsentiert G. Schultze-Rhonhof, „1939. Der Krieg, der viele Väter hatte. Der lange Anlauf zum Zweiten Weltkrieg“. Sehr akzentuiert ebenda, S. 513: „So wie Asher ben Nathan sagt: ‚Entscheidend ist, was den ersten Schüssen vorausgegangen ist‘, so ist auch hier entscheidend, welches Volk und welcher Politiker vor Kriegsausbruch und bis hinein in die noch immer nachhallende Geschichte zu den Ursachen des Zweiten Weltkriegs beigetragen hat. Jedes Volk und jeder Politiker, der hier etwas verursacht hat, trägt seinen Teil der Schuld am Zweiten Weltkrieg.“ – Speziell zum deutsch-sowjetischen Konflikt siehe auch W. Maser, Fälschung, Dichtung und Wahrheit über Hitler und Stalin, S. 216–261.

369 A. C. Grayling, Among the Dead Cities, S. 5, 273 f.

370 L. Fritze, Die Moral des Bombenterrors, S. 238 f., behandelt diesen Aspekt am Argumentationsfaden des „äußersten Notfalls“. Er kommt zu der Erkenntnis: „Daß für einen Großteil der europäischen Juden ein äußerster Notfall mit Beginn der systematischen Vernichtungsaktionen objektiv bestand, ist hingegen unbestreitbar. Allerdings fielen wesentliche Entscheidungen der Alliierten nicht nur, bevor diese bekannt wurden, sondern auch, bevor diese begannen. Bestimmte Strategien oder Kampfformen, die man zur Abwehr dieses äußersten Notfalls für legitim halten mag, wurden noch verfolgt oder praktiziert, als dieser längst abgewehrt war.“

371 Platon, Kriton, S. 94.

John Rawls' „Morale Bombing"-Kritik – Dresden und Hiroshima

Auch die Vertreter neuzeitlicher *Vernunftrechts- und Gesellschaftsvertragslehren* – Thomas Hobbes, John Locke, Immanuel Kant, Jean-Jacques Rousseau – und von ihnen inspirierte Denker des 20. Jahrhunderts lassen sich kaum als Ideengeber des „Morale Bombing" vereinnahmen. Hervorgehoben sei der amerikanische Politologe *Stephen A. Garrett*. Seine Monographie über die Kriegführung des Bomber Command („Ethics and Airpower in World War II", 1993) enthält einen langen ideengeschichtlichen Abriß mit einer bewegenden Würdigung Vera Brittains („The Writer"). Garretts Lösungsansatz orientiert sich an einer *„Verallgemeinerungsbedingung"* (requirement of universalization; passender wäre wohl „Verallgemeinerungsprinzip"). Er fordert, Interessen und Rechte aller Beteiligten zu gewichten und in die ethische Wertung einzubeziehen. Gerade im Luftkrieg hätten Angreifer nach Maßgabe einer Güterabwägung feindliche Zivilisten zu schützen.[372]

Garrett sieht sich in der Mittlerrolle zwischen den widerstreitenden Interessen deutscher Nichtkombattanten und britischer Militärs mit ihrem „unantastbaren Befreiungsauftrag". Sein Lösungsvorschlag kreist um die 1943 geschaffene Möglichkeit, militärische Ziele mittels „Rotterdam" und „Meddo" zu orten und präzise zu zerstören – eine Art Rubikon, jenseits dessen Churchills Demoralisierungsbomben seine (vermeintliche) frühere Legitimation verloren haben. Ausgeblendet wird die von Anfang an erkennbare Ineffektivität des „Morale Bombing". Garretts Schlußfolgerungen lösen daher Irritationen aus. Er findet keinen ethischen Filter für strategische Luftangriffe der Jahre 1942/43 und kann die bohrende Frage nach dem Sinn der Massentötungen von Wuppertal-Barmen, Kassel oder Hamburg – quid sit operatio „Gomorrha"? – nicht angemessen beantworten. Sollen zerstörerische Flächenangriffe ohne meßbaren militärischen Ertrag gerechtfertigt sein, nur weil es an leistungsstarken Radarsystemen fehlt? Garretts Bombenkriegsethik verharrt in formalen und dementsprechend vagen Kategorien: „Die umfassende Beurteilung der Vor- und Nachteile britischer Flächenangriffe in Deutschland nach dem

---

372 St. A. Garrett, Ethics and Airpower in World War II, S. 155.

Verhältnismäßigkeitsprinzip ist notwendigerweise vielschichtig." Immerhin widersetzt er sich einer Bagatellisierung der Dresdner Bombennacht vom 13./14. Februar 1945: „Trotzdem lassen sich zu einem angemessenen Grad [to a fair degree of confidence] feste Schlußfolgerungen ziehen. Allenfalls bis zum Sommer 1944 können diese Aktionen im Kern [crucial point] gerechtfertigt werden."[373]

Garretts Thesen leiten über zur „Morale Bombing"-Kritik des US-Philosophen *John Borden Rawls* (1921–2002). Harvard-Professor Rawls gehört zu den einflußreichsten Gelehrten der Gegenwart. Seine an Kant und andere Klassiker der philosophischen Aufklärung anknüpfende Theorie der Gerechtigkeit – so auch der Titel seines 1971 erschienen Hauptwerks[374] – wurde in den angelsächsischen Ländern nach zweihundertjähriger Dominanz des Utilitarismus zur diskursleitenden Moral- bzw. politischen Theorie.[375] Obendrein kam Rawls als Infanterist im Pazifik (1943–1946) mit dem Zweiten Weltkrieg in Berührung: eine ihn über die Jahrzehnte hinweg prägende Erfahrung.[376] Nach einem Besuch des wenige Monate zuvor ausgelöschten Hiroshima lehnte er die ihm angebotene Offizierslaufbahn ab und verließ einige Monate später die US-Armee.

John B. Rawls

Rawls' Kritik an anglo-amerikanischen Flächenangriffen ist eingebettet in ein Konzept der „Gerechtigkeit als Fairneß". Es leitet sich, wie angedeutet, aus einer prozeduralen Moralphilosophie ab: der Theorie des (hypothetischen) Gesellschaftsvertrags. Gerechtigkeitsprinzipien werden in einem fairen Diskurs entwickelt – einem quasi „virtuellen" Diskussionsforum freier, gleicher und optimal informierter, vernünftiger Personen. Plattform des Diskurses ist ein gedachter „Urzustand" („original

373 St. A. Garrett, Ethics and Airpower in World War II, S. 158.

374 Nahezu synonym verwendet Rawls den Begriff der Fairneß; siehe das erste Kapitel von „Eine Theorie der Gerechtigkeit". Eine der ersten Veröffentlichungen Rawls' heißt bemerkenswerterweise genauso wie seine letzte: „Gerechtigkeit als Fairneß"; siehe J. Rawls, Justice as Fairness, The Philosophical Review, 57 (1958); ders., Gerechtigkeit als Fairneß. Ein Neuentwurf, hrsg. von E. Kelly (2003; amerikanische Originalausgabe: Justice as Fairness. A Restatement, 2001).

375 Fürwahr ein „Paradigmenwechsel"; siehe O. Höffe, John Rawls – Gerechtigkeit als Fairneß, Süddeutsche Zeitung, 21. Februar 2001.

376 Siehe J. Rawls, Fifty Years after Hiroshima (1995); dazu auch Ch. Geyer, Ein Lebensversicherer, Frankfurter Allgemeine Zeitung, 27. November 2002.

Bombentote in Dresden, Februar 1945

position"), in dem die Teilnehmer unter einem „Schleier des Nichtwissens" („veil of ignorance") leben. Sie haben weder Informationen über ihre jeweiligen Eigenschaften noch über ihre spätere Rolle in einer realen Gesellschaft und können daher unbeeinflußt von Individualinteressen die Prinzipien gesamtgesellschaftlicher Verteilungsgerechtigkeit definieren.[377] Der bei Rawls stellvertretend ablaufende Diskurs führt den Leser zu einem Gesellschaftsvertrag mit Gerechtigkeitsprinzipien, die eine gleichermaßen liberale wie – für die Standards US-amerikanischer politischer Theorie – revolutionär-soziale Auffassung der Grundrechte und Grundfreiheiten inkorporieren.[378] Unverwechselbares Kennzeichen ist ein „klares antiutilitaristisches Profil". Rawls wirft den Utilitaristen vor, das Individuum zu einem bloßen Rechnungsposten innerhalb einer kollektivistischen Gesamtkalkulation zu machen.[379]

Das bedeutendere seiner beiden (obersten) *Gerechtigkeitsprinzipien* formuliert Rawls wie folgt: „Jede Person hat den gleichen unabdingbaren Anspruch auf ein völlig adäquates System gleicher Grundfreiheiten, das mit demselben System von Freiheiten für alle vereinbar ist." Das andere Gerechtigkeitsprinzip lautet: „Soziale und ökonomische Ungleichheiten müssen zwei Bedingungen erfüllen. Erstens müssen sie mit Ämtern und Positionen verbunden sein, die unter Bedingungen fairer Chancengleichheit allen offenstehen; und zweitens müssen sie den am wenigsten

377 J. Rawls, Gerechtigkeit als Fairneß, insb. S. 19–72.

378 Siehe E. Kelly, in: J. Rawls, Gerechtigkeit als Fairneß, Vorwort des Herausgebers, S. 9.

379 W. Kersting, John Rawls zur Einführung, S. 104.

begünstigten Angehörigen der Gesellschaft den größten Vorteil bringen (Differenzprinzip)."[380]

Daß Rawls' Gerechtigkeitsbegriff sich nicht in gesellschaftsinternen Verteilungsmaximen erschöpft, wird an anderer Stelle deutlich: „Alles in allem kennen wir demnach drei Ebenen der Gerechtigkeit: ... erstens lokale Gerechtigkeit (Prinzipien, die unmittelbar für Institutionen und Verbände gelten), zweitens Binnengerechtigkeit (Prinzipien, die für die Grundstruktur der Gesellschaft gelten), drittens globale Gerechtigkeit (Prinzipien, die für das internationale Rechtswesen gelten). Die Konzeption der Gerechtigkeit als Fairneß setzt bei der Binnengerechtigkeit an, also bei der Gerechtigkeit der Grundstruktur. Von dort aus arbeitet sie sich nach außen zum Völkerrecht und nach innen zur lokalen Gerechtigkeit vor."[381]

Hier interessiert das *Völkerrecht*. Dessen normativen Gehalt gewinnt Rawls auf den Spuren Kants, genauer: durch Exegese und Fortschreibung des Traktats „Zum ewigen Frieden" (1795). Prozedural greift er wiederum auf die Theorie des hypothetischen Gesellschaftsvertrags zurück, bemüht ergänzend aber einen „weiteren Urzustand". Vertreter „liberaler Völker" sollen hier mit Vertretern anderer liberaler sowie mit Vertretern nichtliberaler, aber immerhin „achtbarer Völker" zusammenkommen und zu Übereinkünften gelangen. „Beide Übereinkünfte sind als hypothetische und nicht als historische Übereinkünfte zu verstehen; sie werden von gleichberechtigten Völkern getroffen, die sich im Urzustand hinter einem angemessenen Schleier der Unwissenheit befinden. Deshalb ist es ein faires Unternehmen zwischen Völkern."[382]

Elementare Inhalte dieser Übereinkünfte entfaltet Rawls in seiner Oxforder Vorlesung „Das Recht der Völker" (The Law of Peoples) vom 12. Februar 1993. Nachdrücklich sei hervorgehoben, daß hier nicht reales Völkerrecht beschrieben wird (= Völkerrecht, wie es ist): also das Völkerrecht der juristischen Lehrbücher mit ihren Darstellungen internationaler Verträge und gewohnheitsrechtlich anerkannter Normen des

---

380 J. Rawls, Gerechtigkeit als Fairneß, S. 78. Allerdings bleibt Rawls' Gerechtigkeitslehre in ihrer Verklammerung als materieller politischer und prozeduraler gesellschaftsvertraglicher Theorie der Gefahr von Zirkelschlüssen ausgesetzt – wie können die angeblich noch unbekannten Fairneßprinzipien in einem bereits als fair gedachten Prozedere entdeckt werden? Gibt es hier einen archimedischen Punkt? Rawls begegnet der Gefahr mit der Idee einer „Vorabgerechtigkeit"; dazu O. Höffe, Was ich noch zu sagen hätte, Frankfurter Allgemeine Zeitung v. 23. Mai 2003: „Das Gerechtigkeitsergebnis des Spiels spiegelt also die Gerechtigkeit der Spielbedingungen, gewissermaßen eine Vorab- oder Protogerechtigkeit, wider."

381 J. Rawls, Gerechtigkeit als Fairneß, S. 33 f.

382 J. Rawls, Das Recht der Völker, S. 9; frühe Gedanken Rawls' zum Völkerrecht in: ders., Eine Theorie der Gerechtigkeit, S. 416–420. – Eine geraffte Darstellung der Entwicklung und wesentlichen Inhalte Rawlsscher Völkerrechtskonzeption liefert W. Kersting, John Rawls zur Einführung, S. 197–217.

zwischenstaatlichen Verkehrs. Rawls' Erkenntnisgegenstand ist das ideale Völkerrecht (= Völkerrecht, wie es sein sollte): also Verhaltensregeln vor allem in bezug auf Krieg und Frieden, die den Staaten (Völkerrechtssubjekten) von der Idee der Gerechtigkeit und der sie tragenden Vernunft zur Verwirklichung auferlegt werden.

Rawls' Gedankengebäude weist dem humanitären Ius in bello – unter dem gewöhnungsbedürftigen Etikett „nichtideale Theorie" – einen bedeutsamen Rang zu. Unterschiedslose oder gar terroristische Luftangriffe finden darin regelmäßig keinen Platz. „Nihilistische Kriegstheorien", etwa die These, alles sei erlaubt, um einen Krieg („Hölle auf Erden") so schnell wie möglich zu beenden, verwirft Rawls als undifferenziert und „moralisch leer".[383] Im Kampf gegen ein totalitäres Regime hätten „wohlgeordnete Völker" (= Staatsvölker mit liberal-demokratischer Verfassung sowie „achtbare Völker") zwischen Funktionseliten, Soldaten und Zivilisten des „Schurkenstaats" zu unterscheiden. Militäroperationen gegen Zivilisten widersprächen dem Moralprinzip. Rawls reklamiert zwei Argumente, ein vernunftrechtliches und ein pädagogisches: „Der eine Grund ist schlicht, daß das Recht der Völker dem Feind ebenso wie allen anderen diese Rechte [Menschenrechte] zuspricht. Der andere Grund besteht darin, feindlichen Soldaten und Zivilisten den Inhalt dieser Rechte am Beispiel ihrer eigenen Behandlung zu lehren. Auf diese Weise vermittelt man ihnen den Inhalt und die Bedeutung der Menschenrechte am besten."[384] Im übrigen, so Rawls, gebe es auch in *„Schurkenstaaten"* nur individuelle, aber keine kollektive Schuld oder Verantwortlichkeit: „Die Führer und Beamten ..., unterstützt durch andere Eliten, die den Staatsapparat kontrollieren und mit ihren Leuten besetzen ... sind verantwortlich; sie wollten den Krieg, und aus diesem Grunde sind sie Verbrecher. Die zivile Bevölkerung dagegen, die häufig in Unwissenheit gehalten und von der staatlichen Propaganda mitgerissen wird, ist nicht verantwortlich. Dies gilt sogar dann, wenn einige Zivilisten Bescheid wußten und sich gleichwohl für den Krieg begeisterten."[385]

Allerdings erkennt Pflichtenethiker Rawls die *„Ausnahme einer äußersten Notlage"* an, in der unterschiedslose oder terroristische Luftangriffe moralisch erlaubt sein sollen, sofern sie „etwas beachtliches Gutes" bewirken. Dieser Schlenker macht hellhörig. Zwar können selbst komplexe Regel-Ausnahme-Relationen von einer deontologischen Pflichtenethik systemkonform – um den Preis differenzierter Regelbildung – bewältigt werden. Vielleicht hätte (Utilitarismuskritiker) Rawls aber die spannende Frage aufwerfen sollen, ob hier nicht gradliniger „utilitaristisch", ge-

383 J. Rawls, Das Recht der Völker, S. 127f.
384 J. Rawls, Das Recht der Völker, S. 120.
385 J. Rawls, Das Recht der Völker, S. 119f.

nauer: konsequential bzw. handlungsfolgenorientiert mit einer Theorie der Menschenrechte als moralischer Wertebasis, argumentiert werden könnte.[386] Ganz ohne Handlungsfolgenabwägung, speziell im Bereich der Pflichtenkollisionen, kommt offenbar keine Ethik aus! Präzise beschreibt Rawls das Dilemma des Area Bombing und liefert zugleich den Ansatz einer Regel-Ausnahme-Relation. Auf keinen Fall, so führt er aus, habe ein deutscher Sieg im Zweiten Weltkrieg zugelassen werden dürfen. Erstens sei der Nationalsozialismus ein nicht kalkulierbares moralisches und politisches Übel für zivilisiertes Leben überall auf der Welt gewesen. Zweitens hätten bei einem Erfolg Hitlers weltweit „Natur" und Fortbestand der konstitutionellen Demokratie auf dem Spiel gestanden.

Die „Ausnahme einer äußersten Notlage" billigt Rawls dem Vereinigten Königreich aber bestenfalls in der ersten Kriegshälfte zu: „Als Großbritannien allein stand und über keine anderen Mittel verfügte, um die überlegene Macht Deutschlands zu brechen, mag die Bombardierung deutscher Städte gerechtfertigt gewesen sein."[387] Die Notlage sei vorüber gewesen, als die Sowjetarmee im Winter 1941/42 erstmals ihre Schlagkraft bewiesen habe. Spätestens die Kriegswende durch „Stalingrad" im Winter 1942/43 habe britischem Area Bombing jede Rechtfertigung genommen. Seine aufrüttelnde Schlußfolgerung: *„Die Bombardierung von Dresden im Februar 1945 ... war klarerweise zu spät."*[388] Und weiter: „Wie töricht klingt es heute, Deutsche und Japaner pauschal als Barbaren oder Bestien zu bezeichnen. Auf die Nationalsozialisten und die Tojo-Militaristen trifft dies zu, aber sie sind nicht das deutsche oder japanische Volk. Churchill führt seine Fehlbeurteilung der Bombardierung Dresdens auf die Leidenschaftlichkeit und Intensität des Konflikts zurück. Es ist jedoch eine Pflicht der Staatskunst zu verhindern, daß solche Gefühle, wie natürlich und unvermeidlich sie auch sein mögen, von dem Kurs ablenken, den wohlgeordnete Völker in ihrem Streben nach Frieden verfolgen müssen."[389] Spontan zugestimmt hätte wohl der britische Außenminister (in der Regierung Chamberlain) Lord Halifax, dessen Tagebuchaufzeichnungen großes Unbehagen darüber ausdrücken, daß sich Churchill „in leidenschaftliche Gefühlszustände hineinsteigern" könne, „wenn

386 Wobei diese Menschenrechtstheorie wiederum aus Rawls' Gerechtigkeitskonzept abgeleitet werden kann und von ihm auch abgeleitet wird; siehe ders., Das Recht der Völker, S. 96–99.

387 J. Rawls, Das Recht der Völker, S. 123.

388 J. Rawls, Das Recht der Völker, S. 123.

389 J. Rawls, Das Recht der Völker, S. 125; in bezug auf „Dresden" noch akzentuierter J. F. Ch. Fuller, Der Zweite Weltkrieg 1939–1945, S. 372 f.: „Und was war das Ende dieser mongolischen Zerstörungswut? Es war, daß, während die erste und zweite Front vorwärts marschierten, um den Krieg zu gewinnen, die dritte Front dazu benützt wurde, den Boden für den Frieden, welcher dem Sieg folgen sollte, zu untergraben. Denn Städte und nicht Trümmerhaufen sind die Grundlage der Zivilisation."

Verbrennung von Luftkriegsopfern auf dem Dresdner Altmarkt

er eigentlich einen klaren Kopf brauchte und seinen Verstand benutzen sollte".[390]

Rawls fordert alle Völker dazu auf, ihre Lehren aus „Dresden" zu ziehen: „Der Luftkrieg stellt eine große Verlockung zum Bösen dar."[391] Dies habe Konsequenzen für die gesamte Militärplanung. Luftstreitkräfte sollten nach Möglichkeit nur dienende, d. h. taktische Funktionen übernehmen. Ob und in welchem Ausmaß ihr strategischer Einsatz überhaupt rechtfertigungsfähig ist, bleibt offen. Rawls: „Merkwürdigerweise war die offizielle Militärdoktrin des Luftkriegs richtig (wenn auch aus den falschen Gründen): Die Aufgabe eines Luftkriegs besteht darin, die Armee und die Marine im Feld und auf See zu unterstützen. Die korrekte Militärdoktrin ist, daß ein Luftkrieg nicht zum Angriff auf Zivilisten mißbraucht werden darf."[392]

Starke Worte, klare Sprache! Rawls' Thesen zu „Dresden", bislang kaum aus den Studierstuben politischer Philosophie gedrungen, sollten künftige Ethikdiskurse nachhaltig beflügeln. Seine Ergebnisse stimmen weitgehend mit denjenigen des vierten Kapitels („Kann ‚Morale Bombing' moralisch sein?") überein. Die Zerstörung des großartigen Kulturerbes von Dresden und die Tötung einer unfaßbar großen Zahl Menschen erweisen sich als nicht rechtfertigungsfähige Greueltat. Dabei spielt es

390 Zitiert nach J. Lukacs, Churchill und Hitler, S. 142 f.
391 J. Rawls, Das Recht der Völker, S. 241.
392 J. Rawls, Das Recht der Völker, S. 241.

keine Rolle, ob man jeden gezielten Luftangriff auf Menschen ungeachtet seiner Motive verurteilt oder unter dem Aspekt einer damit kollidierenden moralischen Pflicht, den NS-Staat mit aller Kraft zu beseitigen, eine differenzierte Regel-Ausnahme-Relation zuläßt. Die „Ausnahme einer äußersten Notlage", oder wie immer man das nennen will, können Churchill und Harris für den „Double Blow" vom 13./14. Februar 1945 nicht begründen.

Widersprochen sei Rawls aber in einem wesentlichen Teil der Begründung. Sein Kriterium für die Annahme einer „äußersten Notlage", die begrenzte Schlagkraft eines militärisch isolierten Großbritannien, will nicht recht überzeugen. Soll die Legitimation britischen Luftterrors wirklich vom Verlauf des deutsch-sowjetischen Kriegs abhängen? Ist „Dresden" etwa nur durch „Stalingrad" zu bestürzendem Unrecht geworden? Hätte Churchill vom Standpunkt einer aufgeklärten Ethik Dutzende deutscher Städte militärisch sinnlos vernichten dürfen, wenn die Rote Armee der deutschen Wehrmacht auf Dauer unterlegen gewesen wäre? Offenbar hat Rawls diese Konsequenzen seines im übrigen schlüssigen Konzepts aus dem Blick verloren. Primär hätte er die Frage stellen sollen, ob die Terrorschläge vom 13./14. Februar 1945 aus damaliger Sicht überhaupt geeignet sein konnten, das deutsche Volk kriegsentscheidend zu demoralisieren – und bejahendenfalls die weitere Frage, ob in Gestalt militärischer Präzisionsschläge gegen Schlüsselindustrien und Verkehrswege („Öl- und Verkehrskrieg") moralisch unbedenkliche, mildere Mittel zur raschen Unterwerfung Hitler-Deutschlands zur Verfügung gestanden haben.

Gibt es strukturelle Parallelen zwischen der Luftkriegführung in Deutschland und im pazifischen Raum?[393] Dort trafen die Vereinigten Staaten auf eine Militärdiktatur, die nach regionaler Vormacht in Ostasien strebte, von ideologischem Sendungsbewußtsein nach kommunistischem oder nationalsozialistischem Vorbild aber weitgehend frei war.[394] Japan, so scheint es auf den ersten Blick, war trotz brutaler Kriegführung gegen China und Korea für den Weltfrieden keine so große Bedrohung

393 Zum „Morale Bombing"-Debüt der USAAF in Deutschland H. Boog, Bombenkrieg, Völkerrecht und Menschlichkeit im Luftkrieg, S. 291: „Ihren ersten intendierten Terrorangriff – die Auffassungen hatten sich mittlerweile geändert – flogen die Amerikaner am 10. Oktober 1943 bei klarem Wetter gegen Münster." Wenig später, am 13. Dezember 1943, warfen US-Bomber Spreng- und Brandbomben im Verhältnis eins zu drei auf die Innenstädte von Bremen, Hamburg und Kiel; J. Friedrich, Der Brand, S. 191. „Morale Bombing"-Elemente weisen auch die USAAF-Attacken gegen Berlin (3. Februar 1945, 2.893 Tote) und Halberstadt (8. April 1945, 1.800 bis 3.000 Tote) auf; J. Friedrich, Der Brand, S. 357 u. 364.

394 Siehe L. Fritze, Die Moral des Bombenterrors, S. 257.

wie die Sowjetunion oder Hitler-Deutschland.[395] Dennoch verlegten die amerikanischen Heeresluftstreitkräfte sich hier, entgegen ihrer Doktrin, kompromißlos auf das Demoralisierungskonzept – verständlich höchstens im Lichte des japanischen Luftschlags gegen den Flottenstützpunkt Pearl Harbor am 7. Dezember 1941, der die Feindseligkeiten zwischen beiden Ländern ausgelöst und in den USA das Entstehen eines Japanbildes mit rassistischen Beimengungen begünstigt hatte.

Großflächige Spreng- und Brandbombenabwürfe vernichteten Anfang 1945 nacheinander Tokio, Nagoya, Yokohama, Kobe und Osaka. In Tokio kamen am 8. und 9. März „innerhalb von sechs Stunden wahrscheinlich mehr Menschen durch Feuer um ... als zu irgendeiner anderen Zeit in der Menschheitsgeschichte".[396] Es waren mindestens 83.000.[397] Am 6. und 9. August 1945 folgten die atomaren Schläge der USAAF, die in *Hiroshima* nach verbreiteten Schätzungen zwischen 80.000 und 200.000, in *Nagasaki* zwischen 25.000 und 75.000 Menschen töteten. Über 10 % waren Zwangsarbeiter aus Korea.[398] Nach einer jährlich fortgeschriebenen japanischen Statistik starben bis zum 6. August 2005 allein im Raum Hiroshima 242.437 Menschen, die meisten von ihnen – darunter genetisch geschädigte Nachkriegskinder – an den Spätfolgen radioaktiver Kontamination.[399] Obwohl nur ein Neuntel der über Deutschland abgeworfenen Bombentonnage japanische Städte traf, wurde dort eine doppelt so große Fläche verwüstet: insgesamt 440 km^2. Verglichen mit den 145 km^2 von Tokio wirken die Totalschadensflächen von Berlin und Hamburg mit je 25 km^2 wie mikrochirurgisch erzeugte Deformierungen.[400]

Der erste Anschein spricht für eine kausale Verknüpfung zwischen den Atombomben und der japanischen Kapitulationserklärung vom 14. August 1945. Gleichwohl bedarf die Zusammenhangsfrage gründlicher Vertiefung. Umstritten ist bereits, inwieweit „Hiroshima" und „Nagasaki"

---

395 Allerdings forderte allein der chinesisch-japanische Konflikt mindestens 20 Millionen Opfer; St. Scheil, Japans Krieg gegen seinen schwächsten Gegner, Junge Freiheit, 6. Juli 2007. Scheil folgert daraus, den Beginn des Zweiten Weltkriegs auf das Jahr 1932 zu datieren, in dem Japan die zu China gehörende Mandschurei besetzte.

396 US Strategic Bombing Survey; zitiert nach N. Chomsky, War Against People, S. 117: „Die Brandbomben waren so wirksam, weil Tokio fast ausschließlich aus Holzhäusern bestand. Erwartungsgemäß entwickelte sich ein furchtbarer Feuersturm, der aus der Stadt ein Inferno machte. Immerhin stand Tokio nun nicht mehr auf der Liste der Zielobjekte von Atombomben, weil man in den USA erkannt hatte, daß eine weitere Zerstörung keinen Eindruck machen ... würde."

397 J. Friedrich, Der Brand, S. 19 f.

398 Brockhaus Geschichte, Leipzig/Mannheim 2003, S. 362 f. u. 599. – L. Fritze, Die Moral des Bombenterrors, S. 259, nennt für Hiroshima 130.000 bis 150.000 und für Nagasaki 70.000 bis 80.000 Bombentote, jeweils gezählt am Ende des Jahres 1945.

399 S. Hansen, Koizumi läßt Opfer abblitzen, die tageszeitung (taz), 8. August 2005.

400 F. Litten, Die amerikanische Bombardierung Japans, Frankfurter Allgemeine Zeitung, 7. Mai 2005.

die Durchhaltemoral des Inselvolks überhaupt beschädigt haben. Unmittelbar nach den Angriffen soll fast jeder zweite Japaner unbeirrt an einen militärischen Sieg geglaubt haben.[401] Hauptursache der Niederlage Japans waren jedenfalls die Abschnürung des Landes von Rohstoffquellen und Nahrungsmittelzufuhr sowie die rasch fortschreitende Dezimierung der japanischen Seeflotte. Selbst „Morale Bombing"-Befürworter Churchill spielt in seinen Memoiren den Untergang Hiroshimas und Nagasakis herunter: „Die Annahme, Japans Schicksal sei durch die Atombombe besiegelt worden, ist falsch. Die Niederlage war als Folge der überwältigenden maritimen Macht seiner Gegner schon vor dem Abwurf der ersten dieser Bomben eine Gewißheit."[402]

Detailliert wie ein Militärhistoriker beschreibt Rawls wichtige Stationen des Pazifikkriegs: „Die US-Marine schlug die japanische Marine bei Midway im Juni 1942, schlug ihre Versorgungsflotte in der Schlacht im Philippinischen Meer vor Saipan im Juni 1944 und fügte ihrer Kriegsflotte in der St.-Bernardino-Straße nördlich von Leyd und in der Suriago-Straße südlich von Leyte im Oktober 1944 schwere Schäden zu; währenddessen eroberten die Marines die Marshall-Inseln, Guam, Saipan und Iwo Jima, und die Armee eroberte Neuguinea und die Philippinen mit der abschließenden Schlacht um Okinawa. Damit war der Krieg effektiv zu Ende."[403]

Positive Wertungen der Atombombenabwürfe beruhen meist auf der Behauptung, dadurch sei eine verlustreiche Invasion der japanischen Hauptinseln vermieden worden. Dies ist nicht zuletzt die Sichtweise eines Mannes, der als Symbolfigur unterschiedsloser Angriffe auf Zivilisten gilt: Arthur Harris.[404] Zum 50. Jahrestag des Kriegsendes wollte sich aber auch die US-Post dem Patriotismus in der Geschichtsdeutung nicht verschließen. Sie plante eine Sonderbriefmarke mit dem charakteristischen Atompilz sowie der Erläuterung „Atomic Bombs hasten War's End" und nahm erst auf diskreten Druck des Weißen Hauses von dem unsensiblen Vorhaben Abstand.[405]

Haben die Atombombeneinsätze den Pazifik- und damit auch den Zweiten Weltkrieg aber wirklich beendet? Zweifel sind erlaubt. Das gilt

---

401 J. F. Ch. Fuller, Der Zweite Weltkrieg 1939–1945; S. 458 f., und E. Spetzler, Luftkrieg und Menschlichkeit, S. 364.

402 W. Churchill, Memoiren, Sechstes Buch, Zweiter Band („Der Eiserne Vorhang"), S. 343 f.;

Churchills gleichwohl (versteckt) positives Urteil über die Atombomben auf Japan, ebenda, S. 333 ff., mag seiner Solidarität mit US-Präsident Truman, aber auch der Sorge geschuldet sein, wegen der Vernichtung Dresdens selber an den moralischen Pranger zu geraten.

403 J. Rawls, Das Recht der Völker, S. 242.

404 A. Harris, Bomber Offensive, S. 275 ff.

405 D. Bald, Hiroshima 1945, S. 434.

zumindest für den Absolutheitsanspruch, den Verfechter dieser These gern reklamieren. Die dramatische Entwicklung der japanisch-sowjetischen Beziehungen lassen sie außer Betracht. Stalin brach am 9. August 1945 auf Betreiben der USA den japanisch-sowjetischen Neutralitätspakt[406]; tags darauf marschierte die Rote Armee in die strategisch bedeutsame, seit 1932 von Japan besetzte Mandschurei ein. Beide Vorgänge mußten den Durchhaltewillen des Inselstaats um so massiver erschüttern, als Kaiser Hirohito lange auf eine Vermittlerrolle Stalins gesetzt hatte. Plausibel erscheint daher eine komplexe Verkürzungsthese mit *zwei Kausalfaktoren*, von denen jeder eine nicht hinwegzudenkende Teilursache der Kapitulation bildet. Dieses Modell vertritt der in Santa Barbara lehrende Historiker Tsuyoshi Hasegawa: „Die japanischen Führer wußten, daß Japan den Krieg verlieren würde. Aber Niederlage und Kapitulation sind nicht das gleiche. Die Kapitulation ist ein politischer Akt. Ohne den Zwillingsschock der Atombomben und des sowjetischen Kriegseintritts hätten die Japaner im August niemals die Kapitulation akzeptiert."[407]

Was folgt daraus für die Frage nach der ethischen Rechtfertigung der Atomwaffeneinsätze? Sie muß von vornherein verneinen, wer

- die gezielte Tötung Unschuldiger grundsätzlich für verboten hält,
- die gezielte Tötung Unschuldiger dann für verboten hält, wenn sie lediglich der Verkürzung eines de facto bereits entschiedenen Krieges dient und daher nicht zur notwendigen Bedingung der Errichtung oder Bewahrung eines freiheitlich-demokratischen Rechtsstaats werden kann, oder
- den Einsatz atomarer Waffen grundsätzlich für verboten hält, weil er die Bedingungen der Existenz menschlicher Zivilisation und gleichzeitig auch des Moralprinzips selber gefährdet.

Jeder andere Moralphilosoph müßte fragen, ob die hunderttausendfachen Tod bringenden Atombomben *geeignet, erforderlich* und alles in allem *verhältnismäßig* waren, eine weitaus größere Zahl anderer Menschen, vor allem Frontsoldaten aller Kriegsparteien, vor dem Tod zu bewahren. Schwerpunktmäßig geht es um die Erforderlichkeit bzw. militärische Notwendigkeit: Es hätte aus damaliger Sicht keine Frieden schaffende und per saldo Menschenleben rettende Alternative zu „Hiroshima" und

406 St. Scheil, Japans Krieg gegen seinen schwächsten Gegner, Junge Freiheit, 6. Juli 2007: „Die japanische Regierung ließ sich im Frühjahr 1941 von den Moskauer Machthabern betrügen und schloß einen Neutralitätsvertrag ab, der Stalin den Rücken für einen Krieg gegen Deutschland freihielt ... Der Einsatz eines nennenswerten Teils jener nach Millionen zählenden japanischen Truppen ... wäre gegen die Rote Armee jedoch kaum ohne Wirkung geblieben."

407 T. Hasegawa, Racing the Enemy, S. 295.

„Nagasaki" geben dürfen. An dieser Voraussetzung fehlt es aber aus drei Gründen.

Erstens haben die Vereinigten Staaten nicht alle *Möglichkeiten eines für Japan erträglichen Verhandlungsfriedens* ausgelotet, obwohl sie „als ein liberales demokratisches Volk ... dem japanischen Volk" ein solches Angebot schuldeten".[408] Der seit April 1945 amtierende Roosevelt-Nachfolger Harry S. Truman hätte dafür nur die Bereitschaft gebraucht, ein Stück weit auf die kulturellen Prägungen des Inselreichs einzugehen. Eingedenk der für unabwendbar gehaltenen Niederlage gab es dort eine wachsende Bereitschaft zur Unterwerfung. Mitte Juli 1945 fing der amerikanische Geheimdienst Kabeltelegramme ab, in denen Kaiser Hirohito eindringlich an seine Militärs appellierte, einen Verhandlungsfrieden anzustreben. In seinen Potsdamer Tagebucheintragungen erwähnt Truman ein „Telegramm vom Japsenkaiser [Jap Emperor] mit der Bitte um Frieden".[409] Statt auf diplomatischem Wege darauf einzugehen, verlangten die Amerikaner am 26. Juli 1945 plötzlich die bedingungslose Kapitulation und obendrein die das japanische Volk aufwühlende Abdankung des Tenno. Eine großzügigere Fassung des Kapitulationsparagraphen im Entwurf der Potsdamer Erklärung war zuvor von Truman gestrichen worden. Wie willkürlich dessen Forderungen waren, zeigt die Tatsache, daß Hirohito letzten Endes doch Kaiser bleiben durfte. Die japanische Verfassung von 1947 beschnitt lediglich seine Rechte. Der amerikanische Präsident, so scheint es, wollte im Sommer 1945 keinen Verhandlungsfrieden.

Zweitens hätte Truman den sich lange anbahnenden *Kriegseintritt der Sowjetunion* abwarten können.[410] Alle wichtigen westalliierten Militärexperten gingen davon aus, daß ein Einfallen der Roten Armee auf irgendeiner japanischen Insel den Krieg beenden würde. „Träte Rußland in den Krieg mit Japan ein, würden die Japaner wahrscheinlich unter so gut wie jeder Bedingung mit Ausnahme der Absetzung ihres Kaisers Schluß machen wollen."[411] Pikanterweise soll Truman vor allem deshalb zur Potsdamer Konferenz gereist sein, um Stalin zur Kriegserklärung an Japan zu bewegen. Am 17. Juli 1945 fand dort ein erstes Treffen der beiden statt. Nachdem Stalin Entgegenkommen signalisiert hatte, schrieb Truman erfreut in sein Tagebuch: „Ab 15. August macht er im Krieg ge-

---

408 J. Rawls, Das Recht der Völker, S. 126.

409 Zitiert nach G. Alperovitz, Hiroshima (Aufsatz), S. 242.

410 Eine in rechtsethischer Sicht allerdings fragwürdige Alternative, die möglicherweise in Nachkriegsjapan erneut zur Bildung einer Diktatur, diesmal nach stalinistischem Muster, geführt hätte.

411 General Ismay nach einer Auswertung nachrichtendienstlicher Informationen an Premierminister Churchill; zitiert nach G. Alperovitz, Hiroshima (Aufsatz), S. 241.

gen die Japsen [Jap War] mit. ... Dann sind die Japsen perdü [Fini Japs when that comes about]."[412]

Drittens wurde nicht versucht, die Auslöschung Hiroshimas und Nagasakis durch *moralisch unbedenkliche Militäroperationen* zu vermeiden. Weder haben die USAAF eine Sprengbombenoffensive gegen solche militärischen Ziele gestartet, deren Vernichtung ebenfalls zu einer raschen Kapitulation hätte führen oder eine unumgängliche Invasion zumindest hätte erleichtern können, noch haben sie die zerstörerische Kraft der Atombombe zunächst über militärischen Zielen fernab menschlicher Siedlungen demonstriert. Harry S. Truman folgte seinem Außenminister James F. Byrnes, der gegen die Empfehlungen fast aller Präsidentenberater die Horrorwaffe zur Massentötung von Menschen einsetzen wollte.[413]

Mindestens ebenso verwerflich wie der Abwurf der Uranbombe „Little Boy" auf Hiroshima ist die Auslöschung Nagasakis mit der Plutoniumbombe „Fat Man".[414] Warum wurde Japan nach dem ersten Atomschlag keine Bedenkzeit von mindestens zwei Wochen zur Annahme der Kapitulationsforderung eingeräumt? Die ebenso banale wie beunruhigende Antwort: „Um Stalin und der Welt zu zeigen, daß die erste Bombe nicht die einzige war."[415] Selbst ein regierungstreuer Völkerrechtler wie Telford Taylor, US-amerikanischer Ankläger vor dem Nürnberger Militärtribunal, schätzt die Atomisierung Nagasakis als schweres Verbrechen ein.[416] Dies ist um so bemerkenswerter, als er 1946 die systematische Verbrennung deutscher Städte als „anerkannten Teil moderner Kriegführung" rehabilitieren wollte, „der alle Nationen anhingen".[417] Immanuel Kants kategorischer Imperativ „Handle so, daß du die Menschheit, sowohl in deiner Person als auch in der Person eines jeden anderen, jederzeit zugleich als Zweck, niemals bloß als Mittel brauchst" („Formel des Reiches der Zwecke")[418], wurde in Tokio, Hiroshima und Nagasaki wie zuvor in Dresden, Hamburg und Pforzheim von einer grauenhaften Instrumentalisierung des Menschen verdrängt. Truman hob später hervor, „die Entscheidung habe ihm kein Kopfzerbrechen bereitet. Sie wurde ihm sicher

412 Zitiert nach G. Alperovitz, Hiroshima (Aufsatz), S. 242.

413 G. Alperovitz, Hiroshima (Aufsatz), S. 243.

414 „Fat Man" ist eine Anspielung auf Churchill; siehe N. Busse, Das Atomzeitalter, Frankfurter Allgemeine Zeitung, 6. August 2005. Welch hintersinnige Ambivalenz: Ein Vordenker der „Morale Bombing"-Strategie gegen Deutschland wurde zum Symbol atomaren Demoralisierungsbombens im Pazifik!

415 F. Coulmas, Hiroshima, S. 17.

416 F. Coulmas, Opfer auf den Altar, S. 13.

417 T. Taylor, Final Report to the Secretary of the Army on the Nuremburg War Crimes Trials under Control Council Law No. 10, Washington DC 1949, S. 65; zitiert nach H. Boog, Völkerrecht und Menschlichkeit im Luftkrieg, S. 308.

418 I. Kant, Grundlegung zur Metaphysik der Sitten, S. 52.

dadurch erleichtert, daß er die Japaner als ‚Wilde' betrachtete, die Amerika zuvor ohne Kriegserklärung angegriffen hatten".[419]

Was mag den Präsidenten und seinen Außenminister von der atomaren Luftkriegsstrategie überzeugt haben? Das Argument, die Logik des Krieges führe zwangsläufig zum Verbrauch verfügbarer Waffensysteme, geht schon deshalb fehl, weil maßgebende US-Militärs die Bombenabwürfe ablehnten. Entrüstet schrieb Admiral William D. Leahy, Vorsitzender der Vereinigten Stabschefs der US Army, nach dem Krieg: „Der Einsatz dieser barbarischen Waffe in Hiroshima und Nagasaki brachte in unserem Krieg gegen Japan keine materielle Unterstützung ... Dadurch, daß wir sie als erste benutzten, ... machten wir uns den ethischen Maßstab zu eigen, der den Barbaren des finstersten Mittelalters gemein war. Man hat mir nicht beigebracht, Krieg auf diese Weise zu führen, und Kriege kann man nicht dadurch gewinnen, daß man Frauen und Kinder vernichtet."[420]

Ähnlich urteilen Kritiker außerhalb der US-Militärhierarchie. Der britische Generalmajor und Militärhistoriker Fuller konzentriert sich auf den Aspekt der Präzisionsschläge: „Es ist höchst wahrscheinlich, daß, wenn das strategische Bomben auf die Zerstörung der japanischen Handelsmarine und der Eisenbahnen statt auf Industrien und Städte konzentriert worden wäre, bis August 1945 weiterer Widerstand unmöglich geworden wäre."[421] Noch günstiger schätzt Philosoph Rawls die militärische Lage der USA ein. Eine Beschränkung der USAAF auf rein taktische Operationen hätte von Anfang an ausgereicht: „Es hätte nach meiner Überzeugung die Wirksamkeit der amerikanischen Armee und Marine bei der Niederschlagung der Japaner nicht beeinträchtigt, wenn sie [die Heeresluftstreitkräfte] dieser Lehre gefolgt wären."[422]

Einiges deutet darauf hin, daß der außenpolitisch unerfahrene, aber bezüglich Stalin instinktsichere Truman rasch zu einer kritischen Haltung gegenüber dem kommunistischen Diktator fand. Seine auf den ersten Blick „Stalin-freundlichen" Potsdamer Tagebucheintragungen sind eine Momentaufnahme und lassen keine grundsätzlich andere Deutung zu. Der neue US-Präsident dürfte umfassend von Winston Churchill beraten worden sein, der Stalin wesentlich mißtrauischer begegnete als Franklin Roosevelt.[423] Berauscht von einem Atomtest in der Wüste Nevada am 16. Juli 1945, wollte Truman die „Beute" Japan im letzten Moment wohl

---

419 V. Zastrow, Hiroshima, Frankfurter Allgemeine Zeitung, 5. August 2005.

420 Zitiert nach G. Alperovitz, Hiroshima, S. 237 f.

421 J. F. Ch. Fuller, Der Zweite Weltkrieg 1939–1945, S. 459; noch entschiedener J. Rawls, Das Recht der Völker, S. 126: „Eine Invasion war am 6. August 1945 nicht mehr notwendig, denn der Krieg war im Grunde beendet."

422 J. Rawls, Das Recht der Völker, S. 241 f.

423 W. Churchill, Memoiren, Sechster Band, Zweites Buch („Der Eiserne Vorhang"), S. 157 ff.

US-Propaganda-Plakat

nicht mit dem fragwürdigen Verbündeten teilen. Ihn unterstützte ein Außenminister Byrnes, der nach den Beobachtungen eines Kabinettskollegen „stark darauf erpicht" war, „das Thema Japan zu erledigen, bevor sich die Russen einmischen".[424] Ähnlich sieht das ein deutscher Kenner des fernöstlichen Inselstaats: „Die Vernichtung galt nicht einmal den Opfern selbst, den Opfern Hiroshimas; denn das Publikum, für das das Schauspiel ihrer Tötung gedacht war, saß in Tokio und in Moskau."[425] Unterstellen wir zu Trumans Gunsten, daß er sich auch als demokratischer Staatsmann in der Pflicht sah. Nach den Erfahrungen westlicher Politiker mit Zugeständnissen an Hitler – kritisiert wurde vor allem Neville Chamberlain – dürfte der US-Präsident alles versucht haben, stalinistischen Terror in einem von der Roten Armee besetzten Japan und die Entstehung einer weiteren, kommunistischen Nachkriegsdiktatur zu verhindern.

Entschuldigen oder gar rechtfertigen kann das den Atomwaffeneinsatz aber nicht. Er demonstriert wie kein anderes Geschehen den *Alptraum von Massentötungen mit den Mitteln der Hochtechnologie*. Erschreckend gering achtete der Repräsentant eines den Menschenrechten verpflichteten Verfassungsstaats das Leben unschuldiger Japaner, die er spätestens seit Pearl Harbor für „Bestien"[426] hielt. Nach dem Krieg versuchte Truman, sich mit Hinweisen auf Hunderttausende von geretteten US-Soldaten zu rechtfertigen. Seine Mengenangaben kletterten schneller als die Opferzahlen von Hiroshima und Nagasaki. Am 28. April 1959 verstieg er sich in der Columbia University zu der Feststellung: „Der Abwurf der Bomben hat den Krieg beendet, Millionen von Leben gerettet."[427] Seine Behauptung ist reine Spekulation und wirft die Frage auf, mit welcher Heeresstärke die Amerikaner im Invasionsfall überhaupt hätten kalkulieren können. Auf der Basis von Trumans letzter Aussage wären das wohl über zwanzig Millionen Soldaten gewesen – eine unrealistische Kategorie! Zudem hat sich der amerikanische Präsident vor den Bombenabwürfen kaum mit konkreten Folgenabschätzungen gequält – erst recht nicht mit der in etwa vorhersehbaren Zahl japanischer Opfer.[428]

---

424 Aus dem Kriegstagebuch von US-Marineminister James V. Forrestal; zitiert nach G. Alperovitz, Hiroshima, S. 244.

425 F. Coulmas, Hiroshima, S. 67 f.

426 D. McCollough, Truman, S. 458.

427 Zitiert nach L. Fritze, Die Moral des Bombenterrors, S. 261, der darauf verweist, daß George Bush sen. 1991 diese Behauptung Trumans wiederholt habe („spared millions of American lives").

428 F. Coulmas, Hiroshima, S. 14. – „Ich bin sicher, daß all das unter Roosevelt nicht möglich gewesen wäre", schrieb Albert Einstein 1946 (zitiert nach G. Alperovitz, Hiroshima. Die Entscheidung für den Abwurf der Bombe, S. 727). Wenn er sich da nicht täuscht! Die vernichtenden Brandbombenangriffe auf Japan vom Frühjahr 1945 fallen überwiegend in die Amtszeit Roosevelts.

Kölner Kirche „St. Maria im Kapitol" nach einem Bombenangriff

Ein jedem Sportverein vertrautes Selektionsmodell rückt bei der Besetzung höchster Ämter im Rechtsstaat zuweilen in den Hintergrund: *das Prinzip der Bestenauslese*. Nicht der Einsatz von Kapital, nicht aufwendig gestaltete Wahlkämpfe oder Ergebenheit gegenüber Wirtschaftseliten, sondern Humanität, Freiheitsliebe und Gerechtigkeitssinn müssen neben der politisch-ökonomischen Sachkunde eines Bewerbers den Ausschlag geben. Auf den Prüfstand gerät aber auch das *Demokratieprinzip*. Nach allem, was wir wissen, entschieden ganze zwei Personen, Truman und Byrnes, im August 1945 gegen den Rat fast aller Fachleute eine für die Vereinigten Staaten von Amerika, Japan und die ganze Welt existenzielle Frage. Das ist unerträglich. Zur Herrschaft legitimiert sind das Volk bzw. die von ihm in demokratischen Wahlen autorisierten Regierungen, die ihrerseits parlamentarischer Kontrolle unterliegen müssen. Lobbyistische „Mikrozellen" mit unzureichender moralischer Kompetenz, die sich dieser Kontrolle im entscheidenden Moment auch noch entziehen, beschädigen das Demokratieideal abendländischer Staatskunst.[429]

429 G. Alperovitz, Hiroshima (Aufsatz), S. 240: „Die Macht einer ganz winzigen Anzahl von Menschen, eine schreckliche Kraft einzusetzen ..., widerspricht per se zutiefst dem Sinngehalt von ‚Demokratie'. Was bedeutet es ... für diejenigen, die sich ‚Demokraten' nennen,

Hören wir noch einmal John Rawls, den großen philosophischen Aufklärer des 20. Jahrhunderts. Anders als bei den Flächenangriffen auf Deutschland, so Rawls, habe im Pazifik nicht einmal anfänglich die „Ausnahme einer äußersten Notlage“ bestanden. Leichtfertig hätten die US-Amerikaner, ein zweifelsfrei „wohlgeordnetes Volk“, Signale des Tenno zu einem Verhandlungsfrieden mißachtet: „Im Lichte dieser Grundsätze waren sowohl der Abwurf von Brandbomben über Tokio und andere japanische Städte im Frühling 1945 als auch der Abwurf von Atombomben über Hiroshima und Nagasaki, beides primär Angriffe auf die Zivilbevölkerung, sehr schwere Vergehen, und so werden sie heute auch weithin, wenn auch nicht allgemein, gesehen.“[430]

Rawls' Ethik des Ius in bello – abgeleitet aus der Theorie eines erweiterten (hypothetischen) Gesellschaftsvertrags – leitet über zu der Frage, ob Prinzipien humaner Luftkriegführung auch als *Völkernatur- bzw. -vernunftrecht* mit höchstem Geltungsanspruch interpretiert werden können. Dies hätte weitreichende Konsequenzen. Geschriebenes Völkervertragsrecht stünde gleichsam unter der Kontrolle fundamentaler Prinzipien eines idealen Gesellschaftsvertrags. Systemwidrig fehlende, widersprüchliche oder gar empörend unmoralische Verträge oder Vertragsklauseln der internationalen Staatengemeinschaft ließen sich durch höherrangige Normen ergänzen bzw. ablösen. Eine Öffnung der Völkerrechtswissenschaft gegenüber jenem Lösungsmodell wäre zu begrüßen. Sie würde verzweigte historische Wurzeln freilegen. Gehört es doch zu den elementaren Aufgaben des Ius gentium, Kriegshandlungen an ein unverzichtbares ethisches Minimum zu binden. Die Folgekapitel gelten der Frage, ob das in den 1940er Jahren geltende Luftkriegsvertragsrecht Auslegungen erlaubt, die den Anforderungen von Vernunft, Aufklärung und Moral entsprechen.

---

daß sie es heute einem einzigen Menschen gestatten, die Zerstörung des gesamten Planeten anzuordnen, wenn er es für richtig hält?“

430 J. Rawls, Das Recht der Völker, S. 120.

Rechtstheoretischer Exkurs

Zur Anwendbarkeit der Haager Landkriegsordnung

Nicht nur Philosophen und Theologen, auch Vertreter anderer Fakultäten debattieren leidenschaftlich über den Luftkrieg der 1940er Jahre. Soweit es um völkerrechtliche Analysen geht, werden unbefangene Leser die Diskurshoheit bei Juristen vermuten. Erstaunlicherweise ist das hierzulande aber kaum der Fall. Irritierend wenig hat die deutsche Völkerrechtswissenschaft zur Aufarbeitung der systematisch geplanten Zerstörung europäischer Städte beigetragen. Regalmeter voller Monographien über die Haager Landkriegsordnung und ihre Auslegungsmöglichkeiten, über ein ungeschriebenes Luftkriegsgewohnheitsrecht, über die entschädigungs- und strafrechtliche Verantwortlichkeit der „Bomber-Staaten" und ihrer Befehlshaber? Fehlanzeige![431] Mögen die Gründe dieser Abstinenz auch vielschichtig sein: fachliches Desinteresse, „Political Correctness", die Angst, auf internationaler Ebene in eine Außenseiterrolle zu geraten; der Befund bleibt ernüchternd. Wer ernsthaft die Sinnlosigkeit juristischer Debatten über „Dresden" behauptet,[432] der sollte seine These mit Argumenten füttern. Und wenn er keine hat, dann sollte er schweigen oder, besser noch, selber wissenschaftliche Beiträge zum unterschiedslosen Bombenkrieg verfassen!

Stellvertretend für den Juristenstand führen Militärhistoriker den *kriegsvölkerrechtlichen Diskurs* in Deutschland. Horst Boog, Olaf Groehler und Manfred Messerschmidt gelingt das auf beachtlichem Niveau – nachzulesen etwa im Sammelband „Luftkriegführung im Zweiten Weltkrieg. Ein internationaler Vergleich"

---

431 Neben dem Nachwort von Armin Steinkamm, Grundlagen und Entwicklung des Kriegsvölkerrechts und ausgewählte Kategorien der Kriegsverbrechen, in: Franz W. Seidler und Alfred M. de Zayas (Hrsg.): Kriegsverbrechen in Europa und im Nahen Osten im 20. Jahrhundert, sei „Luftkrieg und Menschlichkeit. Die völkerrechtliche Stellung der Zivilpersonen im Luftkrieg" (Diss. jur., Göttingen 1956) von Eberhard Spetzler erwähnt. Entgegen den Erwartungen des Göttinger Ordinarius Georg Erler („wichtige Vorarbeit für die Neubesinnung auf die rechtlichen Grenzen des Luftkrieges"; ebenda, S. VIII) ist diese Monographie praktisch in Vergessenheit geraten. – Die Grazer Dissertation „Der Luftkrieg 1939–1945. Eine kriegsrechtliche Untersuchung" (1959; zuletzt veröffentlicht 1998 unter dem Titel „Europa im Bombenkrieg 1939–1945) des Juristen und Historikers Maximilian Czesany ist eher ein informatives, kraftvoll formuliertes Geschichtsbuch. – Die Dissertation „Luftkrieg und Zivilbevölkerung" (1991) des Salzburger Rechtshistorikers Heinz Marcus Hanke bezieht sich laut Untertitel „Der kriegsvölkerrechtliche Schutz der Zivilbevölkerung gegen Luftbombardements von den Anfängen bis zum Ausbruch des Zweiten Weltkrieges" ausdrücklich nicht auf die Jahre 1940–1945.

432 Bundespräsident Roman Herzog am 13. Februar 1995 in Dresden: „Es gibt keinen Sinn, darüber zu richten, ob der Bombenkrieg, an dessen Unmenschlichkeit ohnehin niemand zweifelt, im juristischen Sinne rechtmäßig gewesen ist oder nicht. Was bringt uns das …?" (zitiert nach Frankfurter Allgemeine Zeitung, 14. Februar 1995).

(1993).[433] Vereinfacht gesagt halten Boog und Messerschmidt das Area Bombing für kriegsrechtswidrig, während Groehler Flächenangriffe auf deutsche Städte wegen der NS-Verbrechen von diesem Unwerturteil auszunehmen scheint.[434] Seine Lösung lehnt sich an die Deutungsmuster des Historikerstreits an und kommt nur teilweise aus dem Dunstkreis fragwürdiger „Tätervolktheorien" heraus. Allerdings liegen ihr bemerkenswerte Einzelerwägungen zugrunde, die in der normativen Debatte um den Luftkrieg nicht ausgeblendet werden dürfen und, wie John Rawls' profunde Kritik anglo-amerikanischer Flächenangriffe zeigt, gerade von den kompetentesten Analytikern auch nicht länger ausgeblendet werden.

Auffallend selten werden Ethik und (Luftkriegs)völkerrecht miteinander verglichen. Wenn das dennoch geschieht, schälen sich zwei divergierende Ansätze heraus. Wer rechtliche Verbote des Demoralisierungsbombens nicht erkennen kann oder will, pocht auf die geringe Reichweite ethischer Argumente im Völkerrecht.[435] Demgegenüber sind Bekenntnisse zu einem humanitären Luftkriegsrecht in hohem Maße ethisch inspiriert. Wie kein zweites Dokument zeigt das der flammende Appell des Bischofs von Chichester, George Bell, zum Primat von Recht und Moral über rasende, – in den Worten Jörg Friedrichs – „unerklärliche Vernichtungstrunkenheit".[436] In einer erhellenden Unterhausrede verwies Bell auf ein tragendes Fundament des Völkerrechts: den Grundsatz der Verhältnismäßig-

---

433 Der lesenswerte Band enthält Referate einer Historikertagung des Militärwissenschaftlichen Forschungsamts (Freiburg/Breisgau) vom 29. August bis 2. September 1988. Leitender Wissenschaftlicher Direktor bei diesem Amt war Horst Boog.

434 H. Boog, Luftwaffe und unterschiedsloser Bombenkrieg bis 1942, S. 435–468; O. Groehler, Der strategische Luftkrieg und seine Auswirkungen auf die deutsche Zivilbevölkerung; S. 329–349; M. Messerschmidt, Strategischer Luftkrieg und Völkerrecht, S. 351–362. – Von dem (auch) normativen Ansatz Boogs, Groehlers und Messerschmidts grenzt sich der „Empiriker" R. Kohn, Luftkrieg und Menschlichkeit. Kommentar, S. 473, ab: „Ich bin mit dieser Methode nicht einverstanden, denn es ist nicht unsere Aufgabe zu urteilen, sondern Fakten zu sammeln, sie zu erklären und zu interpretieren. Hier steht unsere Objektivität, das A und O unseres Berufsethos, auf dem Spiel."

435 Welch unpräzise Formulierungen sowie Vermengungen empirischer und normativer Aussagen sich dabei einschleichen können, zeigen Sätze eines renommierten Völkerrechtlers mit dem Ehrentitel „Outstanding Educator of America". W. H. Parks, Luftkrieg und Kriegsvölkerrecht, S. 412, schreibt: „So kam es zu dem rechtlichen Vakuum, das während des ganzen Zweiten Weltkriegs bestand. Es handelte sich hier natürlich um kein totales Vakuum. Alle Nationen stimmten darin überein, daß unterschiedslose Bombardierungen ... verboten seien. Die anerkannte und anscheinend akzeptierte Philosophie der Unterscheidung wurde jedoch durch folgende Gesichtspunkte eingeschränkt: a) durch die althergebrachte nationale Praxis, wonach indirekte Zivilopfer nicht nur das unausweichliche Ergebnis einer Bombardierung waren, sondern der Preis, den eine im Krieg befindliche Nation zu bezahlen hatte; die Vermeidung derartiger Opfer lag in der Hauptverantwortung des Verteidigers, der die allgemeine Kontrolle über die Zivilbevölkerung hatte, und b) durch den ebenso althergebrachten Grundsatz, daß indirekte Zivilopfer entweder aufgrund einer allgemeinen oder einer ungenauen Bombardierung ein Weg waren, um die Moral der feindlichen Nation rechtmäßig zu beeinflussen." – Parks fühlt sich erkennbar unwohl. Einerseits bejaht er für die Jahre 1939 ff. ein humanitäres Luftkriegsrecht; andererseits schreckt er vor konsequenten Bewertungen alliierter Luftkriegführung zurück.

436 Zu George Bell siehe u. a. M. Czesany, Europa im Bombenkrieg 1939–1945, S. 385–389; von „unerklärlicher Vernichtungstrunkenheit" spricht J. Friedrich, Der Brand, S. 189 f., im Zusammenhang mit der Bombardierung Danzigs am 26. März 1945, als die Alliierten sich längst über die Ausgliederung der Stadt aus dem Deutschen Reich und die Westverschiebung Polens einig waren.

Die Überreste eines im Hamburger Feuersturm verglühten Melders

keit. Dieser ergänzt die berühmte Anlage zum IV. Haager Abkommen betreffend die Gesetze und Gebräuche des Landkrieges vom 18. Oktober 1907 (*Anlage = Haager Landkriegsordnung = HLKO*), ein von fast allen Militärmächten ratifiziertes Vertragswerk zum Schutze von Zivilbevölkerung und Kriegsgefangenen.

Die HLKO gliedert sich in die Abschnitte „Kriegführende" (Art. 1 bis 21), „Feindseligkeiten" (Art. 22 bis 41) und „Militärische Gewalt auf besetztem feindlichem Gebiete" (Art. 42 bis 56). Ihre Normen könnten rechtlicher Gradmesser aller Luftschläge des Zweiten Weltkriegs sein. Das gilt bspw. für Art. 23 HLKO: „Namentlich untersagt ist ... b) die meuchlerische Tötung oder Verwundung von Angehörigen des feindlichen Volkes oder Heeres ... sowie g) die Zerstörung oder Wegnahme feindlichen Eigentums außer in den Fällen, wo diese Zerstörung oder Wegnahme durch die Erfordernisse des Krieges dringend erheischt wird". Art. 25 HLKO lautet: „Es ist untersagt, unverteidigte Städte, Dörfer, Wohnstätten oder Gebäude, mit welchen Mitteln es auch sei, anzugreifen oder zu beschießen." Nach Art. 27 HLKO sollen die Angreifer „alle erforderlichen Vorkehrungen treffen, um Gotteshäuser, Kunststätten, geschichtliche Denkmäler, Hospitäler sowie Sammelstellen für Kranke und Verwundete soviel wie möglich zu schonen."

Eine Anwendung der Art. 23, 25 und 27 HLKO auf unterschiedslose Flächenangriffe könnte aber an *Wortlaut* und *Systematik* des Haager Abkommens scheitern. Ins Blickfeld beider Auslegungskriterien gerät die Überschrift „Landkriegsordnung". Sie könnte den Anwendungsbereich der HLKO umfassend beschreiben und zugleich begrenzen. Hätten die Delegierten der Haager Friedenskonferenzen von 1899 und 1907 Luftschläge gegen Zivilisten verbieten wollen, so der skeptische Gedanke, dann hätten sie sich eher auf eine kombinierte „Land- und Luftkriegs-" oder gar eine isolierte „Luftkriegsordnung" verständigt.

Dieser Einwand überzeugt allerdings nur, wenn der Wortgebrauch von 1907 der Terminologie des Zweiten Weltkriegs im großen und ganzen entsprechen würde. Das ist aber nicht der Fall. Was 1940 ff. als „Luftkrieg" bezeichnet wurde (und im wesentlichen heute noch so bezeichnet wird), gab es 1907 nicht einmal im Ansatz. Die Völkerrechtssubjekte jener Zeit brauchten sich weder zu einer speziellen Luftkriegskodifikation gedrängt zu fühlen, noch konnten sie bei der Ratifizierung der HLKO eine realistische Vorstellung von massiven Spreng- und Brandbombeneinsätzen bis hin zum Dresdner „Thunderclap" haben. Sie konnten daher auch nicht beabsichtigen, solche Angriffe aus dem Schutzbereich ihrer Kodifikation herauszunehmen. Eine Auslegung der HLKO nach heutigem, von militärtechnischem Fortschritt geprägten Wortgebrauch wäre zu eng und liefe den Haager Intentionen zuwider. Sach- und problemadäquat erscheint die – im Rahmen des sprachlich Vertretbaren – weite Interpretation. Es empfiehlt sich, Begriffe wie Landkrieg oder Heer weniger auf die operative Basis kämpfender Truppen als auf den Wirkungsbereich ihrer Waffen zu beziehen. Resultat: In Dresden herrschte am 13./14. Februar 1945 „Landkrieg", da die Spreng- und Brandbomben der RAF und USAAF ihre zerstörerische Wirkung nicht in der Luft, sondern am Boden entfalteten. Wortlaut und Systematik der HLKO stehen einer Anwendung auf den strategischen Bombenkrieg der Jahre 1940 ff. also nicht entgegen.

Erhärtet wird dieses Ergebnis durch die *Entstehungsgeschichte* der HLKO.[437] Man betrachte die Welt einmal aus dem Blickwinkel von 1907. Jahrhundertelang hatten Waffengänge menschliche Siedlungen verwüstet und gefangenen Kämpfern keine großen Überlebenschancen gelassen: in Mitteleuropa vor allem während des Dreißigjährigen Kriegs (1618–1648) und – kaum weniger dramatisch – während des Pfälzer Erbfolgestreits (1688–1697) und der napoleonischen Feldzüge (1803–1814). Apokalyptischer Horror dringt aus den Worten des Physikers und Magdeburger Ratsherrn Otto von Guericke, der die Verwüstung seiner protestantischen Heimatstadt durch das kaiserlich-habsburgische Söldnerheer beschreibt. Am 20. Mai 1631 waren die Magdeburger fundamentalistisch-religiösem Haß und abgrundtiefen menschlichen Instinkten ausgesetzt: „Da ist nichts als Morden, Brennen, Plündern, Peinigen, Prügeln gewesen. ... Unter welcher währenden Wüterei dann, und da diese so herrliche, große Stadt, die gleichsam eine Fürstin im ganzen Lande war, in voller brennender Glut und solchem großen Jammer und unaussprechlicher Not und Herzeleid gestanden, sind mit gräulichem ängstlichen Mord- und Zetergeschrei viel tausend unschuldige Menschen, Weiber und Kinder, kläglich ermordet und auf vielerhand Weise erbärmlich hingerichtet worden, also daß es mit Worten nicht genugsam kann beschrieben und mit Tränen beweint werden. Es hat aber diese trübselige Zeit nicht viel über zwei Stunden lang in der Stadt gewähret, indem durch den unversehens zustoßenden Wind das Feuer ... dergestalt überhand genommen, daß um 10 Uhr vormittags alles im Feuer gestanden, und um 10 Uhr gegen die Nacht die ganze Stadt, zusammen mit dem schönen Rathause und allen Kirchen und Klöstern, völlig in der Aschen und Steinhaufen gelegen. Daher denn das kaiserliche Kriegesvolk, wenn es nicht selbst

437 Siehe das brillante Traktat „Die Haager Landkriegsordnung" des Rechtsphilosophen und Völkerrechtlers Rudolf Laun (5. Aufl. 1950). Laun behandelt vor allem die Völkerrechts(un)verträglichkeit des alliierten Besatzungsrechts. – Neuere HLKO-Monographien gibt es in Deutschland anscheinend nicht.

verbrennen wollen, wiederum aus der Stadt entweichen und sich in ihre Feldlager retirieren müssen."[438]

Grausamkeiten gegenüber der Zivilbevölkerung charakterisieren auch den amerikanischen Sezessionskrieg (1861–1865) und andere außereuropäische Waffengänge. Man mag einwenden, eine derart schockierende, elementare Moralprinzipien verhöhnende Kriegführung sei von Anfang an durch die Normen eines ungeschriebenen Natur- oder Vernunftrechts verboten worden. Dieses freilich konnte der durchschnittliche Kombattant nicht ohne weiteres erkennen. De facto hing die Einhaltung zivilisatorischer Mindeststandards von der moralischen Standhaftigkeit der Kämpfer, vor allem aber der Befehlshaber ab.

Vor diesem Hintergrund entwickelte sich neuzeitliches Völkerrecht, mittelalterliche Traditionen aufgreifend, als Lehre vom gerechten Krieg. Ideengeschichtlich kam es zu einem markanten Dualismus. Zum einen schuf die Völkerrechtslehre das Ius ad bellum. Zugrunde lag das hehre Ziel, interterritoriale Konflikte so weit wie möglich zu verhindern. Das damit korrespondierende Friedensvölkerrecht (Kriegsverhütungsrecht) beantwortet die Frage, ob und unter welchen Umständen ein Staat sich auf bewaffnete Konflikte einlassen darf. Klassischer Fall des Ius ad bellum ist der Verteidigungskrieg: Staaten können ein „Recht auf Krieg" haben, wenn sie selber oder ein Drittstaat von einem Aggressor unter Einsatz militärischer Gewalt drangsaliert werden. Verknüpft sind die Lehre vom gerechten Krieg und speziell das Ius ad bellum mit den Naturrechtlern Hugo Grotius („De iure belli ac pacis", 1625) und Samuel Pufendorf („De iure naturae et gentium", 1672). „Lauter leidige Tröster" werden beide respektlos von einem in neue Dimensionen politischer Aufklärung vordringenden Immanuel Kant genannt.[439] Dieser entwirft 1795 ein wohl effizienteres Modell der Friedenssicherung, das auf modernen innerstaatlichen Strukturen beruht. Kant fordert republikanische Staatsverfassungen, obendrein aber auch ein Völkerrecht auf der Basis eines „Föderalismus freier Staaten" (Staatenbund) sowie ein „Weltbürgerrecht". Dieses soll jedermann ein „Besuchsrecht" in fremden Staaten, nicht aber ein mit dem Erwerb fremder Staatsbürgerschaft gekoppeltes „Gastrecht" gewähren. Ungeachtet der verwirrenden Terminologie – das Wort Gastrecht sollte durch „Aufenthaltsrecht" ersetzt werden – und eines an modernen Industrie- und Dienstleistungsgesellschaften ausgerichteten Modifizierungsbedarfs schimmern bei Kant Grundzüge eines vernünftigen Ausländerrechts durch.

Zum anderen entwickelten sich aus der Lehre vom gerechten Krieg Regeln über die Rechtmäßigkeit von Kampfhandlungen. Juristen sprechen vom Ius in bello bzw. Kriegs(völker)- oder humanitärem Völkerrecht. Das Ius in bello bezweckt den Schutz gefangener Soldaten und sonstiger Nichtkämpfer (Nichtkombattan-

---

438 O. von Guericke, Die Belagerung, Eroberung und Zerstörung der Stadt Magdeburg am 10./20. Mai 1631, S. 74 ff.; ebenda, S. 78 f., wird das Grauen noch gesteigert: „Insgeheim aber hält man dafür, daß mit eingeschlossen die beiden Vorstädte und was von der kaiserlichen Soldatesque umgekommen und verbrannt, es auf 20.000 Menschen, klein und groß, gewesen, die bei solchem grausamen Zustande ihr Leben enden oder sonst am Leibe Schaden leiden müssen. Die abgestorbenen Leichname, so vor das Wassertor hinaus in die Elbe geführt worden, haben, weil an dem Orte alle Orte ein Kräusel oder Wirbel ist, nicht bald hinwegfließen können oder wollen, also daß viele da lange herumgeschwommen, die teils die Köpfe aus dem Wasser gehabt, teils die Hände gleichsam gen Himmel gereckt und dem Anschauer ein fast grausam Spektakel gegeben haben."

439 I. Kant, Zum ewigen Frieden, S. 65.

ten). Es soll Staaten auch dann binden, wenn sie einen legitimen Verteidigungskrieg führen oder der Feind zuvor seinerseits gegen geltendes Kriegsrecht oder in sonstiger Weise gegen die Menschlichkeit verstoßen hat, also möglicherweise ein totalitärer Unrechts- oder „Schurkenstaat" ist.[440] Einer der eindrucksvollsten Humanitätsappelle stammt aus der Feder Jean-Jacques Rousseaus. Er verweist auf den ambivalenten rechtlichen Status von Soldaten: „Da Ziel des Krieges die Zerstörung des gegnerischen Staates ist, besteht das Recht, seine Verteidiger zu töten, solange sie die Waffen in der Hand haben. Sobald sie diese jedoch ablegen und sich ergeben, werden sie wieder einfache Menschen, und man hat kein Recht, ihnen das Leben zu nehmen."[441] Das Volk solle vom Krieg nichts merken, so beschrieb Friedrich II. von Preußen das Ideal der „Kabinettskriege".[442] Gemälde und Wandteppiche seiner Zeit zeigen Soldaten bei der Schlacht, während Bauern in der Nähe ungerührt ihr Feld pflügen.

Groteskerweise war es Rousseau, der mit seiner Theorie des demokratischen Nationalstaats einen Beitrag zur Totalisierung des modernen Kriegs geleistet hat. „Die Französische Revolution (1789), gefeiert als Geburtsstunde der Demokratie wie auch des Nationalstaates und damit des Nationalbewußtseins, legte den Grundstein. Aus dem Berufsheer wurde ein Volksheer von Wehrpflichtigen. Aus Untertanen wurden Bürger. Es kämpften nunmehr Völker, Nationen gegeneinander."[443] Diese Entwicklung brachte Akzentverlagerungen im völkerrechtlichen Diskurs des späten 19. und frühen 20. Jahrhunderts. Während das Ius ad bellum in den Hintergrund rückte, loteten die Teilnehmer der Haager Friedenskonferenzen von 1899 und 1907 Möglichkeiten zur Schaffung eines humanitären Ius in bello aus. Das stieß nicht überall auf Sympathie. Admiral John Fisher (ein späterer Lord) verfiel in eine Ausdrucksweise, die der britischen Oberschicht der spätviktorianischen Zeit nur bedingt schmeichelt: „Die Humanisierung des Krieges! Man könnte genauso über die Humanisierung der Hölle reden! ... Als irgendein blödes Arschloch in Den Haag aufstand und über die Annehmlich-

---

440 Die Dichotomie (demokratischer) Rechtsstaat/(totalitärer) Unrechtsstaat entspringt nicht primär dem Völkerrecht. Sie prägt die rechtstheoretischen Debatten unseres Landes zum Rechtsbegriff und zur Geltung unerträglich unmoralischer, ungerechter oder vernunftwidriger Gesetze; siehe R. Dreier, Recht-Moral-Ideologie, S. 180–216. Eng damit verknüpft ist das Konzept vom demokratischen Verfassungsstaat; M. Kriele, Recht und praktische Vernunft, S. 111–135. Dreier und Kriele stehen für ein integratives Rechtskonzept, das elementare rechtsethische Postulate der politischen Aufklärung einbezieht. – Dessenungeachtet fehlt es nicht an Bemühungen, die Unterscheidung zwischen Rechts- und Unrechtsstaaten für das (Friedens)völkerrecht fruchtbar zu machen: etwa in Gestalt der Theorie des vorbeugenden Erstschlags („preemptive strike") gegen menschenrechtsfeindliche „Schurkenstaaten" („rogue states"). Markantes Beispiel sind Versuche der Bush-Administration zur Legitimierung des Angriffskriegs gegen den Irak. George W. Bush bezeichnete das Regime Saddam Husseins (i. V. m. den Regierungen Irans und Nordkoreas) als „Achse des Bösen". Kriterium eines „Schurkenstaats" sollen das Streben nach Massenvernichtungswaffen sowie die Unterstützung weltweit operierender terroristischer Netze sein; kritisch dazu N. Chomsky, Das besorgniserregende Konzept vom Schurkenstaat, Le Monde Diplomatique v. 11. August 2000). Siehe auch J. Rawls, Das Recht der Völker, S. 114: „... Regime, die ... es ablehnen, sich an ein vernünftiges Recht der Völker zu halten. ... Solche Regime bezeichne ich als Schurkenstaaten."

441 Aus dem „Contrat Social" (1762); zitiert nach Ch. Greenwood, Geschichtliche Entwicklung und Rechtsgrundlagen, S. 14.

442 J. Ph. Reemtsma, 200 Tage und 1 Jahrhundert, S. 57.

443 H.-J. von Leesen, Bombenterror, S. 8.

Delegierte und Journalisten bei der Zweiten Haager Friedenskonferenz 1907 vor dem „Grafensaal" nach der Eröffnungszeremonie

keiten zivilisierter Kriegführung redete …, war meine Antwort zur Veröffentlichung vollkommen ungeeignet. … Das Wesen des Krieges ist Gewalt. Mäßigung im Krieg ist Dummheit. Schlag zuerst zu, schlag hart zu und triff überall!"[444] Der normative (leider nicht faktische) Siegeszug des Ius in bello war durch derartige Ausfälle aber ebensowenig aufzuhalten wie durch kritische Allegorie von pazifistischer Seite.[445]

Bereits 1859 hatte sich *humanitärer Impetus* in der vom Genfer Kaufmann Henri Dunant angeregten Gründung des Internationalen Komitees vom Roten Kreuz (IKRK) offenbart. Die fruchtlosen Debatten über Flottenabrüstung und internationale Schiedsgerichtsbarkeit auf der Haager Konferenz von 1907 taten ein übriges. Sie offenbarten die Unfähigkeit der Staatenwelt, mit den Mitteln der Diplomatie und des Ius ad bellum einen dauerhaften Frieden zu gewährleisten.[446] Eingedenk dieser Unfähigkeit wollten die HLKO-Staaten Attacken gegen Nichtkombattanten weitestgehend verbieten. Dazu gehörte auch die Begrenzung von Bombardements jeder Art. Die HLKO-Staaten kodifizierten ihre Beschießungsverbote („mit welchen Mitteln es auch sei") in einer „Landkriegsordnung", weil Nichtkämpfer seinerzeit vornehmlich in einem Land- und nicht in einem See- oder sonstigen Krieg gefährdet waren.

---

444 Zitiert nach J. Dülffer, Regeln im Krieg? (Aufsatz), S. 35.

445 B. von Suttner, Die Haager Friedensconferenz, S. 128: „Der heilige Georg ritt aus, den Drachen zu töten; nicht, ihm die Klauen zu polieren." Dies., Die Barbarisierung der Luft, passim.

446 J. Dülffer, Regeln gegen den Krieg? (Monographie), S. 300 ff.

Diese generelle Sicht auf die Entstehungsgeschichte der HLKO wird durch die Entwicklung der Waffentechnologie bestätigt. Leib, Leben und Eigentum nicht kämpfender Menschen waren 1907 durch Infanterie und Artillerie klassischer Landheere bedroht, und diese Gefährdung beschränkte sich auf die Frontlinie. Luftstreitkräfte gab es nicht. Ferdinand Graf Zeppelins Bemühungen, praxistaugliche (starre) Flugzeuge zu konstruieren, steckten in den Kinderschuhen und bekamen erst durch die Gründung der „Luftschiff Z. GmbH" im Jahre 1909 jene Dynamik, die bald darauf erste, militärisch aber noch bedeutungsarme Einsätze hervorbrachte[447] (ganz im Gegensatz zur britischen Panzertechnik, die 1918 entscheidend zum Stillstand der letzten deutschen Großoffensive beigetragen hat). Der erste Sprengstoffabwurf eines einmotorigen italienischen Flugzeuges am 1. November 1911 – über aufständische Libyer – sowie Angriffe mit zweimotorigen „Gothas" und viermotorigen „Riesen" im Ersten Weltkrieg rechtfertigen keine andere Interpretation der HLKO.[448] Da der Luftkrieg aus dem Blickwinkel von 1907 keine eigenständige, d.h. strategische Bedeutung hatte, gab es keinen Grund, seinen Gefahren durch die Schaffung einer eigens auf ihn zugeschnittenen Kodifikation zu begegnen. Auf der völkerrechtlichen Agenda stand daher eine Landkriegsordnung, die gleichsam stillschweigend – unter Beachtung der anerkannten juristischen Auslegungsmethoden – Fliegerangriffe jeder denkbaren Art einbeziehen sollte!

Welche Vorstellungen konnten die HLKO-Unterzeichner von den Einsatzmöglichkeiten eines Flugzeuges überhaupt haben? Bestenfalls vage! Immerhin haben sie ausweislich ihrer *Verhandlungsprotokolle* an taktische Luftunterstützung bei der Erstürmung eines Ortes gedacht.[449] Strategische Angriffe mit Spreng- und Brandbombenmixturen von ungeheurer Zerstörungskraft waren dagegen kein Verhandlungsthema. Das erforderliche pyro-, radar- und luftfahrttechnische Know-how lag nicht einmal im Ansatz vor. Die Erkenntnis, daß phantasiebegabte Menschen jede denkbare Vision entwickeln können, ändert daran wenig. Zwar soll der Jesuitenpater Francesco de Lana-Terzi bereits 1670 über den Bau von „Luftschiffen" spekuliert haben, aus denen man „Schiffe mit künstlichem Feuer, mit Kugeln und Bomben in Brand stecken, und nicht nur Schiffe, sondern auch Häuser, Schlösser und Städte mit sicherer Gefahrlosigkeit für diejenigen, welche aus ungemessener Höhe solche Sachen herabwürfen".[450] Zweihundertfünfzig Jahre lang spiegelte sich der martialische Ideenreichtum des Mönchs in der technisch-physikalischen Realität aber nicht wider. Keineswegs galt 1907 und in den

---

447 E. Spetzler, Luftkrieg und Menschlichkeit, S. 28 f., erwähnt ferner „Fesselballonabteilungen" des napoleonischen Heeres zur Aufklärung und zum „Artillerieeinschießen" (erste Einsätze 1794 bei Fleurus und 1796 bei der Belagerung von Mainz) sowie den ersten Flug eines elektrisch betriebenen „unstarren Luftschiffs" am 3. August 1884 in Frankreich.

448 Der britische Royal Naval Air Service (RNAS) bombardierte u. a. die Zeppelinhallen in Düsseldorf und Friedrichshafen. Deutsche Luftoffensiven gegen „allgemeine militärische Anlagen" englischer Städte töteten im Ersten Weltkrieg insgesamt 1.414 Menschen. – Auch erste Ansätze des „totalen Kriegs" gegen Zivilisten zeichnen sich ab. Dazu gehört der französische Terrorangriff auf das Karlsruher Stadtzentrum vom 22. Juni 1916, der 120 Menschenleben forderte – darunter 71 Kinder, die gerade eine Vorstellung des Zirkus Hagenbeck besucht hatten; detailliertes Zahlenmaterial bei H. M. Hanke, Luftkrieg und Zivilbevölkerung, S. 15–30.

449 E. Spetzler, Luftkrieg und Menschlichkeit, S. 36, mit weiteren Literaturnachweisen.

450 Zitiert nach H. M. Hanke, Luftkrieg und Zivilbevölkerung, S. 1.

Folgejahren der Erfahrungssatz: „Der Bomber kommt immer durch."[451] Selbst Churchills „Tausend Bomber"-Pläne zur Zerstörung Berlins waren am Ende des Ersten Weltkriegs eher Science-fiction als praxistaugliche Militärstrategie.

Folglich bieten, wie dargelegt, weder der Wortlaut noch die Entstehungsgeschichte der HLKO Argumente für die Ausklammerung unterschiedsloser und terroristischer Bombardements aus dem Haager Schutzbereich. Eher gilt das Gegenteil. Auch humanitäres Pathos sowie *Sinn und Zweck der HLKO* sprechen für die weite Auslegung ihrer zentralen Vorschriften. Unübersehbar bemühte sich die Staatenwelt 1907 um eine optimale Verwirklichung der Zivilschutzidee, die ihrerseits ein Kind der philosophischen Aufklärung des 17. bis 19. Jahrhunderts ist.

Warum haben die Konferenzen von 1899 und 1907 dann aber doch zwei explizite Dokumente zum „Bombenkrieg" hervorgebracht? Offenbar gab es bereits in Den Haag den Science-fiction-Thrill: „Man einigte sich also ziemlich schnell über Dinge, die man zu diesem Zeitpunkt mehr oder weniger noch für Hirngespinste hielt."[452] Nicht durch Einbeziehung in ein größeres Regelwerk wie die HLKO, sondern mittels einer speziellen „Deklaration" kam am 27. Juli 1899 ein befristetes, absolutes *„Bombenabwurfverbot"* zustande: „Die vertragschließenden Mächte sind dahin übereingekommen, daß das Werfen von Geschossen und Sprengstoffen aus Luftschiffen oder auf anderen ähnlichen neuen Wegen für die Dauer von fünf Jahren verboten ist." 1907 wurde, wenngleich mit knapper Mehrheit und gegen die Stimme des Deutschen Reichs, eine ähnliche Deklaration verfaßt. Das neue Bombardierungsverbot sollte bis zu der für 1914 geplanten dritten Haager Friedenskonferenz gelten, die dann aber – wegen des Ersten Weltkriegs – nicht mehr einberufen wurde.

Daraus läßt sich allerdings nicht herleiten, das Bombenabwurfverbot habe unbegrenzt oder zumindest bis zur Zerstörung Dresdens weitergegolten. Mindestens drei Aspekte sprechen dagegen: Erstens haben die Militärmächte Deutschland, Österreich-Ungarn, Rußland und Frankreich der Deklaration von 1907 die Zustimmung verweigert, sich insoweit also gar nicht gebunden.[453] Zweitens war das Bombenabwurfverbot erkennbar als Provisorium gedacht, das bis ca. 1914 befristet sein sollte. Dieser Zeitraum kann bei verständiger Auslegung nicht beliebig verlängert werden, nur weil die als Bezugspunkt gedachte Friedenskonferenz nie zustande kam. Eine andere Auffassung würde den Willen der in Den Haag versammelten Delegationen mißachten. Drittens enthält die gleichzeitig beschlossene HLKO differenzierte Regeln für Lufteinsätze gegen menschliche Siedlungen, auch wenn das den Unterzeichnern selbst nur schemenhaft bewußt war und sich im wesentlichen mittels objektiver juristischer Auslegungsmethoden erschließt (siehe dazu das Folgekapitel „Verbotstatbestände der Haager Landkriegsordnung"). Eine unbefristete Weitergeltung des absoluten Bombenabwurfverbots

451 Großbritanniens dreimaliger Premier Stanley Baldwin – von J. Friedrich, Der Brand, S.68, als „Pazifist" beschrieben – vor dem Unterhaus am 10. November 1932: „Auch der Mann auf der Straße sollte erkennen, daß ihn keine Macht der Erde vor Bombardierungen schützen kann. Was ihm die Leute auch sagen mögen, der Bomber wird immer durchkommen. Die einzige Verteidigung ist der Angriff, was bedeutet, daß man, wenn man sich selbst retten will, mehr Frauen und Kinder töten muß als der Feind, und man muß es schneller tun als er."

452 E. Spetzler, Luftkrieg und Menschlichkeit, S. 30.

453 Siehe etwa E. Spetzler, Luftkrieg und Menschlichkeit, S. 31.

würde daher normative Widersprüche begründen, die letztlich im Wege teleologischer Reduktion, also bewußter Nichtanwendung einer der beiden konkurrierenden Vorschriften, aufgelöst werden müßten. Im Hinblick auf Sinn und Zweck des Normengefüges von 1907 könnte dies nur das Bombenabwurfverbot sein.

Gegen eine Anwendung etwa des Art. 25 HLKO auf Fliegerangriffe gegen Städte, Dörfer usw. könnte jedoch die *Allbeteiligungsklausel* (clausula si omnes) des Haager Abkommens betreffend die Gesetze und Gebräuche des Landkriegs sprechen. Art. 2 des Abkommens lautet: „Die Bestimmungen der im Artikel 1 angeführten Ordnung [HLKO] ... finden nur zwischen den Vertragsmächten Anwendung und nur dann, wenn die Kriegführenden sämtlich Vertragsparteien sind." Zündstoff birgt der letzte Halbsatz. Keineswegs alle kriegführenden Staaten des Ersten oder gar Zweiten Weltkriegs gehören zu den Vertragsparteien von 1907. Die konsequente Anwendung der Allbeteiligungsklausel erbrächte also ein erstaunliches, ja absurdes Ergebnis. Einer nach zwei großen Friedenskonferenzen in die Form eines Abkommens gegossenen humanitären Völkerrechtskodifikation – ratifiziert von 44 Staaten, darunter fast allen souveränen Ländern der damaligen Zeit – müßte für beide Weltkriege jede verpflichtende Kraft abgesprochen werden. Ausgerechnet jene blutigen Waffengänge, die der Mäßigung durch die HLKO am dringendsten bedurften und (zwecks retrospektiver Bewertung der Militäreinsätze) auch heute noch dringend bedürfen, entzögen sich einem Regelwerk, das speziell für sie geschaffen wurde, um den alternativ zur Verfügung stehenden Stolperpfad eines ungeschriebenen Kriegsgewohnheitsrechts endlich auszubetonieren. Eines der ehrgeizigsten Projekte in der Geschichte des Völkervertragsrechts wäre weitgehend entwertet. Dies kann nicht richtig sein.

Abhilfe schafft die juristische Methodenlehre. Ihre Lösungsvorschläge erfassen nicht nur planwidrige Unvollständigkeiten einer Kodifikation – „(offene) Lükken", die sich regelmäßig im Wege der Analogiebildung schließen lassen –, auch der spiegelbildliche Fehler, also Überregulierungen durch besonders eifrige Gesetzgeber, Vertragsparteien usw. (*„verdeckte Lücken"*), läßt sich methodologisch korrigieren. Man nennt das *teleologische Reduktion* oder Restriktion. Einzelne Klauseln oder Textpassagen, die entweder widersprüchlich sind oder aber dem Regelungszweck der Kodifikation sowie dem mutmaßlichen Willen ihres Schöpfers erkennbar zuwiderlaufen, werden einschränkend ausgelegt oder vollständig verworfen.[454] Diese im Kontext des Bürgerlichen Rechts entwickelten Gedanken passen auch zum Völkervertragsrecht. „Nach der teleologischen Auslegungsmethode sind die Begriffe eines Vertrages gemäß seinem Ziel und Zweck auszulegen. Dadurch soll dem Vertrag die größtmögliche Effektivität verschafft werden."[455] Die verfehlte Allbeteiligungsklausel[456] des Art. 2 des Haager Abkommens von 1907 ist wie geschaffen für eine teleologische Reduktion. Selbst wohlwollend betrachtet steckt sie voller Widersinn. Die Allbeteiligungsklausel ist eine Formvorschrift ohne Nutzen, die bei wortgetreuer Auslegung die Anwendbarkeit eines dringend benötigten und in weiten Teilen gelungenen völkerrechtlichen Abkommens praktisch verhindern würde.[457]

---

454 Beispielhaft K. Larenz, Methodenlehre der Rechtswissenschaft, S. 375 ff.

455 K. Ipsen, Völkerrecht, S. 141.

456 E. Spetzler, Luftkrieg und Menschlichkeit, S. 34.

457 Diese Lösung umschifft auch die diffizile Frage, bei welchen kriegerischen Auseinandersetzungen statt der humanitären Regeln von 1907 jene der leicht abweichenden HLKO-Fassung von 1899 hätten gelten müssen. Die Frage würde sich zusätzlich dadurch verkom-

Die Plausibilität solcher Deutungen leidet nicht darunter, daß fast alle Interpreten der Zwischenkriegszeit die HLKO entweder gar nicht oder nur begrenzt auf den Luftkrieg beziehen wollten. Das Großbritannien des visionär-innovativen Rüstungsministers Winston Churchill – er plante für 1919 einen „Tausend-Bomber-Angriff“ auf Berlin – sah in den 23 b und g, 25 und 27 HLKO Beschränkungen für taktische Fliegereinsätze zur Unterstützung eines Landheers. Abrüstungspolitische Konsequenz einer so restriktiven Norminterpretation wäre die Verständigung auf ergänzendes Vertragsvölkerrecht zur Beschränkung strategischer Bombardements im Hinterland gewesen. Dieser Folgerung aber verweigerten sich die Briten. Die von einer Juristenkommission entworfenen „Haager Luftkriegsregeln“ (HLKR, 1923) unterzeichneten sie nicht. Das mag ein fortdauernder Schockreflex auf deutsche Zeppelin- und „Gotha“-Offensiven gegen „allgemeine militärische Anlagen“ in Südengland gewesen sein, die in den Jahren 1915 ff. insgesamt 1.414 Menschen töteten. Offenbar glaubten die Briten auch, das Deutsche Reich im Konfliktfall nur durch strategische Flächenangriffe niederringen zu können. Dazu mag sich das Motiv gesellt haben, verlustreiche Stellungskämpfe wie in Flandern und Lothringen zu vermeiden. Politiker und Militärs auf der britischen Insel (und nicht nur dort) wollten die „Tausend Bomber“- und spätere „Morale Bombing“-Option nicht mehr preisgeben. Schritt für Schritt nahm der Gedanke an den totalen Krieg unheilvolle Konturen an.

Ebensowenig wie eine enge Auslegung der Art. 23 b und g, 25 und 27 HLKO überzeugt der Einwand, die Vorschriften seien de facto wirkungslos geblieben und daher kein für den strategischen Bombenkrieg geltendes Recht geworden. Der Einwand rankt sich um das Stichwort Derogation; er basiert auf einer soziologisch geformten Rechtsidee. Diese akzeptiert als geltendes Recht nur solche Normen, die von ihren Adressaten im großen und ganzen befolgt bzw. bei Nichtbefolgung von einer dazu autorisierten Instanz gewaltsam durchgesetzt werden (soziale Geltungsbedingung des Rechts). Sonstige Gesetze oder Verordnungen betrachtet sie als „derogiert“, d. h. außer Kraft gesetzt. Für innerstaatliche Normen mag das angehen. Sie sind durch institutionalisierte Gesetzgebungsverfahren reger Fluktuation unterworfen und speziell im demokratischen Verfassungsstaat einer wirksamen rechtsethischen Kontrolle ausgesetzt, die zumindest die schlimmsten Auswüchse verhindert. Im zarten Pflänzchen des Kriegsvölkerrechts wird die soziale Geltungsbedingung aber zum systemsprengenden Fremdkörper. Jede schlagkräftige Armee hätte es in der Hand, zwischenstaatliche Vereinbarungen – sogar über zivilisatorische Mindeststandards – außer Kraft zu setzen: keinesfalls nur de facto, sondern gerade auch de iure. Das kann nicht sach- und problemadäquat sein. Wer trotz qualvoller Rückschläge an normativen Projekten zur Vermeidung und Begrenzung militärischer Konflikte festhalten will, darf ein solches „sacrificium intellectus“ nicht akzeptieren. Er muß sich der ungenierten *Auslieferung des Rechts an die Macht* energisch widersetzen.[458]

---

plizieren, daß auch die 1899er-Fassung eine Allbeteiligungsklausel enthielt. Da freilich nicht alle Teilnehmerstaaten des Zweiten Weltkriegs die HLKO von 1899 unterzeichnet haben, könnte diese erst recht nicht zur kriegsrechtlichen Bewertung „Dresdens“ herangezogen werden.

458 Dagegen lobt G. Radbruch, Rechtsphilosophie, S. 82, im Jahre 1932 ein vergleichbares „sacrificium intellectus“: „Wir verachten den Pfarrer, der gegen seine Überzeugung predigt, aber wir verehren den Richter, der sich durch sein widerstrebendes Rechtsgefühl in seiner Gesetzestreue nicht beirren läßt.“

Verbotstatbestände der Haager Landkriegsordnung

Die Fliegerangriffe gegen Dresden und andere deutsche Stadtzentren könnten vor allem *Art. 23 b HLKO* verletzen: „Abgesehen von den durch Sonderverträge aufgestellten Verboten, ist namentlich untersagt die meuchlerische Tötung oder Verwundung von Angehörigen des feindlichen Volkes oder Heeres." Die Vorschrift rankt sich um den unscharfen Terminus *„meuchlerisch"* (im französischen HLKO-Originaltext „par trahision"), der sich am ehesten in den Begriffen „heimtückisch" oder „hinterhältig" abbilden läßt.[459] Gewiß haben die Unterzeichnerstaaten dabei nicht an systematische Massentötungen aus der Luft gedacht. Das besagt aber nicht viel. Das Gesetz ist klüger als der Gesetzgeber und kann daher auch Lebenssachverhalte regeln, die im Gesetzgebungsverfahren mangels aktueller Relevanz nicht oder nicht hinreichend beachtet worden sind.

Richtigerweise muß die Frage lauten: Paßt der objektive Sinn und Zweck des Art. 23 b HLKO auf die Bombardierung Dresdens am 13./14. Februar 1945? Sie wurde erstaunlicherweise nie, auch nicht unter dem Aspekt des ungeschriebenen Völkergewohnheitsrechts, angemessen geprüft.[460] Verfechter der Theorie vom Gewohnheitsrecht knüpfen fast nur an Art. 25 HLKO an. Hat das Ausmaß der Dresdner Apokalypse oder die verständliche Scham über die Verbrechen von Nationalsozialisten die Perspektive deutscher Völkerrechtswissenschaft verengt? Bei ungetrübtem Blick wäre sie zu dem Ergebnis gekommen, daß Sinn und Zweck des Art. 23 b HLKO nur im Koordinatensystem von Humanismus und Aufklärung adäquat herausgearbeitet werden können. Der meuchlerische Charakter des Luftterrors gegen Dresden und andere Stadtzentren wäre dann kaum mehr zu bestreiten. Er wäre auch von den Vätern der HLKO, hätten sie realistische Vorstellungen vom Demoralisierungsbomben der 1940er Jahre gehabt, als Tatbestandsmerkmal akzeptiert worden; ggf. hätten sie eine Klarstellung in Art. 23 b HLKO eingebaut. Harris' Bomberkommando handelte heimtückisch, weil die Bewohner einer Kulturmetropole keinen Flächenangriff auf den historischen Stadtkern einkalkulieren mußten und, wie fehlende Luftschutzbunker zeigen, dazu jahrelang auch keine Veranlassung gesehen hatten. Hinzu kam, daß verzweifelte Flüchtlingsscharen in der Stadtmitte Zuflucht suchten. Diese Rechtsauffassung wird nicht dadurch entwertet, daß mittelalterliche Altstädte und Barockresidenzen bereits zuhauf bombardiert worden waren. Rechtsbruch gegenüber elementaren Schutzgütern wie Leib und Leben oder der kulturellen Identität einer Nation kann, auch wenn er systematisch betrieben wird, kein den Art 23 b HLKO verdrängendes Gewohnheitsrecht begründen.

Ähnliche Erwägungen könnten bei der Prüfung des *Art. 23 g HLKO* zum Zuge kommen: „Abgesehen von den durch Sonderverträge aufgestellten Verboten, ist namentlich untersagt: die Zerstörung oder Wegnahme feindlichen Eigentums außer in den Fällen, wo diese Zerstörung oder Wegnahme durch die Erfordernisse des Krieges dringend erheischt wird." Bedeutungslos bleibt – wie bei Art. 23 b HLKO – der Hinweis auf Sonderverträge zum Verbot inhumanitärer Kriegfüh-

459 Heidelberger Akademie der Wissenschaften (Hrsg.), Deutsches Rechtswörterbuch. Wörterbuch der älteren deutschen (westgermanischen) Rechtssprache, Band IX, Weimar 1998.

460 Selbst in der informativen Monographie E. Spetzlers, Luftkrieg und Menschlichkeit, S. 47, findet sich nur ein einziger belangloser Satz über Art. 23 b HLKO.

rung. Der Völkerrechtler mag hier an das absolute „Bombenabwurfverbot“ von 1899 denken, das trotz seiner Bestätigung auf der Zweiten Haager Konferenz längst obsolet geworden war. Unter dem Aspekt der Spezialität war es von der differenzierten, die Interessen kriegführender Staaten und ihrer Zivilbevölkerung regelnden HLKO verdrängt worden (siehe das Unterkapitel „Zur Anwendbarkeit der Haager Landkriegsordnung“). Zentrales Element des Art. 23 g HLKO ist das Merkmal „durch die Erfordernisse des Krieges dringend erheischt“. Es verweist auf das jeder vernünftigen Rechtsnorm, also auch dem Kriegsvölkerrecht, innewohnende Verhältnismäßigkeitsprinzip. Vor diesem vermag eine Kriegshandlung nur dann zu bestehen, wenn sie ein geeignetes, notwendiges (erforderliches) und unter Abwägung aller Vor- und Nachteile angemessenes Mittel zur Erreichung eines rechtfertigungsfähigen Kriegszwecks darstellt. Es bedarf keiner Hervorhebung, daß die massiven Zerstörungen privaten und öffentlichen Eigentums in der Dresdner Altstadt und angrenzenden Bereichen durch keinen vernünftigen Zweck „dringend erheischt“ worden sind.[461] Der unbestimmte Rechtsbegriff „Erfordernisse des Krieges“ (necessité de la guerre, necessity of war) braucht nicht einmal im Detail erläutert zu werden. Luftangriffe, die darauf abzielen, unmittelbar die Zivilisation und bestenfalls per ungewisser Fernwirkung die Schlagkraft des Feindes zu vernichten, verweigern sich von vornherein den wohlverstandenen „Erfordernissen des Krieges“.[462] Der britische Doppelangriff vom 13./14. Februar 1945 berührt also auch den Tatbestand des Art. 23 g HLKO.

Verletzt könnte ferner *Art. 25 HLKO* sein: „Es ist untersagt, unverteidigte Städte, Dörfer, Wohnstätten oder Gebäude, mit welchen Mitteln es auch sei, anzugreifen oder zu beschießen.“ Keine großen Auslegungsprobleme bereiten die Tatbestandsmerkmale „angreifen“ und „beschießen“. Letzte Zweifel an ihrem Vorliegen beseitigt die gegenüber dem deutschen Text maßgebendere französische Originalfassung. Hier ist (in einem weiten Sinne) von „bombarder“ und „bombardements“ die Rede: „Il est interdit d'attaquer ou de bombarder ...“ (entsprechend heißt es in Art. 27 HLKO; „dans les sièges et bombardements ...“).

Waren Dresden, Pforzheim usw. aber *unverteidigte Städte*? Einige Autoren verneinen das. Sie tragen vor, der Wortlaut des Art. 25 HLKO passe nicht auf Luftangriffe im Hinterland, es sei denn, man gäbe dem Begriffspaar verteidigt/unverteidigt eine „sehr gekünstelte und übersteigerte Bedeutung“.[463] Jene Sichtweise erscheint verkürzt. Gewiß nötigt der Begriff unverteidigte Stadt (im strategischen Luftkrieg) dem Interpreten die Fähigkeit zur Kreativität ab; doch welche Rechtsmaterie kommt ohne Kreativität aus? Land- und Luftangriff bilden hier ein Spannungsfeld, das den Haager Konferenzteilnehmern zumindest im Ansatz geläufig war. Werfen wir einen Blick auf Kampfsituationen, die ihnen bei der Formulierung des Art. 25 HLKO vorschwebten. Vor allem war das die Konstellation des eine Stadt oder Bastion angreifenden Landheers.[464] Die 1907 noch nicht existierenden, aber teilweise bereits „angedachten“ Luftstreitkräfte konnten da-

---

461 E. Spetzler, Luftkrieg und Menschlichkeit, S. 47, 118 ff., zählt den Inhalt von Art. 23 g HLKO, auch insoweit konsequent, zum ungeschriebenen Kriegsgewohnheitsrecht.

462 Siehe auch G. J. Adler, Targets in War – Legal Considerations, S. 30, der – unausgewogen argumentierend – den systematischen Standort dieses Begriffs in der Lehre vom unbeabsichtigten Kollateralschaden zu finden glaubt.

463 H. Blix, Area Bombardment: Rules and Reasons, S. 33; G. J. Adler, Targets in War – Legal Considerations, S. 15.

464 Ch. Greenwood, Geschichtliche Entwicklung und Rechtsgrundlagen, S. 18.

Flüchtlinge aus Schlesien erreichen das scheinbar sichere Dresden

bei dienende bzw. taktische Funktionen erfüllen, insbesondere das Heer bei der Erstürmung der Bastion oder sonstigen Örtlichkeit unterstützen. Zugleich wird klar, welchen Zweck die Konferenzteilnehmer mit dem Wort „unverteidigt" verfolgten. Sie wollten Beschießungen oder Bombardierungen, ob aus der Luft oder von der Erde („mit welchen Mitteln es auch sei"), zumindest dann einschränkungslos verbieten, wenn die angegriffene Örtlichkeit ohne Kampfhandlung einzunehmen war. Der Rechtsbegriff „unverteidigte Stadt" läßt insoweit keine Interpretationsspielräume zu.

Was folgt daraus für die 1907 in Den Haag nicht thematisierten *Bombardierungen im Hinterland*? Wie verhält sich Art. 25 HLKO zu „Dresden"? Sein Wortlaut würde auch hier das Begriffspaar verteidigt/unverteidigt in die Schlüsselrolle rücken. Ist das aber sachgerecht? Vor allem: Ist es sachgerecht, das Begriffspaar aus seinem entstehungsgeschichtlichen Bezug, der taktischen Landkriegführung, inhaltlich unverändert auf den strategischen Luftkrieg zu übertragen? Soll man bspw. den kriegsvölkerrechtlichen Schutz angegriffener Städte daran knüpfen, ob während des Angriffs, ggf. in welcher Anzahl, ortsnahe Flugabwehrgeschütze zum Einsatz kommen? Soll man den Schutz gar davon abhängig machen, ob im Luftraum dieser Städte, ggf. wiederum in welcher Anzahl, Jagdflieger der angegriffenen Macht operieren? Kann man allen Ernstes einem Ort das Attribut „unverteidigt" verwehren, wenn 500 km entfernt einzelne Jäger den Schwarm feindlicher Langstreckenbomber attackieren? Alle diese Fragen sind zwanglos zu verneinen.

Drei Lösungsmöglichkeiten bieten sich an:

- erstens die komplette Nichtanwendung des Art. 25 HLKO auf den strategischen Luftkrieg der Jahre 1940 ff. (der dann lediglich nach anderen Rechtsnormen oder -prinzipen ganz oder teilweise rechtswidrig gewesen sein könnte);

- zweitens ein ersatzloser Verzicht auf das Merkmal „unverteidigt“ bei der Prüfung dieses Luftkriegs (der dann fast ausnahmslos gegen Art. 25 HLKO verstoßen hätte) und
- drittens der Versuch, die von den HLKO-Staaten gewollte differenzierende Bewertung taktischer Angriffe auf den strategischen Bombenkrieg zu übertragen, mittels einer sinn- und zweckorientierten Auslegung aber sachgerechte, neue Unterscheidungskriterien zu entwickeln.

Die Völkerrechtswissenschaft geht im deutsch- wie im englischsprachigen Raum bislang den *ersten Weg*. Sie wendet – wegen der „Wesensunterschiede zwischen Land- und Luftkrieg“[465] – Art. 25 HLKO nicht auf strategische Bombardements an und gelangt folgerichtig zu der Einschätzung, die Norm sei „nur einer sehr begrenzten Anwendung zugänglich“.[466] Die Methodenlehre nennt das Umkehrschluß: Was ein Gesetzgeber (hier: die Staatengemeinschaft der Haager Vertragsparteien) nicht ausdrücklich regelt, will er anders behandelt sehen als den von ihm geregelten Sachverhalt.[467] In zahlreichen Fällen mag das angehen. Wer allerdings die HLKO nach diesem Muster deutet, unterstellt den Vertragsstaaten, die Feuersturmangriffe der Jahre 1943 ff. entweder billigend in Kauf genommen oder deren Verbot leichtfertig späteren Kodifikationen überlassen zu haben, von denen 1907 niemand wußte, ob und wann sie zustande kommen würden. Angesichts des Haager Humanitätsideals kann einer solchen Einschätzung nicht gefolgt werden. Ebensowenig überzeugt das Argument, Art. 25 HLKO gelte schon deshalb nicht für strategische Angriffe im Hinterland, weil die Konferenzteilnehmer an solche Angriffe gar nicht gedacht hätten.[468] „Das Gesetz ist klüger als der Gesetzgeber“ lautet ein bereits erwähntes Credo moderner (objektiver) Interpretations- und Methodenlehre. Seine Berechtigung kann im Kern nicht bestritten werden. Man stelle sich einmal vor, das von einem Staat bzw. der Völkergemeinschaft gesetzte Recht dürfe nur im Rahmen seines entstehungsgeschichtlichen Hintergrundes angewendet und befolgt werden. Chaos und Rechtlosigkeit wären die zwangsläufige Folge.

Statt dessen prüfen (vor allem) deutsche Völkerrechtler Fliegerangriffe gegen feindliches Hinterland am Leitfaden eines ungeschriebenen Luftkriegsgewohnheitsrechts.[469] Dabei mögen vernünftige Ergebnisse herauskommen, doch bleibt diese Lösung methodischen Einwänden ausgesetzt. Erstens: Die konkreten Inhalte von Gewohnheitsrecht – verstärkt gilt das für den fragilen Bereich des Völkerrechts – sind schwer zu ermitteln. Der brüchige Argumentationsfaden reißt bei jedem halbwegs stringenten Einwand. Zweitens: Zentrales Element des Rechtsprinzips ist die Rechtssicherheit. Zunächst sollte man mit den reichen Mitteln juristischer Methoden- bzw. Interpretationslehre versuchen, geschriebenes und daher leichter erkennbares Völkervertragsrecht zur Geltung zu bringen. Unabweisbar schlägt hier die Stunde der HLKO.

---

465 E. Spetzler, Luftkrieg und Menschlichkeit, S. 36: „Der selbständige Luftkrieg unterscheidet sich genau wie der Seekrieg schon dadurch wesensmäßig vom Landkrieg, daß er kein bestimmtes Kampfgebiet kennt.“

466 H. Blix, Area Bombardment: Rules and Reasons, S. 41.

467 Zu Umkehrschlüssen als rechtswissenschaftlicher Methode siehe K. Larenz, Juristische Methodenlehre, S. 374 f., 385.

468 H. Blix, Area Bombardment: Rules and Reasons, S. 41.

469 Stellvertretend E. Spetzler, Luftkrieg und Menschlichkeit“ (1956), S. 115–389; H. M. Hanke, Luftkrieg und Zivilbevölkerung, vor allem S. 36–51, 102–119 sowie 176–207.

Dornig ist auch der *zweite Lösungsweg*. Er würde auf die Auslöschung bzw. teleologische Reduktion des Begriffs „unverteidigt" hinauslaufen und damit Geist und Buchstaben des Art. 25 HLKO richtungweisend ändern. Strategische Präzisionsschläge, etwa gegen Verkehrswege oder Waffenfabriken, müßten bereits dann als rechtswidrig gelten, wenn diese Einrichtungen nur entfernt mit menschlichen Siedlungen verknüpft sind. Der US-amerikanische Öl- und Verkehrskrieg gegen deutsche Engpaßindustrien („bottleneck industries") wäre kaum anders zu bewerten als die Verbrennung Dresdens am 13./14. Februar 1945. Eine solche Lösung wäre weder im Sinne der HLKO-Vertragsstaaten noch ließe sich für sie ein rechtliches Bedürfnis reklamieren. Warum sollen im strategischen Luftkrieg Differenzierungen verboten sein, die im taktischen Luftkrieg sowie in Gefechten zu Lande und zur See mit guten Gründen erlaubt sind?

Vieles spricht daher für *Lösung 3*. Ins Blickfeld geraten Sinn und Zweck des Art. 25 HLKO, dessen Wortlaut noch einmal wiederholt sei: „Es ist untersagt, unverteidigte Städte, Dörfer, Wohnstätten oder Gebäude, mit welchen Mitteln es auch sei, anzugreifen oder zu beschießen." Worin aber liegen Sinn und Zweck der Vorschrift? Welcher Leitgedanke verbirgt sich hinter dem Verbot, unverteidigte Städte usw. zu beschießen?

Offenbar probten die Haager Vertragsstaaten einen Spagat zwischen den militärischen Interessen eines Angreifers und dem Zivilschutzideal. Dieser Spannungsbogen läßt zwei Folgerungen zu. Zum einen sollten wehrlose Nichtkombattanten keinem nichtmilitärischen Kalkül, etwa Rache- oder Zerstörungsgelüsten angreifender Verbände, unterworfen werden. Zumindest für Nichtkombattanten im Frontbereich ist diese Konsequenz des Art. 25 HLKO nie ernstlich bestritten worden. Zum anderen wollten die Vertragsstaaten Beschießungen und Bombardierungen verteidigter Städte, Dörfer, Wohnstätten oder Gebäude nicht grundsätzlich ausschließen. Was lag näher, als über sachgerechte Differenzierungen nachzudenken? Dabei näherten sie sich, ohne das in ihre Kodifikation hineinzuschreiben, dem Begriff des *militärischen Ziels* bzw. *Objekts*.[470] Er läßt sich definieren durch das Erreichen (aus der Sicht des Angreifers) oder das Bewahren (aus der Sicht des Verteidigers) eindeutiger militärischer Vorteile.[471] Nur im Kampf um eindeutige militärische Ziele oder Vorteile können Beschießungen und Bombardierungen den Zivilschutz verdrängen und dennoch den Anforderungen eines aufklärerischen Kriegsvölkerrechts genügen. Andere Rechtmäßigkeitskriterien von gleicher Überzeugungskraft gibt es nicht.

Zu Recht sind die Haager Vertragsstaaten davon ausgegangen, daß die Eroberung verteidigter Orte einem Angreifer regelmäßig militärische Vorteile bringt. Warum würde er sonst angreifen? Spiegelbildlich gilt das für den Verteidiger. Dieser will seine Stellung halten, weil er darin einen militärischen Vorteil erkennt. Speziell für Siedlungen an der Frontlinie bedarf jene Logik keiner Begründung. Der Kampf um die Front ist eo ipso militärisches Ziel, selbst wenn Ex-Post-Analysen ergeben, daß eine oder gar beide Kriegsparteien eine andere Taktik hätten

470 Zum Begriff des militärischen Objekts H. M. Hanke, Luftkrieg und Zivilbevölkerung, S. 212: „Positive Voraussetzung war, daß das vorsätzlich angegriffene Ziel ausschließlich ein militärisches Objekt sein durfte. Militärisch war ein Objekt dann, wenn dessen Zerstörung oder Beschädigung einen klaren militärischen Vorteil brachte."

471 „Meyersche Formel"; dazu E. Spetzler, Luftkrieg und Menschlichkeit, S. 181 f.: Danach sind militärische Objekte diejenigen Personen und Sachen, „welche für den Erfolg der Kampfhandlungen eine adäquate Ursache bilden".

einschlagen sollen. Man mag das Schematismus nennen, aber dieser Schematismus rechtfertigt keine andere Sichtweise. Der Charakter des Rechts ist universell. Vereinzelte Pauschalbewertungen und die eine oder andere gedankliche Verkürzung müssen in Kauf genommen werden. Kluge Gesetzgeber folgen unbeirrt dem Leitfaden des typischen Lebenssachverhalts.

Militärische Ziele gibt es aber nicht nur an der Front, sondern auch im Hinterland. Die Bewohner entfernter Gebiete sind ebenso schutzwürdig wie Menschen im Frontbereich. Eine entsprechende Anwendung des Art. 25 HLKO auf Städte, Dörfer, Wohnstätten und Gebäude im Hinterland erscheint daher geboten. Sie wirft allerdings Probleme auf; die für frontnahe Orte bewährte Unterscheidung nach dem Begriffspaar verteidigt/unverteidigt – die das ältere Begriffspaar befestigt/offen verdrängt hat – läßt sich hier nicht konsequent durchhalten. Kein Hinterland konnte im Zweiten Weltkrieg effektiv verteidigt werden. Bereits die Luftschlacht um England 1940/41 mit keinesfalls optimal gerüsteten deutschen Angreifern verwüstete beträchtliche Teile Londons und Coventrys und tötete einige zehntausend Menschen. Das Deutsche Reich verlor durch strategische Bombardements der Westalliierten – vor allem ab 1942 – nicht nur den größten Teil seiner Industrieanlagen, sondern auch einzigartige Kulturwerte sowie viele hunderttausend Zivilisten.

Differenzierungen sollten deshalb beim „militärischen Ziel" ansetzen. Hervorzuheben bleibt, daß von Orten abseits der Kampfzone regelmäßig nicht in toto Gefahr für den Angreifer ausgeht. Die Frage nach dem Begriff des militärischen Ziels bzw. Objekts, seiner vollständigen oder teilweisen Zerstörung (= militärischer Vorteil) dürfte im Hinterland strenger zu beantworten sein als bei Zielpunkten in Frontnähe. Militärisches Objekt im Hinterland wird höchst selten eine ganze Stadt, sondern regelmäßig eine zu ihr gehörende Kaserne, Verkehrsverbindung, Waffenschmiede usw. sein.

Dieser Interpretationsweg entspricht nicht nur dem *Sinn und Zweck des Art. 25 HLKO*, sondern auch *dem mutmaßlichen Willen* der Haager Vertragsstaaten. Er beschreibt den gedanklichen Fundus, aus dem sie hätten schöpfen müssen, um ihr Streben nach Zivilschutz im Hinterland problemadäquat und dauerhaft zu realisieren. Die Befristung der absoluten „Bombenabwurfverbote" von 1899 und 1907 steht dem nicht entgegen, weil die Vertragsstaaten dabei nur an taktisch-operative Bombardements gedacht haben. Ihr (stillschweigendes) Rechtmäßigkeitskriterium für Art. 25 HLKO war, um es nochmals hervorzuheben, die Unterscheidung zwischen militärischen und nichtmilitärischen Zielen bzw. Objekten). Davon ausgehend hätten sie – bei realistischer Antizipation des strategischen Luftkriegs der 1940er Jahre – einer komplexeren Fassung der Norm den Vorzug gegeben. Über Details mag man streiten, im Kern aber hätten die in Den Haag versammelten Diplomaten, Juristen und Militärs den Art. 25 HLKO wie folgt formuliert: *„Angriffe dürfen nur gegen militärische Ziele (Objekte) gerichtet werden. Es ist daher untersagt, mit welchen Mitteln es auch sei, unverteidigte Städte, Dörfer, Wohnstätten oder Gebäude im Frontbereich sowie innerhalb von Städten oder Dörfern im Hinterland andere als eindeutige militärische Ziele (Objekte) anzugreifen oder zu beschießen."*

Diese hypothetische Fassung des Art. 25 HLKO fungiert nicht nur als rechtspolitische Blaupause für künftige völkerrechtliche Verträge. Sie ist obendrein ein Produkt der juristischen Methoden- und Interpretationslehre und liefert dem Rechtsanwender einen konkreten Vorschlag zur Deutung des real existierenden

Art. 25 HLKO, dessen Wortlaut – gemessen an den Anforderungen humanitären Luftkriegsrechts – unvollständig ist bzw. eine *„offene Lücke"* enthält. Solche Lücken lassen sich per Analogiebildung schließen. Unvollständige Vorschriften werden in maßvoller Ergänzung und möglichst enger Anlehnung an die gelungenen Teile des Regelwerks ergänzt (*Rechtsanalogie*). Besondere Bedeutung kommt den Leitgedanken der gesamten Kodifikation zu. Für Art. 25 HLKO bedeutet das: Der auf taktische Frontoperationen zugeschnittene Wortlaut wird unter maßgeblicher Beachtung des Zivilschutzprinzips auf strategische Aktionen im Hinterland ausgedehnt.[472]

Gewarnt sei vor einem simplen Umkehrschluß. Nicht jeder strategische (sowie auch taktisch-operative) Fliegerangriff gegen eindeutige militärische Ziele entspricht dem Art. 25 HLKO. Sinn und Zweck der Norm verlangen überdies die Beachtung des Verhältnismäßigkeitsprinzips. Auch im Zweiten Weltkrieg waren Nutzen und Schaden einer Attacke auf militärische Ziele sorgfältig abzuwägen. Jeder Luftschlag mußte zur Erlangung des angestrebten Vorteils geeignet sowie im Lichte denkbarer Alternativschläge auch erforderlich sein. Er war insbesondere dann nicht erforderlich, wenn der gleiche Effekt mit schonenderen Bombardements erzielt werden konnte, also bspw. statt eines zentral gelegenen Bahnhofs mit nahezu gleichem Ertrag Schienenstränge außerhalb der Bebauung zerstört werden konnten. Außerdem durften Luftangriffe keine unverhältnismäßig hohen (Kollateral)schäden an rechtlich geschützten Gütern wie Leib und Leben von Zivilisten verursachen.

Spannende rechtsethische Frage: Bei welcher Opferzahl beginnt die Unverhältnismäßigkeit? Wer den unendlichen Wert eines Menschenlebens proklamiert, wird logischerweise mit „eins" antworten müssen. Wer die wechselseitige Aufrechnung von Menschenleben für ethisch vertretbar oder gar geboten hält, wird im Rahmen einer Gesamtabwägung auch zu fragen haben, wie viele Menschenleben durch die Aktion erwartungsgemäß – die Prognose muß alle verfügbaren Erfahrungsdaten einschließen – gerettet werden können.

Diese Auslegung des Art. 25 HLKO nimmt wesentliche Teile der Art. 48 ff. des „Zusatzprotokolls zu den Genfer Abkommen vom 12. August 1949 über den Schutz der Opfer internationaler bewaffneter Konflikte (Protokoll I = ZP I)" vorweg. Der den Aspekt „Kollateralschäden" regelnde Art. 51 Abs. 5 b des noch nicht von allen Militärmächten unterzeichneten ZP I lautet: „Unter anderem sind folgende Angriffsarten als unterschiedslos anzusehen: … ein Angriff, bei dem damit zu rechnen ist, daß er auch Verluste an Menschenleben unter der Zivilbevölkerung, die Verwundung von Zivilpersonen, die Beschädigung ziviler Objekte oder mehrere derartige Folgen zusammen verursacht, die in keinem Verhältnis zum erwarteten konkreten und unmittelbaren militärischen Vorteil stehen."

Folgende Luftbombardements des Zweiten Weltkriegs konnten daher Art. 25 HLKO verletzen:

- Terrorangriffe allein oder ganz überwiegend gegen nichtmilitärische Objekte: insbesondere gegen Leib, Leben und das Eigentum von Menschen sowie gegen geschichtliche Denkmäler, religiöse, kulturelle oder wissenschaftliche Einrichtungen,

472 Zu Analogieschlüssen im allgemeinen K. Larenz, Juristische Methodenlehre, S. 365–375 („Die Ausfüllung ‚offener' Lücken, insbesondere durch Analogie"); zur Methodenlehre im Völkervertragsrecht K. Ipsen, Völkerrecht, S. 137–147.

- (bewußt) unterschiedslose Angriffe gegen militärische und nichtmilitärischen Objekte sowie
- ausschließlich gegen militärische Objekte gerichtete Präzisionsangriffe, die aber mit unverhältnismäßig hohen Kollateralschäden an Leib und Leben von Menschen oder anderen schutzwürdigen nichtmilitärischen Objekten einhergingen. Die Unverhältnismäßigkeit konnte auf der relativen Bedeutungslosigkeit des Zielobjekts, aber bspw. auch auf einem fahrlässig überhöhten Brandbombenanteil an der Gesamttonnage oder einer unnötig gefährlichen Abwurfmethode beruhen.[473]

Sinngemäß finden sich diese Kriterien auch in den *Haager Luftkriegsregeln (HLKR)* von 1923, dem nie ratifizierten Vorschlag einer internationalen Juristenkommission für ein spezielles Luftkriegsvölkerrecht. Art. 22 HLKR (Terrorbombardierung): „Das Luftbombardement zur Terrorisierung der Zivilbevölkerung und Zerstörung oder Beschädigung von Privateigentum nichtmilitärischen Charakters oder zur Verletzung von Nichtkombattanten ist verboten." Art. 24 (Luftbombardierung militärischer Ziele): „1. Das Luftbombardement ist nur dann berechtigt, wenn es gegen ein militärisches Ziel gerichtet ist, d. h. ein Ziel, dessen gänzliche oder teilweise Zerstörung für den Kriegführenden einen klaren militärischen Vorteil darstellen würde; 2. Ein solches Bombardement ist nur dann rechtmäßig, wenn es ausschließlich gegen folgende Ziele gerichtet ist: militärische Streitkräfte, militärische Anlagen, Gebäude oder Magazine, Fabriken, die wichtige und wohlbekannte Werke zur Herstellung von Waffen, Munition oder gekennzeichneten militärischen Bedarfsgegenständen sind, Verkehrs- oder Transportlinien, die für militärische Zwecke benutzt werden; 3. Die Bombardierung von Städten, Dörfern, Wohnhäusern und Gebäuden, die sich nicht in unmittelbarer Nähe der Landstreitkräfte befinden, ist verboten. Falls die im Absatz 2 aufgeführten Ziele so gelegen sind, daß sie nicht bombardiert werden können, ohne daß dadurch eine unterschiedslose Bombardierung der Zivilbevölkerung eintritt, müssen die Luftfahrzeuge von der Bombardierung abstehen; ... [Abs. 4 und 5 folgen]."[474]

Mit diesen Regeln sollten rechtsethische Maßstäbe zur Ergänzung der HLKO gesetzt werden. Die Ergänzung erschien der Juristenkommission unumgänglich, weil nach den Luftkriegserfahrungen von 1914–18 kaum ein Staat ausreichendes Vertrauen in das geltende Völkervertragsrecht hatte. Daher wurde verkannt, daß die Haager Luftkriegsregeln auch ohne Ratifizierung ein Kompendium zur Auslegung der real existierenden HLKO hätten sein können. Die Konsequenzen waren fatal: In den Jahren 1940 ff. gab es zwar einen beachtlichen Konsens in der Frage der Sittenwidrigkeit des Area Bombing; teilweise sahen die Luftkriegsmächte

---

473 Beachte die abweichende Terminologie des (Genfer) Zusatzprotokolls I, das völkerrechtswidrige Luftangriffe durch die Bank als „unterschiedslos" kennzeichnet. Diese Einebnung erscheint nicht sachgerecht. Die Differenzierung zwischen Terror- und unterschiedslosem Angriff liefert einen (völker)strafrechtlich bedeutsamen Hinweis auf die Motivation angreifender Luftstreitkräfte. Noch wichtiger erscheint die Differenzierung zwischen unterschiedslosem und Präzisionsschlag. Präzisionsangriffe sind regelmäßig Rechtens und können – strafrechtlich betrachtet – selbst im Ausnahmefall eines unverhältnismäßig großen Kollateralschadens kein Vorsatz-, sondern allenfalls Fahrlässigkeitsdelikt sein!

474 Zu den HLKR und weiteren Entwürfen für ein neues vertragliches Luftkriegsrecht siehe – am Leitfaden des „militärischen Objekts" – E. Spetzler, Luftkrieg und Menschlichkeit, S. 171–195.

darin einen Verstoß gegen *ungeschriebenes Kriegsvölkergewohnheitsrecht* (dazu weiter unten). Ihnen fehlte aber die Erkenntnis, daß strategische Fliegerangriffe auch gegen die seit 1907 geltende HLKO verstoßen können.

Der Dresdner Luftterror erfüllt nach alledem den Verbotstatbestand des Art. 25 HLKO. Gleiches gilt für die Spreng- und Brandbombenangriffe, die bspw. den Süden des Reichs ab September 1944 erschütterten. Bruchsal, Darmstadt, Freiburg im Breisgau, Heilbronn, Pforzheim, Worms und Würzburg lagen fernab der Front. Es waren Beamten-, Bischofs-, Handwerker- oder Weinbauernstädte, deren (kriegs)industrielle und verkehrstechnische Bedeutung eher bescheiden war. Ihre Bewohner mußten sterben, weil das Bomberkommando immer neue Flächenbrandrekorde in zuvor intakten Siedlungen aufstellen wollte. Erleichtert wurde das Zerstörungswerk durch eine personell ausgezehrte, durch Dauereinsätze überlastete Jagdabwehr, der zusehends weniger Sprit zur Verfügung stand. „Moralische Aufrüstung" auf britischer Seite tat ein übriges. Churchill und Harris kokettierten mit der „Hunnenthese", einer rassistischen Zuspitzung britischer Germanophobie. Waren die antiken Hunnen ein als Gottesgeißel gefürchtetes Nomadenvolk, so kehrte der Begriff zu Beginn des 20. Jahrhunderts – mit seinen menschenverachtenden Konnotationen – als Bezeichnung der deutschen Nation zurück. Ganz normale Deutsche wurden auf der Insel als „huns" der Neuzeit entdeckt.[475]

Wie aber verhält es sich mit dem grauenvollen Spreng- und Brandbombeninferno, das die zweitgrößte deutsche Stadt im Sommer 1943 heimsuchte: dem *Hamburger Feuersturm*? „Im Juli 1943 wollte die Royal Air Force beweisen, daß man eine Millionenstadt total vernichten könne. Das Ziel war Hamburg. Im Unternehmen ‚Gomorrha' warfen etwa 2.700 britische und amerikanische Kampfflugzeuge insgesamt etwa 9.400 Bomben der verschiedensten Art auf die Hansestadt. Am wirkungsvollsten war der Nachtangriff der RAF vom 28./29. Juli. Es gelang ihr, in den dichtbesiedelten Wohnbezirken Hammerbrook, Rothenburgsort, Borgfelde, Hohenfelde und Hamm einen bis dahin nie erlebten Feuersturm zu entfesseln. Allein in diesem Totalschadensgebiet mit einer Flächenausdehnung von 13 km² starben etwa 35.000 Hamburger; insgesamt fielen dem Unternehmen ‚Gomorrha' ungefähr 41.450 Menschen zum Opfer. Etwa zwölf Prozent der Getöteten waren Kinder."[476]

Immerhin gibt es für die Auslöschung der Hamburger Vororte einen strategischen Anknüpfungspunkt, der sich von Fliegerangriffen auf andere deutsche Städte abzuheben scheint. Dort wohnten besonders viele *Arbeiterfamilien*. Legitimes militärisches Ziel? Beruhte nicht „der Glaube der Royal Air Force an die Wirksamkeit des Bombardements von Industriegebieten ... auf der Überzeugung, daß der Durchhaltewille der Industriearbeiter zusammenbrechen würde, wenn Bomben auf ihre Fabriken und Wohnsiedlungen herabregneten"?[477] Obendrein ging es in Hamburg nicht nur um den Durchhaltewillen der Arbeiterschaft. Es ließ sich – durchaus nicht zum Verdruß der RAF – kaum vermeiden, Hafen-,

475 J. Friedrich, Der Brand, S. 258: „Kaiser Wilhelm II. in seiner forschen Manier hatte sich selbst so ausgegeben. Man sollte erschrecken vor ihm, so lieferte er seinen britischen Vettern eine zündende Parole."

476 H.-J. von Leesen, Bombenterror, S. 20 f.; zum Unternehmen „Gomorrha" siehe auch H. Brunswig, Feuersturm über Hamburg, S. 190–292, und Ch. Kucklick, Feuersturm, S. 62–128.

477 M. Hastings, Bomber Command, S. 48.

Hamburger nach dem Feuersturm (1943)

Werft- und den einen oder anderen Rüstungsarbeiter selber zu bombardieren. Daß solche Aktionen den Überlebensnerv einer Industrienation empfindlich treffen können, war nicht von vornherein auszuschließen. Waren die Hamburger Industriearbeiter also ein militärisches Ziel, dessen Zerstörung eindeutige militärische Vorteile im Sinne einer sach- und problemgerechten Interpretation des Art. 25 HLKO schaffen konnte?

Die Antwort hängt von der Reichweite des Zivilschutzprinzips ab. Wer es mit Aufklärung und humanitärem Gedankengut ernst meint, darf nur einen engen Begriff des militärischen Objekts akzeptieren. Dieser muß klar und eindeutig bleiben, sich insbesondere den Kriterien der Unmittelbarkeit und Unverwechselbarkeit unterwerfen.[478] Daraus folgt zweierlei. Zum einen verbietet Art. 25 HLKO Luftangriffe, die sich direkt gegen zivile Objekte richten und militärische Vorteile allenfalls über eine mehrgliedrige Kausalkette, also per „Fernwirkung", erzeugen können. Klassisches Beispiel einer solchen mittelbaren Kausalität ist das Demoralisierungsbomben, das nicht die unmittelbar angegriffenen (und dabei oft getöteten) Zivilisten, sondern ihre in Militär und Rüstungsproduktion involvierten Angehörigen zum Widerstand gegen die eigene Regierung ermutigen soll. Zum anderen darf es keine „zivilen militärischen Ziele" geben; dies wäre die bekannte Quadratur des Kreises. Zivile Ziele behalten diesen Status auch dann, wenn sie mit militärischen in enge räumliche Verbindung geraten. Industrie-, selbst Rüstungsarbeiter sind keine Kombattanten und werden daher regelmäßig durch die Zivilschutznormen der HLKO geschützt. Legitimes militärisches Ziel kann lediglich eine – im weitesten Sinne – Rüstungsfabrik sein. Nur dort, also während ihrer betrieblichen Tätigkeit, dürfen Arbeiter ausnahmsweise von feindlichen Fliegern attackiert werden. Die Zerstörung der Wohnviertel Ham-

478 Einen „klaren" militärischen Vorteil verlangt etwa auch Art. 24 Abs. 1 HLKR.

merbrook und Rothenburgsort am 27./28. Juli 1943 erfüllt diese Voraussetzung nicht. Sie verstößt daher gegen den Verbotstatbestand des Art. 25 HLKO.

Nichts anderes gilt für die Liquidierung der benachbarten Hamburger Bezirke Hamm und Borgfelde, in denen Industriearbeiter nur eine kleine Minderheit bildeten. Hier lebten – fernab deutscher Rüstungsproduktion – vorwiegend Handwerker, kleine Beamte und Angestellte in stuckverzierten Häusern der Gründerzeit. Einige von ihnen bevorzugten Unterwäsche aus Kunstseide – „ein Fehler, von dem sie noch nichts ahnten; das Material brennt besonders gut".[479]

So eindeutig die Hamburger Feuersturmangriffe mit dem Tatbestand des Art. 25 HLKO kollidieren, so widerstrebend wird das von manchen Politikern und Publizisten zur Kenntnis genommen – keineswegs nur auf der britischen Insel. Gerd Bucerius, Hamburger CDU-Bundestagsabgeordneter (bis 1962) und jahrzehntelang einer der wichtigsten Zeitschriftenverleger der Republik („Die Zeit", „Stern"), überraschte die Öffentlichkeit mit einem atemberaubenden Bekenntnis und seiner vielleicht durch familiäre Schicksalsschläge[480] getrübten Fähigkeit, zwischen verbrecherischen Protagonisten des NS-Regimes und dem deutschen Volk mit seinen mehr oder weniger braven Bürgern zu unterscheiden: „Ich stand an den drei Angriffstagen auf dem Dach meines Häuschens in der Hamburger Vorstadt. Oben flogen die englischen Bomber. Endlich, rief ich immer wieder, endlich! Zu lange hatten mir die Alliierten gewartet, den Weltfeind Hitler niederzukämpfen. ... Endlich kamen sie, die Engländer! Und dann mußte ich gegen Alarmende durch die zerstörten Straßen mit halbverbrannten Toten – zu sehen, ob mein Anwaltsbüro erhalten war. Was habe ich damals gedacht: Grauen und Mitleid, natürlich. Aber auch: Ihr – die Toten – habt es so gewollt. ... Um wen habe ich während des Angriffs gebangt? Um die ... Piloten. Sie waren ja tapfer und taten das, was ich von ihnen erhoffte."[481]

Was soll man von solchen Aufwallungen halten, die heute noch Teile der nichtparlamentarischen, äußersten Linken faszinieren?[482] Sie lassen Abscheu, Enttäuschung oder Resignation aufkommen. Erschüttert über Bucerius' Tirade zeigt sich der Journalist Hans-Joachim von Leesen, der das Unternehmen „Gomorrha" als Schüler miterlebt und nahe Angehörige dabei verloren hat: „Es fällt schwer, in solchen Äußerungen auch nur Ansätze von Menschlichkeit zu erkennen. Und so bleibt denn auch für die Zukunft kein Optimismus. Wer offen propagiert, auch im

---

479 Ch. Kucklick, Feuersturm, S. 66 f.

480 Bucerius' erste Ehefrau, die Jüdin Detta Goldschmidt, mußte Deutschland 1938 verlassen. Sie emigrierte nach England.

481 Welt am Sonntag, 18. Juli 1993. – Ist Bucerius ein Alter ego des für Kollektivschuldideologien empfänglichen Thomas Mann? Dieser las „deutschen Hörern" während des Zweiten Weltkriegs in BBC-Rundfunkansprachen die Leviten, u. a. in einer „Sondersendung" vom 11. April 1942 (in: ders., Deutsche Hörer!, S. 58 f.): „Beim jüngsten britischen Raid über Hitlerland hat das alte Lübeck zu leiden gehabt. Das geht mich an. Es ist meine Vaterstadt. ... Aber ich denke an Coventry und habe nichts einzuwenden gegen die Lehre, daß alles bezahlt werden muß. Es wird mehr Lübecker geben, mehr Hamburger, Kölner und Düsseldorfer, die dagegen auch nichts einzuwenden haben und, wenn sie das Dröhnen der RAF über ihren Köpfen hören, ihr guten Erfolg wünschen."

482 M. Müller, Bomber Harris do it again!, S. 361: „Im Jahr 2004 demonstrierten deutsche ‚Antideutsche' – die sich selbst so bezeichnen, ... – mit einem Slogan, der ihnen wohl nicht zufällig eingefallen ist: ‚Bomber Harris do it again!'"

Krieg heilige der Zweck die Mittel, der wird letztlich solche Mittel auch anwenden, ob sie nun in Übereinstimmung mit dem Völkerrecht stehen oder nicht."[483]

Keine größeren Probleme bereitet *Art. 27 HLKO*: „Bei Belagerungen und Beschießungen sollen alle erforderlichen Vorkehrungen getroffen werden, um die dem Gottesdienste, der Kunst, der Wissenschaft und der Wohltätigkeit gewidmeten Gebäude, die geschichtlichen Denkmäler, die Hospitäler und Sammelplätze für Kranke und Verwundete soviel wie möglich zu schonen, vorausgesetzt, daß sie nicht gleichzeitig zu einem militärischen Zweck Verwendung finden." Die Norm ist systematisch eng mit Art. 25 HLKO verknüpft. Argumente zur Anwendung des Art. 25 im strategischen Luftkrieg erfassen auch Art. 27 HLKO. Weder in Dresden noch in Darmstadt, Hamburg oder Kassel versuchte die RAF, die genannten Stätten zu verschonen. Unterschiedslos hat sie angegriffen, zerstört und getötet.

Luftfahrtminister Archibald Sinclair gab das vor dem Unterhaus am 20. Dezember 1944 kurzzeitig sogar zu. Auf die Frage, ob Bomberbesatzungen über die Lage historisch und künstlerisch wertvoller Gebäude informiert würden, sagte er: „Ja, wo es tunlich ist, dies zu tun. Ganz offen gesagt, es ist nicht tunlich bei Angriffen auf deutsche Ziele, aber bei Angriffen auf diese taktischen Ziele in Italien, kleine Städte und Kommunikationszentren, wo es wertvolle Gebäude gibt, ist es möglich." Das Unterhaus horchte auf. Wollte die britische Regierung völkerrechtsfreundliche Positionen der Jahre 1938 und 1939 offiziell preisgeben? Sollten unterschiedslose Fliegerangriffe gegen deutsche Siedlungen – unter Einbeziehung wertvoller Bedeutungsarchitektur – auf einmal erlaubt sein? Die Abgeordnete Eleanor Rathbone ließ nicht locker: „Warum war das nicht möglich in Deutschland bei einer Architektur von Weltrang wie dem Freiburger Münster?"[484] Sofort erkannte Sinclair die beunruhigenden Folgerungen des Dialogs und flüchtete in die formidable Propagandalüge von der anständigen Luftkriegführung.[485] Unwirsch brach er die Diskussion ab: „Wie das Unterhaus genau weiß, greifen wir die deutsche Kriegsindustrie und deutsche Verkehrswege in großem Umfang an; und es scheint mir Humbug zu sein, ins Unterhaus zu kommen und zu sagen, daß solch ein Informationssystem praktikabel sei."[486] Alles wieder wie gehabt: Wo nur kriegswichtige Industrie und Verkehrswege attackiert werden, gibt es keine zerstörten Kunst- und Geschichtsdenkmäler – und falls doch, so handelt es sich um bedauerliche Kollateralschäden! Wer bei Sinclairs Antwort genau hinhört, entdeckt freilich ein neues Detail. „Nicht praktikabel" nennt der Luftfahrtminister ein Informationssystem, das die Besatzungen des Bomberkommandos in die Lage versetzt hätte, Kirchen, Krankenhäuser oder Architektur von Weltrang zu verschonen. Völkerrechtliche Konsequenzen aus diesem erschreckenden Befund zieht er leider nicht. Sie hätten darin liegen müssen, auf Bombardierungen in der

---

483 H.-J. von Leesen, Bombenterror, S. 32.

484 Eleanor Rathbone war insoweit falsch informiert. Ausgerechnet das Freiburger Münster überstand den verheerenden Flächenangriff auf die Innenstadt am 27. November 1944 fast unbeschädigt.

485 Ungeniert etwa der damalige stellvertretende Ministerpräsident Clement Attlee in einer Unterhausrede vom 28. Mai 1943: „Nein, es findet kein unterschiedsloses Bombardieren statt. Wie in diesem Hause wiederholt festgestellt wurde, werden nur solche Ziele bombardiert, welche vom militärischen Standpunkt höchst wichtig sind."

486 J. M. Spaight, Air Power and War Rights, S. 291 f.

Umgebung des Freiburger Münsters und anderer vom Schutzzweck des Art. 27 HLKO erfaßter Gebäude strikt zu verzichten.

Immerhin bezeugen diese Debatten den moralischen Impuls der britischen Öffentlichkeit und ihrer Repräsentanten. Bereits im Oktober 1943 war Sinclair im Gespräch mit Stabschef Portal in die Defensive geraten. Er hatte einräumen müssen, Nachfragen engagierter Bürger sowie des Erzbischofs von Canterbury und anderer Würdenträger der Anglikanischen Hochkirche nur durch Vertuschen der wahren Angriffsziele beantworten zu können. Sinclair fürchtete heftige Kritik dieser Autoritäten und in der Konsequenz eine nachhaltige Demoralisierung des Bomberkommandos.[487]

Man mag einwenden, Kirchen, Hospitäler, geschichtliche Denkmäler usw. seien von deutscher Seite regelmäßig nicht als Schutzgut des Art. 27 HLKO gekennzeichnet worden. Auch deshalb hätten feindliche Flieger sie nicht eindeutig identifizieren können. Ist der Einwand aber wirklich plausibel? Ihm sei vor allem Art. 26 HLKO entgegengehalten: „Der Befehlshaber einer angreifenden Truppe soll vor Beginn der Beschießung, den Fall eines Sturmangriffs ausgenommen, alles, was an ihm liegt, tun, um die Behörden davon zu benachrichtigen.“ Zwar gibt es bei Einsätzen gegen das Hinterland keinen Sturmangriff im eigentlichen Sinne, doch dürfte Art. 26 HLKO deshalb nicht obsolet sein. Wie bei Art. 25 HLKO bietet sich eine differenzierende, auf einem Analogieschluß beruhende Auslegung an. Deren Leitgedanke ist wiederum der Zivilschutz. Das Ergebnis könnte wie folgt aussehen: Angreifende Verbände müssen den Feind benachrichtigen, wenn ihr Bombardierungsplan militärische Ziele im Hinterland umfaßt, deren Ausschaltung Schäden an nahegelegenen Hospitälern, Kirchen und vergleichbaren Schutzgütern denkbar erscheinen läßt (sind solche Schäden von vornherein wahrscheinlich oder gar beabsichtigt, liegt ein durch Art. 25 HLKO verbotener unterschiedsloser Angriff vor). Ein so verstandener Art. 26 HLKO wurde von alliierten Bomberflotten derart oft verletzt, daß deutschen Städten keine Kennzeichnungsobliegenheit mehr zugemutet werden konnte. Der Verstoß gegen diese Norm indiziert zugleich eine Verletzung des Art. 27 HLKO – gerade in Dresden mit seinen prachtvollen Gotteshäusern, Schlössern, Adelssitzen, Bürgerhäusern und Kunstschätzen.

Wurde in Dresden auch *Art. 46 Abs. 1 HLKO* – „Die Ehre und die Rechte der Familie, das Leben der Bürger und das Privateigentum sowie die religiösen Überzeugungen und gottesdienstlichen Handlungen sollen geachtet werden“ – verletzt? Daß die RAF das Leben Dresdner Bürger und ostdeutscher Flüchtlinge ebenso mißachtete wie deren Privateigentum, bedarf keiner Hervorhebung. Dennoch ist Art. 46 HLKO hier nicht anwendbar. Das zeigt der systematische Kontext der Norm. Sie befindet sich im Abschnitt „Militärische Gewalt auf besetztem feindlichem Gebiet“.[488] Gewalthandlungen vor der Besetzung von Feindesland gehören naturgemäß nicht dazu; der strategische Luftkrieg ist kein Anwendungsfall des Art. 46 HLKO. Denkbar erscheint allenfalls, sich von diesem systematischen Bezugsrahmen zu lösen und den Wortlaut des Art. 46 Abs. 1 HLKO als (allgemeines) ungeschriebenes Völkervernunft- oder Kriegsgewohnheitsrecht zu deuten.

---

487 M. Czesany, Europa im Bombenkrieg 1933–1945, S. 370.

488 Darauf weist auch E. Spetzler, Luftkrieg und Menschlichkeit, S. 47, hin.

Die Reste eines ostpreußischen Flüchtlingstrecks nach einem Luftangriff

Verstieß das Bomber Command gegen *Art. 50 HLKO*? Die Norm lautet: „Keine Strafe in Geld oder anderer Art darf über eine ganze Bevölkerung wegen der Handlungen einzelner verhängt werden, für welche die Bevölkerung nicht als mitverantwortlich angesehen werden kann." Zweifelsfrei verkörpert Art. 50 HLKO einen besonderen rechtsethischen Wert – die Absage des Völkerrechts an Kollektivstrafen und den dahinter stehenden Kollektivschuldgedanken! Allerdings käme Art. 50 HLKO nur zum Zuge, wenn sich das Dresdner Flammeninferno als von Churchill, seinem Kriegskabinett, Portal oder Harris geplante „Bestrafung" deuten ließe. Der erste Anschein mag darauf hindeuten, weil die RAF die Zerstörung Hamburgs im Juli 1943 als Unternehmen „Gomorrha" deklariert und bis zum Februar 1945 keine erkennbar humane Einstellung zu deutschen Zivilisten entwickelt hat. Allerdings gilt für Art. 50 das gleiche wie für Art. 46 Abs. 1 HLKO. Beide Normen verbieten Exzesse von Soldaten auf besetztem feindlichen Gebiet. Militäraktionen im Vorfeld einer Eroberung gehören nicht dazu.

Der Vollständigkeit halber sei *Art. 56 HLKO* erwähnt: „Das Eigentum der Gemeinden und der dem Gottesdienste, der Wohltätigkeit, dem Unterrichte, der Kunst und der Wissenschaft gewidmeten Anstalten, auch wenn diese dem Staat gehören, ist als Privateigentum zu behandeln. Jede Beschlagnahme, jede absichtliche Zerstörung oder Beschädigung von derartigen Anlagen, von geschichtlichen Denkmälern oder von Werken der Kunst und Wissenschaft, ist untersagt und soll geahndet werden." Auch diese Verbotsnorm steht unter der Überschrift „Militärische Gewalt auf besetztem feindlichen Gebiete". Sie wurde durch westalliiertes „Morale Bombing" nicht tangiert.

An der Gesamtschau ändert das nichts. Die Vernichtung Dresdens erfüllt in konzentrierter Form die Verbotstatbestände der Art. 23 b und g, 25 und 27 HLKO. Humanitäre Interpretationsmodelle hätten die Auswahlkriterien militärischer Planungsstäbe verdrängen müssen, die sich von der Unversehrtheit einer als Kriegsziel nachrangigen Barockresidenz anstacheln ließen. Mögen auch – überwiegend durch die Tagesangriffe der USAAF – strategisch relevante Ziele wie der Verschiebebahnhof Friedrichstadt oder industrielle Zulieferbetriebe beschädigt worden sein; das Sterben einer alptraumhaften Zahl von Menschen macht solche Fakten zur Marginalie. Bahnhof Friedrichstadt – das ist im Kontext des 13. bis 15. Februar 1945 eine kleine militärische Insel im Meer zivilisationsfeindlicher Zerstörungswut, eine Art „umgekehrter Kollateralschaden".

Zu prüfen bleibt, ob die Vernichtung Dresdens durch eine völkerrechtliche Erlaubnisnorm ausnahmsweise *gerechtfertigt* war. Ins Blickfeld gerät die *Repressalie*. Dies ist ein an sich verbotenes Handeln, das als Reaktion auf den Völkerrechtsbruch anderer Staaten sowie unter Berücksichtigung der Verhältnismäßigkeit im Einzelfall gestattet sein soll. Wer illegale Waffen oder Strategien einsetzt, muß sich darauf einstellen, daß der Feind – und zwar legal – mit gleicher Münze heimzahlt. Dahinter verbirgt sich ein begrüßenswertes Motiv. Die Repressalie soll den rechtswidrig handelnden Staat zur Einsicht bringen und verhindern, daß er seinen Völkerrechtsbruch wiederholt.[489]

Darf eine humanitär inspirierte Rechtswissenschaft solche Legalisierungsmodelle aber auch für den Luftkrieg vertreten, wo Repressalien vielfach auf blanken Terror hinauslaufen? Strikt zu verneinen ist das für Bombenabwürfe der Nachkriegszeit, soweit sie vom zeitlichen Geltungsbereich des „Zusatzprotokolls zu den Genfer Abkommen vom 12. August 1949 über den Schutz der Opfer internationaler Konflikte (Protokoll I)" erfaßt werden. Art. 51 Abs. 6 des ZP I lautet: „Angriffe gegen die Zivilbevölkerung oder gegen Zivilpersonen als Repressalie sind verboten." Art. 52 Abs. 1: „Zivile Objekte dürfen weder angegriffen noch zum Gegenstand von Repressalien gemacht werden. Zivile Objekte sind alle Objekte, die nicht militärische Ziele im Sinne des Absatzes 2 sind."

Der rechtsethische Gegenentwurf zur Lehre von der Repressalie steht aber bereits seit der platonisch-aristotelischen Ethik im Raum: „Unrecht darf nicht durch neues Unrecht vergolten werden." Auch vor dem kategorischen Imperativ eines Immanuel Kant können Luftkriegsrepressalien kaum bestehen: „Handle so, daß du die Menschheit, sowohl in deiner Person als in der Person eines jeden anderen, jederzeit zugleich als Zweck, niemals bloß als Mittel brauchst."[490] Falls überhaupt, so könnte die gezielte Liquidierung unschuldiger Menschen nur zur Rettung einer deutlich größeren Zahl anderer unschuldiger Menschen zulässig sein (siehe das Kapitel „Kann ‚Morale Bombing' moralisch sein?"). Flächenangriffe der Jahre 1939 ff., die dieses Ziel entweder gar nicht angestrebt oder zumindest weit verfehlt haben, fallen nicht darunter.

Letztlich mag die Frage dahingestellt bleiben; denn die Luftschläge gegen deutsche Städte erfüllen nicht die von der Völkerrechtswissenschaft geforderten Merkmale einer (zulässigen) Repressalie. Es gab weder vorherige Warnungen durch die alliierten Angreifer noch konkrete Rechtsverletzungen seitens der Wehrmacht, die dem Bomber Command als Rechtfertigung für unmittelbar nachfolgende Spreng- und Brandbombenabwürfe hätten dienen können. In Betracht kämen höchstens V-Waffen-Angriffe gegen Südengland, die freilich ihrerseits vom Legalitätsanker

489 K. Ipsen, Völkerrecht, S. 1098 ff. Zum Begriff der Repressalie im Kriegsrecht St. Oeter, Kampfmittel und Kampfmethoden, S. 165 ff., und A. A. Steinkamm, Repressalie, S. 335 ff.

490 I. Kant, Grundlegung zur Metaphysik der Sitten, S. 52.

„Repressalie“ profitieren könnten, weil die RAF seit 1942 immer häufiger unterschiedslos attackierte. Vor allem aber stehen die deutschen Opferzahlen in keiner nachvollziehbaren Relation zu dem, was Fliegerangriffe und V-Waffen in fünf Jahren auf der britischen Insel angerichtet haben. Konsequenterweise haben die Briten ihr Area Bombing nie als Repressalie gekennzeichnet. Dies hätte ihre Strategie zumindest in die Randbereiche völkerrechtlicher Legalität gerückt und damit jene Kriegspropaganda unterlaufen, die gebetsmühlenartig nur von der Zerstörung militärischer Ziele zu berichten wußte.

Kommt den britischen Angreifern vielleicht ein *rechtfertigender Notstand* zugute? Eine Notstandsklausel wurde in die Haager Verträge zwar nicht explizit aufgenommen, läßt sich aber als allgemeine (gewohnheitsrechtliche) Regel des Völkerrechts begreifen. Zu einer Neubewertung der „Morale-Bombing“-Strategie führt sie allerdings nicht. Gezielte Spreng- und Brandbombenangriffe auf dicht besiedelte Städte passen kaum in das kurze Prokrustesbett eines rechtfertigenden Notstands. Das kann alternativ begründet werden. Entweder man sieht im „Morale Bombing“ von vornherein keinen Anwendungsfall dieses Rechtsinstituts. Hierfür spricht die verbreitete These, Menschenleben ließen sich nicht gegeneinander aufrechnen (handlungspflichtenorientierter Ansatz, „Pflichtenethik“). Oder man hält das Demoralisierungsbomben prinzipiell für rechtfertigungsfähig – fordert konsequenterweise aber, daß der jeweilige Angriff per saldo mehr Gutes als Böses bewirkt (handlungsfolgenorientierter Ansatz, „Verantwortungsethik“). Dann scheitert die Legitimation am Fehlen eben dieser Voraussetzung. Das Inferno von Dresden hat den Zweiten Weltkrieg weder verkürzt noch dessen Opferzahl signifikant gesenkt. Ganz im Gegenteil steht das Luftkriegskonzept des 13. bis 15. Februar 1945 für Zivilisationsvernichtung und eine beispiellose *Pervertierung des Ius in bello*.[491]

Andere Legitimierungsversuche, etwa derjenige von Arthur Harris in der Nachkriegsstudie „Bomber Offensive“, überzeugen ebenfalls nicht. Harris beschreibt die Flächenangriffe als „vergleichsweise humane Methode“. Seine Sichtweise ist von Erfahrungen der Jahre 1914–1918 geprägt. Der Bomber-Command-Chef verweist auf horrende Menschenverluste des Stellungskriegs in Flandern und die angeblich 800.000 deutschen Opfer der britischen Seeblockade.[492] Relevant wäre sein Vortrag aber nur dann, wenn sich nachweisen ließe, daß die Feuerstürme von Dresden, Hamburg oder Pforzheim weitaus schlimmere Dramen auf anderen Kriegsschauplätzen verhindert haben. Solche Kausalitätsanalysen suchen Harris' Leser aber vergeblich. Seine Argumentation gerät aufs Schlachtfeld der Rechtfertigungsideologie. Es gibt keinen Grund, die exzessive Bombardierung deutscher Städte als völkerrechtliche Wohltat zu preisen. Die Flächenangriffe des Bomberkommandos verstoßen definitiv gegen Art. 23 b und g, 25 und 27 HLKO.

„Dresden“ war der Höhepunkt einer Serie terroristischer oder zumindest unterschiedsloser Flächenbombardements. Zu den Meilensteinen dieser Entwicklung gehört der 10. Mai 1940, als Deutschlands Frankreichfeldzug dem „Drôle de Guerre“ ein abruptes Ende setzte und Winston Churchill zum britischen Pre-

491 J. Batho, Dresden als militärisches Ziel (Leserbrief), Frankfurter Allgemeine Zeitung, 18. Oktober1991, erwähnt ein an ihn gerichtetes Antwortschreiben des britischen Luftwaffenministeriums, in dem die Angriffe als „eigentlich militärischen Zielen geltend und damit dem geltenden Völkerrecht entsprechend“ deklariert werden. Auch die Unwahrheit ist eine Verbeugung vor der Tugend!

492 A. Harris, Bomber Offensive, S. 176 f.

mierminister ernannt wurde. Tags darauf starben in Mönchengladbach vier Menschen, als die RAF großräumig Nachschubverbindungen hinter der Front bombardierte.[493] Dieser Angriff dürfte taktischer Natur gewesen sein.[494] Am 15./16. Mai 1940, nach einer Sitzung des britischen Kriegskabinetts, fing der „eigentliche strategische Bombenkrieg gegen Deutschland" an.[495] James Molony Spaight, Unterstaatssekretär im britischen Luftfahrtministerium, hob, wie bereits erwähnt, hervor, daß die Briten Ziele in Deutschland zu bombardieren begannen, „ehe die Deutschen dies in England taten. Das ist eine historische Tatsache, die auch öffentlich zugegeben worden ist ... Da wir uns über die psychologischen Wirkungen nicht im klaren waren, die von der propagandistischen Verdrehung der Tatsache ausgehen würden, daß wir es waren, die mit der strategischen Bomberoffensive begannen, schreckten wir davor zurück, unseren großen Entschluß vom 11. Mai 1940 in der ihm gebührenden Weise vor die Öffentlichkeit zu bringen. Das war sicherlich ein Fehler. Es war ein großartiger Entschluß".[496]

Die Aktionen des Bomberkommandos galten zunächst militärischen Zielen; einige bewegten sich aber im völkerrechtlichen Grenzbereich und wurden bald als „terroristisch" beschrieben.[497] Auch Angriffe der Luftwaffe auf London dürften an den Schranken der Legalität gekratzt haben. Unzureichende Navigation machte jeden innerstädtischen Punktangriff zum völkerrechtlichen Harakiri.[498] Schwerpunktmäßiger Terror folgte jedoch erst der „Area Bombing Directive" vom 14. Februar 1942 und der anschließenden Ernennung des „Morale Bombing"-Verfechters Arthur Harris zum Oberkommandierenden der strategischen Luftflotte.[499]

Ungeschriebenes Luftkriegsgewohnheitsrecht

Nicht nur der Doppelangriff auf Dresden, auch viele weitere Flächenbombardements des Zweiten Weltkriegs haben die Art. 23 b und g, 25 und 27 HLKO

---

493 Ch. Kucklick, Terror gegen den Terror?, S. 17 f.

494 Der britische Historiker und Jurist F. J. P. Veale, Der Barbarei entgegen, S. 163, sieht das strenger: „Dieser Angriff in der Nacht des 11. Mai 1940 ... stellte ein epochemachendes Ereignis dar als die erste absichtliche Verletzung der Grundregel zivilisierter Kriegführung, wonach sich die Feindseligkeiten nur gegen die kämpfende Truppe des Gegners richten dürfen. ... Für die Bomberbesatzungen muß es ein merkwürdiges Gefühl gewesen sein, über ein Schlachtfeld zu fliegen, auf dem auf Leben und Tod gerungen wurde, dann über Landstriche, vollgestopft mit feindlichen Truppen auf dem Weg zur Front, um schließlich über der friedlichen westfälischen Landschaft ihre Bomben abzuwerfen in der leisen Hoffnung, daß einige von ihnen Eisenbahnanlagen treffen würden. ... Ihr Flug setzte den Schlußpunkt hinter eine Epoche, die zweieinhalb Jahrhunderte angedauert hatte."

495 H. Boog, Bombenkrieg, Völkerrecht und Menschlichkeit im Luftkrieg, S. 286.

496 J. M. Spaight, Bombing Vindicated, S. 68, 73 f. Vgl. auch Fußnote 106 im Buch.

497 J. M. Spaight, Bombing Vindicated, S. 71 f., zitiert deutsche Presseschlagzeilen nach Bombenabwürfen auf Hannover (1. August 1940): „Verbrechen gegen die Menschlichkeit".

498 H. M. Hanke, Die Bombardierung Dresdens, S. 284, sieht den Beginn des unterschiedslosen Bombenkriegs in Aktionen der Luftwaffe gegen London ab September 1940. – U. Moessner-Heckner, Pforzheim. Code Yellowfin, S. 19, sowie Ch. Webster und N. Frankland, The Strategic Air Offensive against Germany 1939–1945, u. a. Vol. III (Victory), S. 109, identifizieren den Luftschlag gegen Mannheim vom 16./17. Dezember 1940 als „ersten bewußt ausgeführten Flächenangriff auf eine deutsche Stadt". Er sei Vergeltung für die Bombardierung Coventrys und Southamptons gewesen.

499 Siehe das Kapitel „Grundzüge britischer Luftkriegsstrategie bis 1945".

verletzt – eine triviale Erkenntnis, wie man meinen könnte. Doch dem ist nicht so. Offenbar halten Völkerrechtler den Weg einer unmittelbaren Anwendung der Haager Landkriegsordnung auf den strategischen Luftkrieg für so steinig und verschlungen, daß sie ihn nicht zu betreten wagen. Soweit erkennbar gibt es keine seriöse Publikation zu diesem Thema. Ein erstaunliches Versäumnis: Keine der hier präsentierten Auslegungsmodalitäten sprengt den vertrauten Kanon juristischer Methodenlehre.

Möglicherweise lassen sich aber Begründungsalternativen aufzeigen. Sie könnten vor allem gewohnheitsrechtlich fundiert sein. Dies entspricht – mit gewissen Einschränkungen – bspw. der angelsächsischen Völkerrechtslehre. Zu ihren profiliertesten Vertretern gehört James Molony Spaight (1877–1968), bis zu seiner Pensionierung 1937 „Principle Assistant Secretary of the Air Ministry" (also etwa Unterstaatssekretär im britischen Luftfahrtministerium). Man muß diesem Juristen nicht in jeder Hinsicht folgen, doch imponieren seine Publikationen durch Scharfsinn und offene Formulierungen. In der vielzitierten, leider nur in wenigen Bibliotheken nachweisbaren Skizze „Bombing Vindicated" (1944)[500] spricht Pensionär Spaight aus, was ihm als aktivem Ministerialbeamten kaum aus der Feder geflossen wäre: daß nicht die Deutschen, sondern die Briten nach Churchills Ernennung zum Premierminister (10. Mai 1940) den „großartigen Entschluß", einen strategischen Luftkrieg zu führen, gefaßt hätten.[501] Andere Bemerkungen des Völkerrechtlers klingen wie Inspirationen zu Arthur Harris' „Bomber Offensive" von 1946. Pauschale Aussagen über „Bombenabwürfe auf Zivilisten" betrachtet Spaight als Begriffsverwirrung („to confuse the issue"). Männer, die Kriegsmaterial herstellen oder transportieren, dürften als „kriegführende, besonders aktive und gefährliche Feinde" aus der Luft attackiert werden.[502]

In der dritten Auflage von „Air Power and War Rights" (1947) verfeinert Spaight den theoretischen Ansatz von 1944 beträchtlich. Seinen Forschungsgegenstand begreift er als Regel-Ausnahme-System in den Kategorien eines ungeschriebenen Luftkriegsgewohnheitsrechts. Spaights Regel: „Es ist nötig zu bekräftigen ..., daß nichts, was im Zweiten Weltkrieg passiert ist, die rechtliche Schranke gegen unterschiedslose Bombardements erschüttert hat. ... Immer noch ist das spezielle, nicht das generelle Kriegspotential des Feindes das Zielobjekt. Bombardements allein zum Zweck der Demoralisierung bleiben Unrecht. In diesem Sinne widerspricht ein Angriff gegen die Zivilbevölkerung dem Völkerrecht."[503] Spaights erste Ausnahme: „Es muß daran erinnert werden, daß das Recht, einen Flächenangriff durchzuführen, in letzter Konsequenz nur auf einem einzigen Gesichtspunkt beruht – dem Recht des Angreifers auf Selbstverteidigung."[504] Spaights zweite Ausnahme: „Die Überwindung der militärischen Stärke Deutschlands an ihrer Wurzel erforderte unvermeidlich die Tötung von alten Männern und Frauen, Kindern und Behinderten. Das war ein Übel, aber es war ein geringeres Übel für die Menschheit als der Triumph jenes Dämons, dessen Früchte in Buchenwald, Nordhausen, Belsen und Dachau erkennbar wurden. Kann unter diesen

500 Auf den Punkt bringt es die Internetseite jrbooksonline.com: „This book ... is now almost impossible to find."

501 J. M. Spaight, Bombing Vindicated, S. 52, 68.

502 J. M. Spaight, Bombing Vindicated, S. 112; ähnlich ders., Air Power and War Rights, S. 43–46.

503 J. M. Spaight, Air Power and War Rights, S. 277.

504 J. M. Spaight, Air Power and War Rights, S. 277.

Umständen ernsthaft darüber gestritten werden, ob die strategische Luftoffensive elementaren Prinzipien des Völkerrechts widersprochen hat?"[505] Bedauerlicherweise hat Spaight nie die Frage vertieft, welche Tatsachen anglo-amerikanische Flächenangriffe „unvermeidlich", erforderlich oder notwendig gemacht haben könnten. Sah dieser systematische Denker keine milderen Verhaltensalternativen für das Bomber Command? An anderer Stelle verdrängt er in flammenden Worten die Realität der Jahre 1942 ff. Die Strategie des Bomber Command habe allein der Ausschaltung militärischer Ziele gedient: „Es gibt nicht den Schatten eines Zweifels."[506] Der strategische Luftkrieg, auch daran gibt es keinen Zweifel, ist für Spaight trotz aller plausiblen Ansätze ein ungelöstes völkerrechtliches Problem geblieben.

Abstrakter in der Diktion klingt Hersch Lauterpacht, Professor für Völkerrecht in Cambridge (1937–1960) und Richter am Internationalen Gerichtshof (1955–1960). Lauterpacht entwickelt ein „unanfechtbares" bzw. als „klare Rechtsnorm" identifizierbares Prinzip des ungeschriebenen Rechts: das Verbot, „Zuflucht zu nehmen zu Bombardements der Zivilbevölkerung zum bloßen Zweck der Terrorisierung".[507] Ohne dieses Prinzip würde das Kriegsrecht die Bedingungen seiner eigenen Existenz aufheben: „Wenn nackter Terror und Panik, die alle Daseinsbereiche des organisierten Lebensalltags auflösen, Gegenstand dessen wären, was der Kriegführende legitimerweise bezwecken kann, gäbe es keinen Grund, warum er zurückschrecken sollte vor der Ermordung von Bewohnern zusammenhängender Siedlungen."[508] Folgerungen für den strategischen Luftkrieg der Jahre 1940 ff. zieht Lauterpacht daraus nicht. Offenbar hält er seinen Lösungsvorschlag für wenig praxisrelevant. Fast immer könne die angreifende Luftmacht sich damit rechtfertigen, in unmittelbarer Nähe einer zerstörten Siedlung hätten sich legitime militärische Ziele befunden.[509] Dresden oder Hamburg werden von Lauterpacht ebensowenig erwähnt wie Hiroshima oder Nagasaki.

Auch mit fortschreitender Distanz zum Krieg schrecken britische Juristen vor einer klaren Verurteilung des Area Bombing zurück. Aus der Sicht des deutschstämmigen Immigranten Wolfgang Friedmann gab es spätestens 1942 keine festen humanitären Kriegsbräuche mehr. In seinem völkerrechtlichen Hauptwerk „The Changing Structure of International Law" (1964) führt er aus: „Der Zweite Weltkrieg zeigte das praktische Verschwinden der prinzipiellen Unterscheidung zwischen Kämpfern und Nicht-Kämpfern, zwischen militärischen und nichtmilitärischen Zielen, weil der Krieg mehr und mehr zum organisierten Versuch wurde, die Fähigkeit des Feindes zum totalen Krieg und seine Widerstandskraft zu zerstören. ... Mehrere Versuche, Regeln der Luftkriegführung zu etablieren, kamen nie über das Entwurfsstadium hinaus und wurden spätestens von der

505 J. M. Spaight, Air Power and War Rights, S. 47.
506 J. M. Spaight, Air Power and War Rights, S. 279 f.
507 H. Lauterpacht, The Revision of the Law of War, S. 368.
508 H. Lauterpacht, The Revision of the Law of War, S. 369.
509 H. Lauterpacht, The Revision of International Law, S. 368, unter Berufung auf die Erläuterungen der deutschen Luftwaffe zu den Angriffen auf Warschau (23. September 1939) und Rotterdam (14. Mai 1940).

totalen Luftkriegsstrategie des Zweiten Weltkriegs überholt."[510] Ähnlich vage argumentiert Friedmann als Rechtsphilosoph. Die spannende, noch dazu sehr praxisrelevante Frage, ob deutsche Nachkriegsgerichte unerträglich ungerechte oder unmoralische Gesetze aus der NS-Zeit einfach beiseite schieben dürften (naturrechtliche Lösung) oder auf rückwirkende Regelungen durch den Gesetzgeber warten müßten (rechtspositivistische Lösung), bezeichnet er als „vielleicht eher verbal als real".[511]

Bemerkenswert unverbindlich bleibt der Lösungsansatz eines US-amerikanischen Rechtslehrers. Alle kriegführenden Nationen, so W. Hays Parks, hätten unterschiedslose Angriffe zwar für verboten gehalten. Dieser Gedanke sei jedoch durch zwei andere Regeln des Gewohnheitsrechts eingeschränkt worden:

a) „durch die althergebrachte nationale Praxis, wonach indirekte Zivilopfer nicht nur das unausweichliche Ergebnis einer Bombardierung waren, sondern der Preis, den eine im Krieg befindliche Nation zu bezahlen hatte; die Vermeidung derartiger Opfer lag in der Hauptverantwortung des Verteidigers, der die allgemeine Kontrolle über die Zivilbevölkerung hatte [Haben die Opfer selber schuld?], und

b) durch den ebenso althergebrachten Grundsatz, daß indirekte Zivilopfer entweder aufgrund einer allgemeinen oder einer ungenauen Bombardierung ein Weg waren, um die Moral der feindlichen Nation rechtmäßig zu beeinflussen."[512]

Nicht jedem Leser wird sich der Sinn dieser – vor der Veröffentlichung wohl unscharf ins Deutsche übertragenen – Sätze erschließen. „Indirekte Zivilopfer", „allgemeine oder ungenaue Bombardierung": das sind keine tauglichen Kategorien zur Beschreibung und Bewertung von Terror- und unterschiedslosen Flächenangriffen auf unschuldige Menschen.

Entschiedener als ihre britischen oder US-amerikanischen Kollegen sehen deutschsprachige Juristen das Regelungssubstrat der Art. 25 und 27 HLKO „durch unbestritten geltende humanitäre Normen abgesichert". *Ungeschriebenes Luftkriegsgewohnheitsrecht* habe terroristische, aber auch unterschiedslose Flächenbombardements verboten.[513] „Jeder Staat ist jedenfalls an das der Haager Landkriegsordnung inhaltlich gleichstehende Gewohnheitsrecht gebunden, dieses gilt auch heute und ist zwingendes Recht auf dem ganzen Erdball."[514] Von längst bestehendem, ungeschriebenem (Kriegs)recht waren auch die HLKO-Staaten ausgegangen. Andernfalls hätten sie nicht „die allgemeinen Gesetze und Gebräuche des Krieges einer Durchsicht unterziehen" wollen; Präambel zum IV. Haager Abkommen vom 18. Oktober 1907 (Abs. 4). Noch wichtiger ist ihr Bekenntnis zu (fortgeltendem) Gewohnheitsrecht für Sachverhalte außerhalb der HLKO. In der „Martensschen Klausel" (Präambel zum IV. Haager Abkommen

510 W. Friedmann, The Changing Structure of International Law, S. 132 f. Ähnliche Formulierungenfinden sich im United Nations Survey A/9215 vom 7. November 1973, Vol. 1, S. 171; siehe dazu H. Blix, Area Bombardment: Rules and Reasons, S. 37 f.

511 „Perhaps this conflict of view is more verbal than real" (W. Friedmann, Legal Theory, S. 354).

512 W. Hays Parks, Luftkrieg und Kriegsvölkerrecht, S. 412.

513 Zitiert nach K. Ipsen, Völkerrecht, S. 1209; siehe auch F. A. Freiherr von der Heydte, Luftbombardements, S. 436 f.; A. Steinkamm, Grundlagen und Entwicklung des Kriegsvölkerrechts und ausgewählte Kategorien der Kriegsverbrechen, S. 342 ff.; A. Verdross/B. Simma, Universelles Völkerrecht, S. 293.

514 R. Laun, Die Haager Landkriegsordnung, S. 108.

vom 18. Oktober 1907, Abs. 9) heißt es: „Solange, bis ein vollständigeres Kriegsgesetzbuch festgestellt werden kann, halten es die hohen vertragschließenden Teile für zweckmäßig festzusetzen, daß in den Fällen, die in den Bestimmungen der von ihnen angenommenen Ordnung nicht einbegriffen sind, die Bevölkerung und die Kriegführenden unter dem Schutze und der Herrschaft der Grundsätze des Völkerrechts bleiben, wie sie sich ergeben aus den *unter gesitteten Völkern feststehenden Gebräuchen*, aus den *Gesetzen der Menschlichkeit* und aus den *Forderungen des öffentlichen Gewissens*."[515]

Nach der „Martensschen Klausel" setzt die Verletzung ungeschriebenen Luftkriegsrechts zweierlei voraus. Erstens darf der Angriff kein geschriebenes Völkervertragsrecht verletzen (Subsidiaritätsprinzip). Das trifft auf „Dresden" zwar nicht zu, denn der britische Doppelangriff des 13./14. Februar verstößt gegen die Art. 23 b und g, 25 und 27 HLKO. Eine Nichtverletzung geschriebenen Völkerrechts sei hier dennoch unterstellt; denn andernfalls wäre die Suche nach einer Alternativlösung bereits in diesem frühen Stadium gescheitert. Zweitens muß der Luftangriff gegen eine der drei genannten „Grundsätze des Völkerrechts" verstoßen. Speziell die „unter gesitteten Völkern feststehenden Gebräuche" („usages établis entre nations civilisées") bilden die klassische Quelle des Gewohnheitsrechts. Sein Geltungsgrund ist „die allgemeine Rechtsüberzeugung, die sich in einer konstanten Übung manifestiert. Dazu genügt es nicht, daß eine bestimmte Judikatur widerspruchslos oder nahezu widerspruchslos hingenommen wird, vielmehr bedarf es der Bildung einer Rechtsüberzeugung in den beteiligten Kreisen, also nicht nur unter Juristen. Unter einer ‚Rechtsüberzeugung' ist nicht nur die Erwartung zu verstehen, daß die Gerichte nach dieser Maxime verfahren werden, sondern darüber hinaus die Überzeugung, daß dies so Rechtens sein müsse, daß es sich um eine Anforderung handle, die unzweifelhaft eine solche des Rechts sei".[516]

Ob in Dresden gegen eine allgemeine Rechtsüberzeugung gesitteter Völker verstoßen wurde, könnte fraglich sein, denn zum Begriff des ungeschriebenen Kriegsgewohnheitsrechts gehört naturgemäß das Merkmal „Gewohnheit". Mit Moral oder Gerechtigkeit, d. h. Richtigkeit im ethischen Sinne, ist dieser Begriff nicht notwendigerweise verknüpft. Waren das 18. und 19. Jahrhundert vom Geist humaner Kriegführung erfüllt – ein gewohnheitsrechtlich anerkannter Zivilschutz läßt sich hier problemlos begründen –, so gerieten etwa zeitgleich mit dem Fortschreiten der Flugtechnik auch Elemente fragwürdiger Rechtsauffassungen in das Denken gesitteter Völker. Die Lehre vom *totalen Krieg* als wünschenswerter Alternative zu begrenzten Schlachten professioneller Heere ist kein Kind des Reichspropagandaministeriums. Sie entstand dreißig Jahre früher und läßt sich u. a. auf den italienischen General Giulio Douhet zurückführen. Kostprobe seiner an Churchill erinnernden, emphatischen Sprachgewalt: „Die Einteilung der Kriegsmittel in menschliche und unmenschliche hat bereits im [Ersten] Weltkrieg ihre Bedeutung verloren. Der Krieg wird stets unmenschlich sein, die Mittel, die in ihm Verwendung finden, werden ausschließlich nach ihrer Wirkung unterschieden, d. h. nach dem Schaden, den sie dem Gegner zufügen können. Wer auf Leben und Tod kämpft – und anders kann man heute nicht mehr kämpfen –, hat

515 Zur „Martensschen Klausel" E. Spetzler, Luftkrieg und Menschlichkeit, S. 129–131.

516 K. Larenz, Methodenlehre der Rechtswissenschaft, S. 415 f.

das heilige Recht, alle vorhandenen Mittel zu benutzen, um nicht selbst zugrunde zu gehen."[517] Douhets Augenmerk galt nicht nur, aber doch zuallererst dem Luftkrieg. Seine Strategieüberlegungen lassen visionäre Fähigkeiten erkennen. Er entwarf Planspiele für den Aufbau und die Zusammensetzung großer Bomberflotten, die etliche Strukturelemente des Bomber Command vorwegnehmen.[518]

Daß sowohl Douhets Heimat Italien als auch das Vereinigte Königreich in Kolonialkriege mit furchtbaren Massakern verwickelt waren, ist kein Zufall. Barbarische Schlachten begünstigen die Abkehr von humanitären Konzepten der Kriegführung. „Sauberer Krieg" versprach angesichts der Guerillaoperationen hingabevoll kämpfender Gegner weniger Erfolg als „Douhetismus". Teile der britischen Kriegsmarine fielen frühzeitig durch eine unversöhnliche Haltung gegenüber hehren Zivilschutzidealen auf.

Noch mehr Fürsprecher fand der totale Krieg in der Royal Air Force, die als junge Waffengattung unbefangener mit den Traditionen ritterlicher Kriegführung umgehen konnte als Marine oder Heer des Vereinigten Königreichs. Initialzündung mag Rüstungsminister Churchills bereits erwähnte *„Tausend Bomber"-Vision* von 1917/18 gewesen sein. Ein einziger Vernichtungsschlag gegen Berlin, der unweigerlich einige Tausend Zivilisten getötet hätte, sollte das Reich 1919 in die Knie zwingen. Das Ende der Feindseligkeiten im November 1918 bereitete dieser beunruhigenden Vision ein (vorläufiges) Ende. Wenig später warfen britische Luftstreitkräfte Sprengstoff auf Nichtkombattanten in Nordindien, Afghanistan und Waziristan (an der heutigen Nordwestgrenze Pakistans). Der Zustand getroffener Häuser, Viehherden und Getreidefelder dürfte die RAF zur Fortsetzung ihrer Strategie ermuntert haben.[519] Ähnliche Einsätze im Irak befehligte ein Offizier, der als glühender Verfechter exzessiver Flächenangriffe in die Geschichte eingehen sollte: Arthur Travis Harris.

Keine Frage, die rohe Gangart kolonialer Schlachten hat philanthrope Kriegsbräuche oder andere Martenssche Kriterien nicht gerade gestärkt. Läßt das aber den Schluß zu, während der Zerstörung Dresdens vom 13. bis 15. Februar 1945 habe kein humanitäres Luftkriegsgewohnheitsrecht gegolten? Eher nein; zwei Aspekte, ein formeller bzw. „formaljuristischer" und ein materieller bzw. inhaltlicher, deuten auf das Gegenteil hin. Der formelle Aspekt: Die europäischen Kolonialmächte haben Aufständische, Partisanen usw. nie als kriegführende Parteien (Belligerenten) im Haager Sinne anerkannt und sich nicht zur Befolgung humanitärer Gebräuche in der Dritten Welt verpflichtet gefühlt. Aus Kolonialkriegen der 1920er Jahre sollten daher nur mit großer Zurückhaltung Schlüsse auf das Luftkriegsrecht der Jahre 1939/45 gezogen werden. Der materielle Aspekt: *Humanitäre Kriegsbräuche* lassen sich in den meisten (vermeintlich) gesitteten Staaten bis 1945 nachweisen. Exemplarisch werden im Schrifttum Belgien, Frankreich, Griechenland, Holland, Italien, Japan, Rumänien und „Rußland" erwähnt.[520] Solche

---

517 G. Douhet, Luftherrschaft, S. 67.

518 Hierzu M. Czesany, Europa im Bombenkrieg 1939–1945, S. 60.

519 H. M. Hanke, Luftkrieg und Zivilbevölkerung, S. 121–124. – Zur „anglo-amerikanischen Kriegsauffassung" im Unterschied zu einer (vermeintlich) strikt humanitären „kontinentalen Kriegsauffassung" E. Spetzler, Luftkrieg und Menschlichkeit, S. 131–137; ähnlich M. Czesany, Europa im Bombenkrieg 1939–1945, S. 32–39. Alle drei Autoren verweisen auf die brutale Gangart des amerikanischen Bürgerkriegs und der Kolonialkriege des Britischen Weltreichs.

520 E. Spetzler, Luftkrieg und Menschlichkeit, S. 377.

Auflistungen hängen freilich vom Blickwinkel des Betrachters ab. Das belegen etwa die japanische Militärdiktatur und die stalinistische Sowjetunion, zwei geradezu klassische, außenpolitisch aggressive Unrechtsstaaten des 20. Jahrhunderts. Wer Belege für die Akzeptanz humanitärer Kriegsbräuche in der Welt sucht, wird fündig werden; wer nach dem Gegenteil trachtet, offensichtlich auch.

Selbst Hitler hielt lange am Haager Luftkriegsideal fest, auch wenn seine Motive wohl eher strategischem als ethischem oder völkerrechtlichem Kalkül entsprangen.[521] Trotz vollmundiger Ankündigungen, englische Städte „auszuradieren", ließ er unterschiedslose Angriffe nur widerstrebend und nach monatelangen Warnungen fliegen. Die *Luftwaffe* deklarierte diese Schläge als „Repressalien": als ausnahmsweise gerechtfertigte Reaktion auf unerlaubte Flächenbombardements der Briten. Sie drückte damit aus, daß sie eine derartige Luftkriegführung – von welcher Partei auch immer – in der Regel für rechtswidrig hielt.

Nicht anders verhält es sich mit der *USAAF*, die gemäß ihrer offiziellen Doktrin in Deutschland fast nur militärische Objekte angegriffen hat. Die Doktrin beruhte auf der puritanischen Prägung amerikanischer Militärs und ihrer Einschätzung, die „Paralysierung von Militär, Industrie und Wirtschaft", nicht aber „Morale Bombing" könne einen modernen Krieg entscheiden.[522] Konsequenterweise appellierte der amerikanische Präsident Franklin Delano Roosevelt am 1. September 1939 an die kriegführenden Staaten, „auf keinen Fall und unter keinen Umständen Bombenangriffe aus der Luft auf Zivilbevölkerungen oder unbefestigte Städte" zu fliegen.[523] Daß sein Appell eine Einschränkung enthält, nämlich den Hinweis auf das Prinzip der Gegenseitigkeit (tu quoque), ändert nichts am Bekenntnis Roosevelts zur Existenz eines ungeschriebenen Luftkriegsvölkerrechts. Der Hinweis auf das Gegenseitigkeitsprinzip spiegelt lediglich die damals herrschende Meinung wider, Rechtsbrüche der einen Seite könnten Rechtsbrüche der anderen legitimieren. Ein neues Buch der Luftkriegsgeschichte schlugen die Amerikaner erst während der letzten Kriegsmonate in Deutschland und anschließend – mit beispielloser Heftigkeit – im pazifischen Konflikt auf. Die Spreng- und Brandbomben auf Tokio und Kobe sowie die Atombomben auf Hiroshima und Nagasaki bleiben hier aber außer Betracht, weil sie kein vor dem 13. Februar 1945 geltendes Gewohnheitsrecht hätten auslöschen können. Sie wurden erst nach dem Dresdner Feuersturm geflogen.

Sogar die *RAF*, deren Kriegführung in besonderem Maße Zweifel an der Existenz eines humanitären Gewohnheitsrechts wecken könnte, hat sich offiziell stets zu diesem bekannt. Insbesondere haben die Briten ihre Nichtunterzeichnung der Haager Luftkriegsregeln – sie standen keinesfalls isoliert da – nicht mit der „Morale Bombing"-Option begründet. Premierminister Neville Chamberlain distanzierte sich am 21. Juni 1938 deutlich vom Area Bombing. Vor dem Unterhaus legte er dar, gezielte Bombenabwürfe auf Zivilisten seien einschränkungslos verboten. Obendrein müsse auch bei Luftschlägen gegen militärische Ziele jede fahrlässige Beeinträchtigung der Bevölkerung vermieden werden. „Absolut

521 Allerdings befahl Hitler einen unterschiedslosen Bombenangriff auf Belgrad, dessen Ablauf am 6. April 1941 trotz offensichtlicher Abschwächung des Einsatzbefehls durch den Kommandanten der angreifenden Flotte wohl gegen tragende HLKO-Prinzipien verstieß; siehe dazu – in der rechtlichen Bewertung des Angriffs etwas großzügiger – H. Boog, Bombenkrieg, Völkerrecht und Menschlichkeit im Luftkrieg, S. 300 f.

522 H. Boog, Amerikanische Luftkriegsdoktrin, S. 55 f.

523 F. Roosevelt, The Public Papers and Adresses, S. 454.

völkerrechtswidrig" nannte Chamberlain den Versuch, Kriege nach dem Demoralisierungsprinzip zu entscheiden.[524] Folgerichtig stimmte Großbritannien Roosevelts Appell vom 1. September 1939 umgehend zu. In einer gemeinschaftlichen Erklärung mit Frankreich verpflichteten sich die Briten, nur „strikt militärische Objekte im engsten Sinne des Wortes" als Angriffsziele zu betrachten.[525] Auch nach der Amtsübernahme Winston Churchills wurde in Regierungsdokumenten die Rechtswidrigkeit gezielter Angriffe auf die Zivilbevölkerung betont. Im Sommer 1942 erinnerte Vize-Luftmarschall John Slessor, der Stellvertreter Portals, seinen Untergebenen Arthur Harris daran, daß „die Bombardierung auf militärische Ziele beschränkt werden sollte", daß „die absichtliche Bombardierung der Zivilbevölkerung verboten ist" und daß „genügend auf die Vermeidung ziviler Opfer geachtet werden muß".[526]

An der offiziellen britischen Militärdoktrin dürfte auch der „großartige Entschluß vom 11. Mai 1940"[527] nicht viel geändert haben. Die britische Regierung hatte sich darin ein Recht zu „allen für zweckmäßig erachteten Maßnahmen vorbehalten" – für den Fall „feindlicher Luftangriffe auf die Zivilbevölkerung in England, Frankreich und seinen Nachbarländern". Wie durften Gegner und Verbündete diesen Vorbehalt im Lichte der Rede Chamberlains vom 21. Juni 1938 sowie seiner Antwort auf Roosevelts Appell vom 1. September 1939 deuten? Am ehesten doch als Option auf strategische Einsätze gegen rein militärische Ziele sowie als Ankündigung einzelner „Repressalien" für den Fall gezielter deutscher Angriffe gegen britische Zivilisten! Daß sich Churchill und sein Kriegskabinett weitgehend von der „Chamberlain-Doktrin" verabschieden und das Demoralisierungsbomben zu einem integrativen Bestandteil ihrer Strategie machen würden, war für Außenstehende im Mai 1940 nicht erkennbar. Eingeweihte wie James Molony Spaight mögen den „großartigen Entschluß" anders interpretiert haben.[528] Auswirkungen auf die Inhalte eines (etwaigen) humanitären Luftkriegsgewohnheitsrechts hat das aber nicht. Verteidigungspolitische Erklärungen eines Staates richten sich nicht an seine Ministerialbeamten, sondern an andere Völkerrechtssubjekte und sind allein nach deren Empfängerhorizont auszulegen.

Konsequenterweise hat die britische Regierung die Vernichtung deutscher Städte jahrelang verschwiegen, sprach sie in propagandistischer Verzerrung stets von Angriffen auf militärische Objekte. Auch die Unwahrheit ist eine Verbeugung vor der Tugend! Als im Frühjahr 1945 die Dresdner Apokalypse weltweit Schlagzeilen machte, schlugen in Großbritannien Wogen der Empörung hoch. Churchill signalisierte einen Kurswechsel und schrieb den Stabschefs der Royal Air Force am 28. März 1945: „Die Zerstörung von Dresden bleibt ein ernstes Argument gegen die Führung des alliierten Bombenkrieges."[529]

Bleibt die Frage, ob und ggf. nach welchem Zeitablauf sich ungeschriebenes Luftkriegsrecht durch abweichendes Verhalten einer oder mehrerer Konfliktparteien ändern kann. Zugespitzt gefragt: Hatten es die Briten selber in der Hand, durch mehrjähriges Demoralisierungsbomben das ihnen lästig gewordene humanitäre Kriegsvölkerrecht abzuschaffen? Haben die Flächenangriffe auf Rostock,

524 M. Czesany, Europa im Bombenkrieg 1939–1945, S. 17 f.
525 Siehe H. M. Hanke, Luftkrieg und Zivilbevölkerung, S. 189 ff.
526 Zitiert nach R. Neillands, Der Krieg der Bomber, S. 217.
527 J. M. Spaight, Bombing Vindicated, S. 68, 73 f.
528 J. M. Spaight, Air Power and War Rights, S. 265.
529 Ausführlich D. Irving, Der Untergang Dresdens, S. 286 ff.

Wuppertal-Barmen, Köln, Hamburg und Kassel bis Ende 1943 (oder die „Baedeker-Angriffe" der Luftwaffe auf südenglische Kunststädte im Sommer 1942) dafür gesorgt, daß im Winter 1944/45 kein humanitäres Luftkriegsvölkergewohnheitsrecht mehr existierte?

Deutschsprachige Autoren weisen diese Einwände zurück, weil Gewohnheitsrecht tief „im allgemeinen Rechtsempfinden der Weltöffentlichkeit verankert" sei.[530] Hören wir Eberhard Spetzler, „als Flieger, Generalstäbler und Jurist gleich gut ausgewiesen"[531]: „In diesem Zusammenhang ist es auch ohne Belang, ob eine unzulässige Luftkriegführung längere Zeit fortgesetzt worden ist und ob ihre Vertreter später zu den Siegern oder Besiegten gehörten; dasselbe gilt für die Tatsache, daß Deutschland 1945 seine völkerrechtliche Handlungsfähigkeit verloren hat."[532] Übereinstimmend meinen Hanke, Spetzler und andere, daß ungeschriebenes Luftkriegsgewohnheitsrecht verbindlich bleibe, bis die an seiner Herausbildung beteiligten Staaten entweder abweichendes Vertragsrecht schaffen oder durch *längere Kriegführung contra habitudinem* übereinstimmend demonstrieren, daß sie es für überholt halten. Änderungen des Gewohnheitsrechts müßten hohe Hürden überwinden; die verfestigten Gebräuche gesitteter Völker dürften keine Manövrier- oder Manipulationsmasse sein.[533] Welchen Zeitraum aber umfaßt eine „längere Kriegführung contra habitudinem"? Eine international akzeptierte Autorität, die das verbindlich festlegen könnte, gibt es nicht. Im Zweifel wird jede Partei den Zeitraum nach eigenem Gusto bestimmen. Die daraus resultierende Vagheit gehört zu den Schwächen der Theorie vom ungeschriebenen Luftkriegsgewohnheitsrecht.

Welchen Inhalt könnten ungeschriebene Normen für den Luftkrieg überhaupt haben? Begreift man Kriegsrecht als Produkt der philosophischen Aufklärung und ihrer Völkerrechtslehren, landet man rasch bei den *Haager Idealen*. In den Fokus rücken die Artikel 23 b und g, 25 und 27 HLKO. Deren Transformation in Gewohnheitsrecht erfordert allerdings Präzisierungen. Sie könnten sich an den Auslegungsvorschlägen des Kapitels „Verbotstatbestände der Haager Landkriegsordnung" orientieren.

Einen Lösungsansatz, der um die Lehre vom *militärischen Objekt* kreist und von den nie ratifizierten Haager Luftkriegsregeln (HLKR, 1923) inspiriert wird, hat der Salzburger Rechtshistoriker Heinz Marcus Hanke vorgelegt. Quellenstudium und abwägende Analysen der Luftkriegspraxis lassen ihn vier Grundregeln eines ungeschriebenen Kriegsvölkergewohnheitsrechts formulieren:

„1. Das angegriffene Ziel mußte ein militärisches Objekt sein. Militärisch war ein Objekt dann, wenn dessen Zerstörung oder Beschädigung einen klaren militärischen Vorteil brachte. 2. Der Angriff durfte sich niemals – ob mit oder ohne Terrorisierungsvorsatz – gegen die Zivilbevölkerung richten, auch wenn diese nur als ein Teil des Zieles (beispielsweise einer Stadt) betrachtet wurde. 3. Unterschiedslose Angriffe hinter dem Operationsgebiet der Landstreitkräfte waren

530 E. Spetzler, Luftkrieg und Menschlichkeit, S. 389.

531 G. Erler, Vorwort zu. E. Spetzler, Luftkrieg und Menschlichkeit, S. VIII – hier kommt es natürlich auf Spetzlers juristische Kompetenz an.

532 E. Spetzler, Luftkrieg und Menschlichkeit, S. 378.

533 E. Spetzler, Luftkrieg und Menschlichkeit, S. 373–389 („Rückschlüsse von der Luftkriegsführung 1939/1945 auf das Gewohnheitsrecht im Luftkrieg"), H. M. Hanke, Luftkrieg und Zivilbevölkerung, S. 176–179 („Die Auswirkungen der Luftkriegsdoktrin auf Politik und Völkerrecht").

verboten. Unterschiedslos war ein Angriff, der sich zwar gegen ein militärisches Objekt richtete, die Zivilbevölkerung aber in hohem Maße gefährdete, und dies dem Angreifer gleichgültig war. 4. Im Kampfgebiet der Landstreitkräfte waren unterschiedslose Angriffe erlaubt, aber durch das Proportionalitätsprinzip beschränkt. Demnach durften die erwarteten Verluste nicht unverhältnismäßig größer sein als der vom Angriff erhoffte militärische Vorteil."[534]

Welchem Ansatz man auch folgt; die anglo-amerikanischen Flächenangriffe auf deutsche Städte dürften trotz jahrelanger, im Winter 1944/45 gehäufter Bombardements gegen Gewohnheitsrecht verstoßen. Letztlich kann das aber dahingestellt bleiben, weil das *humanitäre Völkervertragsrecht* gewohnheitsrechtliche Ableitungen verdrängt. Zivilschutznormen wie die Art. 23 b und g, 25 und 27 HLKO sind unmittelbar und nicht etwa analog als ungeschriebenes Recht – egal welcher Couleur – anzuwenden. Der Vorrang der HLKO folgt der Forderung nach Spezialität und Rechtssicherheit. Völkerrechtliche Verträge werden nicht nach jahrelanger Vorbereitung und schmerzhaften Geburtswehen unterzeichnet, damit ihre wesentlichen Inhalte ohne Erforschung aller in Betracht kommenden Interpretationswege verworfen und bestenfalls via Gewohnheitsrecht für wirksam erklärt werden.

Dessenungeachtet wurden Bestrebungen, das Haager Vertragsrecht auszuweiten, durch die Greuel des Zweiten Weltkriegs massiv beflügelt. 1945 konstituierte sich das Internationale Militärtribunal (IMT) zur strafrechtlichen Aufarbeitung nationalsozialistischer Verbrechen. Art. 38 Abs. 1 c des IMT-Statuts vom 26. Juni 1945 lehnt sich an das erste Kriterium der „Martensschen Klausel" an. „Die von den Kulturvölkern anerkannten allgemeinen Rechtsgrundsätze" wurden zum zentralen Element der Nürnberger Kriegsverbrecherprozesse (siehe das Kapitel „Von Versailles zum Nürnberger Prozeß").

Wenig später standen auch strategische Einsätze auf der Agenda des Völkervertragsrechts. Was den Haager Luftkriegsregeln von 1923 nie vergönnt war, eine Ratifizierung durch die Gemeinschaft friedliebender Staaten, ist dem „Zusatzprotokoll zu den Genfer Abkommen vom 12. August 1949 über den Schutz der Opfer internationaler bewaffneter Konflikte (Protokoll I bzw. ZP I)" weitgehend gelungen. Am 12. Dezember 1977 unterzeichneten 46 Staaten das ZP I. Die Bundesrepublik Deutschland vollzog diesen Schritt am 11. Dezember 1990, gleich nach dem Beitritt der DDR zum Grundgesetz. Anfang 2003 gab es 161 Vertragsparteien. Von den Mitgliedstaaten der NATO haben – bedauerlicherweise – weder die Türkei noch die Vereinigten Staaten das ZP I ratifiziert.[535] Wer US-amerikanische Lufteinsätze des 21. Jahrhunderts an der Elle des Völkerrechts messen will, sollte nicht auf die Haager Landkriegsordnung verzichten. Daneben sollte sein Interesse aber den Art. 48 ff. ZP I gelten, in denen wichtige Aspekte humanitären Luftkriegsrechts in bemerkenswerter Regelungsdichte gebündelt werden. Überragende Bedeutung hat Art. 51, der schwerpunktmäßig um den Begriff des unterschiedslosen Angriffs (indiscriminate bombing) kreist und in Auszügen vorgestellt sei.[536]

---

534 H. M. Hanke, Die Bombardierung von Dresden und die Entwicklung des Kriegsvölkerrechts, S. 283; ausführlicher Hanke in seiner Dissertation „Luftkrieg und Zivilbevölkerung", passim.

535 Siehe K. Ipsen, Völkerrecht, S. 1201 f.

536 Gründliche Analysen der beiden Zusatzprotokolle zu den Genfer Abkommen bei H. Blix, Area Bombardment: Rules and Reasons.

Abs. 2: „Weder die Zivilbevölkerung als solche noch einzelne Zivilpersonen dürfen das Ziel von Angriffen sein. Die Anwendung oder Androhung von Gewalt mit dem hauptsächlichen Ziel, Schrecken unter der Zivilbevölkerung zu verbreiten, ist verboten." Art. 4: „Unterschiedslose Angriffe sind verboten. Unterschiedslose Angriffe sind a) Angriffe, die nicht gegen ein bestimmtes militärisches Ziel gerichtet werden, b) Angriffe, bei denen Kampfmethoden oder -mittel angewendet werden, die nicht gegen ein bestimmtes militärisches Ziel gerichtet werden können, oder c) Angriffe, bei denen Kampfmethoden oder -mittel angewendet werden, deren Wirkungen nicht entsprechend den Vorschriften dieses Protokolls begrenzt werden können und die daher in jedem dieser Fälle militärische Ziele und Zivilpersonen oder zivile Objekte unterschiedslos treffen können."[537] Abs. 5: „Unter anderem sind folgende Angriffsarten als unterschiedslos anzusehen: a) ein Angriff durch Bombardierung – gleichviel mit welchen Methoden oder Mitteln – , bei dem mehrere deutlich voneinander getrennte militärische Einzelziele in einer Stadt, einem Dorf oder einem sonstigen Gebiet, in dem Zivilpersonen oder zivile Objekte ähnlich stark konzentriert sind, wie ein einziges militärisches Ziel behandelt werden, und b) ein Angriff, bei dem damit zu rechnen ist, daß er auch Verluste an Menschenleben unter der Zivilbevölkerung, die Verwundung von Zivilpersonen, die Beschädigung ziviler Objekte oder mehrere derartige Folgen zusammen verursacht, die in keinem Verhältnis zum erwarteten konkreten und unmittelbaren militärischen Vorteil stehen." Abs. 6: „Angriffe gegen die Zivilbevölkerung oder gegen Zivilpersonen als Repressalie sind verboten."

Zurück zu den Flächenangriffen des Zweiten Weltkriegs und zur „Martensschen Klausel": Diese verstärkt ihren rechtsethischen Impetus, indem sie die „*Gesetze der Menschlichkeit*" („lois de l'humanité") zum Maßstab ungeschriebener Kriegsrechtsnormen erhebt. Neben das Völkergewohnheitsrecht im Sinne Hankes oder Spetzlers tritt gleichberechtigt ein – subsidiär hinter der HLKO geltendes – *Völkernatur- bzw. -vernunftrecht*. Anders als tatsächliche Kriegsbräuche – sie sind historischem Wandel und leider auch der Böswilligkeit „gesitteter" Konfliktparteien unterworfen – haben die „Gesetze der Menschlichkeit" tiefe Wurzeln. Sie schlagen eine Brücke zu den Rechtsgeltungstheorien von John Rawls und Gustav Radbruch. „Es gibt also Rechtsgrundsätze, die stärker sind als jede rechtliche Satzung, so daß ein Gesetz, das ihnen widerspricht, der Geltung bar ist. Man nennt diese Grundsätze das Naturrecht oder das Vernunftrecht. Gewiß sind sie im einzelnen von manchem Zweifel umgeben, aber die Arbeit der Jahrhunderte hat doch einen festen Bestand herausgearbeitet, und in den sogenannten Erklärungen der Menschen- und Bürgerrechte mit so weitreichender Übereinstimmung gesammelt, daß in Hinsicht auf manche von ihnen nur gewollte Skepsis den Zweifel aufrechterhalten kann."[538] In ihrer bekanntesten Fassung als Unerträglichkeitsthese lautet die „Radbruchsche Formel": „Der Konflikt zwischen der Gerechtigkeit und der Rechtssicherheit dürfte dahin zu lösen sein, daß das positive, durch Satzung und Macht gesicherte Recht auch dann den Vorrang hat, wenn es inhaltlich ungerecht und unzweckmäßig ist; es sei denn, daß der Widerspruch

537 Hier dürfte freilich ein Zirkelschluß in das Protokoll geschlüpft sein: Der Begriff „unterschiedsloser Angriff" wird definiert durch eben diese Unterschiedslosigkeit!

538 G. Radbruch, Fünf Minuten Rechtsphilosophie (1945), in: ders., Rechtsphilosophie, S. 210.

des positiven Gesetzes zur Gerechtigkeit ein so unerträgliches Maß erreicht, daß das Gesetz als ‚unrichtiges Recht' der Gerechtigkeit zu weichen hat."[539]

Wo finden die „Gesetze der Menschlichkeit" deutlicheren Niederschlag als in den von Radbruch beleuchteten Menschenrechten? Diese wurden von Churchill, Harris und dem britischen Bomberkommando so signifikant mißachtet, daß nur „gewollte Skepsis" einem Unwerturteil über die Spreng- und Brandbombenabwürfe auf deutsche Städte widersprechen mag. Selbst wenn weder HLKO noch ungeschriebenes Luftkriegsgewohnheitsrecht die Angriffe verboten hätten, gäbe es einen Rettungsanker: die „Gesetze der Menschlichkeit" und die mit ihnen korrespondierende Vernunftrechtsidee. Die HLKO in ihrer anstößigen Lückenhaftigkeit wäre dann ein „unerträglich ungerechtes" Völkervertragsrecht, das mit Hilfe der Radbruchschen Formel oder eines vergleichbaren Instrumentes natur- bzw. vernunftrechtlicher Normkorrektur problemadäquat ergänzt werden könnte.

Argumentationshilfen liefert die normative Ordnung der Bundesrepublik Deutschland. Dort hat die natur- bzw. vernunftrechtliche Lösungsvariante, ungeachtet ihrer verschiedenen Ausprägungen und gelegentlicher, durchaus berechtigter Kritik an ihr, das Rechtsdenken nach 1945 richtungweisend verändert. Im Kern geht es um die Rangordnung der Werte Gerechtigkeit und Rechtssicherheit. Während die Rechtssicherheit „geordnete Verhältnisse" und daraus ableitend die Klarheit und Vorhersehbarkeit staatlicher Machtäußerungen fordert, führt der im Ansatz formale Gerechtigkeitsbegriff zum materialethischen Postulat der unveräußerlichen Menschen- und Bürgerrechte. Gustav Radbruchs behutsam zwischen diesen Werten vermittelnde Lehre vom „übergesetzlichen Recht" stieg zu epochaler Bedeutung auf. Deutsche Gerichte bedienten sich ihrer, um unerträglich menschen(rechts)verachtenden Rechtsnormen („gesetzlichem Unrecht") der NS- und später auch der SED-Diktatur von Anfang an Geltung bzw. Verbindlichkeit abzusprechen.[540]

---

539 G. Radbruch, Gesetzliches Unrecht und übergesetzliches Recht (1946), in: ders., Rechtsphilosophie, S. 216.

540 Monographien zur Radbruchschen Formel und ihrer Bedeutung für die Nachkriegsrechtsprechung: B. Schumacher, Rezeption und Kritik der Radbruchschen Formel; F. Saliger, Radbruchsche Formel und Rechtsstaat; K. Seidel, Rechtsphilosophische Aspekte der „Mauerschützen"-Prozesse. – Ausführlich zu den „Anforderungen des öffentlichen Gewissens" (exigences de la conscience publique) als drittem Kriterium der „Martensschen Formel" R. Laun, Die Haager Landkriegsordnung, S. 24–36.

Deutsche Luftangriffe im Spiegel des Völkerrechts

Deutsche Luftangriffe der Jahre 1939 ff. bewegen sich in einem normativen Spannungsfeld. Zum einen sind sie unablösbarer Bestandteil des von Hitler-Deutschland in einer außenpolitisch explosiven Lage entfesselten Zweiten Weltkriegs. Luftschläge sowie andere Kampfhandlungen deutscher Truppen machen in der Summe diesen Angriffskrieg aus und werden daher zwangsläufig von ethischen und völkerrechtlichen Unwerturteilen über ihn erfaßt. Daran ändert auch die Tatsache nichts, daß der verbreitete Begriff „deutsche Alleinschuld“ in mehrfacher Hinsicht diskussionsbedürftig erscheint.[541] Mag man diese Schuld auch differenzierter betrachten und auf diskriminierende Passagen des Versailler Vertrags, auf antideutsche Minderheitenpolitik in den jungen Staaten Polen und Tschechoslowakei sowie auf den Hitler-Stalin-Pakt vom 23. August 1939 verweisen wollen;[542] die Angriffe der Wehrmacht vom 1. September 1939 auf Polen und vom 22. Juni 1941 auf die Sowjetunion können vor den Schranken des internationalen Rechts nicht bestehen.

Zum anderen gliedert sich das Völkerrecht, wie erwähnt, in das Ius ad bellum (Friedensvölkerrecht) und das Ius in bello (Kriegsvölkerrecht). Auch wenn man in einem weiten, friedensvölkerrechtlichen Sinne – letztlich ist das eine definitorische Frage – jede Kampfhandlung eines „Aggressors“ als rechtswidrig tadelt, so bleibt die maßgebende Endbewertung doch dem Kriegsvölkerrecht überlassen, das hier die Rolle einer Lex specialis übernimmt. Kriegsvölkerrecht verdrängt im bewaffneten Konflikt das Friedensvölkerrecht und „gilt grundsätzlich für alle Parteien, gleichgültig ob sie den Krieg vorsätzlich entfesselt haben oder nur wider Willen in ihn hineingezogen wurden“.[543] Sowenig ein „gerechter Krieg“

---

541 Elementarster Einwand: „Schuld“, traditionell als Vorwerfbarkeit individueller Willensbildung definiert, paßt in diesem Wortsinn nicht zur Charakterisierung staatlichen Handelns. Plausiblere Kennzeichnungen dürften „Verursachung“ und – mit Vorbehalt – „Verantwortung“ sein.

542 Mit beachtlichen Argumenten St. Scheil, Fünf plus Zwei. Die vereinte Entfesselung des Zweiten Weltkriegs, passim.

543 H. Boog, Bombenkrieg, Völkerrecht und Menschlichkeit im Luftkrieg, S. 256–323 (256): ein informativer, spannend zu lesender Essay über die deutsche Luftkriegsdoktrin sowie die Personalstruktur der Luftwaffe und das Ethos ihrer Offiziere.

alle Kampfhandlungen der sich auf ihn berufenden Partei automatisch rechtfertigt, so wenig sind alle Kampfhandlungen des Gegners von vornherein verbrecherisch. Bombenangriffe der deutschen Luftwaffe unterliegen ebenso den Maßstäben der Art. 23 b und g, 25 und 27 HLKO wie die Einsätze von RAF, USAAF und den Luftstreitkräften anderer am Zweiten Weltkrieg beteiligter Staaten.

Die kriegsrechtliche Beurteilung deutscher Bombardements orientiert sich am Dualismus von taktisch-operativen und strategischen Einsätzen. Strategischer Natur waren weite Teile des Bombenkriegs gegen das Vereinigte Königreich. Unterschiede in Zielrichtung und Ausrüstung beider Luftstreitkräfte sind dennoch unübersehbar. Ein Konflikt mit Großbritannien spielte in Hitlers Planung keine zentrale Rolle und wurde dem nach Osten strebenden „Führer" von den Briten regelrecht aufgezwungen.[544] Die Luftwaffe verfügte zwar über zahlreiche für Punktangriffe konzipierte Sturzkampfbomber (Stukas), war aber nicht optimal für Flächenangriffe gegen feindliche Städte präpariert. Eine den britischen Lancaster-Bombern usw. vergleichbare Luftflotte schwerer viermotoriger Maschinen – nur sie hätten die für einen Vernichtungsschlag erforderliche Bombentonnage transportieren können – besaß die Luftwaffe nicht. Dieser markante Unterschied dürfte militärpolitische, aber auch weltanschauliche Gründe haben.[545] Zum einen konnte sich das auf rassische Grundsätze stützende NS-Regime keinen originären Vernichtungswillen gegenüber den „arischen Herrenmenschen" der britischen Insel haben. Zum anderen bestand aus deutscher Perspektive kein Interessengegensatz, weil Hitler im sowjetischen Bolschewismus *die* Gefahr schlechthin für Europa sah. Diese Gefahr einzudämmen, hieß, sich mit den Briten zu arrangieren, um „den Rücken freizuhaben". Hitlers Propagandagerede vom „Ausradieren englischer Städte" widerspricht dem nur scheinbar. Zumindest in seiner martialischen Zuspitzung war es eine Reaktion auf die beginnende Deformierung deutscher Ortschaften durch die Briten.[546] Auch Hitlers verbaler „Zerstörungsrausch" bei einem Abendessen in der Reichskanzlei

---

544 H. Boog, Bombenkrieg, Völkerrecht und Menschlichkeit im Luftkrieg; S. 275: „Es kann festgehalten werden, daß die zunächst positive Rezeption Douhetscher Gedanken schon um die Mitte der dreißiger Jahre einer mehr am taktisch-operativen als am strategischen Einsatz orientierten Auffassung des Luftkriegs gewichen war."

545 Die militärpolitischen Gründe werden in der Literatur meist am Leitfaden des Dualismus von kontinentaleuropäischer und anglo-amerikanischer Kriegsauffassung dargestellt; siehe M. Czesany, Europa im Bombenkrieg 1939–1945, S. 32–39.

546 Hitler am 4. September 1940 im Berliner Sportpalast: „Wenn sie erklären, sie werden unsere Städte in großem Ausmaß angreifen, werden wir ihre Städte ausradieren!" (zitiert nach M. Domarus, Hitler, Bd. 2, Halbband 1, S. 1580). – Hitlers Rede hatte durchaus einen realen Hintergrund. Ab Juli 1940 deutete sich auf britischer Seite ein „Übergang zur permanenten Terrorstrategie" an; H. Boog, Luftwaffe und unterschiedsloser Bombenkrieg bis 1942, S. 458.

dokumentiert keinen grundsätzlichen Positionswechsel. Aufgrund seiner zugespitzten Diktion sei er dennoch zitiert: „Haben Sie einmal eine Karte von London gesehen? Es ist so eng gebaut, daß ein Brandherd allein ausreichen würde, die ganze Stadt zu zerstören, wie schon einmal vor über zweihundert Jahren. Göring will durch zahllose Brandbomben mit einer ganz neuen Wirkung in den verschiedensten Stadtteilen von London Brandherde schaffen. Überall Brandherde. Tausende davon. Die werden sich dann zu einem riesigen Flächenbrand vereinigen. ... Was wollen die noch mit ihrer Feuerwehr ausrichten, wenn das erst einmal losgeht?“[547]

Deutsche wie alliierte Luftkriegshistoriker sind sich im wesentlichen einig. Das Demoralisierungsbomben gewann „ganz sicher nicht in Deutschland die Oberhand im militärischen Denken“.[548] Konsequenterweise orientierten sich die *Luftwaffendienstvorschriften* (L.Dv.) 64 II von 1939 sowie 16, Ziffer 186, von 1935 (unveränderte Neuauflage 1940) an der HLKO und den nicht ratifizierten Haager Luftkriegsregeln von 1923. L.Dv. 16, Ziffer 186, Satz 1: „Der Angriff auf Städte zum Zweck des Terrors gegen die Zivilbevölkerung ist grundsätzlich abzulehnen.“ Die Bestimmung wurde bei zahlreichen Attacken gegen *südenglische Städte* – schwerpunktmäßig während der „Operation Seelöwe“ ab Juli 1940 – im wesentlichen befolgt.[549] Als Vergeltungsangriffe bzw. „Repressalien“ deklarierte die Luftwaffe vier unterschiedslose Angriffe auf London im September 1940 sowie im April und Mai 1941. Sie blieb auch insoweit der L.Dv. 16, Ziffer 186, treu: „Erfolgen aber trotzdem Terrorangriffe durch einen Gegner auf schutz- und wehrlose offene Städte, so können Vergeltungsangriffe das einzige Mittel sein, den Gegner von dieser brutalen Art der Luftkriegführung abzubringen. Die Wahl des Zeitpunktes wird vor allem durch das Vorausgehen eines feindlichen Terrorangriffs bestimmt. Der Angriff muß in jedem Fall klar den Vergeltungscharakter zum Ausdruck bringen.“

Auch für die „Baedeker-Angriffe“ des Jahres 1942 gegen architektonische Kleinode wie *Canterbury* oder *York* bemühte Hitler dieses diskussionswürdige, von zeitgenössischen Völkerrechtlern mehrheitlich befürwortete Prinzip.[550] Auslöser der Angriffe waren Spreng- und Brandbombenabwürfe der RAF auf die historischen Zentren von Lübeck (28./29. März 1942) und Rostock (23. bis 27. April 1942). Allerdings zerstörte die Luftwaffe in englischen Kleinstädten nur wenig Bausubstanz; der Begriff Bae-

---

547 A. Speer, Erinnerungen, S. 296 f.

548 P. Crook, Science and War, S. 70; ähnlich J. S. Corum, The Luftwaffe, S. 7 ff.

549 Die „Luftschlacht um England“ 1940/41 wird minutiös beschrieben von B. H. Liddell Hart, Geschichte des Zweiten Weltkriegs, S. 119–145.

550 Siehe etwa A. Steinkamm, Grundlagen und Entwicklung des Kriegsvölkerrechts und ausgewählte Kategorien der Kriegsverbrechen, S. 344–347.

deker konnte daher auf der Insel kaum Schrecken verbreiten. Das mag die Briten veranlaßt haben, ihn zur Kennzeichnung deutscher Angriffsziele zu übernehmen.[551] Ab 1944 rückte abermals London ins Visier deutscher Luftkriegsbemühungen. Der Raketenbeschuß mit den neuen „Vergeltungswaffen" V1 und V2, die kaum eine Zielsteuerung zuließen, war eo ipso unterschiedslos. Erst mit dem Einsatz der V-Waffen, so folgert Luftkriegshistoriker Horst Boog, „ließen nach den Engländern auch die Deutschen die Beschränkungen des Gewohnheitsvölkerrechts hinter sich".[552]

Skepsis ist freilich erlaubt. Agierte die Luftwaffe 1940/41 in Südengland wirklich immer völkerrechtskonform? Vor allem erschreckt die Opferzahl. Allein in *London* starben 35.000 Zivilisten; das sind wahrscheinlich dreimal so viele wie in dem bis Kriegsende exzessiv bombardierten Berlin. Sie wurden zu Opfern strategischer Einsätze, die sich – abgesehen von den vier Vergeltungsangriffen mit Fliegern und dem V-Waffen-Beschuß – zwar primär gegen militärische Ziele richteten, dabei aber beträchtliche, angesichts unzureichender Zieltechnik kaum vermeidbare Opfer in der Zivilbevölkerung bewirkten. Mehrfach wurde London „bei Nacht und Nebel" sowie durch geschlossene Wokendecken attackiert.

Zweifelhaft erscheint bereits, ob ein Großteil der Angriffe überhaupt als präzise im Rechtssinne gelten darf. Wer trotz rasant steigender Opferzahlen unbeirrt militärische Objekte attackiert, muß sich fragen lassen, ob er getroffene Zivilisten nur als bedauerliche Kollateralschäden betrachtet oder ob er deren Tötung beabsichtigt oder zumindest billigend in Kauf nimmt, also (bedingt) vorsätzlich Unschuldige tötet.[553] Jeglicher Tötungsvorsatz in bezug auf Zivilisten würde den Angriff im Rechtssinne unterschiedslos machen und die Verletzung der Art. 23 b und g, 25 und 27 HLKO indizieren. Einigkeit dürfte darin bestehen, daß die Frage nicht aus der Sicht der Angegriffenen beantwortet werden darf. Diese sind zwar der massiven Wucht des Luftschlags ausgesetzt, kennen die Beweggründe feindlicher Befehlshaber und Bomberbesatzungen regelmäßig aber nicht. Käme es zu einem Strafverfahren vor einem nationalen oder internationalen Tribunal, so müßten die Richter in mühevoller Kleinarbeit über jeden einzelnen dokumentierten Luftschlag Beweis erheben. Sie könnten sich vor allem des Zeugen- und des Urkundenbeweises bedienen, letzteres etwa durch Auswertung von Einsatzbefehlen und -protokollen.

551 The Bomber's Baedeker (Guide to the Economic Importance of German Towns and Cities), First Edition, 2nd January 1943; zitiert nach Ch. Webster und N. Frankland, The Strategic Air Offensive against Germany 1939–1945, Vol. I (Preparation), S. 468 ff.

552 H. Boog, Deutsche Luftkriegsdoktrin, S. 66.

553 Bedingten Tötungsvorsatz bei einigen Angriffen auf London beschreibt der Sache nach H. Boog, Luftwaffe und unterschiedsloser Bombenkrieg bis 1942, S. 456, wenn er ausführt, daß „die Terrorisierung der Zivilbevölkerung als Nebenwirkung nicht unwillkommen war".

Im Zweifel würde die strafrechtliche Unschuldsvermutung gelten. Ließe sich ein (zumindest bedingter) Vorsatz der Befehlshaber, Zivilisten und militärische Ziele unterschiedslos zu attackieren, nicht zur Überzeugung des Gerichts nachweisen, bliebe es bei der Bewertung des Angriffs als präzise.

Diese günstige Beurteilung würde die völkerrechtliche Prüfung aber nicht beenden. Das hier vertretene Konzept einer rechtsethischen Kontrolle von Präzisionsangriffen knüpft deren Rechtmäßigkeit an den *Verhältnismäßigkeitsgrundsatz*. Zwei Fragen drängen sich auf, deren kumulative Bejahung einen Völkerrechtsverstoß indizieren würde. Die erste gilt dem objektiven Tatbestand: Hat bei einigen Präzisionsangriffen auf London die Opferzahl, gemessen am militärischen Ertrag, die Grenze des soeben noch Erträglichen überschritten (was bei mehr als 500 Toten pro Angriff regelmäßig der Fall sein dürfte)? Die zweite Frage gilt dem subjektiven Tatbestand und läuft auf die Prüfung eines Fahrlässigkeitsvorwurfs hinaus: Hätte die Luftwaffe die Grenzüberschreitung realistischerweise einkalkulieren müssen, ohne auf den Angriff in seiner konkreten Durchführung zu verzichten? Auch wenn konkrete Beweise für einzelne Luftschläge schwer zu führen sind, deutet die Gesamtzahl der Toten darauf hin, daß der eine oder andere Präzisionsangriff auf London dem Verhältnismäßigkeitsgrundsatz nicht mehr entsprochen hat.[554] Dies entspricht dem Prima-facie- bzw. Anscheinsbeweis – einem Instrument der Wahrheitsfindung, das sich in schwieriger Beweissituation an sachverhaltstypischen Kausalverläufen orientiert, den späteren Nachweis des Gegenteils aber nicht ausschließt. Man mag entgegenhalten, wegen hoher eigener Verluste habe die Luftwaffe ab Ende 1940 unerfahrene Besatzungen über den Ärmelkanal schicken müssen, deren Bombenabwürfe nicht immer zielgenau gewesen seien. Horst Boog: „Selbst Harris hob in seinen Memoiren die Genauigkeit der deutschen Bombenwürfe hervor, jedenfalls zu Beginn der Battle of Britain. Dann weist er aber richtig darauf hin, daß mit dem Ansteigen der hauptsächlich durch die unzureichende Bewaffnung der deutschen Bomber verursachten Verluste die Qualität der Besatzungen und die Zielgenauigkeit sich verschlechterten."[555] „Überdies

---

554 Entschieden bejaht Hanke, der allerdings die London-Angriffe mehrheitlich als unterschiedslos einordnet, Verstöße gegen (ungeschriebenes) Luftkriegsrecht (ders., Die Bombardierung Dresdens und die Entwicklung des Kriegsvölkerrechts, S. 284). – Differenzierend H. Boog, Bombenkrieg, Völkerrecht und Menschlichkeit im Luftkrieg, S. 302 f.: „Die Luftwaffe hatte sich offensichtlich bemüht, militärisch relevante Ziele zu treffen. Die im Vergleich zu den meisten auf legitime Ziele abgeworfenen Bomben weniger zahlreichen Bomben im Stadtgebiet werden nicht nur auf nicht vermeidbare Ungenauigkeiten beim Zielen, sondern auch auf die wenigen absichtlichen Vergeltungsangriffe zurückzuführen sein, die die Engländer von der Bombardierung deutscher Städte abbringen sollten."

555 H. Boog, Bombenkrieg, Völkerrecht und Menschlichkeit im Luftkrieg, S. 303.

neigten die Piloten instinktiv dazu, ihre Bomben loszuwerden, sobald sie in ein Gefecht verwickelt wurden."[556] Solche Einwände sind militärisch plausibel, können die betreffenden Fliegereinsätze aber kaum rechtfertigen. Vom Standpunkt des Art. 25 HLKO dürfen derartige Crews nicht eingesetzt werden. Befehlshaber, die sie dennoch losschicken, verursachen grobfahrlässig den Tod von Zivilisten, die bei einem Einsatz erfahrener Bombercrews wahrscheinlich überleben würden.

Auch die vier als Repressalie gekennzeichneten Angriffe auf London sind nicht ohne weiteres gerechtfertigt. Zum einen bedarf die Repressalie nach herrschender Lehre eines vorausgegangenen Völkerrechtsverstoßes durch den Kriegsgegner, bspw. eines großflächigen RAF-Angriffs gegen eine deutsche Stadt. Dies müßte in jedem Einzelfall nachgewiesen sein. Zum anderen bestehen grundsätzliche Einwände gegen die Lehre von der Luftkriegsrepressalie, die nicht nur zur Schaffung des Art. 51 Abs. 6 des ZP I zum Genfer Abkommen vom 12. August 1949 geführt, sondern bei sinn- und zweckkonformer Auslegung der HLKO von Anfang an gegolten und damit auch den deutsch-britischen Luftkrieg der Jahre 1940 ff. begrenzt haben (siehe das Unterkapitel „Verbotstatbestände der HLKO"). Allerdings wäre den Befehlshabern der Luftwaffe in einem Strafverfahren die Lehre vom unvermeidbaren Verbotsirrtum zugute gekommen. Wenn maßgebende Juristen jener Zeit Terrorangriffe unter bestimmten Voraussetzungen für eine zulässige Repressalie gehalten haben, kann von Befehlshabern und einfachen Soldaten erst recht kein Unrechtsbewußtsein verlangt werden.

Wie aber verhält es sich mit dem *Coventry-Angriff* vom 14. November 1940, dem leidenschaftlich diskutierten Unternehmen „Mondscheinsonate"? Der Einsatzbefehl der Luftwaffe klingt alles andere als unbedenklich; traditionelles militärisches Zieldenken paart sich mit jenem „Morale Bombing"-Element, das uns auf britischer Seite in der Area Bombing Directive vom 14. Februar 1942 begegnen wird: „Es kommt darauf an, durch Zerstörung der dicht besiedelten Wohngebiete die Produktionsfähigkeit der Industrie nachhaltig zu lähmen."[557] Primäres Ziel des Bombardements dürften allerdings die Rüstungs- und Flugmotorenfabriken des englischen „Klein-Essen" gewesen sein. Dafür sprechen bereits die zivilschutzfreundlichen L.Dv'en 64 II (Kriegsvölkerrecht) von 1939 sowie 16, Ziffer 186, von 1935/40. Als hierarchisch übergeordnete, von der Autorität der nationalsozialistischen Staatsführung gestützte Normen sind beide Dienstvorschriften bei der Interpretation bedenklicher Einsatzbefehle zu berücksichtigen.

---

556 B. H. Liddell Hart, Geschichte des Zweiten Weltkriegs, Bd. 1, S. 144.

557 BA/MA RL 10/45; zitiert nach H. M. Hanke, Die Bombardierung Dresdens und die Entwicklung des Kriegsvölkerrechts, S. 285.

Coventry nach dem deutschen Bombardement im November 1940

Überdies wurden die Bomben mit außergewöhnlicher Präzision auf Coventrys Industrie geworfen. Die Zerstörung unmittelbar angrenzender Wohngebiete sowie der hochgotischen Kathedrale ändert daran wenig. Coventrys 568 Menschenopfer – zweifellos eine Tragödie – lassen sich wohl als unbeabsichtigter Kollateralschäden erfassen und übersteigen nicht jenes Maß an Liquidierung, das die Industriestädte des Rhein-Ruhr-Gebiets bei Nachtangriffen des Jahres 1943 regelmäßig heimgesucht hat.[558] Damit bemißt sich die völkerrechtliche Bewertung des Coventry-Angriffs nach der Frage, ob vorhersehbare zivile Bombenopfer – ggf. ab welcher Größenordnung – einen ansonsten legalen Luftschlag gegen militärische Objekte rechtswidrig machen. Sie ist nach dem Verhältnismäßigkeitsprinzip zu beantworten. Ausschlaggebend dürfte die überragende militärische Bedeutung der Innenstadt sein. Sie indiziert die Legalität des Luftschlags: „Wenn Krieg war, dann war Coventry ein legitimes Bombenziel. Es war das Herz der britischen Rüstungsindustrie."[559] Allerdings gelang es britischer Kriegspropaganda, aus der Zerstörung der Kathedrale die nachhaltig fortwirkende Legende zu stricken, die Luftwaffe habe systematischer als die RAF feindliche Städte verwüstet. Steilvorlagen zur Legendenbildung lieferte Joseph Goebbels mit seiner Einschüchterungs-

558 Speziell im Vergleich zu Dortmund J. Friedrich, Der Brand, S. 72.

559 Paul Oestreicher, Kanonikus der Kathedrale von Coventry, The Observer, 12. Februar 1995.

formel vom „Coventrieren feindlicher Ballungsgebiete“: „Hier ist eine ganze Stadt förmlich ausradiert worden.“[560]

„Coventrieren“, „ausradieren“, „pulverisieren“ – der Fluch des furchteinflößenden Propagandaworts schlug auf das Reich zurück. „Hitler und besonders Göring, der sich auch bei diplomatischen Verhandlungen nicht scheute, seinen Verhandlungspartnern mit der Bombardierung ihrer Städte durch die Luftwaffe zu drohen, aber auch die von Goebbels zentral geführte deutsche Presse vermittelten der Welt den Eindruck einer zum rücksichtslosen Luftkrieg gegen die Zivilbevölkerung entschlossenen deutschen Luftwaffe als unbarmherziger Vollstreckerin nationalsozialistisch-rassistischer Expansionspolitik und Hitlerschen Großmachtstrebens.“[561] Mit der Realität deutscher Luftkriegführung gegen England hatte diese verbale Kraftmeierei wenig zu tun. Eine prinzipielle Korrektur der verbreiteten Skepsis gegenüber der Luftwaffe ist allerdings nicht in Sicht. Vielmehr wird der Leumund deutscher Jagdflieger und Bomberbesatzungen durch militärgeschichtliche Schriften beschädigt, in denen „die Luftwaffe meist als Terrorluftwaffe“ erscheint. „Dies fällt um so leichter, als ... es Hitler war, der den Zweiten Weltkrieg begann. Er war ein Bösewicht, also wird auch alles, was unter ihm geschah, böse gewesen sein.“[562] Wohltuend sachlich und abwägend klingt in diesem Meinungskonzert die Stimme eines renommierten Experten: Basil Collier, Autor des amtlichen britischen Geschichtswerks zur „Battle of England“, schrieb 1957: „Obwohl der von der Luftwaffe Anfang September [1940] ausgewiesene Plan Angriffe auf die Bevölkerung in den großen Städten in Betracht gezogen hatte, deuten detaillierte Aufzeichnungen über deutsche Luftangriffe, die im Herbst und Winter 1940–1941 erfolgten, nicht darauf hin, daß unterschiedslose Bombardements der Zivilbevölkerung beabsichtigt waren.“[563]

Taktische Luftoperationen zur Unterstützung des Landheers begleiteten den Krieg vom ersten Tag an. Am 1. September 1939 wurde die

560 Als unbedenklich bewertet vor allem E. Spetzler, Luftkrieg und Menschlichkeit, S. 260–273, die Angriffe der Luftwaffe auf London und Coventry in den Jahren 1940/41. – Anders H. M. Hanke, Die Bombardierung Dresdens und die Entwicklung des Kriegsvölkerrechts, S. 284 f.: „Den eigentlichen Beginn des strategischen Luftkriegs gegen die Zivilbevölkerung stellten sicher die deutschen Angriffe auf London und Coventry 1940 dar. ... London wurde nachts sehr häufig durch die Wolkendecke bombardiert, was eine Beschränkung der Bombentreffer auf militärische Objekte damals unmöglich machte. Sowohl der Einsatzbefehl für das Kampfgeschwader 4 vom 13. November 1940 als auch der fernschriftlich ergangene Zusatzbefehl vom 14. November 1940 für den Angriff auf Coventry (Unternehmen ‚Mondscheinsonate‘) weisen ausdrücklich die Wohnviertel als Teil des Zieles aus.“ – Konsequenterweise müßte Hanke auch viele Angriffe der „Battle of the Ruhr“ Anfang 1943 als kriegsrechtswidrig verurteilen.

561 H. Boog, Luftwaffe und unterschiedsloser Bombenkrieg bis 1942, S. 438.

562 H. Boog, Luftwaffe und unterschiedsloser Bombenkrieg bis 1942, S. 435.

563 B. Collier, The Defence of the United Kingdom, S. 261.

polnische Grenzstadt *Wielun* bombardiert. Sie lag in der Gefechtszone, war Standort einer Heeresdivision und daher legitimes Angriffsziel. Dennoch gilt der Luftschlag, dem vermutlich 1.200 der 16.000 Einwohner zum Opfer fielen, in Polen als Terrorangriff.[564] Besatzungsverbrechen der SS erschweren eine ergebnisoffene Auseinandersetzung mit den Einsätzen der Luftwaffe. Dafür sollte man Verständnis aufbringen. Befremdlich wirkt indes die kritiklose Übernahme polnischer Propaganda durch deutsche Journalisten. Joachim Trenkner, „Zeit"-Autor und Korrespondent der Wochenzeitung „Tygodnik Powszechny", bewertet den Wielun-Angriff als „Massaker" und behauptet, in der Garnisonstadt hätten sich am 1. September 1939 keine polnischen Soldaten aufgehalten. Zur Begründung verweist er auf Aussagen im Einsatzprotokoll des Stukageschwaders 76: „keine besondere Feindbeobachtung".[565] Seine Argumentation, die eine Auswertung des militärwissenschaftlichen Schrifttums nicht erkennen läßt, ist in mehrfacher Hinsicht brüchig. Ob polnische Infanteristen im Angriffszeitpunkt in Wielun waren oder nicht, bleibt unklar. Daß Stuka-Kommandeur Walter Sigel „keine besondere Feindbeobachtung" wahrgenommen hat, beweist weder das eine noch das andere. Die völkerrechtliche Beurteilung hängt davon auch nicht maßgeblich ab. Kasernen einer Heeresdivision sind selbst dann ein legitimes Angriffsziel, wenn sich dort stationierte Einheiten im Gefechtseinsatz befinden. Allenfalls könnte man erwägen, den Luftangriff in diesem Fall nicht als taktisch, sondern als strategisch einzustufen.

Intensiver Prüfung bedarf aber die Opferzahl Wieluns. Sie beruht nach allem, was wir wissen, auf der raschen Ausbreitung von Bodennebel, die ein gezieltes Bombardement erschwerte. Berechtigt erscheint die – völkerrechtliche – Frage, ob der Luftschlag deshalb hätte verschoben werden müssen. Sie läßt sich ohne genaue Kenntnis der thermisch-meteorologischen Begleitumstände nicht abschließend beantworten. Schlüssig hebt Horst Boog hervor, daß jedenfalls von einem Terrorangriff keine Rede sein kann: „Solche bedauerlichen Fehlwürfe kamen im Zweiten Weltkrieg bei allen Luftmächten vor."[566]

Die Luftwaffe beteiligte sich auch an der Erstürmung des drei Wochen nach Kriegsbeginn belagerten *Warschau* mit seinen 150.000 polnischen Soldaten. Dort starben ca. 10.000 bis 15.000 Zivilisten durch Artilleriebeschuß sowie – ab dem 24. September 1939 – durch den Einsatz von Flugzeugen der unterschiedlichsten Art. Polens Regierung und Militärführung

---

564 Siehe H. Boog, Bombardierung der polnischen Grenzstadt Wielun am 1. September 1939, S. 136.

565 J. Trenkner, Ziel vernichtet, „Die Zeit", 6. Februar 2003.

566 H. Boog, Bombardierung der polnischen Grenzstadt Wielun am 1. September 1939, S. 136.

waren zuvor mehrfach zur Übergabe der Stadt binnen zwölf Stunden aufgefordert worden, „widrigenfalls Warschau als verteidigte Stadt in seinen militärischen Zielen und Versorgungsanlagen angegriffen werde und die Regierung wegen ihres sinnlosen Widerstandes für dabei eintretende Verluste dann selbst verantwortlich sei". Wegen beträchtlicher Streuwirkung der Bomben wurden auch deutsche Truppen am nördlichen Stadtrand in Mitleidenschaft gezogen. Vor allem Brandbomben trugen zur Zerstörung ganzer Häuserblocks sowie zur Unterbrechung der Wasser-, Gas- und Stromversorgung bei. Warschau kapitulierte am 27. September 1939, der polnische Staat am Folgetag.[567]

Der Angriff auf Warschau gehört zu den umstrittensten Operationen der Luftwaffe. Kritiker wie US-Historiker James S. Corum weisen darauf hin, der deutsche Flottenkommandeur Wolfram Freiherr von Richthofen habe „zur Ausradierung Warschaus ... dringend die Ausschöpfung der letzten Möglichkeit eines Großangriffs als Vernichtungs- und Terrorangriff" gefordert. Als ihm diese Bitte abgeschlagen und ein Teil seiner Einheiten nach Westen abgezogen worden sei, habe er auch Ju-52-Transportflugzeuge als Bomber eingesetzt. Die Transporter „rumpelten über die Stadt, wobei die Besatzungsmitglieder Tausende kleiner Brandbomben buchstäblich durch die Frachtluken schaufelten".[568]

Das Gegenargument liegt auf der Hand: von Richthofen wurde rechtzeitig in die Schranken gewiesen. Völkerrechtler Eberhard Spetzler legt dar, Luftschläge und Artilleriebeschuß hätten der Eroberung einer „verteidigten Stadt", nicht aber der Tötung unschuldiger Zivilisten gedient. Dieses Zusammenwirken zweier Waffengattungen habe durch die sofortige Kapitulation des Gegners einen unmittelbaren militärischen Vorteil erbracht und weiteres sinnloses Blutvergießen verhindert. Wortlaut, Sinn und Zweck des Art. 25 HLKO seien beachtet worden. Die hohe Warschauer Opferzahl ändere daran nichts. Die zur humanitären Eingrenzung taktischer Operationen geschaffene Norm müsse großzügig ausgelegt werden. Anders als strategische Einsätze im Hinterland seien solche Operationen gegen verteidigte Städte regelmäßig auch dann Rechtens, wenn zahlreiche Zivilisten sterben würden.[569] Einzige Ausnahme: Die vorhersehbaren Verluste unter der Zivilbevölkerung dürfen „nicht unverhältnismäßig größer sein als der vom Angriff erhoffte militärische Vorteil".[570] Diese Einschränkung komme, so Spetzler, wegen der überragenden Bedeutung

567 Siehe u. a. E. Spetzler, Luftkrieg und Menschlichkeit, S. 234–238 (Zitat S. 235).
568 J. S. Corum, Die Luftwaffe, ihre Führung und Doktrin, S. 292.
569 E. Spetzler, Luftkrieg und Menschlichkeit, S. 234–238.
570 H. M. Hanke, Die Bombardierung Dresdens und die Entwicklung des Kriegsvölkerrechts, S. 280 ff. (insb. S. 283), unter Hinweis auf Art. 24 Abs. 4 der nie ratifizierten Haager Luftkriegsregeln.

der Besetzung Warschaus für den Kriegsverlauf aber nicht zum Tragen. Er resümiert: „Insgesamt kann objektiv nicht bestritten werden, daß der Polenfeldzug von deutscher Seite ritterlich und menschlich geführt wurde, und daß auch die Luftwaffe nachhaltig und erfolgreich bemüht war, das geltende Kriegsrecht und die Grundsätze der Haager LKR unter Beachtung der Martensschen Klausel einzuhalten."[571]

Spetzlers Sätze imponieren ob ihrer Schnörkellosigkeit. Entsprechen sie aber in jeder Hinsicht dem geltenden Kriegsrecht? Zunächst einmal: „Warschau" war ein Frontangriff auf feindliche Stellungen. Allein deshalb läßt er sich nicht sinnvoll als „Vernichtungs- und Terrorangriff" erfassen. Wer anderes behauptet, bewegt sich auf dem Schlachtfeld politischer Polemik. Mit seriöser Völkerrechtslehre hat seine Argumentation wenig zu tun. Des weiteren ist Spetzler darin zuzustimmen, daß der *Verhältnismäßigkeitsgrundsatz* (= Übermaßverbot) als ungeschriebenes Tatbestandsmerkmal zu Art. 25 HLKO gehört. Als elementarer Bestandteil des öffentlichen Rechts, also auch des Völkerrechts, bildet er eine unverzichtbare Schranke bei allen Eingriffen in die unveräußerlichen Rechte des Menschen. Diese Erkenntnis ist nicht neu. George Bell, Bischof von Chichester, berief sich in einer denkwürdigen Parlamentsrede vom 9. Februar 1944 auf dieses Prinzip: „Aber hier muß eine Verhältnismäßigkeit zwischen den eingesetzten Mitteln und dem erreichten Zweck bestehen. Eine ganze Stadt auszulöschen, nur weil sich in einigen Gegenden militärische und industrielle Einrichtungen befinden, negiert die Verhältnismäßigkeit."[572] Zwar sprach der Bischof ausdrücklich über strategische und nicht über taktisch-operative Lufteinsätze, plausible Gründe für eine Privilegierung dieser Einsätze sind aber nicht zu ersehen – erst recht nicht, wenn man der These folgt, die HLKO-Staaten hätten ohnehin nur taktisch-operative, nicht aber strategische Aktionen dem humanitären Völkerrecht unterstellen wollen. Schließlich kann Spetzler auch darin gefolgt werden, daß die abstrakte Nutzen-Schaden-Bilanz von Warschau alles in allem noch angemessen war. Der von der Wehrmacht erwartete (und auch tatsächlich eingetretene) militärische Ertrag des Luftangriffs war gewaltig.

---

571 E. Spetzler, Luftkrieg und Spetzler, Luftkrieg und Menschlichkeit, S. 234–238 (Zitat S. 238), mit weiteren Literaturnachweisen. Analysen anderer Wehrmachtseinsätze in Polen liefert er allerdings nicht.

572 Zitiert nach L. Fritze, Die Moral des Bombenterrors, S. 251. Auch die nie ratifizierten Haager Luftkriegsregeln von 1923 kennen den Verhältnismäßigkeitsgrundsatz: „In der unmittelbaren Umgebung der Landstreitkräfte ist die Bombardierung der Städte, Dörfer, Ansiedlungen und Gebäude berechtigt, vorausgesetzt, daß eine begründete Vermutung besteht, daß die militärischen Ansammlungen dort belangreich genug sind, um das Bombardement im Hinblick auf die der Zivilbevölkerung daraus erwachsende Gefahr zu rechtfertigen" (Art. 24 Abs. 4 HLKR).

Verhältnismäßigkeit setzt allerdings mehr voraus als eine im Endeffekt angemessene Nutzen-Schaden-Relation. Das zum angestrebten Zweck eingesetzte und im übrigen geeignete Mittel muß obendrein erforderlich bzw. (militärisch) notwendig sein. Es darf unter Würdigung aller Umstände kein anderes gleichermaßen geeignetes, aber in den Auswirkungen milderes Mittel zum Erreichen dieses Zwecks geben. Letzteres könnte hier der Fall sein. Der erste Anschein, der freilich der Bestätigung durch ein physikalisch-technisches Expertengutachten bedarf, spricht dafür, daß die gewählte Abwurfmethode – das Schaufeln Tausender kleiner Brandbomben durch die Frachtluken – zur erheblichen Streuwirkung der Bomben und in der Konsequenz zur Entstehung großflächiger Brände beigetragen hat. Wahrscheinlich wären bei einem (ausschließlichen) Einsatz der dafür konstruierten zweimotorigen Bomber deutlich weniger Menschen gestorben. Diese Maschinen standen grundsätzlich zur Verfügung.[573] Daß sie kurz zuvor aus der Umgebung der Stadt abgezogen worden waren, kann die Luftwaffe angesichts der (auch kriegsvölkerrechtlich) herausragenden Bedeutung des Warschau-Angriffs kaum entlasten. Resultat: Die Erstürmung der polnischen Hauptstadt durch die Wehrmacht dürfte in einem Detail gegen Art. 25 HLKO verstoßen. Der (vorbehaltlich eines Sachverständigengutachtens) folgenschwere Einsatz der Ju-52-Transportflugzeuge als Bomber war nicht erforderlich, der Einsatz der Luftwaffe gegen Warschau daher nicht in vollem Umfang verhältnismäßig.

Davon zu trennen ist die Frage, ob ein solcher Völkerrechtsverstoß zu einer strafrechtlichen Verurteilung hätte führen können. Sie wird im Ergebnis zu verneinen sein. Kommandeur von Richthofen – er starb in amerikanischer Kriegsgefangenschaft an Krebs – dürfte einem unvermeidbaren Verbotsirrtum erlegen sein. Die Rechtslage ist komplex, die hier gewählte Auslegung des Art. 25 HLKO mit der vollständigen Einbeziehung des Verhältnismäßigkeitsprinzips einerseits plausibel, andererseits aber für einen Nichtjuristen nicht so evident, daß er entsprechende „Parallelwertungen in der Laiensphäre" (Bundesgerichtshof) zwingend vornehmen müßte. Diese zurückhaltende Wertung gilt nicht für von Richthofens ursprünglichen Plan, Warschau mit einem „Vernichtungs- und Terrorangriff" auszulöschen. Ein solcher Angriff, der mit der Belagerung der Stadt nur in einem losen Zusammenhang gestanden hätte, wäre (als strategischer Luftschlag) ein schweres Kriegsverbrechen gewesen. Im Falle konkreter Angriffsvorbereitungen hätte eine Verurteilung wegen eines versuchten Verstoßes gegen Art. 25 HLKO bzw. ungeschriebenes Kriegsvölkergewohnheitsrecht in Betracht kommen können.

---

573 J. S. Corum, Die Luftwaffe, ihre Führung und Doktrin, S. 292.

Auch die Bombardierung *Rotterdams* am 14. Mai 1940 bedarf eingehender Analysen. Wie in Warschau ging es um die Eroberung einer verteidigten Stadt in der Frontlinie. Wie in Warschau bewirkte der Luftschlag die sofortige Kapitulation des angegriffenen Staates. Und wie Warschau so war auch Rotterdam vor Angriffsbeginn mehrfach zur Übergabe aufgefordert, Art. 26 HLKO damit hinreichend beachtet worden. Als – nach Ablauf der gesetzten Frist – der Stadtkommandant doch noch kapitulierte, wurde deutscherseits die sofortige Beendigung des bereits eingeleiteten Luftschlags verfügt. Nur eine von zwei entsandten Bomberstaffeln konnte aber noch zurückbeordert werden. Die andere sah wegen Rauchentwicklung im Rotterdamer Hafen die für den Fall der Kapitulation vereinbarten Leuchtzeichen nicht. Sie warf ihre zerstörerische Fracht über der Stadt ab. Obwohl nur Spreng- und keine Brandbomben eingesetzt wurden, entwickelten sich – auch aufgrund unzureichender Ausrüstung der örtlichen (Bürger)feuerwehr – verheerende Brände. Knapp 1.000 Menschen starben in der niederländischen Hafenstadt. Die in Großbritannien verbreitete Horrormeldung über 30.000 Todesopfer entpuppte sich als Kriegspropaganda. Churchill und sein Kriegskabinett wollten das Deutsche Reich auf die Anklagebank setzen und vielleicht schon Akzeptanz für spätere Stadtverbrennungen in Deutschland schaffen.[574]

Verstöße gegen Art. 25 HLKO oder andere Schutznormen des Kriegsvölkerrechts lassen sich aus diesem Geschehen kaum herleiten. Das gilt sowohl für den Ablauf des Luftschlags wie auch für dessen Planung. *Zum Ablauf*: Zwar hatte Rotterdam zuvor kapituliert, war also im Angriffszeitpunkt keine verteidigte bzw. „befestigte“ Stadt, doch gingen die Bomberbesatzungen unwiderlegbar vom Gegenteil aus. Ihnen fehlte die Kenntnis dieses maßgebenden Tatbestandsmerkmals und infolgedessen jeder auch nur bedingte Vorsatz, gegen eine Norm des humanitären Völkerrechts zu verstoßen. Zwar könnte der überragende Schutzzweck dieser Norm dafür sprechen, auch den fahrlässigen Verstoß national- oder internationalstrafrechtlich zu ahnden. Die Frage bedarf jedoch keiner Vertiefung, weil die Besatzungen nicht einmal fahrlässig handelten. Sie folgten einem Befehl, dessen Aufhebung ihnen ohne eigenes Verschulden nicht bekannt war. Keinesfalls darf den Crews vorgehalten werden, die für den Fall der Kapitulation vernünftigerweise vereinbarten Leuchtzeichen übersehen zu haben. Rauchschwaden über dem Rotterdamer Hafen verhinderten das. Sämtliche Akteure, insbesondere auch die Einsatzleitung, haben sich verantwortungsbewußt verhalten und die unter den erschwerenden Bedingungen des Krieges erforderliche Sorgfalt walten lassen. Rotterdams

574 Zu „Rotterdam“ siehe H. Boog, Bombenkrieg, Völkerrecht und Menschlichkeit im Luftkrieg, S. 294; E. Spetzler, Luftkrieg und Menschlichkeit, S. 246–248.

Zerstörung war eine Tragödie, deren völkerrechtlich maßgebende Ursache im verspäteten Zugang der Kapitulationserklärung liegt. Auch dem Stadtkommandanten sollte der Vorwurf leichtfertigen Verhaltens jedoch erspart bleiben. Bis zuletzt hatte dieser auf britische Unterstützung gehofft: „Natürlich sahen die Holländer keinen Grund, voreilig zu handeln. Die Verbindung zu ihrem Oberbefehlshaber war nicht unterbrochen, und noch befand sich Nord-Rotterdam fest in ihrer Hand. ... Man erwartete eine britische Luftlandeabteilung, die aber nicht eintraf."[575]

Zur Planung: Während der Vorbereitung des Luftschlags war Rotterdam befestigte Frontstadt und daher legitimes Angriffsziel. Überdies wurde dem Stadtkommandanten eine hinreichende Frist zur Kapitulation gewährt. Die von britischer Kriegspropaganda lancierte These, die Luftwaffe habe die Stadt unter dem Deckmantel einer taktischen Frontoperation in Wahrheit unterschiedslos angreifen und zerstören wollen, ist haltlos. Die Fakten belegen das Gegenteil. Insbesondere verzichtete die Luftwaffe vollständig auf zerstörerische Brandbomben. Auch derb klingende Formulierungen im Einsatzbefehl der die Front bildenden 18. Armee – „Widerstand in Rotterdam ist mit allen Mitteln zu brechen, ... nötigenfalls ist Vernichtung der Stadt zu drohen und durchzuführen"[576] – ändern daran wenig, zumal die Offiziere der angreifenden Luftflotte nur von einem Angriff auf niederländische Verteidigungsstellungen ausgingen.[577] Unter Würdigung aller Umstände scheidet damit – nach den Kategorien des nationalen und internationalen Strafrechts – auch ein „versuchter Verstoß" gegen Art. 25 HLKO aus.

Das schaurige Brandszenario der niederländischen Hafenstadt kann auch siebzig Jahre später erahnt werden. Literarisch verarbeitet wurde es von einem Zeitzeugen, dem Oberst der Feuerschutzpolizei und Regiments-Kommandeur Hans Rumpf: „Da war er wieder, jener unerklärliche Brandgeruch des Krieges, diese Mischung aus kaltem Rauch und Verwesung, die noch mitten am hellen Tage etwas Grauenvolles, Gespenstisches heraufbeschwört, jener anklagende modrige Branddunst über Ruinenfeldern, den wir Älteren noch anwidernd vom ersten Krieg her in der Nase hatten."[578] Auch die bildende Kunst hat Großartiges zum Gedenken an den Untergang Rotterdams beigetragen. 1953 wurde am Leuvehaven eine mannshohe Bronzeplastik des aus der Ukraine stammenden Bildhauers Ossip Zadkine (1890–1967) aufgestellt. Der auf steinernem Sockel stehende Mann mit großem Loch in der Brust reißt verzweifelt die Arme in die Höhe. „Die verwüstete Stadt" ist der offizielle, „Jan Gat" der inoffizi-

575 D. Irving, Der Untergang Dresdens, S. 21.
576 D. Irving, Der Untergang Dresdens, S. 20.
577 D. Irving, Der Untergang Dresdens, S. 20.
578 H. Rumpf, Der hochrote Hahn, S. 29.

elle holländische Name dieser symbolträchtigen Figur von selten expressiver Kraft.[579]

Nicht wenigen Niederländern gilt „Rotterdam“ als Inbegriff deutschen Angriffsterrors. Kann man diese Fehleinschätzung einem von der Wehrmacht überfallenen, neutralen Nachbarvolk – jahrhundertelang Teil des Heiligen Römischen Reiches und bis 1940 kaum durch antideutsche Wallungen hervorgetreten – ernsthaft verdenken? Kann man Unterscheidungen zwischen Verstößen gegen Friedens- und Kriegsvölkerrecht ohne weiteres auch von juristischen Laien erwarten? Waren die Defizite der Rotterdamer Feuerwehr – Rumpf beschreibt ihre Schlangenspritzen als von „etwa der gleichen Art, wie sie einst der holländische Maler Jan van der Heyde 1672 erfunden hatte“[580] – nicht auch Ausdruck bewegender Offenheit und Arglosigkeit gegenüber dem deutschen Nachbarn? Mögen künftige Generationen beider Länder die visionäre Kraft aufbringen, in einem friedlichen Europa die alte Freundschaft nicht nur in politischen Deklarationen wiederaufleben zu lassen!

Weitere Luftwaffeneinsätze im Westen richteten sich vor allem gegen die Reste des britischen Expeditionskorps bei *Dünkirchen* (Mai 1940), gegen die Hafenanlagen von *Marseille* (Mai 1940) sowie gegen Flugplätze und Flugmotorenfabriken am Rand von *Paris*. Auch sie entsprachen weitgehend dem humanitären Völkerrecht der Art. 23 b und g, 25 und 27 HLKO. „Die taktischen und auch die strategischen Angriffe der Luftwaffe, wie in den vorhergehenden Feldzügen eng auf die Heeresoperationen abgestimmt, wirkten sich wiederum unmittelbar auf den Kriegserfolg aus und konzentrierten sich weisungsgemäß so scharf wie möglich auf militärische Objekte, zumal sie nach wie vor fast ausschließlich bei Tage geflogen wurden.“[581]

In den Jahren 1941/42 wurden Teile der Luftwaffe nach Südosteuropa und Afrika beordert. Leidenschaftliche Debatten ranken sich um den strategischen Angriff auf *Belgrad* am 6. April 1941. Er leitete den Balkanfeldzug gegen Jugoslawien und Griechenland ein, mit dem das Deutsche Reich sowohl seinem Achsenpartner Italien zu Hilfe kommen als auch – ex post betrachtet – wohl eine günstige Ausgangsposition für den Überraschungsangriff auf die Sowjetunion schaffen wollte. Ist „Belgrad“ in mancherlei Hinsicht ein Vorbote des „Unternehmen Barbarossa“, des verlustreichsten Waffengangs des 20. Jahrhunderts? Jedenfalls befahl Hit-

---

579 Eher insuffizientes kreatives Potential offenbart sich in Wolf Biermanns „Ballade von Jan Gat unterm Himmel in Rotterdam“ (1988): „Und weil ich unter dem gelben Stern in Deutschland geboren bin, drum nahmen wir die englischen Bomben wie Himmelsgeschenke hin.“

580 H. Rumpf, Der hochrote Hahn, S. 30.

581 E. Spetzler, Luftkrieg und Menschlichkeit, S. 250.

ler, der seit Beginn des Ersten Weltkriegs ein „Sarajewo-Trauma“ und beträchtliche Aversionen gegenüber Serbien hegte, die jugoslawische Hauptstadt „durch fortgesetzte Tag- und Nachtangriffe zu zerstören“.[582]

Tatsächlich vernichtete die deutsche Luftwaffe viele wichtige Militärobjekte in Belgrad. Vor allem das Kriegsministerium und nachgeordnete Kommandostäbe sowie Hauptpost- und Telegraphenamt, Personen- und Güterbahnhof, Kraftwerke und Kasernen fielen dem konzentrierten Luftschlag zum Opfer. Dadurch gelang es, die Verbindungen zwischen der jugoslawischen Armeeführung und ihren kampfbereiten Truppen zu kappen. König und Regierung flohen; Jugoslawien kollabierte ähnlich rasch wie Polen nach der Bombardierung Warschaus am 24./25. September 1939.[583] Großflächig ausgelöscht wurden aber auch die nordwestlichen Wohnbereiche Belgrads. Am 16. April 1941, zehn Tage nach dem Angriff, bezifferte eine auf Weisung Görings entsandte Expertenkommission des „Generalluftzeugmeisters“ den Zerstörungsgrad der gesamten Stadtfläche auf 20 bis 25 %.[584]

Die völkerrechtliche Bewertung des Belgrad-Angriffs bleibt ambivalent. Zum einen war das Zentrum Belgrads mit seiner Konzentration militärischer Ziele, darunter einer Vielzahl von Regierungsgebäuden, ein legitimes Angriffsziel und keineswegs unverteidigte bzw. „offene“ Stadt, wie hin und wieder behauptet wird. Zwar gab es in der jugoslawischen Regierung Überlegungen, für den Fall des Krieges mit dem Deutschen Reich eine Öffnungserklärung abzugeben, realisiert wurde dies aber nicht. Davon abgesehen hätte die Erklärung ohne gleichzeitige Verlagerung militärischer Ziele den kriegsrechtlichen Status von Belgrad nicht richtungweisend geändert. Auf den Punkt bringt das Militärhistoriker Horst Boog: „Wenn aufgrund dieser falschen Annahme geschlossen wird, Belgrad habe nicht angegriffen werden dürfen, so wird die damals allgemein akzeptierte Völkerrechtsauffassung verkannt, wie sie der britische Luftkriegsrechtsexperte Spaight wiedergibt: ‚Mir ist keine Völkerrechtsregel bekannt, welche einer Stadt, die eine solche Erklärung abgibt, Unverletzlichkeit verschafft. Die Frage, ob eine Stadt aus der Luft bombardiert werden darf, hängt nicht davon ab, ob sie sich offen oder unverteidigt nennt, sondern davon, ob sie irgendwelche militärischen Ziele enthält.‘ Solche gab es genug.“[585]

---

582 D. Vogel, Operation „Strafgericht“, S. 306. Er erwähnt ebenda einen „in seiner Eitelkeit tief verletzten Diktator“ Hitler, der zuvor vergeblich versucht habe, den Dreimächtepakt aus Deutschland, Italien und Japan durch Jugoslawien zu verstärken.

583 Siehe H. Boog, Bombenkrieg, Völkerrecht und Menschlichkeit im Luftkrieg, S. 300 f.

584 H. Boog, Bombenkrieg, Völkerrecht und Menschlichkeit im Luftkrieg, S. 301.

585 H. Boog, Bombenkrieg, Völkerrecht und Menschlichkeit im Luftkrieg, S. 301.

Zum anderen deutet die Vernichtung des nordwestlichen Teils von Belgrad mit seiner Wohnbebauung auf einen unterschiedslosen, die Art. 23 b und g, 25 und 27 HLKO verletzenden Luftschlag hin. Hitlers Befehl, die Stadt „durch fortgesetzte Tag- und Nachtangriffe zu zerstören", scheint zwar deutlich abgeschwächt, nicht aber gänzlich aufgehoben worden zu sein. Überdies dürfte die Vernichtung ausgedehnter Belgrader Wohnviertel gegen die Luftwaffendienstvorschrift 16, 186 von 1935 (1940) verstoßen, doch war der „Führer" als oberste Rechtsquelle des totalitären NS-Staats befugt, die Dienstvorschrift und andere selbst auferlegte Beschränkungen der Luftkriegführung jederzeit zu suspendieren. Carl Schmitt, als nicht parteigebundener Vertreter des politischen Katholizismus einer der einflußreichsten Kritiker der Weimarer Republik und Protagonist einer „konservativen Revolution"[586] (aufgrund seiner anfänglich entschieden positiven Haltung zum NS-Staat gerne als „Kronjurist des Dritten Reichs" [Waldemar Gurian] apostrophiert), beschreibt diesen Mechanismus der Rechtserzeugung wie folgt: „Der Führer ... macht ernst mit den Warnungen der deutschen Geschichte. Das gibt ihm das Recht und die Kraft, einen neuen Staat und eine neue Ordnung zu begründen. ... Alles Recht stammt aus dem Lebensrecht des Volkes. Jedes staatliche Gesetz, jedes richterliche Urteil enthält nur so viel Recht, als ihm aus dieser Quelle zufließt. Das übrige ist kein Recht, sondern ein ‚positives Zwangsnormengeflecht'."[587]

Wer dennoch geneigt sein sollte, von unbeabsichtigten Kollateralschäden zu reden, wird viel Überzeugungsarbeit leisten müssen. Die Vernichtung der militärischen Zielpunkte Belgrads ändert daran nichts, obwohl sie, isoliert betrachtet, als Muster einer gelungenen strategischen Bomberoffensive erscheint. Auch unter diesem Aspekt ist der Angriff auf Belgrad eine der großen Tragödien des Luftkriegs. Statt die konfliktverkürzenden, schadensbegrenzenden Wirkungen von Präzisionsschlägen zu demonstrieren, trugen seine unterschiedslosen Elemente zur Diskreditierung dieser Art der Kriegführung bei. Skeptisch äußerten sich bereits

---

586 Siehe A. Mohler u. K. Weißmann, Die konservative Revolution in Deutschland 1918–1932, S. 180–184; ebenda, S. 182, findet sich die bemerkenswerte Feststellung, es gehöre zum besonderen Charakter der staatsrechtlichen Ausführungen Schmitts, „daß sie über weite Strecken als Versuch gedeutet werden konnten, die Weimarer Republik vor sich selbst zu retten". Diese Ambivalenz in der Rechtslehre Schmitts erklärt auch eine gewisse Austauschbarkeit seiner Gedanken. Rückschauend mag sie als konsequente Vorstufe seiner anfänglichen Hingabe an den Nationalsozialismus erscheinen.

587 C. Schmitt, Der Führer schützt das Recht (1934), Sp. 945 ff. Vordergründig geht es Schmitt um die Charakterisierung der Ermordung Ernst Röhms („Röhm-Putsch") und anderer SA-Größen als rechtsetzender Akte Adolf Hitlers. Gleichzeitig verleiht er dem gesetzlichen Unrecht des NS-Staats eine quasi naturrechtliche Weihe. – Als einfache Verwaltungsvorschrift wäre die L.Dv. 16, 186 übrigens auch in einem demokratischen Rechtsstaat kein „Gesetz im materiellen Sinne" und demzufolge zwanglos suspendierbar gewesen.

Zeitgenossen wie Ernst von Weizsäcker, Staatssekretär im Auswärtigen Amt und undurchsichtige Gestalt im Spannungsfeld von großbürgerlicher Gesinnung, traditioneller Diplomatie und Verstrickung in das NS-System: „Man muß damit rechnen, daß unser Vorgehen im Ausland als Barbarei kritisiert wird.“[588]

Die Abschwächung von Hitlers Befehl zu Terrorangriffen soll maßgeblich dem zuständigen Luftflottenchef, Generaloberst Alexander Löhr, zu verdanken sein. Statt „fortgesetzter Tag- und Nachtangriffe“ mit dem Ziel der Vernichtung Belgrads gab es nur einen einzigen, im Innenstadtbereich überaus präzisen Luftschlag, der fast alle relevanten militärischen Ziele traf. Zudem soll auf Löhrs Intervention der ursprünglich vorgesehene Anteil von 60 % Brandbomben an der Gesamttonnage auf 15 % gesenkt worden sein.[589]

Generaloberst Löhr fand mit dieser Version allerdings kein Gehör. Nach dem Krieg wurde er vor einem jugoslawischen Militärgericht angeklagt, zum Tode verurteilt und am 26. Februar 1947 hingerichtet. Das Verfahren gegen ihn trägt, bei allem Verständnis für die Gefühle der Bewohner Belgrads, Merkmale rechtsfeindlicher Rachejustiz. Entlastende Gesichtspunkte waren unerwünscht; auf die Erstellung eines individuellen Persönlichkeitsprofils des Angeklagten, der wahrscheinlich einige Tausend Menschen vor dem Bombentod bewahren konnte, haben die Richter verzichtet. Nicht einmal ein schuld- oder strafbegrenzender Befehlsnotstand wurde Löhr zugebilligt. In den Entscheidungsgründen legte das Gericht dar, die Luftangriffe seien überraschend gekommen und hätten 2.271 Tote, unzählige Verletzte sowie große Gebäudeschäden gefordert.[590] Tatsachen zuhauf, aber wo bleibt deren rechtliche Wertung? Diese Begründung hat mit unparteiischer Jurisdiktion und der Gerechtigkeitsidee wenig zu tun. Eine einzigartige Gelegenheit, essentielle HLKO-Normen (oder ungeschriebenes Luftkriegsgewohnheitsrecht) in der Rechtsprechung zu etablieren und ggf. fortzubilden, hat das Belgrader Militärtribunal nicht genutzt.

In der Sowjetunion agierte die Luftwaffe überwiegend taktisch-operativ. Spetzler leitet daraus die Unbedenklichkeit ihrer Angriffe ab: „In Rußland wurden die kämpfenden Teile der deutschen Luftwaffe nach den einleitenden Schlägen zur Vernichtung der russischen Flugzeuge und ihrer Basen fast nur noch zur unmittelbaren Unterstützung des Heeres, also zur Ergänzung von dessen schweren Waffen, eingesetzt, so daß die

588 Zitiert nach D. Vogel, Operation „Strafgericht“, S. 305; zu Ernst von Weizsäcker siehe Th. Hinz, Die Einsamkeit des Staatssekretärs. Ernst von Weizsäcker in den Jahren 1939 bis 1945.

589 H. Boog, Bombenkrieg, Völkerrecht und Menschlichkeit im Luftkrieg, S. 301, mit weiteren Literaturnachweisen zu Generaloberst Alexander Löhr.

590 D. Vogel, Operation „Strafgericht“, S. 307.

kriegsrechtlichen Probleme des selbständigen Luftkriegs nur ausnahmsweise akut wurden. Zivile Wohngebiete wurden fast nur durch Luftangriffe im Zusammenhang mit den Kampfhandlungen der Erdtruppe in Mitleidenschaft gezogen. Das gilt auch für die Bombenwürfe auf *Moskau* im Herbst 1941 zu einem Zeitpunkt, als die deutschen Angriffsspitzen bereits die Vororte der Stadt erreicht hatten und ihre Einnahme anstrebten. Die schweren Angriffe auf *Sewastopol* und *Stalingrad* im Sommerfeldzug 1942 standen vollends im engsten Zusammenhang mit den Straßenkämpfen dort."[591]

Spetzlers Sichtweise greift möglicherweise zu kurz. Zum einen bedürfen auch taktische Luftschläge einer hinreichenden rechtsethischen und völkerrechtlichen Kontrolle. Zum anderen sind Einzelheiten der von ihm skizzierten Angriffe heftig umstritten. Untersucht sei das am Beispiel des *Stalingrad-Bombardements* vom 23. August 1942. Dessen Ablauf schildert der russische Schriftsteller und Historiker Lew Besymenski, im Krieg Aufklärungsoffizier für die Sowjet-Marschälle Schukow und Rokossowski, in einem kurzen, essayistischen Beitrag. Von Straßenkämpfen ist bei ihm keine Rede. Vielmehr soll die Wolgametropole „wie eine Stadt zu Friedenszeiten" gewesen sein. Truppen habe es dort nicht gegeben; sie hätten sich in der weiteren Umgebung mit „Verteidigungsmaßnahmen" beschäftigt. Zum Zeitpunkt des Luftangriffs sei der Stellungsbau längst nicht abgeschlossen gewesen; Schützengräben und Unterstände hätten vielerorts gefehlt. Die Kapazität des Stalingrader Flugabwehrkorps habe bei weitem nicht ausgereicht, die massiven Schläge der vierten deutschen Luftflotte zu verhindern. „Obwohl eine vollständige Statistik fehlt", so Besymenski, „wurden unter der Zivilbevölkerung rund 40.000 Tote und 150.000 Verletzte gezählt."[592] Alexej Tschujanow, 1942 Sekretär des Stalingrader Gebietskomitees der KPdSU, ergänzt die Schilderung wie folgt: „Die Hitlersche Heeresführung hatte sich für die zweite Tageshälfte des 23. August 1942 zu einer barbarischen Bombardierung entschieden, nachdem ihr klargeworden war, daß die Stadt im Sturmangriff nicht zu nehmen war. ... In den Feuerstürmen wurde die Stadt selbst zur Front."[593]

Wurde Stalingrad aber wirklich erst „in den Feuerstürmen" des 23. August 1942 zur Front? Tschujanows Diktion („barbarische Bombardierung") zielt darauf ab, den Luftschlag als strategischen Terrorangriff zu geißeln, der in erster Linie der Liquidierung und Einschüchterung von Zivilisten gegolten habe. Das Kriegsgeschehen an der Wolga gibt für eine solche Annahme jedoch wenig her. Daß Stalingrad von der 6. deutschen Armee eingenommen werden sollte, ist ebensowenig zu bezweifeln wie

591 E. Spetzler, Luftkrieg und Menschlichkeit, S. 282 f.
592 L. Besymenski, „Bürger, Luftalarm", S. 62 f.
593 Zitiert nach L. Besymenski, „Bürger, Luftalarm", S. 63.

der Einsatz der Luftwaffe zu diesem Zweck. Zudem sind Besymenskis Angaben in maßgebender Hinsicht widersprüchlich. Es kann nicht sein, daß sich in Stalingrad keine Truppen oder Truppenteile der Roten Armee befunden haben sollen, während gleichzeitig die sowjetischen Verteidigungsstellungen ausgebaut wurden. Wer soll diese Stellungen sonst errichtet haben; russische Zivilisten wohl kaum? Zudem weist Besymenski selbst darauf hin, daß bereits am 14. Juli 1942 der Kriegszustand über Stalingrad verhängt worden war.[594] Der Feuersturm, so es im physikalisch-technischen Sinne überhaupt einer war, dürfte von den brennenden Öllagern ausgegangen sein, deren Bombardierung Tschujanow erwähnte.[595]

Mit an Gewißheit grenzender Wahrscheinlichkeit war der Stalingrad-Angriff vom 23. August 1942 taktisch-operativer Natur, mögen die Bürger der Stadt das auch anders wahrgenommen oder bewertet haben. Spetzler rückt ihn in den „engsten Zusammenhang mit den Straßenkämpfen dort". Bei dieser Sichtweise läßt sich der Luftschlag am ehesten als Sturmangriff im Sinne des Art. 26 HLKO deuten. Eine vorherige Benachrichtigung Stalingrader Behörden war daher entbehrlich. Ob sie überhaupt stattgefunden hat, ist nicht bekannt. Folgt man der Tatsachendarstellung Spetzlers, dann bleibt als einzige Rechtmäßigkeitshürde der Verhältnismäßigkeitsgrundsatz. Er entspringt einer vernunftrechtlich-philosophischen Idee des Rechts und prägt die normative Ordnung aufgeklärter Verfassungsstaaten ebenso wie das internationale Recht. Seine Beachtung auch im Rahmen des Art. 25 HLKO ist systemkonform. Problematisch wegen der hohen, wenn auch schwer zu beziffernden Menschenverluste ist hier die Verhältnismäßigkeit im engeren Sinne (= Angemessenheit). Sollte in Stalingrad eine fünfstellige Zahl Menschen ums Leben gekommen sein, werden die meisten Leser die Verhältnismäßigkeit des Luftangriffs spontan verneinen – um so mehr, als „Stalingrad" der Wendepunkt des Krieges und, rückschauend betrachtet, jeder Versuch zur Eroberung der Stadt eher sinnlos gewesen ist. Dieser Lösungsansatz überzeugt aber nicht. Militäreinsätze, deren rechtliche Bewertung vom Verhältnismäßigkeitsprinzip abhängt, sollten vernünftigerweise aus der Perspektive des Einsatzbefehls beurteilt werden. Es geht nicht an, die Rechtswidrigkeit einer Handlung an die Kenntnis militärischer Daten zu knüpfen, die sich in ihrer ganzen Bandbreite erst späteren Beobachtern erschließen. Zu fragen bleibt daher zweierlei: War a) die Stalingrad-Strategie der Wehrmacht insgesamt oder jedenfalls der Angriffsplan des 23. August 1942 von vornherein militärisch sinnlos und/oder mußte b) die Luftwaffe unmittelbar

594 L. Besimensky, „Bürger, Luftalarm", S. 62.
595 Siehe L. Besymenski, „Bürger, Luftalarm", S. 63.

vor der Operation mit einer unangemessen hohen Zahl toter Zivilisten aufgrund aller damals bekannten Umstände des Bombardements rechnen? Ein Verstoß gegen Art. 25 HLKO läge nur dann vor, wenn eine der beiden Fragen uneingeschränkt zu bejahen wäre. In einem Strafverfahren käme den angeklagten Kommandeuren jeder halbwegs ernsthafte Zweifel nach dem Grundsatz „in dubio pro reo" zugute.

Erst recht würde die Luftoperation „Stalingrad" gegen das Verhältnismäßigkeitsprinzip und demzufolge gegen Art. 25 HLKO verstoßen, wenn die Behauptungen von KPdSU-Sekretär Tschujanow zutreffen sollten. Danach haben deutsche Verbände nicht nur militärische, sondern vorsätzlich („barbarisch") auch zivile Ziele attackiert, das Stadtgebiet also unterschiedslos angegriffen. Es liegt auf der Hand, daß ein derartiger Luftschlag zur Eroberung Stalingrads nicht erforderlich bzw. militärisch notwendig gewesen wäre. Die Beweislast trägt freilich derjenige, der das Vorliegen dieser „Barbarei" behauptet.

Bereits am 26. April 1937 hatten deutsche Flugzeuge, die zur *Legion Condor* gehörten, Bomben über der baskischen Stadt *Guernica* abgeworfen. Sie war von Hitler zur Unterstützung Francos im Spanischen Bürgerkrieg zusammengestellt worden. Unter Francos Führung kämpften Aufständische – große Teile des spanischen Militärs, unterstützt von früheren Herrschaftseliten (Adel, Großgrundbesitzer, katholische Kirche) – von 1936 bis 1939 gegen den republikanischen, maßgeblich von der sozialistischen und der kommunistischen Partei dominierten Staat. Dieser konnte sich auf republikanisch gesinnte Teile der Armee, auf bewaffnete Zivilisten und alsbald auch auf „Internationale Brigaden" stützen. Neben seinem kompromißlosen Antikommunismus und der Hoffnung, in einer nationalspanischen Diktatur einen kampfbereiten Bundesgenossen zu finden (und das faschistische Italien, einen anderen Bundesgenossen, von britischem Einfluß zu lösen), dürfte Hitler bei den Condor-Aktionen auch die Hoffnung auf erfolgreiche „Militärübungen" geleitet haben. „In diesem Konflikt wurden nahezu sämtliche Luftkriegstaktiken entwickelt und erprobt, welche später im Zweiten Weltkrieg verwendet wurden. ... Die Bedeutung von schnellen und gut bewaffneten Jagdflugzeugen wurde erst hier erkannt, schließlich und endlich testete man über Spanien erstmals den Bombenwurf im Sturzflug sowie das Flächenbombardement."[596]

Ziel des Luftschlags gegen Guernica war unter anderem die Renteriabrücke am Ortsrand. Dreizehn Kilometer von der Front entfernt sollten die republikanischen Kämpfer am Rückzug nach Bilbao gehindert werden – klassischer Fall einer mittelbaren, taktischen Luftunterstützung für die nationalspanischen Bodentruppen. Ob obendrein ein Angriff auf be-

596 H. M. Hanke, Luftkrieg und Zivilbevölkerung, S. 137.

wohntes Gelände oder Kultstätten befohlen war, ist umstritten. Die Dokumente des Reichsluftfahrtministeriums (RLM) sprechen dagegen. Den Condor-Fliegern soll sogar eingeschärft worden sein, das Zentrum Guernicas mit seiner „Heiligen Eiche“, einem baskischen Nationalheiligtum, zu verschonen. Nach dieser Version sind die verheerenden Brände von Kommunisten vor dem Erscheinen der deutschen Bomberstaffel gelegt worden. Apologetisch heißt es in den RLM-Protokollen: „Dieser Angriff wurde von der ganzen feindlichen Weltpresse zum Anlaß genommen, insbesondere den deutschen Verbänden die Schuld an der Zerstörung Guernicas zuzuschreiben. Es wurde heftigste Stimmungsmache damit betrieben. Befehlsgemäß hatten aber alle Flieger den Ort geschont. Vielmehr war er planmäßig von Rot durch Brandstiftung und Sprengungen in einen Trümmerhaufen verwandelt worden. Das geht ja auch daraus hervor, daß die angesetzten Verbände durch Qualm und Rauch der bereits brennenden Stadt in der Sicht stark behindert waren.“[597] Heftiger Wind habe dazu beigetragen, daß der Brand große Teile der Stadt vernichtet habe.[598]

Ein solcher Geschehensablauf wäre zwar tragisch, aber bei weitem kein Grund, der Legion Condor eine Verletzung der Haager Prinzipien vorzuwerfen. Es wird daher die Auffassung vertreten, das weltweite Aufsehen des Luftschlags beruhe auf zwei völkerrechtlich unmaßgebenden Aspekten. Zum einen sei erstmals eine europäische Stadt durch Bomben zerstört worden, zum anderen habe Picasso mit seinem schockierenden Monumentalgemälde „Guernica“ ein pazifistisches Fanal von hoher Faszinationskraft geschaffen.[599] Letzteres kann nur unterstrichen werden. Picassos Bild, nach jahrzehntelangem „Migrantenstatus“ in New York längst nach Spanien zurückgekehrt[600], gehört zu den bekanntesten Werken europäischen Kulturschaffens im 20. Jahrhundert. Ähnlich intensive, leidenschaftliche Darstellungen der Feuerstürme von Dresden, Hamburg oder Pforzheim, der deutschen Partnerstadt Guernicas, sucht der Kunstinteressierte vergeblich. Immerhin: Mit Hans Grundigs visionärer Vorwegnahme der Verbrennung Dresdens im „Tausendjährigen Reich“ (1935/38), einer expressionistischen Symphonie aus blutrotem Himmel und Feuer mit abgestuften Dunkeltönen in der Darstellung toter und er-

---

597 Kriegswissenschaftliche Abteilung des RLM, Geschichte des Einsatzes der Legion Condor (BA/MA RL 3 IV/3); zitiert nach H. M. Hanke, Luftkrieg und Zivilbevölkerung, S. 289.

598 H. Boog, Bombenkrieg, Völkerrecht und Menschlichkeit im Luftkrieg, S. 259.

599 H. Boog, Bombenkrieg, Völkerrecht und Menschlichkeit im Luftkrieg, S. 259.

600 Allerdings nicht ins Baskenland, sondern in die Landeshauptstadt: „Guernica hatte die Toten; Madrid hat das Bild“; zitiert nach P. Ingendaay, Siebzig Jahre nach den Bombardementa: Guernica ist in Spanien als Symbol umkämpft, Frankfurter Allgemeine Zeitung, 4. Mai 2007.

starrter Menschen, besitzt Deutschland ein koloristisches Juwel pazifistisch inspirierter Kunst (Dresden, Neue Gemäldegalerie).

Die beschwichtigende Lesart des RLM paßt aber nur teilweise zu Tagebucheintragungen des Stabschefs der Legion, Oberstleutnant Wolfram Freiherr von Richthofen, der unter dem 30. April 1937 folgendes notierte: „Guernica, Stadt von 5.000 Einwohnern, buchstäblich dem Erdboden gleichgemacht. Angriff erfolgte mit 250-kg- und Brandbomben, letztere etwa ein Drittel. Als die 1. Jus kamen, war überall schon Qualm (von VB, die mit 3 Flugzeugen angriffen), keiner konnte mehr Straßen-, Brücken- und Vorstadtziel erkennen und warf nun mitten hinein. Die 250er warfen eine Anzahl Häuser um und zerstörten die Wasserleitung. Die Brandbomben hatten nun Zeit, sich zu entfalten und zu wirken. Die Bauart der Häuser: Ziegeldächer, Holzgalerie und Holzfachwerkhäuser, führte zur völligen Vernichtung. ... Bombenlöcher auf Straßen noch zu sehen, einfach toll."[601]

Folgende Erklärung drängt sich auf: Obwohl der vermutlich im RLM vorbereitete Einsatzbefehl die Zerstörung militärischer Ziele im Rahmen einer taktischen Operation vorsah (das dürfte auch für die erwähnte Vorstadt Guernicas gelten), haben die Condor-Besatzungen ihre todbringende Fracht „mitten hinein", also auch in die Kernstadt, geworfen. Der Hinweis auf Rauchschwaden („Qualm") über Guernica trägt nicht zur Rechtfertigung bei. Vom Standpunkt des Kriegsvölkerrechts muß der Angreifer auf einen – etwa wegen Sichtbehinderungen – undurchführbaren Präzisionsschlag verzichten. Wer trotzdem attackiert, begibt sich ins Geschäft des verbotenen Flächenangriffs.

Davon abgesehen nährt von Richthofens Tagebucheintrag den Verdacht, daß seine Kampfflieger es stärker auf die Hauptstraße als auf die Renteriabrücke abgesehen hatten. Schuttberge zerstörter Häuser und tiefe Bombenkrater sollten wohl den Rückzug der republikanischen Kämpfer im Herzen Guernicas stoppen. Passend dazu setzte der Kommandant – wie zweieinhalb Jahre später in Warschau – auf Flugzeuge des Typs Junkers (Ju) 52: Behelfsbomber mit einfachen mechanischen Zielgeräten, die das ohnehin schwierige Orten und Treffen kleiner Angriffsziele nicht unbedingt erleichterten. Auch die gewählte Flugzeugformation (im Gruppenkeil quer zum angeblichen Hauptziel Renteriabrücke), die Flughöhe (1.500 bis 2.000 Meter) sowie der hohe Anteil Brandbomben an der Gesamttonnage (ein Drittel Brand-, zwei Drittel Sprengkörper) deuten auf ein bewußt geplantes Flächenbombardement hin.[602] Unklar sind dessen Folgen; leidenschaftlich wird über die Zahl der Toten gestritten: „Der Hi-

601 Zitiert nach H. M. Hanke, Luftkrieg und Zivilbevölkerung, S. 288.
602 H. M. Hanke, Luftkrieg und Zivilbevölkerung, S. 144f.

storiker Walther Bernecker schätzt die Zahl der zivilen Opfer auf 1.500. Am anderen Ende der Skala befindet sich der spanische Journalist Pío Moa, der in seinem revisionistischen Bestseller ‚Die Mythen des Bürgerkriegs' kaum 120 Tote konzedieren will und dies mit Bestattungslisten und scheindokumentarischen Argumenten begründet."[603]

Dieser unterschiedslose Angriff dürfte gegen die Zivilschutznormen der Haager Landkriegsordnung, allen voran Art. 25 HLKO, verstoßen, die unter Berücksichtigung ihres Sinns und Zwecks einer extensiven Normauslegung bedürfen. Sie sollten nicht nur in bewaffneten Konflikten zwischen Völkerrechtssubjekten, sondern ausnahmsweise auch in einem Bürgerkrieg zur Anwendung kommen. Das gilt zumindest dann, wenn – wie im Spanien der 1930er Jahre – durch Eingreifen ausländischer Verbände ein „mixed conflict" entsteht, also ein Bürgerkrieg mit fremdstaatlichem Bezug, und alle Beteiligten dem Kreis der HLKO-Vertragsstaaten angehören. Kombattanten und Zivilisten sind hier genauso schutzwürdig wie in einem „klassischen Krieg" zwischen diesen Staaten. Erfüllt sind auch die tatbestandlichen Voraussetzungen der Art. 23 b und g, 25 und 27 HLKO – unabhängig davon, ob „Guernica" eher als taktische Operation oder als strategischer Luftschlag eingestuft wird. Die Stadt war „unverteidigt" im Sinne des Art. 25 HLKO und bot bei natürlicher Betrachtung kaum militärische Ziele. Vereinzelte Stellungen der Republikaner in nahe gelegenen Gebirgshöhlen ändern daran kaum etwas. Sie waren zur Verteidigung der Stadt nicht sonderlich geeignet und konsequenterweise auch nicht Ziel des Condor-Angriffs.

Ein anderes Ergebnis würde sich selbst dann kaum erschließen, wenn man – rechtsdogmatisch kühn – die zerstörten Straßenzüge wegen ihrer operativ-taktischen Relevanz nicht als verbotenes ziviles, sondern als zulässiges militärisches Zielobjekt beschreiben und obendrein den sich aufdrängenden Einwand des unterschiedslosen Angriffs beiseite schieben würde.[604] Schwer zu überwindende Schranke bliebe immer noch das Verhältnismäßigkeitsprinzip. Die mutmaßlichen Kollateralschäden des Guernica-Brandes stünden wohl in keinem vernünftigen Verhältnis zum Angriffszweck, der im übrigen sogar verfehlt wurde, weil die republikanischen Kämpfer entkommen konnten.[605] Allenfalls die vom spanischen

603 P. Ingendaay, Siebzig Jahre nach den Bombardements: Guernica ist in Spanien als Symbol umkämpft, Frankfurter Allgemeine Zeitung, 4. Mai 2007.

604 Nach wohl herrschender Lehrmeinung ist die Unterschiedslosigkeit eines taktischen Luftschlags kein Rechtswidrigkeitskriterium. Das Beispiel Guernica zeigt die Grenzen dieser Lehre auf; siehe auch die Ausführungen zum Angriff auf Warschau.

605 Ähnlich H. M. Hanke, Luftkrieg und Zivilbevölkerung, insbesondere S. 146–148; er meint, die „Legion Condor" habe die Zivilbevölkerung vorher warnen müssen, um den Angriff vom Odium der Unterschiedslosigkeit zu befreien.

Journalisten Moa genannte Zahl von 120 Bombentoten könnte das Unternehmen „Guernica" in einem milderen Licht erscheinen lassen.

Wortgewaltig wetterte Thomas Mann im deutschsprachigen BBC-Rundfunk gegen das NS-System. Im April 1942 vergriff er sich allerdings im Ton. Seine Anklage gegen die Luftwaffe erinnert an die Wortwahl des NS-Ideologen Alfred Rosenberg: „In Spanien fing's an, wo die Maschinisten des Todes, diese nationalsozialistisch erzogene Rasse mit den leeren, entmenschten Gesichtern, sich vorübten für den Krieg. Welch ein Sport, wo es gar keine Gegenwehr gibt, im Tiefflug in flüchtende Zivilistenmassen hineinzupfeffern, frisch und fröhlich! Das Gedenken an die Massaker in Polen ist auch unsterblich, genau das, was man ein Ruhmesblatt nennt, und Rotterdam, wo in zwanzig Minuten 30.000 Menschen den Tod fanden, dank einer Bravour, die von moralischem Irresein zu unterscheiden nicht leichtfällt."[606]

---

606 Th. Mann, Deutsche Hörer!, S. 58. – Moralisch und pädagogisch überzeugender spricht Mann die Hörer in Deutschland an, wenn er seine Kollektivschuldassoziationen eindämmt und Informationen über NS-Verbrechen mit ersten Opferzahlschätzungen füttert (ders., Deutsche Hörer!, S. 133 f.: „Vom 15. 4. 1942 bis zum 15. 4. 1944 sind allein in diesen beiden Anstalten [Auschwitz und Birkenau] 1.750.000 Juden ermordet worden. Woher die Zahl? Eure Leute haben Buch geführt, mit deutschem Ordnungssinn! Man hat die Registratur des Todes gefunden. ... Buch geführt haben diese Verblödeten auch über das Knochenmehl, den aus diesem Betrieb gewonnenen Kunstdünger."). – Keine Kollektivschuldassoziationen sieht K. Sontheimer, Thomas Mann und die Deutschen, S. 148, in diesen Ansprachen: „Entschieden wehrt sich Thomas Mann gegen die in den westlichen Ländern aufkommende Vorstellung, der Nazigeist sei mit dem deutschen Geist identisch."

Reparationen für Bombenkriegsschäden?

Dresden und Hamburg, Hiroshima und Nagasaki symbolisieren Apokalypse und Zivilisationsfeindlichkeit des Demoralisierungsbombens. Hat dieser Verstoß gegen Geist und Buchstaben der HLKO aber auch rechtliche Konsequenzen? Hätten die Flächenangriffe des Zweiten Weltkriegs juristisch, insbesondere durch Straf- oder Entschädigungsprozesse, aufgearbeitet werden müssen? Muß das vielleicht heute noch geschehen? Einen vagen Lösungsansatz liefert Art. 3 des Abkommens betreffend die Gesetze und Gebräuche des Landkriegs vom 18. Oktober 1907: „Die Kriegspartei, welche die Bestimmungen der bezeichneten Ordnung verletzen sollte, ist gegebenen Falles zum Schadensersatze verpflichtet. Sie ist für alle Handlungen verantwortlich, die von den zu ihrer bewaffneten Macht gehörenden Personen begangen werden."

Völkerrechtliche Kodifikationen, die dieses „Gegebenenfalls" hätten konkretisieren können, kamen vor dem Luftkrieg der Jahre 1939 ff. nicht zustande. 1923 wäre es fast soweit gewesen; die von einer Juristenkommission entwickelten Haager Luftkriegsregeln (HLKR) sahen Entschädigungsansprüche nach unerlaubten Bombardierungen ausdrücklich vor. Art. 24 Abs. 5 HLKR: „Der kriegführende Staat ist zum geldlichen Ersatz der Schäden verpflichtet, die Personen oder Sachen durch Verletzung der Bestimmungen des vorstehenden Artikels durch irgendeinen seiner Vertreter oder irgendeine seiner Streitkräfte zugefügt sind." Allerdings erlangten die HLKR nie den Status eines verbindlichen völkerrechtlichen Abkommens. Auch der vierteilige Vertragsentwurf der International Law Commission (ILC) der UNO vom 9. August 2001 läßt sich – mangels Rückwirkung – ebensowenig auf unterschiedslose Luftangriffe des Zweiten Weltkriegs beziehen wie der Beschluß der UNO-Menschenrechtskommission vom 13. April 2005 zur Entschädigung der Opfer grober Menschenrechtsverstöße und ernster Verletzungen des Kriegsvölkerrechts (gross violations of human rights law and serious violations of international humanitarian law).[607]

---

607 Siehe dazu R. Hofmann, Victims of Violations of International Humantarian Law: Do They Have an Individual Right to Reparation against States under International Law? S. 341.

Angriff auf die Lübecker Altstadt (1942)

Ein Argument gegen westalliierte Schadensersatzleistungen für Dresden oder andere im Feuersturm verglühte Städte ist das allerdings nicht. Von der Existenz ungeschriebenen (Entschädigungs)völkergewohnheitsrechts, das bspw. durch Art. 24 Abs. 5 HLKR konkretisiert werden sollte, muß spätestens seit den Pariser Vorortverträgen von 1919/20 ausgegangen werden: „In Staatenpraxis, internationaler Rechtsprechung und Völkerrechtslehre herrscht seit langem Einigkeit über den Grundsatz, daß die Verletzung des Völkerrechts durch einen Staat dessen Verantwortlichkeit begründet.“[608] Diese *Verantwortlichkeit* wird auch *Haftung* genannt; sie beschreibt zugleich die „Passivlegitimation“. Verantwortlich im Sinne des Völkerrechts sind primär Staaten, nicht Einzelpersonen. Die Haftung setzt ein, wenn die – von einer natürlichen Person begangene – Rechtsverletzung als „Organhandeln“ einem Völkerrechtssubjekt, regelmäßig also einem Staat, zugerechnet werden kann. Dies könnte hier der Fall sein, da der britische Premier Churchill, sein Luftmarschall Harris und dessen strategische Bomberwaffe am 13./14. Februar 1945 in hoheitlicher Funktion für das Vereinigte Königreich tätig geworden sind.

Folge der Staatenhaftung ist eine angemessene Wiedergutmachung. Sie kann auf verschiedene Weise verwirklicht werden. Gewohnheitsrechtlich anerkannt waren 1945 zwei Grundpflichten. Der „Verletzerstaat“ hat-

608 K. Ipsen, Völkerrecht, S. 617; zur geschichtlichen Entwicklung der Kodifizierung der „Staatenhaftung“ J. Wolf, Haftung, S. 157–161.

te unverzüglich zu völkerrechtskonformem Verhalten zurückzukehren sowie *Entschädigung (Reparationen)* und/oder *Genugtuung (Satisfaktion)* zu leisten.[609] Reparationszahlungen sah bspw. Art. 231 des Versailler Vertrags vom 28. Juni 1919 vor. Unter Ausblendung zahlreicher historischer Fakten schrieben alliierte und assoziierte Mächte eine Alleinschuld Deutschlands am Ausbruch des Ersten Weltkriegs fest. Statt den Reparationsgedanken des Völkerrechts zu stärken, trugen Art. 231 des Versailler Vertrages sowie das ihn erhärtende Londoner Ultimatum vom 5. Mai 1921 zu seiner Diskreditierung bei. Beschädigt wurde zugleich das aristotelische Prinzip ausgleichender Gerechtigkeit.[610]

---

609 K. Ipsen, Völkerrecht, S. 655 f.

610 Lesenswert etwa A. Morellis Studie „Die Prinzipien der Kriegspropaganda"; zu propagandistischen Bewertungen des Ersten und Zweiten Weltkriegs daselbst, S. 17–33 (Überschrift): „Das feindliche Lager trägt die alleinige Schuld am Krieg." – Eine besonders delikate Frage moderner Historiographie betrifft die Gründe für das Erstarken des Nationalsozialismus bis hin zur „Machtergreifung". Sie kann aufgrund ihrer vielfältigen Facetten hier nur vergröbernd dargestellt werden. Läßt man Spekulationen über einen spezifisch deutschen „eliminatorischen Antisemitismus" (Daniel Goldhagen) außer Betracht, so stehen sich zwei seriöse Kausalitätstheorien gegenüber. – Nach einer verbreiteten Auffassung bilden der Versailler Vertrag (der auch von SPD und KPD stark kritisiert wurde) und alle damit zusammenhängenden Fragen (Reparationsleistungen usw.) *die* zentrale Ursache für Radikalisierungstendenzen im Deutschland der 1920er und 1930er Jahre. Idealtypisch Theodor Heuss, späterer Präsident der Bundesrepublik Deutschland, 1931 in seiner Studie „Hitlers Weg": „Die Geburtsstadt der Bewegung ist nicht München, sondern Versailles." Heuss 1964 in seinen „Erinnerungen 1905–1933": „Das war, etwas zugespitzt formuliert, eine Banalität. Erst nach 1945 erfuhr ich dann gelegentlich, daß auch eine solche Aussage ‚Nationalismus' sei." (Heuss-Zitate aus „Versailles 1919. Aus der Sicht von Zeitzeugen", S. 399) – Nach einem, wenn man so will, „bürgerrechtsliberalen" Standpunkt ist der Nationalsozialismus weitgehend ein Produkt fehlender Akzeptanz des demokratischen Rechtsstaats durch die gesellschaftlichen Eliten der Weimarer Republik und deren Beharren auf illiberal-autoritären Traditionen des Kaiserreichs; siehe etwa K. Sontheimer, Antidemokratisches Denken in der Weimarer Republik, S. 18: „Ohne das geistige Klima einer verbreiteten antidemokratischen Gesinnung hätte die Macht nicht ergriffen werden können. Das antidemokratische Denken bereitete nicht unmittelbar den Nationalsozialismus vor, dazu war weit mehr nötig, aber es entzog durch sein Umsichgreifen der demokratischen Republik geistig den Boden und löschte ihr Staatsbewußtsein aus bzw. trug dafür Sorge, daß es sich nicht festigen konnte." Auch M. Kriele, Staatsphilosophische Lehren aus dem Nationalsozialismus, S. 402–406, betont das hohe Ansehen autoritärer Regierungsformen in der Weimarer Zeit. Nationalkonservative, christliche und sogar liberale Politiker hätten im übrigen auf „moralische Appelle statt rechtlicher Institutionen" gebaut und ernsthaft geglaubt, Hitler dadurch domestizieren zu können. – Monokausale Erklärungen dürften hier nicht zum Ziel führen. Immerhin scheinen die frühen Erfolge der NSDAP durch „Versailles" maßgeblich begünstigt worden zu sein. Andererseits läßt sich fragen, warum es ausgerechnet dann zur „Machtergreifung" kam, als die leidige Reparationsfrage endlich vom Tisch war und die fortbestehende ökonomische Schieflage als weltwirtschaftliches Gesamtproblem erkennbar wurde. – Weitere Erklärungsansätze wie derjenige Gustav Radbruchs über den kausalen Nexus zwischen Nationalsozialismus und juristischem Positivismus (Lehre von der unbedingten Gesetzestreue des Richters usw.) dürften weniger auf die „Machtergreifung" als auf die fortschreitende Stabilisierung des NS-Systems ab Mitte/Ende 1933 passen (G. Radbruch, Fünf Minuten Rechtsphilosophie, S. 209: „Diese Auffassung vom Gesetz und seiner Geltung … hat die Juristen wie das Volk wehrlos gemacht gegen noch willkürliche, noch so grausame, noch so verbrecherische Gesetze. Sie setzt letzten Endes das Recht der Macht gleich: nur wo die Macht ist, ist das Recht.").

Diktatorisch setzten die Siegermächte in London eine Reparationsschuld von 132 Milliarden Goldmark fest; dazu sollten jährlich 26 % des Werts der deutschen Warenausfuhr kommen. Außerdem verlangten sie eine Auslieferung fast der gesamten deutschen Handelsflotte, die Liquidierung deutschen Auslandseigentums und einiges mehr. Das Deutsche Reich, das sich diesen Forderungen wie auch etlichen Gebietsabtretungen zunächst widersetzt hatte, mußte dem massiven Druck der Alliierten weichen. Erst nach dem Zusammenbruch der Reichswährung – mitverursacht durch die ersten Reparationsraten – bemühten sich die Finanzexperten Charles G. Dawes (1924) und Owen D. Young (1930) im alliierten Auftrag, die Zahlungen der wirtschaftlichen Leistungsfähigkeit Deutschlands anzupassen. Der „Young-Plan" sah für die ersten 37 Jahre eine Begrenzung der Reparationsschuld auf 30,5 Milliarden Reichsmark und für den gesamten Zahlungszeitraum von 59 Jahren auf 34,5 Milliarden Reichsmark vor. Die quälende Entschädigungsprozedur wäre erst 1988 zu Ende gegangen. Im Vertrag von Lausanne am 9. Juni 1932 verzichteten alliierte und assoziierte Mächte allerdings auf weitere Zahlungen – gegen eine einmalige Abfindungssumme von 3 Milliarden Reichsmark.

Die fragwürdige Ausgestaltung und Abwicklung der Reparationszahlungen nach dem Versailler Vertrag schließt Entschädigungsansprüche wegen der Flächenangriffe auf deutsche Städte aber nicht aus. Einmaliges Versagen eines Rechtsinstituts bewirkt nicht zwangsläufig dessen Auslöschung (Derogation) und Nichtanwendung in einem anderen geschichtlichen Zusammenhang. Mit besonderem Nachdruck gilt das für die Wiedergutmachung massiver Verletzungen des Friedens-, aber auch des Kriegsvölkerrechts. Könnte nicht eine aufklärungsfreundliche Idee wie der völkerrechtliche Schadensausgleich durch Reparationen für „Morale Bombing"-Opfer sein verdientes Ansehen wiedererlangen? Immerhin wurde in Dresden, Hamburg, Kassel oder Pforzheim mit ungeheurer Energie gegen die Art. 23 b und g, 25 und 27 HLKO verstoßen.

Wer aber wäre *aktivlegitimiert*, als Gläubiger Reparationsleistungen zu empfangen? Stünde dieser Status lediglich einem Völkerrechtssubjekt zu, im Zweifel der Bundesrepublik Deutschland? Oder können auch verletzte oder ihres Eigentums beraubte Menschen, die Erben von Verletzten und Getöteten sowie – hinsichtlich der gewaltigen Zerstörungen öffentlicher Kunst und Architektur – geschädigte Kommunen und christliche Kirchen aktivlegitimiert sein? Die Passivlegitimation, so erinnern wir uns, bleibt untrennbar mit dem Begriff des Staates verknüpft. Nach herrschender Rechtslehre, die sich aus der Kategorie „Völkerrechtssubjekt = Staat" nicht lösen will, ist das bei der Aktivlegitimation nicht anders. Allerdings erscheint die Gegenmeinung keinesfalls abwegig. Nicht zuletzt deutsche Völkerrechtler tasten sich behutsam an den Gedanken individueller Aktivlegitimation heran.[611] Sie können darauf verweisen, daß ein zentrales Anliegen des Rechts die Durchsetzung von *Einzelfallgerechtigkeit* ist.[612] Derartiges dürfte auch die umstrittene „Preußische Treuhand GmbH & Co KG" erwägen, die engagiert für die Rückgabe deutschen Privateigentums in den ostdeutschen Vertreibungsgebieten von 1945 eintritt.[613]

(Individuelle) Gerechtigkeit ist allerdings nur die eine Seite der Medaille. Die andere heißt *Rechtssicherheit.* Erst in ihrem spannungsvollen Mit- und oftmals Gegeneinander erfüllen beide Werte gemeinsam den Begriff des Rechts.[614] Im völkerrechtlichen Schadensausgleich drängt die Rechtssicherheit nach vorn. Auf internationaler Ebene lassen sich die Grundsätze innerstaatlicher Wiedergutmachung – ausgerichtet an der Idee individueller Gerechtigkeit – nur eingeschränkt übernehmen. Wer Schadensregulierungen größten Ausmaßes anstrebt, kommt an Pauschalierungen nicht vorbei. Wie soll eine Luftmacht – egal ob Großbritannien, die USA oder das Deutsche Reich – jede einzelne durch rechtswidrige Flächenangriffe verletzte Person problemadäquat entschädigen? Zu groß wäre der organisatorische Aufwand, der eine Abwicklung des Reparationsvolumens begleiten und massiv erschweren würde. Vieles spricht also dafür, die Aktivlegitimation einem klassischen Völkerrechtssubjekt zu überlassen. Das gilt jedenfalls so lange, wie kodifiziertes Völkervertragsrecht die Aktivlegitimation geschädigter Individuen nicht ausdrücklich vorsieht. Auch Rainer Hofmann, der das Individuum grundsätzlich als Völkerrechtssubjekt betrachtet und individuelle Aktivlegitimationen zumindest rechtspolitisch (de lege ferenda) befürwortet, kann geltendem Völkerhaftungsrecht (de lege lata) eine solche Legitimation nicht ohne

---

611 Ch. Tomuschat, Reparations for Victims of Grave Human Rights Violations, S. 157ff., sowie R. Hofmann, Victims of Violations of International Humanitarian Law: Do They Have an Individual Right to Reparation against States under International Law?, S. 341–359.

612 G. Radbruch, Rechtsphilosophie, S. 34f.: „Recht ist die Wirklichkeit, die den Sinn hat, dem Rechtswerte, der Rechtsidee zu dienen. ... Die Idee des Rechts kann nun keine andere sein als die Gerechtigkeit. ... Wir sind aber auch berechtigt, bei der Gerechtigkeit als einem letzten Ausgangspunkte Halt zu machen, denn das Gerechte ist wie das Gute, das Wahre, das Schöne ein absoluter, d. h. ein aus keinem anderen Werte ableitbarer Wert."

613 Das mag man für rechtlich unbegründet oder politisch inopportun halten, rechtfertigt aber nicht die ritualisierte Empörung, die dieser Einrichtung von bundesdeutschen Medieneliten entgegenschlägt; siehe J. Jessen, Die Täter wollen Opfer werden, Die Zeit, 31. August 2006: „Die gröbere deutsch-polnische Mißstimmung ... geht zurück auf gesellschaftliche Organisationen wie die Vertriebenenverbände oder auf private Firmen wie die ominöse Preußische Treuhand, die deutsches Land in Polen zurückfordert."

614 G. Radbruch, Rechtsphilosophie, S. 74: „Von den drei Bestandteilen der Rechtsidee gilt für die zweite, die Zweckmäßigkeit, die relativistische Selbstbescheidung. Die andern beiden aber, Gerechtigkeit wie Rechtssicherheit, stehen über den Gegensätzen der Rechts- und Staatsauffassungen, über dem Kampfe der Parteien. Daß dem Streite der Rechtsansichten ein Ende gesetzt werde, ist wichtiger, als daß ihm ein gerechtes und zweckmäßiges Ende gesetzt werde ..."

weiteres entnehmen: „Daher ... mag man argumentieren, daß die Opfer solcher Rechtsverletzungen, weil sie kein individuelles Recht [auf Reparationsleistungen] während des Zweiten Weltkriegs hatten, eine Entschädigung für diese Verletzungen auch heute nicht beanspruchen dürfen."[615]

Ganz ohne Bruchstellen kann Hofmann seine Argumentation nicht durchhalten. So scheint er eine individuelle Aktivlegitimation für künftige Schadensfälle durchgängig zu bejahen – also auch dann, wenn aktuelles Völkervertragsrecht solche Erweiterungen des Haftungsspektrums nicht vorsieht: „Art. 3 HLKO ... sollte künftig generell in einer Weise interpretiert und angewendet werden, die ein individuelles Entschädigungsrecht bei Verletzungen humanitären Rechts gegen den dafür verantwortlichen Staat gewährt."[616] Diese Ungleichbehandlung der Geschädigten von alten und neuen Völkerrechtsverletzungen kann aber nur unter engen rechtsdogmatischen Voraussetzungen begründet werden. Dazu gehört die Einbeziehung des ungeschriebenen Rechts. In Ergänzung internationaler Verträge und Konventionen müßte sich seit den Rechtsverletzungen von Dresden und Hiroshima ein gefestigtes Völkergewohnheitsrecht zur individuellen Aktivlegitimation herausgebildet haben. Genau das stellt Hofmann aber gleich wieder in Frage: „Es ist zuzugeben, daß noch keine einschlägige Staatenpraxis besteht, die den Schluß erlauben würde, eine solche Interpretation könne als konstituierendes Völkergewohnheitsrecht in Betracht gezogen werden."[617] Letztlich bleibt daher alles beim alten: Inhaber haftungsrechtlicher Aktivlegitimation ist regelmäßig nicht das geschädigte Individuum, sondern der ihn vertretende Staat.

Für den Zeitraum bis zur Wiedervereinigung hätte man bezüglich der Bombenschäden mitteldeutscher Städte an eine Aktivlegitimation der DDR denken können. Das ist vorbei. Als Gläubiger eines Reparationsanspruchs kommen nur aktuell existierende Staaten in Betracht. De facto geht es um die Bundesrepublik Deutschland. Sie ist Rechtsnachfolgerin des im Luftkrieg geschädigten Deutschen Reichs und obendrein jene Körperschaft, zu deren Territorium die meisten bombardierten Städte seit 1949 (alte Bundesländer) bzw. 1990 (neue Bundesländer) gehören. Die Bundesrepublik hätte, so ihr ein Reparationsanspruch gegen Großbri-

---

615 R. Hofmann, Victims of Violations of International Law: Do They Have an Individual Right to Reparation against States under International Law?, S. 356.

616 R. Hofmann, Victims of Violations of International Law: Do They Have an Individual Right to Reparation against States under International Law?, S. 357. Hofmann verweist ebenda, S. 347, auf ähnliche Formulierungen im Report der Internationalen Darfur-Untersuchungskommission an den Generalsekretär der Vereinten Nationen vom 25. Mai 2005 (Security Concil Resolution 1564, S. 593). Keine Frage: furchtbare Menschenrechtsverletzungen vor allem in Afrika haben seit den 1990er Jahren die Sensibilität für die Problematik individueller Aktivlegitimation weltweit gestärkt.

617 R. Hofmann, Victims of Violations of International Law: Do They Have an Individual Right to Reparation against States under International Law?, S. 348.

tannien oder die USA materiellrechtlich zustünde, den Gesamtbetrag in einer Geldwährung zu beziffern und auf Zahlung hinzuwirken. Das Geld müßte zweckkonform zugunsten der geschädigten Körperschaften und Menschen (bzw. deren Erben) verwendet werden. Letzteres wäre verfassungsrechtlich – wenn auch in gewundener Form – aus der Pflicht aller Staatsorgane abzuleiten, Schaden vom Volk abzuwenden.[618] Verwaltungsrechtlich könnte zudem der Gedanke einer vertragsähnlichen „öffentlich-rechtlichen Sonderverbindung" zwischen Staat und Bürger bemüht werden.[619] Diese Entschädigungsgrundlagen dürften auch dann zum Tragen kommen, wenn ein Staat seine Reparationsansprüche aus Gründen politischer Opportunität nicht realisieren möchte. Eine solche Zurückhaltung darf nicht zu Lasten unmittelbar geschädigter Personen gehen, die mangels individueller Aktivlegitimation keine eigenen Reparationsansprüche gegen den fremden Verletzerstaat haben. Unabhängig davon stellt sich die Frage, ob staatliche Aufbauhilfen und Vergünstigungen für deutsche Luftkriegsopfer - durch das Deutsche Reich, die DDR oder die Bundesrepublik Deutschland[620] - auf die Weitergabe etwaiger Reparationsleistungen angerechnet werden müßten.

Lassen sich Reparationsforderungen gegen das Vereinigte Königreich inhaltlich bzw. materiellrechtlich aber auch begründen und ggf. prozessual durchsetzen? Um diese Fragen ranken sich drei gewichtige Zweifel. Erstens könnte eine sog. *Aufrechnungslage* bestehen. Deutschen Ansprüchen gegen das Königreich könnten Reparations- oder sonstige Forderungen des britischen Staats gegen die Bundesrepublik Deutschland gegenüberstehen. Anhaltspunkte dafür liefern die strategischen Bombardements der Luftwaffe in südenglischen Städten. Allerdings sind nur kriegsrechtswidrige Angriffe entschädigungsrelevant, was für den Luftschlag gegen Coventry vom 14. November 1940 sowie die meisten Angriffe auf London 1940/41 fraglich erscheint (siehe das Kapitel „Deutsche Luftangriffe im Spiegel des Völkerrechts").

Interessanter ist hier die zweite Kriegshälfte. „Da der Luftwaffe ausreichende Bomberkräfte fehlten, dauerten die von Hitler am 14. April 1942

---

618 Vergleiche Art. 56 GG (Amtseid des Bundespräsidenten): „Ich schwöre, daß ich meine Kraft dem Wohle des deutschen Volkes widmen, seinen Nutzen mehren, Schaden von ihm wenden, das Grundgesetz und die Gesetze des Bundes wahren und verteidigen, meine Pflichten gewissenhaft erfüllen und Gerechtigkeit gegen jedermann üben werde. So wahr mir Gott helfe."

619 Zur „öffentlich-rechtlichen Sonderverbindung" siehe die Rechtsprechung des Bundesgerichtshofs sowie, im Kontext des strafrechtlichen Ehrenschutzes von Soldaten, T. Perger, Ehrenschutz von Soldaten in Deutschland und anderen Staaten, Diss. jur. München 2002, passim.

620 Zu den Vergünstigungen im NS-Staat J. Friedrich, Der Brand, S. 435 ff.; zum „Lastenausgleich" in der Bundesrepublik Deutschland H.-J. Brodesser/B. Fehn/T. Franosch/W. Wirth, Kriegsfolgenliquidation und Wiedergutmachung, S. 39 f., 174 ff.

angeordneten ‚Baedeker'-Angriffe gegen kunsthistorisch bedeutsame und zumeist unverteidigte Städte wie York oder Canterbury nur wenige Monate. Erst 1944 wurde der Bomberkrieg mit schwächer werdenden Kräften wieder aufgenommen und mit den V-Waffen 1944/45 fortgesetzt, die wegen ihrer Zielungenauigkeit bewußt als Terrorwaffen eingesetzt wurden."[621] Diese Angriffe verstießen gegen die Art. 23 b und g, 25 und 27 HLKO. Sie dürften Reparationsforderungen gegen das Deutsche Reich bzw. die Bundesrepublik als Rechtsnachfolgerin ausgelöst haben, die deutschen Ansprüchen mittels (partieller) Aufrechnung entgegengehalten werden könnten. Auf die – wenngleich nicht unüberwindlichen – Schwierigkeiten, die wechselseitigen Ansprüche gerecht zu beziffern, sei verwiesen.

Zweitens könnten die Forderungen *verjährt* sein. Leistungsansprüche des Völkerrechts unterliegen ebenso wie diejenigen nationaler Rechtssysteme der Verjährung.[622] Auch wenn entsprechende Vereinbarungen hier fehlen und eine angemessene Verjährungsfrist nach billigem Ermessen bestimmt werden müßte, könnten die mittlerweile verstrichenen sechs Jahrzehnte diese Grenze überschreiten. Innerdeutsches Recht wie § 195 BGB geht von einer regelmäßigen Verjährung von dreißig Jahren aus – eine Marke, die unter dem Aspekt der Rechtssicherheit auch als geltendes Völker(gewohnheits)recht gedeutet werden, wohlbegründeten Ausnahmen allerdings zugänglich sein sollte. Das gleiche Ergebnis scheint sich aus den Allgemeinen Rechtsgrundsätzen des Völkerrechts (ARG) zu ergeben, die aus einer vergleichenden Analyse stabiler nationaler Rechtsordnungen gewonnen werden.[623] Seit 1975 könnten Reparationsforderungen wegen „Dresden" daher verjährt sein. Freilich müßten die Briten sich auf die Verjährung berufen; denn dieses Rechtsinstitut bedarf zu seiner Wirksamkeit einer ausdrücklichen Einrede durch den Schuldnerstaat.

Drittens haben Großbritannien, Deutschland, die Vereinigten Staaten von Amerika und andere am Luftkrieg beteiligte Staaten ihre Beziehungen nach 1945 bis in zahlreiche politische und ökonomische Details hinein geregelt. Beispielhaft erwähnt seien der „Zwei-plus-Vier-Vertrag" von 1990 sowie die beeindruckende Fülle von Abkommen im Zuge der europäischen Integration. Man wird diese Vereinbarungen auch als (stillschweigenden) *Verzicht auf Reparationsforderungen* deuten können, im Rahmen problemadäquater Auslegung wahrscheinlich sogar deuten müssen. Redliche Geschäftspartner verkehren nicht jahrzehntelang freundschaftlich und nahezu konfliktfrei miteinander, um sich dann plötzlich mit betagten Forderungen zu überziehen. Es gilt das Verbot des „Venire

621 H. Boog, Deutsche Luftkriegsdoktrin, S. 66.
622 Siehe K. Ipsen, Völkerrecht, S. 657; I. Seidl-Hohenveldern, Völkerrecht, S. 464.
623 I. Seidl-Hohenveldern, Völkerrecht, S. 326.

Blick aus dem Inneren des barocken Dresdner Zwingers auf das Residenzschloß mit dem Hausmannsturm

contra factum proprium". Sechzig Jahre nach den Bombennächten von Dresden und Pforzheim, von London und Coventry würden wechselseitige Forderungen, die ihren Ursprung in der Tragödie des Zweiten Weltkriegs haben, weltweit als realitätsferner Anachronismus empfunden werden.

Daran ändert auch das Nichtzustandekommen jenes Friedensvertrags nichts, den die Siegermächte in ihren Absichtserklärungen vom 2. August 1945 – irreführend „Potsdamer Abkommen" genannt – angekündigt hatten. Reparationen für Bombenschäden standen nicht auf der Potsdamer Agenda und wären daher kaum Gegenstand des „Friedensvertrags" geworden. Davon abgesehen haben *Versöhnungsbestrebungen* auf allen politischen und juristischen Ebenen einen solchen Vertrag zwischen der Bundesrepublik Deutschland und den Westalliierten obsolet gemacht. Zudem wurde die deutsche Wirtschaft nach 1945, aus welchen Motiven auch immer, von den Alliierten massiv gefördert. Auch Großbritannien und die USA profitieren enorm vom Handel mit Deutschland. Die ökonomischen Beziehungen rangieren auf einem exklusiven, weltweit bemerkenswerten Niveau, das gewisse „antideutsche Nischen" – vor allem in britischen Printmedien[624] – zur ewiggestrigen Geisterbeschwörung degradiert. For-

624 Eine antideutsche Pressekampagne entzündete sich bspw. an vermeintlichen Forderungen der Bundesregierung, die Queen solle sich für „Dresden" entschuldigen: „Sorry, aber man darf die Deutschen ihre böse Vergangenheit nie vergessen lassen." (Simon Heffer, The Mail on Sunday, 27. Oktober 2004).

maljuristisches Beharren auf dem Potsdamer Modell würde zumindest in der Reparationsfrage keinen Königs-, sondern einen Holzweg weisen.

Obendrein ist nicht erkennbar, daß die Bundesrepublik Deutschland etwaige Reparationsansprüche tatsächlich durchsetzen könnte. Da weder Briten noch US-Amerikaner Bereitschaft zu einem Haftungsanerkenntnis – in Gestalt eines völkerrechtlichen Vertrages – signalisieren, bliebe allein der Weg vor die Schranken der Justiz. In Betracht kämen der Internationale Gerichtshof (IGH) in Den Haag sowie ein nationales Gericht. Beide Wege dürften jedoch versperrt sein. Der 1946 eingerichtete IGH entscheidet nach Art. 36 Abs. 1 seines Statuts nur in Angelegenheiten, die ihm durch die Charta der Vereinten Nationen oder sonstiges Völkervertragsrecht zugewiesen oder von den verfahrensbeteiligten Staaten übereinstimmend vorgelegt werden. Reparationen für Völkerrechtsverstöße des Zweiten Weltkriegs gehören nicht dazu und werden wegen der Gestaltungshoheit der Beteiligten über den Streitgegenstand vermutlich nie dazugehören. Das IGH-Statut läßt erkennen, daß die auf die Sicherung des Weltfriedens bedachten Vereinten Nationen solchen „rückwärtsgewandten" Verfahren – behutsam formuliert – keine besondere Priorität eingeräumt haben.

Der Weg vor ein nationales Gericht dürfte unter dem Aspekt der *Staatenimmunität* ins Leere führen. „Par in parem non habet iurisdictionem" („Gleichrangige sollen nicht übereinander richten") lautet jene Zauberformel, die einen modernen Staat weitgehend dem haftungsrechtlichen Zugriff durch einen anderen entzieht. Das gilt jedenfalls dann, wenn der unrechtmäßig handelnde Staat (Verletzerstaat), bspw. das Vereinigte Königreich bei der großflächigen Bombardierung deutscher Städte, hoheitlich handelt. „Der Grundsatz der [souveränen] Gleichheit aller Staaten gehört zu den ältesten Rechten, da das Völkerrecht seit jeher ein Recht unter Gleichen war, obschon die Staaten in tatsächlicher Hinsicht keineswegs gleich sind, sondern sich im Hinblick auf Gebiet, Bevölkerung, Rohstoffreserven, Zugang zu den Meeren und im übrigen auch in militärischer und wirtschaftlicher Hinsicht unterscheiden."[625] Selbst markante Unterschiede der Rechtskultur, etwa diejenigen zwischen demokratischen Rechts- und totalitären Unrechtsstaaten (zugespitzt: „Schurkenstaaten"), ändern daran nichts. Allenfalls im Völkerstraf-, nicht aber im Völkerhaftungsrecht mag es unter engen Voraussetzungen Ausnahmen von dieser Regel geben. „Daher ist schon die Einleitung eines Verfahrens unzulässig, ebenso wie die Zustellung einer Klageschrift, die Anberaumung eines Ter-

625 K. Ipsen, Völkerrecht, S. 367.

mins zur mündlichen Verhandlung, die Ladung einer exemten Person als Beklagte oder Zeugin oder die verwaltungsgerichtliche Beiladung."[626]

Griechische Gerichte bis hin zum Areopag versuchten mehrfach, den Grundsatz der Staatenimmunität einzuschränken. Sie verurteilten die Bundesrepublik Deutschland zu Entschädigungszahlungen wegen „schwerwiegender Menschenrechtsverletzungen" deutscher Soldaten des Zweiten Weltkriegs. Die Urteile hatten jedoch keinen Bestand.[627] Neben dem Prinzip souveräner Gleichheit aller Staaten beruht die Staatenimmunität auch auf der Forderung nach Rechtssicherheit: „Die Verurteilung kriegerischer Handlungen von Staaten durch nationale Gerichte ... schließt jede Möglichkeit aus, internationalen Rechtsfrieden zwischen Staaten herzustellen"[628]

Neben die Reparation tritt die *Genugtuung (Satisfaktion)*. Sie soll immaterielle Schäden ausgleichen und besteht meist in der förmlichen Erklärung des Bedauerns. Leider haben Premierminister Churchill, seine Nachfolger oder auch die Queen als britisches Staatsoberhaupt das „Morale Bombing" offiziell nie bedauert. Stellungnahmen diverser Staatssekretäre und Diplomaten, zudem meist privater Natur, sind keine hinreichende Satisfaktion. Man könnte gelassen darüber hinwegsehen, sich auf die funktionierenden Handelsbeziehungen konzentrieren und auf allmähliche Fortschritte im Prozeß britischer „Selbstreinigung" warten, gäbe es im Vereinigten Königreich nicht einen flagranten Verstoß gegen das Anstandsgefühl billig und gerecht denkender Menschen, nämlich die Errichtung eines Denkmals für Luftmarschall Arthur Harris im Jahre 1992. Auftraggeber waren RAF-Veteranen, die mit einer pompös-imperialen Geste wohl auch der beunruhigenden Frage nach Sinn und Moralität eigener militärischer Vergangenheit aus dem Weg gehen wollten. Provokant setzten sie ihr Monument neben die Traditionskirche der Royal Air Force.[629]

---

626 K. Ipsen, Völkerrecht, S. 373.

627 Im „Distomo-Fall" ging es um ein Massaker, das Angehörige eines SS-Panzergrenadierregiments nach einem brutalen Partisanenübergriff an 218 Bewohnern des Dorfes Distomo angerichtet hatten. Dieser Verstoß gegen die HLKO bewog das Landgericht Levadia, die Bundesrepublik Deutschland zu einer Entschädigungszahlung von 29 Millionen Euro an Hinterbliebene zu verurteilen. Der Areopag bestätigte die Entscheidung am 5. Mai 2000, die vom griechischen Obersten Sondergericht am 17. September 2002 aber aufgehoben wurde. Entscheidungen des Europäischen Gerichtshofs für Menschenrechte (EGMR) vom 12. Dezember 2002 sowie des Bundesgerichtshofs in Zivilsachen vom 26. Juni 2003 liegen auf der Linie des Obersten Sondergerichts; siehe dazu K. Ipsen, Völkerrecht, S. 374 ff.

628 K. Ipsen, Völkerrecht, S. 376.

629 „Die Zeit" kommentierte rückblickend am 24. Juli 2003: „Freunde errichteten ihm 1992 auf den Stufen der Kirche St. Clement Danes, dicht am Trafalgar Square, ein Denkmal; bei der peinlichen Enthüllung war die Königinmutter zugegen. Einige Unentwegte brachen in Hochrufe aus; andere Teilnehmer machten sich mit Protestrufen Luft."

Bleiben wir, bei allen Vorbehalten gegen die Ehrung des Bomber-Command-Chefs, dennoch optimistisch. Die Mühlen der Geschichte mahlen langsam. Sie folgen Zyklen, die in Großbritannien kaum anders verlaufen als im Rest der Welt. Deutschland mit seinen mentalen Erschütterungen der Kriegs- und Nachkriegszeit und seinen daraus resultierenden Kollektivschuldpsychosen mag ein Sonderfall sein. Davon unbelastete Briten beziehen einen Teil ihres Selbstwertgefühls aus dem Sieg über Hitler-Deutschland. Kann man von ihnen erwarten, eine Symbolfigur dieses Sieges plötzlich in Bausch und Bogen zu verdammen? Vielleicht wird die Harris-Figur vor Saint Clement Danes irgendwann zu einem Mahnmal des Friedens umgewidmet. Hinweise darauf liefern nicht nur behutsame Neubewertungen der Flächenangriffe auf deutsche Groß- und Mittelstädte.[630] Der robuste Luftmarschall verkörpert auch das häßliche Gesicht kolonialistischer Unterdrückungskriege; irakische Siedlungen ließ er in den 1920er Jahren auf ähnliche Weise liquidieren wie später die kulturellen Zentren des Deutschen Reichs. Sein nur teilweise philosophischer Aufklärung entspringendes Menschenbild enthält rassistische Elemente.[631]

Auf lange Sicht dürfte *britische Vergangenheitsbewältigung* andere Akzente setzen und den Unrechtscharakter zahlloser Bomber-Command-Einsätze herausstellen. Offizielle Reuebekundungen wären dann nur eine Frage der Zeit. Gilt nicht vielen Briten das „Coventry-Nagelkreuz“ als mächtiges Symbol gegen totalen Krieg und Bombenterror, für Versöhnung, Hoffnung und Auferstehung? Sein Original wurde aus Nägeln des verbrannten Dachgebälks der Kathedrale von Coventry gefertigt.[632] Nachbildungen befinden sich in zahlreichen deutschen Kirchen. Ähnlich eindrucksvoll ist ein aus dieser Kathedrale in den Dom von Münster/Westfalen verlagerter Sandstein mit inhaltsgleichen Sätzen in Deutsch und Englisch. Zentrales Anliegen: Vergebt einander, „wie auch Gott euch vergeben hat in Christus“ (Epheserbrief 4,32).

Aufmerksam registrierten viele Deutsche die Aktivitäten des britischen Fördervereins „Dresden Trust“ und seine ideellen und finanziellen Beiträge zum Wiederaufbau der Frauenkirche. Einstweiliger Höhepunkt war die Übergabe eines vergoldeten Kuppelkreuzes für die Frauenkirche, das der Kunstschmied Alan Smith, Sohn eines an den Angriffen auf Dresden be-

630 Siehe u. a. A. C. Grayling, Among the Dead Cities, S. 276 f.

631 Ch. Kucklick, Terror gegen den Terror?, S. 13.

632 Eingemeißelt in die Chorwand der Ruine sind die aufrüttelnden Worte „Father Forgive“. Dort versammeln sich jeden Freitag um 12 Uhr Menschen zum Friedensgebet unter folgenden Motti: „Alle haben gesündigt und ermangeln des Ruhmes, den sie bei Gott haben sollten.“ (Römerbrief 3,23); sowie: „Seid untereinander freundlich und herzlich und vergebt einer dem andern, wie auch Gott euch vergeben hat in Christus.“ (Epheserbrief 4,32)

teiligten Bomberpiloten, geschaffen hatte.[633] Auch andernorts hinterläßt der Trust wegweisende Spuren – etwa in *Pforzheim*. Die frühere Residenz badischer Markgrafen, Zentrum der deutschen Schmuckindustrie, verkörpert wie Dresden, Hamburg, Hiroshima und Nagasaki in besonderem Maße Barbarei und Sinnlosigkeit des Demoralisierungsbombens. Wegen ihrer zahlreichen Fachwerkbauten und der engen Bebauung in dem bis kurz vor Kriegsende unversehrten Ortskern wurde sie für Harris zum idealen „Feueranzünder". Die Pforzheimer Opfer verbrannten, erstickten, ertranken in den Flüssen Enz und Nagold, wurden im Bombenhagel zerfetzt oder von einstürzenden Häusern erschlagen.

Haarscharf kam die achtjährige Pforzheimer Schülerin Ursula Heckner (die spätere Geschichtswissenschaftlerin Ursula Moessner-Heckner) mit dem Leben davon. Die im Keller neben ihr sitzende Freundin verbrannte. In einem Buch voller Durchdringungstiefe und analytischer Schärfe beschreibt Moessner-Heckner den Untergang ihrer Heimatstadt: „Die Bomberoffensive (Zielsystem Mitteldeutschland) sollte dazu beitragen, den oft mißtrauischen Stalin von der Hilfsbereitschaft der westlichen Alliierten zu überzeugen. Für den Chef des britischen Bomber Commands, Luftmarschall Arthur Harris, einen begabten Spezialisten und vorzüglichen Kommandeur seiner Bomberflotten mit der Überzeugung eines Zeloten, bedeutete das ‚Zielsystem Mitteldeutschland' einen Höhepunkt in seiner militärischen Karriere. Es gab ihm die Möglichkeit, seinen Städteplan, den er sich im Februar 1942 während Englands dunkelster Stunde ausgedacht hatte und mit dem er den Krieg verkürzen oder gar beenden zu können glaubte, zu Ende zu führen. Und er konnte zeigen, was das Bomber Command und dessen Crews maximal leisten konnten. In diesen Mahlstrom – das ‚Zielsystem Mitteldeutschland' – wurde Pforzheim so ganz nebenbei hineingezogen. Am 23. Februar 1945 erlebte es die ungeheuere Wucht der Zerstörung, zu der das Bomber Command fähig war. Die Crews der Bomberflotten glaubten, sie würden auch dieses Mal dazu beitragen, den von Hitler herausgeforderten Krieg zu beenden. Sie setzten ihr Leben aufs Spiel, und Pforzheim starb. Es starb grundlos. Es wurde zerstört, weil es noch nicht zerstört war. Es fiel einer Unlogik zum Opfer, die in Kriegszeiten oft mit Notwendigkeit verwechselt wird. Tausende von Menschen mußten sterben in einem Flammenregen, in einem Horror von ungeheueren Ausmaßen, der die Zerstörung einer Stadt bewirkte, deren

633 Die feierliche Übergabe des Kreuzes am 13. Februar 2000 durch den Herzog von Kent fand lebhafte Resonanz in der gesamten deutschen Presse; siehe etwa Die Welt, 14. Februar 2000. Der Herzog sagte: „Mit großer Freude übergebe ich im Namen vieler Bürger des Vereinigten Königreiches einschließlich Ihrer Majestät der Königin und in Demut vor Gott dieses Kuppelkreuz. Möge es zu Beginn dieses Jahrtausends ein Zeichen erlebter Versöhnung und dauerhaften Friedens sein, wie auch für unsere Verpflichtung, die Freundschaft zwischen unseren Völkern weiterhin zu vertiefen."

Untergang das schon absehbare Kriegsende um keinen Tag beschleunigen konnte ... Irrsinn des totalen Krieges, dem sich die kriegführenden Nationen des Zweiten Weltkriegs verschrieben hatten."[634]

Harris, einen halsstarrigen, kaum belehrbaren Mann ohne Empathie gegenüber leidenden Menschen, ließ auch Pforzheims Schicksal kalt. Am 1. März 1945 sagte er bei der höchsten Stabskonferenz alliierter Luftmarschälle und Fliegergenerale, massive Luftschläge gegen kleinere Städte seien die wirksamste Methode, um die deutsche Kriegsmoral endgültig zu brechen.[635] Würzburg, Hildesheim, Dessau, Mainz und andere Orte fielen diesem todbringenden Aberglauben in den beiden letzten Kriegsmonaten zum Opfer.

Nahtlos reiht sich der 23. Februar 1945 in die großen deutschen Kriegstragödien ein. Ein wortgewaltiger Jörg Friedrich greift zur definitiven Metapher: „Pforzheim zerkochte zu Lava, als hätten die Zyklopenfäuste anderer Erdzeitalter zugeschlagen."[636] Auf dem durch „Lava" und Gesteinstrümmer erhöhten Wallberg, der zentralen Gedenkstätte der Stadt, wurden sechzig Jahre später monumentale Stelen errichtet. Auf einer Metalltafel erklärt der „Dresden Trust" in behutsam gesetzten, die Schuldfrage ausklammernden Worten: „In Demut vor Gott drücken wir unser tiefstes Bedauern aus, daß durch britische Kriegshandlung am 23. Februar 1945 so viele Menschen ums Leben kamen und das alte Pforzheim dabei völlig ausradiert wurde."

634 U. Moessner-Heckner, Pforzheim. Code Yellowfin, S. 11; siehe auch das Interview mit Moessner-Heckner in der Wochenzeitung Junge Freiheit v. 6. Dezember 2002.

635 O. Groehler, Zielort Pforzheim, S. 25.

636 J. Friedrich, Der Brand, S. 112.

Von Versailles zum Nürnberger Prozeß

Die Flächenangriffe auf Dresden, Pforzheim oder Potsdam werfen aber auch strafrechtliche Fragen auf. Sind sie Kriegs-, möglicherweise sogar *„ungeheure Kriegsverbrechen“*?[637] Zwar taucht ein formal definierter Begriff „war crime“ bereits 1906 im völkerrechtlichen Schrifttum auf: „Kriegsverbrechen sind die feindlichen oder anderen Handlungen von Soldaten oder anderen Menschen, die vom Feind bei der Gefangennahme der Verletzer bestraft werden können.“[638] Die HLKO von 1907 verstand sich aber weder als (formelle) Strafprozeßordnung noch als (materielles) Strafgesetzbuch. Sie regelte nicht, ob und in welcher Weise Verstöße gegen die Art. 23 ff. zu ahnden und welche Instanzen dafür zuständig sind. Es gab keine internationalen Gerichtshöfe und auch keinen internationalen Straf- oder Sanktionsrahmen. Von einem Völkerstrafrecht war die Staatenwelt vor hundert Jahren weit entfernt. Unangefochten galt der gewohnheitsrechtliche Grundsatz „par in parem non habet iurisdictionem“ (Gleichrangige richten nicht übereinander).

Straf- und Strafverfahrensrecht wurden bis 1919 als rein innerstaatliche Materie betrachtet. Sie folgten dem sog. Territorialitätsgrundsatz. Das gilt mit leichten Modifikationen auch heute. Jeder Staat ahndet die Verbrechen, die auf seinem Hoheitsgebiet verübt werden, mögen Täter und/oder Opfer auch Ausländer sein. Strafprozesse gegen fliegende Bombenwerfer und ihre Befehlshaber sind daher Aufgabe jener Länder, die unter den Abwürfen zu leiden haben. Flächenangriffe auf deutsche Siedlungen hätten in Deutschland zur Anklage kommen können oder sogar müssen. Das Strafgesetzbuch von 1871 liefert das materiellrechtliche Substrat. Wer mag bestreiten, daß die willentliche Herbeiführung eines Feuersturms in dicht besiedelten Orten massenhaft mit Straftatbeständen gegen das Leben, die körperliche Unversehrtheit und fremdes Sacheigentum verknüpft sein kann, obendrein noch mit „Brandstiftung“ in zahlreichen tatbestandlichen Qualifizierungen?

---

637 So der Politologe und Historiker Arnulf Baring im Spiegel-Interview vom 24. Oktober 2005 (Heft 43/2005).

638 Lassa Oppenheim; zitiert nach J. Dülffer, Regeln im Krieg? (Aufsatz), S. 44.

Sozialistisches Plakat gegen den Gewaltfrieden von Versailles (1919)

Auf diesem Wege wurde auch der Erste Weltkrieg aufgearbeitet – zumindest ein kleines Stück weit. Deutsche Ankläger leiteten 1.800 Ermittlungsverfahren wegen Kriegsverbrechen auf der Grundlage von StGB und HLKO ein. Das Reichsgericht ließ aber nur gegen zwölf deutsche Soldaten Verhandlungen zu; einige von ihnen wurden zu mehrjährigen Freiheitsstrafen verurteilt. Verglichen mit den Gegnern Deutschlands und Österreich-Ungarns war das dennoch eine bemerkenswerte Zahl. In den Ländern der Entente gab es überhaupt keine Kriegsverbrecherprozesse.[639]

Diese Form juristischer Vergangenheitsbewältigung beruhte freilich auf einem Kompromiß mit den alliierten und assoziierten Mächten. Ohne Rücksicht auf die rechtsstaatlichen Elemente deutscher Strafjustiz brüskierten diese die Weimarer Republik zunächst mit der Forderung, Kriegsverbrecher einem alliierten Kriegsgericht oder, bei Taten in mehreren assoziierten Ländern, einem internationalen Tribunal zu überstellen; Art. 227 ff. des Versailler Vertrags (VV) vom 28. Juni 1919. Zentrale Bestimmung jenes Normengefüges war der berüchtigte Art. 231 VV, der

639 K. Kastner, Von den Siegern zur Rechenschaft gezogen, S. 15 ff.; siehe auch G. Hankel, Deutsche Kriegsverbrechen des Weltkrieges 1914–18 vor deutschen Gerichten, S. 88–95.

eine *Alleinschuld Deutschlands* (und seiner Verbündeten) am Ausbruch des Ersten Weltkriegs festschrieb: „Die alliierten und assoziierten Mächte erklären und Deutschland erkennt an, daß Deutschland und seine Verbündeten als Urheber aller Verluste und aller Schäden verantwortlich sind, welche die alliierten und assoziierten Regierungen und ihre Angehörigen infolge des ihnen durch den Angriff Deutschlands aufgezwungenen Krieges erlitten haben." Auch wenn Begriffe wie Kollektivschuld vermieden wurden, reagierte das deutsche Volk empört. Es durchschaute die Absicht, seine Soldaten als Gefolgsleute von „Kriegsverbrechern" zu schmähen! Der unter Androhung militärischer Gewalt gegen das längst entwaffnete Reich durchgesetzte Versailler Vertrag geriet zur vielleicht ärgsten Hypothek der jungen deutschen Demokratie.[640] Wenn es frühe Menetekel der Katastrophe von 1933 gab, so gehört Versailles unbestreitbar dazu.

Dessenungeachtet erwiesen sich die Art. 227 ff. VV nicht nur als Sturz-, sondern auch als Totgeburt. Entgegen der Absichten der Alliierten wurden keine deutschen „Kriegsverbrecher" ins Ausland überstellt. Der prominenteste unter ihnen, der am 28. November 1918 zurückgetretene Kaiser Wilhelm II., fand politisches Asyl in den Niederlanden.[641] Ein alliiertes Auslieferungsbegehren vom 15. Januar 1920 wurde zurückgewiesen, weil die niederländische Regierung trotz intensiver Prüfung keine Rechtsgrundlage für die Auslieferung erkennen konnte oder wollte.

Wiederbelebt wurde die Idee eines Völkerstrafrechts erst fünfundzwanzig Jahre später. Am 8. August 1945 unterzeichneten das Vereinigte Königreich (Großbritannien und Nordirland), die Vereinigten Staaten von Amerika, Frankreich sowie die Sowjetunion das Londoner Viermächte-Abkommen „über die Verfolgung und Bestrafung der Hauptkriegsverbrecher der Europäischen Achse". Ziel des Abkommens war die Aufarbeitung des Zweiten Weltkriegs, deren Anlage und wichtigster Bestandteil das *Statut für den Internationalen Militärgerichtshof* (IMG bzw. IMT). Es sollte zum völkerrechtlichen Fundament des Nürnberger (Hauptkriegsverbrecher-)Prozesses werden.[642] Die Angeklagten – NS-Politiker, -Funk-

---

640 Th. Eschenburg, Die improvisierte Demokratie, S. 44 f.: Die in Deutschland „nicht vorgedachte, ersehnte und erkämpfte [Demokratie] ... spielte für das Volk die Rolle eines Rettungsankers" und wurde „durch Versailles um ihre politische Legitimierung gebracht". Eine wundersame Renaissance erlebte die Alleinschuldthese ab den frühen 1960er Jahren ausgerechnet in Deutschland. Monokausale Kriegsschuldthesen des Historikers Fritz Fischer fanden auf der Woge einer sich ausbreitenden deutschskeptischen Grundstimmung eine Menge Beifall; siehe F. Fischer, Griff nach der Weltmacht. Die Kriegszielpolitik des kaiserlichen Deutschland 1914/18 (Erscheinungsjahr 1961).

641 Bereits am 9. November 1914 hatte Reichskanzler Prinz Max von Baden eigenmächtig die Abdankung des Kaisers erklärt.

642 Davon zu unterscheiden sind die insgesamt 12 Nürnberger Folgeprozesse der Jahre 1946 bis 1949. Ihre Grundlagen ergaben sich nicht aus dem Völkerrecht, sondern aus dem alliierten Kontrollratsgesetz Nr. 10 (KRG Nr. 10) vom 20. Dezember 1945 sowie der Ver-

tionäre und -Propagandisten sowie ranghohe Militärs und Wirtschaftsführer – mußten sich vom 20. November 1945 bis zum 1. Oktober 1946 wegen Kriegsverbrechen im eigentlichen Sinne (Verletzung der Kriegsgesetze oder -gebräuche; Ius in bello) sowie Verbrechen gegen den Frieden („Vorbereitung, Einleitung oder Durchführung eines Angriffskriegs"; Ius ad bellum) und Verbrechen gegen die Menschlichkeit verantworten. Die hochrangigsten Angeklagten waren – nach den Selbstmorden von Hitler, Goebbels und Himmler – Reichsmarschall Hermann Göring, Reichsaußenminister Joachim von Ribbentrop und Albert Speer, Reichsminister für Bewaffnung und Munition. Parallel dazu wurden in Tokio vor dem International Militärtribunal für den Fernen Osten (IMTFE) 28 ranghohe japanische Politiker und Militärs wegen Kriegsverbrechen in Asien angeklagt.[643]

Gehören das Londoner Statut und der Nürnberger Prozeß zu den Meilensteinen moderner Rechtsgeschichte? Die Antwort hängt vom politischen und juristischen Standpunkt ab. Lob verdienen die akribischen und zugleich zügigen Ermittlungen der Ankläger, die trotz der bemerkenswerten Zahl von 24 Angeklagten und des umfangreichen Beweismaterials eine befriedigende Sachaufklärung betrieben haben. Zudem konnten die Westalliierten mit der – nach anfänglicher Ambivalenz[644] – konsequenten Einführung britischer und US-amerikanischer Verfahrensprinzipien üble Schauprozesse und die „Justiz einer Erschießungsabteilung" nach stalinistischem Vorbild verhindern.[645] Diese positive Einschätzung wird nicht dadurch getrübt, daß Befürworter des Nürnberger Prozesses bisweilen mit Kollektivschuldpolemik agitieren.[646] Solche Polemik wird den Intentionen des Prozesses kaum gerecht, denn „Nürnberg" signalisiert ein behutsames Abrücken der Alliierten von der Kollektivschuldlehre. Britische und US-amerikanische Ankläger, die voller Hingabe individuelle Schuldanteile deutscher Politiker, Militärs und Wirtschaftsführer erforscht ha-

---

ordnung Nr. 7 der amerikanischen Militärregierung vom 26. Oktober 1946; dazu wiederum K. Kastner, Von den Siegern zur Rechenschaft gezogen, S. 227 ff.

643 Siehe K. Ipsen, Völkerrecht, S. 665 f.

644 US-Finanzminister Henry Morgenthau forderte im September 1944 die sofortige Erschießung ranghoher NS-Mitglieder – mit spontaner Billigung Roosevelts und Churchills, der „Hitler and the Mussolini gangs, the Japanese War Lords and Quislings" zu „World Outlaws" erklärt sehen wollte; siehe K. Kastner, Von den Siegern zur Rechenschaft gezogen, S. 26 f.

645 Trinkspruch Stalins bei der Konferenz von Teheran am 29. November 1943: „Ich trinke auf die möglichst rasche Justiz für alle deutschen Kriegsverbrecher. Ich trinke auf die Justiz einer Erschießungsabteilung"; siehe J. Heydecker u. J. Leeb, Der Nürnberger Prozeß, S. 89.

646 So der deutschskeptische Historiker N. Frei, Der Nürnberger Prozeß und die Deutschen, S. 477–492, der die Reserviertheit des Volks gegenüber dem Prozeß als „indirektes Eingeständnis der gesamtgesellschaftlichen Verstrickung in den Nationalsozialismus" bewertet.

ben, waren keine Vertreter der Gegenaufklärung. Distanz zur Kollektivschuldideologie ließ bereits Art. 9 des Statuts für den IMG erkennen: „In dem Prozeß gegen cin Einzelmitglied einer Gruppe oder Organisation kann der Gerichtshof … erklären, daß die Gruppe oder Organisation, deren Mitglied der Angeklagte war, eine verbrecherische Organisation war."[647] Wer ein ganzes Volk in Haftung nehmen will, wird sich kaum der Mühe unterziehen, einzelne staatliche oder gesellschaftliche Institutionen als verbrecherisch zu entlarven.

Andererseits begegnet der Prozeß schweren rechtsstaatlichen Bedenken. Sie ranken sich weniger um die zwölf Todesurteile des Tribunals. Ob Todesstrafen vertretbar oder gar geboten sein können, ist ein rechtsethisches Grundsatzproblem und kein Spezifikum des Nürnberger Prozesses. Eine gewisse Sonderstellung nehmen die Todes-, aber auch Freiheitsstrafen für einige Wehrmachtsoffiziere ein. Hier sind Differenzierungen geboten. Die zum Tode verurteilten Wilhelm Keitel (Generalfeldmarschall, Chef des OKD) und Alfred Jodl (Generaloberst, Chef des Wehrmachtführungsstabs) sollen ihre Ämter vor allem ihrer angeblichen Willfährigkeit verdankt haben. Insbesondere Keitel (Spitzname „Lakaitel") war von Hitler jahrelang in die Planung und Durchführung der Kriegführung einbezogen worden. Kadavergehorsam gegenüber dem „Führer", dessen alleinige Befehlsgewalt sie in Nürnberg mehrfach hervorhoben,[648] sollen Jodl und – in markanter Form – Keitel mit soldatischem Pflichtenethos verwechselt haben. Letzterer gab zu Protokoll: „Ich war Soldat, ich kann sagen, aus Neigung und Überzeugung. Ich habe 44 Jahre ununterbrochen meinem Vaterland und meinem Volke als Soldat gedient … Ich habe das in gleicher Hingabe getan unter dem Kaiser, unter dem Präsidenten Ebert, unter dem Feldmarschall von Hindenburg und unter dem Führer Adolf

647 Das IMT erklärte dies bezüglich SS (Schutzstaffeln der NSDAP), SD (Sicherheitsdienst des Reichsführer-SS) und Gestapo. Die Waffen-SS wurde – außerordentlich umstritten – in dieses Verdikt einbezogen, die „aus Raufbolden und Draufgängern bestehende SA" (Sturmabteilung der NSDAP) dagegen nicht; siehe K. Kastner, Von den Siegern zur Rechenschaft gezogen, S. 196 ff.

648 Nur in scheinbarem Widerspruch dazu stehen einige von Keitel – auf Veranlassung Hitlers – herausgegebene Befehle, die massiv gegen Kriegsrecht verstoßen. Keitel unterzeichnete den „Kommissarbefehl" vom 6. Juni 1941, der auf die Liquidierung der Führungsschicht der Roten Armee abzielte, sowie den „Bandenbefehl" vom 16. Dezember 1942: „Die Truppe ist daher berechtigt und verpflichtet, in diesem Kampfe ohne Einschränkung auch gegen Frauen und Kinder jedes Mittel anzuwenden, wenn es nur zum Erfolg führt." Während Keitel in Nürnberg seine Schuld eingestand, verteidigte Jodl sich hartnäckig. Die maßgebenden Feldzüge bezeichnete er als „Präventivkrieg". Kriegsrechtswidrige Befehle seien gegen seinen Willen zustande gekommen und entweder gar nicht oder nur in abgeschwächter Form ausgeführt worden; siehe K. Kastner, Von den Siegern zur Rechenschaft gezogen, S. 141 ff., 166 ff.

Hitler."[649] Keitels, aber auch Jodls Bestrafung wegen a) Beteiligung an einem Plan oder an einer „Verschwörung gegen den Frieden", b) Beteiligung an der „Vorbereitung, Entfesselung und Führung eines Angriffskrieges", c) Kriegsverbrechen und d) „Verbrechen gegen die Menschlichkeit" waren nach der Logik des Nürnberger Kriegsverbrechertribunals vorgezeichnet.

Auf dünnerem Eis operierte die Anklage gegen Großadmiral Karl Dönitz, den letzten Oberbefehlshaber der Kriegsmarine (1943–1945) und – nach dem Tod Hitlers – Präsidenten der „Geschäftsführenden Reichsregierung". Er hatte die Kapitulationsurkunde vom 8. Mai 1945 unterzeichnet. Zwar machte Dönitz nie ein Hehl aus seiner nationalsozialistischen Überzeugung; nach Ansicht des sowjetischen Anklägers Pokrowsky war er ein „fanatischer Gefolgsmann des Faschismus".[650] Dies rechtfertigt aber noch keine Bestrafung durch einen Gerichtshof. Aufgeklärtes Recht sanktioniert kriminelles Verhalten und nicht die verwerfliche Gesinnung: „Innerlichkeit der Moral, Äußerlichkeit des Rechts".

Verurteilt wurde Dönitz zu zehn Jahren Haft wegen a) Beteiligung an der Vorbereitung, Entfesselung und Führung eines Angriffskriegs sowie b) Kriegsverbrechen. Beide Haftgründe wirken gekünstelt. Den Vorwurf des Angriffskriegs, der hier ohnehin nur in seiner milderen Variante „Führung" (im Sinne von Fortführung) greifen kann, konterte der Großadmiral sehr geschickt. Erstens sei er bis zum 1. Mai 1945 kein über die Kriegführung entscheidendes Staatsoberhaupt, sondern nur ein dem Kriegsbefehl Hitlers unterworfener Soldat gewesen. Zweitens habe er sofort nach der Übernahme von Regierungsverantwortung das sinnlose Massensterben gestoppt. Drittens habe der Einsatz seiner Kriegsmarine ab Winter 1944/45 Millionen deutscher Soldaten und Ostflüchtlinge das Leben gerettet. Daß als Folge des Durchhaltewillens der Wehrmacht auch unschuldige Zivilisten gestorben seien – etwa bei der Bombardierung Dresdens –, beruhe maßgebend auf militärisch sinnlosen Attacken alliierter Verbände.[651]

Dönitz' Vorbringen läßt bereits seine Verwicklung in den Tatbestand eines Angriffskriegs zweifelhaft erscheinen, zumindest aber das Vorliegen der Merkmale Rechtswidrigkeit und Schuld. Der IMG hätte diesen Aspekten nachgehen und sich intensiv mit den Ursachen der Massenflucht aus dem deutschen Osten beschäftigen müssen. Ins Blickfeld wären Tötungs- und Vergewaltigungsverbrechen der Roten Armee an der Zivilbevölkerung gerückt – ein für die Anti-Hitler-Koalition unerfreuliches

649 Wilhelm Keitel vor dem IMG: zitiert nach K. Kastner, Von den Siegern zur Rechenschaft gezogen, S. 142 f.

650 K. Kastner, Von den Siegern zur Rechenschaft gezogen, S. 160.

651 K. Kastner, Von den Siegern zur Rechenschaft gezogen, S. 156 ff.

Faktum, das auf strukturelle Grausamkeiten des Stalinismus[652] verweist und in Nürnberg nicht nur als Gegenstand der Anklage, sondern offenbar auch als Beweisthema ausgeklammert werden sollte.

Auch der Vorwurf gravierender Kriegsverbrechen gegen Dönitz brach mehr oder weniger in sich zusammen. Schwerpunktmäßig hatte die Anklage ihm vorgehalten, die Kriegsmarine habe unter Verstoß gegen das Londoner U-Boot-Protokoll (1936) feindliche Handelsschiffe ohne Vorwarnung versenkt. Sein Verteidiger, der ehemalige Marinerichter Otto Kranzbühler, wandte ein, deutsche U-Boote hätten sich in einem nicht anders auflösbaren Dilemma befunden. Vorwarnungen hätten für ihre Besatzungen zu einem lebensbedrohenden Risiko werden können. Zahlreiche alliierte Handelsschiffe seien, für deutsche U-Boote kaum erkennbar, auf verschiedene Weise zu Kriegszwecken mißbraucht worden. Im übrigen hätten auch US- und Royal Navy feindliche Handelsschiffe ohne Vorwarnung versenkt. Die Beweiserhebung geriet zum Spektakel. Der Oberkommandierende der US-Pazifikflotte, General Chester William Nimitz, beschrieb in einer eidesstattlichen Versicherung die eigene Seekriegführung als nahezu deckungsgleich mit der deutschen; spontan denkt der Völkerrechtler an den Grundsatz Tu quoque (du auch).[653] Auch wenn sich daraus keine Rechtfertigung herleiten läßt, weil Fehlverhalten der einen Seite nicht das Fehlverhalten der anderen legitimieren kann[654], blieb Dönitz zumindest der Strang des Henkers erspart. Der IMG folgte der These Kranzbühlers, zu Kriegszwecken eingesetzte und teilweise gar umgerüstete Handelsschiffe erfüllten den Begriff des Kriegsschiffs. Dennoch wurde Dönitz unter dem Anklagepunkt „Kriegsverbrechen" verurteilt – wegen einiger Attacken gegen neutrale Schiffe, deren Billigung ihm eher unterstellt als strafprozessual überzeugend nachgewiesen wurde.[655]

---

652 Siehe M. Zeidler, Die Tötungs- und Vergewaltigungsverbrechen der Roten Armee auf deutschem Boden 1944/45, S. 420: „Können die massenhaften Gewalttaten von Rotarmisten als individuelle Exzeßtaten ohne jede Mitverantwortung ihrer politisch-militärischen Führung gedeutet werden? Oder gab es strukturelle Gründe, die als … mit ursächlich für die Geschehnisse gelten müssen und die durch die politische Führung des Sowjetstaats zu verantworten waren?"

653 K. Kastner, Von den Siegern zur Rechenschaft gezogen, S. 158 ff.

654 Zu Tu quoque und Repressalie siehe I. Seidl-Hohenveldern (Hrsg.), Völkerrecht, S. 337.

655 Ähnliche Anklagepunkte führten zur Verurteilung von Großadmiral Erich Raeder, Oberbefehlshaber der deutschen Kriegsmarine von 1935 bis 1943, zu lebenslanger Haft. „Raeder war mehr noch als Dönitz in die Vorbereitungen des Aggressionskrieges einbezogen gewesen, aber auch in die Weitergabe völkerrechtswidriger Befehle, wie beispielsweise des Befehls Hitlers vom 22. 8. 1942 über die Erschießung von Kommandotrupps." (K. Kastner, Von den Siegern zur Rechenschaft gezogen, S. 109 f.) – Offene Fragen ranken sich um mehrdeutige Befehle der Kriegsmarine, etwa bezüglich der Rettung (oder Nichtrettung) schiffbrüchiger Feinde; siehe H.-L. Borgert, Kriegsverbrechen der Kriegsmarine, S. 314 ff.

Zum Vorschein kommt das ärgerlichste Manko des IMG-Statuts: seine strukturelle Einäugigkeit. „Wo Gerechtigkeit nicht einmal erstrebt wird, wo die Gleichheit, die den Kern der Gerechtigkeit ausmacht, bei der Setzung positiven Rechts bewußt verleugnet wurde, da ist das Gesetz nicht etwa nur ‚unrichtiges Recht', vielmehr entbehrt es überhaupt der Rechtsnatur."[656] Erfaßt dieses zur Bewältigung von NS-Unrecht formulierte Verdikt des Rechtsphilosophen Gustav Radbruch auch die Gerechtigkeitslücke alliierten Völkerstrafrechts am Ende des Zweiten Weltkriegs? Ein anderer Rechtstheoretiker, der frühzeitig in die USA emigrierte Wiener Jude Hans Kelsen, hatte Roosevelt, Churchill und Stalin bereits 1944 eindringlich gemahnt. Er forderte ein unabhängiges internationales Strafgericht für Sieger und Besiegte, das sich durch einen völkerrechtlichen Vertrag aller Beteiligten konstituieren solle. „Nur wenn sich die Sieger demselben Recht unterwerfen, das sie auf die Besiegten anwenden wollen, wird die Idee der Gerechtigkeit unversehrt bleiben."[657] Hartnäkkig entzogen Roosevelt, Churchill und Stalin sich diesem Ansinnen und fügten der keimenden Idee eines Völkerstrafrechts schweren Schaden zu. Weder akzeptierten sie in Nürnberg und Tokio nichtalliierte Richter und Ankläger noch schufen sie Parallelstatuten zur Aufarbeitung sowjetischer, sonstiger osteuropäischer oder auch westalliierter Kriegs- und Nachkriegsexzesse. Das Ganze verströmt den Charme eines Regelwerks, das nur Männer, nicht aber Frauen für Kaufhausdiebstähle zur Rechenschaft zieht und überdies die Detektive der bestohlenen Häuser zu Richtern und Staatsanwälten ernennt!

Angemessene Analysen sowjetischer Kriegsverbrechen, die ausnahmsweise doch Verhandlungsgegenstand wurden, blieben in Nürnberg konsequenterweise aus. Das gilt etwa für die Ermordung von ca. 15.000 polnischen Offizieren und Polizisten in Katyn, Miednoje und Piatichatki auf Befehl des NKWD (Sowjetisches Ministerium für Inneres) im Frühjahr 1940.[658] Als sich abzeichnet, daß die Täter entgegen ersten Vermutungen keine SS-Leute oder Mitarbeiter einer deutschen Militärbehörde unter dem Decknamen „Stab des Baubataillons 537" sind, wird das

---

656 G. Radbruch, Gesetzliches Unrecht und übergesetzliches Recht, S. 216.

657 Zitiert nach R. Merkel, der Nürnberger Prozeß, S. 130. Herkömmliche Sanktionsmittel des Völkerrechts sind für Kelsen Krieg und Repressalie. Diese These mag auf Anhieb verblüffen oder gar als rechtsfeindlich gescholten werden, ist im Lichte des Kelsenschen Rechtsbegriffs (Recht = normative Zwangsordnung menschlichen Verhaltens; H. Kelsen, Reine Rechtslehre, S. 45–59) aber plausibel. Völker„recht" ohne (kriegerischen) Zwang liefe Gefahr, keinen Rechtsstatus zu erlangen; siehe dazu H. Kelsen, Reine Rechtslehre, S. 321–328.

658 Insgesamt waren über 500.000 Bürger der Zweiten Polnischen Republik von Herbst 1939 bis Sommer 1941 von sowjetischen Repressionen und Zwangsumsiedlungen betroffen. Zehntausende starben an Hunger, Kälte oder Folgen von Zwangsarbeit. Siehe M. und K. Ruchniewicz, Die sowjetischen Kriegsverbrechen gegenüber Polen: Katyn 1940, S. 356 f.

Thema ohne weitere Ermittlungsempfehlung der sonst so rührigen Ankläger ad acta gelegt. Kurz angebunden verkündet Lordrichter Geoffrey Lawrence, der Gerichtshof beabsichtige nicht, „weiteres Beweismaterial anzuhören".[659] Schwerwiegende Folge: „Die sowjetischen Verbrechen, vor allem das Verbrechen von Katyn, warten ... noch heute auf ihre ‚Nürnberger Prozesse'."[660] Rückblickend nennt Kelsen das Londoner Statut ein „Privilegium odiosum" der Siegermächte.[661] Ähnlich pointiert geht William Ralph Inge, Dekan der Londoner St. Pauls Cathedral, mit dem IMG-Statut ins Gericht. „Ich lehne die Nürnberger Prozesse aus drei Gründen ab: Erstens sind Prozesse von Siegern gegen Besiegte stets unbefriedigend und im allgemeinen ungerecht. Zweitens schafft der Sieger, der die politischen und militärischen Führer eines geschlagenen Gegners hinrichten läßt, einen gefährlichen Präzedenzfall. ... Drittens hätte einer der Richter – Rußland nämlich – ganz gewiß auf die Anklagebank und nicht auf den Richterstuhl gehört."[662]

Inhaltlich hätten sich Kodifikationen zur völkerstrafrechtlichen Aufarbeitung alliierter Verbrechen an Art. 6 des IMG-Statuts orientieren können. Während Art. 6 b „die mutwillige Zerstörung von Städten, Märkten oder Dörfern oder jede durch militärische Notwendigkeit nicht gerechtfertigte Verwüstung" kriminalisiert, bezieht Art. 6 c sich auf „Mord, Ausrottung, Versklavung, Deportation oder andere unmenschliche Handlungen, begangen an irgendeiner Zivilbevölkerung vor oder während des Krieges". Hauptargument für ein umfassendes (Kriegs)völkerstrafrecht ist die Chance, eine objektive und für alle beteiligten Nationen transparente Rechtsprechung zu erzeugen. Nur insoweit mag Völkerstrafrecht dem Strafanspruch des Nationalstaats, an dessen Primat grundsätzlich festgehalten werden sollte, überlegen sein. Wer sonst, wenn nicht ein mit Richtern unbeteiligter Länder besetzter Spruchkörper hätte den Verbrennungskrieg gegen Dresden, Hamburg, Pforzheim, Swinemünde sowie Vertreibungsverbrechen an Deutschen in den alten Reichsgebieten östlich von Oder und Neiße sowie in osteuropäischen Anrainerstaaten bis in die Wurzeln hinein analysieren können? Gleiches gilt für die beispiellosen Bluttaten der Roten Armee in Polen.

Objektivität in der Beurteilung alliierter Kampfhandlungen war kein Gütezeichen des IMG. Ambivalent erscheint die Sichtweise Telford Taylors; er war Stellvertreter von US-Ankläger Robert H. Jackson in Nürn-

659 K. Kastner, Von den Siegern zur Rechenschaft gezogen, S. 178 f.

660 M. und K. Ruchniewicz, Die sowjetischen Kriegsverbrechen gegenüber Polen: Katyn 1940, S. 367.

661 H. Kelsen, Will the Judgement in the Nuremberg Trial Constitute a Precedent in International Law?, S. 153 ff.

662 William Ralph Inge im Vorwort zu: F. J. P. Veale, Der Barbarei entgegen, S. 9.

berg und Hauptankläger in den meisten Nachfolgeprozessen. Nach dem Nürnberger Prozeß wurde er zum engagierten Verfechter austeilender Gerechtigkeit: „Das Kriegsrecht gilt nicht nur für mutmaßliche Verbrecher besiegter Länder.“[663] Während des Prozesses aber leitete er – ganz im Sinne britischer Strategiepräferenzen der Jahre 1942 ff. – aus der Faktizität des „Morale Bombing“ dessen Legalität her: „Die Ruinen in den deutschen und japanischen Städten waren das Resultat nicht von Repressalien, sondern einer bewußten Politik, und zeugten davon, daß das Luftbombardement von Städten und Fabriken ein anerkannter Teil moderner Kriegführung war, der alle Nationen anhingen.“[664] Dieser Satz würde ohne Bruchstellen in die Memoiren von Churchill und Harris passen. Man mag das „Pragmatismus“ nennen, aber ist Pragmatismus die vornehmste Aufgabe eines verantwortungsbewußten Anklägers? Solche Einschätzungen der Flächenangriffe kann nur verbreiten, wer „Dresden“ nicht nach der HLKO, aufgeklärtem Vernunftrecht oder gewohnheitsrechtlichen Maßstäben mit einem Minimum an Differenzierungsbereitschaft beurteilt. Bewerten wir Taylors Aussage mit einer anderen seiner Sentenzen: „Wir haben es irgendwie nicht geschafft, die Lektionen zu lernen, die wir in Nürnberg lehren wollten.“[665]

Gewiß hätten Tribunale über alliierte Befehlshaber, egal ob national oder international organisiert, die damals noch nicht so genannte Political Correctness tangiert. Obendrein hätten sie rechtsdogmatische Fragen aufgeworfen, die unmittelbar mit der Idee des Rechtsstaats verwoben sind. Ins Blickfeld rücken der Grundsatz *nulla poena sine lege* und das dahinter stehende *Rückwirkungsverbot*. Sie gelten als unmittelbarer Ausfluß des Rechtsprinzips auch im Völkerrecht: „Daneben gibt es … Grundsätze, die wie ARG des Völkerrechts aus einer vergleichenden Analyse der nationalen Rechtsordnungen gewonnen werden (Rechtssicherheit, Verhältnismäßigkeitsprinzip, Vertrauensschutz; Veröffentlichung von Rechts-

663 T. Taylor, Die Nürnberger Prozesse, S. 741.

664 T. Taylor, Final Report to the Secretary of the Army on the Nuremburg War Crimes Trials under Control Council Law No. 10, Washington DC 1949, S. 65; zitiert nach H. Boog, Völkerrecht und Menschlichkeit im Luftkrieg, S. 308. – Klar verurteilt G. R. Ueberschär, Dresden 1945 – Symbol für Luftkriegsverbrechen, S. 392, alliierte Rechtfertigungs- und Vernebelungsstrategien: „In England und in den USA verwandte man viel Mühe und Spitzfindigkeit darauf, die noch im Februar 1945 durchgeführten Luftangriffe auf die Dresdner Bevölkerung als kriegsnotwendig zu rechtfertigen. Der US-Regierung war es unangenehm, daß sie an der Bombardierung der Stadt beteiligt war. Ein in den USA 1953 erstellter Untersuchungsbericht wurde bis 1978 unter Verschluß gehalten und dann erst in gereinigter Fassung veröffentlicht, da er die Verantwortlichkeit für die Luftangriffe auf Dresden hauptsächlich den Engländern zuschob. Zudem hielt er an der alten Behauptung fest, durch die Zerstörung Dresdens wäre auch der Widerstandswillen der deutschen Bevölkerung entscheidend geschwächt worden.“

665 Zitiert nach K. Kastner, Von den Siegern zur Rechenschaft gezogen, S. 362.

akten, Inkrafttreten, Kontinuität einer Rechtslage, Rückwirkung)."[666] Nach dem Nulla-poena-Prinzip soll niemand zur Rechenschaft gezogen werden, dessen Verhalten nach dem zur Tatzeit geltenden Recht nicht strafbewehrt war.[667] Auf jenen Grundsatz beriefen sich aber auch Göring, Speer, Rosenberg und andere in Nürnberg angeklagte NS-Verbrecher. Zu Recht? Die Antwort verlangt nach Differenzierungen.

Erstens sei herausgestellt, daß die Mehrheit der Nürnberger Angeklagten auch ohne IMG-Statut einer empfindlichen Strafe schwerlich entronnen wäre. Sie hat gegen elementare Verbotsnormen des Strafgesetzbuches verstoßen und hätte auch von deutscher Staatsgewalt (die damals freilich vom alliierten Kontrollrat wahrgenommen wurde) verurteilt werden können. Das gilt nach Maßgabe der §§ 5 ff. StGB selbst dann, wenn der Schwerpunkt der kriminellen Taten – wie beim Generalgouverneur im besetzten Polen, Hans Frank – außerhalb der Reichsgrenzen gelegen hat.

Zweitens konnten die Angeklagten den Grundsatz *nulla poena sine lege* mit gewisser Berechtigung nur gegen die Anklagepunkte „Verbrechen gegen die Menschlichkeit" sowie „Vorbereitung, Planung und Führung eines Angriffskriegs" einwenden. Insbesondere scheidet der Briand-Kellogg-Pakt vom 27. August 1928 zur Ächtung von Angriffskriegen als Grundlage internationaler Strafverfolgung aus. Er enthält keine hinreichend präzisen Verbotstatbestände, sieht keine Sanktionsmöglichkeiten durch die Völkergemeinschaft vor und normiert erst recht kein Strafverfahrensrecht. Anders sieht es beim Anklagepunkt „Kriegsverbrechen" aus. Zwar lag auch ihm kein internationales Strafrecht im engeren Sinne zugrunde; die HLKO von 1907 grenzte kriegsrechtlich erlaubtes Verhalten im allgemeinen aber deutlich gegen unerlaubtes ab. Zumindest der Sache nach war damit der Begriff des Kriegsverbrechens geboren.

Vor allem aber, drittens, verkannten die Angeklagten das legitime Bedürfnis nach einem juristischen Quantensprung. „Es gibt in der Weltgeschichte immer wieder Momente, da nicht nur das Unrecht, sondern auch das Recht sich überschlägt."[668] Zu Recht wollen aufgeklärte Völker die Barbarei eines Staates gegen seine ethnischen, religiösen und weltanschaulichen Minderheiten durch einen internationalen Gerichtshof geahndet sehen – auch wenn das erst nach dem militärisch-wirtschaftlichen Zusammenbruch eines „Täterstaats" Realität werden kann. Nichts anderes darf für massive Menschenrechtsverletzungen auf fremdem Territorium gelten. Dies folgt aus der Idee der Gerechtigkeit. Reinhard Merkel,

---

666 I. Seidl-Hohenveldern, Völkerrecht, S. 326.

667 Siehe § 1 StGB: „Eine Tat kann nur bestraft werden, wenn die Strafbarkeit gesetzlich bestimmt war, bevor die Tat begangen wurde."

668 W. Bergengruen, Recht und Gerechtigkeit (1947), erstmals veröffentlicht in: Neue Juristische Wochenschrift (NJW) 1984, S. 1087.

Rechtsphilosoph der jüngeren Generation, beschrieb jene Ableitung 1995 wie folgt: „Das Prinzip, daß Taten allerschwerster Verwerflichkeit nicht straflos bleiben dürfen, ... erhielt vor den unfaßbaren Dimensionen der Verbrechen, auf die es in Nürnberg zu beziehen war, ein solches Gewicht, daß es stärker sein mußte als das Rückwirkungsverbot."[669] Die juristische Aufarbeitung von Völkermord und vergleichbarer Makrokriminalität fordert eben jenes Maß an Objektivität und Transparenz, das vielfach nur ein – selbstverständlich mit Richtern aus unbeteiligten Ländern besetzter – internationaler Gerichtshof verbürgen kann.

Daraus ergibt sich folgendes: Die unterschiedslose Liquidierung wehrloser Zivilisten – aus welchen Gründen auch immer – gehört prima vista zur Makrokriminalität des 20. Jahrhunderts, deren Aburteilung durch ein internationales Tribunal zulässig oder gar geboten erscheint. Daran ändert sich (natürlich) nichts, wenn Völkervertragsrecht wie die HLKO ein solches Verhalten ausdrücklich oder zumindest nach Maßgabe anerkannter Auslegungsprinzipien verbietet. Das Nulla-poena-Prinzip wird hier de facto durch den Grundsatz *nullum crimen sine lege* ersetzt, der einer Anklage westalliierter Befehlshaber wegen der Flächenangriffe auf Dresden und andere Städte des Reiches erst recht nicht entgegengestanden hätte. Nichts anderes hätte für Anklagen gegen Befehlshaber deutscher Luftflotten gegolten, die fragwürdige Bombardements im Ausland zu verantworten haben. Auch Guernica ist ein Fanal. Ein Verbrechen (crimen) könnte vorliegen, weil und soweit diese Angriffe die Art. 23 b und g, 25 und 27 HLKO verletzt haben.

Zwar hätten konsequenterweise auch die Gefangennahme und Versklavung von (grob geschätzt) neun Millionen Schwarzafrikanern, die weitgehende Ausrottung der amerikanischen Indianer, die Konzentrationslager des Burenkriegs oder der Völkermord an den türkischen Armeniern vor internationale Gerichte gehört.[670] Daß solche Tribunale sich nie konstituiert haben, ist bedauerlich. Die Nürnberger Urteile werden dadurch aber keinesfalls rechtswidrig – auch nicht unter dem Aspekt des Gleichheitssatzes. Ebensowenig hätten Verfahren gegen alliierte Verursacher des Brand- und Sprengbombenterrors von Dresden den Gleichheitssatz verletzt. Alles hat seinen Anfang, auch das Völkerstrafrecht.

---

669 R. Merkel, Der Nürnberger Prozeß, S. 125.

670 Zu diesen Verbrechen siehe Der Brockhaus, Geschichte. Personen, Daten, Hintergründe, S. 118 (Burenkrieg), 386 f. (Indianer), 809 ff. (Sklaverei), 895 (Vereinigte Staaten, Kampf um die nationale Einheit).

War Churchill ein Kriegsverbrecher?

Die folgende Darstellung beschränkt sich auf den europäischen Kriegsschauplatz. Es geht um die *hypothetische Aufarbeitung* strategischer Flächenangriffe, insbesondere der Westalliierten, durch einen internationalen Gerichtshof; nennen wir ihn Dresden-Tribunal. Ins Blickfeld rückt das Völkerstrafrecht. Zunächst hätte ein neues Statut geschaffen, hätten neue Richter und Ankläger – gerechterweise aus nicht am Kriege beteiligten Staaten – benannt werden müssen. Maßgebender Anklagepunkt wäre ein Verstoß gegen die Sitten und Gebräuche des Landkriegs in Gestalt der Art. 23 b und g, 25 und 27 HLKO gewesen.

Schwerpunktmäßig hätte das Tribunal u. a. die verheerenden *Nachtangriffe des 13./14. Februar 1945* verhandelt. Sie sind es, die Dresden – neben den japanischen Städten Hiroshima und Nagasaki – zum Menetekel des totalen Kriegs der Neuzeit gemacht haben. Die Anklage hätte sich gegen *britische Befehlshaber*, allen voran Premierminister Winston Churchill und sein Kriegskabinett, richten müssen. Diesem gehörten in der Bombennacht Schatzkanzler Sir John Anderson, Außenminister Anthony Eden, Innen- und Sicherheitsminister Herbert Morrison, Arbeitsminister Ernest Bevin, Lord-Präsident des Geheimen Staatsrats Clement Attlee, Produktionsminister Oliver Lyttleton und Wiederaufbauminister Lord Woolton an.[671] Konsequenterweise wären auch der zuständige Ressortminister sowie maßgebende Offiziere aus dem Planungsstab der Royal Air Force auf die Anklagebank geraten. Dies sind unter anderem Luftfahrtminister (Secretary of State for Air) Archibald Sinclair, Luftmarschall (Chief of the Air Staff) Charles Portal und Bomber-Command-Chef (Air Officer Commanding-in-Chief) Arthur Harris. Differenzierungen erscheinen aber geboten. Der Befehl zu den Dresdner Luftschlägen könnte unmittelbar von Churchill gekommen sein. Arthur Harris, alles andere als ein Gegner der „Morale Bombing"-Doktrin (oder dem, was man im

671 Aufgelistet nach W. Churchill, Memoiren, Sechster Band, Zweites Buch („Der Eiserne Vorhang"), S. 449f. Nicht dem Kriegskabinett gehörte demnach Luftfahrtminister Archibald Sinclair an. – Den Begriff „Eiserner Vorhang" verwendete Churchill in einem Telegramm an Truman vom 12. Mai 1945; siehe W. Churchill, Memoiren, Sechster Band, Zweites Buch („Der Eiserne Vorhang"), S. 262.

Vereinigten Königreich Anfang 1945 dafür hielt), soll sogar um ausdrückliche Bestätigung gebeten haben. Mittlerweile im Ruhestand, rechtfertigte er sich 1947 auffallend wortkarg: „Ich möchte nur sagen, daß der Angriff auf Dresden damals von sehr viel bedeutenderen Leuten, als ich es bin, für eine militärische Notwendigkeit gehalten wurde."[672]

Was Harris verschweigt, ergänzt sein Stellvertreter im Amt, Luftmarschall Robert Saundby. Anflüge von Läuterung und eine auf moralischem Impetus gründende Haltung kontrastieren mit vordergründigen Exkulpationsversuchen. Letzteres fordert Widerspruch heraus. Harris und Saundby mögen tüchtige Militärs und in mancherlei Hinsicht rechtschaffene, charakterstarke, ja vorbildliche Menschen gewesen sein. Wohl kaum waren sie aber jene unbedeutenden Befehlsempfänger oder ahnungslosen Beobachter einer gleichsam schicksalhaften Tragödie, die Saundby assoziativ beschwört: „Trotz meiner unmittelbaren Beteiligung war ich doch in keiner Hinsicht für die Entscheidung verantwortlich, einen großangelegten Luftangriff auf Dresden durchzuführen. Ebensowenig war es mein Oberbefehlshaber, Sir Arthur Harris. Unsere Aufgabe bestand darin, die Befehle des Luftfahrtministeriums nach besten Kräften auszuführen. Und in diesem Falle gab das Luftfahrtministerium nur die Befehle weiter, die es von den für die oberste Kriegsführung Verantwortlichen erhalten hatte … Daß die Bombardierung Dresdens eine erschütternde Tragödie war, kann niemand leugnen. Daß sie militärisch wirklich notwendig gewesen ist, werden … nur noch wenige glauben. Sie war eines jener furchtbaren, durch eine unglückliche Verkettung von Umständen hervorgerufenen Ereignisse, wie sie zuweilen im Kriege vorkommen."[673]

Ähnlich ambivalent dürfte das Verhältnis des britischen Premiers zum Bomber-Command-Chef gewesen sein. „Churchill empfand Harris als abseitige, aber der Sache zuträgliche Natur. Die Bomben trafen schlecht, was sie besser hätten treffen sollen. Es war eine Bürde, Unschuldige zu vernichten, und eine ständige Sorge, ob die Bomben weiterhelfen, und wenn nicht, was es anderes gäbe. … Nichts Normaleres im Krieg, als daß ein Mittel nicht taugt, schlecht funktioniert, moralisch zwiespältig scheint und krasse Charaktere sich ausleben."[674] Später hat Churchill „das strategische Element des Moral Bombing umgedeutet zu einem Wesenselement seines Intimus Harris. Nach dem Dresdenangriff begann das

672 A. Harris, Bomber Offensive, London 1947, S. 242. Ch. Webster und N. Frankland, The Strategic Air Offensive against Germany 1939–1945, Vol. III („Victory"), S. 108, weisen dezent darauf hin, daß Dresden neben Chemnitz und Leipzig zu jenen Städten gehört, die Harris selbst im Herbst 1944 für „dringend zerstörungsbedürftig" hielt. Davon wollte der Bomber Command Chef später nicht mehr viel wissen; seine Monographie verschweigt den ersten Angriff auf Dresden vom 7. Oktober 1944!

673 R. Saundby, Vorwort zu: D. Irving, Der Untergang Dresdens, S. 7.

674 J. Friedrich, Der Brand, S. 169.

Churchill auf einem Sessel der Berliner Reichskanzlei (1945)

allgemeine Abrücken von diesem, der als ‚Butcher' und allein haftender Gesellschafter ein grauenumwittertes Nachleben führte."[675] War der von einem unsolidarischen Churchill als Bauernopfer benutzte Harris einer der schlimmsten Menschenschlächter des 20. Jahrhunderts, der Graf Frankenstein einer zivilisationsverachtenden Moderne? Könnte er – in der Art eines Kyffhäuser-Barbarossa – darauf warten, daß künftige Generationen nostalgischer Briten ihn als Galionsfigur des untergegangenen Empire entdecken werden?

Obendrein wären *Anklagen gegen US-amerikanischer Befehlshaber* in Betracht gekommen. Daran ändert die Tatsache nichts, daß die Bomben der USAAF am 14. und 15. Februar 1945 überwiegend militärischen Zielen galten und eine weitgehend vernichtete Stadt trafen. Bereits am 22. November 1944 hatte das CSTC (Combined Strategic Target Committee) Dresden auf die gemeinsame Zielliste von RAF und USAAF gesetzt. Überdies gestalteten beide Luftstreitkräfte ihre Angriffe vom 13. bis zum 15. Februar 1945 als konzertierte Aktion.[676] Sie handelten hier wie auch in mehreren anderen europäischen Städten nach aufeinander abge-

675 J. Friedrich, Der Brand, S. 169.
676 Zur „Combined Anglo-American Bomber Offensive" siehe Ch. Messenger, Bomber Harris, S. 227.

stimmten Angriffsplänen. Es liegt daher nahe, Operationen der einen Militärmacht – unter dem strafrechtlichen Aspekt der Mittäterschaft – auch den Kommandeuren der jeweils anderen zuzurechnen.

Hätten auch die *Bomberbesatzungen* von Dresden – und anderen unterschiedslos bombardierten Städten – angeklagt werden müssen? Die Frage ist delikat, dürfte im Ergebnis aber zu verneinen sein. Unter Abwägung aller Umstände hätte man diesen Soldaten den Strafausschließungsgrund des Befehlsnotstands zubilligen und damit von Art. 8 des Statuts für den Internationalen Militärgerichtshof des Londoner Abkommens (8. August 1945) abweichen müssen. Kompromißlos und ohne Rücksicht auf die moralische Zwangslage befehlsabhängiger Kombattanten hatten die Alliierten dekretiert: „Die Tatsache, daß ein Angeklagter auf Befehl seiner Regierung oder eines Vorgesetzten gehandelt hat, gilt nicht als Strafausschließungsgrund, kann aber als Strafmilderungsgrund berücksichtigt werden, wenn dies nach Ansicht des Gerichtshofes gerechtfertigt erscheint."

Psychologischer Exkurs: Wie mögen Angehörige des Bomber Command mit dem Gedanken umgehen bzw. umgegangen sein, bei Flächenangriffen auf deutsche Städte rechtliche und moralische Schuld auf sich geladen zu haben? Offene Diskussionen über dieses Reizthema, die zur Erleichterung der Betroffenen beitragen könnten, gibt es in Großbritannien, aber auch anderen Ländern der Anti-Hitler-Koalition kaum. Wo vernichtende Luftschläge gegen die Zivilisation ungeachtet ihrer militärischen Bedeutung als „Befreiung" bezeichnet und die Verdrängung eigener Schuldanteile zu einer Art Staatsräson erhoben werden, geraten Soldaten unter qualvollen Druck. Kann der tröstende Gedanke, in diesem Krieg „auf der hellen Seite" gestanden zu haben, die beinahe unausweichlichen Gewissensnöte mildern?

Das Szenario ist pikant. Churchill selber soll einmal gesagt haben: „Die Zukunft geht verloren, wenn die Gegenwart zu selbstgewiß und gerechtigkeitshungrig über die Vergangenheit zu Gericht zu sitzen versucht."[677] Er möge Verständnis dafür aufbringen, dreiundsechzig Jahre nach den Spreng- und Brandbombenangriffen auf Dresden und andere deutsche Städte auf die Anklagebank des Kriegsvölkerrechts gesetzt zu werden. Hier geht es nicht um Voyeurismus oder das Schüren von Emotionen gegen Churchill, seine Untergebenen oder gar die Völker Britanniens. Wer die plakative Irrlehre von der „deutschen Schuld" bekämpft, muß auch sonstigen Kollektivschuldvisionen energisch entgegentreten. Wenn kol-

---

677 Zitiert nach H. Rosenau, Tödliche Schüsse im staatlichen Auftrag, S. 316. Noch plakativer wird Churchill in der Frankfurter Allgemeinen Zeitung vom 6. September 1990 zitiert: „Wenn die Gegenwart über die Vergangenheit zu Gericht zu sitzen versucht, wird sie die Zukunft verlieren."

lektives Denken hier einen Sinn macht, dann liegt er in der Feststellung, daß Engländer (und in geringerem Umfang Schotten, Nordiren und Waliser) nicht nur Täter, sondern in hohem Maße auch Opfer des deutsch-britischen Luftkriegs geworden sind. Das Konzept der RAF kostete fast 100.000 Briten das Leben. 55.000 Soldaten des Bomber Command fielen im Kampfeinsatz; und ca. 40.000 südenglische Zivilisten starben als Folge deutscher Luftschläge, die es ohne die Eröffnung des strategischen Bombenkriegs durch Großbritannien wahrscheinlich nie gegeben hätte.[678]

Motiv eines hypothetischen Strafverfahrens gegen Churchill, Harris usw. ist das Streben nach juristischer Erkenntnis – wenn man so will: nach Wahrheit. Ihrer Wissenschaft verpflichtete Forscher sind keine Parteipolitiker. Sie fühlen wie Galileo Galilei, wollen alles so genau wie möglich wissen und widerstehen verfassungsfeindlichen Denk- und Redeverboten. Ein pädagogischer Beweggrund kommt dazu: Wer sich bemüht, die leidvolle kriegerische Vergangenheit Europas so weit wie möglich juristisch aufzuarbeiten, könnte einen zwar bescheidenen, aber keineswegs belanglosen Beitrag zur Wahrung von Frieden und Gerechtigkeit leisten. In den Vordergrund rückt der Dualismus zweier Ethiken. Die methodengerechte Analyse hypothetischer Verfahren vor einem fiktiven Tribunal könnte lebendiger Ausdruck nicht nur von Gesinnungs-, sondern gerade auch von Verantwortungsethik sein.

Zentrale Themen eines „Dresden-Tribunals" gegen westalliierte Befehlshaber wären, wie erwähnt, neben den Bombenabwürfen auf die sächsische Metropole auch andere Flächenangriffe auf europäische Städte gewesen. Schwerpunktmäßig wäre es um deren Rechtmäßigkeit sowie um Vorsatz und Schuld der Angeklagten gegangen. Abhängig von der Rechtsauffassung des Tribunals und dem Ergebnis der Beweisaufnahme sind vor allem *drei alternative Verfahrensabläufe und -ergebnisse* in Betracht zu ziehen:

Erstens: Das fiktive Tribunal hätte, unbeeindruckt vom aufklärerischen Gestus des Ius gentium, die Art. 23 b und g, 25, 27 HLKO nicht auf den Luftkrieg der 1940er Jahre angewendet und auch den Gedanken an ein HLKO-konformes Völkergewohnheits- oder Völkervernunftrecht verworfen. Es hätte statt dessen eine argumentative „Steilvorlage" von Bomber-Command-Chef Harris aufgegriffen: „Hinsichtlich des Einsatzes der Luftstreitkräfte im Krieg ... gibt es überhaupt kein internationales

678 Zu den Opferzahlen J. Friedrich, Der Brand, S. 44 f., 63; L. Fritze, Die Moral des Bombenterrors, S. 16, nennt sogar 60.595 getötete britische Zivilisten; zur Relation von Ursache und Wirkung im deutsch-britischen Luftkrieg J. M. Spaight, Bombing Vindicated, S. 68 ff.

Recht."[679] Konsequenterweise hätte das Tribunal Churchill, Harris und die anderen Angeklagten *freisprechen* müssen.

Zweitens: Das „Dresden-Tribunal" hätte zwar die Anwendbarkeit der Art. 23 b und g, 25 und 27 HLKO oder inhaltsgleicher Normen auf den Luftkrieg bejaht, sich jedoch zu einem – völkergewohnheitsrechtlich anerkannten – *rechtfertigenden Notstand* bekannt. Zwangsläufig wäre es bei einer Abwägung rechtlich geschützter Güter gelandet. Die Einordnung des „Morale Bombing" in diese juristisch vertraute Konstruktion wäre problematisch geworden; denn das Tribunal hätte sich zu einer wechselseitigen Aufrechnung von Menschenleben, also einer quantifizierenden Bewertung des Rechts auf Leben durchringen müssen. Wir hätten es mit dem rechtlichen Spiegelbild des moralischen Dilemmas aus dem Kapitel „Kann ‚Morale Bombing' moralisch sein?" zu tun bekommen. Die These von der Würde und dem unvergleichlichen, unauslöschbaren Wert jeder einzelnen Person wäre geopfert worden. Hätte das Tribunal diesen Weg beschritten und obendrein massive Luftschläge gegen Wohnviertel („thunderclaps") als bis zum Kriegsende effektiven Weg zur Demoralisierung und Unterwerfung Hitler-Deutschlands betrachtet, dann hätte es die Angeklagten freisprechen müssen – bei allem Bedauern für die „Morale Bombing"-Opfer von Dresden, Hamburg, Pforzheim oder Köln. Eine solche Argumentation könnte der in Großbritannien herrschenden Sichtweise entsprechen, wo kritische Prozesse kollektiver Vergangenheitsbewältigung bislang kaum stattgefunden haben. Dies gilt jedenfalls für den Luftkrieg gegen das Deutsche Reich. Vor den Schranken eines überirdischen Richters, nennen wir ihn „Wahrheit und Gerechtigkeit", hätte ein solches Urteil aber kaum Bestand.

Drittens: Das fiktive Tribunal hätte das Demoralisierungsbomben insgesamt oder zumindest die erkennbar nutzlosen Flächenangriffe auf deutsche Städte ab Frühsommer 1943 nicht als Anwendungsfall eines rechtfertigenden Notstands bewertet. Konsequenterweise hätte es die Verletzung geltenden Kriegsvölkerrechts, bspw. der Art. 23 b und g, 25 und 27 HLKO, feststellen müssen. Die Area Bombing Directive der RAF vom 14. Februar 1942 wäre als Legitimation der Zerstörung deutscher Städte ausgeschieden. Als reine Verwaltungsvorschrift hätte sie entgegenstehendes hochrangiges Völkervertrags- oder -gewohnheitsrecht nicht verdrängen können. Zugleich wäre eine Verurteilung der Angeklagten in Reichweite gerückt. Das Tribunal hätte sich auf die *Schuldfrage* konzentrieren und nach eingehender Beweisaufnahme seine Urteile an den Beweggründen der Angeklagten ausrichten müssen. Vor allem zwei nach Lage der Dinge realistische Motive wären eindringlich zu prüfen gewesen.

679 A. Harris, Bomber Offensive, S. 177.

Erste Motivlage: Die Prüfung der Schuld hätte ergeben können, daß den Angriffen auf Dresden ein von traditionellen militärischen Zielvorstellungen und sogar vom Impetus des „Morale Bombing" gelöster *Staatsterrorismus* zugrunde lag, dessen Hintergrund in völkerrechtlich inakzeptablen Affekten gelegen haben könnte. In diese Richtung könnte ein Memorandum Churchills an die Stabschefs der RAF vom 28. März 1945 weisen, das allerdings vier Tage später – nach einer Intervention Portals – durch unverfängliche Formulierungen ersetzt wurde. Am 28. März schrieb Churchill: „Es scheint mir, daß der Augenblick gekommen ist, die Frage der Bombardierung deutscher Städte, nur um einer Vermehrung des Terrors wegen, wenngleich unter anderem Vorwand, zu überprüfen." Es sei notwendig, so der britische Premierminister, präziser militärische Ziele zu attackieren, statt sich „auf bloße Akte des Terrors und der mutwilligen Zerstörung zu beschränken".[680]

Was bedeutet: „... einer Vermehrung des Terrors wegen"? Ging es Churchill tatsächlich um effektives Demoralisierungsbomben oder spielten andere Zerstörungsmotive eine größere Rolle? Dies könnte zum einen der Ruf nach Vergeltung gewesen sein, der in der britischen Öffentlichkeit seit der Luftschlacht um England verbreitet war.[681] Churchill griff ihn mehrmals auf, mit großer Resonanz am 14. Juli 1941 im Londoner County Club. In seiner Rede unterstellte er den Bewohnern der britischen Hauptstadt, mehrheitlich Bombardements deutscher Orte zu fordern, die an Härte die Angriffe der Luftwaffe in Südengland übertreffen sollten.[682]

Obendrein war Churchills Deutschland-Bild bis 1945 nicht frei von Haß und rassistischem Furor: „Es gibt weniger als 70 Millionen Hunnen. Manche kann man kurieren, andere nur töten."[683] Ein Jahr vor Kriegsende erwog der Premierminister sogar den Einsatz biologischer und chemischer Kampfstoffe; zynisch kommentierte er das am 6. Juli 1944: „Es ist ganz einfach eine Frage der Mode, die hier genauso wechselt wie zwischen langen und kurzen Frauenkleidern."[684] Eher unwillig verabschiedete sich Churchill von dieser anstößigen „Mode", nachdem seine Militärs ihn auf die Gefahr gleichartiger Vergeltungsschläge hingewiesen hatten: „Ich kann natürlich nicht gegen Pfarrer und Krieger gleichzeitig vorgehen.

680 Ausführlich D. Irving, Der Untergang Dresdens, S. 286 ff.

681 M. Connelly, Die britische Öffentlichkeit, die Presse und der strategische Luftkrieg gegen Deutschland 1939–1945, S. 81 f.

682 M. Connelly, Die britische Öffentlichkeit, die Presse und der strategische Luftkrieg gegen Deutschland 1939–1945, S. 82.

683 „Some are curable, others killable" (aus einer Rede Churchills vom April 1941; zitiert nach J.
Friedrich, Der Brand, S. 61); siehe auch G. Dyrssen, Rückfall in die Barbarei (Leserbrief), Frankfurter Allgemeine Zeitung, 26. Februar 2005.

684 J. Bölsche, Eine Frage der Mode, S. 132.

Die Angelegenheit soll weiterhin überprüft und dann wieder zur Sprache gebracht werden, wenn sich die Lage verschlechtert."[685] Liquidatorische Germanophobie könnte auch sein Gespräch mit Luftfahrtminister Sinclair am 25. Januar 1945 geprägt haben. Trieb ihn angesichts gewaltiger Flüchtlingstrecks im Südosten des Reichs der Wunsch, „die Deutschen auf ihrem Rückzug aus Breslau zu braten"?[686] Jedenfalls ist von Churchill kein Wort des Bedauerns über das „Braten" Deutscher im Bombenkrieg überliefert – im Gegensatz etwa zu seiner dringlichen Bitte an Roosevelt, das „Franzosenabschlachten" bei der alliierten Invasion zu beenden.[687] Gewiß war Churchill kein Jahrhundertsatan, der aus primitiven Instinkten ganze Populationen auszurotten gedachte. „Are we animals?" soll er 1943 angesichts furchtbarer Bombenschäden in deutschen Städten ausgerufen haben.[688] Anfällig für überbordende Emotionalität und archaisches Kollektivschulddenken, könnte ihn 1945 aber der Wunsch ergriffen haben, das vermeintliche „Hunnenvolk" des 20. Jahrhunderts zu dezimieren. Reichlich akzentuiert beschreibt David Irving die Intentionen Churchills: „Er war davon besessen, daß es jetzt galt, Deutsche zu töten, und zwar millionenweise, wenn nicht in der Nachkriegszeit im Westen ein Chaos ausbrechen sollte. Die deutschen Flüchtlinge sollten gar nicht erst im Westen ankommen. Churchills Umsiedlung der Ostdeutschen sollte in einem Massaker enden."[689]

Auch bei dem achtzehn Jahre jüngeren Harris hätte das Tribunal durchaus nicht nur analytische Begabungen, sondern auch rassistische Denkinhalte aufgespürt. Seine Abscheu gegenüber allem Deutschen pflegte Harris liebevoll mit der Verwendung des Begriffs „Boche" (was etwa „Scheißdeutscher" heißt). Am 11. April 1942 schrieb er einem Untergebenen: „Wir müssen noch viele Boches umbringen, bevor wir diesen Krieg gewinnen."[690]

Kein Zweifel: Staatsterrorismus jenseits konkreter Kriegsziele legitimiert keinen Verstoß gegen fundamentale Normen des Kriegsvölkerrechts. Rechtfertigungsgründe wären weit und breit nicht zu entdecken. Das britische Kriegskabinett und maßgebliche Befehlshaber der Bomberflotte hätten als *Kriegsverbrecher* zur Verantwortung gezogen werden müssen. Als *Strafmilderungsgrund* wäre vielleicht zwanghafte Dekadenz

685 J. Bölsche, Eine Frage der Mode, S. 135.

686 Zitiert nach D. Irving, Deutschlands Ostgrenze, S. 172.

687 J. Friedrich, Der Brand, S. 123: „Nachdem etwa 120.000 davon umgebracht waren, wandte sich der britische Premier, der das im wesentlichen entschieden hatte, an seinen engsten Partner, daß er das ‚Franzosenabschlachten' unterbinde."

688 J. Keegan, Churchill, S. 152.

689 D. Irving, Der Untergang Dresdens, S. 172.

690 Royal Air Force Museum, Harris Papers H 53; zitiert nach R. Overy, Die alliierte Bombenstrategie als Ausdruck des „totalen Krieges", S. 27.

Nach dem Luftangriff auf Dresden: Die registrierten Toten wurden auf Roste von Eisenbahnschienen gelegt und wie Scheiterhaufen angezündet. Mindestens 6.856 Männer, Frauen und Kinder mußten auf diese Weise eingeäschert und auf dem Heidefriedhof beigesetzt werden. Die nicht registrierten Toten blieben unbekannt.

am Ende eines zerstörerischen Waffengangs in Betracht gekommen. Tatsächlich verteidigte Churchill nach 1945 seine Faszination für Flächenangriffe mit der „Leidenschaftlichkeit und Intensität des Konflikts". Als Premier einer abendländischen Kulturnation muß er sich aber eine „Pflicht der Staatskunst" entgegengehalten lassen – nämlich die Pflicht, derartige Empfindungen bei der Ausübung seiner Regierungsgeschäfte gar nicht erst aufkommen zu lassen oder wenigstens im Moment der Entscheidung zu zügeln.

Keinen Strafmilderungsgrund liefert die These, Churchill sei „für seine impulsiven Entschlüsse bekannt" und habe massive Luftschläge („thunderclaps") gegen Dresden, Berlin, Leipzig, Chemnitz, Nordhausen oder Potsdam im Februar 1945 „möglicherweise ohne großen Vorbedacht" gefordert.[691] Dem Kenner des strategischen Luftkriegs stockt der Atem. Wenn diese Einschätzung zutrifft, dann stellt sich unabweisbar die Frage nach Churchills Tauglichkeit als Kriegspremier. Sollte es je eine Unschuld des totalen Krieges gegeben haben, dann war sie spätestens seit dem Un-

691 U. Moessner-Heckner, Pforzheim. Code Yellowfin, S. 155.

ternehmen „Gomorrha" unwiederbringlich verloren. Nach der Zerstörung Hamburgs am 27./28. Juli 1943 mit annähernd 40.000 zu Tode gebombten, wehrlosen Zivilisten konnte sich kein Verantwortlicher mehr auf Fehleinschätzungen des britischen Zerstörungspotentials berufen.

Mit größerer Berechtigung hätte die *Befreiung Frankreichs, Belgiens und der Niederlande* strafmildernd berücksichtigt werden können. Zweifellos gehörte sie zu den britischen Kriegszielen. „Sie fragen", rief Churchill nach dem Beginn der deutschen West-Offensive dem Unterhaus und der britischen Öffentlichkeit am 13. Mai 1940 zu, „welches unsere Politik sei. Ich will es sagen: Unsere Politik ist, Krieg zu führen, zur See, zu Lande und in der Luft, mit aller unserer Macht und mit aller unserer Stärke, die Gott uns verleihen kann, Krieg zu führen gegen eine ungeheuerliche Tyrannei, wie es sie schlimmer in der düsteren und traurigen Geschichte menschlicher Verbrechen nicht gegeben hat. Das ist unsere Politik."[692] Weniger eindeutig läßt sich feststellen, welchen Stellenwert die Befreiung Osteuropas für Churchill (und Chamberlain) hatte. Londons spontane Kriegserklärung an Deutschland nach dem Überfall auf Polen räumt nicht alle Zweifel aus.

Noch spannender erscheint die von bundesdeutschen Funktionseliten emphatisch bejahte Frage, ob Churchill, Roosevelt (und womöglich Stalin) auch Deutschland „befreit" haben. Bei aller Begeisterung über den Siegeszug der Demokratie in der alten Bundesrepublik – eine gehörige Portion Skepsis erscheint angebracht. Churchill war keineswegs nur ein Gegner des Zweiten und des „Dritten Reichs". Bemerkungen aus den 1920er Jahren belegen kritische Distanz auch gegenüber der Weimarer Republik, einem freiheitlichen Rechts- und Verfassungsstaat. Sogar im nachhinein empfand der britische Premier sie als „fadenscheiniges Gewebe".[693] Kritische Historiographie mag auf derartige Befreiungstheorien die letzte Antwort geben.[694] Voraussetzung ist ihre Lösung von außenpolitischem Opportunismus sowie den Fesseln einer unerfreulichen

692 R. Grenfell, Churchill und die Deutschland-Politik, S. 86.

693 W. Churchill, Memoiren, Erster Band, Erstes Buch („Von Krieg zu Krieg"), S. 24f.: „Eine demokratische Verfassung mit allem Komfort der Neuzeit wurde in Weimar eingeführt. Die Kaiser waren vertrieben worden, unbedeutende Leute wurden gewählt. Unter diesem fadenscheinigen Gewebe tobten die Leidenschaften des mächtigen, zwar geschlagenen, aber in seinem Kern unversehrten deutschen Volkes." Churchill hätte Deutschland im November 1918 lieber auf dem Weg in eine konstitutionelle Monarchie gesehen.

694 Ungeachtet alliierter Erklärungen („Deutschland wird nicht besetzt zum Zwecke seiner Befreiung, sondern als besiegter Feindstaat", US-amerikanische Besatzungsdirektive JCS 1067) sagte Bundespräsident Richard von Weizsäcker am 8. Mai 1985: „Der 8. Mai war ein Tag der Befreiung. Er hat uns alle befreit von dem menschenverachtenden System der nationalsozialistischen Gewaltherrschaft." Modifizierende Worte von Weizsäckers fanden kaum Gehör; deutsche Politiker entwickeln seitdem regelrechte Erlösungspanoramen.

Political Correctness, die sich an den sprudelnden Quellen diverser Kollektivschuldvisionen labt.[695]

Kein Produkt anglo-amerikanischer Luftkriegsbemühungen war die Befreiung des Konzentrationslagers Auschwitz im Januar 1945. Sie hätte daher nicht strafmildernd berücksichtigt werden dürfen. Zu keiner Zeit war Churchills Kriegspolitik eine Reaktion auf die Entrechtung europäischer Juden durch das nationalsozialistische Regime. Die heutigen Lesern realistisch klingende Philippika vom 13. Mai 1940 entpuppt sich als verzerrende Bewertung damals bekannter Tatsachen. Wenn Churchill den NS-Staat, wie bereits erwähnt, als „ungeheuerliche Tyrannei, wie es sie schlimmer in der düsteren und traurigen Geschichte menschlicher Verbrechen nicht gegeben hat", geißelte, dann tat er das ohne Kenntnis des Holocaust, der 1940 als systematisches Programm noch gar nicht stattfand und – von langer Hand geplant oder nicht – ohne diverse Zuspitzungen des Zweiten Weltkriegs in seinem konkreten Ablauf auch nicht möglich geworden wäre. Allenfalls mag Churchill sich auf Vorahnungen berufen, die angesichts der Unterdrückung deutscher Juden seit 1933 nicht von vornherein unplausibel erscheinen. Dennoch hätte es am 13. Mai 1940 näher gelegen, die stalinistische Sowjetunion als einzigartige Tyrannei zu brandmarken.[696] Dieser freilich sprang Churchill im Sommer 1941 ohne jedes Zögern als Bündnispartner bei. Immer wieder buhlte er „in einer Art faustischem Bündnis" um Stalins Gunst.[697] Auch drei Jahre später gingen von Churchill kaum Impulse zur Rettung bedrängter Juden aus. Als er im Juli 1944 erste Hinweise auf die Vorgänge in Auschwitz erhielt, forderte er, wie erwähnt, zwar Luftangriffe auf Transportgleise in Lagernähe, deren – offenbar von Sinclair oder der RAF – blockierte Ausführung veranlaßte ihn aber nicht zu weiteren Aktivitäten.[698]

Keine Milde hätte das Dresden-Tribunal unter einem anderen Gesichtspunkt walten lassen dürfen. Eine über jeden Zweifel erhabene *Reue* haben weder Churchill noch Harris demonstriert. Während dieser sich

---

695 Allerdings besteht keine zwingende logische Verknüpfung zwischen „Befreiungs"- und Kollektivschuldlehre. Befreit werden kann selbstverständlich auch ein „unschuldiges", insbesondere schuldlos in die Fänge eines Barbaren geratenes Volk. Vor diesem Hintergrund ließe sich etwas ketzerisch fragen, warum und wodurch ein „schuldiges Volk" seine Befreiung überhaupt verdient.

696 L. Fritze, Die Moral des Bombenterrors, S. 216, verweist auf zeitgenössische Veröffentlichungen in Westeuropa über die von Stalin ausgelöste Hungersnot in der Ukraine, der 1932/33 sechs bis sieben Millionen Menschen zum Opfer fielen, und den „Großen Terror" der Jahre 1936 bis 1938 mit ca. 700.000 hingerichteten Regimegegnern; R. Conquest, Der Große Terror, S. 551, schätzt die Gesamtzahl der Opfer stalinistischer Verbrechen auf etwa 20 Millionen!

697 L. Kettenacker, Churchills Dilemma, S. 51–54.

698 Siehe H. M. Kloth, „Was für eine Idee!" Konnten oder wollten die Alliierten Auschwitz nicht bombardieren?, S. 91 f.

hinter den Befehlen „bedeutenderer Männer" verschanzte, hat jener die vom Bomber Command niedergebrannten „toten Städte" weitgehend aus dem Bewußtsein verdrängt. In den zwölf Büchern seiner Memoiren „Der Zweite Weltkrieg" ist vom „Morale Bombing" keine Rede. Churchill rechtfertigt westalliierte Flächenangriffe mit historischen Verzerrungen und Simplifizierungen: „Nachdem die Deutschen einmal das verabscheuungswürdige Bombardieren offener Städte aus der Luft begonnen hatten, übten die Alliierten mit ihrer ständig zunehmenden Schlagkraft zwanzigfache Vergeltung und erreichten den Höhepunkt mit den neuartigen, in ihrer Wirkung so furchtbaren Atombomben, die Hiroshima und Nagasaki von der Erde auslöschten."[699]

Hat der Premierminister vergessen, daß sofort nach seinem Amtsantritt der „großartige Entschluß" (Unterstaatssekretär James Molony Spaight) zur Eröffnung des strategischen Luftkriegs gefaßt wurde – eines Luftkriegs, der zwar zunächst militärischen Objekten galt, aber aufgrund technischer Unzulänglichkeiten von vornherein den Keim des Terrors in sich barg? Hat er die Area Bombing Directive vom 14. Februar 1942 vergessen? Wie hätten die Briten spätestens seit der Zerstörung Lübecks am 28. März 1942 „zwanzigfache Vergeltung" üben können, wenn ihre Strategieplanung nicht seit Jahren (auch) auf die Vernichtung deutscher Städte gerichtet gewesen wäre? Wie steht Churchill zur Forderung des Sokrates, altes Unrecht niemals mit neuem zu vergelten? Immerhin spricht er von „verabscheuungswürdigem Bombardieren". Warum hat der britische Premier dafür nicht ein einziges Mal, auch nicht teilweise, die moralische oder völkerrechtliche Verantwortung übernommen?

Zweite Motivlage: Die Schuldprüfung hätte ergeben können, daß die Angeklagten aus *respektablen moralischen Beweggründen* gehandelt haben. Dies würde ein Zusammenspiel zweier markanter Irrtümer voraussetzen. Churchill und Harris müßten – *Irrtum A* – die Zerstörungen deutscher Wohnviertel für gerechtfertigt gehalten haben, also entweder vom Fehlen einer völkerrechtlichen Verbotsnorm, oder aber – in Kenntnis einer solchen Verbotsnorm – von einer Legitimierung ihres Verhaltens unter dem Gesichtspunkt des rechtfertigenden Notstands ausgegangen sein. Auf Harris scheint das uneingeschränkt zuzutreffen. In seiner Nachkriegsveröffentlichung „Bomber Offensive" leugnet er die Existenz einer solchen Verbotsnorm: „[Die Inhalte] des Völkerrechts können immer pro und contra diskutiert werden. Aber in diesem Fall des Einsatzes der Luftstreitkräfte gibt es überhaupt kein Völkerrecht."[700] Nicht nur deshalb wurde Harris gegen Kriegsende zum Außenseiter: „Er war so ziemlich

---

699 W. Churchill, Memoiren, Erster Band, Erstes Buch („Von Krieg zu Krieg"), S. 33.
700 A. Harris, Bomber Offensive, S. 177.

Churchill während einer Inspektion von Befestigungen an der britischen Nordseeküste (Ende Juli 1940)

der einzige, der an die Rechtmäßigkeit der von ihm befohlenen Angriffe geglaubt und dies auch immer wieder vertreten hat. Er ging fest davon aus, daß ein Luftkriegsvölkerrecht niemals existiert hatte, daß er somit in einem völlig rechtsfreien Raum operierte."[701] Konsequenterweise kritisierte Harris mehrfach die verschleiernde Propaganda des Luftfahrtministeriums. Unverblümt schlug er Minister Archibald Sinclair 1943 vor, die Strategie des Bomberkommandos wie folgt zu beschreiben: „Das Ziel der Combined Bomber Offensive ... und der Rolle, welche die britischen Bomberverbände darin übernehmen sollen, ... ist die Zerstörung deutscher Städte, die Tötung deutscher Arbeiter und die Zerschlagung des zivilisierten sozialen Lebens in Deutschland."[702] Schwieriger einzuschätzen sind die Rechtskenntnisse Churchills, der sich zu völkerrechtlichen Themen, soweit erkennbar, kaum geäußert und jeden Gedanken an Luftkriegsverbrechen nach 1945 aus seinem Bewußtsein verdrängt hat. Unterstellen wir zu seinen Gunsten, daß er während des Krieges der Ansicht war, Bombardements deutscher Städte seien zumindest unter bestimmten (rechtfertigenden) Voraussetzungen legal.

Außerdem müßten die Angeklagten des „Dresden-Tribunals" – *Irrtum B* – ihre Spreng- und Brandbombenabwürfe als geeignetes Mittel zur Abkürzung des Krieges und damit zur vorzeitigen Beseitigung des NS-Staats eingeschätzt haben. Auch insoweit scheinen Churchill und insbesondere Harris von keinem Zweifel geplagt worden zu sein. „Weiter stand für ihn [Harris] fest, daß seine Bomber allein den Weltkrieg gewonnen hatten und daß die alliierte Invasion eine Verschwendung von Menschen und Material gewesen sei, denn er hätte Deutschland ohnehin in Kürze in die Kapitulation gebombt."[703] Harris selbst pries 1947 das Niederbrennen deutscher Städte „trotz allem, was sich in Hamburg abspielte", wegen seiner angeblich lebensrettenden Wirkung als humane Kriegführung.[704]

Irrtum A hätte das Urteil geprägt, wenn das Tribunal im Einklang mit individualistischer Ideenlehre die quantitative Verrechenbarkeit von Menschenleben und damit die komplette „Morale Bombing"-Strategie als rechtswidrig verworfen hätte.[705] Die Angeklagten hätten dann, wie

---

701 H. M. Hanke, Die Bombardierung Dresdens und die Entwicklung des Kriegsvölkerrechts, S. 287.

702 Royal Air Force Museum, Harris Papers 53; zitiert nach R. Overy, Die alliierte Bombenstrategie als Ausdruck des „totalen Krieges", S. 40.

703 H. M. Hanke, Die Bombardierung Dresdens und die Entwicklung des Kriegsvölkerrechts, S. 287.

704 A. Harris, Bomber Offensive, S. 176 f.

705 Zum Verhältnis von (Erlaubnis)tatbestands- und Rechts(grenz)irrtum H.-H. Jescheck und Th. Weigend, Lehrbuch des Strafrechts. Allgemeiner Teil, S. 467: „Der Erlaubnistatbestandsirrtum spielt hier keine Rolle, da der Täter auch bei der von ihm angenommenen Sachlage nicht gerechtfertigt wäre."

angedeutet, entweder über die Existenz einer Verbotsnorm (Standpunkt Harris) oder über die Grenzen des anerkannten Rechtfertigungsgrundes „übergesetzlicher Notstand“ geirrt, diesen also quasi überdehnt (Standpunkt Churchill). Beide Irrtümer wären klassische *Rechtsirrtümer*: der erste ein direkter Verbotsirrtum, der zweite ein indirekter in Gestalt des sog. (Erlaubnis)grenzirrtums[706]. Die prozessualen Konsequenzen beider Irrtümer sind weitgehend gleich. Entscheidend ist die Frage nach ihrer Vermeidbarkeit. Nur der *unvermeidbare Verbotsirrtum* kann die Schuld eines Angeklagten entfallen lassen und zum Freispruch führen. Das gilt jedenfalls nach deutscher Strafrechtslehre, die insoweit projektionstaugliche Erkenntnisse mit Modellcharakter für das Völkerstrafrecht liefert, das seinerseits als junge, flexible Materie solche normativen Anregungen dankbar aufgreifen sollte.[707]

Zwar läßt sich über einzelne Kriterien der Vermeidbarkeit trefflich streiten; die Irrtumslehre ist ein Feld für juristische Tüftler. Zwangsläufig wären die Richter aber bei einer Mixtur aus ethischen und psychologischen Elementen gelandet.[708] Das Dresden-Tribunal hätte fragen müssen, ob Churchill und seine Mitangeklagten „bei gehöriger Anspannung ihres Gewissens“ oder – weltanschaulich neutraler gesagt – aufgrund intellektuell zumutbarer rechtsethischer Parallelwertungen die Verbotsvorschriften der HLKO sowie die Grenzen des rechtfertigenden Notstands in ihrem wesentlichen Gehalt hätten erkennen können. Zweierlei rückt in den Blickpunkt: a) die Bedeutung des verletzten Rechtsguts im Kontext des Rechtssystems sowie b) Bildung und Sozialisationsgrad der Täter. Als Faustregel schält sich heraus: je fundamentaler die verletzte rechtliche und in der Regel zugleich sittliche Norm, desto vermeidbarer der Irrtum. Der Bundesgerichtshof in Strafsachen beschreibt das wie folgt: „Wenn die Tat nicht nur eine einfache Rechtsverletzung, sondern einen unerträglichen Verstoß gegen die Sittenordnung darstellt, wird der Verbotsirrtum

---

706 Zum indirekten Verbotsirrtum H.-H. Jescheck und Th. Weigend, Lehrbuch des Strafrechts. Allgemeiner Teil, S. 461 f. Den Begriff (Erlaubnis)grenzirrtum erläutern die Autoren am Beispiel eines Arztes, der die Einwilligung seines Patienten in eine Operation irrtümlich auch dann für ausreichend hält, wenn dieser nicht über Gefahren und Risiken aufgeklärt wurde.

707 Problematisch ist daher die Auffassung des US-Philosophen Michael Walzer, verbrecherisch sei die Tötung Unschuldiger auch ohne Bewußtsein der damit verbundenen Schuld. Seinem abschließenden Urteil dürften viele Leser aber spontan zustimmen: „Schließlich scheinen viele, wenn nicht die meisten Staatsmänner, die in den Geschichtsbüchern oder unseren eigenen Erinnerungen der Geschichte des 20. Jahrhunderts figurieren, keine Probleme mit dem Töten Unschuldiger gehabt zu haben. Sie hatten kein Bewußtsein der damit verbundenen Schuld, sie waren einfach Verbrecher.“ (ders., Erklärte Kriege – Kriegserklärungen, S. 74 f.)

708 Ausführlich zur Abgrenzung zwischen vermeidbarem und unvermeidbarem Verbotsirrtum wiederum H.-H. Jescheck und Th. Weigend, Lehrbuch des Strafrechts. Allgemeiner Teil, S. 458 f.

in der Regel vermeidbar sein, weil die rechtliche Wertung unmittelbar dem Rechtsgefühl entspringt und darum durch Gewissensanspannung erkennbar ist."[709]

Makrokriminalität wie die jahrelange, massenhafte Tötung wehrloser Kinder, Frauen und Greise indiziert ebenso eine Vermeidbarkeit des Irrtums wie die beachtliche Erziehung der prominenten Angeklagten. Winston Churchill, ein Enkel des Herzogs von Marlborough, besuchte Eliteschulen in Ascot, Brighton und Harrow, bevor er die Offizierslaufbahn einschlug.[710] Daß sein schulischer Erfolg hinter den Erwartungen zurückblieb, ändert nichts an dem dort vermittelten Wertekanon. Diesen hat Churchill offenbar nicht so ausgeprägt verinnerlicht, wie das für den Premierminister eines den Menschenrechten verpflichteten Rechtsstaats selbstverständlich sein sollte.

Strafrechtlich irrelevant sind hingegen Churchills Defizite in politischem Urteilsvermögen – beschrieben etwa durch RAF-Marshall Hugh Trenchard, Militärhistoriker Basil Henry Liddel Hart oder die Premierminister Herbert Asquith, Stanley Baldwin und Neville Chamberlain.[711] Letzterer brillierte in der Unterhausdebatte vom 17. November 1938 mit einem ironischen Sprachwitz, über den der spätere Literaturnobelpreisträger Churchill eher nicht verfügte: „Wenn man mich fragte, ob das Urteilsvermögen die herausragende Gabe unter den vielen bewundernswerten Fähigkeiten meines ehrenwerten Freundes ist, müßte ich das Haus bitten, nicht auf einer Antwort zu bestehen."[712] Unterstaatssekretär Richard A. Butler nannte Churchill den „größten politischen Abenteurer der Neuzeit"[713], und Churchill-Intimus Lord Beaverbrook (William Maxwell Aitken), ein unorthodoxer konservativer Zeitungsverleger, entdeckte im britischen Premier „das Zeug zu einem Tyrannen".[714]

Arthur Harris entstammte einer jahrzehntelang im asiatischen Commonwealth-Raum ansässigen Familie; sein Vater war Ingenieur im indischen Staatsdienst. Der im gutbürgerlichen Cheltenham geborene Harris besuchte eine kleine, angesehene Privatschule mit einer „‚Stalky and Co'-Atmosphäre".[715] Beide, Harris wie auch Churchill, konnten sich in ihrer Jugend mit elementaren Werten des Humanismus und der politisch-

709 BGHSt 2, 201.

710 S. Haffner, Winston Churchill, S. 17 ff.

711 Siehe die eindrucksvolle Aufzählung von L. Fritze, Die Moral des Bombenterrors, S. 139 f.

712 Zitiert nach J. Charmley, Churchill, S. 372.

713 J. Charmley, Churchill, S. 431.

714 R. James, Churchill: Study in Failure, S. 431.

715 H. Probert, Bomber Harris, S. 22 ff.; „Stalky and Co" (1901) hat wenig mit Stalking im neudeutschen Sinne zu tun. Dieser Roman des Literaturnobelpreisträgers Rudyard Kipling (1865–1936) schildert Pennälerstreiche an Schulen der viktorianischen Zeit.

philosophischen Aufklärung vertraut machen. Ihr Vorgehen in Dresden und anderen großflächig bombardierten Städten trägt das Kainsmal eines *krassen Unverstands* (ignorantia crassa).[716] Hinweise Churchills auf alternative Ethikkonzepte und deren differenzierende Bewertung der „Morale Bombing"-Strategie hätten die Vermeidbarkeit dieses Irrtums nicht ausgeschlossen. Keine rationale Ethik rechtfertigt Brand- und Sprengbombeneinsätze gegen Nichtkombattanten, wenn der Kriegsverlauf erkennbar nicht vom Schicksal dieser Menschen abhängt. Allenfalls hätte aus jenem Vorbringen, freilich mit äußerster Zurückhaltung, ein weiterer Strafmilderungsgrund hergeleitet werden können. Dessenungeachtet hätten Churchill und Harris wegen fortgesetzter, vorsätzlicher Verstöße gegen Art. 23 b und g, 25 und 27 HLKO (völker)strafrechtlich zur Verantwortung gezogen werden müssen.

Ein in tiefe Persönlichkeitsschichten dringendes Verständnis für Churchill, seine Kabinettskollegen und die verantwortlichen Militärs des Bomber Command bekundet der britische Historiker und Jurist Frederick Veale: „Die Bombardierung Dresdens ist in jeder Weise typisch. Sie war keineswegs das Werk von Verbrechern oder Unholden. ... Wahrscheinlich wird sich herausstellen, daß sie persönlich durchaus freundliche und wohlmeinende Männer sind. Wie den Staatsmännern von 1914 fehlte ihnen offensichtlich jeder Sinn für Proportionen. Nach vier Jahren Krieg hatte ihnen die eigene Propaganda gänzlich den Kopf verwirrt. Sie waren von einem Komplex gerechter Entrüstung besessen. Sie fanden sich mit ein paar tausend schwerer Bomber zu ihrer Verfügung, ohne daß sie im Augenblick damit etwas Besonderes anzufangen gewußt hätten. Aus Berichten war bekannt, daß in bequemer Reichweite eine mit einer Million feindlicher Bürger vollgestopfte Stadt lag, offen für jeden Angriff. Wußten diese bedeutenden Leute ferner, daß diese Stadt wegen ihrer kostbaren Kunstschätze berühmt war, so gefiel ihnen der Gedanke ihrer Zerstörung wahrscheinlich um so mehr, als sie für Hitler, dessen Vorliebe für derartige Meisterwerke bekannt war, besonders schmerzlich sein würde."[717] Allerdings erwähnt Veale nicht, daß die „vier Jahre Krieg" vor dem 13./14. Februar 1945 Churchill und seinen Militärs genügend Zeit geboten hätten, aus der Sinnlosigkeit und Ineffizienz unterschiedsloser Bombardements plausible Konsequenzen zu ziehen und sich alternativen Konzepten zur Bekämpfung des Deutschen Reichs zuzuwenden.

Bagatellisierend beschreibt Luftmarschall Robert Saundby die Verantwortlichen für die Vernichtung Dresdens (in deren Kreis er Harris und

---

716 „Ignorantia crassa et supina et peior nullum excusat" (Wilhelm von Occam, dialogus pars 1, liber 7, capitulum XVIII); zu diesem Begriff in der strafrechtlichen Irrtumslehre H.-H. Jescheck und Th. Weigend, Lehrbuch des Strafrechts, S. 458.

717 F. J. P. Veale, Der Barbarei entgegen, S. 178 f.

sich selber nicht einbezieht): „Die ihr zustimmten, waren weder bösartig noch grausam, wenngleich es sehr gut möglich ist, daß sie von den Grausamkeiten des Krieges zu weit entfernt waren, als daß sie in vollem Umfange die verheerende Zerstörungskraft der Luftangriffe im Frühjahr 1945 begreifen konnten.“[718] Der Leser ahnt, welch massive Beweisprobleme die Richter eines Dresden-Tribunals hätten bewältigen müssen!

Irrtum B hätte sich ausgewirkt, wenn das Tribunal die „Morale Bombing“-Vision bis zum Sommer 1942 oder bis zur Kriegswende im Winter 1942/43 („Stalingrad“) unter dem Aspekt des übergesetzlichen Notstands akzeptiert, spätere Angriffsaktionen wie die Unternehmen „Gomorrha“ (Hamburg, 27./28. Juli 1943) oder „Thunderclap“ (Winter 1944/45) wegen erkennbarer Ineffektivität aber als rechtswidrig verworfen hätte. Die Angeklagten wären dann irrtümlich von den Sachverhaltsvoraussetzungen eines rechtfertigenden Notstands ausgegangen. Die strafrechtliche Bewertung eines solchen Irrtums ist umstritten. Begrifflich und systematisch handelt es sich nicht um einen Rechtsirrtum (Verbotsirrtum), sondern – jedenfalls im Ergebnis und ungeachtet verschiedener dogmatischer Begründungswege – um einen den Deliktvorsatz ausschließenden *(Erlaubnis)tatbestandsirrtum*. Die Angeklagten hätten nicht wegen vorsätzlich begangener Kriegsverbrechen bestraft werden dürfen.[719]

Konsequenterweise hätte das Tribunal dann aber rechtliches Neuland betreten und prüfen müssen, ob eine Verurteilung wegen *„fahrlässiger Kriegsverbrechen“*, also wegen fahrlässiger Verstöße gegen die Art. 23 b und g, 25 und 27 HLKO, in Betracht gekommen wäre. Das wirft eine Grundsatzfrage auf: Können diese Verbotsnormen überhaupt durch fahrlässiges Verhalten verletzt werden? Nach der systemimmanenten Regel „Je ranghöher ein Rechtsgut, desto weitreichender sein Schutz“ dürfte sie zu bejahen sein.

Alsdann hätte das Tribunal die unzureichende Einschätzung deutscher Durchhaltemoral durch Churchill, Harris usw. analysieren müssen. War diese Fehleinschätzung fahrlässig; wenn ja, in welchem Grade? Zu welcher Zeit und aufgrund welcher konkreten Geschehnisse hätten britische Befehlshaber erkennen müssen, daß eine Fortsetzung des Demoralisierungsbombens militärisch ineffektiv und sinnlos war? Nach dem Grundsatz *in dubio pro reo* wäre der Fahrlässigkeitsnachweis vom Tribunal zu erbringen gewesen. Dieses hätte sich auf den Erkenntnishorizont vernünftiger, gut informierter Beobachter der zweiten Kriegshälfte zurückziehen und plausibel prognostizieren müssen, daß kein noch so furchtbarer „Thunderclap“ oder Stadtbrand, keine noch so grauenhafte Opferzahl

718 R. Saundby, Vorwort zu D. Irving, Der Untergang Dresdens, S. 7.

719 Unter ausdrücklicher Bezugnahme auf BGHSt 31, 286 ff. („rechtsfolgenverweisende Schuldtheorie“) H.-H. Jescheck und Th. Weigend, Lehrbuch des Strafrechts, S. 462 ff.

an der „Heimatfront“ den Durchhaltewillen deutscher Soldaten und Industriearbeiter hätte brechen oder die NS-Regierung zur Kapitulation bewegen können.

Möglicherweise hätten die Angeklagten eingewandt, Adolf Hitler habe Anfang 1945 den totalen Untergang Deutschlands und weiter Teile Europas zum Ziel seiner zu diesem Zeitpunkt auf (Selbst-)Zerstörung fixierten Politik gemacht. Dies hätte sie allerdings nicht entlasten können – im Gegenteil, ein zur Vernichtung der abendländischen Zivilisation entschlos-

Königinmutter Elisabeth und Harris bei der Eröffnung des „Bomber Command Museum“ im April 1983

sener „Führer“ hätte sich erst recht nicht durch anglo-amerikanisches Demoralisierungsbomben beeindrucken lassen. Spekulierte Churchill etwa darauf, in Dresden den Durchhaltewillen von Zivilisten zu brechen? Dieser freilich, so es ihn überhaupt noch gab, war zu keiner Zeit kriegsentscheidend. Nur bewußte Realitätsverweigerung konnte britische Kommandeure im Februar 1945 von einem späten Erfolg der „Morale Bombing“-Strategie, also einer signifikanten Verkürzung des Krieges, träumen lassen. Das Tribunal hätte daher von außergewöhnlich grober, an Vorsatz heranreichender Fahrlässigkeit ausgehen müssen und kaum milder urteilen dürfen als bei einer Vorsatztat.

Fassen wir zusammen: Das Tribunal hätte Churchill, Harris und die anderen Angeklagten freisprechen müssen, wenn es die Art. 23 b und g, 25, 27 HLKO nicht auf den Luftkrieg der 1940er Jahre angewendet und auch den Gedanken an ein HLKO-konformes Völkergewohnheits- oder

Völkervernunftrecht verworfen hätte. Zu Freisprüchen wäre es auch gekommen, wenn das Tribunal zwar die Anwendbarkeit der Art. 23 b und g, 25 und 27 HLKO oder inhaltsgleicher Normen auf den Luftkrieg bejaht, sich jedoch zu einem (gewohnheitsrechtlich anerkannten) rechtfertigenden Notstand und einer Güterabwägung mit Vorrang des Demoralisierungsbombens gegenüber den Rechten unschuldiger Zivilisten auf Leib und Leben bekannt hätte. Dies gilt jedenfalls dann, wenn das Tribunal massive Luftschläge gegen Wohnviertel als bis zum Frühjahr 1945 effektiven Weg zur Unterwerfung Hitler-Deutschlands betrachtet hätte. Völkerstrafrechtlich überzeugender sind freilich die anderen Lösungsvarianten. Wäre das Tribunal einer von ihnen gefolgt, hätte das Tribunal die Schuld der Angeklagten feststellen und sie wegen schwerer Kriegsverbrechen bestrafen müssen.

Zweifellos gehören Churchill, sein Kriegskabinett, Portal und mit Abstrichen Harris zu den tragischen Akteuren der weltgeschichtlichen Bühne des 20. Jahrhunderts. Gewiß waren sie von dem Gedanken preußisch-britischer Rivalität geprägt, empfanden teilweise diffuse Abneigungen gegen alles Deutsche – fokussiert in Harris' Diktum vom „Scheißdeutschen“ und der vermeintlichen Pflicht seines Bomber Command, diese zu töten („to kill Boche“[720]). Gleichwohl erscheint es verkürzt, ihnen nur imperialistische oder antideutsche Haßimpulse zu unterstellen. In hohem Maße dürfte sie das Verlangen getrieben haben, weite Teile Europas von der NS-Herrschaft zu befreien und den abendländischen Leitprinzipien von Freiheit, Demokratie und Rechtsstaatlichkeit zu öffnen. Leider versuchten sie, den Teufel mit dem Beelzebub auszutreiben und näherten sich partiell den Denk- und Verhaltensmustern totalitärer Syteme. Entsprechendes gilt für Roosevelt, Mitglieder seiner Regierung und einige US-Befehlshaber. Möglicherweise verstärkte die Kooperation mit der stalinistischen Diktatur die Bereitschaft der Westalliierten zu moral- und völkerrechtswidriger Kriegführung.

Ein ähnliches moralisches Dilemma: den Versuch, mit dem Räderwerk des Bösen unauffällig zu kooperieren und durch gezielte Griffe in dessen Speichen das Schlimmste zu verhüten, beschreibt Gustav Radbruch, sozialdemokratischer Reichsjustizminister (1921/22) und klarsichtiger Rechtsphilosoph. Er wurde am 9. Mai 1933 als erster deutscher Hochschullehrer von den Nationalsozialisten aus seinem Lehramt entfernt. Radbruchs Worte passen auch auf Churchills „Morale Bombing“-Dilemma: „Glaube niemand, daß es ihm gelingen werde, durch Teilnahme am Bösen Schlimmeres zu verhüten. Dies Experiment ist oft genug gemacht worden und oft genug mißlungen.“ Es „führt unvermeidlich in Ver-

720 H. Probert, Bomber Harris, S. 223.

strickungen mit dem Bösen, das man bekämpft, und schließlich zu jener Blindheit, die das Böse, das man sich zugesteht, in seinem wahren Wesen nicht mehr klar erkennt. Glaube niemand, die Stimme des Gewissens um höherer Ziele und Werte willen überhören zu dürfen. Die Gewissensethik spricht klar. Die sog. ‚Verantwortungsethik' führt zu jener Dialektik der ‚Gedanken, die sich untereinander verklagen oder entschuldigen'". (Römerbrief 3,19)[721]

Vor diesem Hintergrund überrascht das verklärte *Churchill-Bild* der Bundesrepublik Deutschland. 1956 erhielt der Kriegspremier den Internationalen Karlspreis zu Aachen für Verdienste um die europäische Bewegung und die Einigung Europas. Die Frage sei erlaubt, welche Verdienste den Preis rechtfertigen. Zwar forderte Churchill am 19. September 1946 in der Universität Zürich, „die Vereinigten Staaten von Europa entstehen zu lassen", aber was meinte er damit eigentlich? Eine enge Einbindung Großbritanniens in diesen konföderativen oder gar föderativen Bund ganz sicher nicht. Wohlklingende Reden – eine Stärke des Preisträgers – sind die eine, harte Fakten die andere Seite der Medaille. Und am Ende des maßgebend von Churchill mitgestalteten Weltbrandes stand keineswegs die Einheit, sondern die politische, ideologische und ökonomische Teilung Europas. Davon abgesehen war Churchill eher ein Traditionalist, eine Art Lordsiegelbewahrer des weltumspannenden Commonwealth, der die britische Sonderstellung in Europa mit Zähnen und Klauen gegen Deutschland verteidigen wollte. Wurde er nicht obendrein – in der militärischen Not der ersten Kriegsjahre – zum Transatlantiker an der Seite Franklin D. Roosevelts? Haben nicht beide durch weitreichende Zugeständnisse einem Josef W. Stalin den machtpolitischen Zugriff auf den Alten Kontinent geebnet und dadurch zur Entstehung jenes „Eisernen Vorhangs" beigetragen, den Churchill ab 1945 so bitter beklagt hat?[722]

Im Vergleich der angelsächsischen Alliierten schnitt das Vereinigte Königreich nach 1945 deutlich schlechter ab als vor 1939. „Es war immer offensichtlich", lehrt der Churchill-Biograph John Charmley, „daß Großbritannien für die immensen Opfer, die es im Zweiten Weltkrieg erbracht hatte, kaum belohnt wurde."[723] Er führt dies darauf zurück, daß Churchill anders als Roosevelt keine über das Ende des Konflikts hinausreichenden Perspektiven entwickelt habe – weder politische noch militärische und erst recht keine ökonomischen. In der Tat klingt Churchills Forderung nach dem „Sieg um jeden Preis" aus seiner „Blut, Schweiß und Tränen"-Rede vom 13. Mai 1940 erstaunlich unvisionär. „Impulsi-

721 G. Radbruch, Des Reichsjustizministeriums Ruhm und Ende, Sp. 62.

722 Siehe dazu die Monographie von J. Charmley, Der Untergang des Britischen Empires. Roosevelt, Churchill und Amerikas Weg zur Weltmacht.

723 J. Charmley, Der Untergang des britischen Empires, S. 10.

vität, Sentimentalität, Kurzsichtigkeit und mangelndes Urteilsvermögen" des Premierministers, so Charmley, hätten maßgeblich zum „britischen Dilemma" beigetragen.[724]

Churchills Vorbehalte gegen „preußisch-deutschen Militarismus" und sogar gegen die demokratisch-rechtsstaatliche Weimarer Republik sind vielfach belegt. Sein literarisches Werk enthält bei aller Brillanz und vielfach überragender Sachkunde markante germanophobe Verzerrungen. Geleitet von einem bipolaren Gut-Böse-Schematismus, rechnet ein großer Kämpfer des 20. Jahrhunderts mit dem (vermeintlichen) Pazifismus seiner Landsleute ab: „Wie die Englisch sprechenden Völker durch ihren Unverstand, ihre Sorglosigkeit und Friedfertigkeit es zuließen, daß die Bösen aufrüsteten."[725] Restbestände antideutscher Platitüden eines Lord Vansittart, der die britische Regierung während des Krieges beraten hatte, beeinflußten Churchill also noch in den 1950er Jahren.[726] Die Grenzen zwischen Idealismus und Ideologie sind wahrhaft fließend! Ungeachtet seiner unübersehbaren Simplifizierungen wurde das Werk begeistert gefeiert. 1953 erhielt Winston Leonard Spencer Churchill zwar nicht den Friedens-, aber immerhin den Literatur-Nobelpreis „für seine Meisterschaft in der historischen und biographischen Darstellung sowie die glänzende Redekunst, mit der er als Verteidiger von höchsten menschlichen Werten hervortritt".

Immerhin fand Churchill nach 1945 eine differenzierte Einstellung zur deutschen Kulturnation (daß eine solche Einstellung zwischen 1933 und 1945 schwer zu finden war, sei ohne weiteres zugestanden). In einer Unterhausrede von 1946 pries Churchill in reifen, bewundernden Worten den deutschen Widerstand gegen die NS-Diktatur. Dieser habe „zum Edelsten und Größten gehört, was in der politischen Geschichte aller Völker hervorgebracht wurde".[727] Aber schon sein Nachsatz verrät die Neigung zur Umdeutung historischer Vorgänge: „Solange sie lebten, waren sie für uns

724 J. Charmley, Der Untergang des britischen Empires, S. 11.

725 W. Churchill, Memoiren, Erster Band, Zweites Buch („Von Krieg zu Krieg"), S. 7 (Motto).

726 L. Fritze, Die Moral des Bombenterrors; S. 161: „Vansittart hatte die Vorstellung von einem verdorbenen und degenerierten deutschen Nationalcharakter entworfen, der von autoritärem Denken, Gewaltverherrlichung, Brutalität und Militarismus gekennzeichnet ist … Deutsche wurden von ihm als andersartig empfunden; im Unterschied zum friedenswilligen Vereinigten Königreich waren sie ein kriegswilliges Volk"; vertiefend zu Vansittarts Germanophobie J. Später, Vansittart, S. 63 ff., 243 ff., 443 ff. Selbstredend lagen den propagandistischen „Geistesblitzen" Vansittarts keine anthropologischen oder historischen Studien zugrunde. Daß der in seiner Sprunghaftigkeit ideologieanfällige Churchill sich davon beeindrucken ließ, überrascht nicht wirklich. Mindestens ebenso betrüblich stimmt die Tatsache, daß der Nürnberger US-Ankläger Telford Taylor nicht frei von diesem pseudowissenschaftlichen Gedankengut war; siehe IMT, Bd. 22, S. 337.

727 G. Thomas, Bonhoeffer britisch: Sein Platz an der Abtei von Westminster, Frankfurter Allgemeine Zeitung, 5. April 2005.

unsichtbar, weil sie sich tarnen mußten." Waren speziell die Männer des 20. Juli 1944 für die Briten wirklich so „unsichtbar"? Hat Churchills Kabinett deren Widerstand vielleicht ignoriert, weil er liebevoll gehegte Feindbilder von „deutschen Hunnen" oder „preußisch-deutschem Militarismus" sowie das alliierte Kriegsziel einer „bedingungslosen Kapitulation" hätte gefährden können?[728] Daß Churchill den aufgeklärten abendländischen Wertekanon im großen und ganzen verinnerlicht hatte, kann nicht mit seriösen Argumenten bestritten werden; der Glaube, diese Werte könnten ihm wichtiger gewesen sein als Größe und Macht des British Empire, setzt indes Naivität voraus. Das Deutsche Reich bedrohte, in der Vorstellung Churchills, die anglozentrische Weltordnung des frühen 20. Jahrhunderts mehr als jede andere Macht.[729] Also mußten seine angeblich häßlichen Seiten propagandistisch ausgeschlachtet und seine guten und gerechten, so lange es eben ging, totgeschwiegen werden! Vor diesem Hintergrund wird auch das kriegsverlängernde Insistieren Churchills (und Roosevelts) auf „bedingungsloser Kapitulation" verständlich. Dessen vorhersehbare und bis 1945 beabsichtigte Konsequenz war die Schwächung Deutschlands bis weit in die Nachkriegszeit hinein.

Lord Vansittart, der antideutsche Exponent im Londoner Foreign Office

728 Siehe E. Zeller, Geist der Freiheit, insb. S. 302–329; prägnant ebenda (Einleitung) Dieter Stein, S. V: „Angelsächsische und sowjetkommunistische Deutungen ... wollten eine prinzipielle weltanschauliche Differenz zwischen ‚Nazis' und ihren ‚Helfershelfern' aus ‚Junkertum' und ‚Bourgeoisie' nicht zulassen. Diese Negierung eines ‚anderen Deutschland' erstickte bekanntlich jedes Verhandlungsangebot im Keim, das Emissäre wie Ulrich von Hassell oder Adam Trott zu Solz im Namen der deutschen Opposition Richtung London und Washington auf den Weg brachten und machte sie zu ‚verlassenen Verschwörern'." – Zu Claus Graf Schenk von Stauffenberg und anderen „verlassenen Verschwörern" K. von Klemperer, Die verlassenen Verschwörer. Der deutsche Widerstand auf der Suche nach Verbündeten 1938–1945.

729 Dahinter verblaßte sogar die Sowjetunion, deren ideologische wie militärische Aggressivität die Westmächte eigentlich in Hitlers Arme hätte treiben müssen. Carl Friedrich von Weizsäcker, Wahrnehmung der Neuzeit, S. 304 f., verweist auf kulturelle Differenzen zwischen Protagonisten des NS-Systems und demokratischen Staatsmännern (die zwischen Stalin auf der einen sowie Churchill und Roosevelt auf der anderen Seite indes ebenso groß gewesen sein dürften): „Leute wie Hitler, Ribbentrop, Göring oder Goebbels konnten mit dem Westen zu keiner Abmachung kommen, weil sie nicht mit ihm reden konnten. Und beide Seiten konnten nicht miteinander reden, weil sie keine gemeinsame Sprache hatten. Sie konnten einander nur mißtrauen, mißverstehen und schließlich hassen. Sie hatten verschiedene Religionen."

Rechtsethisch inspirierten Staatsmännern wäre eine solche Forderung schwerlich in den Sinn gekommen. Ihnen hätte die Hinwendung des Feindes zu einer freiheitlich-demokratischen Grundordnung genügt. Die Enttäuschung der Männer des 20. Juli 1944 über westalliiertes Machtkalkül spricht aus folgenden Zeilen: „Der deutsche Widerstand mußte ... die bittere Erfahrung machen, daß der Krieg schließlich eben nicht nur gegen Hitler und sein Reich, sondern gegen Deutschland in jeder Gestalt geführt wurde.“[730]

Mit etwas Phantasie mag man in der Verleihung des Karlspreises auch eine Geste der Versöhnung gegenüber dem wortgewaltigen, standhaft für ein freies Westeuropa und den Fortbestand des Britischen Empires kämpfenden, aber auch von Unberechenbarkeit und Schwarzweißmalerei geleiteten Premierminister sehen. „Er war im Sommer 1940 ein unvergleichlich großer Mann, ein Vertreter der Menschheit gewesen. Er war das jetzt nicht mehr. Denn es ging ihm und seiner Sache zu gut, was ihn bequem, hartherzig und zynisch machte.“[731]

Allen Ambivalenzen zum Trotz: War Churchill mehr als ein unverdrossener Kämpfer und exzellent schreibender Chronist des Zweiten Weltkriegs?[732] War er ein großer Staatsmann? Zweifel mögen die Briten trotz des militärischen Sieges befallen haben, als sie Churchills Konservativen im Juli 1945 eine vernichtende Niederlage bereiteten und ihn aus dem Amt des Premierministers wählten. Bereits im Mai 1940, nach dem Rücktritt Chamberlains, war nicht er, sondern Lord Halifax erster Kandidat seiner Partei für dieses Amt gewesen. Churchill kam dann doch zum Zuge (und wurde zugleich Kriegsminister), weil die an der Regierung beteiligte Labour Party eine Zusammenarbeit mit Halifax ablehnte. Offenbar galt er in seiner Heimat als „Steuermann für die rauhe See des Krieges, nicht für die ruhigen Gewässer danach“.[733] Churchill mag ähnlich empfunden haben, als er seinen Arzt fragte: „Ich fühle mich sehr ein-

---

730 E. Gerstenmaier, Der Kreisauer Kreis, S. 238. Gerstenmaier hätte rechtzeitig den Klassiker britischer Kriegspropaganda, Lord Vansittart, lesen sollen, der Ende 1939 folgende Richtung vorgab: „Es ist eine Illusion zu glauben, wir bekämpften nur den Hitlerismus. Wir bekämpfen den Alten Adam ... plus Hitlerismus ... Wir kämpfen gegen die deutsche Armee und gegen das deutsche Volk, auf dem diese Armee beruht.“ (zitiert nach L. Kettenacker, Die britische Haltung zum deutschen Widerstand während des Zweiten Weltkriegs, S. 54)

731 G. Mann, Deutsche Geschichte des 20. Jahrhunderts, S. 440.

732 Skeptisch R. Overy, Die Wurzeln des Sieges, S. 343, über Churchills Fähigkeiten als Kriegsherr: „Es fällt schwer, nicht den Schluß zu ziehen, daß die alliierte Strategie eher trotz als wegen Churchill erfolgreich war, auch wenn sein Kampfgeist den alliierten Siegeswillen trefflich zum Ausdruck brachte. Seine Bündnispartner und Militärstäbe lernten bald, sich auf ihren lebhaften Kampfgefährten einzustellen und seine Interventionen abzulenken oder zu ignorieren.“

733 R. Overy, Die Wurzeln des Sieges, S. 344. Allerdings wurde Churchill 1951 – vielleicht wegen der rauhen See des Kalten Krieges – nochmals zum Premierminister gewählt.

sam ohne den Krieg; Sie nicht auch?“[734] Millionen Zivilisten in Europa, Millionen europäische, amerikanische und sowjetische Soldaten, die mit Mühe und Not dem Kriegstod entronnen waren, werden das für zynisch halten.

Vor allem aber: Verleiht nicht das Eingestehen eigener Fehler einem Staatsmann wahre Größe? Hätte es dazu nicht einer Läuterung Churchills spätestens nach der Bombardierung Dresdens bedurft? Abschließende Urteile über die Karlspreisverleihung von 1956 setzen voraus, daß die Spreng- und Brandbombenapokalypse deutscher Städte ausgewogen analysiert und die Kategorien von Recht und Moral in die historische Bewertung einbezogen werden. Gerade auch der Völkerrechtswissenschaft erschließt sich hier ein weites Betätigungsfeld. Ihren Elan zu fördern, nicht aber ihn zu bremsen, ist Aufgabe deutscher und internationaler Politik. Bei aller Verachtung für den Kriegsfuror und andere Gewalttaten des NS-Staats: Überbordende nationale Scham sowie ein dualistisch verengter Blick auf „Faschismusopfer“ und „deutsche Täter“ sind lediglich neue Spielarten der schon von Karl Marx getadelten „deutschen Ideologie“.[735]

---

734 Zitiert nach R. Overy, Die Wurzeln des Sieges, S. 344; siehe auch W. Churchill, Memoiren, Sechster Band, Zweites Buch („Der Eiserne Vorhang“), S. 375 f. – Churchill polarisiert wie kaum ein zweiter Politiker des 20. Jahrhunderts. Bewunderern wie Konrad Adenauer („unvergleichliche Meisterschaft der Sprache und Schrift“) stehen schonungslose Kritiker gegenüber. Scharfsinnige Kritik an den strategischen Fähigkeiten Churchills liefert Russell Grenfell, Churchill und die Deutschland-Politik, Gauting 2002 (Originaltitel: Bedingungsloser Haß?, Tübingen 1954). Differenzierend F. G. Gast, Churchills militärhistorische Neigungen (Leserbrief), Frankfurter Allgemeine Zeitung, 17. März 2005: „Die Fähigkeit dieser Persönlichkeit, die weder geschichtswissenschaftliche Ausbildung noch überhaupt akademische Bildung genossen hatte, zur Beschreibung komplexer politischer und strategischer Zusammenhänge ... nötigt nach wie vor Bewunderung ab. ... Es ist schmerzlich, daß wir des großen Staatsmannes und Schriftstellers nicht ohne Wahrnehmung eines Schattens auf seinem Erscheinungsbild gedenken können.“

735 „Die deutsche Ideologie“ (1845/46) ist Marx' Abrechnung mit der „neuesten deutschen Philosophie in ihren Repräsentanten Feuerbach, B. Bauer und Stirner und des deutschen Sozialismus in seinen verschiedenen Propheten“.

Bombenkrieg und Erinnerungskultur

Welch ein Gezeitenwechsel! Kaum etwas blieb übrig von jenem manchmal beklemmenden Pathos, mit dem das Deutsche Reich die Toten des Ersten Weltkriegs ehrte. Zwar wurde nach 1945 intensiv über Waffengänge und politisch motivierte Gewalttaten des 20. Jahrhunderts gesprochen, zwar taucht gelegentlich der würdevolle Begriff *Erinnerungskultur* auf. Seine Akzeptanz leidet aber unter ideologischen Verengungen: „Erinnerungskultur – ein modischer Neologismus – wird eingegrenzt auf die Erinnerung an die im deutschen Namen begangenen Verbrechen des Dritten Reiches."[736] Von dieser systemwidrigen Eingrenzung befreit, soll der Begriff im folgenden das Gedenken an nichtdeutsche Kriegshandlungen und deren Opfer umfassen.

Wie ein Fossil aus grauer Vorzeit thront ein steinerner Löwe vor dem Ehrenfriedhof Wuppertal-Barmen. 1922 errichtet und in zeitgenössischen Quellen als „trutziges Wahrzeichen der Stadt" und „Symbol todesmutiger Treue und Tapferkeit" gerühmt, kündet sein Sockel von kaum zu steigernder Pathetik: „Hier schweige ein jeder von seinem Leid und noch so großer Not! Sind wir nicht alle zum Opfer bereit und zu dem Tod? Eines steht groß in den Himmel gebrannt: Alles darf untergeh'n. Deutschland, unser Kinder- und Vaterland, Deutschland muß besteh'n."[737] Ihr Vorbild bezieht diese etwas holprige Lyrik zweifellos aus dem Gedicht „Soldatenabschied" (1914) des expressionistischen Arbeiterdichters Heinrich Lersch: „Deutschland muß leben, und wenn wir sterben müssen!" Stilistisch geschliffener klingt es bei Ernst Jünger: „Das tiefste Glück des Menschen besteht darin, daß er geopfert wird, und die höchste Befehlskunst darin, Ziele zu zeigen, die des Opfers würdig sind."[738] Jahrzehnte

---

736 G. Birken-Bertsch, Das Bekenntnis zur Nation (Leserbrief), Frankfurter Allgemeine Zeitung, 21. April 2006.

737 Beschrieben etwa von R. Meyer-Kahrweg, Denkmäler, Brunnen und Plastiken in Wuppertal, S. 186f. Der Autor des Barmer „Gedenktextes", der Schriftsteller Will Vesper (1882–1962), gehörte später zu den Wegbereitern nationalsozialistischer Bücherverbrennungen.

738 E. Jünger, Der Arbeiter, S. 71; Jünger, daselbst, S. 36: „Echte Gestalten werden daran erkannt, daß ihnen die höchste Summe aller Kräfte gewidmet, die höchste Verehrung zugewandt, der äußerste Haß entgegengebracht werden kann. Da sie das Ganze in sich ber-

industrieller Revolution mit fundamentalen sozialen Umwälzungen, ein autoritäres Kaiserreich ohne das Lebenselixier wahrer Demokratie, die Niederlage von 1918 und die Härten von Versailles: Welch tiefe Verunsicherung, welch qualvolle Unruhe müssen ein Volk ergriffen haben, das nach mörderischen Waffengängen sinnerfüllte Geborgenheit nicht etwa im Christentum oder der Lehre von der individuellen Freiheit des Menschen, sondern in exzessivem Kollektivismus, fortgesetztem Kampf und martialischer *Opferbereitschaft* zu finden glaubte.

Wer hätte 1945, nach Beseitigung des NS-Regimes, solche Opfer für einen übel diskreditierten Staat bringen wollen! Selbst Pathos jenseits nationalistischer Aufwallung findet kaum noch Nährboden. Nur Minderheiten sind uneingeschränkt bereit, Opfer von Auslandseinsätzen der Bundeswehr – der Armee eines freiheitlich-demokratischen Gemeinwesens – durch Denkmäler zu ehren. Eine von weltanschaulichen Perspektiven weithin gelöste, ökonomischem Kalkül zugewandte Gesellschaft setzt andere Prioritäten. Bemerkenswert erscheint daher das Gedenkkonzept der Stadt Augsburg, das nicht nur durch gelungene NS-Mahnmale überzeugt.[739]

Bei der Neugestaltung des Kriegsopferfeldes auf dem Westfriedhof – hier ruhen 837 gefallene Soldaten und 379 Bombentote – griffen die Augsburger Stadtväter 1984 auf klangvolle Verse des holsteinischen Dichters Hermann Claudius (1878–1980) zurück, in denen Rainer Maria Rilkes dritte „Duineser Elegie“ (1913) nachzuhallen scheint. Das trostlose Antlitz des Krieges, zumal des unterschiedslosen Bombenkriegs gegen Zivilisten,

---

gen, fordern sie das Ganze ein. So kommt es, daß der Mensch zugleich mit der Gestalt seine Bestimmung, sein Schicksal entdeckt, und diese Entdeckung ist es, die ihn des Opfers fähig macht, das im Blutopfer seinen bedeutendsten Ausdruck gewinnt.“ N. Sombart, Nachdenken über Deutschland, S. 144 ff., nennt solche Gedanken „gleichsam um die über alle Verunreinigungen der Praxis erhabene Blaupause des Faschismus“. Daß Jünger bei alledem wohl kein prinzipieller Gegner des demokratischen Verfassungsstaats war, brachte er 1978 in der französischen Zeitung Le Monde zum Ausdruck: „Sprechen wir lieber vom Versailler Vertrag. Wenn die Leute von Weimar unsere Interessen würdig vertreten hätten, wären wir mit ihnen gegangen.“ (zitiert nach „Versailles. Aus der Sicht von Zeitzeugen, S. 400). – Zum Begriff „konservative Revolution“ siehe die materialreiche Anthologie von A. Mohler und K. Weißmann, Die konservative Revolution in Deutschland 1918 bis 1932. Ein Handbuch; zu Ernst Jünger (und Carl Schmitt) ebenda, vor allem S. 180–187. – Da es im Rechtssinne keine „konservative Revolution“ gab und erst die „Machtergreifung“ der Nationalsozialisten ab 1933 maßgebende Merkmale des Revolutionsbegriffs erfüllt, besteht bei flüchtiger Betrachtung die Gefahr, Konservatismus und Nationalsozialismus nicht ausreichend gegeneinander abzugrenzen. Diese von Teilen der politischen Linken instinktsicher erkannte und enthusiastisch begrüßte Verwechslungsgefahr läßt den Begriff „konservative Revolution“ zum Kampfbegriff werden. Wackere Konservative geraten unversehens in die „braune Schmuddelecke“.

739 Siehe etwa die Gedenkmauer mit zwei eindrucksvollen Reliefdarstellungen für 225 KZ-Opfer auf dem Westfriedhof. Bemerkenswerte Erinnerungsstätten gibt es auch auf dem Alten und dem Neuen Friedhof von Augsburg-Haunstetten. Dort wird u. a. auf einer schräg stehenden, rostenden Metallplatte der „Opfer des Luftkriegs“ gedacht.

blendet Claudius freilich aus. Seine Lyrik lebt von Einfühlungsvermögen und tiefer Trauer um die Gefallenen. Romantik wird zur gleichberechtigten Gegenspielerin der Aufklärung und mündet in den verzweifelten Versuch, den Kriegstod ungeachtet seines konkreten politisch-militärischen Bezugsrahmens als nicht gänzlich sinnlos zu begreifen: „Jede späte Rose, die ich breche, ist von eurem Jugendblut gerötet. Jede Frucht, die ich mit Händen greife, ist von eurem Jugendblut gesäftet. Jedes Kind, dem ich die Wange streichle, ist von eurem Jugendblut fröhlich. Erde, tote Erde, gib es wieder! Fang ein Gott es auf in seine Schale, hoch erhoben, daß sie köstlich strahle, hell von eurem Jugendblut durchleuchtet."

Derartige Verse haben in der Bundesrepublik Deutschland Seltenheitswert, erst recht Bekenntnisse der Zuneigung zu unserem Land, die meist aus fremden Federn fließen: „Ich liebe Deutschland. Zusammen für den Frieden – Together for Peace – England/Deutschland – Gestiftet von Terry Plant, Gärtner und Schriftsteller."[740] In sehr verhaltenen Worten gedenken deutsche Städte ihrer Vernichtung im Luftkrieg. Zahlreiche Texte an Kirchenruinen[741], Grabfeldern kommunaler oder kirchlicher Friedhöfe[742] oder sonstigen Monumenten beschränken sich auf *schlichte Erinnerungen* an die Toten und *unspezifische Mahnungen* zum Frieden: „Den Toten zum Gedenken, den Lebenden zur Mahnung" (Mainz, Ruine Christophkirche; Ansbach, Luitpoldbrunnen); „Als Mahnung und zum Gedenken an 6.621 Männer, Frauen und Kinder" (Nürnberg, Südfriedhof); „Die 689 Bombenopfer mahnen zum Frieden" (Halle an der Saale, Gertraudenfriedhof). Etwas lyrischer: „Aus der Toten Gedächtnis erwachse der Wille, das Gute zu wirken, dem Frieden der Erde zu dienen" (Heilbronn, „Ehrenhalle für die Toten des Zweiten Weltkriegs und die Opfer des Dritten Reiches"). „Der Toten Opfer mahnt: Vermehrt den Frieden in der Welt." (Emmerich/Niederrhein, Alter Friedhof)[743] Auf dem Friedrichsha-

740 Koblenz, Rheinuferweg neben dem Pfeiler der Pfaffendorfer Rheinbrücke.

741 Der Bombenkrieg hat überall in Deutschland faszinierende Kirchenruinen hinterlassen – Thema für eine eigene Monographie! Die bekannteste (Dresdner Frauenkirche) ist seit 2005 wieder ein „fertiges" Gotteshaus. Gleiches gilt für die Magdeburger Johanniskirche. Die Reste von St. Columba (Köln) wurden in den Neubau des Diözesanmuseums einbezogen. Als Restaurant wird die Ruine der Kasseler Garnisonkirche genutzt. – Optisch überwältigend die Hanauer Wallonisch-Niederländische (Doppel)kirche im Zusammenspiel von wiedererrichtetem (niederländischem) und als Ruine erhaltenem (wallonischem) Teil; markant auch die Reste einiger Klosterkirchen: Franziskanerklosterkirche (Berlin-Mitte), Augustiner- sowie Barfüßerkirche (beide in Erfurt). Die Ruine einer weiteren Einwandererkirche des 18. Jahrhunderts („Franzosenkirche") steht in Halberstadt.

742 In Heilbronn entstand sogar ein eigener großer Ehrenfriedhof für die Toten des Luftangriffs vom 4./5. Dezember 1944; in Aschaffenburg-Damm wurde eine Friedhofskapelle („Dämmer Friedenskapelle") zu Ehren dortiger Fliegeropfer umgewidmet.

743 Weitere Beispiele: „Den Opfern des anglo-amerikanischen Bombenangriffs vom 9. Okt. 1943 zum Gedenken" (Anklam, Friedhof); „Ein Gedenken ihnen, eine Erkenntnis uns" (Bremen, Friedhof Osterholz); „Den Toten zum Gedächtnis. Sie ruhen in Frieden. Den

fener Hauptfriedhof – auch hier tobte das Bombeninferno – wird zuvor verstorbener Bürger gedacht: „Zum Gedächtnis der Verstorbenen, denen der Krieg im Jahre 1944 die letzte Ruhestätte nahm." Pädagogisch sinnvoll erscheinen solche Mahnworte vor allem dann, wenn sie von einer Dokumentation des kriegerischen Geschehens begleitet werden.[744]

Mancherorts finden sich *gemeinsame Grabfelder für Bomben- und andere Kriegstote*, vor allem Soldaten. Diese Lösung bot sich an, wenn einzelne Opfergruppen quantitativ weniger stark ins Gewicht fielen. Entsprechend komplex sind die Gedenkworte. Ein Muster an Vollständigkeit liefert der Friedhof Siegen-Geisweid: „Wer Du auch seiest! Vor diesem Mahnmal beuge Dich in Erinnerung an das unermeßliche Leid zweier Weltkriege, an die Gefallenen und Vermißten, an die Opfer der Bombenangriffe und der aus rassistischen, politischen und religiösen Gründen Verfolgten, an die Toten der großen Vertreibung und an die Gefangenen, die hier starben." Auf der Flucht verstorbene Vertriebene ruhen in Siegen-Geisweid ebensowenig wie auf dem Ehrenfeld für Bombenopfer des Neuen Friedhofs in Gießen, obwohl die Inschrift eines verwitterten Steins dies nahelegen könnte: „Den Opfern der Luftangriffe auf Gießen und den auf der Flucht umgekommenen Heimatvertriebenen zum Gedenken."[745] Eindeutiger ist die Zuordnung in Rüningen. Vor dem Friedhof dieses Braunschweiger Stadtteils reihen sich fünf Stelen halbkreisförmig aneinander. Vier davon sind unterschiedlichen Opfergruppen von „Krieg und Gewaltherrschaft" gewidmet, bspw. „unseren Toten des Bombenkrieges 1939–1945". Die fünfte Säule in der Mitte rundet das Gedenkprogramm dialektisch ab: „Vergeßt nicht die Millionen deutscher Männer, Frauen und Kinder, die in der Heimat dem Bombenkrieg oder auf der Flucht vor

Lebenden zur Mahnung. Haltet fest am Frieden" (Darmstadt, Ruine Stadtkapelle); „Die Toten mahnen" (Halberstadt, Friedhof); „Dem Gedenken der Opfer des Bombenangriffes auf Potsdam vom 14. April 1945" (Potsdam, Neuer Städtischer Friedhof) – Eine eigentümliche Steintafel aus der NS-Zeit (?) liegt auf dem Südwestfriedhof Essen: „Liebet eure Heimat, mahnen die Toten." Dort ruhen auch 84 Opfer eines Bombenangriffs auf das Essener Gefängnis vom 12. Dezember 1944, darunter ein Mann, der im Familienkreis das Hitler-Attentat vom 20. Juli 1944 kommentiert hatte: „Wenn der Lump doch dabei umgekommen wäre, hätten wir längst Frieden." Von seinem 13jährigen Sohn denunziert, kam er in Haft; siehe E. Schmidt/M. Zimmermann, Essen erinnert, S. 109.

744 Vorbildlich das Dokumentationszentrum mit Text- und Bildmaterialien in der Ruine der Hamburger Nikolaikirche. – Andere Ruinen wie der Turm der Berliner Kaiser-Wilhelm-Gedächtniskirche, Alt St. Alban in Köln (mit der Kopie des „Elternpaares" von Käthe Kollwitz) oder St. Ägidien in Hannover erinnern nicht nur an Luftangriffe, sondern an alle Opfer der Weltkriege. Noch umfassender ist die Sinngebung der abgestürzten Kirchenglocken von St. Marien in Lübeck: „Diese Kapelle ist ein Mahnmal gegen Krieg und Gewalt."

745 Siehe auch die Umgebung des als Mahnmal fungierenden Kirchenturms in der Gießener Innenstadt, wo an verschiedenen Stellen bspw. der Opfer von Flächenangriffen und des Widerstands gegen das NS-System gedacht wird.

fremden Heeren ihr Leben opferten. ... Aus dem Tode komme das Leben, wachse die Liebe, werde der Frieden."

Getöteter Soldaten und Zivilisten wird traditionell in unterschiedlichen Worten gedacht. Irritieren könnte daher eine Tafel des Waldfriedhofs Bingen am Rhein aus dem Jahre 1956: „Unseren im Luftkrieg gefallenen Brüdern und Schwestern. 1939–1945." Gewiß waren die „im Luftkrieg gefallenen Brüder und Schwestern" mehrheitlich keine Kombattanten (was hier streng genommen auch den Terminus „Luftkrieg" fragwürdig macht). Aufgezwungen wurde ihnen aber der Aufenthalt auf einem Schlachtfeld, das in der Sprache des damaligen Reichs „Heimatfront" hieß. Tiefe Verbundenheit soll wohl die Kennzeichnung der Toten als „Brüder und Schwestern" ausdrücken.

Gelegentliche Ergänzungen zu Mahnworten lassen die Feuerstürme wie eine nicht von Menschenhand gesteuerte *Naturkatastrophe* erscheinen: „Zur steten Mahnung an die Heimsuchung unserer Stadt."[746] Trauer, Verzweiflung und Ratlosigkeit verschmelzen miteinander. Sie bringen in Hannover-Ricklingen und Nürnberg ungelenke Verse hervor, deren Sinn sich dem Leser nur allmählich und nicht in voller Bandbreite erschließt. Plausible moralische oder rechtliche Urteile sind dieser Lyrik fremd: „Ihr Toten, ihr Toten, was sollen wir tun? Unseres Lebens goldene Bahn hat in Grauen geendet und Nacht, weil die Menschen zu viel getan, weil die Menschen zu wenig gedacht."[747] „Euer Opfer, unser Leid sei dem Herrn der Welt geweiht. Dunkle Wege, wer begreift, Volk aus seinem Opfer reift."[748] Parodistische Züge, natürlich ungewollt, nimmt solche „Kriegsopferlyrik" am Eingang des Rüsselsheimer Waldfriedhofs an: „Es bleibet unvergessen der Toten stille Schar. Kein Maß kann je ermessen, wie groß ihr Opfer war. Ihr ungemeines, opferndes Verzichten bewirkt ein neues Maß für unsre Pflichten."

Gelungene Erinnerungsworte haben hin und wieder einen *antiken* – „Heil liegt nicht im Kriege. Frieden wünschen wir alle"[749] –, häufiger aber einen *christlichen Bezugsrahmen*: „Wir gedenken der Toten, die durch Kriege ihr Leben verloren, weil Haß in der Welt mächtiger war als die Liebe."[750] Zitiert wird aus der Offenbarung des Johannes: „Und Gott

---

746 Hauptfriedhof Kassel, Bombenkriegsmahnmal; ähnlich Bruchsal, Bergfried „Altes Schloß": „Zum Gedenken an dieses schicksalhafte Ereignis und zur Mahnung"; siehe auch: „Have we chosen? 1993. Geschaffen 50 Jahre nach der Zerstörung Kassels" (Bronzetafel neben einer abstrakten Konstruktion, Rasenfläche vor dem Regierungspräsidium in Kassel).

747 Stadtfriedhof Hannover-Ricklingen, Bombenkriegsmahnmal.

748 Südfriedhof Nürnberg, sarkophargartiges Mahnmal für die hier unterschiedslos bestatteten Kämpfer und Zivilopfer des Zweiten Weltkriegs; intentional vergleichbar ist ein weiterer Gedenktext aus Nürnberg: „Sind Kriege auch Quittungen?" (Stadtkirche St. Sebald, Pfeiler im Kirchenschiff)

749 Vergil, 70–19 v. Christus (Paderborn, Mahnmal Busdorfwall).

750 Hauptfriedhof Braunschweig, Granitsteintafel.

wird abwaschen alle Tränen von ihren Augen."[751] Den überwältigenden Eindruck einer von Bombensplittern ins Herz getroffenen und seiner Arme beraubten Christusfigur am Kreuz verstärken die Worte: „Ich habe keine anderen Hände als die Eueren."[752] Hintergründige Gedanken zur Urheberschaft am Bombenfrevel, ein Hauch von visionärem, sozialistischem Zukunftspathos und die unerschütterliche Hoffnung auf ein Wiedererstehen aus Ruinen dokumentiert das Buntsandsteinmahnmal des Städtischen Friedhofs Chemnitz – im Zusammenwirken von dichterischer und bildhauerischer Leistung eine der reifsten Schöpfungen deutscher Bombenkriegserinnerung: „Es werden sich die Wunden schließen, die furchtbar der Barbar der Menschheit schlug, und leuchtend wird das Frührot sich ergießen über ein Erden-Neuland unterm Pflug."[753]

Die gehäufte Verwendung inhaltsgleicher Mahn- und Gedenkworte könnte signalisieren, der Opferbegriff sei nach 1945 zur bedeutungsarmen Floskel verkommen. Das mag teilweise zutreffen. Andererseits begegnen wir *neuen Sinngehalten*. Bezugsrahmen sind eher selten Volk oder Vaterland (sie werden zumindest kaum erwähnt), sondern vermeintlich unbelastete Kategorien oder geographische Einheiten: „Hier starben am 11. Mai 1944 für ihre Heimatstadt Saarbrücken im jugendlichen Alter von 15 bis 17 Jahren die Flakhelfer …"[754] Anklang findet – im Eifelstädtchen Bitburg – auch die Bereitschaft, sein Leben den eigenen Freunden zu opfern: „Niemand hat größere Liebe denn die, daß er sein Leben läßt für seine Freunde."[755]

751 Hauptfriedhof Freiburg im Breisgau, Steinplatte am Massengrab der Bombentoten. – Teils rätselhafte christliche Symbolik („Apokalyptisches Geschehen", Motive aus der Offenbarung des Johannes) auf zwei hintereinander geschichteten Schieferplatten des Bildhauers Eugen Senge-Platten (katholischer Friedhof Wuppertal-Barmen, Liebigstraße).

752 Münster/Westfalen, St. Ludgerikirche.

753 Autor dieser Verse (wie auch der beklemmenden SED-Parteihymne „Die Partei, die Partei, die hat immer recht") ist der aus Karlsbad/Böhmen stammende jüdische Schriftsteller, Musiker und Diplomat Louis Fürnberg (1909–1957). 1946 aus dem Exil in Palästina zurückgekehrt, wurde er 1949 erster Botschafter der DDR in der Tschechoslowakei. 1952 im Zuge antisemitischer, stalinistischer Säuberungsprozesse wieder abberufen, war er bis zu seinem plötzlichen Tod stellvertretender Direktor der Nationalen Forschungs- und Gedenkstätten in Weimar. – Bildhauer des dreiteiligen Mahnmals von 1960, in der Mitte die Skulptur einer Mutter mit totem Kind im Arm, ist Hanns Diettrich, der auch andere monumentale Bildwerke im damaligen Karl-Marx-Stadt geschaffen hat.

754 Saarbrücken, Am Lulustein (Straße), Sandsteintafel.

755 Bitburg, Ehrenfriedhof; diese Anlage geriet am 5. Mai 1985 in die Schlagzeilen durch einen Besuch von US-Präsident Ronald Reagan und Bundeskanzler Helmut Kohl. Grund: In Bitburg ruhen neben deutschen und amerikanischen Soldaten auch 49 Gefallene der Waffen-SS. Zu den Hauptakteuren der Anti-Bitburg-Kampagne gehörte Günter Grass, der 20 Jahre später als Mitglied der Waffen-SS enttarnt wurde. Die als frühes Wetterleuchten des „Historikerstreits" (1986) aufzufassende, wenig christliche Botschaft der Anti-Bitburg-Kampagne: NS-Verbrechen sind so einzigartig, daß es selbst an Gräbern keine Versöhnung geben darf – nicht einmal mit jungen Menschen, die nur in einen losen organisatorischen Zusammenhang mit verbrecherischen Akteuren der SS gebracht werden können!

Der „Dortmunder Phönix" am Obelisken auf dem Hauptfriedhof

Anregende Interpretationen läßt eine künstlerisch gelungene Bronzetafel auf dem Dortmunder Hauptfriedhof zu. Sie schmückt einen Obelisken am östlichen Ende des überwiegend mit Bombentoten belegten Kriegsopferfeldes. Ein sich aufschwingender Adler über brennenden Ruinen, der „Dortmunder Phönix", lenkt den Blick auf die Worte: „Unser Opfer ist eure Verpflichtung – Frieden." Keine Frage, das Ruhrgebiet war Ziel strategischer Angriffe auf kriegswichtige Produktionsstätten, die in ihrer Gesamtheit zum Sieg über Hitler-Deutschland beigetragen haben. Die getöteten Zivilisten, „Kollateralschäden" im Sinne des Kriegsvölkerrechts, haben bei kausaler Betrachtung tatsächlich Opfer für den Frieden gebracht. Wie aber steht es um die durch unterschiedslose Luftschläge Getöteten, die es im großflächig zerstörten Dortmund gewiß gegeben hat? Haben auch sie ein Opfer für den Frieden gebracht? Prima vista scheint man die Frage verneinen zu müssen, weil sich ein unmittelbarer Ursachenzusammenhang zwischen Demoralisierungsbomben und Kriegsverkürzung nicht nachweisen läßt. Allerdings könnten diese Menschen mittelbar doch eine Ursache für den andauernden Frieden der Nachkriegszeit gesetzt haben. Vielleicht hat ihr sinnloser Tod ein Stück weit dazu beigetragen, den Krieg und gerade auch den totalen Krieg gegen Zivilisten ethisch zu diskreditieren und in einigen Ländern Europas, nicht zuletzt in Deutschland, ein stabiles Wertegerüst fernab martialischer Nationalismen zu etablieren.[756] Daß solche „Fernwirkungen" die Befehlshaber alliierter Luftflotten nicht zu entlasten vermögen, liegt auf der Hand. Jeder Verbrecher könnte sich andernfalls rühmen, mit brutalen Missetaten Sensibilisierungseffekte in der Öffentlichkeit und auf lange Sicht womöglich eine Senkung der Verbrechensrate zu erzeugen.[757]

Ebenso spannend ist eine andere Frage. *Klagen* die Gedenkstätten einer vom Kollektivschuldtrauma gequälten Nation feindliche Kriegsverbrechen *an*? Dringt der unerhörte Gedanke einer „nichtdeutschen Schuld" irgendwo zur Wirklichkeit? Ja, vor allem in der ehemaligen DDR, die freilich keine zur Staatsräson erhobene Westbindung erlebte und von den schwer bekömmlichen Früchten der 68er-Bewegung und des Historikerstreits (1986) höchstens Restbestände zu kosten bekam. Die Suche nach solchen Texten artet aber auch dort zur Sisyphusarbeit aus. Folgende Gedenkworte, die keinen Anspruch auf Vollständigkeit erheben, sind aus heutiger Sicht nicht ganz „korrekt":

- „Euch Lebende mahnen 3.330 Opfer des Bombenterrors" (Parkfriedhof Berlin-Marzahn, Sockeltext einer schwörenden Hand aus Stein);
- „Zum Gedenken an 4.000 Opfer des anglo-amerikanischen Bombenterrors auf Chemnitz am 5. März 1945" (verwitterte Sandsteinplatte, städtischer Friedhof Chemnitz); „Den Opfern des Bombenterrors aus dem Zweiten Weltkrieg" (Hauptfriedhof Erfurt, Ehrenhain II);
- „20.000 Opfer des Bombenangriffs am 12. März 1945 auf Swinemünde. Eine Stadt sank in Trümmer. Vergeben, doch nicht vergessen. Wir gedenken der Toten." (privat gestiftete Bronzeplatte der Kriegsgräberstätte Golm in Kamminke/Usedom);
- „Trauernd gedenkt die Stadt der erschlagenen Söhne und Töchter. Wehrlose Opfer der Willkür, ruhen sie hier in der Erde der Heimat – Zum Andenken an die Opfer der Luftangriffe auf die Stadt Hil-

---

756 Vgl. die Inschrift auf dem Kriegerdenkmal (1930) des Karlsruher Hauptfriedhofs: „In Ehrfurcht und Treue gedenket der Opfer. Ihrem Tod entströme heilige Kraft und Mut zu Taten des Friedens." Tendenziell ähnlich die bündige Inschrift des künstlerisch beachtlichen Denkmals gegen Kriege im oberpfälzischen Schwandorf (Wackersdorfer Straße): „Unser Sterben – Eure Verpflichtung". – Vor „bildlich" metaphorisch Hans Meis, Altphilologe aus Kleve am Niederrhein, in einer Gedenkstunde (7. Oktober 1961) zum 17. Jahrestag der Zerstörung seiner Heimatstadt: „Die Stimmen der Toten raunen uns zu: ‚Der Sinn unseres Sterbens liegt darin, daß Ihr, die Überlebenden, den Kampf um den Frieden, den Kampf um den Abbau des Völker-, Rassen- und Klassenhasses führt, damit nie mehr Menschen durch die Furie des Krieges ihr Leben verlieren.' ... Dann ist auch das Wort des römischen Dichters Horaz für jeden unserer Toten zutreffend: ‚Non omnis moriar! Ich werde nicht ganz sterben!'" (zitiert nach B. Thissen, Die Kriegsgräberstätte Donsbrügger Heide, S. 80).

757 Dies ist zugleich ein zentraler Einwand gegen handlungsfolgenorientierte (konsequentialistische) Ethikkonzepte wie den Utilitarismus; siehe dazu die Kapitel „Kann ‚Morale Bombing' moralisch sein?" und „John Rawls' ‚Morale Bombing'-Kritik?"

desheim im Weltkrieg 1939–1945“ (zwei verwitterte Granitplatten, Nordfriedhof Hildesheim).

- „Zum Gedenken unschuldiger Bombenopfer. Itzling, 16. Oktober 1944.“ (Salzburg-Itzling, Ischlerbahnstraße 15)[758]

Nicht nur die Westalliierten geraten ins anklagende Visier des bilderreichen, von den Plastiken „Frau mit Kind“ und „Trümmerfrau“ umrahmten Bronzeportals der Magdeburger Johanneskirche: „Wer aber aus der Vergangenheit nichts gelernt hat und weiter Haß und Zwietracht sät, den klagen wir an.“ Heinrich Apel schuf diese ausdrucksstarke Komposition 1982 für die damalige Kirchenruine. Ihr dramatischster Teil ist die Reliefdarstellung des am 16. Januar 1945 im Feuersturm untergegangenen Magdeburg. Mühelos gelingt Apel der künstlerische Spagat zwischen spätromanischer Bauform und moderner Bildersprache.

Ein ausdrucksstarkes Denkmal mit behutsamer Anklage gegen die „Morale Bombing“-Doktrin fasziniert den Besucher im niederrheinischen Wesel. Die vom NS-Staat zur „Festung“ erklärte und als Brückenkopf hingabevoll verteidigte Stadt wurde durch Bombardements im Frühjahr 1945 zu 98 % zerstört. Obwohl sie grundsätzlich ein legitimes Angriffsziel war, sei hervorgehoben, daß die besonders verheerenden Angriffe vom Februar 1945 keinen direkten Zusammenhang zu Bodenkämpfen herstellten und die spätere Einnahme der Stadt sowie den Rheinübertritt der Alliierten lediglich vorbereiteten. 1996 schuf Kuno Lange zu Ehren des Humanisten Konrad Heresbach (1496–1576) eine knapp mannshohe Bronzeplastik. Sie schmückt den Großen Markt am Willibrordidom, der zugleich Heresbachs Ruhestätte ist.[759] Auf der rechten Innenseite eines aufgeschlagenen Buchs finden sich eindringliche Worte des Humanisten: „Denn es gilt Irrtümer, nicht Menschen auszurotten.“ Ein großer Denker wird hier der Vergessenheit entrissen. Jeder Staat, der menschenverachtende Diktaturen mit kriegerischen Mitteln bekämpfen will, allen voran die westliche Führungsmacht USA, sollte nicht allein auf die Schlagkraft seiner Bomber, sondern mindestens ebensosehr auf Macht und Strahlkraft des aufgeklärten abendländischen Geistes vertrauen. Konrad Heresbach, der frühzeitig die Gefahr dramatischer Religionskämpfe erkann-

758 Zu Texten in Dresden siehe das Kapitel „Dresden gedenkt“.

759 Der Jurist und Theologe Heresbach, Freund des Erasmus von Rotterdam, kam nach einer Altphilologieprofessur in Freiburg/Breisgau an den Hof des Herzogs von Jülich-Kleve-Berg. Er übernahm politische und repräsentative Funktionen und erzog die Kinder des Herzogs.

te und unermüdlich zwischen den Konfessionen zu vermitteln trachtete, darf nicht länger ignoriert werden![760]

Wesel beherbergt auch eines der „wildesten“ Weltkriegsmahnmale. Neben dem Haupteingang des Alten Friedhofs empfängt eine drei Meter hohe „Knieende“ mit überlangen, zum Himmel emporgerissenen Armen die Besucher. 1963/64 fertigte Hans von Breek diese Bronzefigur, deren bizarr übersteigerter Expressionismus die Vorbilder Ernst Barlach, Wilhelm Lehmbruck und Ossip Zadkine beinahe beschaulich wirken läßt.

Es war nicht Gerhard Marcks (1889–1981), der die Idee einer *stummen Anklage* gegen Luftterror in die bildende Kunst eingeführt hat. Diese Ehre gebührt Picasso mit seinem Kolossalgemälde „Guernica“. Marcks' bildhauerischer Beitrag in der expressionistischen Tradition Ernst Barlachs bleibt dennoch gewaltig. Seine Mahnmale schmücken Bochum, Köln oder Mannheim. Ein Werk von epochaler Bedeutung findet sich in Marcks' Nachkriegswohnort Hamburg – am Massengrab der Feuersturmopfer auf dem Friedhof Ohlsdorf. Den monumentalen Kalksteintempel mit dem Relief „Der Fährmann Charon fährt die Opfer in die Unterwelt“ (1952) beschreibt der Künstler illusionslos: „Ich habe auf das vorchristliche Zeitalter zurückgegriffen, weil hier eine christliche Todesauffassung nicht am Platze war. Weder ist in dieser Art des Todes etwas Versöhnliches, noch starben die Bombenopfer als Märtyrer für eine Idee, sondern alle, Männer, Frauen und Kinder, wurden in den Wahnsinn der Vernichtung gerissen ohne Antwort auf die Frage: Warum?“[761]

Kongeniale Bildwerke mit stummer Anklage gegen Bombenterror findet der Besucher auch im weiten Rund des Südfriedhofs Leipzig (Marie-Luise Bauerschmidt, Bronzeplastik „Der Jüngling“), vor dem Hauptfriedhof Würzburg (Fried Heuler, Liegendbronzeplastik mit vier Getöteten unterschiedlichen Lebensalters) oder auf dem Hauptfriedhof Karlsruhe (Erich Lipp, Sandsteinfigur „Mutter mit Kind“). Zu den rührendsten Friedhofsdenkmalen gehört das „Flüchtlingsmädchen“ (Rudolf Leptien) vor der Kriegsgräberstätte Golm auf Usedom; es erinnert an die wohl 20.000 Toten des US-Luftangriffs auf Swinemünde am 12. März 1945. Kaum weniger überwältigend ist das Zusammenspiel von Ruhestätte und bildender Kunst auf dem Friedhof Homburg/Saar (monumentale, acht Meter hohe Sandsteingruppe „Mutter und Kind“) und dem Hauptfriedhof Koblenz (übermannsgroßer Bronzeengel in der düsteren Gedenkhalle

760 Ausgerechnet diese Haltung machte Heresbach für die katholische wie für die protestantische Seite suspekt und trug maßgebend zu seinem späteren ideengeschichtlichen Nischendasein bei; siehe die informative Begleitschrift zur Heresbach-Gedächtnisaustellung Ende 1996 in Wesel: J. Prieur (Hrsg.), Humanismus als Reform am Niederrhein. Konrad Heresbach 1496–1576.

761 Zitiert nach J. Nyary, Am Ende bleibt die Frage: Warum? Hamburger Abendblatt, 30. Juli 2003.

Denkmal auf dem Ohlsdorfer Friedhof, geschaffen von Gerhard Marcks (1889–1981) zur Erinnerung an die Opfer des Hamburger Feuersturmangriffs vom 27./28. Juli 1943, dem etwa 40.000 Einwohner der Stadt zum Opfer fielen

„Pulverturm“, einem 1829/30 erbauten Teil einer preußischen Befestigungsanlage). In beiden Städten liegen gefallene Soldaten und Zivilisten nebeneinander auf denselben Grabfeldern. Auch „Die Gefangenen“ neben dem Bombenopferfeld des Kölner Westfriedhofs prangern nicht nur den Luftkrieg an. An Gittern rüttelnde Menschen – eine Inkarnation lähmender Verzweiflung! Der Weißrusse Ossip Zadkine (1890–1967) schuf dieses Meisterwerk der Gießkunst während seines Kriegsasyls in den USA. In den 1960er Jahren von der Stadt Köln als Mahnmal für alle NS-Opfer erworben, hätten „Die Gefangenen“ auch auf dem Gestapo-Opferfeld des Westfriedhofs aufgestellt werden können. Dort zeigt sich dem Besucher ein weiterer Höhepunkt deutscher Mahnmal-Bildhauerkunst, die „Jünglinge im Feuerofen“ (Dan. 3,6 ff.) von Herbert Calleen. Mit zwei ergreifenden Bronzemahnmalen – aus den 1960er Jahren – glänzt auch das westfälische Herne. Eine scheinbar zu Boden sinkende, den rechten Arm zum Himmel streckende Figur des Künstlers Herbert Volwahsen (zugeschrieben) vor dem Bombenopferfeld des Südfriedhofs symbolisiert den vom Krieg niedergedrückten und dennoch hoffenden Menschen. Die zweifigurige Monumentalkomposition „Aufschrei“ von Gustav Müller-Blankenstein erhebt den Ehrenfriedhof von Herne-Eickel (vormals Wanne-Eickel) in den Rang einer veritablen Sehenswürdigkeit.[762] Gepackt von

762 Muschelkalkfiguren des im Krieg verwundeten, aber unermüdlich arbeitenden Bildhauers und Keramikers Müller-Blankenstein sind auf dem Hauptfriedhof von Mönchengladbach und dem Friedhof von Meschede-Freienohl zu sehen.

Angst und Verzweiflung, starrt die größere der beiden Figuren nach oben – auf der Suche nach feindlichen Bombern oder dem Schutz einer höheren Macht? Erwähnt sei ferner die „endlose Straße" – siebzehn hintereinander schreitende Figuren(gruppen) aus Kalkstein – auf dem Hallenser Gertraudenfriedhof, geschaffen 1980 von Richard Horn. Eine der Gruppen zeigt „Bombenopfer".

Auch in deutschen Innenstädten dürfte der Betrachter so manche „stumme Anklage" entdecken. Erwähnt seien die Gedenkstätte „Tempelbrunnen" (Josef Wiedemann/Hans Wimmer) auf dem Neuhofener Berg in München, die Edelstahlkonstruktion „Bombentrichter" (Heinrich Kasan) neben der Gedenkhalle des Schlosses Oberhausen sowie die eindringlichen Bildwerke „Flammenengel" (Adolf Wamper) neben dem Dürener Rathaus, „Friedensengel" (Gerhard Marcks) an der Mannheimer Bürgerhospitalkirche und „Menschensäule" (Jürgen von Woyski) auf dem Nordhäuser Rathausplatz.

Aller anklagenden Elemente beraubt, präsentiert sich das dreiteilige, abstrakte Ensemble aus weißem Carrara-Marmor und Stahl (Wieland Schmiedel) auf dem Magdeburger Westfriedhof – enthüllt 1995 am 50. Jahrestag des verheerenden Luftangriffs auf die Stadt.[763] Von einer schlichten Marmorplatte mit der Inschrift „16. Januar 1945" schreitet der Besucher auf einem 120 Meter langen Weg zunächst zu einem im Erdreich versinkenden Marmorwürfel unter hohen Stahlträgern und danach zu einer weiteren rostigen Stahlkonstruktion mit beweglicher Kugel, die sich mit geringem Kraftaufwand gegen eine drei Meter hohe Marmorstele schlagen läßt. Der Marmor soll Zerbrechlichkeit und das rostende Metall Vergänglichkeit demonstrieren. Physikinteressierte Friedhofsbesucher werden überdies die „Magdeburger Kugel" assoziieren. Sie war Bestandteil einer sog. Vakuumluftpumpe, mit deren Hilfe Otto von Guericke, Bürgermeister und bedeutendster Naturwissenschaftler der Stadt, 1663 die Existenz des luftleeren Raums nachweisen konnte.

Mancherorts wird der von alliierten Bomben getöteten *Kriegsgefangenen* und *Zwangsarbeiter* gedacht. Die Texte, meist unmittelbar nach dem Krieg verfaßt, stammen in der Regel von Landsleuten der Gefallenen. Sie beschwören den Sieg über Hitler-Deutschland oder schaffen Assoziationen mit den Nürnberger Kriegsverbrecherprozessen. Erregt klingt es auf einem verwitterten Stein des Karlsruher Hauptfriedhofs: „Ewiges Gedenken den sowjetischen Bürgern, den Opfern des deutschen Faschismus. Es sollen die Faschisten wissen, daß kein Akt ihres Verbrechens ungesühnt

---

763 Gleichzeitig wurde im Kulturhistorischen Museum Magdeburg die Ausstellung „‚Dann färbte sich der Himmel blutrot…' Die Zerstörung Magdeburgs am 16. Januar 1945" eröffnet. Deren Qualität dokumentiert der hervorragende, gleichnamige Ausstellungskatalog.

bleiben wird. 1941–1945." Moderater liest es sich in Duisburg-Meiderich (Rönsberghof): „Zum Gedenken an 33 sowjetische Kriegsgefangene, gefallen in der faschistischen Sklaverei. Schlaft ruhig, Brüder; der Faschismus ist geschlagen."

Neuartige Formen der Luftkriegsbewältigung beschäftigen die Einwohner zweier Industriestädte. Im Brennpunkt stehen getötete *alliierte Bomberpiloten*. In Schweinfurt – wo die USAAF beim verlustreichen Tagesangriff des 17. August 1943 ein Drittel ihrer Flugzeuge verlor[764] – werden diese in die Erinnerung an deutsche Opfer einbezogen. Vor dem Spitalseebunker steht seit 1998 eine „in zwei Teile gerissene" Bronzetafel mit deutschem und englischem Text: „Zum Gedenken an die Männer, Frauen und Kinder, an die Angehörigen der 8. US-Luftflotte und der deutschen Luftwaffe, die bei den Luftangriffen auf Schweinfurt in den Jahren 1943 bis 1945 den Tod fanden. Ehemals Feinde im Krieg heute als Freunde verbunden in dem Wunsch auf Frieden unter den Völkern." Keine Frage, das Bedürfnis der Stadt Schweinfurt und US-amerikanischer Veteranen, ein vitales Zeichen für Aussöhnung zu setzen, nötigt tiefen Respekt ab. Allerdings sollte über diese Art der Vergangenheitsbewältigung in einem größeren, auch überregionalen Rahmen diskutiert werden.

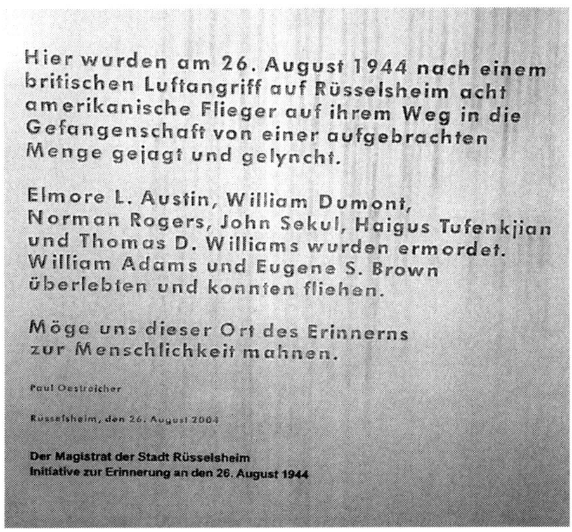

Gedenktafel des Rüsselsheimer Magistrats mit vereinfachter Darstellung der Ereignisse

Zwiespältiger bleibt der Eindruck in Rüsselsheim, dessen Magistrat seit 2004 eine US-Bomberbesatzung auf einer Klinkerwand mit eingefrästen Porträtfotos ehrt. Die acht Soldaten waren bei Hannover abgeschossen und während ihres Transports in ein Gefangenenlager gelyncht worden. Täter waren aufgebrachte Bürger der kurz zuvor vom Bomber Command verwüsteten Industriestadt am Main.[765] Die 198 Opfer dieses britischen Luftschlags vom 26. August 1944 werden auf der Klinkerwand (am Tatort in der Grabenstraße) ebensowenig erwähnt wie die drakonische Bestrafung der an den Lynchmor-

764 J. Friedrich, Der Brand, S. 45.

765 Sechs US-Soldaten starben; zwei, die sich tot gestellt hatten, konnten entkommen; siehe J. Friedrich, Der Brand, S. 489.

den Beteiligten durch die Nachkriegsjustiz.[766] Eine ausgewogene Analyse von Schuld und Verstrickung aller Akteure lassen die Initiatoren des Rüsselsheimer Mahnmals nicht zu. Grund ist das dogmatische „Aufrechnungsverbot" neudeutscher Erinnerungspolitik: „Die 50 Millionen Toten des Zweiten Weltkrieges sind das Ergebnis nationalsozialistischer Machtpolitik. Deshalb ist es auch unzulässig, die einen Taten mit den anderen aufzurechnen."[767]

Generell verstärkt sich etwa seit 1960 – und mit beklemmender Dynamik seit Mitte der 1980er Jahre – der Einfluß *deutschskeptischer Political Correctness* auf die Erinnerungskultur. Die Entwicklung geht einher mit der schleichenden Marginalisierung traditioneller Eliten und der Ausbreitung programmatischer Belanglosigkeit in der „Volkspartei" CDU, die trotz christlich-konservativer und patriotischer Wurzeln (sowie mittelstandsfreundlicher, wirtschaftsliberaler Wahlkampfinszenierungen) an der politischen Willensbildung kaum noch mitwirkt und öffentlichkeitswirksame Kampagnen ihres rot-grünen Gegners mal staunend, mal Beifall klatschend rezipiert. Ungeachtet der Ankündigung Helmut Kohls, eine geistig-moralische Wende herbeizuführen, wird die Christlich Demokratische Union seit 1982 verstärkt als opportunistisch-taktischer „Kanzlerwahlverein" wahrgenommen.[768] Ausdruck der ideologischen Metamorphose der Bundesrepublik Deutschland ist auch die Ablösung des antitotalitären Grundkonsenses durch jenen „Gründungsmythos Auschwitz" (Bundesaußenminister a. D. Joseph [„Joschka"] Fischer), der zwar die juristische Bewältigung des NS-Systems beflügelt, die differenzierende Aufarbeitung europäischer Geschichte des 20. Jahrhunderts aber zunehmend zu ersticken droht. Selbst ein deutschnationaler Euphorie unverdächtiger Historiker wie Hans-Ulrich Wehler reagiert irritiert auf die Wucht dieses Paradigmenwechsels. In einem Interview der „Welt am Sonntag" zum 60. Jahrestag des Kriegsendes erwiderte er auf die Frage, ob in Deutschland „Platz für das Nationalbewußtsein Joschka Fischers" sei: „Dessen

766 Unter anderem wurden fünf Todesurteile und fünf lange Haftstrafen verhängt; siehe C. Wolfschlag, Eine seltsame Heldenverehrung, Junge Freiheit, 3. September 2004.

767 Martin Schlappner von der Gruppe „26. August 1944. Erinnerungen"; zitiert nach C. Wolfschlag, Eine seltsame Heldenverehrung, Junge Freiheit, 3. September 2004.

768 Unter dem Suchwort „Kanzlerwahlverein" findet sich ein Wust von Interneteinträgen über die CDU. – Die Profillosigkeit der Partei scheint sich unter Bundeskanzlerin Angela Merkel weiter zu verstärken. Diese rückt aus Angst vor der wirkungsmächtigen „Faschismuskeule" sowie zwecks Abstrafung parteiinterner Rivalen von jedem CDU-Politiker ab, der wegen Äußerungen zum NS-Staat ins Visier des Gegners gerät. Der Preis, den die CDU für Merkels persönlichen Machtzuwachs zahlen muß, ist hoch; siehe V. Zastrow, Regieren ohne Loyalitäten, Frankfurter Allgemeine Sonntagszeitung, 29. April 2007: „Das bedeutet nichts anderes, als der Linken gleichsam den Generalschlüssel der historischen Deutungshoheit auszuhändigen und damit den politischen Konservatismus einer kulturellen Hegemonie seiner ideologischen Gegner zu unterwerfen."

Gründungsmythos Auschwitz heißt? Nein, dafür ist kein Platz. Ein vitales Gemeinwesen läßt sich nicht auf Menschheitsverbrechen aufbauen. ... Humanität und Freiheit ..., diese positiven Werte sind längst Inhalt unserer Verfassung. Dafür brauchen Sie nicht den Holocaust, auch wenn ein Teil der 68er monoman darauf insistiert. Unstrittig ist der Holocaust zentral im 20. Jahrhundert. Aber die Größe eines Verbrechens adelt es nicht zum Identitätsstifter."

Parallel dazu haben sich in der Bombenkriegserinnerung stereotype Argumentationsmuster mit einem zwei-, manchmal auch dreistufigen Aufbau herausgebildet:

Stufe 1: Unterschiedslose Luftangriffe gegen deutsche Städte werden nicht isoliert, sondern „im historischen Kontext" geschildert. Das klingt nach erfreulicher Differenzierung, läuft im Ergebnis aber auf das Gegenteil hinaus, weil neudeutsche Gedenkworte kein wissenschaftlich objektives, sondern ein vom „Gründungsmythos Auschwitz" gefärbtes ideologisches Unternehmen sind. Komplexe geschichtliche Kausalzusammenhänge und politische Interdependenzen der Jahre 1918 bis 1945 werden nicht aufgespürt, geschweige denn angemessenen analysiert. Emsig tragen die Autoren geschichtliche Eckdaten des „Dritten Reichs" zusammen und verweisen auf die „Machtergreifung" Hitlers, den Angriff auf Polen oder „Verbrechen gegen die Menschlichkeit" (völkerrechtlich exakter: Verbrechen gegen die Menschheit), die von Nationalsozialisten verübt wurden.

Stufe 2: Im Lichte dieses Materials wird Bombenterror gegen deutsche Städte heruntergewichtet. Monokausale Betrachtung läßt ihn am Ende als zwangsläufige Folge „deutscher Alleinschuld" an einem oder gar beiden Weltkriegen erscheinen. Während Gedenkredner den nur mittelbaren und natürlich unbeabsichtigten Kausalbeitrag des NS-Regimes zur Zerstörung deutscher Städte anklagend beschwören, vernachlässigen sie den absichtlichen, höchst unmittelbaren Verursachungsanteil der Westalliierten. Alles dreht sich um das Friedensvölkerrecht. Abendländische Ethik und humanitäres Kriegsvölkerrecht versinken im Strudel einer totalitärantideutschen Gegenaufklärung.

Stufe 3: Korrekte Bezeichnungen von Völkerrechtssubjekten (das Deutsche Reich etc.) und ihren Kriegshandlungen werden vermieden. Das tendenziell germanophobe Geschichtsbild vieler Autoren verlangt nach klaren Zuordnungen: Es gibt nur noch NS-Opfer, gute Alliierte („Befreier") und böse Deutsche („Täter"). Vielleicht wird auch Stalin irgendwann zum (Gesinnungs)deutschen erklärt! Die umstrittene Alleinschuld mündet in die diskriminierende Kollektivschuldthese. Trotzig wie ein Kind, dem man sein Lieblingsspielzeug wegnehmen will, schreibt etwa Willi Winkler – bis dato durch anregende Texte über Bob Dylan und die Rolling Stones aufgefallen – gegen ausgewogene Kriegsanalysen an: „Es hilft nichts, es waren die Deutschen, die damit angefangen haben."[769]

Anschaulich offenbart sich diese Eindimensionalität auf Text- und Bildtafeln der 1998 neugestalteten Gedenkstätte des historischen *Würzburger Rathauses* (Grafeneckart). Ein talentierter Erzähler beschreibt die längst widerlegten „Morale Bombing"-Visionen von Churchill und Harris sowie die Zerstörungskraft ihrer Elitestaffel, der berüchtigten Bomber Group Five, die auch „den fürchterlichen ersten Schlag gegen Dresden geführt" habe. Warum mußten am 16. März 1945 ca. 5.000 wehrlose Männer, Frauen und Kinder in der mainfränkischen Metropole sterben? Die Antwort gerät zum qualvollen Aufschrei: „Krieg, den die Deutschen losbrachen." Der Autor schreibt Statistiken über die Zerstörung Würzburgs, aber nichts über deren atemberaubende Sinnlosigkeit. Das ist ein gravierendes Versäumnis, denn der Nachtangriff des 16. März 1945 hat den Zweiten Weltkrieg um keinen Tag verkürzt, im Gegenteil sogar die Einnahme der Stadt durch US-amerikanische Bodentruppen beträchtlich erschwert.[770] Bleibt die psychologische Frage, warum der Autor ein Kollektiv, dem er wohl selber angehört, in der Distanz schaffenden Dritten und nicht in der Ersten Person Plural („wir Deutsche") attackiert. Will er sich von „den Deutschen" lossagen, also seine nationale Identität gleichsam exorzistisch austreiben? Oder will er die von ihm zunächst herbeigeredete, aber dann als belastend empfundene Kollektivschuld nur der ihm fremden Erlebnisgeneration seines Volkes aufbürden?[771] Überzeugende Gedenkarbeit lebt von einem Minimum an Anstand, Fairneß, Ehrlichkeit und friedvoller Versöhnungsbereitschaft. So empörend unmoralisch es wäre, wegen der RAF-Bomben über „die Engländer" zu räsonieren (oder

---

769 W. Winkler, Nun singen sie wieder, Süddeutsche Zeitung, 27. November 2002. Winkler wiederholt hier einen Satz des britischen Kolumnisten David Aaronovitch („Independent"): „Aber es hilft nichts: Sie haben damit angefangen. Deshalb müssen wir uns bei den Deutschen auch nicht entschuldigen."

770 J. Friedrich, Der Brand, S. 316: „Die zu 3.500 Mann darin verschanzten deutschen Truppen lieferten in den Ruinen sechs Tage ein blutiges Gefecht, für die Amerikaner die bitterste Stadtschlacht seit Aachen. Das Ruinenfeld begünstigte beide Male den aussichtslosen Verteidiger."

771 Eine unnötige Kollektivschuldphrase stört auch das würdevolle Ensemble des Aachener Waldfriedhofs („Deutsches Machtstreben mündete im 20. Jahrhundert zweimal in einen Weltkrieg", Bronzetafel in der Nähe des Hochkreuzes); differenzierter sind Textpassagen auf einem älteren Sandsteinmahnmal des 2004/05 beeindruckend neu gestalteten Pforzheimer Wallbergs: „Dieser künstliche Berg entstand aus Trümmern Pforzheims. Er erinnert an die Schrecken des Zweiten Weltkriegs, besonders an den 23. Februar 1945. In weniger als 20 Minuten wurde die Stadt fast völlig zerstört. Mehr als 18.000 Menschen fanden den Tod. Der totale Krieg, vom nationalsozialistischen Deutschland entfacht, richtete sich nun auch gegen unsere Stadt." Ähnlich eine in den Asphalt gelassene Granitplatte der Mainzer Fußgängerzone (Ecke Pfandhausstraße/Emmeransstraße): „27. Februar 1945. Hier starben 1.200 Menschen bei dem schwersten Bombenangriff auf Mainz in dem von Hitler entfesselten Zweiten Weltkrieg."

über „die Russen“ wegen der Vergewaltigung, Vertreibung und Ermordung Millionen ostdeutscher Frauen und Männer), so anstößig ist auch der Umgang mit der deutschen Nation im Würzburger Grafeneckart.

Eindrucksvoller gelingt die Aufarbeitung des 16. März 1945 durch *Würzburger Künstler*. Fried Heuler schuf die monumentale Bronzeplastik der vier Bombenopfer am Massengrab vor dem Hauptfriedhof. Maler wie Willi Greiner und Wolfgang Lenz behaupten sich im Mainfränkischen Museum in unmittelbarer Nähe großartiger Schöpfungen Tilman Riemenschneiders. Zu den Höhepunkten der Sammlung gehört Lenz' „Würzburger Totentanz – zum 16. März 1945“. Das 60 x 80,5 cm große Bild ist gleichermaßen von Realismus, Surrealismus sowie altmeisterlichem Sinn für Mystik inspiriert. Matthias Grünewald und Hans Baldung-Grien könnten hier Pate gestanden haben: „Vor der realistisch gemalten rechtsmainischen Stadtsilhouette des zerstörten Würzburg stehen wie in einer Vision sechs Heilige, die in ihrer Haltung den barocken Statuen der Alten Mainbrücke entsprechen. ... Sie sind als festlich gekleidete Totengerippe gemalt, die dadurch noch eindringlicher auf den Untergang dieser ihrer Stadt verweisen. ... Der fast kraß zu nennende, provozierende, dramatische Realismus, die leidenschaftliche Übersteigerung der Ausdrucksmittel, der wechselnde Größenmaßstab und nicht zuletzt die Farbigkeit in ihrem auf tiefem Violettschwarz, Karminrot und fahlen, gebrochenen Weißtönen gestellten Kontrast sichern der Darstellung die mahnende Wirkung eines Denk-Mals.“[772]

Generalisierende Hinweise auf „deutsche Täter“ oder – hier leider verächtlich gemeint – „die Deutschen“ bzw. „Deutsche“ sind keine zufälligen Entgleisungen. Das belegen *Schriften über regionale Denkmalpflege*, die seit Jahren Hochkonjunktur haben und nicht selten aus kulturpolitischen Fördertöpfen der Bundesländer oder Gemeinden finanziert werden. Gelegentlich stößt der Leser auf absurde „Täter“kategorien und abenteuerliche Mutmaßungen über die Zahl der an NS-Verbrechen beteiligten Deutschen: „Daß das Selbstverständnis einer Gesellschaft, aus der die Täter stammen, lange Jahre versuchte, Hitler und die Deutschen zu trennen, mag verständlich sein. Spätestens seit der Goldhagen-Debatte über ‚Hitlers willige Vollstrecker‘ wird die von dem amerikanischen Soziologen geschätzte Zahl von 100.000 Tätern thematisiert. Wenn man denn nicht nur die unmittelbaren Mörder, sondern die große Masse der willigen Vollstrecker bei der Reichsbahn, in den Industriebetrieben hinzurechnet, müssen wir zur Kenntnis nehmen, daß es Millionen waren, die

772 Hanswernfried Muth in: H.-P. Trenschel (Hrsg.), 150 Meisterwerke aus dem Mainfränkischen Museum Würzburg, S. 322.

an der Vernichtung der europäischen Juden beteiligt waren."[773] „Es sind nicht mehr die Nazis, die Deutschen, sondern Deutsche."[774] Daß es auch versöhnlicher und begrifflich überzeugender geht, beweisen kluge Sätze Simon Wiesenthals, des Gründers und langjährigen Leiters des Jüdischen Dokumentationszentrums in Wien: „Ich habe immer gesagt, die deutsche Sprache hat uns nicht gemordet. Viele große Werke der Literatur und des Zionismus waren ja in deutscher Sprache. Ich habe immer vermieden zu sagen ‚die Deutschen'. Aus dem einfachen Grund, weil ich nicht mag, wenn man sagt ‚die Juden'."[775]

Nur Gutes über Tote reden (de mortuis nil nisi bene); diese Maxime des weisen Solon gilt nicht für eifrige Bannerträger des deutschallergischen Zeitgeists. Selbst die wahllos von alliierten Fliegern getöteten Menschen, vom Neugeborenen bis zur hundertjährigen Frau, können keine Vergebung für ihre Abstammung oder ihre – gemutmaßten – politischen Überzeugungen erwarten. Bei jeder Gelegenheit werden sie in den Strudel moralischer Ächtung gestoßen: „Diese Menschen [deutsche Bombentote] gehören zweifelsohne zu den Opfern des Nationalsozialismus, denn ohne den von Deutschland begonnenen Krieg hätten sie nicht gewaltsam sterben müssen. Dabei ist auf die Tatsache hinzuweisen, daß viele als überzeugte Nationalsozialisten umgekommen sind, Menschen, die den Krieg mit heraufbeschworen haben, quasi Täter und Opfer zugleich sind."[776]

Der Paradigmenwechsel von antiwestlicher zu deutschskeptischer Gedenkarbeit, von der Fremd- zur Selbstanklage, vollzieht sich auch in *Jena*. Anfang 2006 wurde dort ein Stein abgeräumt, der über die Vernichtung eines geschichtsträchtigen Gebäudes am Markt informierte: „An dieser Stelle stand das Haus, in dem Schiller 1794 bis 1795 wohnte. Hier schloß er mit Goethe im Juli 1794 den Freundschaftsbund. Diese nationale Gedenkstätte wurde im Jahre 1945 durch amerikanische Terrorbomben zerstört." Ein Gedenkstein mit etwas behutsameren Worten am Jenenser Rathausgarten verschwand bereits 1996: „Die Opfer der anglo-amerikanischen Bombenangriffe im Frühjahr 1945 mahnen uns. Es gibt nichts Wichtigeres, als den Frieden zu erhalten."

Ob isolierte, plakative Hinweise auf „amerikanische Terrorbomben" den Genius loci eines historischen Ortes bereichern, darf in der Tat bezweifelt werden. Eine der traditionsreichsten Stätten deutschen Geisteslebens – außer Friedrich Schiller und Johann Gottlieb Fichte wirkten in

773 A. Ch. Brade, Ich dachte, Sie wären tot. NS-Mahnmale und Erinnerungsprozesse in Ostwestfalen-Lippe, S. 65.

774 Shlomo Avneri, Frankfurter Rundschau, 20. Januar 1997.

775 Zitiert nach H. Nawratil, Der Kult mit der Schuld, S. 113.

776 R. Dopheide, Gedenkstätten an die Opfer des Nationalsozialismus in Kiel und Umgebung, S. 182.

Jena u. a. die Frühromantiker Friedrich und August Wilhelm Schlegel, Novalis und Friedrich Schelling – hat wohl mehr Differenzierung und Durchdringungstiefe verdient. Wie aber verhält es sich mit jenem Bekenntnis, das seit dem 19. März 2002 die Rathausgasse der Thüringer Universitätsstadt schmückt: „Im Frühjahr 1945 wurde das Stadtzentrum Jenas durch Bomben zerstört. Damit kam der Krieg, der von Deutschland ausging, auch hierher zurück. Wir gedenken der Opfer." Die Logik dieser Sätze folgt dem eindimensionalen Erinnerungstext des Würzburger Rathauses. Auch in Jena wird die Entfesselung des Zweiten Weltkriegs durch das NS-Regime dazu benutzt, von völkerrechtlichen Urteilen über alliierte Flächenangriffe abzulenken. Noch einmal: Der Polen-Feldzug des Deutschen Reichs bleibt ungeachtet seiner komplexen Vorgeschichte ein folgenschwerer Verstoß gegen das Friedensvölkerrecht. Krampfhafte Dauerbekenntnisse zur deutschen Schuld und wiederholte Hervorhebungen des Friedens-, bei kompletter Ausblendung des Kriegsvölkerrechts sind aber Vogel-Strauß-Pädagogik und dürfen nicht die letzte Antwort der Erinnerungskultur auf anglo-amerikanisches Demoralisierungsbomben sein. Es gibt deutsche Opfer, und es gibt nichtdeutsche Täter!

Monokausale Geschichtswahrnehmung prägt auch das Mahnmal „gegen Krieg und Faschismus" auf dem *Wiener Albertinaplatz*. Der Besucher bewundert nicht nur monumentale Figurengruppen des einheimischen Bildhauers Alfred Hrdlicka, der für die Opfer des Luftkriegs einen christopherusartigen „Orpheus im Hades" geschaffen hat. Er erfährt auch von der Zerstörung des benachbarten, nicht wieder aufgebauten Philipphofs am 12. März 1945 im „allgemeinen und umfassenden Bombenkrieg": „An diesem Tag starben durch Spreng- und Brandbomben in dem mit der Zerstörung von Städten in Polen und England ausgelösten allgemeinen und umfassenden Bombenkrieg gegen die Zivilbevölkerung hunderte Menschen, die in den Luftschutzkellern dieses Gebäudes Zuflucht gesucht hatten."[777] Das gewaltige Ausmaß des nicht nur „allgemeinen", sondern sehr speziellen strategischen, in Teilen unterschiedslosen Luftkriegs gegen Wien[778] kommt leider nicht zur Sprache. Insgesamt starben in der österreichischen Hauptstadt – überwiegend in den Monaten Januar bis März 1945 – durch USAAF-Angriffe fast 10.000 Menschen.[779] Zwangsläufig

777 Offenbar wurden diese Toten niemals geborgen; siehe M. Czesany, Europa im Bombenkrieg 1939–1945, S. 593.

778 M. Czesany, Europa im Bombenkrieg 1939–1945, S. 579: „Die Luftangriffe auf Wien trugen bis in die zweite Märzhälfte hinein ausgesprochen strategischen Charakter, da die Sowjettruppen frühestens am 24. März zum Stoß in Richtung auf die Stadt ansetzten."

779 M. Czesany, Europa im Bombenkrieg 1933–1945, S. 577. – Auch andere österreichische Städte wurden schwer getroffen: vor allem Graz (wo aufgrund des schützenden Schloßbergstollens „nur" 1.980 Bombentote zu beklagen sind), Linz, Wiener Neustadt, Attnang-Puchheim, St. Pölten, Salzburg, Klagenfurt, Innsbruck und Villach; siehe M. Czesany, Europa

fehlt auf dem Albertinaplatz auch jeder Hinweis auf die völkerrechtliche Bedenklichkeit dieser Aktionen. Statt dessen wird die Zerstörung polnischer Städte, gemeint sind Wielun (1. September 1939) und Warschau (25. September 1939), durch die (groß)deutsche Luftwaffe erwähnt. Dies ist systemwidrig; denn beide Angriffe waren nicht strategischer, sondern taktisch-operativer Natur. Sie richteten sich gegen polnische Truppen und nicht gegen die Zivilbevölkerung.[780] Wenn sich dennoch über die Rechtmäßigkeit des Warschau-Einsatzes streiten läßt, dann nur wegen der Modalität des Bombenabwurfs. Das „Herausschaufeln" der Fracht aus den Fliegern dürfte die Treffergenauigkeit verschlechtert und die Zahl ziviler Opfer beträchtlich erhöht haben.[781]

Die Bombensäule in Wiener Neustadt

Der Hinweis auf die „Auslösung" des deutsch-britischen Bombenkriegs durch die Luftwaffe ist ebenfalls ungenau. Erneut unterscheidet der Gedenktext des Albertinaplatzes nicht zwischen strategischen und taktisch-operativen Einsätzen. Der strategische Luftkrieg, der sich zunächst gegen militärische Ziele, dann aber schwerpunktmäßig auch gegen unschuldige Zivilsten richtete, ging Mitte Mai 1940 vom Vereinigten Königreich aus.[782] Erörterungswürdig bleibt allein die Frage, ob der erste unterschiedslose Luftschlag Mannheim, eine andere deutsche Stadt oder tatsächlich London oder Coventry traf. Darüber mag man streiten.[783] Bedeutsamer erscheint ohnehin ein anderer Tag – derjenige, an dem systematisch geplanter Luftterror gegen Zivilisten

im Bombenkrieg, S. 567–596.

780 Siehe H. Boog, Bombardierung der polnischen Grenzstadt Wielun am 1. September 1939, S. 136.

781 Skeptisch zur Rechtmäßigkeit des Warschau-Einsatzes J. S. Corum, Die Luftwaffe, ihre Führung und Doktrin und die Frage der Kriegsverbrechen, S. 288–302 (292); bejaht wird die Rechtmäßigkeit des Warschau-Einsatzes von M. Czesany, Europa im Bombenkrieg 1933–1945, S. 129–134.

782 Und zwar unmittelbar nach Churchills Amtsantritt als Premierminister; siehe J. M. Spaight, Bombing Vindicated, S. 68, 73.

783 Hierzu siehe die Kapitel „Verbotstatbestände der HLKO" und „Deutsche Luftangriffe im Spiegel des Völkerrechts".

begann. Er folgte der Area Bombing Directive und der Ernennung von Arthur Harris zum Chef des strategischen Bomberkommandos. In der anschließenden Palmsonntagsnacht (28./29. März 1942) ging Lübeck in Flammen auf.

Die Einseitigkeit des Gedenkens auf dem Albertinaplatz unterstreicht ein Schreiben des Wiener Kommunalpolitikers Helmut Zilk vom 9. Mai 1979. Der damalige amtsführende Stadtrat der Geschäftsgruppe Kultur und Bürgerdienst (und spätere Wiener Bürgermeister) empfand bohrende Fragen eines sachkundigen Kritikers als unbehaglich: „Ich sehe mich leider außerstande, Ihren Gedanken zu folgen. ... Ich für meinen Teil muß diese Diskussion beenden. Das erwächst nicht zuletzt aus meinem zeitgeschichtlichen Wissen."[784] Roma locuta causa finita!

In diesem Meinungsklima dringen Leid und Tapferkeit Millionen deutscher Frauen während und nach dem Bombenkrieg eher zögerlich ins Bewußtsein. Das betrifft vor allem die Gedenkarbeit der alten Bundesländer, die stets Gefahr läuft, sich in den Netzen deutschskeptischer Political Correctness zu verheddern. Offenbar ringen Städte wie Köln, Frankfurt/Main oder Wiesbaden noch um eine angemessene Ehrung ihrer Aufbauhelferinnen, weil unter diesen überzeugte Nationalsozialistinnen gewesen sein könnten.[785] Privater Initiative ist ein 1995 in Mannheim errichteter Reliefstein für *„Trümmerfrauen"* zu verdanken. Er enthält kongeniale Verse der Neuromantikerin und beherzten NS-Gegnerin Ricarda Huch: „Nicht alle Schmerzen sind heilbar, denn manche schleichen sich tiefer und tiefer ins Herz hinein; und während Tage und Jahre verstreichen, werden sie Stein." Darunter heißt es ergänzend: „Frauen haben gelitten und gearbeitet, um unsere Stadt wieder lebenswert zu machen. Wir dan-

---

784 Helmut Zilk an Walter Klemm (Wien); zitiert nach M. Czesany, Europa im Bombenkrieg 1939–1945, S. 572. – Dessenungeachtet sollte die österreichische Bundeshauptstadt, ein einzigartiges europäisches Kulturzentrum, das Bombenopferfeld ihres altehrwürdigen Zentralfriedhofs etwas intensiver pflegen. Die benachbarten Felder mit NS-Opfern sind in einem vorzüglichen Zustand. – Hingewiesen sei auf die beeindruckenden Gedenkorte der niederösterreichischen Gemeinde Wiener Neustadt: allen voran das steinerne Kriegerdenkmal „Flamme" mit verbrennenden Soldaten (Friedhof). An den Luftkrieg von Wiener Neustadt erinnern die Bombengedenksäule auf dem Hauptplatz sowie die barocke Dänkl-Kapelle unweit des Friedhofs. An der rechten Innenwand der Kapelle steht: „Während des Zweiten Weltkrieges wurden 52.000 Brand- und Sprengbomben über unserer Stadt abgeworfen. Diesen Angriffen fielen nahezu 1.000 Menschen zum Opfer."

785 Ungleich zupackender gedachte die DDR der Aufbauhelferinnen. An der Dresdner Bürgerwiese wurde bereits 1952 eine überlebensgroße „Trümmerfrau" aus Eisenguß aufgestellt. Mehrere bronzene Aufbauhelferinnen aus den 1950er und 1960er Jahren befinden sich im Osten Berlins, darunter eine ausdrucksstarke Frauengestalt in Pankow-Weißensee (Albertinen-/Ecke Amalienstraße). Sehenswert sind auch die „Trümmerfrauen" von Frankfurt/Oder (1955, Lichtspielthater der Jugend) und Magdeburg (1982, Johanneskirche). Die Bildwerke von Chemnitz (Glockenspiel des Rathausturms) und Halberstadt (vor der Westfassade des Rathauses) wurden erst nach der Wiedervereinigung errichtet.

ken ihnen. 50 Jahre danach im Mai 1995."[786] 2003 zog das niederrheinische Jülich nach: „Allen gewidmet, besonders den Frauen, die im Zweiten Weltkrieg menschliches Überleben ermöglicht und Jülich an alter Stelle wieder aufgebaut haben."[787] Aus Höflichkeit oder Antidiskriminierungsproporz wird neuerdings auch männlicher Aufbauhelfer gedacht: „Die Trümmerfrauen und Trümmermänner Würzburgs haben durch ihr Tun einen neuen Anfang möglich gemacht." Diesen Text gönnte sich die unterfränkische Metropole zum 61. Jahrestag ihres Untergangs (16. März 2006).[788] Ein Denkmal für die Trümmerfrauen des westfälischen Hamm schmückt seit einigen Jahren die Gabelung von Widumstraße und Marker Allee vor dem Hochbunker.

„Nova ruinis reddita vita", heißt es auf einem Brunnen des zerstörten, aber überwiegend traditionsgerecht wiedererstandenen Paderborner Domplatzes.[789] Etwas aufwendiger gedenkt Heilbronn seit 2004 jener Männer und Frauen, die den komplett zerstörten Altstadtkern aus Schutt und Asche zu neuem Leben erweckt haben. Zwei Bronzeplastiken am Eingang, ein im Wind sich drehender Vogel Phönix (seit 1951) auf der Spitze des Hafenmarktturms: nicht nur hier gehen schwäbische Tradition, Moderne und Kreativität eine gelungene Synthese ein.[790]

Verschwiegen wird die vielerorts atemberaubende Häßlichkeit des Wiederaufbaus. Traditionsfeindlichkeit, ein gestörtes Verhältnis zur (auch architektonischen) Geschichte Deutschlands und die emphatische Begeisterung für schnörkellosen Fassadenfunktionalismus geben sich ein trostloses Stelldichein. Einen Hauch von Ehrlichkeit mag man Offenbach am Main zugestehen. „Hier standen die Häuser Domstraße 21 und 23. Sie wurden im Zweiten Weltkrieg durch Bomben beschädigt und mußten im Jahr 1960 beim Bau der Durchbruchstraße niedergelegt werden", liest der Passant am Rand des Büsingparks (mit hervorragend restauriertem, gleichnamigem Palais). Überbreite, „autogerechte" Trassen und Rampen sowie grobschlächtige, fehlproportionierte Sichtbeton-, Glas- und Kunststoffbauten erdrücken zahlreiche westdeutsche Metropolen. Wer ausgedehnte Spaziergänge bspw. in der südlichen Kölner Innenstadt plant, sollte depressionsresistent oder zumindest kein Freund baulicher Ästhetik

---

786 Mannheim, Grünfläche neben der Jesuitenkirche.

787 Jülich, Schloßplatz; siehe auch den Gedenkstein am Bootsteich des Bürgerparks von Bremerhaven: „Den im Zweiten Weltkriege gefallenen Frauen und Kindern Bremerhavens."

788 Würzburg, Platz am Alten Kranen.

789 Dieses positive Urteil gilt nicht für den ambitionierten, aber kaum ins Ensemble von Dom, Dompalästen und Gaukirche passenden Neubau des Erzbischöflichen Diözesanmuseums. Der ehemals herrliche Blick auf den markanten Domturm wird auf das unnötigste beeinträchtigt.

790 Sehenswert auch die drei Modelle des alten, des zerstörten und des wiederaufgebauten Heilbronn (Maßstab jeweils 1:500) in der „Ehrenhalle für die Toten des Zweiten Weltkriegs und die Opfer des Dritten Reiches" (ehemaliges Stadtarchiv).

sein. Wann gibt die im Karneval so mitreißende Stadt ihren Bürgern ein Stück Urbanität zurück und läßt endlich die Raster- und Hochbauten des Zentrums abreißen, statt weitere stumpfsinnige „Klötze“ in Domnähe jenseits des Rheins zu projektieren?

Im Wettbewerb mit dem marktwirtschaftlichen System des Westens sah sich insbesondere die ehemalige DDR veranlaßt, Aufbauleistungen hervorzuheben und in Einzelfällen akribisch zu schildern: „1945 durch Bomben zerstört, von Volkes Hand wieder erbaut im Nationalen Aufbauwerk 1956–1957. Die Werktätigen der Betriebe VEB Gasversorgung Gera, VEB Maschinen- und Dampfkesselbau Gera, B. D. Post- und Fernmeldewesen Gera, VEB Bau-Union Gera waren seine Erbauer.“[791]

Bronzene Trümmerfrau vor der Magdeburger Johanniskirche (1982)

Wo Trümmerfrauen im Einsatz waren, können auch Trümmerberge nicht weit sein. Eine bizarre Landschaft aus groben Steinen und faszinierenden Fassadenornamenten krönt den auf 511 Meter Höhe aufgeschütteten Birkenkopf in Stuttgart. Im November 2003 kam ein zehn Meter hohes Metallkreuz dazu. Die Stuttgarter Gedenkworte entsprechen dem neutralen Standard älterer westdeutscher Erinnerungskultur: „Dieser Berg, nach dem Zweiten Weltkrieg aufgetürmt aus den Trümmern der Stadt, steht den Opfern zum Gedenken, den Lebenden zur Mahnung.“ Mächtig ragen die durch informative Bilder und Texte ergänzten Stelen des Pforzheimer Wallbergs auf, dessen imposante Höhe den Gesteinstrümmern des Feuersturmangriffs vom 23. Februar 1945 zu verdanken ist. Zusammen mit dem Massengrab von über 17.000 Bombentoten auf dem Hauptfriedhof konfrontieren sie den Besucher mit dem Leiden der nordbadischen Schmuckmetropole. Auch zwei Münchener Schuttberge, Luitpoldhügel und Neuhofener Berg, dienen als Gedenkstätten für Bombenopfer. Weni-

791 Gera, Tafel am Wohnhaus Talstraße 7; ähnlich ein Gedenkstein des Dresdner Heidefriedhofs: „Ihr lebt in unserem Aufbau weiter.“

ger spektakulär ist der Blick auf andere Aufschüttungen. Die bekanntesten sind der Berliner Teufelsberg und der Münchener Olympiaberg. Auf einem kleinen, begrünten Trümmerhügel im Gelsenkirchener Stadtgarten, dem „Simonsberg“, habe ich als Kind erste Rodelerfahrungen gemacht.

Gedenkstätte auf dem Pforzheimer Wallberg

Dresden gedenkt

Spiegelbild der wechselhaften Nachkriegsgeschichte Mittel- und Ostdeutschlands sind die Dresdner Gedenkstätten. Lyrische Urgewalten bändigen den Dämon des Feuersturms am Massengrab auf dem *Heidefriedhof*. Der sächsische Arbeiterschriftsteller Max Zimmering (1909–1973), bekennender Antifaschist, NS-Verfolgter und Multifunktionär im Deutschen Schriftstellerverband der DDR, brilliert mit folgendem Vierzeiler: „Wie viele starben? Wer kennt die Zahl? An Deinen Wunden sieht man die Qual der Namenlosen, die hier verbrannt im Höllenfeuer aus Menschenhand.“ Welch ein Aufschrei: Wucht und Pathos dieser Verse erzeugen einen Mobilisierungseffekt, der die stromlinienförmige Erinnerungsarbeit routinierter Festredner der Gegenwart als müden Eklektizismus entlarvt. Kann man Trauer und Zorn aufrüttelnder akzentuieren? Dresdner Opfer klagen die Täter in den alliierten Kommandozentralen an und signalisieren durch eine Anspielung auf das Leiden Christi zugleich befreiende Vergebung und abschließende Versöhnung.[792] Zimmerings Intention trifft sich mit der Nagelkreuzbewegung von Coventry. Seine Worte sind – im deutschsprachigen Bereich – deren früher semantischer Höhepunkt. Nur wenige andere Gedenktexte für Bombentote, bspw. auf Friedhöfen in Berlin-Marzahn, Chemnitz, Erfurt, Hildesheim und Kamminke (westlich von Swinemünde), liefern zumindest einen sprachlichen Abglanz.[793]

Ein monumentales Denkmal für „Trümmerfrauen“ schuf Walter Reinhold (1898–1982) nach dem Vorbild der Arbeiterin Erika Hohlfeld. 1952 aus Eisen gegossen, stand es zunächst an der Dresdner Bürgerwiese. 1967 wurde die überlebensgroße Figur durch einen Bronzeabguß ersetzt, der den Platz an der Ostseite des Rathauses schmückt – sichtbares Zeichen je-

---

792 Aufwühlend auch die Gestaltung des Mahnmals für sowjetische Kriegsgefangene und Zwangsarbeiter auf dem Städtischen Heidefriedhof Dresden: fünf liegende, gekrümmte Gestalten aus Stein. – Schlichte, unauffällige Würde strahlen die Ruhestätten Dresdner Bombenopfer auf dem Äußeren (Neuen) Katholischen, dem Äußeren Matthäus-, dem Johannis- und dem Neuen Annenfriedhof aus. Alle Texte sind knapp und zurückhaltend. Etwas scharfkantiger formuliert ein Sandsteinquader auf dem Nord- bzw. Militärfriedhof: „Wir gedenken der Toten, die im Februar 1945 dem anglo-amerikanischen Bombenangriff auf Dresden zum Opfer fielen.“

793 Siehe das Kapitel „Bombenkrieg und Erinnerungskultur“.

ner vitalen Kraft, die der sächsischen Elbmetropole eine glanzvolle „Auferstehung aus Ruinen“ beschert hat![794]

Eine ästhetisch ansprechende Bronzetafel – errichtet am 17. August 1982 vor der *Frauenkirchenruine*, heute im Dresdner Stadtmuseum – fokussiert die gleichermaßen antifaschistische wie antiwestliche Erinnerungskultur der DDR: „Ihre Ruine erinnert an Zehntausende Tote und mahnt die Lebenden zum Kampf gegen imperialistische Barbarei für Frieden und Glück der Menschheit – Die Frauenkirche in Dresden, im Februar 1945 zerstört durch anglo-amerikanische Bomber“.[795] Hinweise auf die Sowjetunion fehlen. Präsent ist die sozialistische Führungsmacht trotzdem – in dem versteckten Vorwurf, Churchill und Roosevelt hätten mit den Bombenteppichen des 13. bis 15. Februar 1945 auch die Sowjetunion in deren künftiger Besatzungszone treffen wollen.

Emphatischen Ausdruck fand diese Erinnerungskultur in den *jährlichen Gedenkfeiern* zur Zerstörung Dresdens. Galt 1946 – die Siegermächte wollten während der Nürnberger Prozesse Einigkeit demonstrieren – noch die beschwichtigende Losung: „Tendenzen gegen die Alliierten müssen unter allen Umständen vermieden werden“[796], so wurde bereits der 13. Februar 1950 zum „nationalen Kampftag gegen amerikanische Kriegshetzer“ erklärt und DDR-weit in der kampagnenartigen Polit-Attitüde des Arbeiter- und Bauernstaates inszeniert. Gerhart Eisler, Leiter des „Amtes für Information bei der Regierung der DDR“, hielt eine Rede, die in sämtliche Geschichtsbücher des SED-Staats gepaßt hätte: „Die anglo-amerikanischen Flugzeuge warfen ihre Bombenlasten auf Dresden, weil die Wallstreet wünschte, daß es der Sowjetunion, dem Verbündeten, unmöglich gemacht würde, der deutschen Bevölkerung nach Kriegsende zu helfen. … Nie wird die Dresdner Bevölkerung die Ruinen und Toten vergessen. Wir hassen aus vollem Herzen die faschistischen Unholde, die in Warschau, Amsterdam und anderen Städten den deutschen Namen in den Schmutz gezogen haben. Wir hassen aber genauso heiß die imperia-

794 Zu Walter Reinhold und seinem Kunstwerk siehe die Sächsische Zeitung vom 11. Oktober und 15. Oktober 1952.

795 Fast wortgleich die ebenfalls in den 1990er Jahren vom Aufstellungsort verbannte Gedenktafel der Ruine der Barfüßer- bzw. Franziskanerkirche in Erfurt (1529 Predigtstätte Martin Luthers): „Am 26. 11. 1944 durch anglo-amerikanische Bomber zerstört. Mahnung für die Lebenden, alles zu tun gegen imperialistischen Krieg, für den Frieden und das Glück der Menschheit.“

796 Aus einer Notiz des Leiters der Nachrichtenabteilung des Rates der Stadt an den kommissarischen Bürgermeister Walter Weidauer; Stadtarchiv Dresden, Dezernat Oberbürgermeister 980; siehe auch F. Reichert, Zur Rezeptionsgeschichte des 13. Februar 1945, S. 151 f. Th. Widera, Gefangene Erinnerung, S. 121: „Die indirekte Schuldzuweisung erfüllte den gleichen Zweck, wie sich am Beifall der Zuhörer zeigte, als Weidauer hervorhob, ‚daß sich die Sowjetunion in keiner Weise an der Zerstörung deutscher Städte‘ und am Krieg gegen Frauen und Kinder beteiligt habe.“

listischen Kriegsbrandstifter von gestern und heute. Weil wir unser Volk lieben, hassen wir sie, die das Schicksal Dresdens auf die ganze Welt ausdehnen wollen."[797]

Eine andere Galionsfigur antiamerikanischer Gedenkkultur ist der erste Nachkriegsoberbürgermeister von Dresden, Walter Weidauer. In seiner widerspruchsvollen Propagandastudie „Inferno Dresden. Über Lügen und Legenden um die Aktion ‚Donnerschlag'" (1965) enthüllt er atemberaubende Pläne der „imperialistischen Kriegsbrandstifter von gestern und heute". Nur einem gütigen Geschick (womöglich dem „friedliebenden" Stalin?) habe es die Stadt zu verdanken, daß ihr das Schicksal von Hiroshima und Nagasaki erspart geblieben sei. „Die anglo-amerikanischen Politiker und Militärs" hätten Dresden zunächst atomisieren wollen, um das rasche Vorrücken der Roten Armee aufzuhalten. Weil das technisch noch nicht realisierbar gewesen sei, hätten sie den brutalen Spreng- und Brandbombenangriff befohlen, um die Stadt zumindest nicht unzerstört der Sowjetunion zu überlassen.[798]

Verglichen mit ihrem Furor gegen „anglo-amerikanischen Imperialismus" sowie – in milderer Form[799] – gegen den „Faschismus" des Deutschen Reichs hat die Nomenklatura der DDR individuelle NS-Verstrickungen Dresdner Bürger eher verschwiegen. Dies war wohl kein Zufall, sondern den Erfordernissen des Wiederaufbaus geschuldet. Die DDR brauchte Männer und Frauen, deren Vitalität nicht durch lähmende Selbstzweifel oder strafrechtliche Verfolgung beeinträchtigt wurde. In einem gewagten, teils spekulativen Gedankengang behauptet der Dresdner Historiker Thomas Widera, die antiimperialistische Agitation habe in der sächsischen Metropole die umfassende Beseitigung bürgerlicher Strukturen bezweckt. Ihr sei die Aufgabe zugefallen, alle verfügbaren Ressourcen für eine geistige und materielle „Neugestaltung" zu aktivieren. Eigens dafür sei die Bombardierung Dresdens aus dem Zusammenhang des Krieges gelöst und zum singulären Akt erhoben worden. Das habe zu einer „Einebnung der Begrifflichkeit" geführt, „die wiederum eine Dispensierung von Mitschuld und Mitverantwortung an den nationalsozialistischen Verbrechen signalisiert" habe. Widera folgert: „Mit ihrer Geschichtsdeutung flankierte die SED die Aufbaukonzeption und richtete an jeden einzelnen die Option zur Teilhabe an der ‚anti-faschistischen' Tradition. Die Verantwortung für alle Untaten und Verbrechen wurde den natio-

797 Sächsische Zeitung, 14. Februar 1950; siehe auch F. Reichert, Zur Rezeptionsgeschichte des 13. Februar 1945, S. 153.

798 W. Weidauer, Inferno Dresden, S. 76 ff.

799 In dieser Abstufung etwa M. Seydewitz, Die unbesiegbare Stadt, S. 206: „Hitler hätte die von ihm zur Durchsetzung der Weltbeherrschungspläne des deutschen Imperialismus in Marsch gesetzte gewaltige Kriegsmaschinerie niemals ohne Hilfe der amerikanischen Monopolkapitalisten und ihrer englischen und französischen Geschäftsfreunde schaffen können."

nalsozialistischen Führern angelastet."[800] Man mag Widera folgen und die Geschichtsdeutung der SED für einseitig halten. In ihrer Konsequenz lag allerdings *ein* ethisch plausibles Element: das Fehlen von Kollektivschuldphantastereien in der DDR.

Der Streit um die Präferenz von Wiederaufbau des alten oder Errichtung eines neuen Dresden wurde im Sinne eines Neuaufbaus entschieden, der die sozialistische Gesellschaftsordnung in den Bauformen transparent machen sollte. Ein kommunistischer Polizeipräsident namens Opitz schmähte in der SED-Sitzung vom 22. Oktober 1946 eine Lichtgestalt deutscher Architekturgeschichte: „Semper hat nicht gebaut, wie unsere Stadt aussieht, er hat in unsere Stadt seinen Stil nur hineingesetzt, hat ihn der Stadt aufzwingen wollen. Dazu war er aber doch nicht groß genug. Aber wenn wir dazu kommen, daß das keine Denkmäler sind, dann müssen wir uns auch diesen Grundsatz zu eigen machen. Dann müssen wir sagen, weg mit diesen Bauten."[801]

Wegen beträchtlicher Widerstände der Einwohner blieben die Ruinen von Schloß, Zwinger, Semperoper oder Frauenkirche dennoch stehen und wurden teilweise bereits zu DDR-Zeiten zum Substrat eines Wiederaufbaus in historischer Gestalt. Ein neues, weltweit gefeiertes Kapitel Dresdner Architekturgeschichte wurde nach der deutschen Wiedervereinigung aufgeschlagen. Seinen einstweiligen Höhepunkt fand es in der Wiedererrichtung von Frauenkirche und Grünem Gewölbe. Die Freude darüber droht indes zunehmender Ratlosigkeit zu weichen. Seine wiedererlangte Reputation als Mekka der Architektur setzt Dresden durch das Projekt „Waldschlößchenbrücke", eine Elbüberquerung inmitten einer von der UNESCO als Weltkulturerbe eingestuften Landschaftszone, leichtfertig aufs Spiel.

Keine andere kriegszerstörte Stadt in Europa, ausgenommen vielleicht Coventry, hat eine so intensive Gedenktradition wie Dresden. Als Kommunisten wie Weidauer und Eisler nach 1945 gegen „anglo-amerikanischen Bombenterror" agitierten, griffen sie auf Argumentationsformen zurück, die das NS-System hinterlassen hatte. Dieses begann nach dem Untergang Dresdens mit einem konzentrierten Propagandafeldzug, der die Durchhaltemoral des eigenen Volks stabilisieren sowie – unter Mobilisierung neutraler Staaten – die westalliierten Feinde massiv unter Druck setzen sollte. Am 16. Februar 1945 prangerte der „Völkische Beobachter" auf Seite 1 das „Kulturverbrechen an Dresden" an, und die Tageszeitung „Freiheitskampf" sprach von „kulturlosen Barbaren", die sich „am Kulturbesitz der Welt versündigt" hätten. Eine schwedische Tageszeitung be-

800 Th. Widera, Gefangene Erinnerung, S. 129 f.

801 SED-Sitzung vom 22. Oktober 1946, StadtAD, Dezernat Oberbürgermeister 993, Bl. 262.

zifferte unter Berufung auf Berliner Quellen die Zahl der Bombentoten auf 200.000 – eine Zahl, die im Gegenzug auch in der deutschen Presse verbreitet wurde.[802] Verbaler Höhepunkt der Kampagne war der Artikel „Der Tod von Dresden. Ein Leuchtzeichen des Widerstands" in der Wochenzeitung „Das Reich" vom 4. März 1945. Der Journalist Rudolf Sparing formulierte neben scharfzüngigen Anklagen und einer Mixtur aus Tatsachen, Halb- und Unwahrheiten einen – gelöst aus dem Bezugsrahmen nationalsozialistischer Propaganda – humanistisch inspirierten Appell zur Bewahrung kultureller Identität: „Aber was uns, noch wenn sich die Fratze der sinnlosen Zerstörung dazwischenschiebt, so lustvoll und rein vor das geistige Auge tritt, bleibt unverloren, wenn wir es nur in uns bewahren wollen."

Bleibt die Frage, warum die NSDAP ihre Kampagne gegen die Alliierten ausgerechnet an Dresden entfacht hat. Lag das am Zerstörungsgrad oder der damals noch weniger als heute abschätzbaren Opferzahl? Wohl eher nicht, denn die Totalschadensflächen waren in Berlin oder Hamburg größer; und ob die sächsische Metropole mehr Bombentote zu beklagen hat als Hamburg im Juli 1943, läßt sich – aus heutiger Sicht – allenfalls vermuten, aber nicht mit an Gewißheit grenzender Wahrscheinlichkeit belegen. Die am 16. Februar 1945 einsetzende Propaganda stellt übrigens nicht Menschen, sondern Barockarchitektur in den Vordergrund – was weitere Fragen aufwirft; denn es gibt keinen Beleg dafür, daß nur ein einziger wichtiger Nationalsozialist August den Starken, George Bähr, Gottfried Semper oder Matthäus Daniel Pöppelmann verehrt hätte. Hitlers Günstling und Lieblingsarchitekt Albert Speer, dem das noch am ehesten zuzutrauen war, verfolgte den Plan einer Neugestaltung Dresdens, die ohne den Abriß zahlreicher alter Häuser nicht hätte realisiert werden können.[803]

Vermutlich sahen Teile der Reichsregierung das Land Anfang 1945 in einer militärisch ausweglosen Situation. Die Dresdner Propagandaoffensive ließe sich dann als Verzweiflungsschlag deuten, der obendrein von den größten NS-Verbrechen ablenken sollte. Deren Aufdeckung war mit der Befreiung des Lagers Auschwitz im Januar 1945 in ein entscheidendes Stadium getreten. Vielleicht hatte man sich in Berlin auch jener Illusion hingegeben, die viele Dresdner bis zuletzt liebevoll gepflegt haben, nämlich daß das „Elbflorenz" als Kultstätte europäischer Barockästhetik glimpflich davonkommen würde. Realistische Mahner fanden in dieser verträumten Nische wenig Gehör. Überliefert ist ein beklemmender

802 M. Neutzner, Vom Alltäglichen zum Exemplarischen, S. 114 ff.

803 F. Taylor, Dresden Tuesday 13th February, S. 60, unter Berufung auf Matthias Lerm, Konzepte für den Umbau der Stadt Dresden in den 30er und frühen 40er Jahren des 20. Jahrhunderts (Vorträge und Forschungsberichte zur Stadtgeschichte).

Vorgang von 1934. Ein vierzehnjähriger Schüler der Dreikönigsschule beschrieb in einem Aufsatz zum Thema „Feindliche Flieger über Dresden“ (!) gewaltige Zerstörungen, Sauerstoffmangel in den Luftschutzkellern sowie die Unfähigkeit deutscher Luftabwehr, eine solche Tragödie zu verhindern – nicht zur Freude seines Lehrers, der dieses Meisterwerk visionärer Geschichtsschreibung wegen „Übertreibungen“ lediglich mit der Note 3 b bewertete.[804] Ähnlich inspiriert und in leuchtenden Farben schuf der Dresdner Realexpressionist Hans Grundig (1901–1958)[805] in der Bedrängnis des über ihn verhängten Malverbots 1935/38 sein Triptychon „Das Tausendjährige Reich“: „Visionshaft werden der Untergang Dresdens und die Zerstörung aller menschlichen und kulturellen Werte durch den Faschismus geschildert.“[806] Zusammen mit Otto Dix' Triptychon „Der Krieg“ gehört Grundigs Bild zu den edelsten Werken der Gemäldegalerie Neue Meister im Albertinum.

Ganz andere Akzente wurden bei den Dresdner Gedenkfeiern des Jahres 2005 gesetzt. Den Organisatoren ging es nicht nur um die Verbrannten, Erstickten und Erschlagenen von 1945, sondern auch um Signale gegen Rechtsextremismus. Bombenkriegsgedenken als Neuauflage eines „Aufstands der Anständigen“, mit dem Kanzler Schröder das nationalskeptische rot-grüne Lager bereits 2000 hatte zusammenschweißen wollen? Vorausgegangen war ein Auftritt der NPD im sächsischen Landtag, die den Dresdner Feuersturm grenzwertig provokant als „Bomben-Holocaust“ klassifiziert hatte.

Das ambivalente *Gedenken des 13. Februar 2005* begründet Zweifel an der politischen Klugheit der Organisatoren. Sind Muskelspiele einer mehr oder weniger isolierten, doktrinären Partei derart wichtig, daß man ihretwegen den Charakter zentraler Gedenkfeiern – „Dresden“ gehört zum Identitätskern der deutschen Schicksalsgemeinschaft – richtunggebend ändern muß? Haben Politiker, die so etwas unberührt von den Empfindungen der meisten Bürger planen, ein ideologisiertes Zerrbild von den Tragödien unseres Landes? Liefern sie in ihrem Bemühen, den Holocaust an Europas Juden angemessen im nationalen Bewußtsein zu verankern, hier vielleicht kontraproduktiven Aktionismus? Wird der partielle Erfolg einiger unsensibler NS-Verherrlicher nicht auch dadurch begünstigt, daß

---

804 Th. Widera, Gefangene Erinnerung, S. 113.

805 1930 gehörte der mit der jüdischen Malerin Lea Grundig verheiratete Künstler, ein Mitglied der KPD, zu den Mitbegründern der Dresdner Gruppe Asso (Assoziation revolutionärer bildender Künstler). Von 1940–1944 im KZ Sachsenhausen interniert und anschließend in ein Strafbataillon der Wehrmacht kommandiert, übernahm er 1946 das Rektorat an der Hochschule für Bildende Künste in Dresden.1955/56 entstand sein autobiographischer Roman „Zwischen Karneval und Aschermittwoch“.

806 H. Zimmermann, Gemäldegalerie Dresden – Neue Meister, S. 8.

etablierte Parteien deutliche Worte über Kriegs- und Nachkriegsverbrechen der Anti-Hitler-Koalition scheuen?

Gewiß sollte nicht jede diskussionswürdige Metapher einer ansonsten gelungenen Gedenkrede unsere Gesellschaft spalten.[807] Kaum tolerabel sind aber Sätze des ersten Nachkriegspfarrers der Dresdner Frauenkirche. Dieser bemüht im Jargon dogmentreuer Kultur- und Geschichtsideologen „Deutungshoheit" und Kollektivschuldtheorie. Aus der simplen Erkenntnis, daß in Dresden und anderswo 1945 keineswegs nur rechtschaffene Menschen lebten, leitet Pfarrer Stephan Fritz pauschale Unwerturteile über die Bewohner deutscher Städte ab: „Es geht um die Deutungshoheit. Wer vom Dresdner Leid spricht, darf von deutscher Schuld nicht schweigen. Dresden war keine unschuldige Stadt, sondern eine Nazi-Stadt wie

Heidefriedhof-Denkmal für sowjetische Kriegsgefangene und Zwangsarbeiter

807 So beschrieb – in meiner Anwesenheit – der Oberbürgermeister des westpfälzischen Zweibrücken am 14. März 2005 durchaus einfühlsam die sinnlose Liquidierung seiner trotz unmittelbarer Frontnähe unverteidigten Stadt (14. März 1945), deren 211 Todesopfer zu mehr als einem Viertel Kriegsgefangene und Zwangsarbeiter waren. Zu einer Verurteilung alliierter Bombenwerfer oder Befehlshaber rang er sich nicht durch. Diese hätten im Krieg „auf der hellen Seite" gestanden.

alle anderen."[808] Vielleicht wollte Fritz ein Zeichen gegen die jahrzehntelange Verdrängung der Schuld im SED-Staat setzen. Das wäre im Kern löblich, rechtfertigt aber keine semantischen Unredlichkeiten, die das allgemeine Unbehagen der EKD an der eigenen Nation und ihr zum Kollektivschuldtrauma mutiertes schlechtes Gewissen noch übertreffen. Andere Repräsentanten der evangelischen Landeskirchen stellen für „deutsche Schuld" wenigstens angemessene Bestrafung und befreiende Sühne in Aussicht. Auf einer Erinnerungstafel der Berliner Gedächtniskirche heißt es: „Der Turm der Kirche soll an das Gericht Gottes erinnern, das in den Jahren des Krieges über unser Volk hereinbrach."

Wer Dresden pauschal als „schuldige Stadt" oder in der NS-Herrschaft Rechtfertigungs- oder Entschuldigungsgründe für Verbrechen an Deutschen zu entdecken glaubt, widerspricht dem Menschenbild von Aufklärung und Christentum mit seinem individualistischen Schuldbegriff. Er braucht sich nicht zu wundern, wenn Bürger mit Gespür für komplexe Kausalzusammenhänge distanziert auf „Sprachregelungen" oder „Redeformen" deutscher Funktionseliten reagieren, sich vom Staat und seinen Institutionen abwenden oder in Wahlmüdigkeit verfallen. Einige Politiker vor allem linker, aber auch vermeintlich konservativer Parteien tun sich schwer, außerhalb sportlicher Großveranstaltungen ihren nationalen Kulpismus und das Gestrüpp antideutscher Stimmungen zu verlassen. Helfen wir ihnen dabei, denn Legitimationskrisen für den demokratischen Rechtsstaat darf unsere politische Klasse nicht heraufbeschwören. Niemand, auch kein Funktionsträger, ist rechtlich oder moralisch verpflichtet, sein Vaterland zu lieben. Allerdings erfordert die Wahrnehmung solcher Aufgaben eine ausgewogene, im Kern wohlwollende Haltung zum eigenen Land. Anders läßt sich die zentrale Amtspflicht des Art. 56 GG, nämlich dem Wohle des deutschen Volkes Kraft zu widmen, seinen Nutzen zu mehren und Schaden von ihm zu wenden, nicht angemessen erfüllen.

Selbstverständlich ist jeder noch so subtilen Form von Antisemitismus entgegenzutreten. Aufmärsche engagierter Demokraten unter Ausschluß linksextremer Randalierer mögen ein positives Zeichen setzen, panische Gesprächsverweigerungen im Fernsehstudio (wie nach der sächsischen Landtagswahl vom 19. September 2004) vermögen nicht einmal das. Die Auseinandersetzung mit der NPD und anderen Phänomenen des äußeren rechten, aber auch des äußeren linken Spektrums sollte nicht schwer-

808 „Spiegel-Online", 1. Februar 2005. – Fritz macht sich stark „für ein friedliches Zusammenleben und die Versöhnung von Nationen, Konfessionen und Kulturen" (so wird der Pfarrer in einem Schreiben der Dresdner Bank – Vorsitzender des Rats der Stiftung Frauenkirche Dresden – vom Januar 2006 an die Spender für den Wiederaufbau der Kirche zitiert). Ein wenig christliche Versöhnung auch mit der eigenen Nation und Kultur wäre bei dieser Herkulesaufgabe sicher kein Nachteil!

punktmäßig mit den Gedenkfeiern Dresdens oder anderer im Krieg zerstörter Städte verbunden werden. Auch Kollektivschuldassoziationen oder sonstige antideutsche Zungenschläge haben hier nichts verloren. Vernunft und Wahrheit heißen die beiden Prinzipien, die das Licht der Freiheit und der unveräußerlichen Menschenrechte seine jahrhundertealte Strahlkraft bewahren lassen.

Bei aller Empörung über parlamentarische oder außerparlamentarische Aktionen der NPD drängt sich folgende Frage auf: Wo bleiben vergleichbare Aufwallungen der großen Parteien, wenn selbsternannte „Antifaschisten" trauernde Menschen mit Hetzparolen peinigen? Am 13. Februar 2004 flatterte auf dem Münchner Marienplatz ein zynisches Transparent: *„Bomber Harris Do It Again."* Artikuliert sich hier irregeleiteter, spätpubertärer Protest, dem man gelassen mit dem Arsenal milder Pädagogik begegnen sollte? Wie dem auch sei, der Schriftzug war der Presse kaum eine Mitteilung wert. Ein Ermittlungsverfahren wegen Volksverhetzung, § 130 deutsches Strafgesetzbuch (StGB), wurde von der Staatsanwaltschaft München alsbald eingestellt. Dieser Beschluß erscheint inkonsequent. Warum wird der Tatbestand des § 130 Abs. 1 Nr. 1 StGB – „Aufstachelung zum Haß oder zu Gewalt- und Willkürmaßnahmen gegen Teile der Bevölkerung in einer Weise, die geeignet ist, den öffentlichen Frieden zu stören" – nur bei ausländer-, aber nicht bei „inländerfeindlichen" Schmähungen weit ausgelegt?[809] Sind autochthone Deutsche angesichts gleichbleibend hoher Zuwandererzahlen kein schützenswerter „Teil der Bevölkerung"?

Wo die Justiz falsch verstandene Zurückhaltung übt, agieren auch andere Hoheitsträger nicht immer glücklich. 1987 wurde das Krefelder Mahnmal für zivile Kriegsopfer – ein stählernes Kreuzsymbol des niederrheinischen Bildhauers Will Brüll mit der Widmung „Den Opfern des Bombenkrieges von 1940 bis 1945" – entgegen ersten Planungen nicht in der Stadtmitte, sondern in der Abgeschiedenheit des Hauptfriedhofs aufgestellt. Die Stadtväter fürchteten Proteste, Krawalle und Denkmalsschändungen. Bei der Einweihung am 2. September 1987 sprach Oberbürgermeister Dieter Pützhofen weniger über die Bomberpiloten von Krefeld, Dresden und anderen Städten als über die Schwierigkeiten der Platzwahl: Sie zeigen, daß wir kaum noch nachempfinden können und wollen, was einst von wahnsinnigen Staatslenkern als Sinn dieses Massensterbens genannt wurde. ... Wir würden die Fehlinterpretationen nicht ertragen, denen ein solches Mahnmal in der Mitte unseres Lebens aus-

---

809 Vgl. M. Müller, Bomber Harris do it again!, S. 361: „Im Jahr 2004 demonstrierten deutsche ‚Antideutsche' – die sich selbst so bezeichnen, ... – mit einem Slogan, der ihnen wohl nicht zufällig eingefallen ist: ‚Bomber Harris do it again!' Da offenbart sich härtester Rassismus; Vansittart und Ehrenburg lassen grüßen."

gesetzt wäre".[810] Treffend kommentierte ein Journalist: „Das stählerne Kreuzsymbol ... soll jedoch nicht nur an die 2.101 Krefelder Kriegstoten erinnern, sondern auch und gerade zum Frieden mahnen. ... Schade nur, daß ein ‚Mahnmal des Friedens' heute in der Ruhe einer Begräbnisstätte den Frieden finden muß, der bei seiner Aufstellung mitten in der Stadt wegen ‚Fehlinterpretationen' gefährdet gewesen wäre."[811]

Unmißverständlich sei betont, daß ein plausibles Mahnmalkonzept ausreichender öffentlicher Wahrnehmung bedarf. „Dresden" kann sich erst dann als Fanal gegen sinnlose Zivilisationsvernichtung entfalten, wenn das Konzept nicht nur abgeschiedene Grabstätten erreicht, sondern offensiv und engagiert in die „Mitte der Gesellschaft" hineingetragen wird. „Fehlinterpretationen" sollten nicht nur beklagt, sondern durch die Klarheit des Konzepts und die Entschlossenheit zu seiner Durchsetzung beseitigt werden. Wer Denkmäler beschmiert oder in anderer Weise beschädigt oder wer in ihrer Nähe unschuldige Kriegsopfer als Täter verhöhnt, sollte mit einer strafrechtlichen Ahndung rechnen müssen.

§ 189 StGB lautet: „Wer das Andenken eines Verstorbenen verunglimpft, wird mit Freiheitsstrafe bis zu zwei Jahren oder mit Geldstrafe bestraft." In § 304 StGB heißt es: „Wer rechtswidrig ... öffentliche Denkmäler ... beschädigt oder zerstört, wird mit Freiheitsstrafe bis zu drei Jahren oder mit Geldstrafe bestraft."

Einleitend wurde vorgeschlagen, ein „Zentrum gegen den totalen Krieg" zu errichten. Wo hätte dieses eine größere Daseinsberechtigung als in der 1945 bis zum äußersten geschundenen Elbmetropole? Es könnte vor dem Hauptbahnhof entstehen, in dessen Nahbereich sich Tausende oder gar Zehntausende Flüchtlinge aufhielten, auf der beim Wiederaufbau grotesk deformierten Prager Straße oder auf dem Altmarkt, wo wegen der Gefahr schwerer Epidemien wochenlang Leichen verbrannt werden mußten. Zwar besitzt Dresden einen bewegenden Gedenkort auf dem Heidefriedhof. Dieser liegt freilich sechs Kilometer von der Innenstadt entfernt und ist als Ruhestätte denkbar ungeeignet für den Ansturm einer Vielzahl Menschen. Das sieht wohl auch die Stadtverwaltung so, die auf dem Friedhof keine Wegweiser zum Massengrab der Bombenopfer aufstellen läßt.

Von Dresdner „Luftkriegslegenden" war bereits die Rede. Wer diesen Begriff verwendet, widerspricht Opferzahlschätzungen im sechsstelligen Bereich oder jenen Zeitzeugen, die am 13./14. Februar 1945 Tieffliegerangriffe auf die Elbwiesen, den Großen Garten und einige Ausfallstraßen

---

810 R. Schaffrath-Prechtel, Ein Mahnmal im Exil?, Zum Gedenken an die Krefelder Bombenopfer, Rheinische Post, 3. September 1987.

811 R. Schaffrath-Prechtel, Ein Mahnmal im Exil?, Zum Gedenken an die Krefelder Bombenopfer, Rheinische Post, 3. September 1987.

wahrgenommen haben wollen. Das ist legitim, solange es um Erkenntnisfortschritte sowie um das Ziel geht, die Diskussion über den alliierten Luftkrieg zu versachlichen. Gradmesser der Geschichtswissenschaft sollten Wahrheit und Objektivität sein. Wie aber steht es um das Phänomen *umgekehrter Bombenkriegslegenden*? Immer wieder beobachten Teilnehmer deutscher Gedenkfeiern den Versuch, alliierte Luftangriffe zu bagatellisieren. Exemplarisch zeigt sich das an der Gleichsetzung von „Dresden" und „Coventry". Sie ist weder militärstrategisch noch moralisch oder völkerrechtlich begründbar. Herausgestellt seien nochmals die unterschiedlichen Angriffsziele und -motive beider Luftstreitkräfte sowie die signifikant voneinander abweichenden Opferzahlen von Dresden und Coventry. Unauflösbar zusammengeschweißt sind beide Städte aber im Bemühen um Versöhnung und Völkerverständigung. Hingabevoll widmen sie sich dem Ziel, das Bewußtsein aller Menschen für die Spiralwirkung kriegerischer Gewalt zu schärfen. Immer neue Aktionen markieren den gemeinsamen Weg. Am 13. Februar 2005 wurde der Dresdner Frauenkirche eines der symbolträchtigen Nagelkreuze von Coventry übergeben. Ein würdevollerer Aufbewahrungsort hätte sich kaum finden lassen.

„Kein Unrecht, und mag es noch so groß gewesen sein, rechtfertigt anderes Unrecht. Verbrechen sind auch dann Verbrechen, wenn ihnen andere Verbrechen vorausgegangen sind." So lautet ein zentraler Topos sokratischer Tugendlehre in den Worten Roman Herzogs.[812] Der Göttinger Soziologe Wolfgang Sofsky ergänzt: „Wer anfängt, hat jedes Unrecht verdient – so die krause Logik dieser Kindermoral. ... Mit dem Gleichheitsprinzip der Vergeltung hatte die Verwüstung der Städte nie etwas zu tun. In den Bomberkanzeln saßen weder Juden noch Polen oder Russen, die zur Heimzahlung jeden Grund gehabt hätten. Die Luftangriffe erreichten ihren Höhepunkt, als der Zweite Weltkrieg durch die Bodentruppen längst entschieden war. Ein aufgeklärtes Bewußtsein bedarf keiner halbierten Erinnerung."[813]

Greift man zum großen Kausalitätsmaßstab, dann wurden Berlin, Dresden, Hamburg oder Pforzheim auch Opfer der leidvollen, Jahrhunderte währenden europäischen Gegensätze. Kriege aus imperialem Habitus sowie machtpolitisch instrumentalisiertem Konfessionswahn, nicht selten mit „verbrannter Erde" im Feindesland, haben bis in die jüngste Vergangenheit ein explosives Gemisch aus Furcht und wechselseitiger Abneigung erzeugt. Daher stieß der Gedanke an Versöhnung zunächst auf tiefe Skepsis – nicht nur wegen des frisch entbrannten Kalten Krieges. Generalmajor John Frederick Charles Fuller, glänzender Analytiker

---

812 Zitiert von R. G. Reuth, Kein Unrecht rechtfertigt anderes Unrecht, Welt am Sonntag, 31. August 2003.

813 W. Sofsky, Die halbierte Erinnerung, Süddeutsche Zeitung, 5. Dezember 2002.

westalliierter Lufteinsätze und unermüdlicher Mahner wider den totalen Krieg, befürchtete gar, der Anblick Dresdens werde eine Spirale der Gewalt erzeugen: „Die verwüsteten Städte Deutschlands werden fünfzig oder hundert Jahre lang, vielleicht noch länger, als Denkmäler der Barbarei ihrer Eroberer stehen bleiben. Die hingeschlachteten Menschen werden vergessen sein, die Greuel der Konzentrationslager und Gaskammern werden im Lauf der Jahre aus dem Gedächtnis schwinden; aber die Ruinen werden bleiben, um die kommenden Generationen der Deutschen zur Rache aufzurufen.“[814]

Zum Glück haben sich die Zeiten gewandelt, haftet dem Begriff militärischer „Rache“ aus geläuterter europäischer Sicht der Beigeschmack alttestamentarischer Finsternis an. Unübertrefflich bringen das Bürger und Klerus von Coventry zum Ausdruck. „Father Forgive“ wurde als kategorischer Imperativ einer emphatischen Friedensethik in die Kathedralsruine gemeißelt. Der optische Eindruck ist so überwältigend wie die beiden Losungen des wöchentlichen Friedensgebets von Coventry: „Alle haben gesündigt und ermangeln des Ruhmes, den sie bei Gott haben sollten.“[815] „Seid untereinander freundlich und herzlich und vergebt einer dem andern, wie auch Gott euch vergeben hat in Christus.“[816] Eindringlich mahnt aber auch das Monument „für die Opfer der nationalsozialistischen Gewaltherrschaft“ im Gelsenkirchener Stadtgarten. Seine Metaphorik bewältigt den Spagat zwischen Friedenssehnsucht, postnationalen Heilsversprechen und expressiver, kaum gezügelter Sprachgewalt: „Zerstampft des Unrechts Drachensaat, zerstört den Haß von Staat zu Staat. Versenkt die Waffen in Gewässern, dann wird im Friedenssonnenschein die ganze Welt uns Heimat sein.“[817]

---

814 J. F. Ch. Fuller, Der Zweite Weltkrieg 1939–1945, S. 482.

815 Römerbrief 3,23.

816 Epheserbrief 4,23.

817 Die halbkreisförmige Anlage mit 12 Säulen entstand 1950. Die gleichen Verse finden sich auf einer älteren Gedenktafel für Opfer des rechtskonservativen Kapp-Putsches (13.–17. März 1920) und des anschließenden Aufstands der kommunistischen „Roten Ruhrarmee“ auf dem Friedhof Gelsenkirchen-Horst Süd; siehe Institut für Stadtgeschichte Gelsenkirchen, Historische Spuren vor Ort, S. 80 f. Leider konnte trotz ergiebiger Recherchen der Autor jener Verse nicht ermittelt werden (Schreiben dieses Instituts an mich vom 9. November 2005). – Ruhiger der Vierzeiler im Ehrenhof der Wallonisch-Niederländischen Kirche von Hanau: „Dies Gotteshaus, im Krieg zerstört, ruft Menschen, daß ihr's alle hört. Begrabet Haß, Neid und Streit; schafft Raum für eine bessere Zeit. Zum Gedenken an die Zerstörung der Stadt Hanau, 19. März 1945, und an ihre Toten.“

Zusammenfassendes Nachwort

Die unterschiedslosen Flächenangriffe westalliierter, insbesondere britischer Bomber auf deutsche Städte bilden eine Eskalationsstufe des Zweiten Weltkriegs, deren Vorgeschichte mehrere Jahrzehnte zurückreicht. Der totale Krieg gegen Zivilisten ist weder eine Erfindung des Nationalsozialismus, noch wurde er durch die Kriegführung des „Dritten Reiches“ unumgänglich. Der britische Rüstungsminister Winston Churchill (1917/18) plante einen „Tausend-Bomber-Angriff“ auf Berlin, der wegen des Kriegsendes im November 1918 nicht mehr zur Ausführung kam. Die „Morale Bombing“-Option wurde im Großbritannien der Zwischenkriegszeit aber nie ganz aufgegeben und ergänzte die Überlegungen zu strategischen Luftangriffen auf militärische Ziele im Hinterland.

Auch wenn fast alle deutschen Groß- und Mittelstädte vom Luftkrieg heimgesucht und viele von ihnen weitgehend zerstört wurden, symbolisiert speziell der Name Dresden den Schrecken und die Sinnlosigkeit dieser Kriegführung. Leidenschaftliche Debatten ranken sich um die Zahl der Bombenopfer des 13. bis 15. Februar 1945. Zirka 22.000 Bestattungen sind durch Mitteilungen Dresdner Friedhöfe dokumentiert. In der ehemaligen DDR und mittlerweile auch in der Bundesrepublik Deutschland werden bei Gedenkfeiern meist „35.000 oder mehr“ Bombentote erwähnt. Detaillierte Aussagen einiger Zeitzeugen deuten darauf hin, daß über 100.000 Menschen im Dresdner Spreng- und Brandbombeninferno ums Leben kamen. Umfassende, auch physikalisch-technische Analysen dieser Zahlen sind unverzichtbar.

Die Bewertung unterschiedsloser Luftangriffe des Zweiten Weltkriegs bringt vom Standpunkt einer deontologischen bzw. Pflichtenethik wie auch einer konsequentialistischen bzw. Verantwortungsethik das gleiche Ergebnis. Die Angriffe sind moralisch nicht zu rechtfertigen. Zwar fragen konsequentialistische Modelle nach der Tauglichkeit, Erforderlichkeit und Verhältnismäßigkeit des zur Erreichung eines guten Zwecks verwendeten Mittels (was wegen des markanten NS-Totalitarismus für die Legitimität des Demoralisierungsbombens sprechen könnte), doch scheitert dieser Rechtfertigungsversuch bereits an der Untauglichkeit des Mittels. Deutsche Soldaten ließen sich durch kein noch so heftiges „Morale Bombing“ in der Heimat kriegsentscheidend entmutigen.

Auch unter dem Aspekt einer vermeintlichen Kollektivschuld sind gezielte Luftangriffe auf Zivilisten nicht legitimierbar. Kollektivschuld ist keine sinnvolle ethische Kategorie. Schuld als Vorwerfbarkeit individueller Willensbildung kann nach christlicher und philosophischer Ethik nur einzelne Personen, nicht aber die hinter ihnen stehende Nation erfassen. Es gibt keine Sippenhaftung. Davon abgesehen läßt sich auch die vorsätzliche Tötung etwaiger „schuldiger" Personen durch Luftschläge nicht rechtfertigen. Hierzu bedürfte es der Durchführung eines an klare Regeln gebundenen (Gerichts)verfahrens, in dem die Betroffenen („Angeklagten") sich unter Beachtung ihrer Würde verteidigen könnten. Abwegig ist insbesondere die These von der Kollektivschuld des deutschen Volks, die sich darauf stützt, daß nicht wenige Deutsche 1933 Hitler gewählt sowie eine unbekannte Zahl Deutscher mit seinen demokratie- und rechtsstaatswidrigen Theorien sympathisiert oder bei Übergriffen von SS- und Gestapo-Angehörigen auf Juden und andere Regimegegner „weggeschaut" haben, statt Widerstand zu leisten.

Auffallend selten werden die Flächenbombardements des Zweiten Weltkriegs im völkerrechtlichen Schrifttum behandelt. Als „herrschende Meinung" zumindest deutscher Autoren kann die These gelten, ein ungeschriebenes Luftkriegsvölkergewohnheitsrecht habe das Demoralisierungsbomben von Anfang an verboten. Die These ist nicht falsch, greift aber zu kurz. Auch Artikel der Haager Landkriegsordnung von 1907 – also geschriebenes Völkerrecht (Völkervertragsrecht) – wurden durch zahlreiche strategische Luftangriffe der Westalliierten verletzt. Dieses Ergebnis erschließt sich allerdings nicht aus dem Wortlaut der Landkriegsordnung. Es setzt eingehende Normanalysen im Lichte der juristischen Methoden- und Interpretationslehre voraus.

Wer die Rechtswidrigkeit der Flächenangriffe bejaht, muß konsequenterweise die Frage nach Reparationszahlungen oder sonstiger Wiedergutmachung aufwerfen. Sie verweist auf bislang ungelöste Probleme des internationalen Rechts. Vieles spricht dafür, daß die umfassenden politisch-wirtschaftlichen Verknüpfungen der Bundesrepublik Deutschland mit den alliierten Luftmächten Reparationsforderungen ausschließen. Auch das Völkerrecht kennt den Grundsatz von Treu und Glauben. Legitim und berechtigt ist hingegen das Verlangen an Angreiferstaaten, eigene Verstöße gegen das Kriegsvölkerrecht in einer offiziellen Erklärung anzuerkennen. Die gefestigte Freundschaft ehemals verfeindeter, heute im Bekenntnis zu Demokratie und Rechtsstaatlichkeit geeinter Staaten dürfte auch wichtige Elemente der Rechts- und Staatsphilosophie Immanuel Kants bestätigen. In seinem Traktat „Zum ewigen Frieden" (1795) hatte dieser die Existenz republikanischer Staatsverfassungen als maßgebenden Garanten des internationalen Friedens bezeichnet.

In der Konsequenz der Völkerrechtswidrigkeit des „Morale Bombing“ liegt auch die Frage, ob die dafür Verantwortlichen vor einem nationalen oder internationalen Gerichtshof hätten angeklagt werden müssen. Hier hätte sich nach dem Vorbild der Nürnberger Prozesse die Errichtung eines internationalen Tribunals angeboten, das freilich – abweichend von den Nürnberger Verfahrensstandards – mit Anklägern und Richtern aus nicht kriegsbeteiligten Staaten hätte besetzt werden müssen. Dieses Tribunal wäre mit komplexen strafrechtsdogmatischen Fragen konfrontiert worden, hätte Winston Churchill, Arthur Harris usw. letztlich aber wohl verurteilt. Philosophisch abstrakt läßt sich folgern: so wie einerseits das prinzipiell Böse im Einzelfall durchaus etwas Gutes bewirken kann, ist andererseits das prinzipiell Gute nicht dagegen gefeit, „böse Dinge“ zu tun, wenn es seiner selbst nicht genügend gewahr wird.

Sechzig Jahre Bombenkriegserinnerung prägen sich im deutschsprachigen Raum sehr unterschiedlich aus. Auf Friedhöfen und an sonstigen Gedenkorten dominieren die Nennung von Kalenderdaten („16. November 1944“) und schlichte Worte („Den Toten zum Gedenken, den Lebenden zur Mahnung“). Moralische oder völkerrechtliche Anklagen gegen die Westalliierten bilden die große Ausnahme. Häufiger ist der im Ergebnis unangemessene Versuch, durch die Einbettung des Geschehens in einen „historischen Kontext“ das Kriegsvölkerrecht komplett auszublenden und die allenfalls mittelbaren Verursacheranteile des NS-Regimes oder gar „der Deutschen“ an den Zerstörungen durch anglo-amerikanische Bomber herauszustellen. Ein zentrales Mahnmal für zivile Opfer westalliierter Flächenangriffe, das zugleich ein „sichtbares Zeichen“ gegen jede Form des Demoralisierungsbombens setzt, fehlt bislang. Symbolträchtige Standorte für ein solches „Zentrum wider den totalen Krieg“ gäbe es zuhauf – vor allem in Dresden.

Anhang

Literaturverzeichnis

Adam, Konrad: Bemerkenswert ahistorisch. Wie antisemitisch war der deutsche Widerstand? Eine Antwort auf Daniel Jonah Goldhagen, Die Welt, 28. Juni 2006

Adler, Gerald J.: Targets in War – Legal Considerations, in: Houston Law Review, Bd. 8 (1970), S. 15

Alperovitz, Gar: Hiroshima, in: 200 Tage und 1 Jahrhundert. Gewalt und Destruktivität im Spiegel des Jahres 1945, hrsg. vom Hamburger Institut für Sozialforschung, Hamburg 1995, S. 237–250

Alperovitz, Gar: Hiroshima. Die Entscheidung für den Abwurf der Bombe, Hamburg 1995

Aristoteles: Nikomachische Ethik, 4. Aufl., Hamburg 1985 (Philosophische Bibliothek Meiner)

Aristoteles: Politik, 4. Aufl., Hamburg 1981 (Philosophische Bibliothek Meiner)

Auhagen, Otto: Wirtschaftslage in der Sowjetunion im Sommer 1932, in: Osteuropa, Bd. 7 (1932), S. 644–655

Bader, Erik-Michael: Dresden (Leitartikel), Frankfurter Allgemeine Zeitung, 12. Februar 2005

Bald, Detlef: Hiroshima 1945. Ein Exempel der Realpolitik, in: Kriegsverbrechen im 20. Jahrhundert, hrsg. von Wolfram Wette und Gerd R. Ueberschär, Darmstadt 2001, S. 433–446

Barnett, Correlli: Bombing of Germany Not a War Crime, Daily Mail, 20. November 2002, nachgedruckt unter dem Titel „Die Bombardierung Deutschlands war kein Kriegsverbrechen" in: Ein Volk von Opfern? Die neue Debatte um den Bombenkrieg 1940–45, hrsg. von Lothar Kettenacker, Berlin 2003, S. 171–176

Batho, John: Dresden als militärisches Ziel (Leserbrief), Frankfurter Allgemeine Zeitung, 18. Oktober 1991

Benz, Wolfgang: Der Holocaust, München 1995

Bergander, Götz: Dresden im Luftkrieg. Vorgeschichte – Zerstörung – Folgen, Würzburg 1998

Bergander, Götz: Kalkül und Routine. Dresdens Rolle in der britisch-amerikanischen Luftkriegsplanung (Vorträge aus dem Hannah-Arendt-Institut für Totalitarismusforschung, Heft 4), Dresden 1995

Bergengruen, Werner: Recht und Gerechtigkeit (1947), Neue Juristische Wochenschrift (NJW) 1984, S. 1087

Besymenski, Lew: „Bürger, Luftalarm". Der Moskauer Historiker Lew Besymenski über den deutschen Bombenangriff auf Stalingrad im August 1942, in: Als Feuer vom Himmel fiel. Der Bombenkrieg in Deutschland, hrsg. von Stephan Burgdorff und Christian Habbe, München 2005, S. 61–64

Birken-Bertsch, Götz: Das Bekenntnis zur Nation (Leserbrief), Frankfurter Allgemeine Zeitung, 21. April 2006

Blix, Hans: Area Bombardment: Rules and Reasons, in: The British Yearbook of International Law 1978, S. 31–69

Böhme, Hartmut: Die Ästhetik der Ruinen, in: Dietmar Kamper und Christoph Wulff (Hrsg.), Der Schein des Schönen, Göttingen 1989, S. 287–304

Bölsche, Jochen: Eine Frage der Mode. Wie Churchill den Einsatz von B- und C-Waffen gegen Deutschland vorbereiten ließ, in: Als Feuer vom Himmel fiel. Der Bombenkrieg in Deutschland, hrsg. von Stephan Burgdorff und Christian Habbe, München 2005, S. 132–135

Bölsche, Jochen: „So muß die Hölle aussehen", in: Als Feuer vom Himmel fiel. Der Bombenkrieg in Deutschland, hrsg. von Stephan Burgdorff und Christian Habbe, München 2005, S. 18–38

Boog, Horst: Erstickt, erdrückt, erschlagen, verbrannt, Frankfurter Allgemeine Zeitung, 12. Februar 2005

Boog, Horst: Amerikanische Luftkriegsdoktrin, in: Kriegsverbrechen in Europa und im Nahen Osten im 20. Jahrhundert, hrsg. von Franz W. Seidler und Alfred M. de Zayas, Hamburg/Berlin/Bonn 2002, S. 55–56

Boog, Horst: Zerstörung der Stadt Dresden am 13./14. Februar 1945, in: Kriegsverbrechen in Europa und im Nahen Osten im 20. Jahrhundert, hrsg. von Franz W. Seidler und Alfred M. de Zayas, Hamburg/Berlin/Bonn 2002, S. 222–228

Boog, Horst: Bombardierung der polnischen Grenzstadt Wielun am 1. September 1939, in: Kriegsverbrechen in Europa und im Nahen Osten im 20. Jahrhundert, hrsg. von Franz W. Seidler und Alfred M. de Zayas, Hamburg/Berlin/Bonn 2002, S. 136

Boog, Horst: Britische Luftkriegsdoktrin, in: Kriegsverbrechen in Europa und im Nahen Osten im 20. Jahrhundert, hrsg. von Franz W. Seidler und Alfred M. de Zayas, Hamburg/Berlin/Bonn 2002, S. 57–60

Boog, Horst: Deutsche Luftkriegsdoktrin, in: Kriegsverbrechen in Europa und im Nahen Osten im 20. Jahrhundert, hrsg. von Franz W. Seidler und Alfred M. de Zayas, Hamburg/Berlin/Bonn 2002, S. 60–66

Boog, Horst: Bombenkrieg, Völkerrecht und Menschlichkeit im Luftkrieg, in: Die Soldaten der Wehrmacht, hrsg. von Wilhelm-Karl Prinz von Preußen, Karl-Günther von Hase und Hans Poeppel, 7. Aufl., München 2001, S. 256–323

Boog, Horst: Strategischer Luftkrieg in Europa und Reichsluftverteidigung 1943–1944, in: Das Deutsche Reich und der Zweite Weltkrieg, Bd. 7: Das Deutsche Reich in der Defensive, hrsg. vom Militärgeschichtlichen Forschungsamt, Stuttgart/München 2001, S. 3–415

Boog, Horst: Luftwaffe und unterschiedsloser Bombenkrieg bis 1942, in: ders. (Hrsg.), Luftkriegführung im Zweiten Weltkrieg. Ein internationaler Vergleich (Vorträge zur Militärgeschichte, Bd. 12), Herford/Bonn 1993, S. 435–468

Boog, Horst: Der anglo-amerikanische strategische Luftkrieg über Europa und die deutsche Luftverteidigung, in: Das Deutsche Reich und der Zweite Weltkrieg, Bd. 6: Der globale Krieg, hrsg. Vom Militärgeschichtlichen Forschungsamt, Stuttgart 1990, S. 429–565

Boog, Horst: Die Anti-Hitler-Koalition, in: Das Deutsche Reich und der Zweite Weltkrieg, Bd. 6: Der globale Krieg, hrsg. Vom Militärgeschichtlichen Forschungsamt, Stuttgart 1990, S. 3–94

Borgert, Heinz-Ludger: Kriegsverbrechen der Kriegsmarine, in: Kriegsverbrechen im 20. Jahrhundert, hrsg. von Wolfram Wette und Gerd R. Ueberschär, Darmstadt 2001, S. 309–323

Boyes, Roger: British „deliberately Terror-Bombed Civilians", „The Times", 19. November 2002, nachgedruckt unter dem Titel „Briten ‚bombardierten gezielt die Zivilbevölkerung'" in: Ein Volk von Opfern? Die neue Debatte um den Bombenkrieg 1940–45, hrsg. von Lothar Kettenacker, Berlin 2003, S. 177–179

Brade, Anna Christine: „Ich dachte, Sie wären tot." NS-Mahnmale und Erinnerungsprozesse in Ostwestfalen-Lippe, Bielefeld 1997

Brittain, Vera: Seed of Chaos, London 1944 (wiederveröffentlicht in: dies., One Voice. Pacifist Writings from the Second World War, London/New York 2005, S. 91–181)

Brodesser, Hermann-Josef/Fehn, Bernd Josef/Franosch, Tilo/Wirth, Wilfried: Wiedergutmachung und Kriegsfolgenliquidation. Geschichte – Regelungen – Zahlungen, München 2000

Browning, Christopher R.: Judenmord, Frankfurt am Main 2001

Brunner, Karl: Einführung in den Umgang mit Geschichte, 4. Aufl., Wien 2004

Brunswig, Hans: Feuersturm über Hamburg. Die Luftangriffe auf Hamburg im Zweiten Weltkrieg und ihre Folgen, Stuttgart 2003

Bullock, Alan: Hitler. Eine Studie über die Tyrannei, Düsseldorf 1953

Burgdorff, Stephan und Habbe, Christian (Hrsg.): Als Feuer vom Himmel fiel. Der Bombenkrieg in Deutschland, München 2005

Burger, Reiner: 25.000 Tote, wahrscheinlich mehr. In Dresden legt eine Historikerkommission die ungefähre Zahl der Dresdner Bombenopfer im Zweiten Weltkrieg vor, Frankfurter Allgemeine Zeitung, 28. April 2006

Burleigh, Michael: Die Zeit des Nationalsozialismus. Eine Gesamtdarstellung, Frankfurt am Main 2001

Busse, Nikolaus: Das Atomzeitalter. Wie Hiroshima die Weltpolitik veränderte, Frankfurter Allgemeine Zeitung, 6. August 2005

Charmley, John: Der Untergang des Britischen Empires. Roosevelt, Churchill und Amerikas Weg zur Weltmacht, Graz 2005

Charmley, John: Churchill. Das Ende einer Legende, Berlin 1995

Chomsky, Noam: Von Staaten und anderen Schurken. Aphorismen und Sarkasmen (ausgewählt und übersetzt von Michael Haupt), Leipzig 2004

Chomsky, Noam: War against People. Menschenrechte und Schurkenstaaten, München 2006 (amerikanischer Originaltitel: Rogue States. The Rule of Force in World Affairs, Cambridge/Massachusetts 2000)

Churchill, Winston Spencer: Blut, Schweiß und Tränen. Antrittsrede im Unterhaus nach der Ernennung zum Premierminister am 13. Mai 1940. Mit einem Essay von Herfried Münkler, Hamburg 1995

Churchill, Winston Spencer: Memoiren, Erster Band, Erstes Buch („Von Krieg zu Krieg"), Bern/München/Wien 1953

Churchill, Winston Spencer: Memoiren, Sechster Band, Zweites Buch („Der Eiserne Vorhang"), Bern/München/Wien 1953

Clausewitz, Carl von: Vom Kriege, 15. Aufl., Reinbek bei Hamburg 2006 (Taschenbuch)

Collier, Basil: The Defence of the United Kingdom, London 1957

Connelly, Mark: Die britische Öffentlichkeit, die Presse und der Luftkrieg gegen Deutschland 1939–1945, in: Ein Volk von Opfern? Die neue Debatte um den Bombenkrieg 1940–1945, hrsg. von Lothar Kettenacker, Berlin 2003, S. 72–92

Connolly, Kate: Germans call Churchill a War Criminal, Daily Telegraph, 19. November 2002, nachgedruckt unter dem Titel „Die Deutschen nennen Churchill einen Kriegsverbrecher“ in: Ein Volk von Opfern? Die neue Debatte um den Bombenkrieg 1940–45, hrsg. von Lothar Kettenacker, Berlin 2003, S. 180–182

Conquest, Robert: Der Große Terror. Sowjetunion 1934–1938, München 1992

Corum, James S.: Die Luftwaffe, ihre Doktrin und die Frage der Kriegsverbrechen, in: Kriegsverbrechen im 20. Jahrhundert, hrsg. von Wolfram Wette und Gerd R. Ueberschär, Darmstadt 2001, S. 288–302

Corum, James S.: The Luftwaffe. Creating the Operational Air War 1918–1940, Kansas City 1997

Coulmas, Florian: Hiroshima. Geschichte und Nachgeschichte, München 2005

Coulmas, Florian: Opfer auf den Altar. Das zweite atomare Verbrechen drei Tage nach dem ersten: Nagasaki. Trotzdem stand die Vernichtung der Stadt immer im Schatten Hiroshimas, Süddeutsche Zeitung, 5. August 2005

Crook, Paul: Science and War. Radical Scientists and the Tizard-Cherwell Area Bombing Debate in Britain, in: War and Society, vol. 12, no. 2 (October 1994), S. 71–103

Czesany, Maximilian: Europa im Bombenkrieg 1939–1945, Graz/Stuttgart 1998

Davis, Mike: Angriff auf „German Village“, in: Als Feuer vom Himmel fiel. Der Bombenkrieg in Deutschland, hrsg. von Stephan Burgdorff und Christian Habbe, München 2005, S. 85–88

Dietrich, Stefan: Sichtbare Zeichen, Frankfurter Allgemeine Zeitung, 9. Februar 2008

Domarus, Max: Hitler. Reden und Proklamationen 1932–1945. Band II, Erster Halbband 1939–1940, Wiesbaden 1973

Dopheide, Renate: Gedenkstätten an die Opfer des Nationalsozialismus in Kiel und Umgebung (Mitteilungen der Gesellschaft für Kieler Stadtgeschichte, Bd. 77, Heft 4), Kiel 1993

Douhet, Giulio: Luftherrschaft, Berlin 1935

Dreier, Ralf: Bemerkungen zum „Dritten Reich“, in: Gesetz – Recht – Rechtsgeschichte (Festschrift für Gerhard Otte), hrsg. von Wolfgang Baumann, Hans-Jürgen Dickhuth-Harrach und Wolfgang Marotzke, 2005 (Sellier European Law Publisher), S. 495–507

Dreier, Ralf: Recht – Moral – Ideologie. Studien zur Rechtstheorie, Frankfurt am Main 1981

Dülffer, Jost: Regeln im Krieg? Kriegsverbrechen und die Haager Friedenskonferenzen (Aufsatz), in: Kriegsverbrechen im 20. Jahrhundert, hrsg. von Wolfram Wette und Gerd R. Ueberschär, Darmstadt 2001, S. 35–49

Dülffer, Jost: Regeln gegen den Krieg? Die Haager Friedenskonferenzen von 1899 und 1907 in der internationalen Politik (Monographie), Berlin/Frankfurt am Main/Wien 1981

Dyrssen, Gottfried: Rückfall in die Barbarei (Leserbrief), Frankfurter Allgemeine Zeitung, 26. Februar 2005

Eschenburg, Theodor: Die improvisierte Demokratie, München 1964
Evans, Richard J.: Der Geschichtsfälscher. Holocaust und historische Wahrheit im David-Irving-Prozeß, Frankfurt am Main 2001

Feuchter, Georg Werner: Geschichte des Luftkriegs. Entwicklung und Zukunft, Bonn 1954
Frei, Norbert: Der Nürnberger Prozeß und die Deutschen, in: Kriegsverbrechen im 20. Jahrhundert, hrsg. von Wolfram Wette und Gerd R. Ueberschär, Darmstadt 2001, S. 477–492
Friedmann, Wolfgang: Legal Theory, 5. Aufl., London 1967
Friedmann, Wolfgang: The Changing Structure of International Law, London 1964
Friedrich, Jörg: „Auch eine Siegermacht muß zugeben, daß sie Unrecht getan hat“ (Bertram Eisenhauer und Volker Zastrow im Doppelinterview mit Jörg Friedrich und A. C. Grayling, Frankfurter Allgemeine Sonntagszeitung, 18. Februar 2007)
Friedrich, Jörg: Brandstätten. Der Anblick des Bombenkriegs, München 2003
Friedrich, Jörg: Der Brand. Deutschland im Bombenkrieg 1940–1945, München 2002
Fritze, Lothar: Die Moral des Bombenterrors. Alliierte Flächenbombardements im Zweiten Weltkrieg, München 2007
Fritze, Lothar: Der Zweite Weltkrieg als Legitimationsressource?, in: Alliierter Bombenkrieg. Das Beispiel Dresdens, hrsg. von Lothar Fritze und Thomas Widera, Göttingen 2005, S. 135–152
Fritze, Lothar und Widera, Thomas (Hrsg.): Alliierter Bombenkrieg. Das Beispiel Dresdens, Göttingen 2005
Fritze, Lothar: Die Tötung Unschuldiger. Ein Dogma auf dem Prüfstand, Berlin/New York 2004
Fuller, John Frederick Charles: Der Zweite Weltkrieg 1939–1945, 2. Aufl., Wien/Stuttgart 1952

Garrett, Stephen A.: Ethics and Airpower in World War II. The British Bombing of German Cities, 2. Aufl., New York 1997
Gast, Franz Georg: Churchills militärhistorische Neigungen (Leserbrief), Frankfurter Allgemeine Zeitung, 17. März 2005
Gellately, Robert: Hingeschaut und weggesehen. Hitler und sein Volk, München 2002
Gerstenmaier, Eugen: Der Kreisauer Kreis. Zu dem Buch Gerrit van Roons „Neuordnung im Widerstand“, in: Vierteljahreshefte für Zeitgeschichte, Bd. 15 (1967), S. 221–246
Geyer, Christian: Ein Lebensversicherer. Zum Tod des amerikanischen Philosophen John Rawls, Frankfurter Allgemeine Zeitung, 27. November 2002
Gilbert, Martin: Second World War, London 1989
Gillessen, Leo: Eine Stadt im Planquadrat des Todes, Dürener Zeitung, 14. November 1964
Giordano, Ralph: Die zweite Schuld oder Von der Last Deutscher zu sein (Taschenbuch), Köln 2000

Goldhagen, Daniel Jonah: Hitlers willige Vollstrecker. Ganz gewöhnliche Deutsche und der Holocaust, Berlin 1996

Gollancz, Victor: Stimme aus dem Chaos, Frankfurt am Main 1960

Grayling, Anthony Clifford: Among the Dead Cities. Was the Alliied Bombing of Civilians in World War II a Necessity or a Crime?, London 2006 (Bloomsbury; deutsche Ausgabe: Die toten Städte. Waren die alliierten Bombenangriffe Kriegsverbrechen?, München 2007)

Grayling, Anthony Clifford: „Auch eine Siegermacht muß zugeben, daß sie Unrecht getan hat“ (Bertram Eisenhauer und Volker Zastrow im Doppelinterview mit Jörg Friedrich und A. C. Grayling, Frankfurter Allgemeine Sonntagszeitung, 18. Februar 2007)

Grayling, Anthony Clifford: „Die Verbrechen der Nazis sind keine Entschuldigung für unser Handeln“ (Moritz Schwarz im Interview mit A. C. Grayling, Junge Freiheit, 27. Juli 2007)

Greenwood, Christopher: Anwendungsbereich des humanitären Völkerrechts, in: Handbuch des humanitären Völkerrechts in bewaffneten Konflikten, hrsg. von Dieter Fleck, München 1994, S. 34–55

Greenwood, Christopher: Geschichtliche Entwicklung und Rechtsgrundlagen, in: Handbuch des humanitären Völkerrechts in bewaffneten Konflikten, hrsg. von Dieter Fleck, München 1994, S. 1–33

Grenfell, Russell: Churchill und die Deutschland-Politik, Gauting 2002 (Neuausgabe der unter dem Titel „Bedingungsloser Haß?“ erschienenen deutschen Ausgabe) Tübingen 1954

Groehler, Olaf: Der strategische Luftkrieg und seine Auswirkungen auf die deutsche Zivilbevölkerung, in: Luftkriegführung im Zweiten Weltkrieg. Ein internationaler Vergleich (Vorträge zur Militärgeschichte, Bd. 12), hrsg. von Horst Boog, Herford/Bonn 1993, S. 329–349

Groehler, Olaf: Zielort Pforzheim – Alliierter Bombenangriff 1945 (Pforzheimer Hefte, Bd. 1, hrsg. vom Kulturamt der Stadt Pforzheim), Pforzheim 1992

Groehler, Olaf: Bombenkrieg gegen Deutschland, Berlin (Ost) 1990

Groehler, Olaf: Geschichte des Luftkriegs 1910 bis 1980, Berlin (Ost) 1981

Guericke, Otto von: Die Belagerung, Eroberung und Zerstörung der Stadt Magdeburg am 10./20. Mai 1631 (hrsg. von Horst Kohl), Leipzig 1911

Haffner, Sebastian: Winston Churchill, Reinbek bei Hamburg 2002 (erstmals erschienen 1967)

Hanke, Heinz Marcus: Die Bombardierung Dresdens und die Entwicklung des Kriegsvölkerrechts, in: Sachsen im Spiegel des Rechts, hrsg. von Adrian Schmidt-Recla, Eva Schumann und Frank Theisen, Köln/Weimar/Wien 2001, S. 273–292

Hanke, Heinz Marcus: Luftkrieg und Zivilbevölkerung. Der kriegsvölkerrechtliche Schutz der Zivilbevölkerung gegen Luftbombardements von den Anfängen bis zum Ausbruch des Zweiten Weltkrieges (Rechtshistorische Reihe, Bd. 92), Frankfurt am Main/Bern/New York/Paris 1991

Hankel, Gerd: Deutsche Kriegsverbrechen des Weltkrieges 1914–18 vor deutschen Gerichten, in: Kriegsverbrechen im 20. Jahrhundert, hrsg. von Wolfgang Wette und Gerd R. Ueberschär, Darmstadt 2001, S. 85–98

Hansen, Sven: Koizumi läßt Opfer abblitzen, die tageszeitung (taz), 8. August 2005

Harris, Arthur Travis: Bomber Offensive, Barnsley/South Yorkshire 1947 (unveränderter Nachdruck 2005)
Hasegawa, Tsuyoshi: Racing the Enemy. Stalin, Truman and the Surrender of Japan, Cambridge, Massachusetts/London 2005
Hastings, Max: Armageddon. The Battle for Germany, London 2004
Hastings, Max, Bomber Command, 2. Aufl., London 1980
Heffer, Simon: Sorry, but the Germans must never be allowed to forget their evil past, The Mail on Sunday, 27. Oktober 2004
Heydecker, Joe und Leeb, Johannes: Der Nürnberger Prozeß, Köln 1998
Heydte, Friedrich August Freiherr von der: Luftbombardements, in: Wörterbuch des Völkerrechts, Bd. 2, hrsg. von Karl Strupp und Hans-Jürgen Schlochauer, Berlin (West) 1961, S. 436 f.
Hinrichs, Per: Test für den Terror, in: Als Feuer vom Himmel fiel. Der Bombenkrieg in Deutschland, hrsg. von Stephan Burgdorff und Christian Habbe, München 2005, S. 65–69
Hinz, Thorsten: Ruhe ist das erste Bürgerrecht. Hambachs Freiheit, Preußens Militär: Wie sich die Deutschen treu geblieben sind, Junge Freiheit, 25. Mai 2007
Hinz, Thorsten: Die Einsamkeit des Staatssekretärs. Ernst von Weizsäcker in den Jahren 1939 bis 1945, in: Ein Leben für Deutschland. Gedenkschrift für Wolfgang Venohr (1925–2005), Berlin 2005, S. 223–243
Hochhuth, Rolf: Soldaten – Nekrolog auf Genf, Reinbek bei Hamburg 1967
Höffe, Otfried (Hrsg.): Einführung in die utilitaristische Ethik, 3. Aufl., Tübingen/Basel 2003
Höffe, Otfried: Was ich noch zu sagen hätte. John Rawls Gerechtigkeitstheorie in ihrer letzten Fassung, Frankfurter Allgemeine Zeitung, 23. März 2003
Höffe, Otfried: John Rawls – Gerechtigkeit als Fairneß. John Rawls zum Achtzigsten, Süddeutsche Zeitung, 21. Februar 2001
Hofmann, Rainer: Victims of Violations of International Humanitarian Law: Do They Have an Individual Right to Reparation against States under International Law?, in: Völkerrecht als Wertordnung. Common Values in International Law. Festschrift für Christian Tomuschat, hrsg. von Pierre Marie Dupuy, Bodo Fassbender, Malcolm N. Shaw, Karl-Peter Sommermann, Kehl/Straßburg 2006, S. 341–359
Huch, Ricarda: Im alten Reich. Lebensbilder deutscher Städte, Bremen 1927

IMT = Der Prozeß gegen die Hauptkriegsverbrecher vor dem Internationalen Militärgerichtshof. Nürnberg, 14. November 1945 – 1. Oktober 1946 (23 Bände), Nürnberg 1947–1949
Ingendaay, Paul: Siebzig Jahre nach den Bombardements. Guernica ist in Spanien als Symbol umkämpft, Frankfurter Allgemeine Zeitung, 4. Mai 2007
Institut für Stadtgeschichte Gelsenkirchen: Historische Spuren vor Ort. Gelsenkirchen im Nationalsozialismus, Essen 1998
Interessengemeinschaft Kriegsgräberstätte Golm e. V. Kamminke/Usedom: Das Inferno von Swinemünde. Überlebende berichten über die Bombardierung der Stadt am 12. März 1945, 2. Aufl., Iserlohn 2001
Ipsen, Knut: Völkerrecht, 5. Aufl., München 2004
Irving, David: Deutschlands Ostgrenze, Kiel 1990
Irving, David: Der Untergang Dresdens, Gütersloh 1964

James, Robert Rhodes: Churchill: Study in Failure 1900–1939, Harmondsworth 1973
Jescheck, Hans-Heinrich und Weigend, Thomas: Lehrbuch des Strafrechts. Allgemeiner Teil, 5. Aufl., Berlin 1996
Jessen, Jens: Die Täter wollen Opfer werden. Der Buchenwald-Skandal und seine Folgen, Die Zeit, 31. August 2006
Jünger, Ernst: Der Arbeiter, Hamburg 1936

Kästner, Erich: Als ich ein kleiner Junge war, 6. Aufl., Zürich 2005
Kant, Immanuel: Zum ewigen Frieden (1795/96), in: ders., Über den Gemeinspruch: Das mag in der Theorie richtig sein, taugt aber nicht für die Praxis – Zum ewigen Frieden. Ein philosophischer Entwurf, Hamburg 1992 (Philosophische Bibliothek Meiner), S. 49–103
Kant, Immanuel: Grundlegung zur Metaphysik der Sitten (1785), Hamburg 1971 (Philosophische Bibliothek Meiner)
Kastner, Klaus: Von den Siegern zur Rechenschaft gezogen. Die Nürnberger Prozesse, Nürnberg 2001
Kaufmann, Arthur: Gustav Radbruch. Rechtsdenker – Philosoph – Sozialdemokrat, München 1987
Keegan, John: Churchill, London 2002
Keil, Lars-Broder: Als Hitler mit Hitler vergolten wurde – der Bombenkrieg, Die Welt, 1. November 2004
Kelsen, Hans: Reine Rechtslehre, 2. Aufl., Wien 1960
Kelsen, Hans: Will the Judgement in the Nuremberg Trial constitute a Precedent in International Law?, in: The International Law Quarterly 1 (1947), S. 153 ff.
Kersting, Wolfgang: John Rawls zur Einführung, 2. Aufl., Hamburg 2004
Kettenacker, Lothar: Die britische Bevölkerung und der Bombenkrieg, in: Alliierter Bombenkrieg. Das Beispiel Dresdens, hrsg. von Lothar Fritze und Thomas Widera, Göttingen 2005, S. 83–95
Kettenacker, Lothar: Churchills Dilemma, in: Ein Volk von Opfern? Die neue Debatte um den Bombenkrieg 1940–1945, Berlin 2003, hrsg. von Lothar Kettenacker, S. 48–55
Kettenacker, Lothar: Die britische Haltung zum deutschen Widerstand während des Zweiten Weltkrieges, in: ders., Das „Andere Deutschland" im Zweiten Weltkrieg, Stuttgart 1977, S. 49–76
Kielar, Wieslaw: Anus Mundi. Fünf Jahre Auschwitz, Frankfurt am Main 1984
Klemperer, Victor: Ich will Zeugnis ablegen bis zum letzten. Tagebücher 1933–1945 (Taschenbuchausgabe in acht Bänden), 2. Aufl., Berlin 1999
Klemperer, Klemens von: Die verlassenen Verschwörer. Der deutsche Widerstand auf der Suche nach Verbündeten 1938–1945, Berlin 1996
Klitta, Georg: Das Finale des Zweiten Weltkrieges in Schwandorf, Schwandorf 1970
Kloth, Hans Michael: „Was für eine Idee!" Konnten oder wollten die Alliierten Auschwitz nicht bombardieren?, in: Als Feuer vom Himmel fiel. Der Bombenkrieg in Deutschland, hrsg. von Stephan Burgdorff und Christian Habbe, München 2005, S. 89–92
Koenen, Gerd: Utopie der Säuberung. Was war der Kommunismus?, Berlin 1999

Kohn, Richard: Luftkrieg und Menschlichkeit. Kommentar, in: Luftkriegführung im Zweiten Weltkrieg. Ein internationaler Vergleich (Vorträge zur Militärgeschichte, Bd. 12), hrsg. von Horst Boog, Herford/Bonn 1993, S. 469–476

Kopleck, Maik: Berlin 1933–1945. Stadtführer zu den Spuren der Vergangenheit, Berlin (ohne Angabe des Erscheinungsjahrs)

Krautkrämer, Felix: Nicht viel übriggeblieben. Ein Mahnmal im Wandel: Die Debatte um die Umwandlung des Ehrenmals, für das 1927 der Grundstein gelegt wurde, findet kein Ende, Junge Freiheit, 27. April 2007

Kriele, Martin: Staatsphilosophische Lehren aus dem Nationalsozialismus, in ders.: Recht – Vernunft – Wirklichkeit, Berlin 1990, S. 393–408

Kriele, Martin: Recht und praktische Vernunft, Göttingen 1979

Krockow, Christian Graf von: Die Deutschen in ihrem Jahrhundert 1890–1990, Reinbek bei Hamburg 1990

Kucklick, Christoph: Feuersturm. Die Nacht, als Hamburg unterging, in: ders., Feuersturm. Der Bombenkrieg gegen Deutschland, Hamburg 2003, S. 62–128

Kucklick, Christoph: Terror gegen den Terror? Der Bombenkrieg gegen Nazi-Deutschland, in: ders., Feuersturm. Der Bombenkrieg gegen Deutschland, Hamburg 2003, S. 8–61

Kurowski, Franz: Dresden. Februar 1945, Wien 2003

Larenz, Karl: Methodenlehre der Rechtswissenschaft, 5. Aufl., Berlin/Heidelberg/New York/Tokio 1983

Laun, Rudolf: Die Haager Landkriegsordnung, 5. Aufl., Hannover 1950

Lauterpacht, Hersch: The Problem of the Revision of the Law of War, in: The British Year Book of International Law, Bd. 29 (1952), S. 360–382

Leesen, Hans-Joachim von: Nüchternheit statt weiterer Schnellschüsse. Die Kommission zur Ermittlung der Opferzahl des Bombenangriffs auf Dresden 1945 hält sich nach vorschnellen Ergebnissen nun zurück, Junge Freiheit, 20. Januar 2006

Leesen, Hans-Joachim von: Bombenterror. Der Luftkrieg über Deutschland, Kiel 2005

Liddell Hart, Basil Henry: Geschichte des Zweiten Weltkriegs (2 Bände), Düsseldorf/Wien 1972

Litten, Freddy: Die amerikanische Bombardierung Japans, Frankfurter Allgemeine Zeitung, 7. Mai 2005

Longerich, Peter: „Davon haben wir nichts gewußt!“ Die Deutschen und die Judenverfolgung 1933–1945, München 2006

Lukacs, John: Churchill und Hitler. Der Zweikampf, Stuttgart 1992

Magenheimer, Heinz: Neue Einblicke in das Ausmaß. Aktuelle Auswertungen deutscher und alliierter Quellen liefern eine erschreckende Bilanz des Bombenkriegs gegen Deutschland, Junge Freiheit, 10. Februar 2006

Mann, Golo: Deutsche Geschichte des 20. Jahrhunderts, Frankfurt am Main 1958

Mann, Thomas: Deutsche Hörer! Radiosendungen nach Deutschland aus den Jahren 1940–1945 (Taschenbuchausgabe), 4. Aufl., Frankfurt am Main 2004

Mark, Rudolf, und Simon, Gerhard: Die Hungersnot in der Ukraine und anderen Regionen der Sowjetunion 1932 und 1933, in: Osteuropa, Bd. 54 (2004) 12, S. 5–12

Maser, Werner: Fälschung, Dichtung und Wahrheit über Hitler und Stalin, München 2004

McCullough, David: Truman, New York 1992
McKee, Alexander: Dresden 1945 – Das deutsche Hiroshima, Wien 1983
Melgunow, S. P.: Der rote Terror in Rußland 1918–1923, Berlin 1924
Merkel, Reinhard: Der Nürnberger Prozeß, in: 200 Tage und 1 Jahrhundert. Gewalt und Destruktivität im Spiegel des Jahres 1945, hrsg. vom Hamburger Institut für Sozialforschung, Hamburg 1995, S. 105–137
Messenger, Charles: „Bomber" Harris and the Strategic Bomber Offensive, New York 1984
Messerschmidt, Manfred: Strategischer Luftkrieg und Völkerrecht, in: Luftkriegführung im Zweiten Weltkrieg. Ein internationaler Vergleich (Vorträge zur Militärgeschichte, Bd. 12), hrsg. von Horst Boog, Herford/Bonn 1993, S. 351–362
Meyer-Kahrweg, Ruth: Denkmäler, Brunnen und Plastiken in Wuppertal, Wuppertal 1991
Mihan, Hans-Werner: Die Nacht von Potsdam. Der Luftangriff britischer Bomber vom 14. April 1945. Dokumentation und Erlebnisberichte, 2. Aufl., Inning am Ammersee 2007
Minkmar, Nils: Sir John Keegan. Dresden-Mahner, Frankfurter Allgemeine Zeitung, 4. November 2005
Moessner-Heckner, Ursula: Pforzheim. Code Yellowfin, Sigmaringen 1991
Mohler, Armin und Weißmann, Karlheinz: Die konservative Revolution in Deutschland 1918–1932. Ein Handbuch, 6. Aufl., Graz 2005
Mommsen, Hans: Moralisch, strategisch, zerstörerisch, in: Ein Volk von Opfern? Die neue Debatte um den Bombenkrieg 1940–45, hrsg. von Lothar Kettenacker, Berlin 2003, S. 145–151
Morelli, Anne: Die Prinzipien der Kriegspropaganda, Hannover 2004
Müller, Martin: „Bomber Harris do it again!" Vergangenheitsbewältigung und Geschichtspolitik als Herausforderung, in: Ein Leben für Deutschland. Gedenkschrift für Wolfgang Venohr (1925–2005), Berlin 2005, S. 357–396
Müller, Rolf-Dieter: Die Moral des Philosophen. Alliierte Flächenangriffe gegen die deutsche Zivilbevölkerung, Frankfurter Allgemeine Zeitung, 4. August 2007
Müller, Rolf-Dieter: Der Bombenkrieg 1939–1945, 2. Aufl., Berlin 2004

Nawratil, Hans: Der Kult mit der Schuld. Geschichte im Unterbewußtsein, München 2002
Neitzel, Adalbert: Zur Auseinandersetzung um eine Rede von Martin Walser, Pommersche Zeitung, 12. Dezember 1998
Neillands, Robin: Der Krieg der Bomber. Arthur Harris und die Bomberoffensive der Alliierten 1939–1945, Berlin 2002
Neutzner, Matthias: Vom Alltäglichen zum Exemplarischen. Dresden als Chiffre für den Luftkrieg der Alliierten, in: Das Rote Leuchten. Dresden und der Bombenkrieg, hrsg. von Oliver Reinhard, Matthias Neutzner und Wolfgang Hesse, Dresden 2005, S. 110–127
Nida-Rümelin, Julian: Kritik des Konsequentialismus, 2. Aufl., München 1995
Nyary, Josef: Am Ende bleibt die Frage: Warum? Hamburger Abendblatt, 30. Juli 2003

Oeter, Stefan: Kampfmittel und Kampfmethoden, in: Handbuch des humanitären Völkerrechts in bewaffneten Konflikten, hrsg. von Dieter Fleck, München 1994, S. 89–167

Overy, Richard James: Barbarisch, aber sinnvoll, Der Stern, 19. Dezember 2002, nachgedruckt in: Ein Volk von Opfern? Die neue Debatte um den Bombenkrieg 1940–1945, hrsg. von Lothar Kettenacker, Berlin 2003, S. 183–187

Overy, Richard James: Die alliierte Bombenstrategie als Ausdruck des „totalen Krieges", in: Ein Volk von Opfern? Die neue Debatte um den Bombenkrieg 1940–1945, hrsg. von Lothar Kettenacker, Berlin 2003, S. 27–47

Overy, Richard James: Die Wurzeln des Sieges. Warum die Alliierten den Zweiten Weltkrieg gewannen, Reinbek bei Hamburg 2002 (Original: „Why the Alliies Won", London 1995)

Parks, W. Hays: Luftkrieg und Kriegsvölkerrecht, in: Luftkriegführung im Zweiten Weltkrieg. Ein internationaler Vergleich (Vorträge zur Militärgeschichte, Bd. 12), hrsg. von Horst Boog, Herford/Bonn 1993, S. 363–433

Perger, Tilmann: Ehrenschutz von Soldaten in Deutschland und anderen Staaten, Diss. jur. München 2002 (Universität der Bundeswehr)

Platon: Kriton, in: ders., Apologie des Sokrates und Kriton (zwei Dialoge), 2. Aufl., Leipzig 1922

Podhoretz, Norman: Too Nice to Win? Israel's Dilemma, New York Post, 28. Juli 2006

Post, Walter: Die Opfer von Dresden. Wie viele wirklich starben, Deutsche Geschichte Nr. 77 (Heft 3/2005), S. 31–39

Prieur, Jutta (Hrsg.): Humanismus als Reform am Niederrhein. Konrad Heresbach 1496–1576 (Katalog zur Heresbach-Gedächtnisausstellung), Bielefeld 1996

Probert, Henry: Bomber Harris. His Life and Times, London 2001 (Greenhill)

Probert, Henry: Die Auswirkungen des strategischen Luftkriegs auf die deutsche Moral 1940–1945, in: Britische Erwartungen und deutsche Reaktionen, hrsg. von Klaus Jürgen Müller und David N. Dilks, Paderborn 1994, S. 197–216

Puhle, Matthias (Hrsg.): „Dann färbte sich der Himmel blutrot ..." Die Zerstörung Magdeburgs am 16. Januar 1945 (Katalog der gleichnamigen Ausstellung des Kulturhistorischen Museums Magdeburg), Magdeburg 1995

Radbruch, Gustav: Fünf Minuten Rechtsphilosophie, in: ders., Rechtsphilosophie (Studienausgabe), hrsg. von Ralf Dreier und Stanley Paulson, 2. Aufl., Heidelberg 2003, S. 209–210

Radbruch, Gustav: Gesetzliches Unrecht und übergesetzliches Recht, in: ders., Rechtsphilosophie (Studienausgabe), hrsg. von Ralf Dreier und Stanley Paulson, 2. Aufl., Heidelberg 2003, S. 211–219

Radbruch, Gustav: Rechtsphilosophie (Studienausgabe), hrsg. von Ralf Dreier und Stanley L. Paulson, 2. Aufl., Heidelberg 2003

Radbruch, Gustav: Des Reichsjustizministeriums Ruhm und Ende. Zum Nürnberger Juristenprozeß, Süddeutsche Juristenzeitung 1948, Spalte 57–64

Rawls, John: Das Recht der Völker, Berlin/New York 2002 (amerikanische Originalausgabe: The Law of Peoples, Cambridge/Massachusetts 1999)

Rawls, John: Gerechtigkeit als Fairneß. Ein Neuentwurf, hrsg. von Erin Kelly, Frankfurt am Main 2003 (amerikanische Originalausgabe: Justice as Fairness. A Restatement, Cambridge/Massachusetts 2001)

Rawls, John: Fifty Years after Hiroshima (1995), in: ders., Collected Papers, edited by Samuel Freeman, Cambridge/Massachusetts 1999, S. 565–572

Rawls, John: Eine Theorie der Gerechtigkeit, Frankfurt am Main 1975 (amerikanische Originalausgabe: A Theory of Justice, Boston 1971)

Reemtsma, Jan Philipp: ... und 1 Jahrhundert, in: 200 Tage und 1 Jahrhundert. Gewalt und Destruktivität im Spiegel des Jahres 1945, hrsg. vom Hamburger Institut für Sozialforschung, Hamburg 1995, S. 46–73

Reichert, Friedrich: Verbrannt bis zur Unkenntlichkeit, in: ders., Verbrannt bis zur Unkenntlichkeit. Die Zerstörung Dresdens 1945, Altenburg 1994, S. 40–62

Reichert, Friedrich: Zur Rezeptionsgeschichte des 13. Februar 1945, in: ders., Verbrannt bis zur Unkenntlichkeit. Die Zerstörung Dresdens 1945, Altenburg 1994, S. 150–161

Reuth, Ralf Georg: Kein Unrecht rechtfertigt anderes Unrecht, Welt am Sonntag, 31. August 2003

Rodenberger, Axel: Der Tod von Dresden, Berlin und Frankfurt am Main 1995 (Erstausgabe Dortmund 1951)

Roosevelt, Franklin Delano: The Public Papers and Addresses, New York 1941

Rosenau, Henning: Tödliche Schüsse im staatlichen Auftrag. Die strafrechtliche Verantwortung von Grenzsoldaten für den Schußwaffengebrauch an der deutsch-deutschen Grenze, 2. Aufl., Baden-Baden 1998

Ruchniewicz, Małgorzata und Krzysztof: Die sowjetischen Kriegsverbrechen gegenüber Polen: Katyn 1940, in: Kriegsverbrechen im 20. Jahrhundert, hrsg. von Wolfram Wette und Gerd R. Ueberschär, Darmstadt 2001, S. 356–369

Rüther, Martin: Köln im Zweiten Weltkrieg. Alltag und Erfahrungen zwischen 1939 und 1945 (Schriften des NS-Dokumentationszentrums der Stadt Köln, Bd. 12), Köln 2005

Rumpf, Hans: Das war der Bombenkrieg. Deutsche Städte im Feuersturm – Ein Dokumentarbericht, Oldenburg 1961

Rumpf, Hans: Der hochrote Hahn, Darmstadt 1952

Saliger, Frank: Radbruchsche Formel und Rechtsstaat, Heidelberg 1995

Sebald, Winfried Georg Maximilian (W. G.): Luftkrieg und Literatur, München/Wien 1999

Schaarschmidt, Wolfgang: Dresden 1945. Daten – Fakten – Opfer, München 2005

Schaffrath-Prechtel, Roland: Ein Mahnmal im Exil? Zum Gedenken an die Krefelder Bombenopfer, Rheinische Post, 3. September 1987

Scheil, Stefan: Japans Krieg gegen seinen schwächsten Gegner. Der 1937 begonnene japanisch-chinesische Krieg endete erst im August 1945. Die Opferzahl wird auf über 20 Millionen geschätzt, Junge Freiheit, 6. Juli 2007

Scheil, Stefan: 1940/41 – Die Eskalation des Zweiten Weltkriegs, München 2005

Scheil, Stefan: Fünf plus Zwei. Die vereinte Entfesselung des Zweiten Weltkriegs, 2. Aufl., Berlin 2004

Schmidt, Ernst und Zimmermann, Michael: Essen erinnert, Essen 2002

Schmitt, Carl: Der Führer schützt das Recht, Deutsche Juristenzeitung (DJZ) 1934, Sp. 945 ff.
Schnatz, Helmut: Der Luftangriff auf Swinemünde. Dokumentation einer Tragödie, München 2004
Schnatz, Helmut: Tiefflieger über Dresden? Legenden und Wirklichkeit, Köln/Weimar/Wien 2000
Schröter, Manfred: Die Zerstörung Nordhausens und das Kriegsende im Kreis Grafschaft Hohenstein 1945, ohne Angabe des Erscheinungsorts 1988
Schultze-Rhonhof, Gerd: 1939 – Der Krieg, der viele Väter hatte. Der lange Anlauf zum Zweiten Weltkrieg, 2. Aufl., München 2003
Schulz, Heinz: Rüstungsproduktion im Raum Dresden 1933–1945 (Militärhistorische Schriften des Arbeitskreises Sächsische Militärgeschichte e. V., Heft 11), Dresden 2003
Schumacher, Björn: Rezeption und Kritik der Radbruchschen Formel, Diss. jur. Göttingen 1985
Seidel, Knut: Rechtsphilosophische Aspekte der „Mauerschützen"-Prozesse, Berlin 1999
Seidl-Hohenveldern, Ignaz: Verjährung, in: Lexikon des Rechts. Völkerrecht, hrsg. von Ignaz Seidl-Hohenveldern, 3. Aufl., Neuwied 2001, S. 464.
Seydewitz, Max: Die unbesiegbare Stadt. Zerstörung und Neuaufbau von Dresden, 5. Aufl. Berlin (Ost) 1962
Slutsch, Sergej: 17. September 1939. Der Eintritt der Sowjetunion in den Zweiten Weltkrieg, in: Vierteljahreshefte für Zeitgeschichte, Bd. 48 (2000), S. 219–254
Sofsky, Wolfgang: Die halbierte Erinnerung, Süddeutsche Zeitung, 5. Dezember 2002, nachgedruckt in: Ein Volk von Opfern? Die neue Debatte um den Bombenkrieg 1940–45, hrsg. von Lothar Kettenacker, Berlin 2003, S. 124–126
Sombart, Nicolaus: Nachdenken über Deutschland. Vom Historismus zur Psychoanalyse, München 1987
Sontheimer, Michael: „Sind wir Bestien?", in: Als Feuer vom Himmel fiel. Der Bombenkrieg in Deutschland, hrsg. von Stephan Burgdorff und Christian Habbe, München 2005, S. 122–128
Sontheimer, Kurt: Thomas Mann und die Deutschen, München 2002
Sontheimer, Kurt: Antidemokratisches Denken in der Weimarer Republik. Die politischen Ideen des deutschen Nationalismus zwischen 1918 und 1933 (Taschenbuch), München 1978
Spaemann, Robert: Gut und böse – relativ? Über die Allgemeingültigkeit sittlicher Normen, Freiburg im Breisgau 1982
Später, Jörg: Vansittart. Britische Debatten über Deutsche und Nazis 1902–1945, Göttingen 2003
Spaight, James Molony: Air Power and War Rights, 3. Aufl., London/New York/Toronto, 1947
Spaight, James Molony: Bombing Vindicated, London 1944
Sparing, Rudolf: Der Tod von Dresden. Ein Leuchtzeichen des Widerstandes, „Das Reich", 4. März 1945
Speer, Albert: Erinnerungen, Frankfurt am Main/Berlin 1969
Spetzler, Eberhard: Luftkrieg und Menschlichkeit. Die völkerrechtliche Stellung der Zivilpersonen im Luftkrieg, Göttingen/Berlin/Frankfurt am Main 1956

Stargardt, Nicholas: Opfer der Bomben und der Vergeltung, in: Ein Volk von Opfern? Die neue Debatte um den Bombenkrieg 1940–45, hrsg. von Lothar Kettenacker, Berlin 2003, S. 56–71

Steinkamm, Armin A.: Grundlagen und Entwicklung des Kriegsvölkerrechts und ausgewählte Kategorien der Kriegsverbrechen, in: Kriegsverbrechen in Europa und im Nahen Osten im 20. Jahrhundert, hrsg. von Franz. W. Seidler und Alfred M. de Zayas, Hamburg/Berlin/Bonn 2002, S. 313–363

Steinkamm, Armin A.: Repressalie, in: Lexikon des Rechts. Völkerrecht, hrsg. von Ignaz-Seidl-Hohenveldern, 3. Aufl., Neuwied 2001, S. 335–338

Süllwold, Fritz: Deutsche Normalbürger 1933–1945. Erfahrungen, Einstellungen, Reaktionen, München 2001

Suttner, Bertha von: Die Barbarisierung der Luft, Berlin 1912

Suttner, Bertha von: Die Haager Friedensconferenz. Tagebuchblätter, Dresden/Leipzig 1901

Taylor, Frederick: Dresden. Tuesday 13 February, London 2004 (Bloomsbury; deutsche Ausgabe: Dresden. Dienstag, 13. Februar 1945. Militärische Logik oder blanker Terror?, München 2004)

Taylor, Telford: Die Nürnberger Prozesse. Hintergründe, Analysen und Erkenntnisse aus heutiger Sicht, München 2001

Thissen, Bert: Die Kriegsgräberstätte Donsbrügger Heide. Eine Dokumentation zum 50jährigen Bestehen, in: Kriegsgräberstätten im Kreis Kleve, Kleve 2000, S. 59–81

Thomas, Gina: Bonhoeffer britisch: Sein Platz an der Abtei von Westminster, Frankfurter Allgemeine Zeitung, 5. April 2005

Trenkner, Joachim: Ziel vernichtet, Die Zeit, 6. Februar 2003, nachgedruckt unter dem Titel „Wielun, 1. September 1939: ‚Keine besondere Feindbeobachtung'", in: Ein Volk von Opfern? Die neue Debatte um den Bombenkrieg 1940–1945, hrsg. von Lothar Kettenacker, Berlin 2003, S. 15–23

Trenschel, Hans-Peter (Hrsg.): 150 Meisterwerke aus dem Mainfränkischen Museum Würzburg, Würzburg 1997

Tomuschat, Christian: Reparation for Victims of Grave Human Rights Violations, in: Tulane Journal of International Law, Bd. 10 (2002), S. 157 ff.

Ueberschär, Gerd R.: Dresden 1945 – Symbol für Luftkriegsverbrechen, in: Kriegsverbrechen im 20. Jahrhundert, hrsg. von Wolfram Wette und Gerd R. Ueberschär, Darmstadt 2001, S. 382–396

Vagts, Alfred: Unconditional Surrender – vor und nach 1943; in: Vierteljahreshefte für Zeitgeschichte 1959, S. 280–309

Veale, Frederick John Partington: Der Barbarei entgegen, 2. Aufl., Wiesbaden 1962

Verdross, Alfred, und Simma, Bruno: Universelles Völkerrecht. Theorie und Praxis, 3. Aufl., Berlin 1984

Versailles 1919. Aus der Sicht von Zeitzeugen (mit Beiträgen von Sebastian Haffner, Lloyd George, Ernst Jünger u. a.), München 2002

Vogel, Detlef: Operation „Strafgericht". Die rücksichtslose Bombardierung Belgrads durch die deutsche Luftwaffe am 6. April 1941, in: Kriegsverbrechen im 20. Jahrhundert, Darmstadt 2001, hrsg. von Wolfram Wette und Gerd R. Ueberschär, S. 303–308

Vonnegut, Kurt: Schlachthof 5 (oder) Der Kinderkreuzzug (amerikanische Originalausgabe: Slaughterhouse-Five ort he Children's Crusade, New York 1969), 20. Aufl., Reinbek bei Hamburg 2003

Walzer, Michael: Erklärte Kriege – Kriegserklärungen, Hamburg 2003

Wapnewski, Peter: Churchill, vom Bunker aus gesehen, Frankfurter Allgemeine Zeitung, 3. Dezember 2002, nachgedruckt unter dem Titel „Bomben auf die Reichshauptstadt 1943/44" in: Ein Volk von Opfern? Die neue Debatte um den Bombenkrieg 1940–1945, hrsg. von Lothar Kettenacker, Berlin 2003, S. 116–123

Webster, Charles und Frankland, Noble: The Strategic Air Offensive against Germany 1939–1945, 4 Bde. (Volume I: Preparation; Volume II: Endeavour; Volume III: Victory; Volume IV: Annexes and Appendices), London 1961

Wefing, Heinrich (wfg): Die Harry-Theorie, Frankfurter Allgemeine Zeitung, 16. Februar 2006

Wehler, Hans-Ulrich: Der Weltuntergang kann nicht schlimmer sein, Süddeutsche Zeitung, 14. Dezember 2002, nachgedruckt unter dem Titel „Wer Wind sät, wird Sturm ernten" in: Ein Volk von Opfern? Die neue Debatte um den Bombenkrieg 1940–45, hrsg. von Lothar Kettenacker, Berlin 2003, S. 140–144

Weidauer, Walter: Inferno Dresden. Über Lügen und Legenden um die Aktion „Donnerschlag", 8. Aufl., Berlin (Ost) 1990

Weizsäcker, Carl Friedrich von: Wahrnehmung der Neuzeit, München 1985

Widera, Thomas: Gefangene Erinnerung. Die politische Instrumentalisierung der Bombardierung Dresdens, in: Alliierter Bombenkrieg. Das Beispiel Dresdens, hrsg. von Lothar Fritze und Thomas Widera, Göttingen 2005, S. 109–134

Wierling, Dorothee: Oral History, in: Aufriß der historischen Wissenschaften, Bd. 7: Neue Themen und Methoden der Geschichtswissenschaft, Stuttgart 2003, S. 81–151

Wille, Manfred: Tod und Zerstörung durch Bombardements im Zweiten Weltkrieg, in: „Dann färbte sich der Himmel blutrot ..." Die Zerstörung Magdeburgs am 16. Januar 1945, hrsg. von Matthias Puhle, Magdeburg 1995, S. 38–73

Winkler, Willi: Nun singen sie wieder, Süddeutsche Zeitung, 27. November 2002, nachgedruckt in: Ein Volk von Opfern? Die neue Debatte um den Bombenkrieg 1940–1945, hrsg. von Lothar Kettenacker, Berlin 2003, S. 103–109

Wohlrapp, Harald: Krieg für Menschenrechte?, in: Deutsche Zeitschrift für Philosophie, Bd. 48 (2000), S. 107–132

Wolf, Joachim: Haftung, in: Lexikon des Rechts. Völkerrecht, hrsg. von Ignaz Seidl-Hohenveldern, 3. Aufl., Neuwied 2001, S. 157–161

Wolffsohn, Michael und Puschner, Uwe: Geschichte der Juden in Deutschland. Quellen und Kontroversen. Ein Arbeitsbuch für die Oberstufe des Gymnasiums, München 1992

Wolfschlag, Claus: Eine seltsame Heldenverehrung. Gedenkkultur: In Rüsselsheim wurde ein Mahnmal für im Zweiten Weltkrieg gelynchte Bomberpiloten enthüllt, Junge Freiheit, 3. September 2004

Zastrow, Volker: Regieren ohne Loyalitäten, Frankfurter Allgemeine Sonntagszeitung, 29. April 2007

Zastrow, Volker: Hiroshima. Die Atombombe und die Logik des Krieges, Frankfurter Allgemeine Zeitung, 5. August 2005

Zeidler, Manfred: Die Tötungs- und Vergewaltigungsverbrechen der Roten Armee auf deutschem Boden 1944/45, in: Kriegsverbrechen im 20. Jahrhundert, hrsg. von Wolfram Wette und Gerd R. Ueberschär, Darmstadt 2001, S. 419–432

Zeller, Eberhard: Geist der Freiheit. Der 20. Juli, 6. Aufl., Berlin 2004

Zimmermann, Horst: Gemäldegalerie Dresden – Neue Meister, Dresden 1987

Namenverzeichnis

Ein nachgestelltes ‚*' verweist auf eine Nennung im Fußnotentext

Ortsverzeichnis